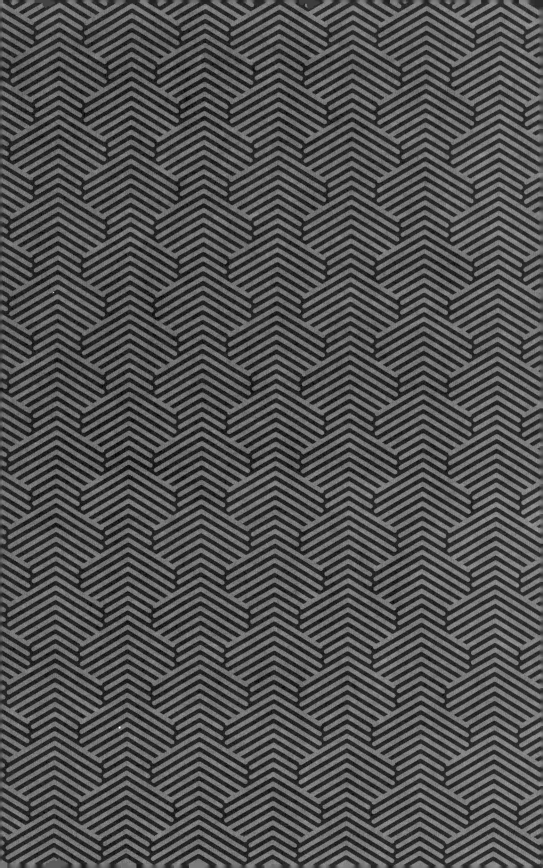

BRUCE L. SHELLEY

Revisado por R. L. Hatchett

HISTÓRIA DO CRISTIANISMO

UMA OBRA COMPLETA E ATUAL SOBRE
A TRAJETÓRIA DA IGREJA CRISTÃ
DESDE AS ORIGENS ATÉ O SÉCULO XXI

Traduzido por
GIULIANA NIEDHARDT

Rio de Janeiro, 2023

Título original: *Church History in Plain Language*
Copyright © 2008, 2013 Bruce L. Shelley
Edição orginal por Thomas Nelson. Todos os direitos reservados.
Copyright de tradução © Vida Melhor Editora LTDA., 2018.
Publicado anteriormente sob o título: *História do cristianismo ao alcance de todos*

As citações bíblicas são da *Nova Versão Internacional* (NVI), da Biblica, Inc., a menos que seja especificada outra versão da Bíblia Sagrada.

Os pontos de vista desta obra são de responsabilidade de seus autores, não refletindo necessariamente a posição da Thomas Nelson Brasil, da HarperCollins Christian Publishing ou de sua equipe editorial.

Publisher	*Omar de Souza*
Gerente editorial	*Samuel Coto*
Editor	*André Lodos Tangerino*
Assistente editorial	*Bruna Gomes*
Copidesque	*Davi Freitas*
Revisão	*Jean Carlos Xavier e Mauro Nogueira*
Diagramação	*Sonia Peticov*
Adaptação da capa	*Douglas Lucas*

**CIP—BRASIL. CATALOGAÇÃO NA FONTE
SINDICATO NACIONAL DOS EDITORES DE LIVROS, RJ**

S549h
Shelley, Bruce L.
    História do cristianismo : uma obra completa e atual sobre a trajetória da igreja cristã desde as origens até o século XXI / Bruce L. Shelley ; tradução Giuliana Niedhardt. — 1. ed. — Rio de Janeiro : Thomas Nelson Brasil, 2018.
    560 p.: il.; 23 cm
    Tradução de *Church History in Plain Language*
    ISBN: 9788578602529; 9788578604165 (edição especial)

    1. Cristianismo — História.   I. Niedhardt, Giuliana. II. Título.

18-47733	CDD: 282.09
	CDU: 282(09)

Thomas Nelson Brasil é uma marca licenciada à Vida Melhor Editora, LTDA.

Todos os direitos reservados à Vida Melhor Editora LTDA.
Rua da Quitanda, 86, sala 218 — Centro
Rio de Janeiro — RJ — CEP 20091-005
Tel.: (21) 3175-1030
www.thomasnelson.com.br

Aos meus alunos de História da Igreja, que apresentaram a questão da relevância.

Sumário

Prefácio	9
Prólogo	11

ÉPOCA DE JESUS E DOS APÓSTOLOS • 6 a.C. a 70 d.C.

Capítulo 1: Sumam com o rei! — 17
O movimento de Jesus

Capítulo 2: Odres de vinho: novos e velhos — 28
O evangelho chega aos gentios

ÉPOCA DO CRISTIANISMO CATÓLICO • 70 a 312 d.C.

Capítulo 3: Somente os desprezados — 43
Cristianismo católico

Capítulo 4: Se o Tibre inundar — 53
Cristãos perseguidos

Capítulo 5: Discussão sobre o Acontecimento — 62
Surgimento da ortodoxia

Capítulo 6: Coletânea dos livros — 77
Formação da Bíblia

Capítulo 7: Escola para pecadores — 89
Poder dos bispos

Capítulo 8: De apóstolos a intelectuais — 98
Os Alexandrinos

ÉPOCA DO IMPÉRIO ROMANO CRISTÃO • 312 a 590 d.C.

Capítulo 9: Renúncia do cetro — 111
A conversão do império

Capítulo 10: Detalhes importantes 119
A doutrina da Trindade

Capítulo 11: Emanuel! 130
Cristo nos credos

Capítulo 12: Exilados da vida 139
Primórdios do monasticismo

Capítulo 13: O sábio dos tempos 147
Agostinho

Capítulo 14: Pedro como *Pontifex Maximus* 155
Primórdios do papado

Capítulo 15: Algum lugar entre o céu e a terra 164
Ortodoxia Oriental

Capítulo 16: Prostrando vencedores 175
Missão aos bárbaros

IDADE MÉDIA CRISTÃ • 590 a 1517 d.C.

Capítulo 17: Cônsul de Deus 187
Gregório Magno

Capítulo 18: A busca por unidade 196
Carlos Magno e a cristandade

Capítulo 19: Misticamente elevado 206
O papado e o cruzado

Capítulo 20: Néctar do saber 218
Escolástica

Capítulo 21: Canção à Senhora Pobreza 229
O estilo de vida apostólico

Capítulo 22: Homens adormecidos e a lei da necessidade 239
O declínio do papado

Capítulo 23: Juízo do tempo 248
Wycliffe e Huss

ÉPOCA DA REFORMA • 1517 a 1648 d.C.

Capítulo 24: O javali selvagem na vinha 259
Martinho Lutero e o protestantismo

Capítulo 25: Discipulado radical 270
Os anabatistas

Capítulo 26: Lançado ao jogo 279
João Calvino

Capítulo 27: Maldição sobre a coroa 287
A Igreja da Inglaterra

Capítulo 28: "Outro homem" em Manresa 294
A Reforma católica

Capítulo 29: Abertura da rocha 304
América e Ásia

Capítulo 30: Governo dos santos 314
Puritanismo

Capítulo 31: Indispostos a morrer por uma ideia antiga 324
Denominações

ÉPOCA DA RAZÃO E DOS AVIVAMENTOS • 1648 a 1789 d.C.

Capítulo 32: Em busca dos fundamentos 335
O culto à razão

Capítulo 33: O coração e suas razões 346
Pascal e os pietistas

Capítulo 34: Um tição tirado do fogo 358
Wesley e o metodismo

Capítulo 35: A nova ordem dos séculos 369
O Grande Despertar

ÉPOCA DO PROGRESSO • 1789 a 1914 d.C.

Capítulo 36: Restauração de fortalezas 381
O catolicismo na época do progresso

Capítulo 37: Uma nova fronteira social 392
A Inglaterra do século XIX

Capítulo 38: Aos povos mais remotos da terra 401
As missões protestantes

Capítulo 39: O destino de uma nação 411
Uma América cristã

Capítulo 40: Uma ponte para homens modernos inteligentes 422
O liberalismo protestante

Capítulo 41: Nada a perder, salvo correntes 433
Crise social

ÉPOCA DAS IDEOLOGIAS • 1914 a 1989 d.C.

Capítulo 42: Grafite em um muro de vergonha 447
As ideologias do século XX

Capítulo 43: Imigrantes sem raízes em uma sociedade enferma 458
Os evangélicos americanos

Capítulo 44: Novos credos para o café da manhã 471
O movimento ecumênico

Capítulo 45: O remédio da misericórdia 480
Catolicismo romano: Vaticano II

ÉPOCA DE EXPANSÃO E REMANEJAMENTO GLOBAL • 1900 em diante

Capítulo 46: O cristianismo no Ocidente 493
Declínio e reconstrução

Capítulo 47: Mudança para o Sul Global 507
O que é o "novo cristianismo"?

Capítulo 48: Janelas para o mundo cristão 520
Lugares e pessoas de fé

Epílogo 529
Referências bibliográficas 536
Lista de papas: de Leão I ao atual 547
Índice onomástico 551
Índice de movimentos históricos 555
Índice de acontecimentos históricos 558

Prefácio

ESTE LIVRO ATINGIU UM PROPÓSITO NOBRE: levar leitores evangélicos a envolverem-se com sua própria história e a conhecerem o mundo cristão mais amplo. A obra obteve êxito por causa de Bruce Shelley, que aplicou suas habilidades e experiência no projeto. Ele fez uso de seu bom caráter e de sua preocupação com a Igreja, de seu olhar e formação de historiador, de sua linguagem vívida tanto para conversação quanto para narrativa, e de seus anos de experiência em sala de aula.

O livro é recebido de modo amplo e caloroso por causa da disciplina nele empregada. O autor manteve o foco em um público comum, conservando como prometera a linguagem simples e direta, mas também foi seletivo de tal modo que isso deve ter sido doloroso para alguém com uma formação histórica como a dele. Shelley não buscou um objetivo abrangente, em vez disso, optou por contar histórias representativas que conferissem ao leitor a sensação de estar contemplando o todo. De modo geral, cada uma das histórias pode ser lida de forma independente. O autor não distraiu o leitor com citações, todavia, os leitores ou estudantes curiosos podem encontrar referências nas notas, bem como contribuições gerais nas seções de leituras sugeridas ao final de cada capítulo. Seguindo o estilo informal de Shelley, adicionei notas e fiz minhas próprias recomendações de livros, as quais estão identificadas com asteriscos.

Sinto-me honrado por terem confiado a mim a atualização da obra. Fiz pequenas alterações, mas procurei honrar as marcas pessoais de Shelley em cada página. Acrescentei informações relacionadas ao gnosticismo e sua contínua relevância, à teologia da Igreja primitiva e da Reforma, e, de modo mais amplo, à rápida ampliação e transformação global do cristianismo desde 1900 (em três novos capítulos). A história recente é sempre problemática, mas tentei lidar com as surpreendentes circunstâncias do cristianismo tanto no Ocidente quanto no Sul Global. Abordar o novo formato do cristianismo requer uma explicação que vá além da mera narração de suas muitas histórias.

Falar um pouco sobre números e nomenclaturas é necessário e talvez extremamente importante para o leitor. Descrições como "Sul Global" e "mundo majoritário" são inevitavelmente problemáticas. Sem a intenção de ofender ou transmitir alguma mensagem, utilizo termos comuns, porém insatisfatórios, porque termos melhores ainda não são aceitos de modo geral. O "Ocidente" é a América do Norte, a Inglaterra e a Europa ocidental. O "Sul Global" refere-se aos países subdesenvolvidos, abrangendo a América do Sul, a África e a Ásia, além de incluir lugares como a China, acima da linha do equador. Há uma frustração semelhante quanto ao ponto de referência ocidental em termos como "Extremo Oriente" e "Oriente Médio". Talvez um aluno perspicaz consiga apontar um caminho melhor, mas espero que leitor nenhum perca de vista a questão de que os evangélicos norte-americanos precisam de uma estrutura maior de referência para participar da grande obra do reino que está florescendo no mundo atual. Normalmente, cito números modestos de fontes consagradas, mas creio que elas não costumam ser divulgadas o suficiente. Acompanhei meu amigo, o saudoso Walter Lumpkin, em sua tentativa de explicar a Igreja não denominacional em Houston, Texas. O que mais me impressionou na experiência foi ver como as igrejas principais são bem contabilizadas, mas as pessoas mais importantes a contar são aquelas que perdemos completamente.

Vários alunos merecem menção pela ajuda na digitação ou pesquisa: Jimmy Parks, Ashley Ashcraft, Karl Russell e Joel Burdeaux. Jim Denison, Daniel Vestal, Pete Sanchez e Randy Richards, amigos com experiência significativa pelo mundo, colaboraram com conversas proveitosas sobre o projeto. Agradeço a David Capes e Heather McMurray, da Thomas Nelson, que me recrutaram para o projeto, e a Maleah Bell, que o acompanhou pacientemente até sua conclusão. Agradeço, acima de tudo, à minha esposa Debbie, que cooperou com digitação, bom senso e um olhar aguçado. Tudo aquilo que faço bem tem a contribuição dela.

R. L. Hatchett
Professor de Teologia e Filosofia
Houston Baptist University

Prólogo

DURANTE ANOS, UM DESENHO EM QUADRINHOS esteve pendurado na porta do meu escritório. Muitas vezes, os alunos paravam para lê-lo e entravam sorrindo, o que gerava assunto fácil para conversa. Tratava-se de uma tirinha da *Turma do Charlie Brown*. Nela, a irmã do Charlie Brown, Sally, está escrevendo uma redação para a escola intitulada "História da Igreja". Charlie, ao seu lado, repara na introdução: "Ao escrever sobre a história da Igreja, temos de voltar ao princípio. Nosso pastor nasceu em 1930". A única reação de Charlie é revirar os olhos.

Muitos cristãos hoje sofrem de amnésia histórica. O tempo decorrido entre os apóstolos e sua própria época é um grande espaço em branco, porém, isso está longe de ser o que Deus tem em mente. O Antigo Testamento está repleto de lembretes do interesse divino pelo tempo — por exemplo, ao estabelecer a Páscoa para os filhos de Israel, ele disse: "dirá a seu filho: [...] Isto será como sinal [...] de que o Senhor nos tirou do Egito" (Êxodo 13:8,16); e quando providenciou o maná no deserto, ele ordenou a Moisés que guardasse uma vasilha cheia "para as futuras gerações" (Êxodo 16.33).

Como consequência da ignorância com relação à história cristã, há cristãos vulneráveis aos atrativos das seitas, e certas distorções do cristianismo são, muitas vezes, confundidas com a realidade. Ao mesmo tempo, outros cristãos revelam uma disposição impressionante para o orgulho espiritual (do grego *hubris*), e, sem uma base adequada para comparações, eles se lançam à defesa de seu caminho como se fosse o melhor, e de seu grupo como se fosse superior. Por fim, muitos cristãos se envolvem em alguma forma de ministério sem a vantagem de um contexto mais amplo para sua obra, e, quando desejam fazer um uso melhor de seu tempo ou de seus esforços, eles não têm base para uma consideração sólida.

HISTÓRIA DO CRISTIANISMO

Não estou sugerindo que um livro sobre nosso passado cristão seja capaz de refutar todos os erros, transformar o leitor em um santo humilde ou traçar uma estratégia para um ministério eficaz. Todavia, qualquer introdução à história cristã tende a separar o transitório do permanente, os modismos do fundamento, e essa é minha esperança para este livro entre meus leitores.

O livro é destinado a leigos. Todos nós sabemos que a palavra é feita de cera, isto é, podemos torcê-la de modo a se encaixar em nossos próprios gostos. Após quatro décadas ensinando seminaristas do primeiro ano, concluí que graduados no início de seu ministério e engenheiros ou vendedores que leem cinco livros por ano fazem parte do mesmo público de leitores. Para meus fins aqui, ambos são *leigos*.

Ao preparar aulas, o professor digere centenas de livros e reúne milhares de citações. Neste volume panorâmico, fiz uso livre de ideias e descrições de outras pessoas enquanto trabalhava com um simples objetivo: manter a história em movimento. Procurei reunir todos esses recursos e listar os livros mais úteis ao final de cada capítulo e minhas principais citações ao final do livro.

Com base em anos de ensino, eu também concluí que clareza é a primeira lei do aprendizado, portanto, todas as divisões do tema em pauta estão presentes. Nós as chamamos de *épocas* porque as condições da vida da Igreja mudam. Sei que grandes épocas não aparecem de repente como cometas desconhecidos no céu, pois em todas elas encontramos resíduos do passado e sementes do futuro. Porém, caso o leitor queira conhecer o enredo da história, tudo o que precisa fazer é ler os parágrafos nas páginas que contêm o título das principais divisões.

Considerei este padrão importante para a unidade, pois cada capítulo é organizado de uma maneira diferente e apenas uma questão é abordada em cada um deles. O leitor pode encontrá-la, sob a forma de pergunta, após uma introdução feita especialmente para o capítulo, a qual costuma conter alguma peculiaridade da época. Isso significa que cada capítulo é quase independente e pode ser lido de modo isolado, praticamente como um artigo de enciclopédia sobre o assunto.

É bem verdade que essa abordagem por assunto deixa muitas lacunas na história, e alguns leitores talvez se perguntem por que determinados personagens ou acontecimentos ficaram de fora. Contudo, esse método tem a vantagem de mostrar ao leigo a importância contemporânea da história da Igreja, de modo que ele perceba que muitos problemas de hoje não são exclusivos da atualidade, mas têm uma ligação com o passado.

Por fim, alguns leitores talvez questionem a quantidade de material biográfico — por que tantas histórias pessoais? Novamente, a resposta é a comunicação. Sem ignorar ideias, tentei associar pensamentos a personalidades por supor que a maioria dos leitores está interessada em conhecer outras pessoas.

Historiadores eclesiásticos muitas vezes perguntam: "A Igreja é um movimento ou uma instituição?" Estas páginas mostrarão que minha opinião é que a Igreja é ambas as coisas, por isso falei tanto sobre expansão missionária como sobre política papal. Profissionais da área talvez não fiquem contentes com o fato de eu não ter definido um limite claro para o termo *Igreja*, mas tal imprecisão, entretanto, se dá por eu acreditar que o povo de Deus na história vive em uma tensão entre um ideal — a comunhão universal dos santos — e o específico — o povo de determinado momento e local. A missão da Igreja no tempo requer instituições — regras especiais, líderes especiais, lugares especiais —, porém, quando as próprias instituições obstruem a propagação do evangelho em vez de promovê-lo, os movimentos de renovação surgem para retornar à missão básica da Igreja no mundo, e estas páginas ilustrarão a frequência com que isso aconteceu.

Para a terceira edição, pude contar com ajudantes. Daniel Hallock, um aluno amigo e mestre da *World Wide Web*, complementou minha pesquisa, especialmente no capítulo 49, com dezenas de artigos provenientes daquela esfera mística chamada *Internet*. Meu colega David Buschart, autor de *Exploring Protestant Traditions* [Explorando as tradições protestantes], contribuiu com numerosos títulos para nossas listas atualizadas de leitura sugerida e com um proveitoso diálogo sobre as igrejas emergentes. Por fim, Scott Wenig, meu colega e sucessor, acrescentou títulos novos às listas de leitura, debates vigorosos e o prefácio desta edição. Sou profundamente grato por todos os três.

Bruce L. Shelley

Época de Jesus e dos apóstolos

6 a.C. a 70 d.C.

AS RAÍZES DO CRISTIANISMO REMONTAM à história judaica muito antes do nascimento de Jesus Cristo. Foi Jesus de Nazaré, entretanto, quem condenou as ideias do judaísmo estabelecido e trouxe um movimento de renovação à luz da história no início do primeiro século. Após sua crucificação sob o domínio de Pôncio Pilatos, um oficial romano, os ensinamentos de Jesus espalharam-se por toda a região mediterrânea. Um apóstolo chamado Paulo foi especialmente influente. Ele enfatizou o dom divino de salvação para todos os homens e, assim, conduziu o cristianismo, cujo surgimento se deu em meio ao judaísmo palestino, a uma posição de religião universal.

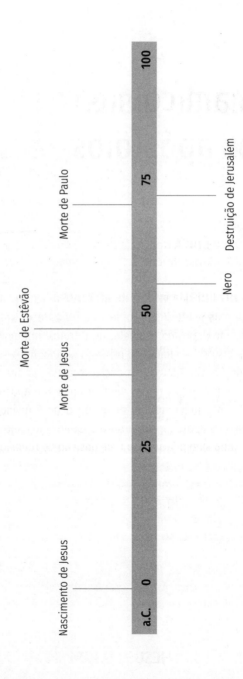

CAPÍTULO 1

Sumam com o rei!

O movimento de Jesus

O CRISTIANISMO É A ÚNICA dentre as principais religiões a ter a humilhação de seu Deus como elemento central. Os cristãos entoam:

> Querido Cordeiro agonizante,
> Teu sangue precioso
> Nunca sem poder haverá de ficar,
> Até que toda a Igreja remida de Deus
> Seja salva e não volte a pecar.

A crucificação era uma morte bárbara, reservada para agitadores, piratas e escravos. A lei judaica amaldiçoava "todo aquele pendurado no madeiro", e o estadista romano Cícero advertiu: "A própria palavra cruz deve permanecer longe não só do corpo do cidadão romano, mas também de seus pensamentos, olhos e ouvidos".

Parte do castigo da vítima consistia em ser chicoteada para, então, carregar a pesada viga até o local da própria morte. Quando a cruz era levantada, afixava-se nela um aviso declarando o nome e o crime do culpado. No caso de Jesus, INRI: *Iesus Nazarenus Rex Iudaeorum* (Jesus de Nazaré, rei dos judeus).

A aparente intenção de Pôncio Pilatos, juiz romano de Jesus, foi que aquilo servisse como um golpe final contra os judeus, mas, assim como no caso da própria cruz, os seguidores de Jesus encontram um significado especial naquela mensagem.

JESUS E A IGREJA

Jesus era judeu, veio de uma família judia, estudou as escrituras judaicas e seguiu a religião judaica. Qualquer estudo sério de sua vida deixa isso tão evidente que muitas pessoas questionam se Jesus realmente pretendeu criar o grupo de seguidores que chamamos Igreja. Albert Schweitzer, o famoso missionário na África, acreditava que Jesus era obcecado por um sonho sobre o iminente fim do mundo e sacrificou-se no sentido de tornar esse sonho realidade. Rudolf Bultmann, influente teólogo alemão, ensinava que Jesus era um profeta que desafiava as pessoas a tomar uma decisão radical por Deus ou contra Deus. Outros cristãos afirmam que o reino anunciado por Jesus era uma confraria de amor e perdão. Se é que ele fundou uma sociedade, dizem eles, foi uma sociedade invisível, um grupo moral ou espiritual — não uma instituição com ritos e crenças.

Tal visão anti-institucional do cristianismo é tão generalizada que o melhor a fazer é encarar a questão de uma vez. Será que Jesus teve alguma coisa a ver com a formação da Igreja cristã? Em caso afirmativo, como ele moldou o caráter especial dessa coletividade?

Os escritores do evangelho retratam Jesus como alguém que reconstituiu os passos de Israel. Tal como Israel, Jesus passou algum tempo no Egito, entrou no Jordão (batismo), foi tentado no deserto, chamou doze apóstolos (como as doze tribos), proclamou a palavra de Deus como Moisés (sermão do monte), pregou cinco sermões (compare com o Pentateuco) em Mateus, realizou poderosos atos de livramento (sinais, prodígios e exorcismos) e confrontou potências imperiais. Nos casos em que Israel havia falhado, Jesus foi um filho fiel, e seus seguidores deveriam assumir a tarefa de ser o povo servo de Deus. Ele trabalhou com um grupo fiel de discípulos, ensinou-os sobre a vida naquilo que chamava de "reino de Deus" e introduziu-os à nova aliança que os unia em perdão e amor.

Embora seja verdade que esse simples grupo era desprovido de muitas das leis, autoridades, cerimônias e crenças da cristandade posterior, constituía uma sociedade à parte. Jesus insistia em mostrar o tipo especial de vida que separava o reino de Deus das autoridades rivais na esfera humana, e pouco a pouco, seus discípulos passaram a entender que segui-lo significava dizer não às outras vozes que exigiam lealdade. De certo modo, esse foi o nascimento do movimento de Jesus, e, pelo menos nesse sentido, Jesus "fundou" a Igreja.

A PALESTINA NA ÉPOCA DE JESUS

Na época de Jesus, nunca faltaram vozes exigindo lealdade na Palestina, uma região na encruzilhada de culturas e povos com 2 milhões ou mais de pessoas governada por Roma e dividida por região, religião e política. "Em uma jornada de um dia, era possível viajar de aldeias rurais, onde os agricultores lavravam seus campos com arados primitivos, a cidades movimentadas, onde os homens desfrutavam dos confortos da civilização romana. Na cidade santa de Jerusalém, os sacerdotes judeus ofereciam sacrifícios ao Senhor de Israel, ao passo que, em Sebaste, a apenas cinquenta quilômetros de distância, sacerdotes pagãos realizavam rituais em homenagem ao deus romano Júpiter."

Os judeus, que representavam apenas metade da população da Judeia, desprezavam seus dominadores estrangeiros e ressentiam-se profundamente dos sinais da cultura pagã presentes em sua antiga pátria. Os romanos não eram apenas mais um povo em uma longa série de conquistadores estrangeiros; eles eram representantes de um modo de vida odiado. Seu reinado imperial trouxe à Palestina a cultura helênica (grega) que os sírios haviam tentado impor à força sobre os judeus mais de um século antes. Todos os filhos de Abraão desprezavam seus dominadores, discordando apenas quanto à maneira de opor-lhes resistência.

Séculos antes, os profetas de Israel haviam anunciado um dia em que o Senhor livraria seu povo dos conquistadores pagãos e estabeleceria seu reino sobre toda a terra. Naquele dia, ele enviaria um soberano ungido, um messias, para pôr fim ao mundo corrupto do presente e substituí-lo por um paraíso eterno. Ele ressuscitaria os mortos e julgaria suas ações neste mundo, e os ímpios seriam punidos, mas os justos seriam recompensados com a vida eterna no reino de Deus.

Segundo o livro de Daniel e outros escritos judaicos populares, o reino do Senhor seria estabelecido somente após uma batalha cósmica final entre as forças do mal, lideradas por Satanás, e as forças do bem, lideradas pelo Senhor. Ela terminaria com a destruição da ordem mundial existente e a criação de um reino sem fim (Daniel 7:13-22). Essa crença, juntamente com ideias sobre a ressurreição dos mortos e o juízo final, fazia parte da fé judaica popular na época de Jesus.

Por causa do repúdio à vida sob o domínio dos romanos, várias facções surgiram em meio aos judeus, cada uma delas interpretando a crise de uma forma diferente — o movimento de Jesus foi uma dessas interpretações.

Um grupo, os *fariseus*, cujo nome significa *separados*, enfatizava as tradições e práticas judaicas que os distinguiam da cultura pagã; eles também se orgulhavam da rígida observância de cada detalhe da lei judaica, bem como da extrema intolerância que nutriam contra pessoas consideradas cerimonialmente impuras. Tal piedade e patriotismo conquistaram o respeito do povo.

Já alguns judeus consideravam o domínio romano uma nítida vantagem. Entre eles, havia membros da aristocracia de Jerusalém, e era desse pequeno grupo de famílias ricas e renomadas que saíam o sumo sacerdote e os sacerdotes inferiores que controlavam o templo. Muitos deles simpatizavam com os costumes e hábitos sofisticados da cultura greco-romana, e alguns até mesmo adotavam nomes gregos. Seus interesses eram representados pelo grupo político conservador conhecido como *saduceus*. Na época de Jesus, esses homens ainda controlavam o alto conselho judaico, ou sinédrio, mas tinham menos influência sobre as pessoas comuns.

20 HISTÓRIA DO CRISTIANISMO

Outro grupo, os *zelotes*, era o partido favorável à resistência armada de todos os romanos presentes na pátria. Eles se inspiravam na época gloriosa dos macabeus, dois séculos atrás, quando o zelo religioso uniu forças com a espada para depor os dominadores gregos pagãos. Desse modo, as colinas da Galileia costumavam abrigar um grande número de grupos guerrilheiros prontos para iniciar uma revolta ou para destruir algum símbolo da autoridade romana na Palestina.

Por fim, havia os *essênios*, que tinham pouco ou nenhum interesse em política ou em guerra. Em vez disso, eles se retiraram para o deserto da Judeia em protesto, crendo que o templo do judaísmo estava irremediavelmente comprometido. Ali, em comunidades monásticas isoladas, eles estudavam as Escrituras e se preparavam para o reino do Senhor, o qual, segundo eles, despontaria a qualquer momento.

Os estudiosos costumam identificar os essênios como os ocupantes da comunidade do *Qumrã*, que copiava manuscritos antigos e redigia comentários. Esses documentos, chamados Manuscritos do mar Morto, foram descobertos em 1946.

Jesus tinha de exigir a lealdade de seus seguidores sem confundir o propósito de sua missão com os objetivos desses outros grupos existentes em meio aos judeus, o que era uma tarefa difícil.

[Judaísmo agora e antes]

A versão farisaica do judaísmo do primeiro século sobreviveu e transformou-se no judaísmo rabínico que conhecemos hoje. A destruição do templo em 70 d.C., alterou a natureza dessa religião e a determinação romana de reprimir movimentos revolucionários tornou impraticável tanto a ideologia dos zelotes (um protesto em busca de revolução política) quanto a dos essênios (um protesto em busca de pureza).

Os saduceus, intermediários do poder aristocrático que operavam o templo, viram sua ideia de judaísmo desvanecer com a destruição do templo. O destino do judaísmo ficou, então, a cargo das "pessoas do livro" (os fariseus), que procuravam direcionar a totalidade de sua vida segundo as instruções das Escrituras Hebraicas. A versão dos fariseus sobreviveu depois que o templo foi destruído e depois que o poder romano silenciou as vozes revolucionárias. ■

O MINISTÉRIO DE JESUS

Jesus começou reconhecendo um novo movimento no deserto da Judeia, liderado por um profeta chamado João. O vau do Jordão, a norte do mar Morto, era uma das partes mais movimentadas de toda a região, de modo que João Batista conseguiu alcançar ali as multidões que pretendia para ouvi-lo. Com uma veste feita de pelos de camelo e um olhar pungente, ele se punha à margem do rio e alertava todos os passantes a arrependerem-se dos pecados e prepararem-se para o dia do juízo ao serem batizados no Jordão. Israel havia entrado na terra pela primeira vez atravessando o Jordão; Jesus iniciou seu ministério neste mesmo lugar essencial.

Muitos achavam que João era o Messias prometido, mas ele negava tal papel com veemência e explicava sua missão com as palavras do profeta Isaías: "Voz do que clama no deserto: 'Preparem o caminho para o Senhor, façam veredas retas para ele'" (Mateus 3;3). João alegava ser apenas o precursor do Messias. "Eu os batizo com água", dizia ele, mas "Ele os batizará com o Espírito Santo e com fogo" (Lucas 3:16).

O chamado de João ao arrependimento e à justiça atraiu Jesus ao Jordão. Jesus encontrou a verdade de Deus nessa mensagem; assim, de modo a "cumprir toda a justiça", submeteu-se ao batismo e, logo depois, deu início à sua própria missão, proclamando: "O tempo é chegado [...]. O Reino de Deus está próximo. Arrependam-se e creiam nas boas-novas!" (Marcos 1:15).

Jesus, entretanto, em vez de permanecer no deserto, escolheu começar sua missão na Galileia, uma terra de colinas suaves e vales quentes e verdejantes. Durante as primeiras semanas e os primeiros meses, ele andou de vilarejo em vilarejo por toda a Galileia, pregando nas sinagogas à noite e aos sábados. Carregando uma bolsa de pães, um odre de vinho e um cajado, ele caminhava pelas estradas de terra. Jesus provavelmente se vestia como qualquer outro viajante, com uma túnica de linho rústico coberta por um manto vermelho ou azul mais pesado.

Em um dia típico, Jesus partia ao amanhecer e percorria quilômetros a fio, e, conforme o pôr do sol se aproximava, ele entrava em um vilarejo e se dirigia à sinagoga. Segundo uma história popular, "Ali provavelmente havia uma recepção calorosa por parte dos habitantes, os quais não costumavam ter um rabino fixo, dependendo da obra de mestres errantes como Jesus. Após se acenderem as lamparinas e os homens ocuparem seus lugares, Jesus se assentava na plataforma elevada central" e lia uma passagem das Escrituras Sagradas. Em voz clara e forte, ele anunciava o cumprimento de alguma profecia ou narrava uma parábola.

O tema principal do ensinamento de Jesus era o reino de Deus. Mas o que ele queria dizer com isso? Será que ele cria em uma intervenção dramática de Deus na história do mundo? Ou porventura ele queria dizer que, em algum sentido, o reino irrompera no mundo? É provável que fosse ambos. As duas coisas podem ser conciliadas se reconhecermos que a expressão significa a soberania de um Deus pessoal e gracioso, não um reino local ou geográfico.

Jesus ensinou que o governo de Deus já estava presente no poder salvífico manifestado em sua própria pessoa — e deu provas disso. Seus milagres de cura, ao que tudo indicava, não eram simples maravilhas; eram sinais, poderes da era por vir já manifestos na época presente. "Mas, se é pelo dedo de Deus que eu expulso demônios", disse certa vez, "então chegou a vocês o Reino de Deus" (Lucas 11:20). Não obstante, ele temia que suas curas fossem mal interpretadas, que as pessoas o vissem apenas como mais um mágico. Por isso, com frequência, ele advertia aqueles que curava a permanecer em silêncio.

É claro que a notícia se espalhou, e, em pouco tempo, pessoas de todas as cidades e vilarejos da Galileia comentavam, animadas, a respeito do novo operador de milagres capaz de curar cegos, coxos e enfermos com o poder da voz e o mero toque de suas fortes mãos de carpinteiro. Logo, grandes multidões começaram a reunir-se onde quer que ele estivesse falando.

A popularidade crescente de Jesus gerou controvérsia, especialmente em meio aos fariseus, os quais odiavam ver o povo seguindo um homem que nunca estudara sob a orientação de seus eruditos escribas. Eles não hesitaram em questionar abertamente as credenciais de Jesus.

A MENSAGEM DE JESUS

Jesus aceitou o desafio porque isso lhe conferia a oportunidade de contrastar sua mensagem de arrependimento e graça com o moralismo dos fariseus. Em certa ocasião, provavelmente enquanto os peregrinos se dirigiam a Jerusalém para uma das grandes festas, Jesus falou a respeito de dois homens que foram ao templo para orar. Que contraste impressionante havia entre eles! Um era fariseu e o outro, por incrível que pareça, um desprezado publicano.

Com ar de ostentação, o homem irrepreensível posicionou-se e orou: "Deus, eu te agradeço porque não sou como os outros homens: ladrões, corruptos, adúlteros; nem mesmo como este publicano. Jejuo duas vezes por semana e dou o dízimo de tudo quanto ganho" (Lucas 18:11-12). Isso, pelo menos, era o que ele pedia para si mesmo — e não se tratava de uma vanglória vazia. Os fariseus se sobressaíam em tais obras de justiça — jejum e dízimo —, e isso era algo que os separava dos ímpios.

O problema de tal oração estava no seu espírito de autojustificação e no desprezo cruel para com os demais. Nela, o fariseu era o único justo; todos os outros mortais estavam irremediavelmente condenados.

O publicano acreditava estar maculado do ponto de vista religioso. Por trabalhar coletando impostos para os romanos, ele havia traído seu próprio povo, e, percebendo a fragilidade de sua posição religiosa, ele se pôs em pé ao longe — a própria imagem da contrição. Seu olhar estava abatido e sua cabeça, curvada pela sensação de culpa. Sua oração foi um choro de remorso, um clamor por misericórdia: "Deus, tem misericórdia de mim, que sou pecador".

"Eu digo", falou Jesus, "que este homem, e não o outro, foi para casa justificado" (Lucas 18:14). O contraste entre a piedade dos fariseus e a postura do movimento de Jesus dificilmente poderia ter sido maior. Aqueles se baseavam na observância das centenas de leis religiosas dos judeus; este, na negação da justiça própria e confiança na misericórdia de Deus.

Entre centenas de seguidores, Jesus chamou um pequeno número de homens para viajar com ele em tempo integral, os quais passaram a ser chamados de *apóstolos*, que significa *enviados*. No início, eles formavam um grupo bastante diversificado, doze ao todo, provenientes de barcos de pesca e coletorias, mas sua lealdade a Jesus era intensa.

Assim, para eles, Jesus traçou a distinção entre seu reino e os reinos do mundo, e seus seguidores, dizia ele, representavam outro tipo de sociedade e outro tipo de grandeza. Nos reinos deste mundo, líderes poderosos dominavam os demais; já o reino de Deus era governado de uma forma totalmente diferente: com amor e serviço.

"Não tenham medo", disse-lhes, "foi do agrado do Pai dar-lhes o Reino" (12:32).

A popularidade de Jesus atingiu o ápice cerca de um ano antes de sua prisão em Jerusalém. Após alimentar mais de 5 mil peregrinos que afluíram para celebrar a Páscoa em uma encosta verde na Galileia, muitos discípulos tentaram proclamá-lo rei. Jesus sabia, entretanto, que eles não faziam ideia do plano que Deus tinha para sua vida — e morte —, portanto, fugiu para as colinas com um pequeno, porém comprometido, número de homens.

Jesus sabia que tinha um papel único no plano divino de redenção, mas temia os títulos tradicionais atribuídos a libertadores messiânicos, pois as multidões eram muito propensas a interpretá-los mal. Sua imagem ensinando aos doze condiz com o retrato do servo sofredor profetizado por Isaías — "desprezado e rejeitado pelos homens, [...] pelas suas feridas fomos curados" (Isaías 53:3,5) — e com a imagem apresentada por Zacarias do rei anunciado, o qual viria "humilde e montado num jumento" (Zacarias 9:9).

A ÚLTIMA SEMANA

Com essas imagens proféticas em mente, Jesus entrou em Jerusalém montado sobre um jumento no domingo antes de sua última Páscoa, cumprindo a profecia de Zacarias. As multidões lançavam ramos de palmeiras em seu caminho e gritavam: "Hosana! Bendito é o que vem em nome do Senhor!"

Essa parece ser a única ocasião em que Jesus se identificou abertamente como o Messias das profecias judaicas. Ao que tudo indica, ele tinha a intenção de desafiar as autoridades de Jerusalém a tomar uma decisão: elas aceitariam ou não o seu reino? A cidade santa estava agitada e perguntava: Quem é este?

No dia seguinte, Jesus liderou uma procissão pelas ruas apinhadas e estreitas de Jerusalém até o templo, e, ali, em um ato de protesto que lembrava os profetas do Antigo Testamento, ele "entrou no templo e expulsou todos os que ali estavam comprando e vendendo. Derrubou as mesas dos cambistas e as cadeiras dos que vendiam pombas e lhes disse: 'Está escrito: A minha casa será chamada casa de oração; mas vocês estão fazendo dela um covil de ladrões'" (Mateus 21:12-13).

As notícias desse acontecimento dramático rapidamente percorreram Jerusalém, e as pessoas começaram a aglomerar-se no templo na esperança de conseguir ver Jesus. Surgiram rumores sobre o surgimento do Messias e a destruição iminente do templo.

Tais conversas sobre a possível existência de um messias alarmaram as autoridades do templo. E se aquele galileu iniciasse mais uma revolta contra o governo romano? Mesmo assim, hesitavam quanto a prendê-lo por medo de motins.

Um homem como Jesus representava um perigo real para os saduceus, pois a posição privilegiada deles era garantida pelas autoridades romanas. Sendo assim, qualquer um que suscitasse a ideia de um messias questionava a lealdade do povo à ordem política estabelecida e ameaçava a relação que os saduceus tinham com os romanos. Tal homem, concluíram eles, deveria ser silenciado antes que provocasse uma revolta, a qual os romanos reprimiriam com típica brutalidade. E, se isso acontecesse, os saduceus perderiam seus privilégios.

Deste modo, o medo comum que tinham de Jesus ocasionou o surgimento de uma aliança inusitada entre os saduceus e seus rivais, os fariseus. Jesus, que abertamente violava as leis do sábado e questionava a validade das outras leis, parecia estar questionando a autoridade da religião judaica. Por diferentes razões, ambos os grupos consideraram esse autoproclamado profeta galileu um inimigo perigoso e, juntos, concluíram que ele deveria ser julgado e condenado à morte.

As autoridades do templo encontraram uma oportunidade em meio aos seguidores mais próximos de Jesus. Com a ajuda de Judas Iscariotes, um dos doze, elas conseguiram prendê-lo secretamente sem provocar um motim; "E lhe fixaram o preço: trinta moedas de prata", cerca de quatro meses de salário de um trabalhador qualificado, para que Judas os conduzisse a Jesus.

A NOVA ALIANÇA

"O dia seguinte era o primeiro dia da Páscoa judaica, e Jesus e seus discípulos prepararam a ceia cerimonial daquela noite. Ao pôr do sol, eles se reuniram secretamente no lugar determinado. A atmosfera era solene durante a refeição, destinada a comemorar o êxodo do Egito. Reclinados em sofás dispostos ao redor de uma mesa baixa, eles beberam vinho e comeram ervas amargas com o pão ázimo." Próximo ao fim da refeição, Jesus tomou um pedaço de pão, deu graças a Deus, partiu-o e disse: "Isto é o meu corpo dado em favor de vocês; façam isto em memória de mim" (Lucas 22:19). Da mesma maneira, ele pegou um cálice, dizendo: "Este cálice é a nova aliança no meu sangue; façam isto sempre que o beberem em memória de mim" (1Coríntios 11:25).

O que Jesus quis dizer com essa "nova aliança"? O contexto, sem dúvida, era o êxodo do Egito e a formação de Israel como nação no monte Sinai, contudo, Jesus tinha em mente mais do que esse lembrete do óbvio.

Ele falou sobre a nova aliança no seu próprio sangue. Suas palavras foram um eco do profeta Jeremias, o qual havia prometido um dia em que a aliança das tábuas de pedra seria substituída por uma aliança inscrita no coração dos homens: "'Esta é a aliança que farei com a comunidade de Israel depois daqueles dias', declara o Senhor: 'Porei a minha lei no íntimo deles e a escreverei nos seus corações. Serei o Deus deles, e eles serão o meu povo [...] Porque eu lhes perdoarei a maldade e não me lembrarei mais dos seus pecados'" (Jeremias 31:33-34).

O tempo da nova aliança, Jesus disse, havia chegado. A existência de um novo povo de Deus, desfrutando do perdão dos pecados, era agora possível por meio do derramamento de seu próprio sangue.

É certo que, naquele momento, os discípulos ficaram bastante confusos tanto com as palavras quanto com as ações de Jesus. Porém, em questão de semanas, eles testemunhariam todas essas horas finais sob uma nova e reveladora luz.

Após cear, Jesus levou os discípulos a um local conhecido, situado ao pé do monte das Oliveiras, um olival conhecido como Getsêmani. Era noite de lua cheia, e o pomar estava banhado por uma luz suave. Enquanto os discípulos dormiam, Jesus retirou-se para orar: "Meu Pai, se for possível, afasta de mim este cálice; contudo, não seja como eu quero, mas sim como tu queres" (Mateus 26:39).

Após renovar seu compromisso com Deus em oração, Jesus acordou os discípulos. "Enquanto ele ainda falava, chegou Judas [...]. Com ele estava uma grande multidão armada de espadas e varas, enviada pelos chefes dos sacerdotes e líderes religiosos do povo" (Mateus 26:47). Eles o dominaram e o levaram para o palácio do sumo sacerdote Caifás, na parte ocidental de Jerusalém.

O JULGAMENTO E A MORTE

Dentro da mansão magnificamente decorada, o sinédrio desprezou qualquer sinal de justiça e garantiu, às pressas, duas testemunhas para depor contra Jesus. O tribunal acusou-o de blasfêmia e pôs em votação sua pena de morte, embora, para isso, fosse preciso recorrer a um dos romanos que tanto desprezavam.

Quando os primeiros raios de sol despontaram, as autoridades judaicas tiraram Jesus do palácio de Caifás e levaram-no pelas ruas até Antônia, um palácio-fortaleza onde o governador romano Pôncio Pilatos ficava

26 HISTÓRIA DO CRISTIANISMO

hospedado durante a Páscoa. Uma vez que o sinédrio não tinha autoridade para aplicar a pena de morte, os membros precisaram apresentar sua acusação contra Jesus a Pilatos.

"Um mensageiro entrou nas suntuosas câmaras de Antônia para convocar Pilatos, enquanto os membros do conselho e seu prisioneiro aguardavam embaixo, no pátio pavimentado da fortaleza. Alguns minutos depois, o governador apareceu. Ele usava uma toga vermelha drapeada sobre uma túnica branca, à moda romana, a marca inconfundível dos cidadãos romanos."

Após questionar o propósito da comitiva, o governador romano ponderou sobre a situação, pois lhe parecia que os principais sacerdotes o haviam procurado para resolver um conflito religioso insignificante. Além disso, condenar Jesus durante o festival poderia certamente provocar um levante, mesmo que mínimo, todavia, se ignorasse as acusações e aquele galileu resolvesse comprovar a traição a Roma, sua própria posição estaria em perigo. Enquanto isso, uma multidão hostil estava reunida do lado de fora de Antônia, clamando pela decisão de Pilatos; então, temendo ofender César, Pilatos entregou Jesus aos seus soldados para ser crucificado.

Após chegar a um monte fora de Jerusalém chamado Gólgota, os soldados despiram Jesus e dividiram as vestes dele entre si enquanto as cruzes eram montadas. "Cada prisioneiro foi, então, colocado em sua cruz. Jesus sofreu em silêncio, enquanto os soldados pregavam seus pulsos com grandes cravos de ferro e perfuravam ambos os tornozelos. Quando levantaram a cruz, seu peso foi sustentado por uma estaca projetada entre suas pernas." Em seguida, os soldados afixaram a placa com a descrição do crime: "Jesus de Nazaré, rei dos judeus".

"Foi uma morte lenta e dolorosa. Jesus ficou pendurado ali, impotente, por longas horas enquanto o sol quente queimava seu corpo e insetos zuniam ao redor. Transeuntes curiosos paravam para assistir à sua agonia e ler a placa. Aos poucos, ele enfraqueceu, visto que seu corpo era torturado por cãibras musculares, fome e sede." Um pequeno grupo de seguidores desesperançados assistia, em silêncio, sua vida esvair-se — um prelúdio estranho e revelador da história do cristianismo.

Ao ficar cada vez mais fraco, Jesus clamou: "Está consumado" e entregou seu espírito. Dentro de algumas horas, um amigo, José de Arimateia, carregou o corpo de Jesus para seu próprio campo, onde havia um sepulcro escavado em uma grande rocha. Em seu interior, próximo ao fundo do túmulo, havia um leito, também feito de pedra, sobre o qual José colocou o corpo com cuidado e, em seguida, rolou uma pedra pesada à entrada e foi para casa.

Leitura sugerida

- BLOMBERG, Craig L. *Jesus and the Gospels: An Introduction and Survey* [Jesus e os evangelhos: introdução e pesquisa]. Nashville: Broadman and Holman, 1997.

- DRANE, John. *Jesus and the Four Gospels* [Jesus e os quatro evangelhos]. Nova York: Harper and Row, 1979.

- READER'S DIGEST ASSOCIATION. *Great People of the Bible and How They Lived* [Pessoas importantes da Bíblia e como elas viveram]. Pleasantville: The Reader's Digest Association, 1974.

- *STRAUSS, Mark. *Four Gospels, One Jesus: A Survey of Jesus and the Gospels* [Quatro evangelhos, um Jesus: uma pesquisa sobre Jesus e os evangelhos]. Grand Rapids: Zondervan, 2007.

- *WRIGHT, Christopher. *The Mission of God's People: A Biblical Theology of the Church's Mission* [A missão do povo de Deus: teologia bíblica da missão da igreja]. Grand Rapids: Zondervan, 2010.

- WRIGHT, N. T. *The New Testament and the People of God* [O Novo Testamento e o povo de Deus]. Mineápolis: Fortress, 1992.

- WRIGHT, N. T. *Jesus and the Victory of God: The Resurrection of the Son of God* [Jesus e a vitória de Deus: a ressurreição do filho de Deus]. Mineápolis: Fortress, 1996.

CAPÍTULO 2

Odres de vinho: novos e velhos

O evangelho chega aos gentios

O SINÉDRIO ESTAVA LIDANDO com uma revolta e sabia disso. Por muito pouco eles evitaram um levante popular ao trazerem à força Estêvão, o agitador, diante do sinédrio. Porém, o que fazer com ele agora? Essa era a questão.

O conselho judaico teve pouco descanso desde o julgamento de Jesus, e ninguém sabia como interromper a propagação do movimento nazareno. O conselho já tinha dado várias ordens para que o incessante falatório sobre Jesus fosse interrompido, mas os nazarenos ficaram cada vez mais destemidos, chegando até mesmo a acusar o conselho de matar o Messias.

Estevão, entretanto, era um caso especial. Ele se atreveu a renunciar à lei de Moisés e a atacar o templo de Deus abertamente várias vezes, e os homens, furiosos, achavam que ele deveria ser silenciado. Mas como?

Todos os olhares voltaram-se para Estêvão quando este começou sua defesa. Ele falou sobre a história judaica, mas argumentou que os homens podem adorar Deus fora do templo. Depois, recordou as condutas divinas com o povo, desde Abraão até Moisés, e mostrou que este último havia profetizado a vinda do Messias, dizendo: "Deus lhes levantará dentre seus irmãos um profeta como eu" (Atos 7:37).

Ele também contou como o Senhor dera a Moisés o modelo do tabernáculo e como Salomão edificara o templo, mas citou o profeta Isaías a fim de provar que o Altíssimo não habita em templos feitos por mãos:

O céu é o meu trono;
e a terra, o estrado dos meus pés.

ODRES DE VINHO: NOVOS E VELHOS

Que espécie de casa vocês me edificarão?
    É este o meu lugar de descanso?
Não foram as minhas mãos que fizeram todas essas coisas [...]?

(Isaías 66:1-2)

O conselho exaltou-se com aquelas palavras. Estêvão, porém, prosseguiu com audácia, chegando ao ápice de seu discurso: "Povo rebelde, obstinado de coração e de ouvidos!", clamou. "Vocês são iguais aos seus antepassados: sempre resistem ao Espírito Santo! Qual dos profetas os seus antepassados não perseguiram? Eles mataram aqueles que prediziam a vinda do Justo, de quem agora vocês se tornaram traidores e assassinos — vocês, que receberam a Lei [...], mas não lhe obedeceram" (Atos 7:51-53).

Basta! Basta! O conselho estava furioso! Os homens taparam os ouvidos enquanto uma multidão correu em direção a Estêvão, arrastou-o pelas ruas, levou-o para fora dos muros e o apedrejou até que tudo se fez silêncio.

CRISTIANISMO E JUDAÍSMO

Essa cena da multidão enfurecida, incluindo o julgamento e a morte de Estêvão — o primeiro mártir cristão —, contém a resposta para a seguinte pergunta: como o cristianismo emergiu de suas raízes judaicas? Como foi que um Messias judeu pregando sobre um tema judaico (o reino de Deus) para seguidores judeus tornou-se o Salvador de pessoas em todos os lugares?

A resposta está no confronto de Estêvão com as autoridades judaicas, o qual girou em torno da interpretação do Antigo Testamento. O encontro com Jesus levou os cristãos primitivos a examinar novamente o Antigo Testamento. Ali, eles descobriram uma mensagem maior e abrangente endereçada a todo o mundo, a qual Israel não havia aceitado. Deus há muito havia prometido a Abraão que todos os povos da Terra seriam abençoados nele (Gênesis 12:3), e, embora Jesus falasse às ovelhas perdidas de Israel, seu alcance era maior.

Os especialistas nas Escrituras Judaicas, os escribas e os fariseus, acreditavam que o Antigo Testamento apresentava a Lei de Deus para seu povo especial, os judeus. A Lei começava com os Dez Mandamentos, mas também dava instruções para todas as áreas da vida, incluindo adoração e piedade. Estêvão, porém, declarou sua discordância, insistindo que as instituições da vida judaica (a lei e o templo) eram temporárias. A intenção de Deus era que elas apontassem para o Messias vindouro, o qual cumpriria toda a justiça. O objetivo central do Antigo Testamento era prometer o Messias, e ele veio, afirmava Estêvão, e seu nome é Jesus. Sabemos disso porque os acontecimentos em torno de sua crucificação apresentam provas claras da mão divina.

30 HISTÓRIA DO CRISTIANISMO

[*Fé na ressurreição*]

Os críticos argumentam que os seguidores de Jesus estavam desesperados para estar com ele e foram tomados por um anseio intenso; os mais abatidos chegavam ao ponto de sofrer uma série de alucinações, até mesmo alucinações em grupo. Na opinião dos críticos, aqueles encontros com o Cristo ressurreto ou visões dele foram consequências dessa fé, ou esperança, na ressurreição, no entanto, a evidência do primeiro século indica o contrário. Apesar de todas as coisas notáveis que seus seguidores haviam testemunhado, eles concluíram que Jesus era apenas mais um messias que os romanos haviam executado. Os discípulos estavam frustrados, e nem mesmo o túmulo vazio levou-os a concluir que ele estava vivo; Jesus precisou confrontá-los para despertar a fé na ressurreição. Logo, encontros com o Jesus ressurreto ocasionaram a fé na ressurreição, não o contrário. ■

Como Estêvão poderia dizer isso? A crucificação havia levado os apóstolos de Jesus a se esconderem e se sentirem confusos e temerosos. Suas esperanças quanto ao reino em Israel desapareceram na escuridão que envolveu a cruz.

Na manhã de domingo, algumas mulheres alegaram ter visto Jesus vivo, e, ao verificar a sepultura, vários discípulos a encontraram vazia de fato. Alguns dos apóstolos, entretanto, permaneceram céticos até que um encontro com Jesus os convenceu de que ele havia realmente ressuscitado dentre os mortos. Durante uma das aparições na Galileia, Jesus ordenou aos discípulos que se reunissem em Jerusalém e aguardassem ali até que fossem batizados pelo Espírito Santo alguns dias depois.

PENTECOSTES

Quando retornaram à cidade santa para se juntar aos outros peregrinos na celebração do Pentecostes, sete semanas após a crucificação de Jesus, a emoção era intensa. Durante a festa, cerca de 120 discípulos estavam reunidos em uma casa, quando o Espírito de Deus desceu sobre os presentes. Alguns acharam que se tratava de um vento violento soprando ali; outros testemunharam uma chama em forma de língua acima de cada um deles.

Tomados por essa experiência, correram às ruas e dirigiram-se ao templo. Muitos visitantes na cidade, ao avistá-los, seguiram-nos, pois ouviram sua língua nativa saindo dos lábios dos discípulos.

[*Falar em línguas ou* glossolalia]

Os cristãos discordam quanto à natureza do ato de falar em línguas. Alguns dizem que se trata da capacidade de transmitir uma mensagem em um idioma

ODRES DE VINHO: NOVOS E VELHOS **31**

sem nunca o ter estudado ou aprendido. Essa capacidade é concedida pelo Espírito Santo e apresenta a mensagem de Deus na língua do ouvinte mesmo que o falante não a compreenda.

Outros dizem que falar em línguas é um discurso extático, uma série de sons que não representa um idioma humano. Fosse essa a natureza do falar em línguas, o livro dos Atos não retrataria um milagre de linguagem (conferindo aos falantes a capacidade de falar uma língua estrangeira), mas um milagre de audição (concedida aos ouvintes, capacitando-os a compreender). A despeito do discurso extático, os ouvintes escutavam ou entendiam o conteúdo em sua própria língua. ■

Assim que chegou ao templo, Pedro, um dos apóstolos de Jesus, pôs-se diante da multidão e disse que o milagre que estavam testemunhando era o cumprimento da promessa do profeta Joel quanto à efusão do Espírito de Deus nos "últimos dias". A explicação da maravilha, disse ele, residia na recente crucificação de Jesus de Nazaré. Deus o havia feito Senhor e Messias ao ressuscitá-lo dentre os mortos!

O anúncio de Pedro acerca da ressurreição foi surpreendente, mas a pergunta é: Como ele poderia provar tal alegação? Para tanto, recorreu às Escrituras Judaicas, segundo as quais o Messias não seria abandonado na morte, mas entronizado à destra de Deus até que a vitória universal fosse sua (Salmos 16:10; 110:1).

Mas o que tais Escrituras têm a ver com Jesus de Nazaré? "Ele era o Messias", disse Pedro. "Deus ressuscitou este Jesus, e todos nós somos testemunhas desse fato" (Atos 2:32).

Desde o início, portanto, os apóstolos pregaram a ressurreição de Jesus como cumprimento do propósito divino anunciado no Antigo Testamento. O Messias, uma vez crucificado, foi exaltado acima do universo, e fora desse milagre, disseram os apóstolos, não há evangelho, nem salvação, nem Igreja. No entanto, ele é verdadeiro. Assim, "Arrependam-se", disse Pedro aos peregrinos do Pentecostes, "e cada um de vocês seja batizado em nome de Jesus Cristo para perdão dos seus pecados, e receberão o dom do Espírito Santo" (Atos 2:38).

Muitos aceitaram o convite de Pedro e foram batizados. Cerca de 3 mil pessoas entraram para o movimento de Jesus naquele dia, e foi assim que a Igreja cristã começou.

Foi um início e tanto. Estêvão conhecia bem a história, e os cristãos, desde então, afirmam que a morte de Jesus na cruz, sua ressurreição e a missão capacitadora do Espírito Santo são as realidades fundamentais do cristianismo. A Igreja incipiente alastrou-se em um ritmo descomunal nos primeiros quarenta anos. Ela surgiu na maioria das principais cidades do

Império Romano e, de uma minúscula seita judaica, transformou-se em uma comunhão de povos muito diversos.

Estêvão, naturalmente, não pôde testemunhar isso, contudo, foi o primeiro a compreender o significado especial da crucificação e da ressurreição de Jesus e da efusão do Espírito para a história bíblica. Ele percebeu, lá no fundo, que o cristianismo nunca poderia ser confinado às fronteiras rígidas das leis dos fariseus.

O próprio Jesus sugeriu que haveria um rompimento. Certa vez, quando questionado por que seus discípulos não jejuavam como os fariseus, ele respondeu: "Nem se põe vinho novo em vasilha de couro velha; se o fizer, a vasilha rebentará, o vinho se derramará e a vasilha se estragará. Ao contrário, põe-se vinho novo em vasilha de couro nova; e ambos se conservam" (Mateus 9:17). O avanço mais importante no cristianismo do primeiro século foi o rasgo dos odres velhos.

A PRIMEIRA COMUNIDADE

Ninguém duvidava de que o primeiro grupo de cristãos seguidores era composto de judeus e incluía a mãe de Jesus, Maria, alguns outros parentes e os apóstolos: Pedro, Tiago, João, André, Filipe, Tomé, Bartolomeu, Mateus, Tiago, filho de Alfeu, Simão, o zelote, e Judas, filho de Tiago. Eles escolheram um discípulo chamado Matias para se tornar o décimo segundo apóstolo, substituindo Judas Iscariotes, o qual cometera suicídio logo após a crucificação.

Considerando que todo o grupo era composto por judeus devotos, eles permaneceram leais, durante certo tempo, às leis judaicas, e continuaram a adorar nas sinagogas e no templo. Em todos os aspectos exteriores, o estilo de vida deles se assemelhava a qualquer outra seita judaica da época. Os discípulos chamavam seu novo movimento de "O Caminho", enfatizando a crença de que Jesus conduziria seus seguidores ao reino de Deus. Em pouco tempo, porém, a comunidade de Jerusalém passou a denominar-se por um termo do Antigo Testamento que costumava ser utilizado para se referir à assembleia de Israel. O equivalente em grego era *ekklesia* (ou *igreja* em português) e significava uma reunião de pessoas, o povo de Deus.

A despeito de sua conformidade exterior à religião judaica e de seu emprego das Escrituras Judaicas, os discípulos sentiam que a ressurreição de Jesus e a vinda do Espírito Santo no Pentecostes os haviam transformado em algo único — um odre novo?

Pouco depois do Pentecostes, as autoridades do templo, perturbadas com a pregação sobre a ressurreição de Jesus, prenderam Pedro e os outros onze apóstolos, e ainda ameaçaram, em vão, os líderes da Igreja, proibindo-os de proclamar a ressurreição de Jesus. Apesar disso, os seguidores de Jesus participavam dos cultos no templo com regularidade e observavam rigorosamente as leis e os rituais judaicos. Eles não mostravam nenhum sinal da rejeição da lei de Moisés nem da autoridade do templo, e, em dois anos, seu número havia subido para vários milhares.

Sob a liderança dos apóstolos, o novo movimento conservava sua unidade com duas cerimônias especiais, que mantinham a realidade da morte e da ressurreição de Jesus no centro da comunhão.

A primeira, o batismo, era familiar porque muitos dos primeiros discípulos haviam seguido o ministério de João Batista. No entanto, seu significado na comunidade apostólica era diferente. O batismo de João era uma forma de professar a fé em um reino ainda por vir; já o batismo na nova Igreja era aquilo que os teólogos agora denominam *escatológico*, uma vez que assinalava a entrada em um reino espiritual já proclamado, porém ainda a ser revelado em sua plenitude.

Os primeiros cristãos passaram a acreditar que a morte, o sepultamento e a ressurreição de Jesus, seguidos pela vinda do Espírito no Pentecostes, eram acontecimentos divinos que inauguraram uma nova era. As pessoas poderiam entrar para esse reino espiritual pela fé em Jesus como Senhor e testificar dessa fé pelo batismo.

De modo semelhante, a segunda cerimônia, a ceia — como logo foi chamada —, recordava a traição e a morte de Jesus e encontrava evidência da nova aliança prometida pelo profeta Jeremias nos acontecimentos do Calvário e no túmulo vazio. A morte de Jesus e a vida nova no Espírito eram simbolizadas e seladas para a congregação dos discípulos no ato de beber o cálice e comer o pão consagrado. Essa simples refeição renovava sua aliança com Deus e uns com os outros.

OS HELENISTAS

Unida, portanto, pelo ensinamento dos apóstolos e pelas duas cerimônias que retratavam a morte e ressurreição de seu Senhor, a jovem Igreja alastrou-se pela Judeia, mas esse rápido crescimento suscitou novos temores nas autoridades e criou tensões na Igreja. Cada vez mais convertidos procediam da comunidade judaico-helenista — isto é, judeus que tinham vindo a Jerusalém, provenientes de todas as partes do Império Romano, a fim de se estabelecer na cidade santa. Muitos deles vieram durante as peregrinações e decidiram ficar permanentemente. Assim como imigrantes em todos os lugares, eles viviam em comunidades separadas, falavam grego e utilizavam uma tradução grega comum do Antigo Testamento chamada Septuaginta.

Os judeus helenistas eram fiéis à sua religião, mas, no mundo fora da Palestina — Egito, Ásia Menor, Europa —, haviam sido expostos à cultura grega por muito tempo. Eles se misturavam aos gentios com mais facilidade e eram mais receptivos a novas ideias do que seus primos palestinos.

No princípio, os apóstolos abriam as portas da Igreja para os helenistas que criam em Jesus. O espírito de unidade foi prejudicado, entretanto, por uma rivalidade crescente entre membros palestinos e helenistas. Alguns cristãos helenistas queixavam-se de que suas viúvas eram negligenciadas pelo programa de assistência da Igreja, e, na tentativa de remover tais ressentimentos, os apóstolos criaram um conselho composto por sete discípulos helenistas, entre eles Estêvão e Filipe, para supervisionar as distribuições. É possível que esses homens tenham sido os primeiros a ocupar um cargo chamado, em outros lugares, de *diácono* (em grego, *diakonos*), que significa *servo* ou *ministro*.

Em pouco tempo, porém, Estêvão começou a pregar nas sinagogas de judeus helenistas em Jerusalém, o que desencadeou o tumulto que levou à sua morte — e foi só o começo. Grupos de justiceiros começaram a capturar e prender nazarenos suspeitos — um dos líderes desses justiceiros era um fariseu zeloso chamado Saulo de Tarso.

Esse primeiro massacre cristão, ocorrido por volta de 36 d.C., marcou a expansão do abismo entre judaísmo e cristianismo e transformou a nova fé em um movimento missionário. Os apóstolos hebreus não foram importunados, mas os discípulos helenistas foram obrigados a fugir de Jerusalém, encontrando refúgio na Síria e em Samaria, onde fundaram comunidades cristãs. Outros cristãos helenistas fundaram igrejas nas cidades de Damasco, Antioquia e Tarso, na Síria, na ilha de Chipre e no Egito.

Notícias a respeito das igrejas espalhadas no mundo helênico foram aos poucos chegando à cidade santa, e os anciãos cristãos em Jerusalém logo enviaram representantes para estabelecer laços com os novos centros do cristianismo. Pedro e João foram a Samaria para se encontrarem com Filipe. Barnabé, um judeu do Chipre e um dos primeiros convertidos de Jerusalém, viajou para Antioquia, na Síria, onde "homens de Chipre e de Cirene" haviam fundado um movimento cristão bem-sucedido, dando o passo revolucionário de evangelizar gentios.

Antioquia era a capital administrativa da província romana da Síria. Com meio milhão de habitantes, ela também era a terceira maior cidade do império, depois de Roma e de Alexandria. Por ser um centro cosmopolita movimentado, sua população racialmente mista era, em sua maioria esmagadora, gentia, mas também existia uma grande comunidade judaica. Em Antioquia, pela primeira vez os seguidores de Jesus foram chamados de *cristãos*. Originalmente, os oponentes da Igreja usavam o termo como um rótulo depreciativo para os "devotos do Ungido" (em grego, *Christianoi*), mas os cristãos logo o adotaram de bom grado.

Desse modo, a Antioquia cresceu em influência cristã e, com o tempo, substituiu Jerusalém como centro de iniciativas missionárias. Isso se deu, em grande parte, graças ao trabalho de Saulo de Tarso, que se juntou a Barnabé ali em aproximadamente 44 d.C.

O APÓSTOLO PAULO

Nenhuma pessoa — à exceção de Jesus, é claro — moldou o cristianismo mais do que Saulo (ou, como os cristãos passaram a chamá-lo, Paulo, um nome mais familiar para os ouvidos dos falantes da língua grega). Ninguém fez mais pela fé do que ele e, ao mesmo tempo, não havia alguém mais improvável do que ele para isso.

Quando Estêvão caiu ao chão machucado, sangrando por causa das pedras atiradas por seus acusadores enfurecidos, Saulo estava por perto, liderando o ataque contra os nazarenos. Como, questionava ele, alguém poderia professar seguir um Messias crucificado? Quase por definição, o Messias é um indivíduo em quem a bênção de Deus repousa de forma única. Que tolo poderia crer que crucificação é uma bênção de Deus?

Saulo encontrou a resposta para essa pergunta ao confrontar o Senhor, certo dia, quando se aproximava de Damasco. Ele caiu ao chão, cego por uma luz, e ouviu uma voz: "Saulo, Saulo, por que você me persegue?" Logo depois, o argumento de Estêvão fez sentido, e Saulo creu.

Mais tarde, ele explicou que a lei profere uma maldição sobre todo aquele que não consegue cumpri-la em sua totalidade; logo, todos os que esperam obter o favor de Deus guardando-a estão expostos a uma maldição. Felizmente, Deus forneceu uma via de escape: "Cristo nos redimiu da maldição da Lei quando se tornou maldição em nosso lugar" ao ser pendurado em uma cruz (Gálatas 3:10-14).

Então, Estêvão estava certo. A lei de Deus foi dada por um tempo para convencer os homens de sua incapacidade de cumprir a vontade divina e deixá-los sem opção a não ser aceitar as boas novas da morte e ressurreição de Jesus Cristo.

Esse era um remédio forte para o judaísmo, e as autoridades não o queriam provar de jeito nenhum. Assim, o perseguidor de cristãos tornou-se um perseguido entre os cristãos. Ele era, entretanto, um líder especialmente qualificado para preencher a lacuna entre o cristianismo judaico e o cristianismo gentílico, afinal, era um homem proveniente de três mundos: judaico, grego e romano.

Embora tivesse sido educado na mais rígida tradição judaica e estudado sob a orientação do famoso rabino Gamaliel em Jerusalém, Paulo era fluente em grego e estava familiarizado com o pensamento e a literatura grega. Isso significava que ele poderia expressar as doutrinas e os ensinamentos de Jesus, muitos dos quais se baseavam em crenças do Antigo Testamento completamente estranhas aos gentios, de um modo compreensível à mente pagã. Além disso, Paulo era cidadão romano, o que lhe conferia liberdade especial de circulação, proteção em suas viagens e acesso aos níveis mais elevados da sociedade.

O título *apóstolo*, ou *enviado*, não poderia ser mais apropriado. Paulo fez uma série de viagens por toda a Ásia Menor (atual Turquia) e a Grécia pregando Jesus como o Cristo e plantando igrejas de cristãos gentios.

Os convertidos de Paulo formavam um grupo heterogêneo. Alguns tinham antecedentes respeitáveis, mas a maioria era pagã com um passado sórdido. Em uma de suas muitas cartas, Paulo lembra os leitores da antiga vida que levavam: eram sexualmente imorais, idólatras, adúlteros, homossexuais, ladrões, avarentos, alcoólatras, caluniadores e trapaceiros. Todavia, diz ele, "vocês foram lavados, foram santificados, foram justificados no nome do Senhor Jesus Cristo e no Espírito de nosso Deus" (1Coríntios 6:11).

Qual era a melhor maneira de incutir os princípios da moralidade cristã nessas igrejas? Essa questão estava no cerne das constantes tensões entre cristãos judeus e gentios no cristianismo do primeiro século.

Os cristãos palestinos, imersos no judaísmo tradicional, posicionaram-se: "Diga-lhes que, a menos que se submetam à lei judaica além de crer em Jesus, sua fé não terá esperança alguma".

Paulo, contudo, considerava isso impossível — sua própria experiência apontava para outra direção. Se alguém pudesse alcançar a justiça de Deus obedecendo a lei, ele mesmo teria sido o maior no reino, no entanto, a justiça por esforço pessoal resulta apenas em fracasso. O homem só pode ser aceito como justo por intermédio da imerecida misericórdia de Deus — isso é graça, e a graça sempre provém da vida, morte e ressurreição de Jesus Cristo.

Muitos cristãos acreditavam que Paulo demonstrava um otimismo insustentável. Eles estavam profundamente preocupados com o declínio da moral cristã e estavam certos de que isso chegaria às igrejas gentílicas. Se fosse ensinado que a justificação era alcançada somente pela fé, argumentavam esses cristãos, as pessoas imaginariam que o modo de viver não mais importaria uma vez que tivessem aceitado Cristo pela fé.

Paulo, por sua vez, afirmava que, se realmente tivessem aceitado Cristo pela fé, elas aceitariam o caminho e a mente de Cristo. O homem que realmente ama a Deus é livre para agir como quiser, pois escolherá fazer a vontade de Deus.

Essa diferença entre Paulo e seus adversários judeus não desapareceu com os apóstolos, permanecendo no cristianismo até os dias atuais. Aqueles de mentalidade legalista acham que Paulo e seus semelhantes são imprudentes e irrealistas; Paulo e seus seguidores acusam os propensos ao legalismo de traírem o significado da graça de Deus.

O ministério itinerante de Paulo, todavia, ganhou cada vez mais fiéis às suas convicções. Em sua primeira viagem, ele visitou a ilha de Chipre e as principais cidades na província da Galácia, região situada na Ásia Menor central. Em sua segunda viagem, voltou às congregações que havia fundado e, depois, cruzou o oeste da Ásia Menor até Trôade, onde decidiu levar sua missão à Europa. Após navegar rumo à Macedônia, Paulo pôs os pés pela primeira vez em solo europeu. De Filipos, no norte da Macedônia, Paulo viajou para Tessalônica e Bereia, e, em seguida, visitou Atenas, o berço da civilização ocidental.

A tarefa de Paulo de levar o evangelho de Jesus aos gentios era difícil, mas não impossível, pois o mundo pagão era por demais religioso. Além da lealdade a um panteão de deuses gregos, adotados e renomeados pelos romanos, cada cidade, vilarejo ou família costumava se devotar a uma divindade específica. Em suas viagens, Paulo deparou-se com grande parte das principais crenças pagãs — em particular, um grupo daquilo que se denomina seitas de mistério havia se desenvolvido em diferentes regiões do império. Tratava-se de seitas locais baseadas em lendas de deuses que renasciam a cada primavera: Hércules, Dionísio, Ísis, Mitra e outros. Apesar de suas crenças centrais se basearem no ciclo de fertilidade da natureza, as seitas de mistério adotavam várias ideias sofisticadas, incluindo as de imortalidade, ressurreição e luta entre o bem e o mal. Essa semelhança superficial com a fé cristã foi útil para Paulo na explicação da mensagem de Jesus aos pagãos.

De Atenas, Paulo viajou para Corinto, onde fundou uma comunidade cristã considerável, e, um ano e meio mais tarde, voltou para Antioquia, na Síria.

Em sua terceira viagem missionária, Paulo fundou uma igreja em Éfeso, onde pregou e ensinou por mais de dois anos; quando retornou a Jerusalém, ao final de sua jornada, oficiais judeus finalmente o prenderam. Ele passou os dois anos seguintes em prisão domiciliar em Cesareia, a capital romana da Judeia, até que, por fim, exerceu seu direito como cidadão romano de recorrer apelando diretamente ao imperador.

Paulo, então, foi para a capital do império, Roma, e lá passou os últimos anos da sua vida à espera do julgamento. Por ter permissão para continuar pregando, ele provavelmente levou outras pessoas a se converterem. Após a perseguição dos cristãos, liderada pelo imperador Nero (64 d.C.), nunca mais se ouviu falar de Paulo, embora existam tradições afirmando que ele foi para a Espanha.

Nesse ponto, o rompimento com o judaísmo tradicional estava quase completo. Os cristãos gentios não eram circuncidados e desconheciam, ou descumpriam, as leis alimentares, e, na maioria das regiões, a observância do sábado (sétimo dia) dera lugar ao culto no primeiro dia da semana, o dia em que Jesus havia ressuscitado dentre os mortos.

DECLÍNIO DE JERUSALÉM

Vozes de Jerusalém, não de Roma, entretanto, representaram o ápice da separação. Enquanto Paulo reunia seguidores gentios por todo o mundo pagão, a igreja em Jerusalém dava continuidade à sua rígida aderência à ortodoxia judaica. A perseguição continuava sendo uma possibilidade. Em aproximadamente 41 d.C., Tiago, filho de Zebedeu, um dos seguidores mais íntimos de Jesus, foi assassinado por ordem de Herodes Agripa I, rei da Palestina de 41 a 44 d.C. O irmão de Tiago, João, "o discípulo amado", talvez tenha fugido de Jerusalém nessa época. Pedro foi preso logo após a morte de Tiago, mas escapou e embarcou em uma longa viagem missionária. Ele visitou Antioquia, Corinto e outras cidades na Ásia Menor, e, próximo ao final da vida, viajou para Roma, onde, juntamente com Paulo, foi capturado na perseguição de Nero e, então, martirizado.

A liderança da igreja de Jerusalém ficou de início nas mãos de Tiago, "o irmão do Senhor". Por ser um judeu devoto e cumpridor da lei, ele era reverenciado por seus seguidores, mas, em 62 d.C., foi assassinado por ordem do sumo sacerdote judeu. Sua morte deixou a igreja de Jerusalém desmoralizada e sem liderança.

Enquanto isso, tensões entre os judeus e seus dominadores romanos ficavam cada vez mais fortes. A conclusão do templo judaico em 64 d.C., deixou milhares de trabalhadores desempregados, intensificando o descontentamento geral. Por fim, em 66 d.C., os judeus se rebelaram, recusando-se a executar o sacrifício diário para o imperador.

Segundo a descrição de um relato,

> A guerra trágica e sangrenta que se seguiu custou mais vidas do que qualquer conflito anterior. Os judeus resistiram a adversidades avassaladoras por quatro anos, mas não puderam suportar o poder de Roma. Em 70 d.C., as tropas do imperador Vespasiano, lideradas por Tito, irromperam pelos muros de Jerusalém, saquearam o templo, queimaram-no e levaram os despojos para Roma. A cidade santa foi totalmente destruída, e, nas represálias subsequentes, todas as sinagogas da Palestina foram completamente queimadas.
>
> No início da revolta, os líderes da igreja de Jerusalém foram aconselhados, em uma visão, a fugir da cidade.

Os judeus piedosos consideravam a fuga cristã um ato de traição, e isso selou o destino da Igreja no mundo judaico. Alguns anos mais tarde, ao tomarem a decisão de barrar judeus cristãos nos cultos na sinagoga, o rompimento estava completo. Qualquer judeu que desejasse permanecer fiel à sua religião não poderia ser também cristão. A nova fé havia se tornado, e permaneceria sendo, um movimento gentílico. O odre velho estava irremediavelmente rasgado.

Para fins práticos, o ano de 70 d.C. e a destruição de Jerusalém marcaram o fim da era apostólica. A maioria dos primeiros apóstolos estava morta, e as igrejas que eles haviam fundado estavam agora em novas mãos. Por intermédio de sua incansável atividade, um novo e poderoso elixir fora derramado no mundo mediterrâneo. Mais duradoura e resiliente do que as forças adversárias, a mensagem dos apóstolos suportaria perseguições e oposições, emergindo séculos mais tarde como a fé dominante do Império Romano.

Leitura sugerida

- BARNETT, Paul. *Jesus and the Rise of Early Christianity* [Jesus e o crescimento do cristianismo primitivo]. Downers Grove, IL: Inter-Varsity, 1999.

- BARCLAY, William (Org.). *The Bible and History* [A Bíblia e a História] Nashville: Abingdon, 1968.

- BLOMBERG, Craig L. *From Pentecost to Patmos: An Introduction to Acts through Revelation* [Do Pentecostes a Patmos: uma introdução aos Atos dos Apóstolos por meio do Apocalipse]. Nashville: Broadman & Holman, 2006.

- BRUCE, F. F. *New Testament History* [História do Novo Testamento]. Londres: Nelson, 1969.

- *CAPES, David; REEVES, Rodney; RICHARDS, E. Randolph. *Rediscovering Paul: An Introduction to His World, Letters, and Theology* [Redescobrindo Paulo: uma introdução ao seu mundo, suas cartas e sua teologia]. Downers Grove, IL: Inter-Varsity Press, 2007.

- WENHAM, David Paul. *Follower of Jesus or Founder of Christianity?* [Seguidores de Jesus ou fundadores do Cristianismo]. Grand Rapids: Eerdmans, 1995.

Época do cristianismo católico

70 a 312 d.C.

NESTE PERÍODO, O CRISTIANISMO DIFUNDIU-SE por todo o Império Romano e provavelmente pelo leste até a Índia. Os cristãos perceberam que eram parte de um movimento em rápida expansão e o chamaram de *católico*, termo que sugere que o cristianismo desse período é um movimento universal — a despeito do escárnio pagão e da perseguição romana — e também a fé verdadeira — em oposição a todas as distorções dos ensinamentos de Jesus. A fim de enfrentar os desafios da época, os cristãos voltaram-se, cada vez mais, para os bispos em busca de liderança espiritual. O cristianismo católico, portanto, foi marcado por visão universal, crenças ortodoxas e governo eclesiástico episcopal.

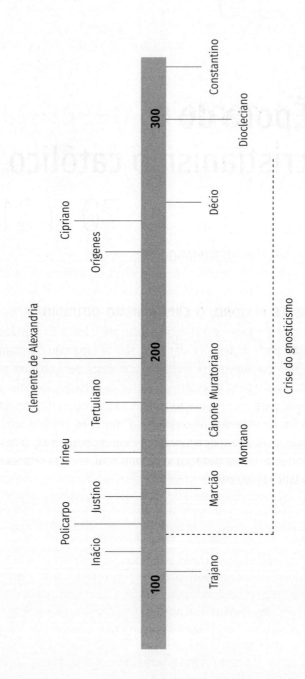

CAPÍTULO 3

Somente os desprezados

Cristianismo católico

EUSÉBIO, ANTIGO HISTORIADOR CRISTÃO (cc. 265-339), registra uma história encantadora dos primórdios do cristianismo. Ao que tudo indica, ela é originária de Edessa, uma cidade a nordeste de Antioquia, além da fronteira do Império Romano. Na época, ela era a capital do minúsculo reino de Osroena. Segundo o relato, o rei — Abgar, o Negro (c. 946) — enviou uma carta a Jesus convidando-o para ir até Edessa. Ele tinha ouvido falar do poder de cura de Jesus e, por estar enfermo, implorou-lhe: "Vem e cura minha aflição".

O Senhor Jesus respondeu ao rei, explicando que precisava cumprir seu destino na Palestina, mas que, após a ascensão, enviaria um de seus discípulos para curá-lo "e dar vida tanto a ti quanto àqueles que estão contigo".

A história é uma lenda fascinante, mas também um importante lembrete de que os cristãos primitivos, em seus esforços para levar o evangelho a todos os homens, não pararam nas fronteiras do Império Romano. Osroena tornou-se o primeiro reino cristão e serviu como um importante elo para os países do leste.

O cristianismo do primeiro século foi uma explosão espiritual. Inflamada pelo Acontecimento — a presença de Jesus —, a Igreja estendeu-se por todas as direções, tanto geográficas quanto sociais. Já o segundo e o terceiro séculos forneceram o canal para esse poder.

Esse segundo período foi um tempo importante para a Igreja, possibilitando que o cristianismo se amoldasse à época, além de ter definido planos de longo prazo e, no processo, ter formado o caráter da fé cristã para as gerações vindouras.

Hoje, com o Credo Apostólico, confessamos fé na "Igreja santa e católica". Foi isto que esse período nos deu: o cristianismo "católico". Ele era mais do que uma organização; era uma visão espiritual, uma convicção de que todos os cristãos devem estar em um único corpo.

44 HISTÓRIA DO CRISTIANISMO

Jesus havia comissionado os discípulos a ir por todo o mundo, e Paulo renunciara à própria vida abrindo a porta da Igreja para os gentios. Em certo sentido, o cristianismo católico era simplesmente um desenvolvimento dos planos de Jesus e dos esforços de Paulo.

Chamamos os anos de 70 a 312, de época do cristianismo católico porque esse pensamento dominou a história cristã no período que vai desde a morte dos apóstolos até o surgimento de imperadores cristãos.

Embora a universalidade do cristianismo seja uma ideia comum no Novo Testamento, o termo *católico* não aparece. Inácio, bispo de Antioquia no início do segundo século, parece ter sido o primeiro a utilizar essa palavra. Ele falou sobre a "Igreja católica" quando afirmou: "Onde estiver Jesus Cristo, aí está a Igreja católica". Ao final do segundo século, o termo *católico* era amplamente utilizado para se referir à Igreja no sentido de que a Igreja católica era universal — em oposição a congregações locais — e ortodoxa — em oposição a grupos heréticos.

Em um capítulo posterior, analisaremos em mais detalhes o caráter ortodoxo do cristianismo primitivo, mas, neste ponto, temos de questionar o seguinte: Como as congregações dispersas no período apostólico se transformaram no cristianismo católico?

Qualquer tentativa honesta de responder a essa pergunta requer uma visão geral da difusão geográfica do cristianismo e uma descrição de seu sucesso do ponto de vista social. Pode ser útil considerar aquele como um panorama do mundo dos cristãos primitivos e este como um olhar sobre um álbum de família recém-descoberto.

[O cristianismo cresceu milagrosamente?]

A Bíblia relata que milagres acompanharam e incentivaram o crescimento do cristianismo, mas será que isso significa que a taxa de crescimento foi, em si, milagrosa? Alguns teóricos contemporâneos, como Rodney Stark, alegam que a expansão numérica do cristianismo pode ser explicada por uma taxa de crescimento constante, comparável ao mormonismo no contexto norte-americano. A maior expansão do cristianismo ocorreu nos últimos cinquenta anos. ∎

O cristianismo, como vimos, começou como uma pequena ramificação do judaísmo. Três séculos mais tarde, tornou-se a religião favorecida e oficial de todo o Império Romano, e, a despeito de esforços difundidos e determinados para eliminar a nova fé, ela sobreviveu e cresceu. Na época do reinado de Constantino (312-337), o primeiro imperador cristão, havia igrejas em todas as grandes cidades do império e em locais distantes uns dos outros, como Bretanha, Cartago e Pérsia.

SOMENTE OS DESPREZADOS

Como isso aconteceu? Para onde, especificamente, o cristianismo se difundiu e por que ele se expandiu com tanta rapidez?

PROPAGAÇÃO DA FÉ

O apóstolo Paulo disse aos cristãos romanos: "Não me envergonho do evangelho, porque é o poder de Deus para a salvação [...] primeiro do judeu, depois do grego" (Romanos 1:16). O melhor lugar para iniciar um panorama da expansão cristã primitiva, ao que tudo indica, é em meio aos judeus.

Os descendentes de Abraão estavam presentes, em grande número, em todas as partes do Império Romano — algumas autoridades afirmam que eles podem ter chegado a 7% da população total. Suas crenças religiosas distintivas faziam deles uma fonte constante de atração e de repulsa para seus vizinhos gentios. Em tempos de incerteza, muitos gentios (gregos e romanos) consideravam o ensinamento das sinagogas uma sabedoria profunda e convincente, mas, em outros momentos, não estavam tão certos disso.

Alguns gentios submetiam-se ao ritual da circuncisão e, desse modo, tornavam-se parte do povo judeu. No entanto, a maioria permanecia na categoria dos *tementes a Deus*, isto é, espectadores interessados nos cultos da sinagoga.

A resposta mais frutífera à pregação do evangelho vinha desse último grupo. Quando os pregadores cristãos deixavam claro para essas pessoas que, mesmo sem se submeter ao ritual da circuncisão — que tanto gregos quanto romanos consideravam degradante e repugnante —, elas poderiam receber tudo o que o judaísmo oferecia e ainda mais, não lhes era difícil dar o passo seguinte e aceitar Jesus como o Cristo.

A presença dessa elite preparada quase impossibilita comparações do evangelismo na época dos apóstolos com o evangelismo em qualquer outro momento posterior. A maioria dos "tementes a Deus" conhecia bem o Antigo Testamento, entendia suas ideias teológicas e aceitava seus valores morais. Poucos movimentos missionários na história cristã puderam vislumbrar um campo tão preparado para a colheita.

Essa preparação para o evangelho também ajuda a explicar por que os cristãos pensavam em termos católicos. Assim como os judeus e suas sinagogas, os cristãos tinham suas assembleias locais, porém, desde o início, eles se consideravam um Israel fiel, uma comunhão de cristãos em todo o mundo.

O *mundo*, para a antiga cidade de Roma, significava cidades. O apóstolo Paulo definiu o padrão de evangelismo nos primeiros séculos do cristianismo ao estabelecer-se em uma das grandes cidades do império por um período e, por intermédio de jovens auxiliadores, difundir a mensagem deste centro a cidades menores da região. Podemos traçar os principais passos do progresso na propagação do evangelho dessa maneira.

Após a queda de Jerusalém em 70 d.C., o centro do movimento cristão foi transferido para o norte e, depois, para o oeste. O segundo lar da Igreja

46 HISTÓRIA DO CRISTIANISMO

foi Antioquia, na Síria. Com uma sucessão de bispos notáveis, a Igreja na terceira maior cidade do império criou raízes e exerceu influência por toda a Síria, e, ao final do quarto século, Antioquia era uma cidade com meio milhão de habitantes, sendo que metade destes eram cristãos.

Edessa estava além da fronteira do império, mas seus laços com Antioquia eram aparentemente estreitos. Mais tarde, a cidade afirmou que o fundador da igreja ali havia sido um dos setenta discípulos de Jesus, um homem chamado Adai. Sabemos que Serapião, bispo de Antioquia por volta do ano 200, consagrou um cristão edesseno chamado Palut como bispo da capital.

Há boas razões para supor que um cristão desconhecido tenha partido de Edessa rumo ao leste até chegar à Índia. Os chamados *cristãos de São Tomé*, na Índia, hoje acreditam que esse cristão foi o apóstolo Tomé, o que talvez seja verdade. Uma viagem de Tomé ao sul da Índia no primeiro século teria sido algo bem possível. Isso provavelmente nunca será afirmado sem razoável dúvida histórica, mas podemos dizer, com alguma certeza, que a igreja na Índia existiu desde muito cedo.

O AVANÇO PARA O OESTE

A corrente predominante da obra missionária cristã primitiva, entretanto, não se estendeu para o leste de Antioquia, mas para o oeste. O apóstolo Paulo havia aberto um caminho para a Itália e para a Espanha, a qual acabou sendo o trajeto do futuro.

Situada a oeste de Antioquia, a cidade relevante seguinte era Éfeso. Esse porto marítimo e as regiões vizinhas da Ásia Menor (atual Turquia) foram mais um campo fértil para o trabalho cristão. Desde as viagens missionárias de Paulo, os falantes de grego nessa região responderam com avidez aos apelos do evangelho.

Sabemos também que a província remota e bastante rural de Bitínia, no noroeste da Ásia Menor, foi, durante algum tempo no início do segundo século, um centro de crescimento extraordinário. Plínio, o governador da região, escreveu uma carta ao imperador Trajano em 112 d.C., manifestando sua consternação diante da rápida propagação da fé cristã. Ele mencionou "muitas pessoas em todas as fases da vida, em todos os níveis da sociedade, de ambos os sexos [...] em cidades e vilarejos, espalhadas por todo o território". O que ele deveria fazer com essas pessoas? Plínio temia que os santuários dos deuses pagãos fossem completamente abandonados em pouco tempo.

Talvez tenhamos aqui o primeiro movimento em massa na história cristã, o que era bem incomum para áreas rurais no mundo antigo. A imagem geral sugere que regiões subdesenvolvidas, habitadas por pessoas que preferiam manter a fala bárbara, costumavam ser mais resistentes à incursão do evangelho. De qualquer forma, sabemos que, no sexto século, o imperador Justiniano ainda mobilizava forças cristãs contra o paganismo no interior da Ásia Menor.

Mais para o oeste, Roma, o coração do vasto império, atraía pessoas de todas as regiões. Plantada por cristãos desconhecidos no primeiro século, a igreja ali cresceu rapidamente. O conceituado estudioso alemão Adolf Harnack calculou que, no ano 250, no mínimo 30 mil cristãos viviam em Roma, sendo que a maioria era proveniente de classes mais baixas. Sabemos disso porque, por mais de um século, os cristãos em Roma falavam grego, a língua dos escravos e pobres, ao passo que os verdadeiros romanos das classes superiores falavam latim.

Desde seu início, alegando ter sido ministrada pelos apóstolos Pedro e Paulo, essa igreja na capital do império ganhou o respeito e a admiração de todos os cristãos. Assim que uma igreja criou raízes na capital, ela naturalmente assumiu a liderança das questões cristãs, tal como acontece com grandes igrejas em áreas metropolitanas na atualidade.

Fora de Roma, ao oeste e ao norte, o progresso do evangelho parece ter sido lento. Na região sul do local hoje chamado de França (Gália na época), sabemos que existiu uma igreja em Lion em meados do segundo século, pois o bispo Irineu deixou-nos vários escritos.

Ao final do terceiro século, também ouvimos falar de igrejas e bispos na Espanha. Porém, a evidência sugere que as regiões ocidentais do império ficavam atrás das orientais no que tange à força do testemunho cristão.

Não temos uma ideia concreta de como o cristianismo chegou à Bretanha, mas talvez tenha sido por meio de algum soldado ou comerciante romano. Tudo o que sabemos com certeza é que três bispos da Bretanha participaram de um concílio eclesiástico em Arles, no sul da França, no ano 314. Fora disso, resta-nos rumores e a imaginação.

NORTE DA ÁFRICA

Atravessando o Mediterrâneo em direção ao sul, chegamos ao norte da África. Mais uma vez, a evidência concentra-se em uma cidade, Cartago, a qual dominava a região que conhecemos hoje como Tunísia e Argélia. O cristianismo nessa região era liderado por bispos; todas as cidades e quase todos os vilarejos tinham um bispo. O cristianismo ali também tinha suas tensões. Os escritores, mártires e bispos que conhecemos são praticamente todos da parte romanizada da comunidade. De fato, o cristianismo norte-africano produziu as primeiras igrejas de língua latina no mundo, o que indica que elas costumavam ser de classe superior. Não surpreende que problemas de raça e língua tenham surgido nessa região; afinal de contas, o idioma púnico, trazido pelos primeiros colonos fenícios, e o idioma berbere, falado pelos habitantes dos vilarejos e do deserto, também podiam ser encontrados dentro e ao redor de Cartago. Nas grandes perseguições do terceiro século, essas diferenças culturais significaram um problema para as igrejas.

48 HISTÓRIA DO CRISTIANISMO

Atravessando o norte da África em direção ao leste, chegamos a Cirene, a oeste do Egito, território mencionado quatro vezes no Novo Testamento. Simão de Cirene, por exemplo, carregou a cruz de Jesus no caminho para o Gólgota (Marcos 15:21). É quase certo que Simão tornou-se um seguidor, visto que, depois, encontramos seu filho Rufo no círculo dos cristãos (Romanos 16:13). Também havia homens de Cirene presentes no dia de Pentecostes, quando Pedro transmitiu sua mensagem comovente à multidão em Jerusalém (Atos 2:10), e alguns deles discutiram com Estêvão mais tarde (Atos 6:9). Por fim, vemos que cirenenses participaram do passo decisivo que levou o evangelho além de Israel para o mundo gentílico (Atos 11:20). É quase certo que tal zelo levou ao estabelecimento de igrejas na própria região de Cirene — sabemos que, no quinto século, cerca de meia dúzia de bispos atuava ali.

Nosso círculo ao redor do Mediterrâneo leva-nos, por último, a Alexandria. O nome em si é uma memória de Alexandre, o Grande, que fundou a cidade em 332 a.C., fazendo dela uma capital cultural e um centro comercial com o oriente e o ocidente. Como segunda maior cidade do império, havia nela uma população judaica considerável. Liderados pelo conhecido filósofo Filo, contemporâneo do apóstolo Paulo, os judeus em Alexandria tentavam interpretar o judaísmo em termos da filosofia grega.

Os cristãos na cidade enfrentavam o mesmo problema, mas sabemos que uma famosa escola catequética ali tinha como foco tornar o evangelho inteligível para o povo imerso na cultura grega.

Os cristãos primitivos em Alexandria costumavam proclamar João Marcos como fundador de sua igreja. Desconhecemos como ela foi estabelecida, mas, durante o terceiro e quarto séculos, poucas igrejas exerceram mais influência do que ela.

Resumindo esse panorama da expansão inicial da Igreja, podemos dizer que, ao final do terceiro século, nenhuma região do império carecia do testemunho do evangelho, contudo, a força desse testemunho era irregular. As áreas mais fortes eram Síria, Ásia Menor, norte da África, Egito e algumas outras cidades notáveis, como Roma e Lion, mas pouco se sabe sobre o alcance do cristianismo nas regiões rurais.

O IMPACTO SOCIAL DO EVANGELHO

A visão católica dos cristãos primitivos, entretanto, era tão evidente no impacto social do evangelho quanto em sua expansão geográfica. Ao longo dos primeiros três séculos, a maioria dos cristãos era composta por pessoas simples, humildes: escravos, mulheres, comerciantes e soldados — talvez isso simplesmente decorra do fato de que a maioria da população pertencia a essa classe. Seja como for, Celso, o crítico declarado do cristianismo, tomou nota disso: "Longe de nós, dizem os cristãos, ser homens com cultura, sabedoria ou discernimento; o objetivo deles é convencer apenas

SOMENTE OS DESPREZADOS **49**

pessoas desprezadas e insignificantes, idiotas, escravos, mulheres pobres e crianças [...]. Estes são os únicos que eles conseguem converter".

Celso estava correto ao observar que muitos pobres e desfavorecidos aceitavam a mensagem da vitória de Jesus, e é mérito da Igreja não ter negligenciado os pobres e desprezados. Mas, ao final do segundo século, a nova fé estava a caminho de se tornar o movimento mais poderoso e cativante dentro do império; além disso, muitas mentes brilhantes da época estavam se tornando seguidoras de Cristo.

A fim de responder a críticos como Celso, um grande número de escritores cristãos pôs-se a defender a fé cristã contra os rumores e as críticas dos pagãos — esses são os chamados *apologistas*. A palavra vem do grego e significa *defesa*, tal como aquela que o advogado realiza em um julgamento.

Segundo o professor Ward Gasque, embora a maioria dos escritos desses apologistas fosse dedicada aos imperadores, seu verdadeiro público-alvo era a classe esclarecida da época. Se conseguissem responder às acusações dos inimigos do cristianismo e apontar os pontos fracos do paganismo, eles conseguiriam mudar a opinião pública sobre a fé cristã e produzir conversões. Homens como Aristides, Justino Mártir, seu discípulo Taciano, Atenágoras, Teófilo de Antioquia, o desconhecido autor da *Carta a Diogneto* e Melitão, bispo de Sardes na Ásia Menor, direcionaram seus dons intelectuais e espirituais a essa causa.

"Próximo ao final do segundo século", diz Gasque,

> Irineu, bispo de Lion, na Gália, escreveu cinco livros monumentais contra as heresias gnósticas de sua região, além de um livro intitulado *Demonstração da pregação apostólica* [...]. Sua teologia estava fundamentada na Bíblia e nas doutrinas eclesiásticas, ajudando a exercer uma influência positiva e fortalecedora na Igreja. Ele escreveu sobre as implicações cósmicas da obra de Cristo e do plano de Deus na história e abriu o caminho para as interpretações posteriores da história por escritores como Agostinho.

Os verdadeiros gigantes intelectuais, entretanto, ainda estavam por vir. Tertuliano, o "pai da teologia latina", nasceu em Cartago por volta de 150 d.C., e após se converter ao cristianismo, começou a escrever livros para promover a fé cristã. Inúmeras obras que escreveu em grego se perderam, mas as 31 que sobreviveram em latim são extremamente significativas.

> *Apologia*, de Tertuliano, sublinhou o absurdo legal e moral da perseguição contra os cristãos. Alguns de seus outros livros ofereciam encorajamento para aqueles que enfrentavam o martírio. Ele atacou os hereges, explicou a oração do Pai nosso e o significado do batismo, ajudando a desenvolver a compreensão ortodoxa da trindade. Tertuliano foi a primeira pessoa a utilizar a palavra latina *trinitas* (trindade) [...]. Sua genialidade intelectual e versatilidade literária fizeram dele um dos escritores mais poderosos da época.

Enquanto Tertuliano atuava em Cartago, Alexandria, a leste, tornava-se mais um centro intelectual importante para a fé cristã. Por volta de 185 d.C., um filósofo estoico convertido chamado Panteno, que provavelmente também viajou para a Índia e era um pensador muito hábil, ensinava os cristãos em Alexandria. Seu pupilo, Clemente, levou seu trabalho muito mais adiante no final do segundo século. A despeito de períodos de intensa perseguição, a escola ganhou grande importância, reforçando a fé dos cristãos e atraindo novos convertidos.

No terceiro século, a Igreja cristã começou a tomar as proporções de um império dentro do império. As viagens constantes entre diferentes igrejas, os sínodos dos bispos, as cartas transportadas pelos mensageiros por todo o império e a fidelidade que os cristãos demonstravam para com os líderes e uns para com os outros impressionavam até mesmo os imperadores.

RAZÕES PARA A PROPAGAÇÃO DO EVANGELHO

Por que a fé cristã se difundiu de forma tão extraordinária? O cristão devoto responde apontando para o poder do evangelho. Por padrões comuns, nada poderia ter menos chances de obter êxito, mas os cristãos sempre insistiram que Deus operou nesse movimento. Ele esteve junto das primeiras testemunhas, e também houve um aspecto divino na expansão da Igreja. Mesmo assim, Deus costuma trabalhar por meio de corações e mãos humanas, e é proveitoso questionar quais fatores humanos contribuíram para a propagação do evangelho.

Vários fatores importantes parecem ter contribuído para o crescimento do cristianismo. Em primeiro lugar, os cristãos primitivos eram movidos por uma convicção ardente, pois haviam testemunhado o Acontecimento. Deus havia penetrado no tempo, e os cristãos foram cativados pelo poder criativo dessa grandiosa notícia. Eles sabiam que pessoas estavam sendo remidas e, portanto, não podiam manter as novas da salvação somente para si. Essa certeza inabalável diante de cada obstáculo, incluindo o próprio martírio, ajuda a explicar o crescimento da Igreja.

Em segundo lugar, o evangelho cristão deparou-se com uma necessidade generalizada dos corações. O antigo estoicismo, por exemplo, ensinava que os homens alcançam tranquilidade suprimindo o desejo de tudo aquilo que não se pode guardar para si. "Diante da desordem externa do mundo e da enfermidade física, retire-se para dentro de si e encontre Deus ali." Desse modo, a alma estoica permanecia firme durante as tempestades da vida praticando a apatia, a disciplina de não se prender a pessoas ou coisas. Se não estivesse emocionalmente ligado às coisas, o indivíduo não teria como ser vitimizado e, assim, poderia viver em tranquilidade. Os estoicos alegavam que a virtude da coragem era necessária para enfrentar o que estivesse por vir, e, apesar de seu compromisso com o Deus pessoal revelado em Jesus, os cristãos podiam apreciar algumas convicções estoicas, uma vez que elas eram reformuladas para o ensinamento cristão. Por exemplo, os estoicos eram a favor de se enfrentar o sofrimento com coragem, de ser independente das coisas deste mundo e de se confiar em uma providência maior. Muitos constataram que aquilo que os estoicos buscavam era produzido pelo Espírito Santo nos cristãos.

Em terceiro lugar, a expressão prática do amor cristão provavelmente estava entre as causas mais poderosas do êxito do cristianismo. Tertuliano informa que os pagãos comentavam: "Vejam como esses cristãos amam uns aos outros!" Essas palavras eram sinceras, uma vez que o amor cristão encontrava expressão no cuidado dispensado aos pobres, viúvas e órfãos, em visitas aos irmãos nas prisões ou àqueles que haviam sido condenados a uma vida nas minas e em atos de compaixão durante períodos de fome, terremotos ou guerras.

Uma dessas expressões de amor cristão teve um efeito particularmente profundo: a Igreja costumava providenciar o funeral de irmãos pobres, pois, para os cristãos, privar alguém de um sepultamento digno era algo terrível. Lactâncio, o erudito norte-africano (c. 240-320), escreveu: "Não permitiremos que a imagem e a criação de Deus seja lançada às feras e às aves como presa; ela deve ser devolvida à terra, de onde foi tirada".

Na segunda metade do segundo século, pelo menos em Roma e em Cartago, as igrejas começaram a adquirir campos para sepultar seus membros, sendo que um dos mais antigos campos está situado no sul de Roma, na Via Ápia, em um lugar chamado Catacumbas. A compaixão cristã pelos corpos dos mortos explica como os cristãos foram associados às catacumbas, corredores subterrâneos utilizados como cemitérios em Roma e seu entorno.

O impacto que esse ministério de misericórdia causou nos pagãos pode ser visto na observação de um dos piores inimigos do cristianismo, o imperador apóstata Juliano (332-363). Naquela época, Juliano concluiu que era mais difícil do que imaginava dar nova vida à religião romana tradicional. Ele queria pôr o cristianismo de lado e trazer de volta a fé antiga, mas viu claramente o poder de atração exercido pelo amor cristão:

> O ateísmo [isto é, a fé cristã] foi especialmente promovido por meio do serviço amoroso prestado a estranhos e do cuidado com o sepultamento dos mortos. É um escândalo o fato de não haver um único judeu mendigando e de os galileus ateus cuidarem não apenas de seus próprios pobres, como também dos nossos, enquanto aqueles que nos pertencem buscam, em vão, a ajuda que deveríamos dar.

Por fim, a perseguição, em muitos casos, ajudou a divulgar a fé cristã — por exemplo, os martírios costumavam ser testemunhados por milhares de pessoas no anfiteatro. O termo *mártir* significava "testemunha", e é precisamente dar testemunho o que muitos cristãos realizavam no momento da morte.

HISTÓRIA DO CRISTIANISMO

O público romano era duro e cruel, mas não completamente desprovido de compaixão. Não há dúvida de que a atitude dos mártires, e particularmente das jovens mulheres que sofriam juntamente com os homens, causaram uma impressão profunda na população de Roma. Em várias ocasiões, o que encontramos é uma coragem tranquila frente ao tormento, gentileza com os inimigos e uma aceitação jubilosa do sofrimento como o caminho apontado pelo Senhor para o reino celestial. Há um grande número de casos de pagãos que se converteram ao testemunhar a condenação e morte de cristãos.

Por essas e outras razões, as igrejas cristãs multiplicaram-se até o ponto em que Roma não mais conseguiu ignorar ou suprimir a fé, tornando necessário que se chegasse a um acordo.

No entanto, este período — a época de extraordinária expansão antes de o cristianismo passar das catacumbas às cortes imperiais — serve para nos lembrar de que a Igreja só é verdadeiramente católica quando impelida pelo evangelho a levar todos os homens à fé viva em Jesus Cristo.

Leitura sugerida

- DAVIDSON, Ivor J. *The Birth of the Church: From Jesus to Constantine, AD 30-312, Baker History of the Church*. v. 1 [O nascimento da Igreja: de Jesus a Constantino (30 d.C.-312 d.C.)]. Grand Rapids: Baker, 2004.

- DAVIES, J. G. *The Early Christian Church: A History of Its First Five Centuries.* [A igreja cristã primitiva: uma história de seus cinco primeiros séculos]. Garden City, NY: Doubleday, 1967.

- DUNN, J. D. G. *Jews and Christians: The Parting of the Ways* [Judeus e cristãos: a separação dos caminhos]. Grand Rapids: Eerdmans, 1999.

- *FERGUSON, Everett. *Church History, Volume 1: From Christ to the Pre- -Reformation* [História da igreja, volume 1: de Cristo à Pré-Reforma]. Grand Rapids: Zondervan, 2005.

- GREEN, Michael. *Evangelism in the Early Church* [Evangelismo na igreja primitiva]. Grand Rapids: Eerdmans, 1970.

- HURTADO, Larry. *How on Earth Did Jesus Become a God? Historical Questions about Earliest Devotion to Jesus* [Como Jesus se tornou Deus na Terra? Questões históricas sobre a devoção inicial a Jesus]. Grand Rapids: Eerdmans, 2005.

- WAGNER, W. H. *After the Apostles: Christianity in the Second Century* [Depois dos Apóstolos: o cristianismo no segundo século]. Mineápolis: Fortress, 1994.

CAPÍTULO 4

Se o Tibre inundar

Cristãos perseguidos

NA MENTALIDADE POPULAR, a Igreja primitiva foi, acima de tudo, um nobre exército de mártires. De muitas maneiras isso é verdade, e nenhum dos mártires foi mais nobre do que Policarpo, o idoso bispo de Esmirna, na Ásia Menor ocidental.

As autoridades trouxeram o respeitado pastor à arena lotada e prepararam-no para ser lançado aos leões, mas com relutância, uma vez que prefeririam muito mais que ele negasse a acusação de que era cristão.

— Apenas jure por César! — rogou o governador.

— Sou cristão — disse Policarpo. — Se quiser saber o que é isso, reserve um dia e escute-me.

— Convença o povo — respondeu o governador. Policarpo disse: — Eu explicaria a você, mas não a eles.

— Então vou atirá-lo às feras.

— Pode trazê-las — replicou Policarpo.

— Se desdenha as feras, vou mandar queimá-lo.

— Você tenta me assustar com o fogo que arde por uma hora e se esquece do fogo do inferno que nunca se apaga.

Então, o governador clamou ao povo:

— Policarpo afirma ser cristão.

A multidão foi à loucura.

— Esse é o mestre da Ásia — gritavam —, o pai dos cristãos, o destruidor dos nossos deuses.

Assim, Policarpo, orando para que sua morte representasse um sacrifício aceitável, foi queimado na estaca.

A imagem de cristãos indefesos e pacíficos vestindo túnicas brancas diante de leões ameaçadores em anfiteatros que ecoavam os gritos da multidão romana clamando por sangue, entretanto, é bastante equivocada. Antes do ano 200, as tentativas romanas de silenciar os cristãos eram, na melhor das hipóteses, tímidas. Poucos imperadores romanos foram vilões sanguinários.

Por que, então, Roma perseguiu os cristãos? Por que consideramos esse período a época dos mártires?

POLÍTICA DE ROMA

Comecemos com a política básica de Roma. As autoridades imperiais eram excepcionalmente tolerantes com as religiões das terras invadidas pelas legiões, e, caso a religiões nacionais dos países conquistados acrescentassem reverência ao imperador às suas cerimônias, Roma quase nunca interferia.

Em um caso digno de nota, Roma abriu mão até mesmo da exigência de se queimar incenso ao imperador. Os judeus, com uma lealdade fanática ao seu único Deus verdadeiro e demonstrando uma prontidão para transformar a própria pátria em um rio de sangue antes de reconhecer qualquer outra deidade, eram a exceção.

Enquanto as autoridades romanas consideraram os cristãos uma seita de judeus, os seguidores de Jesus desfrutaram dessa mesma imunidade da pressão imperial; todavia, quando os judeus deixaram claro que nada tinham a ver com o novo movimento, a situação mudou drasticamente.

Assim que os romanos descobriram as intenções dos cristãos, foram confrontados com o problema da tolerância de uma forma ainda mais exasperante do que no caso dos judeus, que eram, no fim das contas, "uma espécie de corporação fechada, um povo separado dos outros pela marca da circuncisão, que vivia e adorava em grande parte sozinho e que fazia pouco proselitismo". Os cristãos, por sua vez, falavam o tempo todo sobre o seu Jesus e estavam determinados a transformar toda a população do império em cristãos, e a rapidez de sua propagação mostrou que isso não era apenas uma ideia vaga. Eles não somente — tal como os judeus — se recusavam a adorar o imperador como um deus vivo, como também se esforçavam ao máximo para convencer todos os outros súditos a fazer o mesmo. De tempos em tempos, portanto, os cristãos sentiam a ira do império e de seu povo.

MOTIVOS DA PERSEGUIÇÃO

A principal causa do ódio contra os cristãos primitivos na sociedade romana residia em seu estilo de vida diferenciado. "Temos a reputação", escreveu Tertuliano em *Apologia*, "de viver de forma contrária às multidões".

O termo utilizado para descrever os cristãos no Novo Testamento é bastante significativo: trata-se da palavra *hagios*, frequentemente traduzida como *santos*. Apesar de significar *santos*, sua raiz sugere *diferentes*. Assim, uma coisa santa é diferente das outras coisas; o templo é santo porque é diferente de outros edifícios; o sábado é santo porque é diferente dos outros dias. O cristão, portanto, é uma pessoa fundamentalmente diferente das demais.

Os homens sempre olham com suspeita para aqueles que são diferentes. A conformidade, não a distinção, é o caminho para uma vida livre de problemas, e quanto mais os cristãos primitivos levavam sua fé a sério, mais eles corriam o risco da reação da multidão.

Assim, simplesmente por viverem de acordo com os ensinamentos de Jesus, os cristãos condenavam de forma velada e constante o modo pagão de viver. Mas isso não significa que eles viviam criticando, condenando e desaprovando a sociedade, tampouco que se consideravam moralistas ou superiores, mas sim que a ética cristã em si era uma crítica à vida pagã.

A rejeição dos deuses pagãos era fundamental ao estilo de vida cristão e a causa de intermináveis hostilidades. Gregos e romanos tinham divindades para cada aspecto da vida: para a semeadura e a colheita, o vento e a chuva, os vulcões e os rios, o nascimento e a morte. Para os cristãos, entretanto, esses deuses equivaliam a nada, e tal mentalidade resultava em os seguidores de Jesus sendo rotulados como "inimigos da raça humana".

Simplesmente não era possível rejeitar os deuses sem suscitar desprezo da sociedade. Para os pagãos, cada refeição começava com uma oferta de líquido e uma oração aos deuses, mas os cristãos não podiam tomar parte disso. Banquetes e festas sociais eram realizados nos precintos de um templo após o sacrifício, e o convite costumava ser para comer "à mesa" de algum deus, mas os cristãos não podiam ir a uma festa dessas. Inevitavelmente, ao recusar o convite para alguma ocasião social, o cristão passava a impressão de ser rude, grosseiro e indelicado.

Outros eventos sociais eram rejeitados pelos cristãos por serem considerados errados em si — combates de gladiadores, por exemplo, eram desumanos para os cristãos. Em anfiteatros por todo o império, os romanos forçavam os prisioneiros de guerra e os escravos a lutar entre si até a morte apenas para entreter a multidão, um espetáculo que excitava e atraía. No início do quinto século, Agostinho narrou a história de seu amigo Alípio, o qual concordou em assistir a um espetáculo para agradar a um colega, mas resolveu manter os olhos fechados. Quando a gritaria começou, ele os arregalou por instinto, e, diante do que viu, começou a berrar mais do que todos os presentes!

O medo que os cristãos tinham de cometer o pecado da idolatria também gerou dificuldades em seu sustento próprio. Era possível que o construtor se envolvesse na construção das paredes de um templo pagão, que o alfaiate viesse a costurar túnicas para um sacerdote pagão ou que o fabricante de incensos acabasse produzindo incenso para sacrifícios pagãos. Tertuliano proibia até mesmo que os cristãos fossem professores, porque o ensino exigia o uso de livros que contavam as antigas histórias dos deuses e instruíam a observância das festas religiosas do ano pagão.

Poderíamos pensar que talvez o trabalho com doentes fosse um simples ato de bondade, no entanto, os hospitais pagãos contavam com a proteção

56 HISTÓRIA DO CRISTIANISMO

do deus pagão Asclépio, e enquanto o doente estava na cama, um sacerdote andava pelo corredor entoando cânticos a esse deus.

Em suma, os cristãos primitivos eram quase obrigados a divorciar-se da vida social e econômica da época caso desejassem ser fiéis ao seu Senhor, o que significava que, por onde quer que fossem, sua vida e fé se destacavam porque o evangelho introduzia uma nova e revolucionária atitude para com a vida humana. Essa postura era percebida na visão que os cristãos tinham dos escravos, das crianças e do sexo, por exemplo.

A escravidão tomou a sociedade romana como um câncer, e o escravo, fosse homem ou mulher, estava sempre à disposição de seu senhor para as tarefas mais subalternas. Caso não o satisfizesse, poderia ser descartado ou até mesmo abatido como um animal sem valor.

Nesse tipo de sociedade, alguns cristãos também tinham escravos, mas os tratavam com bondade e permitiam que tivessem os mesmos direitos dentro da igreja — um ex-escravo, Calisto, tornou-se bispo de Roma.

O mesmo valor conferido à vida humana aplicava-se às crianças. Ao contrário de seus vizinhos pagãos, os cristãos recusavam-se a abandonar filhos fracos ou não desejados na floresta para que morressem ou fossem pegos por ladrões. Se uma mulher cristã fosse casada com um pagão e eles tivessem um bebê do sexo feminino, o pai poderia mandar jogá-lo fora, mas a mãe geralmente se recusava.

Naturalmente, tal consideração pela vida aplicava-se também ao sexo e ao casamento. Nos tempos modernos, a Igreja muitas vezes tem de suportar críticas às suas visões antiquadas sobre sexo e a santidade do matrimônio, mas é pouco provável que tal acusação teria sido feita no Império Romano decadente. A sociedade pagã, com seus excessos, beirou a extinção racial, mas o cristianismo representou outro caminho — um novo caminho. A doutrina paulina de que o corpo é o templo do Espírito Santo introduziu no mundo antigo uma condenação inflexível para a falta de castidade, bem como um chamado sagrado à vida familiar.

Esse ódio generalizado contra os cristãos ajuda a explicar a primeira perseguição por parte dos romanos. No ano 64 d.C., durante o reinado do imperador Nero, um incêndio começou em Roma e, durante seis dias e seis noites, houve fogo, transformando a maior parte da cidade em cinzas. Então, começou a circular o rumor de que o próprio Nero havia posto a cidade em chamas, o que despertou grande ódio do povo contra o imperador.

A fim de desviar o ódio popular de si, Nero acusou os cristãos de terem provocado o incêndio, acusação que certamente não era verdadeira, mas um grande número de cristãos acabou sendo preso e uma terrível perseguição aconteceu — muitos deles foram inclusive crucificados. Alguns foram costurados à pele de feras, e grandes cães eram soltos para destroçá-los. Mulheres foram amarradas a touros bravos e arrastadas até a morte. Após o anoitecer, cristãos eram queimados em estacas no jardim de Nero. O povo romano que os odiava tinha permissão para entrar no jardim, e o imperador dirigia sua carruagem ao redor deles, desfrutando ao máximo do terrível espetáculo.

Foi provavelmente durante essa perseguição que os apóstolos Pedro e Paulo sofreram martírio em Roma. Segundo relatos, Pedro foi crucificado de cabeça para baixo a seu próprio pedido, pois teria dito que não era digno de ser crucificado da mesma maneira que seu Mestre. Paulo, por ser cidadão romano, foi decapitado.

Derramamentos de sangue desta sorte não eram comuns durante o primeiro e o segundo séculos. Os cristãos foram deixados em paz por longos períodos, mas, assim como a espada de Dâmocles, a perseguição era uma ameaça constante. Bastava um informante mal-intencionado, um tumulto popular ou um governador determinado a aplicar a letra da lei para que a tempestade irrompesse. O fato era que ser cristão equivalia a ser fora da lei. "A fim de que haja ódio público", afirmou Tertuliano, "basta que aconteça, não a investigação dos crimes apontados, mas a mera confissão do nome cristão".

SEXO E DIFAMAÇÃO

Uma segunda causa, evidentemente relacionada, da perseguição aos cristãos primitivos foram calúnias difundidas a seu respeito, as quais, uma vez iniciadas, não podiam ser interrompidas. A suspeita de que as reuniões cristãs fossem orgias sexuais e disfarces para todo tipo de crime tomou conta da imaginação popular com uma força terrível.

Essas graves acusações provavelmente surgiram de um fato característico da natureza humana: o segredo gera desconfiança. Quando descobriu que não podia participar dos cultos cristãos, o povo simplesmente deu asas à imaginação, passando de rumores a ódio.

Os cristãos foram acusados de uma série de práticas, mas, na maioria das vezes, de pecados sexuais e de canibalismo. A acusação de tamanha imoralidade originou-se do fato de que uma das reuniões cristãs chamava-se Ágape, a festa do amor, e também do santo ósculo da paz que os cristãos davam uns nos outros. O beijo acabou se tornando tão suscetível a ofensas que as igrejas abandonaram a prática quase por completo.

A acusação de canibalismo provavelmente teve início porque a ceia era praticada em segredo. Os pagãos não sabiam o que acontecia nessas reuniões fechadas, mas ouviram dizer que alguém era comido. Na última ceia, Jesus dissera: "Este pão é meu corpo. Este cálice é meu sangue." Os pagãos concluíram que os cristãos deveriam estar comendo carne humana e bebendo sangue humano.

O povo achava que, se continuassem vivendo, aqueles que realizavam coisas tão horríveis atrairiam todo tipo de problema para a terra, e tal perversidade despertaria a ira dos deuses, os quais puniriam não apenas os cristãos, mas também aqueles que os haviam deixado viver.

HISTÓRIA DO CRISTIANISMO

Esse sigilo em torno das reuniões cristãs e as calúnias por parte do público pagão geraram dores de cabeça incomuns para as autoridades romanas, que costumavam ser imparciais. Em torno de 112, um governador na Ásia Menor, um homem chamado Plínio, escreveu ao imperador Trajano pedindo conselhos quanto à melhor maneira de lidar com os seguidores de Cristo:

> Eu não sei exatamente o que fazer com os cristãos, pois nunca estive presente em um de seus julgamentos. O simples fato de ser cristão basta para que o indivíduo seja condenado ou é preciso que ele tenha feito algo ruim? No caso daqueles que admitiram ser cristãos, o que fiz foi enviá-los para Roma se fossem cidadãos; do contrário, mandei matá-los. Eu estava certo de que eles mereciam ser punidos por sua obstinação.

Se o acusado negasse Cristo e oferecesse sacrifício aos deuses ou ao imperador, era liberto, mesmo sendo de conhecimento geral que havia sido cristão. A resposta do imperador confirmou, de forma geral, a política de Plínio: há cristãos demais para levar a juízo; porém, se o assunto cair nas mãos de uma autoridade romana, ela tem de lidar com o crime de ser cristão.

Plínio parecia achar que os cristãos eram culpados de algo — ele não tinha certeza do quê, mas, pelo menos, sabia que não era de imoralidade ou canibalismo. Essas cartas antigas oferecem uma explicação para o fato de a perseguição de cristãos ser ora esporádica, ora cruel — tanto intermitente quanto intensa.

Uma terceira causa do sofrimento cristão talvez soe estranha a nós: os cristãos eram acusados de ateísmo. A acusação surgiu do fato de que muitos no império não conseguiam entender a adoração sem imagens — o monoteísmo não atraía tais pessoas. Como consequência, elas culpavam os cristãos por insultar os deuses do Estado.

Os deuses pagãos eram considerados patronos que dispensavam benevolência às cidades, então, como ato de lealdade, os cidadãos de boa reputação participavam de várias festas cívicas homenageando algum deus. Os bons pagãos poderiam até ser especialmente leais a um dos deuses, mas veneravam todos eles. Os cristãos não os reverenciavam e, portanto, pareciam desleais aos olhos de seus vizinhos pagãos. Segundo a crença popular, a negligência aos deuses desencadeava catástrofes. Em *Apologia*, Tertuliano escreve: "Se o Tibre inundar a cidade, ou se o Nilo se recusar a subir, ou se o céu retiver a chuva, ou se houver terremoto, fome ou peste, virá de uma só vez o clamor: 'Lancem os cristãos aos leões!'"

CÉSAR É SENHOR

A causa suprema da perseguição romana aos cristãos era a tradição de adoração ao imperador. Esse conflito entre Cristo e César, entretanto, não irrompeu do dia para a noite, pois o culto ao imperador foi ocupando aos poucos um lugar central na vida do império.

As raízes da prática residiam nos méritos do governo romano. Quando os romanos assumiam o governo de um país, trazendo consigo sua justiça imparcial, os homens eram libertos da autoridade caprichosa de tiranos imprevisíveis e, muitas vezes, selvagens e sanguinários. Quando a administração romana chegava, as estradas ficavam livres de ladrões e os mares, de piratas; uma nova segurança entrava em vigor — essa era a *pax Romana*, a paz romana.

O resultado era uma profunda e sincera gratidão ao espírito de Roma. Bastou um simples passo para que o espírito de Roma se tornasse a deusa Roma, e, no segundo século, havia muitos templos na Ásia Menor dedicados a essa deusa. No entanto, a mente e o coração do homem precisam de um símbolo; foi mais um passo fácil para que o imperador fosse considerado a encarnação da deusa Roma e do espírito de Roma. Ele incorporava Roma; ele era Roma; nele, o espírito de Roma residia e fazia sua morada terrena. O primeiro templo efetivamente dedicado à divindade do imperador foi construído em 29 a.C., em Pérgamo, na Ásia Menor.

No início, os imperadores hesitaram em aceitar essa reverência. Cláudio (41-59) foi contra a construção de templos dedicados a ele porque, segundo alegou, não queria ofender seus semelhantes, mas lentamente uma ideia começou a se formar na mente oficial.

O problema do Império Romano era a unificação, uma vez que se estendia desde o rio Eufrates até às margens do mar da Irlanda. Suas fronteiras iam da Alemanha ao norte da África; da Espanha ao Egito e à Síria, havendo todo tipo de povo, língua, crença e tradição. Como eles poderiam ser uma unidade? Como a consciência de um império único poderia ser incutida na vida de povos tão diversos?

Não há força unificadora como a força de uma religião comum, e a adoração a César estava à disposição. Nenhuma fé local e ancestral tinha qualquer esperança de tornar-se universal, mas Roma era universal. Dessa maneira, a adoração a César tornou-se a pedra angular da política imperial e era deliberadamente organizada em todas as províncias do império. Por toda parte, surgiram templos dedicados à divindade do imperador.

Pouco a pouco, as pessoas no império passaram a crer que qualquer aliança conflitante com a lealdade ao imperador — e, por conseguinte, ao império — teria como único resultado a desintegração da ordem. A adoração de outro senhor certamente abriria as comportas do caos.

O imperador Décio (249-251) deu mais um passo importante na questão da perseguição. O culto a César passou a ser universal e obrigatório para todas as raças e nações dentro do império, com a única exceção dos judeus. Em determinado dia do ano, todos os cidadãos romanos tinham de ir até o templo de César, queimar um incenso e declarar: "César é senhor". Tendo feito isso, recebiam um certificado de garantia. Após queimar o incenso e reconhecer César como senhor, o cidadão podia ir embora e adorar qualquer deus que desejasse, contanto que a adoração não afetasse a decência e a ordem pública.

Assim, vemos que o culto a César era, sobretudo, um teste de lealdade política; era um teste para saber se o indivíduo era um bom cidadão. Caso se recusasse a realizar a cerimônia de reconhecimento de César, era automaticamente marcado como traidor e revolucionário. A exaltação do imperador, portanto, gerou um problema para os cristãos, pois estes não deixavam de orar pelo imperador em suas reuniões, mas se recusavam a orar para ele, quer em particular, quer em público.

Acadêmicos estudaram as moedas romanas e descobriram uma semelhança impressionante entre os louvores que os cristãos ofereciam em adoração a Cristo e a adulação que os cidadãos romanos direcionavam ao imperador reinante. As moedas, que costumavam celebrar as bênçãos que o imperador traria ao mundo, anunciavam seu reinado da seguinte maneira: "Salve, senhor da terra, invencível, poder, glória, honra, bendito, grande, digno és tu de herdar o reino".

Qualquer viajante que passasse por Roma no terceiro século encontraria a mesma linguagem sendo utilizada no fórum para o advento do imperador e nas catacumbas para a celebração do aparecimento de Cristo. Como um cristão poderia concordar com isso?

Quem era digno de subir ao trono do universo e direcionar o curso da história: César ou Cristo?

Desse modo, o culto cristão e o culto a César eram conflitantes, e se havia uma coisa que um cristão jamais diria era: "César é senhor". Para os cristãos, somente Jesus Cristo era Senhor; para os romanos, os cristãos pareciam ser totalmente intolerantes, de uma obstinação anormal e, pior ainda, cidadãos desleais confessos. Se tão somente estivessem dispostos a queimar o incenso e declarar formalmente "César é senhor", poderiam continuar adorando Cristo como bem desejassem; contudo, eles não cediam. É por isso que Roma os considerava um bando de revolucionários em potencial ameaçando a própria existência do império.

Em certo sentido, Roma estava certa, pois muitos cristãos consideravam esse conflito de lealdades uma batalha cósmica. O Apocalipse de João, no Novo Testamento, reflete a resposta cristã ao culto imperial na Ásia Menor ao final do primeiro século. João traça a opressão dos cristãos ao próprio diabo, ao grande dragão vermelho, que trava guerra contra os santos por intermédio de dois agentes, as bestas de Apocalipse 13. O primeiro é a besta do mar (ou abismo), a potência imperial; o segundo é a besta da terra (o falso profeta), ou o culto imperial.

E qual foi a defesa cristã contra esse ataque de Roma? Eles conquistaram o dragão, diz João, "pelo sangue do Cordeiro e pela palavra do testemunho que deram; diante da morte, não amaram a própria vida" (Apocalipse 12:11).

Leitura sugerida

- DAVIDSON, Ivor J. *The Birth of the Church: From Jesus to Constantine, AD 30-312* [O nascimento da Igreja: de Jesus a Constantino (30-312 d.C.)], *Baker History of the Church*. v. 1. Grand Rapids: Baker, 2004.

- *FERGUSON, Everett. *Church History, Volume 1: From Christ to the Pre--Reformation* [A história da Igreja, volume 1: de Cristo à pré-Reforma]. Grand Rapids: Zondervan, 2005.

- FREND, W. H. C. *Martyrdom and Persecution in the Early Church* [Martírio e perseguição na igreja primitiva]. Nova York: New York University Press, 1967.

- GRANT, Robert M. *Augustus to Constantine* [De Augusto a Constantino]. Nova York: Harper and Row, 1970.

- _____. *The Sword and the Cross* [A espada e a cruz]. Nova York: Macmillan, 1955.

- MIDDLETON, Paul. *Radical Martyrdom and Cosmic Conflict in Early Christianity* [Martírio radical e conflito cósmico no cristianismo primitivo]. Londres: T & T Clark, 2006.

CAPÍTULO 5

Discussão sobre o Acontecimento

Surgimento da ortodoxia

MAHATMA GANDHI, o venerado líder da independência da Índia, afirmou: "Nunca me interessei por um Jesus histórico. Eu não me importaria se alguém provasse que o homem Jesus nunca viveu ou que o conteúdo narrado nos evangelhos foi fruto da imaginação de algum escritor. O sermão do monte ainda assim continuaria sendo verdade para mim".

Gandhi foi um grande homem, no entanto, não era — e nunca alegou ser — cristão. Muitas pessoas que professam ser cristãs, contudo, tratam o cristianismo como Gandhi o faz, ou seja, tentam separar *o que* Jesus disse de *quem* Jesus era. Querem pôr de lado a doutrina de um Jesus sobrenatural e exaltar seus ensinamentos éticos. Tais pessoas consideram vergonhosas as crenças do cristianismo histórico e preferem ressaltar, em vez disso, a conduta cristã.

Os cristãos primitivos consideravam essa atitude uma traição da fé. O evangelho, diziam, consistia nas boas novas sobre o Acontecimento. Desse modo, as crenças eram fundamentais, e as questões comportamentais sempre vinham após a confissão de Cristo como Senhor e Salvador. Isso era tão claro para as igrejas primitivas que elas utilizavam a crença naquilo que Jesus era como teste do verdadeiro cristianismo.

A maioria dos cristãos percebeu que, além de o cristianismo ter inimigos externos mortais — conforme demonstrado pelo conflito com o culto ao imperador —, um perigo mais sutil e não menos crítico vinha de dentro, do domínio das ideias. Se a fé cristã fosse minada por "outro evangelho", seu poder seria perdido.

O cristianismo católico era tanto universal (em oposição a local), quanto ortodoxo (em oposição a herético). Até aqui, traçamos a expansão da fé cristã por todo o Império Romano e além de suas fronteiras e descobrimos

DISCUSSÃO SOBRE O ACONTECIMENTO **63**

por que as autoridades imperiais perseguiam os cristãos. Agora, analisaremos melhor o significado de *ortodoxia*. Em que os cristãos primitivos acreditavam? E por que eles insistiam que apenas essas crenças eram ortodoxas?

FÉ E TEOLOGIA

Muitos cristãos em nossos dias evitam discutir os ensinamentos centrais do cristianismo, pois não acham que ideias sobre religião ou teologia tenham qualquer relevância. "Amo flores", disse um pastor certa vez, "mas odeio botânica; eu amo religião, mas odeio teologia". Geralmente há boas razões por trás dessa postura comum. A teologia pode ser maçante ou, pior ainda, implacável. No cristianismo, entretanto, a resposta à má teologia jamais pode ser a ausência de teologia; na verdade, precisa ser a boa teologia, até porque Deus nos deu uma mente e certamente espera que a usemos pensando sobre sua verdade.

Teologia vem de duas palavras gregas: *theos*, que significa Deus, e *logos*, que significa palavra ou pensamento racional. Portanto, teologia é o pensamento racional sobre Deus. Ela não equivale à religião, pois esta significa nossa crença em Deus e nosso esforço para viver segundo essa crença. Teologia é a tentativa de oferecer uma explicação racional à nossa crença; é pensar sobre religião.

Ao erro na forma de pensar chamamos heresia ou má teologia. A heresia não é necessariamente má religião, mas, como todo pensamento errado, pode conduzir à má religião.

Os hereges, na verdade, acabaram servindo a Igreja sem querer, pois suas tentativas pioneiras de declarar a verdade obrigaram a Igreja a moldar a boa teologia em uma declaração exaustiva e bem organizada da revelação bíblica.

À boa teologia, chamamos *ortodoxia*, um termo que parece sempre agitar os ânimos. Foi essa forma de cristianismo que ganhou o apoio da esmagadora maioria de cristãos e que é expressa por quase todas as proclamações, ou credos, da Igreja. Desse modo, o cristianismo católico é ortodoxo.

[Ortodoxia *e* heresia]

Ambos os termos trazem muita confusão. A palavra "ortodoxo" pode significar uma das três ramificações ou confissões que compõem a maior parte da família cristã: o Catolicismo Romano, a Ortodoxia Oriental e o Protestantismo. Ortodoxia também significa crença ou prática correta e, além disso, pode se referir à crença correta oficialmente adotada pela Igreja. Entende-se que o trabalho dos concílios da Igreja primitiva era reconhecer as linguagens que falavam corretamente sobre a identidade de Jesus, portanto, aqueles que não podem declarar o que teólogos ortodoxos alegam ser necessário à crença correta são chamados de hereges. Desse modo, Ário é considerado um herege porque não pode declarar o que o Concílio de Niceia afirmou ser a crença correta (ortodoxa) — a saber, que Jesus é totalmente divino. Aqui a ortodoxia e a heresia referem-se à afirmação ou rejeição de doutrinas oficialmente sancionadas. A confusão continua quando se entende que a doutrina oficialmente sancionada variava entre os cristãos. Ademais, grande parte do que consideramos oficialmente sancionado só foi realmente aceito pela Igreja maior muito mais tarde — por exemplo, os veredito de Niceia são amplamente adotados pela Igreja hoje, mas eram contestados com muita veemência na época em que foram proferidos.

Mais importante ainda: é preciso lembrar que havia um consenso de ortodoxia funcional entre os primeiros cristãos, os quais concordavam com grande parte da estrutura e do conteúdo básicos da doutrina cristã primitiva. É possível constatar esse fato naquilo que vários teólogos primitivos chamavam de *regra de fé*, que era uma breve declaração da história cristã básica e, embora não fosse um credo fixo, ela mostrava consenso quanto a alguns aspectos essenciais. Essa ortodoxia funcional, primitiva, é importante por causa de um equívoco comum proveniente da seguinte máxima: "não pode haver heresia se não houver ortodoxia". A declaração reconhece, com razão, que a doutrina deve ser articulada ou estipulada como ortodoxia antes que se possa culpar alguém de violar o ensino oficial da Igreja. Seria anacrônico acusar pessoas do segundo século de rejeitar um ensinamento transmitido apenas no quarto século. Alguns, entretanto, concluem incorretamente que, uma vez que a ortodoxia clássica só foi apresentada pelos concílios eclesiásticos no quarto e quinto séculos, não havia hereges antes disso. No entanto, houve ensinamentos que a Igreja rejeitou antes dos concílios. Por exemplo, a Igreja rejeitou Marcião, segundo o qual Jesus nada tinha a ver com o Deus do Antigo Testamento ou seu povo. Os cristãos primitivos também rejeitaram uma teoria trinitária chamada modalismo (que considera o Pai, o Filho e o Espírito Santo como meros modos ou papéis desempenhados pelo Deus genuíno). A Igreja sustenta algumas convicções amplamente aceitas que compõem uma ortodoxia funcional primitiva. Pessoas como Marcião eram expulsas das igrejas e o ensinamento que traziam, era rejeitado antes mesmo do estabelecimento da ortodoxia oficial do quarto século. ■

A história da Igreja mostra-nos que a teologia cristã não é, antes de tudo, um sistema filosófico inventado por homens na quietude dos estudos acadêmicos, até porque as doutrinas foram modeladas por homens que atuavam na linha de frente do trabalho da Igreja. Grande parte da ortodoxia foi articulada por causa de alguma heresia que ameaçou alterar a natureza do cristianismo e destruir sua fé central.

DISCUSSÃO SOBRE O ACONTECIMENTO **65**

Uma vez que a ortodoxia surgiu a partir do conflito entre o evangelho e o erro, nós falamos sobre seu desenvolvimento. A ideia de desenvolvimento na doutrina cristã talvez pareça estranha àqueles que acreditam firmemente na revelação que Deus fez de si mesmo por meio de Cristo, entregue de uma vez por todas. Não se pode esquecer, contudo, que teologia não é sinônimo de revelação divina em si, mas sim a compreensão humana da revelação e o esforço para expressá-la com clareza no ensinamento e na pregação. Teologia é utilizar nossa própria língua e nossa própria maneira de pensar para explicar a verdade de Deus, e sabemos que pessoas de diferentes épocas e culturas simplesmente pensam e falam de maneiras diferentes.

Apresentar a verdadeira doutrina da fé era complicado, em parte, porque o cristianismo primitivo incluía indivíduos de uma variedade de culturas e com diferentes perspectivas. Os estudiosos sempre citam o conflito entre as culturas hebraica e helênica, muito embora elas já dialogassem desde antes da época de Jesus. As raízes do pensamento hebraico encontram-se no contexto da aliança com o Deus Criador, o qual escolheu os hebreus para levar seus propósitos adiante e se revelou em meio às realidades concretas da história. Já os helenistas traziam suas próprias estratégias de raciocínio para refletir sobre a história hebraica, e alguns deles só respeitavam as histórias hebraicas se pudessem demonstrar sua verdade por argumentação lógica. A Igreja foi sábia e evitou cair nessa armadilha. Os cristãos acreditavam naquelas coisas sobre Deus porque ele havia se revelado. Ironicamente, o raciocínio dos gregos dependia de suas próprias histórias, e, quando a razão falhava, eles preenchiam as lacunas com suas próprias histórias fundamentais.

Uma vez que os primeiros cristãos eram todos de origem judia, eles apresentaram sua mensagem sobre Jesus em termos do Salvador prometido do povo de Deus: "Jesus é o Messias (Cristo)". Na pregação aos judeus, os apóstolos enfatizavam a ressurreição de Jesus mais do que sua morte, pois isso demonstrava que o homem executado como criminoso era o Messias de Deus.

Seguindo diretrizes estabelecidas pelo próprio Jesus, os apóstolos apontavam para passagens do Antigo Testamento que haviam sido cumpridas na carreira dele e nos primórdios da Igreja. "Isto é o que foi profetizado" era uma frase que saía com frequência de seus lábios. Ao descrever Jesus, eles empregavam imagens do Antigo Testamento, dizendo que ele era o Cordeiro pascoal, o segundo Adão, o Filho de Davi. Ele foi a pedra rejeitada pelos construtores, mas Deus o escolheu para ser a pedra angular na construção de sua Igreja.

FALSOS EVANGELHOS

Apesar de se basear quase completamente na linguagem e nos conceitos das Escrituras judaicas, os apóstolos traçavam linhas divisórias muito definidas

66 HISTÓRIA DO CRISTIANISMO

entre versões verdadeiras e falsas da mensagem cristã e condenavam evangelhos rivais taxativamente. Em Gálatas, Paulo amaldiçoa aqueles que acrescentam exigências judaicas legais ao evangelho. Em 1João, fica estabelecido que os cristãos devem acreditar que Cristo veio "em carne". O texto de 1Coríntios, por sua vez, determina a crença na ressurreição histórica de Jesus como base indispensável da salvação.

Durante o período apostólico, os membros da Igreja tinham contato com as verdades centrais da fé de diversas maneiras, e, embora, no início, os convertidos fossem batizados apenas em nome de Jesus com razoável frequência, o batismo em nome da trindade logo se tornou a prática padrão. O Evangelho de Mateus mostra que o batismo "em nome do Pai e do Filho e do Espírito Santo" era praticado em sua época (Mateus 28:17-20). Na época de Justino, em meados do segundo século, os convertidos em Roma eram batizados após responder perguntas sobre sua crença em "Deus, Pai e Senhor do universo; Jesus Cristo, que foi crucificado sob Pôncio Pilatos; e o Espírito Santo, o qual, por intermédio dos profetas, predisse todas as coisas sobre Jesus".

Estudiosos descobriram resumos do ensinamento dos apóstolos — 1Coríntios 15:3-4 e Efésios 4:4-6 são exemplos — indicando que os cristãos do primeiro século formularam suas crenças e tinham uma base para resistir aos erros que encontravam.

Eles também entoavam suas crenças — em alguns lugares, o Novo Testamento cita um desses hinos. A passagem de 1Timóteo 3:16 é provavelmente um exemplo disso:

> Deus [Jesus] foi manifestado em corpo,
>   justificado no Espírito,
> visto pelos anjos,
>   pregado entre as nações,
> crido no mundo,
>   recebido na glória.

Uma vez que a adoração a Jesus era central, os cristãos do primeiro século traçaram a linha de diferença irreconciliável na doutrina de Cristo. Quando lemos o quarto Evangelho com cuidado, constatamos que o autor luta em duas frentes. Um grupo de leitores que ele tem em vista não está convencido de que Jesus era Deus em sentido pleno. Para esse grupo, o autor destaca que a vida de Jesus só pode ser explicada pelo fato de que, em Cristo, o Verbo eterno de Deus foi encarnado. Ao final de seu Evangelho, ele explica a finalidade de suas palavras: "para que vocês creiam que Jesus é o Cristo, o Filho de Deus e, crendo, tenham vida em seu nome" (João 20:31). Em outras palavras, ele precisa convencer alguns leitores da divindade de Cristo.

No entanto, João tinha outros leitores que precisavam ser convencidos da plena humanidade de Cristo, e estes evidentemente consideravam Cristo uma aparição de Deus sobre a terra em forma humana, mas sem carne e sangue reais. Para estes, João destaca como, na crucificação de Jesus, sangue e água verdadeiros escorreram de seu lado perfurado. Desse modo, ele luta em duas frentes: contra aqueles que consideravam Jesus um mero homem e aqueles que o consideravam um espírito celestial.

Sabemos, com base em outras fontes, que essas duas heresias existiram no primeiro e segundo séculos. A primeira posição era sustentada por uma seita judaico-cristã conhecida como ebionitas, os quais ensinavam que Jesus era um mero homem que, graças à sua escrupulosa obediência à lei, foi "justificado" e tornou-se o Messias.

A posição oposta era chamada *docetismo*, palavra que vem de um verbo grego e significa *parecer*. Um teólogo brilhante sugeriu que nós a chamássemos de *parecismo*. O título provém do ensinamento docetista, segundo o qual Cristo não era realmente um homem, mas sim uma aparição espectral; sendo assim, ele apenas pareceu sofrer pelos pecados do homem, uma vez que, como todos nós sabemos, fantasmas divinos não morrem.

O homem sempre considerou o Acontecimento — Deus em carne — um absurdo religioso, e a história mostra como ele trama incansavelmente, buscando uma explicação substituta. Um de seus artifícios mais conhecidos é retirar a história do tempo e apresentá-la como uma verdade "eterna", um mistério do universo, um mito que explica como as coisas realmente são.

HOMENS QUE SABIAM

Na Igreja primitiva, a tentativa mais ambiciosa de remodelar o evangelho segundo esses termos "espirituais" foi o gnosticismo, que é um termo abrangente utilizado para identificar uma variedade de movimentos que ofereciam alguma forma de esclarecimento prescrito por um guru, um filósofo que possuía a *gnose* ou conhecimento do caminho da vida. Esse conhecimento especial do mundo espiritual apresentava uma grande ameaça para o cristianismo apostólico.

Era comum haver uma exaltação de ânimos entre cristãos ortodoxos e gnósticos. Certa vez, segundo conta Policarpo, seguidor do discípulo João, o apóstolo foi às termas de Éfeso e ali dentro avistou Cerinto, um conhecido gnóstico, preparando-se para entrar. João, presumivelmente de cara feia e enrolado em uma toalha, correu para fora sem tomar seu banho.

— Vamos fugir — disse ele — antes que as termas desmoronem. Cerinto, o inimigo da verdade, está lá dentro.

Assim como o cristianismo apostólico, os gnósticos aceitavam a ideia de salvação, a ideia de uma divindade suprema e a ideia de seres celestiais operando no universo. Essas crenças em comum ajudam a explicar por que os gnósticos estavam sempre cercando a Igreja durante o segundo século

HISTÓRIA DO CRISTIANISMO

e por que muitos deles acabaram fazendo parte dela, embora sua intenção fosse purificar essas ideias básicas daquilo que consideravam interpretações fracas e rudimentares introduzidas, de alguma forma, por um cristianismo "materialista".

[Crenças dos gnósticos]

A origem e as fontes do gnosticismo são contestadas, mas os elementos comuns ensinados pelos grandes mestres gnósticos do segundo século oferecem um bom vislumbre de sua misteriosa perspectiva. Esses mestres gnósticos foram refutados por importantes teólogos, tais como Irineu, Tertuliano e Orígenes.

Elementos comuns do gnosticismo do segundo século

1. A maioria das escolas gnósticas defendia um dualismo moral e metafísico (teoria retratando dois tipos de realidades): havia coisas espirituais, consideradas inerentemente puras, e coisas materiais, consideradas intrinsecamente más.
2. A realidade suprema, ou deus, não é o criador. O mundo material deve resultar de uma desordem primitiva ou, então, da ignorância ou da maldade de uma divindade inferior: um demiurgo, o Deus do Antigo Testamento ou Jesus (um ser inferior para os gnósticos).
3. Os gnósticos acreditavam que há um elemento espiritual ou divino na humanidade ou nos escolhidos da humanidade; o elemento espiritual é a verdadeira identidade das pessoas, estranhas ao mundo material e ao corpo (que eles consideravam inerentemente mau).
4. Eles descreviam uma série de mediadores em sucessivos eones, ou céus, que ajudavam as pessoas a escaparem do mundo maligno da matéria.
5. A salvação envolve a liberação da pessoa ou espírito genuíno do mundo físico mau por meio do conhecimento. ∎

A crença básica dos gnósticos era aquilo que chamamos de *dualismo*, isto é, eles acreditavam que o mundo é dividido em duas forças cósmicas, o bem e o mal. Assim como grande parte da filosofia grega, eles identificavam o mal com a matéria, e, por causa disso, acreditavam que qualquer deus criador era mau. A criação por parte de uma divindade não era impossível, e sim indecorosa, mas o Ser Supremo deles estava bem longe de qualquer tendência ao "mal" parecida com essa.

Uma vez que a divindade máxima não poderia ter contato nenhum com o mundo material, os gnósticos explicavam a criação por meio de uma série de emanações.

DISCUSSÃO SOBRE O ACONTECIMENTO **69**

Se pensarmos em Deus como um tipo de sol, essas emanações seriam raios de sol, extensões de sua própria natureza, porém distintas. Esses poderes sobrenaturais, entretanto, eram capazes de produzir outros poderes inferiores até formar — como Charles Bigg, o estudioso de Oxford, disse certa vez — "uma longa cadeia de criaturas divinas, cada uma mais fraca do que a anterior", e chegar, por fim, "àquela que, embora poderosa o suficiente para criar, é tola o bastante para não entender que criar é errado". Esse era o Deus deste mundo, o Deus dos judeus.

As relações exatas da série de emanações diferiam em cada escola gnóstica, contudo, elas concordavam que, de alguma forma, a luz pura do céu na alma do homem havia se envolvido nessa matéria desagradável e precisava ser redimida.

[O Evangelho de Tomé]

Versões gnósticas da vida de Jesus costumam ser tardias em comparação com os Evangelhos do cânone cristão; a maioria data do final do segundo século ao quinto século, sendo o *Evangelho de Tomé*, descoberto no Egito em 1945, uma possível exceção. Uma cópia na língua copta data do quarto século, mas vários fragmentos encontrados em grego datam do terceiro século, e um deles, do ano 200. O Evangelho foi provavelmente escrito em siríaco e traduzido para o grego e o copta, embora se suponha comumente que tenha sido redigido em grego. Muitos datam a composição desse Evangelho no segundo século, e alguns estudiosos, no primeiro século. Entretanto, avaliações recentes o situam em um período muito posterior por causa da familiaridade com as tradições siríacas. Uma data mais provável para o *Evangelho de Tomé* é 150-200, sendo de 175 a 200, um intervalo mais plausível. É importante observar que uma data anterior pouco alteraria a resposta da Igreja ao desafio gnóstico, tendo em vista que Igreja primitiva é retratada trabalhando ativamente para manter a memória genuína de Jesus e seu ensinamento. ■

Os gnósticos criaram suas próprias versões de obras literárias cristãs. De modo geral, eles consideravam Jesus uma das muitas divindades inferiores, sem a pureza e a potência do deus que consideravam a realidade suprema. Apenas um ser inferior como Jesus se envolveria com o mundo material maligno, mas, mesmo assim, como era de se esperar, eles descrevem um Jesus desconectado do seu ambiente de origem e do movimento que deixou para trás, tendo rejeitado sua orientação judaica, a Torá, e os títulos judaicos, como o de Filho de Deus. Ele não é retratado realizando milagres ou derrotando a morte na ressurreição, mas como um Jesus sobrenatural que transmitia conhecimento por meio daquilo que dizia. Os estudiosos

70   HISTÓRIA DO CRISTIANISMO

diferem quanto ao conteúdo exato do ensino do "Jesus gnóstico", e não raro os leitores reconstroem, com base nessas palavras, um Jesus que se parece com eles mesmos. Está na moda imaginar um Jesus tolerante e receptivo a pessoas que alegam ter percepções intuitivas, concedidas por meio de profecias (normalmente suprimidas pelos bispos dominantes). Esse Jesus gnóstico supostamente defendia mulheres — a despeito de uma declaração misógina ao final de um dos documentos gnósticos mais famosos, o *Evangelho de Tomé*, segundo a qual elas não entrarão no céu.

Ao que parece, a Igreja tinha conhecimento desses evangelhos gnósticos e os rejeitou. Os documentos talvez até incluam algumas coisas que Jesus disse, mas foram descartados por transmitirem a impressão geral errada de sua pessoa.

Outros gnósticos utilizaram argumentos diferentes para escapar do dilema de um Salvador humano. Um grupo insistia que Jesus não tinha corpo nenhum e que sua imagem era apenas uma alucinação — a mesma ideia de um espírito celestial que vimos no docetismo. De todo modo, os gnósticos concordavam que o Cristo não podia ser humano.

Assim, temos aqui o que o cristão moderno talvez considere uma grande surpresa. O primeiro grande teste de fé no Acontecimento não consistia na reprovação daqueles que negavam a divindade de Jesus Cristo, mas daqueles que rejeitavam sua humanidade!

Em comparação com o cristianismo apostólico, o gnosticismo era cheio de surpresas, especialmente uma estranha doutrina da "predestinação", por falta de um termo melhor. Muitos gnósticos reconheciam uma espécie de proletariado e burguesia do céu. A classe espiritual inferior vivia pela fé, ao passo que a classe superior — os iluminados ou os perfeitos — viviam pelo conhecimento. Ainda um terceiro grupo, espiritualmente desfavorecido, não tinha acesso à *gnose* sob quaisquer circunstâncias. Alguma divindade caprichosa o havia criado sem a capacidade de "ver", mesmo sob a orientação do melhor guru.

[*Política e interpretação*]

A interpretação ocorre em contextos politicamente carregados, de modo especial quando se procura compreender Jesus. Uma das estratégias interpretativas partia do princípio de que os vencedores da história sobrevivem e deixam um registro escrito, ao passo que os perdedores são riscados dela. No caso de Jesus, segundo essa estratégia, uma versão do cristianismo direcionada por bispos, doutrinariamente entediante, sobreviveu; essa versão venceu oprimindo e suprimindo outras versões, as quais foram praticamente eclipsadas ou rejeitadas por serem consideradas distorcidas. Acreditava-se que o *Evangelho de Tomé* oferecia um vislumbre de uma dessas versões alternativas.

A descoberta do *Evangelho de Tomé* deu um importante impulso a outra estratégia interpretativa, segundo a qual os pesquisadores suspeitam que um cristianismo falsificado tenha substituído sua forma genuína. De acordo com esse pensamento, a versão conhecida do cristianismo não é católica (universal); em vez disso, o cristianismo tradicional oferece uma versão falsa de Jesus. Até mesmo Thomas Jefferson empregou essa estratégia; ele acreditava que Mateus, Marcos, Lucas e João transmitiram uma versão corrompida de Jesus, mas que uma mente iluminada poderia remover as camadas de religião bruta e descobrir o ensinamento do verdadeiro Jesus.

O *Evangelho de Tomé* proveu o palco para que essas duas estratégias convergissem. Os estudiosos poderiam reconstruir o cristianismo gnóstico que havia sido oprimido pela visão tradicional vencedora, porém falsa, de Jesus. *O código da Vinci* apresenta uma versão popular, não acadêmica, dessas estratégias, situando de forma implausível o movimento para o cristianismo tradicional no quarto século depois de Jesus. ∎

OS PERIGOS DO SABER

O gnosticismo oferece uma lição importante para todos os cristãos que procuram livrar o evangelho de noções judaicas "bárbaras e ultrapassadas" sobre Deus e a história. Ele fala a todos aqueles que tentam promover o cristianismo do nível da fé para um domínio mais elevado de conhecimento inteligente visando aumentar sua atratividade a pessoas importantes.

Em seu esforço para conciliar Cristo e o evangelho com a ciência e a filosofia da época, os gnósticos negavam o Acontecimento e se afastavam do evangelho, interpretando o Salvador à luz das fascinantes ideias dos homens esclarecidos de sua época. No entanto, a tentativa de associar o evangelho às teorias humanas mais recentes é contraproducente, pois nada é tão fugaz na história quanto as novas teorias que florescem em meio aos indivíduos instruídos, e nada pode ser descartado com mais rapidez por gerações posteriores do que essas teorias.

Se os gnósticos tivessem triunfado, os cristãos teriam renunciado à sua inestimável herança do judaísmo. A mensagem robusta do cristianismo a todos os homens teria se limitado a uma discussão entre alguns poucos escolhidos, e Cristo teria deixado de ser o modelo humano, o segundo Adão, e teria se perdido entre os muitos deuses das religiões de mistério.

Os cristãos ortodoxos consideravam o combate ao gnosticismo muito difícil, e os gnósticos alegavam deter informações secretas. Jesus, diziam, havia transmitido tais informações aos mestres gnósticos da época e as ocultado dos judeus materialmente cegos que fundaram a Igreja. Caso essa linha de argumentação falhasse, os gnósticos apelavam para uma revelação especial do céu para provar seu ponto de vista.

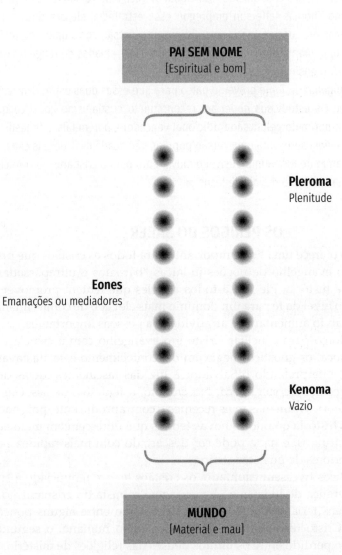

Não obstante, os cristãos tomaram providências para expelir a heresia gnóstica e, ao fazê-lo, esclareceram suas próprias convicções ortodoxas. A melhor síntese das crenças cristãs primitivas é aquilo que chamamos de Credo Apostólico, recitado em muitas igrejas aos domingos até hoje. Ele não foi escrito pelos apóstolos, apesar do título, mas apareceu pela primeira vez como confissão batismal em Roma no segundo século. Os estudiosos chamam sua versão inicial de Credo Romano Antigo:

> Creio em Deus Todo-poderoso,
> e em Jesus Cristo, seu único Filho, nosso Senhor
> que nasceu do Espírito Santo e da virgem Maria
> que foi crucificado sob Pôncio Pilatos e sepultado
> e no terceiro dia ressuscitou dentre os mortos,
> ascendeu ao céu
> e está assentado à direita do Pai
> de onde virá julgar os vivos e os mortos.
> E no Espírito Santo,
> na santa Igreja,
> na remissão dos pecados,
> na ressurreição da carne,
> na vida eterna.

O Credo é obviamente fundamentado na crença da trindade, mas, apesar disso, não desenvolve, a rigor, a doutrina trinitária. Em nenhum lugar ele procura explicar o aspecto três em um de Deus. Sua preocupação central é com a forma divina de relacionar-se com o mundo e os homens.

[*Respostas ao gnosticismo*]

Contestando desafios gnósticos (antigos ou contemporâneos)

A Igreja antiga aponta o caminho para nós hoje, respondendo aos gnósticos e a outros esforços voltados a rever ou a distorcer o pensamento cristão com três respostas básicas delineadas pelo clero, pelo credo e pelo cânone das Escrituras.

Por clero, queremos dizer que a liderança da Igreja primitiva tinha ligações diretas com os homens a quem Jesus havia chamado para estar com ele em seu círculo íntimo. Era uma questão de custódia: aqueles com quem Jesus tinha viajado e a quem ele havia ensinado durante três anos passaram a mensagem adiante e deixaram um testemunho escrito dos encontros que tiveram com ele. Identificar-se com esses testemunhos é certamente o caminho correto.

Por credo, queremos dizer a condensação da história e mensagem cristãs básicas em um simples resumo narrativo. Apesar de serem provenientes de

74 HISTÓRIA DO CRISTIANISMO

lugares diferentes e terem ênfases substancialmente distintas, as sínteses de Tertuliano (do norte da África), Irineu (da Turquia) e Orígenes (de Alexandria) são surpreendentemente parecidas: a mensagem básica do cristianismo consistia no Pai enviando seu Filho ao mundo para chamá-lo de volta, recuperá-lo e restaurá-lo por meio da morte e ressurreição do próprio Filho e da obra contínua do Espírito. Essa mensagem coerente e acessível é garantida.

Por cânone, queremos dizer os quatro Evangelhos do Novo Testamento, que foram adotados com convicção pelo grande corpo da Igreja no segundo século. Os pais primitivos tinham conhecimento de outras representações de Jesus e as rejeitaram, sustentando os quatro Evangelhos como aqueles que fornecem a impressão geral correta de Jesus. (Nem mesmo bons fragmentos são suficientes; eles devem ser organizados de modo a compor uma história inteira.) Confiar nos Evangelhos escritos pelos companheiros de Jesus é, sem dúvida, o caminho certo. ◼

Inicialmente, o Credo declara a crença no "Deus Todo-poderoso" — uma versão posterior adiciona "Criador do céu e da terra". Assim, ele repudia a ideia gnóstica de que o mundo criado é mau ou obra de um deus mau, pois este mundo material é bom e digno de ser usado e desfrutado pelo homem.

"Não vale a pena tentar ser mais espiritual do que Deus" é a forma como C. S. Lewis, professor de Cambridge e autor de obras lidas em diversos países, expressa esse ideário em sua obra *Cristianismo puro e simples*. E continua: "[...] pois ele nunca pretendeu que o homem fosse uma criatura puramente espiritual, por isso usa coisas materiais como pão e vinho para incutir nova vida em nós. Podemos até achar que isso é muito rudimentar e pouco espiritual, mas Deus não acha; ele inventou o ato de comer, ele gosta de matéria. Foi ele mesmo que a inventou".

Em seguida, o Credo declara a crença em "Jesus Cristo, seu único Filho, nosso Senhor, que nasceu do Espírito Santo e da virgem Maria, crucificado sob Pôncio Pilatos e sepultado".

Muitos homens modernos param na frase "que nasceu da virgem Maria". Eles não conseguem acreditar no nascimento virginal. Mas, ironicamente, para os gnósticos primitivos, o problema não estava na palavra *virgem*, e sim em *nasceu*. O homem moderno vê uma bandeira vermelha porque ouve "nasceu da *virgem* Maria"; o gnóstico via uma bandeira vermelha porque ouvia "*nasceu* da virgem Maria". Essa frase, porém, juntamente com aquelas sobre a crucificação e o sepultamento, foi a maneira de a Igreja sublinhar sua crença na humanidade completa de Jesus.

No cristianismo ortodoxo, a redenção não acontecia por meio de algum conhecimento secreto dos reinos espirituais, mas por meio da ação de Deus na história. O Filho de Deus entrou no tempo, nasceu de uma virgem, foi

DISCUSSÃO SOBRE O ACONTECIMENTO **75**

crucificado sob Pôncio Pilatos e foi sepultado. Isso não é *gnose*; isso é o Acontecimento.

Por último, a finalidade da expressão no Credo "ressurreição da carne" é contrapor-se aos gnósticos, uma vez que ressalta que o homem é um todo; ele não é, como os gnósticos ensinavam, dividido em uma alma boa e um corpo mau. O corpo, diziam os cristãos ortodoxos, não é um fardo a ser descartado; é um dom de Deus para o homem na vida sobre a terra e na vida por vir.

O homem precisa de salvação, não porque está preso em um corpo, mas porque escolhe voluntariamente seu próprio caminho em vez de o caminho de Deus. O mal do homem não está em seu corpo, mas sim em suas afeições, pois ele ama as coisas erradas.

Essa aflição é tão profunda, tão básica à vida do homem na terra, que apenas um Salvador especial pode livrá-lo de si mesmo. É por isso que o cristianismo católico insiste que Gandhi, bem como todos os que concordam com ele, estão errados, pois o homem não precisa de um mestre, e sim de um Salvador.

[*Entendendo o gnosticismo hoje*]

Duas analogias, ou comparações, podem nos ajudar a avaliar as alegações gnósticas sobre Jesus. A primeira diz respeito à proximidade histórica. Os Evangelhos da Igreja foram escritos cerca de trinta a 65 anos depois da vida de Jesus. Esse lapso de tempo seria comparável à relação de um professor de 55 anos de idade no ano de 2010 com a Guerra do Vietnã ou a Guerra da Coreia, que ocorreram durante sua vida, isto é, o professor pode avaliar o que lê acerca desses conflitos com sua própria memória e com a memória de testemunhas oculares contemporâneas. O evangelho gnóstico mais antigo, por sua vez, foi provavelmente escrito 140 anos após a vida de Jesus (e os demais, muito mais tarde, exceto o *Evangelho de Tomé*). Esse intervalo de tempo seria comparável à relação do mesmo professor com a Guerra Civil dos Estados Unidos, ou seja, ele não teria memória desses acontecimentos nem qualquer ligação com eles. Felizmente, a Guerra Civil dos Estados Unidos foi muito bem documentada, pois, sem seus muitos relatos de testemunhas oculares, os leitores dependeriam de histórias de segunda mão contadas por pessoas sem qualquer memória dos acontecimentos.

Outra comparação concentra-se na dificuldade de se oferecer reconstruções históricas de acontecimentos e pessoas. Há um grande número de livros e filmes que reconstroem a vida e a obra de Abraham Lincoln e normalmente compartilham um consenso geral a respeito de sua história básica de vida, seus familiares e seu serviço, mas variam quanto às suas motivações, à sua

76 HISTÓRIA DO CRISTIANISMO

religião e à sua pessoa. No entanto, uma reconstrução muito diferente de sua vida surgiu a partir do tema "vampiros", uma moda da cultura contemporânea. Esse fenômeno cultural carnívoro oferece uma diversidade de interpretações para uma variedade aparentemente interminável de assuntos. Sua reconstrução de Lincoln substitui parte da história consensual e suplementa os elementos sobreviventes, e aspectos intrigantes ganham novo significado, por exemplo: Lincoln era propenso a passar longas noites em claro e sabia usar machados; dois fatos que recebem implicações sinistras na mitologia vampiresca. Até mesmo a reconstrução geral oferece uma percepção interessante: a escravidão, assim como as guerras dos vampiros, estava drenando a força vital dos escravos e da nação por dinheiro (veja as numerosas resenhas). O livro que retrata Abraham Lincoln como um caçador de vampiros é considerado fantasia; mas, no que diz respeito às questões de proximidade e metodologia, é uma comparação esclarecedora com as versões gnósticas de Jesus. A narrativa antiga é substituída ou suplementada a fim de se construir uma história substancialmente diferente. ■

Leitura sugerida

- DAVIDSON, Ivor J. *The Birth of the Church: From Jesus to Constantine, AD 30-312* [O nascimento da igreja: de Jesus a Constantino, 30 d.C.-312 d.C.], *Baker History of the Church*. v. 1. Grand Rapids: Baker, 2004.

- HALL, Christopher A. *Learning Theology with the Church Fathers* [Aprendendo teologia com os pais da igreja]. Downers Grove, IL: InterVarsity, 2002.

- HURTADO, Larry, W. *Lord Jesus Christ: Devotion to Jesus in Earliest Christianity* [Senhor Jesus Cristo: devoção a Jesus no cristianismo primitivo]. Grand Rapids: Eerdmans, 2003.

- *LITFIN, Bryan M. *Getting to Know the Future: An Evangelical Introduction* [Conhecendo o futuro: uma introdução evangélica]. Grand Rapids: Brazos Press, 2007.

- KELLY, J. N. D. *Early Christian Doctrine*. 5 ed [Doutrina cristã primitiva]. Nova York: Harper, 1978; Londres: Continuum, 2000.

- MARTIN, Ralph P. *Worship in the Early Church* [Adoração na Igreja primitiva]. Grand Rapids: Eerdmans, 1964.

- WAND, J. W. C. *The Four Great Heresies* [As quatro maiores heresias]. Londres: A. R. Mowbray, 1955.

CAPÍTULO 6

Coletânia dos livros
Formação da Bíblia

DURANTE A ÚLTIMA GRANDE PERSEGUIÇÃO do Império Romano aos cristãos, no início do quarto século, um cristão da Sicília foi trazido perante o governador. Ele era acusado de possuir uma cópia dos Evangelhos.

— De onde eles vieram? — perguntou o juiz, apontando para os livros. — Você os trouxe de casa?

— Não tenho casa, como meu Senhor Jesus sabe — respondeu o prisioneiro.

Mais uma vez, apontando para os Evangelhos, o juiz ordenou: — Leia-os!

O cristão abriu os Evangelhos e leu: — "Bem-aventurados os perseguidos por causa da justiça, pois deles é o Reino dos céus." — Voltando-se para outra passagem, recitou: — "Se alguém quiser acompanhar-me, negue-se a si mesmo, tome a sua cruz e siga-me."

Aquilo foi demais. O juiz mandou que o prisioneiro saísse — para a morte.

Os oficiais romanos passaram a ver que a supressão do cristianismo exigia a destruição das Escrituras, portanto, a última grande perseguição aos cristãos incluiu a queima de exemplares das Escrituras.

Até hoje, é quase impossível pensar sobre a fé cristã sem a Bíblia, pois ela é o fundamento do evangelismo, do ensinamento, do culto e da moralidade do cristianismo. Ao contemplarmos a história cristã, encontramos poucas decisões — se é que as encontramos — mais básicas do que aquelas feitas durante os três primeiros séculos com relação à formação da Bíblia. As Escrituras serviam não apenas como inspiração para os cristãos que enfrentavam o martírio, mas também como padrão supremo para as igrejas ameaçadas por heresias. Se o cristianismo católico era ortodoxo, isso era determinado pela Bíblia; afinal, o teste invariável de qualquer ensinamento era: O que as Escrituras dizem a respeito?

Precisamos questionar, portanto, como a Bíblia chegou até nós.

CONCEITOS BÁSICOS DA BÍBLIA

O próprio nome — *Bíblia* — sugere que os cristãos consideram esses escritos especiais. Jerônimo, o tradutor do quarto século, chamava-os de "biblioteca divina", desejando, com isso, salientar que os muitos livros eram, na verdade, um só. Os cristãos de fala grega transmitiram a mesma mensagem quando alteraram a forma plural inicial *Biblia*, que significa *Os livros*, para *A Bíblia*, no singular.

Muito antes, os judeus haviam enfrentado o mesmo problema ao falar sobre as *Escrituras* e a *Escritura*. Isso explica como, com o tempo, a *Bíblia* e a *Escritura* passaram a significar a mesma coisa nos círculos cristãos: os 66 livros que eles consideravam a Palavra escrita de Deus.

Hoje encontramos as Escrituras agrupadas em *Antigo Testamento* (ou Aliança) e *Novo Testamento*. No mundo antigo, um *testamento* — ou, mais frequentemente, uma *aliança* — era o termo utilizado para uma relação especial entre duas partes. Por vezes, ainda se fala de *aliança conjugal*, aquilo que une marido e esposa.

O termo, empregado na Bíblia, significa a relação especial entre Deus e o homem, iniciada e sustentada pela graça do Senhor Deus. A antiga aliança envolveu inicialmente o Senhor e Abraão, depois, Deus e os descendentes de Abraão — os filhos de Israel que, nos anos posteriores, foram chamados de judeus. Assim, o Antigo Testamento contém os livros que narram a história dos judeus e seu antigo culto a Deus.

Os cristãos primitivos acreditavam que Jesus de Nazaré era o Messias prometido por Deus, o responsável por estabelecer uma nova aliança com seu novo povo, a Igreja. Desse modo, o Novo Testamento representa os livros que contam a história de Jesus Cristo e do nascimento da Igreja.

A Bíblia contém duas partes: o Antigo Testamento, que os cristãos primitivos adotavam juntamente com os judeus, e o Novo Testamento, que aqueles produziram a despeito destes. O Antigo Testamento prometia; o Novo Testamento cumpria.

A palavra utilizada para se referir ao lugar especial que esses livros ocupam no cristianismo é *cânone*. O termo, proveniente da língua grega, significava originalmente *uma haste de medição* ou, como diríamos, *uma régua*. A palavra acabou sendo aplicada às Escrituras: a lista de livros que a Igreja considerava autorizados ou inspirados por Deus. Uma vez que todos os primeiros cristãos eram judeus, o cristianismo nunca esteve sem um *cânone*, ou, como dizemos, *Escritura*. O próprio Jesus claramente aceitava o Antigo Testamento como palavra de Deus para o homem. Ele disse: "a Escritura não pode ser anulada" e "Era necessário que se cumprisse tudo o que a meu respeito está escrito na Lei de Moisés, nos Profetas e nos Salmos" (João 10:35; Lucas 24:44).

Jesus acreditava nas declarações da Escritura, endossava seu ensinamento, obedecia às suas ordens e apresentou-se para cumprir o padrão da redenção que ela previa. Os cristãos primitivos eram simplesmente herdeiros dessa atitude. Por acaso as esperanças e os planos da antiga aliança não haviam se concretizado em Jesus? Porventura a era messiânica prometida não havia despontado nele?

Os cristãos, quase sem exceção, aceitavam o Antigo Testamento. Os cristãos primitivos, tanto judeus quanto gentios, criam que Jesus era o cumprimento das promessas do Antigo Testamento e também herdaram de Jesus estratégias de interpretação dessas Escrituras. Os judeus em Alexandria haviam lido grande parte da Bíblia como alegoria — eles procuravam uma mensagem espiritual ou intelectual mais profunda, além do sentido literal. Já outros empregavam um método chamado tipologia, segundo o qual o leitor discernia um padrão (tipo) ou correspondência entre duas imagens ou histórias. Assim, a história de Jesus pode ser lida com a consciência de que ele é semelhante a um sacrifício ou um libertador do Antigo Testamento, como foi Moisés.

No terceiro século, havia estudiosos esclarecidos na Igreja capazes de defender a percepção cristã do Antigo Testamento com o uso de alegorias, sendo o mais influente deles um professor em Alexandria chamado Orígenes, que falou sobre os diferentes níveis da Escritura:

> As Escrituras foram compostas pelo Espírito de Deus e têm tanto um significado óbvio quanto um significado oculto da maioria dos leitores [...]. Toda a lei é espiritual, mas o sentido inspirado não é reconhecido por todos; apenas por aqueles que são dotados da graça do Espírito Santo na palavra da sabedoria e do conhecimento.

O apelo cristão à alegoria enfureceu os críticos pagãos da fé, pois o argumento deles dependia de uma leitura do Antigo Testamento ao pé da letra. A prática permaneceu popular, uma vez que possibilitava a Orígenes e a outros cristãos localizar a mensagem cristã abaixo da superfície do Antigo Testamento.

A QUESTÃO DOS APÓCRIFOS

Quando conservaram o Antigo Testamento para uso próprio, os cristãos não chegaram a um acordo completo com relação a quais livros ele deveria incluir. Até hoje, eles divergem quanto à inclusão ou rejeição dos chamados apócrifos na lista de livros do Antigo Testamento. O termo abrange doze ou quinze livros, dependendo de como são agrupados, aceitos como canônicos pelos católicos romanos e pelos ortodoxos orientais e rejeitados pela maioria dos protestantes.

Alguns judeus adotam um cânone que inclui o típico cânone protestante do Antigo Testamento, composto por 39 livros. Os estudiosos costumam descrever esse fato como mais comum em meio aos judeus na Palestina, tendo em

80 HISTÓRIA DO CRISTIANISMO

vista que estes organizaram os livros em grupos e os categorizaram seguindo uma divisão tripla: Lei, Profetas e Escritos. A estrutura desse cânone emergente talvez explique a referência de Jesus à lei de Moisés, aos profetas e aos Salmos (o primeiro livro dos Escritos, Lucas 24:44). A maioria dos estudiosos acredita que Jesus citou apenas este cânone menor, frequentemente — embora talvez equivocadamente — chamado de "cânone palestino".

As traduções gregas do Antigo Testamento incluíam os livros do cânone hebraico e mais alguns. Os protestantes costumam chamar esses livros adicionais de apócrifos ou, de modo mais genérico, de livros deuterocanônicos. As traduções gregas, sendo a principal delas a Septuaginta, exerceram influência no aumento da circulação dos livros apócrifos. As traduções gregas do Antigo Testamento foram feitas na cidade de Alexandria; por essa razão, este cânone maior, composto pelo cânone hebraico e os apócrifos, é chamado de "cânone alexandrino".

Os cristãos primitivos divergiam quanto à questão dos apócrifos. No Ocidente, o influente Agostinho, conhecido bispo de Hipona, aceitou os apócrifos como parte do cânone da Escritura, mas, durante a Reforma do século XVI, a maioria dos protestantes rejeitou a canonicidade dos apócrifos. A Igreja Católica Romana, seguindo Agostinho, aceitou esses livros, e essa é a forma como as igrejas diferem até hoje.

Desde o início, entretanto, os cristãos tinham mais do que a Antiga Aliança como regra de fé. Durante a vida de Jesus na Terra, a Palavra se fizera carne para eles, e, após sua partida, eles contavam com a liderança dos apóstolos. A reverência à mensagem — quer oral, quer escrita — dos apóstolos como canal autêntico da vontade do Senhor Jesus é refletida em toda a literatura cristã primitiva.

Durante a época dos apóstolos, as congregações liam, com frequência, cartas escritas pelos companheiros do Senhor. Algumas dessas cartas eram destinadas à leitura no culto público, provavelmente em conjunto com alguma porção do Antigo Testamento ou algum sermão.

As igrejas também contavam com relatos sobre a vida do Senhor Jesus. Os primeiros Evangelhos só foram escritos em meados dos anos 60 ou 70 d.C., mas seu conteúdo estava parcialmente disponível em forma escrita antes disso. Lucas diz que muitos haviam redigido relatos sobre os acontecimentos da vida de Jesus.

A questão é: Deste corpo crescente de literatura cristã, como os 27 livros que conhecemos como o Novo Testamento foram considerados Escritura? Como e quando se traçou a linha divisória entre livros considerados importantes, e até mesmo oficiais, e livros considerados sagrados e constituintes da Palavra de Deus? Resumindo em uma única palavra, como eles se tornaram canônicos?

Vários fatores atuaram nesse processo. Alguns deles foram características internas do desenvolvimento da vida eclesiástica; outros foram fatores externos, ameaças ao evangelho decorrentes de acontecimentos históricos e influências pagãs.

O primeiro fator a se mencionar é que os livros que constituem a Escritura e que são verdadeiramente Palavra de Deus têm a qualidade de destacar-se e demonstram sua singularidade logo de imediato. Além disso, sempre exerceram, e ainda exercem, um poder transformador na vida dos homens.

Por exemplo, quando era jovem, Justino Mártir buscou energicamente a verdade em uma variedade de escolas filosóficas, desde a estoica, depois a pitagórica, e, em seguida, a platônica, mas nenhuma delas o satisfez. Certo dia, enquanto meditava na praia, talvez em Éfeso, ele conheceu um idoso e, durante a conversa, o estranho apontou as deficiências do pensamento de Justino e incentivou-o a voltar-se para os profetas judeus. Por meio da leitura da Escritura, Justino tornou-se cristão. Muitos outros homens e mulheres nos primórdios da Igreja tiveram uma experiência semelhante: Taciano, Teófilo, Hilário, Vitorino, Agostinho. Portanto, uma das principais razões por trás da adoção dos livros do Novo Testamento como Escritura sagrada foi essa qualidade autocomprobatória.

A segunda menção é que certos livros foram acrescentados à Escritura porque eram utilizados no culto cristão. Mesmo no próprio Novo Testamento, há indícios de que a leitura da Escritura era uma parte muito importante da vida cristã congregacional. O apóstolo Paulo exortou os colossenses com as seguintes palavras: "Depois que esta carta for lida entre vocês, façam que também seja lida na igreja dos laodicenses e que vocês igualmente leiam a carta de Laodiceia" (Colossenses 4:16).

Justino Mártir, ao escrever em meados do segundo século, oferece-nos a primeira descrição de um culto cristão:

> No chamado Dia do Sol, todos os que vivem nas cidades ou no campo reúnem-se em um único lugar, e as memórias dos apóstolos ou os escritos dos profetas são lidos, enquanto o tempo permite. Após o término da leitura, o presidente instrui e exorta os ouvintes à imitação dessas coisas excelentes. Em seguida, todos se levantam e oram.

Desse modo, vemos que, na época de Justino, as *Memórias dos apóstolos* — seu título para os Evangelhos — eram parte central do culto cristão.

O simples ato de ler um livro no culto cristão não lhe garantia um lugar no cânone. Sabemos, por exemplo, que Clemente, bispo de Roma, escreveu uma carta à igreja de Corinto por volta do ano 96, e, oitenta anos mais tarde, ainda era costume em Corinto lê-la em culto público; mesmo assim, a carta de Clemente nunca foi adicionada ao cânone. Os livros lidos no culto da Igreja ocupavam uma posição especial, dando o primeiro passo rumo ao cânone das Escrituras, mas alguns não conseguiam entrar.

82 HISTÓRIA DO CRISTIANISMO

O terceiro e provavelmente o fator fundamental por trás da aceitação de um livro cristão ao Novo Testamento era seu vínculo com algum apóstolo. Este era o teste de validade de um livro: foi um apóstolo que o redigiu ou, pelo menos, um homem que teve contato direto com o círculo apostólico?

Na Igreja primitiva, os apóstolos ocupavam uma posição que os demais simplesmente não podiam ocupar, e os cristãos primitivos sempre os consideraram homens que desfrutaram de um relacionamento singular com o Senhor. Não foi uma afirmação de Jesus que "Quem recebe vocês, recebe a mim" (Mateus 10:40)?

Clemente de Roma reflete essa postura geral dos cristãos ao escrever: "Os apóstolos foram feitos evangelistas para nós pelo Senhor Cristo; Jesus Cristo foi enviado por Deus. Logo, Cristo é de Deus, e os apóstolos, de Cristo [...]. A Igreja está edificada sobre eles como fundação" (1Clemente 42). Qualquer evangelho ou carta, portanto, com fortes indícios de uma autoria apostólica tinha boas chances de aceitação como Escritura.

UMA LISTA DE LIVROS CRISTÃOS

Com tempo suficiente, as igrejas — sob a influência desses e de outros fatores — provavelmente teriam elaborado uma lista dos escritos cristãos canônicos por iniciativa própria, no entanto, elas foram forçadas a agir por certos acontecimentos.

Por volta do ano 140, um próspero e viajado armador oriundo de Sínope, no mar Negro, foi até Roma. Seu nome era Marcião e, apesar de ser filho de um bispo, ele foi cativado pelo mestre gnóstico Cerdo, o qual acreditava que o Deus do Antigo Testamento era diferente do Deus e Pai do Senhor Jesus Cristo. O Deus do Antigo Testamento, segundo ele, era incognoscível; já o Deus cristão havia sido revelado. O Deus do Antigo Testamento era pura justiça, ao passo que o Deus da Nova Aliança era amoroso e gracioso.

Marcião aperfeiçoou a distinção de Cerdo e defendia que o Deus do Antigo Testamento era repleto de furor e o autor do mal. Esse Deus, dizia ele, preocupava-se apenas com o povo judeu e estava disposto a destruir todos os demais. Em contrapartida, o Deus dos cristãos era um Deus de graça e amor por todos e revelou-se em Jesus Cristo, seu Filho.

Por acreditar que o Deus do Antigo Testamento amava os judeus de forma exclusiva, Marcião rejeitava todo o Antigo Testamento e os escritos da Nova Aliança que julgava favorecer os leitores judeus, tais como Mateus, Marcos, Atos e Hebreus. Ele também rejeitava outros escritos cristãos que pareciam comprometer suas opiniões, incluindo as cartas pastorais (1Timóteo, 2Timóteo, 1Tito e 2Tito). Desse modo, restou-lhe apenas uma versão mutilada do Evangelho de Lucas (deduzimos que ele tenha omitido as histórias da natividade) e dez cartas de Paulo. O apóstolo dos gentios, ao que parece, foi o único que não corrompeu o evangelho de Jesus.

As concepções cristãs distorcidas de Marcião foram firmemente repudiadas pela Igreja em Roma, e ele foi excomungado no ano 144. Em pouco tempo, entretanto, surgiram igrejas marcionitas, moldadas segundo congregações ortodoxas e que tinham seus próprios pastores e rituais — por exemplo, o vinho não era utilizado na comunhão em decorrência da ênfase ascética de seu ensinamento. Algumas crenças marcionitas influenciaram as diversas seitas gnósticas, e os próprios marcionitas eram afetados pelas concepções gnósticas. Suas ideias se propagaram por toda a Itália e alcançaram pontos distantes, como a Arábia, a Armênia e o Egito. No oriente, elas exerceram influência considerável por muitas décadas. Várias aldeias marcionistas passaram a existir nas proximidades de Damasco no quarto século.

A questão mais importante, porém, é que Marcião apresentou às igrejas ortodoxas um problema duplo: sua lista de livros do Novo Testamento, moldada à imagem de Paulo, e sua rejeição do Antigo Testamento.

O culto de Marcião a Paulo por pouco não se tornou idolatria. Aos olhos dele, Paulo era o grande inimigo da lei e o grande porta-voz do evangelho; resumindo, era a figura suprema da Igreja. Marcião acreditava que Cristo havia descido do céu duas vezes: uma vez para sofrer e morrer e outra vez para chamar Paulo e revelar-lhe o verdadeiro significado de sua morte. No céu, dizia Marcião, Paulo está assentado à direita de Cristo, que, por sua vez, está assentado à direita de Deus.

Conforme expressou o advogado norte-africano Tertuliano, Paulo havia se tornado o apóstolo adotado pelos hereges! Evidentemente, Marcião precisou deturpar Paulo no sentido de encaixá-lo em suas convicções, mas isso não tornou menos real o problema enfrentado pelas igrejas: Como elas poderiam aceitar as cartas de Paulo como Palavra de Deus sem endossar o ensinamento marcionita?

Paulo era muito relevante para ser rejeitado pela Igreja por causa das visões extremistas de Marcião. As cartas do apóstolo eram muito bem conhecidas e amplamente distribuídas para serem simplesmente descartadas. Assim, a Igreja decidiu restaurar as pastorais e as cartas dos outros apóstolos, associar todas elas a quatro evangelhos e usar o livro de Atos como ponte. Ainda que estimasse a graça divina pregada por Paulo, a Igreja percebeu que se desfazer do Antigo Testamento era uma atitude suicida. Além disso, a Nova Aliança faz sentido sem a Antiga?

Ao manter o Antigo Testamento, a Igreja pontuou dois fatos importantes. Primeiro, ela insistiu que a fé para o cristão identificaria a ideia do Deus Criador com a ideia do Deus Remidor, e a mensagem de Marcião era simples demais, pois ele não apenas havia descaracterizado o Antigo Testamento, como também quebrou a unidade vista em toda a Escritura cristã: o mesmo Deus que fez o mundo também escolheu Israel, e esse Deus procurou recuperar sua criação por meio de Jesus, que cumpre o destino de Israel.

84   HISTÓRIA DO CRISTIANISMO

Segundo, ao conservar o Antigo Testamento, a Igreja enfatizou a importância da história para a fé cristã, pois o cristianismo é uma religião histórica não apenas no sentido de que vem do passado ou que está associado a um personagem histórico chamado Jesus, mas por decorrer da crença de que, dentro da própria história, em determinado lugar e em determinado momento, o próprio Deus envolveu-se nos assuntos humanos, e isso significa que viver pela fé, para o cristão, inclui enfrentar os quebra-cabeças da existência humana — todos os "Por que, Senhor?" que a vida apresenta — e continuar crendo que os planos de Deus são bons.

Marcião, um herege, levou as igrejas a pensar sobre a formação de um Novo Testamento; já outro desordeiro, Montano, obrigou-as a considerar seu fechamento.

NOVAS VOZES DE DEUS

O cristianismo sempre foi uma religião do Espírito. De acordo com o quarto Evangelho, Jesus havia prometido ao seu povo o Paracleto, o Espírito da Verdade, para guiá-lo (João 16:13-15). Como, então, em certo momento, a Igreja declarou que todos os possíveis livros inspirados já haviam sido escritos e que nada mais poderia ser acrescentado à palavra escrita de Deus? Como foi que, conforme Tertuliano amargamente expressou, "o Espírito Santo foi encerrado em um livro"?

Na segunda metade do segundo século, uma mudança se aproximou da Igreja. Os dias de entusiasmo estavam passando, e os dias de eclesiasticismo estavam chegando. A Igreja já não era um lugar onde o Espírito de profecia podia ser ouvido, e cada vez mais pessoas se juntavam às igrejas, mas a distinção entre a Igreja e o mundo estava desvanecendo. Ela estava se tornando secularizada; estava aceitando o pensamento, a cultura e a filosofia do mundo pagão. O caminho da cruz não era mais acidentado e íngreme.

Foi diante dessa situação, em algum momento entre 156 e 172, que Montano apareceu, uma voz no deserto da Ásia Menor. Ele surgiu com a exigência de um padrão mais elevado, de uma disciplina mais rígida e de uma separação mais acentuada entre a Igreja e o mundo. Caso tivesse parado aí, teria sido pouco, porém bom; mas ele foi muito mais longe. Montano e suas duas profetisas, Priscila e Maximila, saíam profetizando em nome do Espírito e anunciando a iminência da segunda vinda de Cristo, o que, em si, não era extraordinário. Todavia, esses novos profetas, em contraste com os profetas dos tempos bíblicos, falavam em um estado de êxtase, como se sua personalidade própria fosse suspensa enquanto o Paracleto falava por seu intermédio. Montano estava convencido de que ele e suas profetisas eram instrumentos divinos de revelação, liras pelas quais o Espírito fluía para tocar um cântico novo e, com isso, a espiritualidade aguda de Montano foi longe demais.

É evidente que a Igreja teve de agir, pois um dos problemas era simplesmente a desordem. Montano, como arauto de uma nova vitalidade espiritual e um novo estímulo à santidade, era uma coisa; contudo, quando os montanistas insistiram que a oposição à nova profecia era blasfêmia contra o Espírito Santo, muitas igrejas se dividiram.

Montano alegava que a nova era do Espírito havia substituído as eras anteriores, e a época do Antigo Testamento, com seus Dez Mandamentos ou sua lei, havia sido sobrepujada pela época do Filho, com seu sermão do monte mais exigente. A época do Espírito exigiria uma obediência ainda mais rigorosa e revelações inigualáveis. Em nome do Espírito, Montano negava que a revelação decisiva e normativa de Deus havia ocorrido em Jesus Cristo.

Em face desse desafio, como a Igreja poderia manter o evangelho como sua parte essencial? Ela tinha de fazer com que todo culto, toda vida e todo ensinamento cristão posterior se centrasse em Cristo e no testemunho apostólico, e algo que o montanismo deixava bem claro é que expressões livres do Espírito não garantiriam isso. A melhor maneira de fazer com que o evangelho apostólico original servisse de fundamento foi considerar exclusivamente os escritos apostólicos como oficiais, o que exigiria que todos os credos e ações posteriores fossem julgados à luz dessa mensagem central.

A Igreja não tinha deixado de acreditar no poder do Espírito Santo, mas a diferença era que, no início, o Espírito Santo havia capacitado homens a escrever os livros sagrados da fé cristã; depois, ele os capacitou a compreender, interpretar e aplicar aquilo que fora escrito.

Uma das maneiras pelas quais sabemos que a Igreja assumiu essa posição foi o surgimento de listas de livros do Novo Testamento. Uma das primeiras foi um documento redigido em cerca do ano 190, chamado de Cânone Muratoriano por causa de seu descobridor, L. A. Muratori, que o publicou pela primeira vez, em 1740. O documento está danificado no início e começa em Lucas, mas a lista é a seguinte: Mateus, Marcos, Lucas, João, Atos, 1Coríntios, 2Coríntios, Efésios, Filipenses, Colossenses, Gálatas, 1Tessalonicenses, 2Tessalonicenses, Romanos, Filemom, Tito, 1Timóteo, 2Timóteo, Judas, 1João, 2João, Apocalipse de João, Apocalipse de Pedro e Sabedoria de Salomão. Os dois últimos, sabemos, não permaneceram na lista aprovada. Todavia, no ano 190, as igrejas claramente aceitaram a ideia de colocar as Escrituras cristãs ao lado das Escrituras judaicas — uma cumprindo o que a outra promete.

No início do terceiro século, apenas alguns livros continuaram a gerar discussão. Hebreus enfrentou certa oposição nas regiões ocidentais do império, e o Apocalipse era malquisto no oriente. No começo do quarto século, Eusébio, o historiador eclesiástico, resumiu a situação indicando que Tiago, 2Pedro, 2João, 3João e Judas eram os únicos livros criticados por alguns e reconhecidos por outros. Apocalipse, entretanto, continuava a desconcertá-lo.

ACEITAÇÃO DO NOVO TESTAMENTO PELA IGREJA PRIMITIVA

100	200	250	300	400
Diferentes partes do nosso Novo Testamento foram escritas neste período, mas não foram compiladas e definidas como "Escritura". Escritores cristãos primitivos (por exemplo, Policarpo e Inácio) citam os Evangelhos e as Cartas de Paulo, bem como outras fontes cristãs escritas e orais. As Cartas de Paulo foram reunidas no final do primeiro século. Mateus, Marcos e Lucas foram agrupados no ano de 150.	**Novo Testamento utilizado na igreja em Roma (o "Cânone Muratoriano")** Quatro Evangelhos Atos *Cartas de Paulo:* • Romanos • 1Coríntios e 2Coríntios • Gálatas • Efésios • Filipenses • Colossenses • 1Tessalonicenses e 2Tessalonicenses • 1Timóteo e 2Timóteo • Tito • Filemom Tiago 1João e 2João Judas Apocalipse de João Apocalipse de Pedro Sabedoria de Salomão **Para culto privado, não público** O pastor de Hermas	**Novo Testamento utilizado por Orígenes** Quatro Evangelhos Atos *Cartas de Paulo:* • Romanos • 1Coríntios e 2Coríntios • Gálatas • Efésios • Filipenses • Colossenses • 1Tessalonicenses e 2Tessalonicenses • 1Timóteo e 2Timóteo • Tito • Filemom 1Pedro 1João Apocalipse de João **Contestados** Hebreus Tiago 2Pedro 2João e 3João Judas O pastor de Hermas Epístola de Barnabé Doutrina dos doze apóstolos Evangelho dos hebreus	**Novo Testamento utilizado por Eusébio** Quatro Evangelhos Atos *Cartas de Paulo:* • Romanos • 1Coríntios e 2Coríntios • Gálatas • Efésios • Filipenses • Colossenses • 1Tessalonicenses e 2Tessalonicenses • 1Timóteo e 2Timóteo • Tito • Filemom 1Pedro 1João Apocalipse de João (autoria em dúvida) **Contestados, mas bem conhecidos** Tiago 2Pedro 2João e 3João Judas	**Novo Testamento estabelecido para o ocidente pelo Concílio de Cartago** Quatro Evangelhos Atos *Cartas de Paulo:* • Romanos • 1Coríntios e 2Coríntios • Gálatas • Efésios • Filipenses • Colossenses • 1Tessalonicenses e 2Tessalonicenses • Timóteo e 2Timóteo • Tito • Filemom Hebreus Tiago 1Pedro e 2Pedro 1João, 2João e 3João Judas Apocalipse de João **A ser excluídos** O pastor de Hermas Epístola de Barnabé Evangelho dos Hebreus Apocalipse de Pedro Atos de Pedro Didaquê

A REGRA DOS LIVROS

A primeira lista completa de livros, equivalente à atual, veio em uma carta pascal escrita no ano 367, pelo bispo Atanásio de Alexandria. Pouco tempo depois, concílios no norte da África, em Hipona (393) e Cartago (397), publicaram a mesma lista.

[*A lógica do cânone*]

Everett Ferguson explicou o processo e o progresso do raciocínio canônico. Primeiro, os cristãos passaram a reconhecer que há livros com autoridade divina e, uma vez sendo aceito o conceito de "escritos sagrados", encaminha-se o processo do raciocínio canônico. Segundo, começa-se a pensar em uma fronteira para o cânone. Escritos sagrados são diferentes de outros escritos, e pode-se pensar que há um número limitado deles. Terceiro, os cristãos passam a ter um cânone fechado, uma lista explícita de todos os escritos sagrados. Por fim, chega-se a um consenso quanto a esta lista comum de livros sagrados. ■

De certo modo, naturalmente os cristãos criaram o cânone, visto que suas decisões relacionadas aos livros foram parte da história. Em outro sentido, eles apenas reconheceram os escritos cuja autoridade havia sido sentida nas igrejas. A forma do Novo Testamento mostra que o principal objetivo das igrejas primitivas era submeter-se totalmente aos ensinamentos dos apóstolos e, nesse propósito, elas moldaram o caráter do cristianismo para sempre, e a fé permaneceu católica precisamente porque era apostólica.

Leitura sugerida

- BLACKMAN, E. C. *Marcion and His Influence* [Marcião e sua influência]. Londres: S.P.C.K., 1948.

- BRUCE, F. F. *The Canon of Scripture* [O Cânon da Escritura]. Downers Grove, IL: InterVarsity, 1988.

- CAMPENHAUSEN, Hans von. *The Formation of the Christian Bible* [A formação da Bíblia crista]. Filadélfia: Fortress Press, 1968.

- FILSON, Floyd Vivian. *Which Books Belong in the Bible? A Study of the Canon* [Quais livros pertencem à Bíblia? Um estudo do Cânon]. Filadélfia: Westminster, 1957.

- GRANT, Robert M. *The Bible in the Church* [A Bíblia na Igreja]. Nova York: Macmillan, 1948.

HISTÓRIA DO CRISTIANISMO

- METZGER, B. M. *The Canon of the New Testament* [O Cânon do Novo Testamento]. Oxford: Oxford University Press, 1987.

- *MCDONALD, Lee Martin. *Formation of the Bible: The Story of the Church's Canon* [Formação da Bíblia: a história do Cânon da Igreja]. Peabody, MA: Hendrickson, 2012.

CAPÍTULO 7

Escola para pecadores
Poder dos bispos

"O VENTO SOPRA ONDE QUER", disse Jesus a Nicodemos. "Você o escuta, mas não pode dizer de onde vem nem para onde vai. Assim acontece com todos os nascidos do Espírito" (João 3:8). E assim era durante a época dos apóstolos: o Espírito fluía livremente pelas igrejas capacitando cristãos, inspirando profetas e exorcizando demônios.

Os primeiros cristãos acreditavam que o novo nascimento pelo Espírito era a marca indispensável do cristão. "Se alguém não tem o Espírito de Cristo", disse Paulo aos cristãos romanos, "não pertence a Cristo". O batismo na água era o sinal. No dia de Pentecostes, quando seus ouvintes perguntaram o que deviam fazer, Pedro respondeu: "Arrependam-se, e cada um de vocês seja batizado em nome de Jesus Cristo para perdão dos seus pecados, e receberão o dom do Espírito Santo" (Atos 2:38).

Mas o que acontece se um cristão comete um pecado grave após receber o Espírito Santo e submeter-se ao batismo? Existem pecados cometidos após o batismo para os quais não há perdão?

Tais perguntas perturbavam os cristãos profundamente no segundo e terceiro séculos, especialmente depois que Montano "começou a delirar em uma espécie de transe extático" acusando as igrejas de pecados contra o Espírito. A rejeição do montanismo, com suas profecias e moralizações, revelou a face institucional da Igreja mais do que em qualquer outro momento. Ela pregava às nações e revelava sua universalidade; confrontava os hereges e articulava sua ortodoxia; e lutava contra o pecado e desenvolvia seu episcopado. Quando as igrejas conferiram aos bispos o poder de perdoar pecados, o cristianismo católico alcançou sua maturidade.

O episcopado (da palavra grega *episcopos*, bispo) — isto é, o poder e prestígio dos bispos — experimentou lento desenvolvimento. Os apóstolos, como vimos, eram os líderes incontestados das igrejas do primeiro século, pois tinham andado com Jesus e foram testemunhas de sua ressurreição. Contudo, o Espírito movia-se onde queria, e, sendo assim, profetas, mestres, milagreiros e curandeiros também podiam alegar o poder do Espírito. Mesmo diante da confusão em Corinto, causada pelas rivalidades em torno dos dons espirituais, Paulo recusou-se a negar as manifestações do Espírito. Ele escreveu: "na igreja, Deus estabeleceu primeiramente apóstolos; em segundo lugar, profetas; em terceiro lugar, mestres" e "o [...] Espírito [...] as distribui individualmente, a cada um, como quer" (1Coríntios 12:28,11).

LÍDERES PARA AS IGREJAS

Paulo certificava-se, porém, de que as igrejas plantadas pelo caminho de suas viagens missionárias tinham líderes pastorais para cuidar das necessidades espirituais dos cristãos. Esses líderes locais eram de dois tipos: um grupo chamava-se *anciãos* ou *presbíteros* (palavra proveniente do grego com o sentido de anciãos), os quais também eram conhecidos como *bispos* (supervisores) ou *pastores*. O outro grupo de líderes chamava-se *diáconos*.

As funções desses líderes variavam conforme o lugar, mas, de maneira geral, os presbíteros eram responsáveis pelo ensino aos novos convertidos, por iniciar o culto público e pela manutenção da disciplina. Os diáconos assistiam os presbíteros em todos os aspectos, exceto, talvez, presidindo à ceia. Assim, a idade apostólica contava tanto com um grupo itinerante de líderes capacitados pelo Espírito quanto com um grupo residente que cuidava das necessidades das congregações estabelecidas.

Esse quadro geral, no entanto, não demorou a mudar. Após a virada do século, Inácio, pastor da igreja em Antioquia, escreveu uma série de cartas nas quais fala com naturalidade sobre a existência de um único bispo (ou pastor) em cada igreja, de um corpo de presbíteros e de um grupo de diáconos. A graça de Deus e o poder do Espírito Santo, ensina ele, fluem para o rebanho por meio desse ministério unificado.

Ninguém parece saber ao certo como a estrutura de um único pastor, assistido por anciãos e diáconos, tornou-se o padrão generalizado nas igrejas, mas sabemos que isso aconteceu e vários fatores provavelmente influenciaram essa tendência. Aparentemente, um dos presbíteros se dispunha a corresponder-se com outras igrejas, a gerenciar os fundos destinados aos pobres, a pregar a verdadeira fé durante os conflitos com mestres hereges e a administrar a ceia (ou Eucaristia).

Demorou alguns anos para que o ministério tríplice de Inácio fosse adotado em todos os lugares; sabemos, por exemplo, que foi somente por volta do ano 180, que Alexandria foi dirigida por um único bispo.

Além disso, mesmo quando as igrejas aceitavam o padrão, nem todas administravam os assuntos da mesma maneira. Numerosas igrejas de pequeno porte na Ásia Menor e na África tinham seus próprios bispos, no entanto, em outros lugares, como na Gália, o bispo das grandes cidades fiscalizava as congregações nas regiões vizinhas atribuindo-lhes um presbítero.

No fim do segundo século, porém, o bispo era o líder incontestado dos assuntos eclesiásticos, e suas mãos foram, aos poucos, fortalecidas em virtude do conflito com os gnósticos, os quais recorriam a uma sucessão de mestres que remontava aos apóstolos. Jesus, na alegação dos gnósticos, havia confiado uma sabedoria secreta a determinados mestres antes de ascender ao céu, os quais, por sua vez, transmitiram essa verdade especial a outros mestres — e eles, por sua vez, a outros. Segundo essa lógica, os que possuíam a verdadeira filosofia seriam os mestres gnósticos, e não as igrejas católicas.

Os cristãos católicos reagiram a essa argumentação reafirmando o ensinamento público das igrejas, a regra de fé e os bispos nas igrejas, segundo fora estabelecido pelos apóstolos. Esse argumento foi descrito pela primeira vez por Hegésipo, um historiador que viajou da Palestina até Roma em meados do segundo século e que se associou com muitos bispos ao longo do caminho e ouviu a mesma doutrina de todos eles. O ensinamento católico (ou ortodoxo) era público, disponível para qualquer um, e "Em cada sucessão e cidade", disse ele, "o que a lei, os profetas e o Senhor pregaram é fielmente seguido". A fim de respaldar sua conclusão, ele formulou listas de sucessão de bispos remontando aos apóstolos, pelo menos para Corinto e Roma.

Mais tarde no mesmo século, Irineu na Gália e Tertuliano no norte da África seguiram esse caminho antignóstico traçado por Hegésipo. Eles apontavam para a sucessão de bispos nas igrejas católicas, iniciada nos apóstolos, e argumentavam que isso garantia a tradição ininterrupta da doutrina apostólica, concluindo que os gnósticos estavam errados e os católicos estavam certos.

Tais alterações na estrutura e no funcionamento da Igreja, especialmente no que se refere ao papel dos bispos, suscitou questões cruciais e controversas. Cristãos de quase todas as denominações admitem tais mudanças, mas a pergunta permanece: o que as mudanças significam e que autoridade elas têm, se é que têm, para a Igreja de épocas posteriores, especialmente a nossa?

O QUE PENSAR DOS BISPOS

Três respostas bastante diferentes a essa pergunta são possíveis:

1. Alguns cristãos argumentam que os homens que guiaram o destino da Igreja primitiva afastaram-se, de modo deliberado e pecaminoso, de um padrão divinamente autorizado, de modo que suas alterações devem ser repudiadas e revertidas — essa suposição compreende a maioria das tentativas de se "restaurar o cristianismo primitivo". Às vezes, nós as

92 HISTÓRIA DO CRISTIANISMO

chamamos de movimentos "de retorno à Bíblia". Ela é a característica comum da maioria dos movimentos reformadores na história da Igreja, os quais sempre enfrentam a penosa tarefa de decidir, dentre as ações da Igreja apostólica, quais eram realmente destinadas a ser parte do padrão permanente para as igrejas de todos os tempos. Se, por exemplo, aceitamos o cargo de ancião como norma para nossa época, será que também devemos insistir que as mulheres permaneçam em silêncio na igreja?

2. Outros cristãos alegam que a Igreja e seus líderes estavam exercendo a liberdade que tinham na ausência de um padrão divinamente autorizado. O governo que eles desenvolveram talvez tenha servido a um bom propósito naquela época, mas hoje permanece aberto a mudanças no sentido de atender às necessidades de gerações posteriores, incluindo a nossa.

   Essa posição é geralmente sustentada por aqueles que se impressionam com a natureza institucional e social da Igreja imersa no fluxo do desenvolvimento histórico, e é também a posição dos "progressistas", cujo desejo é que a Igreja se adapte à época. Tais cristãos têm a desvantagem de não poder identificar qualquer fé ou padrão de governo eclesiástico que tenha o selo da aprovação divina. Em sua forma extrema, é um cristianismo despreocupado com os princípios e com os absolutos e no qual tudo é permissível.

3. Já outros cristãos argumentam que o Espírito Santo habitou na Igreja e orientou suas decisões de tal modo que os desenvolvimentos ocorridos nos primeiros séculos, tanto em questões de doutrina quanto no que diz respeito à estrutura eclesiástica, foram obra de Deus, não dos homens, e são, por conseguinte, permanentemente obrigatórios para a Igreja.

   Essa terceira resposta, promovida pela maioria dos cristãos católicos, dá muita atenção ao que seus porta-vozes chamam de testemunho da história. No entanto, se as alterações feitas no segundo, terceiro e quarto séculos são atribuídas ao Espírito Santo, por que não aquelas feitas nos séculos dezoito, dezenove e vinte? Por que deveríamos parar nos chamados séculos católicos?

Nossa pergunta — qual autoridade decisória a ascensão do cargo episcopal (de bispo) representa para os cristãos — não sofre em silêncio, mas produz respostas conflitantes. Nossas discordâncias explicam, em parte, nossas diferenças confessionais até hoje, contudo, mesmo no terceiro século, muitos sentiam que a chegada do episcopado significava a partida do Espírito.

No primeiro e segundo séculos, os cristãos procuravam provas do poder do Espírito não em um cargo, mas na vida dos cristãos, e viam o Paracleto em termos de energia moral.

O apóstolo Paulo havia aberto esse caminho ao descrever a obra do Espírito em termos da edificação de toda a Igreja, a qual significava o crescimento em tudo o que é bom. "Mas o fruto do Espírito", disse ele, "é amor, alegria, paz, paciência, amabilidade, bondade, fidelidade, mansidão e domínio próprio" (Gálatas 5:22-23). A regeneração espiritual e a vida moral não eram apenas um lado do cristianismo para Paulo, mas seu fruto e objetivo na terra.

Nas gerações posteriores aos apóstolos, a ênfase de Paulo perseverou, e ao longo de todos os escritos dos pais da Igreja primitiva e dos apologistas encontramos as exigências éticas ocupando lugar de destaque. Sem dúvida nenhuma, essas comunidades cristãs procuravam regulamentar a vida comum com princípios da mais rigorosa moralidade, sem qualquer tolerância a membros ímpios, por isso os grandes pecadores eram excluídos da igreja.

Um cristão primitivo expressou a questão sem meias-palavras: "Existe uma distinção entre morte e morte. Por essa razão, os discípulos de Cristo morrem diariamente, torturando seus desejos e mortificando-os segundo as Escrituras divinas. Não temos parte em vontades desavergonhadas, situações impuras, olhares libertinos ou ouvidos atentos ao mal, pois não queremos que nossa alma seja, assim, ferida".

O elevado nível de moralidade evidente nas congregações cristãs era um argumento básico a favor da verdade do cristianismo. Em sua obra *Apologia*, Justino dedica longos trechos a uma declaração dos princípios morais no cristianismo e a uma prova de que eles são observados pelos cristãos, a fim de provar que a bondade dos cristãos não é uma alegação impotente ou um ideal distante, mas um poder desenvolvido em todos os lados e efetivamente exercido na vida.

Atenágoras, um filósofo cristão que vivia em Atenas, expressa isso da seguinte forma: "Entre nós, há ignorantes, artesãos e mulheres idosas completamente incapazes de descrever o valor de nossas doutrinas em palavras, mas que as confirmam por suas ações".

Os cristãos não eram os únicos a testemunhar que haviam sido elevados a um novo mundo de poder moral e santidade: até mesmo seus adversários testificavam de sua vida exemplar. Plínio disse ao imperador Trajano que, ao investigar cristãos, havia sido incapaz de encontrar algo mau ou criminoso neles. Justino confessou que a constância dos cristãos o convenceu da pureza deles e que essas impressões foram decisivas para levá-lo à fé. Com frequência, lemos, nos relatos dos mártires, que a coragem e a fidelidade dos cristãos causaram um impacto impressionante naqueles que testemunharam seu julgamento ou sua execução, tanto que alguns desses próprios espectadores decidiram por se tornarem cristãos de uma hora para outra.

No início do terceiro século, entretanto, algo significativo aconteceu. A extraordinária fibra moral da Igreja enfraqueceu. Montano não estava

94 HISTÓRIA DO CRISTIANISMO

completamente errado. No ano de 220, era evidente que as igrejas cristãs, juntamente com seus bispos e o clero, não eram mais o que haviam sido.

E OS PECADOS IMPERDOÁVEIS?

Durante os primeiros dois séculos, a maioria dos cristãos acreditava que o batismo anulava todos os pecados cometidos até aquele exato momento da vida e deslizes pós-batismais graves exigiam tratamento especial. Três pecados em particular — imoralidade sexual, homicídio e negação da fé (apostasia) — eram considerados perdoáveis por Deus, mas nunca pela Igreja. O castigo para qualquer um deles era a exclusão da comunhão da Igreja e a privação da ceia, e, considerando que a Comunhão era um canal especial da graça divina para a maioria, sua proibição colocava a salvação do indivíduo em risco — por isso Inácio a havia chamado de "o remédio da imortalidade e o antídoto da morte".

A primeira metade do terceiro século foi um longo período de tranquilidade para a Igreja; poucos foram chamados perante os oficiais romanos para renunciar à fé. Alguns achavam que a guerra espiritual era uma coisa do passado, e a disciplina e os padrões morais foram afrouxados. O primeiro a aceitar pecadores arrependidos como uma questão de política eclesiástica foi o bispo de Roma. Calisto (217-222) readmitiu membros penitentes que haviam cometido adultério e aborto, afirmando que a Igreja é como a arca de Noé — nela, há tanto animais puros quanto impuros. Depois, defendeu suas ações ao insistir que o bispo de Roma era "próximo de Pedro" e que o Senhor dera a Pedro as chaves para ligar e desligar os pecados dos homens — essa era a primeira vez que um bispo de Roma alegava ter tal autoridade especial.

Tertuliano, que vivia ao norte da África na época, ficou horrorizado. "Não perdoamos apóstatas", clamou, "haveremos de perdoar adúlteros?" Mas ele era uma voz do passado, e o futuro estava nas mãos de Calisto. Se os culpados de adultério poderiam ser readmitidos à Igreja, porque não os apóstatas? Em meados do século, muitos se faziam essa mesma pergunta.

No ano 250, a perseguição mais violenta que a Igreja havia enfrentado até então fora instigada pelo imperador Décio (249-251). General da fronteira danubiana, Décio estava determinado a não aceitar nenhum absurdo por parte dos cristãos, os quais, a seu ver, eles eram inimigos do império. O ateísmo deles era responsável pelos muitos problemas existentes, e, assim, Décio ordenou que todos os cidadãos do império fizessem um sacrifício aos deuses romanos tradicionais. Aqueles que o faziam, recebiam certificados (*libelli*, em latim) como prova de que haviam obedecido à ordem, ao passo que, aqueles que se recusavam a obedecer e não conseguiam (ou não queriam) obter falsos *libelli* de oficiais solidários ou corruptos, enfrentavam a morte.

No sentido de salvar a própria vida, muitos cristãos decidiam por aquiescer. Outros conseguiam obter o certificado sem precisar realizar o sacrifício.

No entanto, um número desconhecido de cristãos foi preso ou executado, dentre eles os bispos de Roma, de Antioquia e de Jerusalém.

Aqueles que acabavam sendo mortos eram chamados de "mártires", isto é, "testemunhas". O objetivo de Décio, entretanto, não era criar heróis; o que ele queria desacreditar o cristianismo, de modo que muitos cristãos foram torturados até o ponto de negar Cristo, declarando: "César é senhor". Se o cristão enfrentasse a perseguição sem negar Cristo, era chamado de "confessor". No caso de o cristão sob tortura obedecer às exigências dos romanos, ele era classificado como um "desviado", o grupo dos que haviam cedido. A fúria cessou, pelo menos por um tempo, no ano 251, quando Décio, abandonado por seus deuses, foi morto em uma batalha contra os bárbaros godos.

A partir desse ponto, a questão da readmissão à Igreja surgiu com impressionante intensidade. Muitos cristãos eram culpados de apostasia; por vezes, chegando a compor três quartos de uma congregação. Sem uma preparação espiritual adequada, eles haviam cedido à pressão imperial. Tal como Pedro no pátio do sumo sacerdote, eles haviam negado seu Senhor e, agora, choravam amargamente.

As implicações de sua exclusão da Igreja estavam agora mais claras do que nunca. O bispo Cipriano de Cartago disse categoricamente: "Fora da Igreja não há salvação". Muitos concordaram com ele e, assim, surgiu um clamor por readmissão.

Mas como a Igreja poderia receber aqueles que tinham negado a fé? Porventura não era esse o "pecado contra o Espírito Santo" para o qual não havia perdão? Que mal poderia ser pior do que negar, por causa de medo ou dor, o único caminho que conduz à salvação? Se isso fosse perdoado, qualquer coisa também poderia ser!

O NASCIMENTO DOS SANTOS

A reverência e a admiração pelos mártires e confessores era enorme, uma vez que o martírio, o batismo de sangue, representava a glória máxima que um cristão poderia alcançar. Os nomes dos mártires eram cuidadosamente preservados nos registos das igrejas, e seus "aniversários" de vida eterna eram lembrados por celebrações anuais em seus túmulos — os "santos" haviam surgido!

Em Cartago, Cipriano confrontou os que defendiam a ideia de que os confessores, por causa de sua coragem insólita, haviam alcançado um poder especial de Deus. Segundo essa ideia, o Espírito Santo os havia ordenado de modo extraordinário, dando-lhes poder para absolver os homens de seus pecados, e eles também eram capazes de "cobrir, com seus méritos, os deméritos dos desviados".

Muitos instaram Cipriano a anunciar tal perdão universal, mas ele se recusou, preferindo, porém, favorecer um sistema de readmissão com base no grau de gravidade do pecado. A indulgência, disse ele, deveria ser estendida àqueles que haviam feito um sacrifício aos deuses romanos tradicionais somente após receberem torturas excruciantes, na alegação de que seu corpo, não seu espírito, havia cedido. Quem, entretanto, houvesse sacrificado aos deuses romanos de modo voluntário deveria receber o castigo mais severo.

Seu argumento ganhou aprovação geral, e então, no intuito de lidar com esses graus de culpa, a Igreja criou um sistema graduado de penitência. Somente após períodos variados de sofrimento pelo pecado (penitência) os pecadores eram autorizados a participar novamente da ceia. O bispo estendia perdão aos que haviam caído, desde que estes demonstrassem sua tristeza apresentando-se diante da congregação com roupas de saco e cinzas na cabeça. Depois da confissão e do ato de humildade, o bispo impunha as mãos sobre o penitente como símbolo da restauração à Igreja.

A proposta dos confessores norte-africanos, contudo, foi apenas temporariamente derrotada; ela não desapareceu por completo. Seu ressurgimento deu-se anos mais tarde, na doutrina católica romana do tesouro do mérito e na prática das indulgências. Também no caso destas, a Igreja transferia os méritos dos excepcionalmente espirituais (santos) para os pecadores necessitados.

A voz mais preeminente a favor da rígida política tradicional veio de Roma. Novaciano, um presbítero e teólogo extremamente respeitado, afirmou que a Igreja não tinha poder de conceder perdão aos culpados de homicídio, adultério e apostasia, podendo apenas interceder pela misericórdia de Deus no dia do juízo final.

Novaciano enfrentou forte oposição de outro presbítero chamado Cornélio, segundo o qual o bispo podia perdoar até mesmo pecados graves. A Igreja dividiu-se; o passado opunha-se ao futuro. O conceito primitivo defendido por Novaciano considerava a Igreja uma sociedade de santos; a nova opinião defendida por Cornélio via a Igreja como uma escola para pecadores.

A perspectiva de Cornélio foi popular o suficiente para que uma maioria o elegesse bispo de Roma. Novaciano recebeu o apoio da minoria, mas, em pouco tempo, os novacianistas construíram uma rede de pequenas congregações e consideraram as igrejas católicas corrompidas pela postura condescendente para com os pecadores. Talvez eles estivessem certos, uma vez que as igrejas católicas haviam passado a oferecer perdão ilimitado a todos os que pecavam.

Juntamente com o batismo, e sempre depois dele, os católicos tinham um segundo sacramento, algo que ainda não tinha forma definida, mas era tratado como se tivesse, e eles se consideravam justificados ao aplicá-lo em quase todos os casos: o sacramento da penitência.

Leitura sugerida

- CHADWICK, Henry. *The Early Church* [A Igreja primitiva]. Middlesex: Penguin, 1967.

- DAVIDSON, Ivor J. *The Birth of the Church: From Jesus to Constantine, AD 30—312* [O nascimento da Igreja: de Jesus a Constantino, 30 d.C.-312 d.C.]. *Baker History of the Church*. v. 1. Grand Rapids: Baker, 2004.

- DAVIES, J. G. *The Early Christian Church* [A Igreja cristã primitiva]. Garden City, NY: Doubleday, 1967.

- GREENSLADE, S. L. (Org.). *Early Latin Theology* [Teologia latina primitiva]. Filadélfia: The Westminster Press, 1976.

- PRESTIGE, G. L. *Fathers and Heretics* [Pais e hereges]. Londres: S.P.C.K., 1963.

CAPÍTULO 8

De apóstolos a intelectuais

Os Alexandrinos

JERÔNIMO, MAIS CONHECIDO POR SUA TRADUÇÃO DA BÍBLIA para a versão latina Vulgata, foi um monge rigoroso. Mas por volta do ano 374, quando ainda era um novato na vida de abnegação, ele adoeceu durante a Quaresma e teve um pesadelo. Ele sonhou que estava em pé diante do tribunal divino e, de algum lugar, uma voz forte e aterrorizante bradou: — Você, Jerônimo, é ciceroniano, e não um cristão.

Aquela foi a voz da consciência, sem dúvida. Jerônimo amava o Senhor, mas também conhecia e amava as obras de autores clássicos: Cícero, Salústio, Lucrécio, Virgílio, Horácio e Juvenal. Seu pesadelo é típico da luta interior que a Igreja primitiva travava com a literatura e a filosofia pagãs — essa é uma luta sem fim. Que comunhão tem Cristo com Belial? O que Salmos tem a ver com Horácio, ou os Evangelhos com Nietzsche, ou Paulo com Hemingway?

Durante a propagação da mensagem cristã, os cristãos enfrentaram o desafio espiritual e intelectual de ensinar pessoas com diferentes perspectivas filosóficas, muitas das quais se encaixavam na abrangente categoria do helenismo — o período de cultura e pensamento gregos que se estendeu desde Aristóteles até o surgimento dos romanos. Novos argumentos e críticas levaram os pensadores cristãos a oferecer uma explicação mais completa da doutrina cristã.

No terceiro século, o cristianismo já não era mais uma pequena seita judaica, mas estava despontando velozmente como rival dominante dos antigos costumes de Roma. Homens de cultura e poder estavam se fazendo as grandes perguntas: Qual é o papel do cristianismo nos assuntos humanos e imperiais?

LUZ NO MUNDO

A Igreja mantém sempre uma relação dupla com os assuntos humanos, e Jesus resumiu esse papel quando disse o seguinte a respeito de seus discípulos: "não são do mundo", mas "eu os enviei ao mundo" (João 17:16,18). Isso sugere que, no plano de Deus, a Igreja vive simultaneamente o distanciamento e o envolvimento: distanciamento porque o evangelho e a vida eterna não são dos homens, mas de Deus, e envolvimento porque Deus envia a Igreja ao mundo para brilhar como luz e conduzir os homens à verdade.

Deste modo, a Igreja caminha pela história em um ritmo especial: de separação e, ao mesmo tempo, de confrontação do mundo, o que aponta para a existência de um conflito, pois os cristãos costumam diferir quanto aos limites do afastamento e do envolvimento, e o testemunho para uns é transigência para outros.

Então, como era de se esperar, alguns cristãos resistiram aos esforços dos eruditos ortodoxos no sentido de conciliar a fé cristã à filosofia grega, e o afastamento, alegavam, era a postura dos apóstolos.

João havia alertado seus "filhinhos" a não amar o mundo, pois, "Se alguém ama o mundo", escreveu, "o amor do Pai não está nele". O apóstolo Paulo, que provavelmente havia recebido uma educação grega, compreendia que a mensagem da cruz parecia tolice aos gregos, pois que comunhão tem a luz com as trevas?

No terceiro século, o adversário mais forte da conciliação cristã à filosofia helênica foi Tertuliano. Heresias, bradava ele, são causadas pela filosofia. Valentino era platônico! Marcião era estoico! "O que Atenas e Jerusalém têm em comum? Abaixo qualquer tentativa de produzir um cristianismo híbrido, de composição estoica, platônica e dialética! Não precisamos de uma curiosidade que ultrapasse Jesus Cristo, pois, quando cremos, de nada mais precisamos. Busquem até crer; depois, parem!"

Considerando a luta vital da Igreja contra o gnosticismo, os cristãos não podiam se dar ao luxo de considerar a atitude de Tertuliano uma mera reação tacanha por parte de um fanático religioso. O gnóstico Valentino havia, com efeito, apontado suas armas filosóficas para a incorporação do evangelho e, dessa maneira, confundido muitos cristãos. O gnosticismo criou uma versão do cristianismo drasticamente reformulada de modo a acomodar várias convicções extremistas comuns na antiga cultura mediterrânea.

Contudo, assim que o gnóstico foi identificado como um inimigo infiltrado, poderiam os cristãos continuar resistindo à filosofia helênica ao vê-la como um espião estrangeiro ou recrutá-la como sua aliada?

Durante o terceiro século, enquanto lutavam para conservar a fé sob as políticas de perseguição dos imperadores, os cristãos também estavam descobrindo maneiras de apresentar o evangelho segundo o pensamento helênico. O imperador acabou aceitando o evangelho, e Roma tornou-se cristã; todavia, o caminho para essa conciliação foi preparado pelos mestres

100 HISTÓRIA DO CRISTIANISMO

cristãos que se dispuseram a demonstrar que fé e filosofia podiam viver em harmonia, contanto que ambas se prostrassem perante Cristo.

A liderança, nessa união, surgiu na escola catequética dirigida por Clemente e Orígenes em Alexandria. Eles foram os primeiros de uma sucessão de estudiosos cristãos totalmente familiarizados com a sabedoria da Grécia e entusiasmados com essa filosofia, ainda que leais ao ensinamento de Cristo, e tentaram misturar ao cristianismo tudo o que havia de melhor na cultura do mundo helênico, especialmente nos ensinos filosóficos platônicos e estoicos. "O caminho da verdade", disse Clemente, "é um. Contudo, em direção a ele, assim como em direção a um rio perene, fluem rios de todos os lados".

Os historiadores ainda discutem se a escola surgiu a partir de dentro da igreja em Alexandria ou se foi, a princípio, independente dela. A evidência, parece-me, aponta para um começo independente. Sabemos que filósofos individuais — estoicos, cínicos e gnósticos — abriam escolas em cidades importantes e atraíam alunos, e os cristãos seguiram essa prática. Quando Justino foi julgado em Roma, o juiz pagão perguntou-lhe sobre suas atividades, e, de acordo com a transcrição oficial, ele respondeu: "Moro no segundo andar da casa de um certo Martino, perto das termas de Timóteo. Instalei-me ali desde que vim a Roma pela segunda vez e desconheço outro local de reunião. Instruí, na doutrina da verdade, todos os que me visitaram ali. Sim, sou cristão".

Ao que tudo indica, por volta do ano 180, um cristão siciliano chamado Panteno estabeleceu uma escola de gnosticismo cristão em Alexandria e, ali, lecionava que o cristianismo era a verdadeira filosofia com o objetivo de entrar no mundo do pensamento pagão para mostrar a superioridade da fé católica. O ensinamento era *gnóstico* (literalmente, conhecimento) porque fazia as grandes perguntas sobre o sentido da vida, mas era *gnosticismo cristão* porque preservava as respostas ortodoxas. Panteno convidava todos os que tinham fome de conhecimento, não só cristãos, mas também pagãos, a virem em busca da verdade e, por meio de suas explicações meticulosas e inspiradoras, ele ganhou muitos pagãos para o cristianismo e elevou muitos cristãos aos céus teológicos.

UM PASTOR PARA OS FILÓSOFOS

A reputação de Panteno atraiu Clemente a Alexandria, o qual permaneceu ali por vinte anos, primeiro como pupilo de Panteno, depois como seu sucessor, liderando a escola. Conhecemos Clemente, sobretudo, por causa de seus escritos que foram preservados, e suas obras mais reveladoras formam uma possível trilogia: *Exortação aos gentios*, *Pedagogo* e *Miscelânea*, que ele nunca concluiu.

Seus contemporâneos, entretanto, não o conheciam tanto como autor, mas como um "mensageiro do cristianismo em trajes de filósofo". Os trajes

DE APÓSTOLOS A INTELECTUAIS **101**

de filósofo referem-se ao assumir uma vida e uma comunidade distintas na busca por conhecimento genuíno. Clemente dava testemunho da verdade e do conhecimento encontrados em Cristo no contexto de Alexandria, um centro intelectual de busca pela verdade.

Clemente, "o primeiro erudito cristão", era versado não apenas nas sagradas Escrituras, mas também no conhecimento da época, incluindo a filosofia grega e a literatura clássica. Ele entendia as questões e os problemas dos jovens provenientes de centros educacionais como Roma, Atenas e Antioquia, os quais estavam tão insatisfeitos com a instrução recebida quanto ele próprio estivera e, agora, procuravam — e encontravam — a mais recente e elevada sabedoria na revelação cristã. Muitos alunos, sem dúvida, já haviam se deparado com o cristianismo sob alguma forma de teoria gnóstica herética, mas Clemente tinha de mergulhar no mundo deles, desemaranhar suas concepções e conduzi-los lentamente do erro ao verdadeiro conhecimento do cristianismo. Ele viveu e ensinou como um filósofo e utilizou os métodos e a linguagem dos gnósticos da época.

O propósito de Clemente era claro: ele aproveitava não só os trajes e as formas externas de expressão dos filósofos pagãos contemporâneos, mas também seus problemas. Se, por exemplo, estivesse discutindo sobre o universo e seu significado (cosmologia) — um assunto tão amado pelos gnósticos —, ele não o fazia com a intenção de provar imediatamente que essas ideias eram erradas, descartando-as; em vez disso, ressaltava como as questões religiosas relativas à criação do mundo, à existência do mal nesta vida e à salvação por meio da Palavra, Jesus Cristo, encontravam sua última e mais profunda resposta na revelação cristã. Ele queria ser um apóstolo para o mundo intelectual helênico. Seu propósito não era puramente — nem mesmo primeiramente — teológico, e sim pastoral, e seu objetivo maior não era ganhar discussões, mas homens a Cristo, conduzindo-os à salvação.

Essa foi uma iniciativa arriscada, especialmente em Alexandria, onde a influência do gnosticismo valentiniano pairava no ar. A Igreja tinha razões para temer a filosofia grega e a literatura pagã, pois a religião pagã permeava a literatura clássica, e esse sistema — ao mesmo tempo religioso e filosófico — tendia a distorcer convicções cristãs fundamentais. Cristãos neófitos mal informados eram frequentemente confrontados pela escolha entre heresias com defesas engenhosas e eloquentes ou uma ortodoxia modesta. Qualquer cristão informado em uma escola secular moderna reconheceria o problema, mas Clemente estava determinado a oferecer uma terceira possibilidade.

Tal como os gnósticos hereges, os eruditos alexandrinos queriam colocar o cristianismo em contato com o pensamento da época. Isso requeria um papel positivo para a filosofia, e Clemente alegava que ela era a preparação para o cristianismo. "Antes do advento do cristianismo", diz ele no capítulo inicial de *Miscelânea*, "a filosofia era necessária aos gregos para a virtude. Agora ela é útil para a piedade àqueles que alcançam a fé por meio da demonstração. A filosofia foi uma professora para os gregos, assim como a lei o fora para os hebreus, preparando o caminho àqueles que são aperfeiçoados por Cristo".

Os métodos de Clemente e Orígenes, entretanto, eram radicalmente antagônicos aos usados pelos gnósticos hereges. Na construção de sua defesa filosófica do cristianismo, os gnósticos arruinavam o evangelho apostólico, ao passo que Clemente e Orígenes permaneciam completamente fiéis à mensagem essencial de Pedro e Paulo ao explorar suas implicações.

Clemente e Orígenes diferem dos gnósticos em outro aspecto importante: o da conduta cristã. Muitos hereges gnósticos acreditavam que a aquisição de conhecimento não estava relacionada à formação do caráter, uma vez que matéria e corpo eram inerentemente maus e corruptos. No entanto, Clemente insistia que o discernimento espiritual era concedido aos puros de coração, àqueles que são humildes o suficiente para caminhar com Deus assim como uma criança caminha com o pai, àqueles cuja motivação por trás do comportamento ético vai muito além do medo de punição ou da esperança de recompensa, residindo no amor pelo bem em si. Trata-se de uma ascensão da fé por meio do conhecimento à visão beatífica além desta vida, quando os remidos tornam-se um com Deus. A base para esta possibilidade de união mística é a imagem de Deus implantada pela criação.

Assim, chegamos ao conflito fundamental entre Clemente e os gnósticos hereges. Os valentinianos haviam rejeitado a criação, considerando-a produto de alguma divindade má, mas Clemente colocava-a em uma posição central. Deus, ele acreditava, tinha implantado as boas sementes da verdade em todas as suas criaturas racionais. O cristão pode aprender com os gregos porque toda verdade e bondade, onde quer sejam encontradas, vêm do Criador.

O ministério de Clemente, portanto, marcou um momento importante no progresso da doutrina cristã. Depois dele, o pensamento grego uniu-se ao pensamento cristão, e esse vínculo foi preservado nos grandes santos e teólogos do cristianismo oriental posterior. Sem isto, as impressionantes realizações teológicas dos primeiros concílios eclesiásticos teriam sido impossíveis. A genialidade de Orígenes foi dedicada à edificação sobre o fundamento estabelecido desta união.

ORÍGENES E A SEDE DE VERDADE

Pouco tempo depois da virada do terceiro século, uma perseguição contra os cristãos eclodiu em Alexandria. Clemente foi obrigado a fugir da cidade, mas, conforme aprendera com Platão, "a necessidade é a mãe da invenção". Ele entregou a liderança da escola a um rapaz de dezoito anos de idade extraordinariamente talentoso.

Mesmo em tenra idade, Orígenes demonstrou ser um sucessor digno de Clemente e partilhava do entusiasmo filosófico de seu mestre. Além disso, remetia a sede humana de conhecimento à obra de Deus:

> Quando vemos uma obra de arte humana admirável, ficamos imediatamente ávidos por investigar a natureza, a forma, o fim de sua produção; e a contemplação das obras de Deus estimula-nos com um anseio incomparavelmente maior por aprender os princípios, o método, o propósito da criação. Esse desejo, essa paixão, foram, sem dúvida, implantados em nós por Deus e, assim como o olho procura a luz e o corpo anela por alimento, nossa mente sente o [...] desejo natural de conhecer a verdade de Deus e as causas daquilo que observamos.

Orígenes (185-254), o grande mestre alexandrino, sempre considerou a exposição da Escritura sua principal tarefa.

Somente o cristianismo detém esse conhecimento, e o objetivo de Orígenes era relacionar toda a verdade ao plano divino de salvação proporcionado por Cristo.

Orígenes vinha de um lar cristão. Seu pai, Leônidas, havia sido martirizado na mesma perseguição que provocara a fuga de Clemente de Alexandria. A fim de sustentar a família, Orígenes vendia seus livros seculares e iniciou a extraordinária carreira como professor e estudioso.

Infelizmente, ele estava sempre em conflito com seu bispo, Demétrio, e o considerava um oficial da igreja com sede de poder, consumido por presunção. Demétrio, por sua vez, achava que Orígenes não cooperava com seus esforços para organizar a igreja no Egito. Na Igreja antiga, o bispo dirigia o ministério das pessoas que estavam sob seus cuidados e, desse modo, as oportunidades de ministério de Orígenes eram restringidas por seu bispo.

104 HISTÓRIA DO CRISTIANISMO

Em torno do ano 229, Orígenes foi convidado a ir para Atenas e, a caminho da Grécia, passou pela Palestina, onde tinha muitos admiradores. Em Cesareia, aceitou a ordenação para o ministério. Demétrio considerou essa atitude um caso grave de insubordinação e deu início a uma condenação pública de Orígenes, o qual, depois disso, passou a viver em Cesareia. Deste modo, a carreira do grande erudito é dividida entre seus anos em Alexandria (202-230) e o período que viveu em Cesareia (230-254).

Em qualquer cidade que estivesse, entretanto, Orígenes era um mestre que exercia muita atração e recebia convites de todas as partes para viajar. Alunos percorriam centenas de quilômetros para absorver sua sabedoria, assim como a rainha de Sabá foi ter com o rei Salomão. Dentre os mais jovens, havia um futuro estudante de direito oriundo da Ásia Menor chamado Gregório, mais tarde apelidado de Taumaturgo por causa de seus esforços missionários excepcionalmente bem-sucedidos em meio ao seu povo.

Após cinco anos sob a orientação de Orígenes, Gregório escreveu um livro em sua homenagem. Segundo Gregório, Orígenes apresentava aos alunos, desde o começo, o objetivo da verdadeira filosofia: a obtenção da boa vida. Somente aqueles que procuram uma vida de retidão, ensinava ele, são dignos de viver como criaturas razoáveis. Eles procuram conhecer primeiro a si mesmos e, depois, tanto aquilo que é bom, que o homem deve se esforçar para alcançar, quanto aquilo que é mal, do que o homem deve fugir. A ignorância, dizia, é uma grande barreira para a piedade, e não pode haver verdadeira piedade em relação a Deus no homem que despreza o dom da filosofia. Contudo, a verdadeira filosofia, afirmava Orígenes, sempre tem a Palavra como foco, "a qual atrai todos irresistivelmente a si por meio de sua beleza inexprimível".

A filosofia de Orígenes, portanto, era mais do que uma questão de ideias; era um instrumento formador do caráter, e nisso seu exemplo demonstrou ser a lição mais poderosa. Ele nos estimulava, disse Gregório, "mais pelos atos que realizava do que pelas teorias que ensinava", e exortava os alunos a examinar as fontes de sua conduta, a observar os impulsos que os levavam da confusão à ordem moral, a resistir às sementes do mal e a cultivar o crescimento da bondade — aquilo que Orígenes queria dizer com razão. Desse modo, ele instilou em seus alunos o amor pela virtude, e eles viam que seu próprio mestre era um modelo de alguém realmente sábio.

Graças à generosidade de um amigo rico, Orígenes passou a contar com os serviços de sete estenógrafos que trabalhavam em turnos. Livros começaram a transbordar de sua oficina literária, e sua fama subiu a níveis extraordinários. Mais tarde, Jerônimo questionou: "Quem seria capaz de ler tudo o que Orígenes escreveu?"

O grande alexandrino discorria sobre um amplo leque de assuntos a favor dos cristãos e contra os pagãos, mas sempre considerou a exposição da Escritura sua principal tarefa. Ele foi praticamente o único cristão de

DE APÓSTOLOS A INTELECTUAIS **105**

língua grega a estudar o Antigo Testamento no original hebraico. Orígenes produziu um livro intitulado *Héxapla*, que apresentava seis versões do Antigo Testamento em seis colunas paralelas, e a isso acrescentou um grande número de comentários e centenas de sermões sobre livros específicos. As Escrituras, ele acreditava, são o tesouro da revelação divina, e os alunos devem, portanto, considerá-las como um todo. Qualquer situação em que o sentido aparente de uma passagem contradissesse a moralidade ou a natureza de Deus era um sinal de que deveria haver alguma lição mais profunda sob a superfície do texto.

Essa convicção levou Orígenes àquilo que geralmente chamamos de "interpretação alegórica" da Escritura. Ele alegava a existência de três níveis de significado na Bíblia: o sentido literal, a aplicação moral para a alma e o sentido alegórico ou espiritual, que se refere aos mistérios da fé cristã, os quais correspondiam a noções comuns de que as pessoas eram constituídas por mente, alma e corpo. Na prática, Orígenes costumava recorrer aos sentidos literal e espiritual, e acreditava que a interpretação da Bíblia era um grande esforço intelectual, mas que a capacidade de enxergar o sentido espiritual era-lhe concedida pelo Espírito Santo como dom.

A preocupação fundamental de Orígenes era permitir que toda a Bíblia falasse por si, independentemente do que uma única passagem parecesse dizer, pois, quando a Bíblia fala, ela fala por Deus, que a inspirou.

Nesse aspecto, ele apresentava uma vantagem significativa em relação aos hereges. A tendência persistente das heresias, antigas ou contemporâneas, é basear-se em alguns textos chamativos e extrair deles uma interpretação errada e inflexível. Orígenes, todavia, não admitia essa tendência e queria que toda a Bíblia falasse, pois sabia que seus ensinamentos como um todo são as verdades centrais do cristianismo católico.

O imenso trabalho de Orígenes nas Escrituras foi de extrema importância, visto que possibilitou que cristãos racionais cressem na Bíblia e, assim, permanecessem cristãos. Além do mais, o que teria acontecido ao cristianismo sem uma interpretação intelectual da Bíblia para alimentar a mente e controlar o desenvolvimento do pensamento cristão? Nesse sentido, Orígenes preservou as Escrituras para a Igreja e, assim, protegeu o fundamento histórico da fé cristã.

TEOLOGIA PARA PENSADORES

As grandes realizações do erudito no estudo da Bíblia estavam à altura de sua obra pioneira na teologia sistemática. A maior parte da teologia cristã anterior estivera voltada à refutação de heresias, e Orígenes foi o primeiro teólogo a apresentar uma estrutura intelectual completa da fé cristã. No início de seu ministério, ele produziu *Tratado sobre os princípios* — uma obra dirigida a leitores instruídos e abordava ideias que eles eram capazes de reconhecer —, mas nunca achou necessário modificá-la em qualquer

106 HISTÓRIA DO CRISTIANISMO

aspecto. Orígenes não desprezava a fé simplória dos ignorantes; ele percebeu que, caso desejasse moldar a civilização, o cristianismo deveria justificar-se tanto ao intelecto quanto ao coração da humanidade.

A regra de fé era uma reformulação não oficial da doutrina ou história cristã encontrada em vários mestres do cristianismo primitivo. Orígenes era grato por nunca ter abandonado a regra de fé, no entanto, também se sentia livre para oferecer um ensino "especulativo" quando a regra era omissa com relação a um assunto específico.

Suas opiniões, ao que parece, não conheciam limites e se ampliavam a ponto de ensinar que todas as criaturas, incluindo o próprio diabo, seriam restauradas à comunhão com Deus um dia e o inferno seria esvaziado. Essa doutrina, sobretudo, causou-lhe problemas sem fim, e muitas almas humanas na história da Igreja sonhavam que o amor de Deus algum dia triunfaria sobre toda rebelião pecaminosa. O erro de Orígenes foi transformar um sonho em doutrina, todavia, para os cristãos ortodoxos, não era possível transformar o sonho em doutrina porque a ideia em questão quase sempre tende a negar o livre arbítrio do homem e suas consequências eternas.

Se Deus tem um caráter, como Charles Williams alegou em *Descent of the Dove* [A descida da pomba], e se o homem tem a liberdade de escolha, uma rejeição eterna de Deus por parte do homem deve ser admitida como possível; isto é, o inferno deve permanecer. Orígenes simplesmente foi longe demais e propôs, como doutrina, algo que só pode permanecer na condição de desejo.

O fim de todos os desejos para Orígenes veio no ano 254, quando, na perseguição liderada pelo imperador Décio, ele foi alvo de um ataque especial e foi lançado na prisão, acorrentado e torturado. As autoridades deixaram-no no estado mais deplorável possível, preservando sua vida em constante tormento. O reinado aterrorizante de Décio terminou no ano 251, quando Orígenes foi liberto, mas a tortura deixou sequelas no mestre já idoso, que morreu três anos depois, aos 69 anos, em Tiro.

A mente expansiva de Orígenes e o espírito generoso de Clemente sempre causaram desconforto aos cristãos ortodoxos. Mas teriam eles ido longe demais na busca da conformação ao contexto helênico? Será que a linguagem e os conceitos da filosofia haviam invadido o ambiente cristão e levado o evangelho original cativo? Cristãos sinceros fazem tais perguntas por saberem que o amor ao mundo pode comprometer os artigos revelados da fé.

É evidente, contudo, que Clemente e Orígenes foram fiéis à fé como ela era entendida, e, muito embora tenham entrado seriamente no mundo espiritual de seus ouvintes, eles estavam conscientes do significado da salvação. Assim como Cristo adotou a existência humana em sua encarnação, seu povo, no curso da história, adota a humanidade de todos os povos e civilizações. Tal como Paulo, que foi "tudo para com todos" (1Coríntios 9:22), Clemente declarou muitas vezes: "É preciso tornar-se heleno para salvar os helenos. É preciso oferecer, àqueles que o exigem, o tipo de sabedoria com a qual estão familiarizados. Assim, da forma mais fácil possível, eles poderão traçar um caminho em seu próprio mundo de ideias até alcançar a crença na verdade".

O aspecto positivo do que Clemente e Orígenes fizeram foi preservar o humanismo para o cristianismo, pois eles possibilitaram a existência das carreiras de outros grandes líderes cristãos — Atanásio, Gregório de Nissa e João Crisóstomo — que os seguiram. Além disso, demonstraram que o melhor da cultura clássica poderia encontrar um lar e um futuro dentro da Igreja.

Leitura sugerida

- DAVIDSON, Ivor J. *The Birth of the Church: From Jesus to Constantine, AD 30—312* [O nascimento da Igreja: de Jesus a Constantino, 30 d.C.-312 d.C.], *Baker History of the Church.* v. 1. Grand Rapids: Baker, 2004.

- DANIELOU, J. *Origen* [Orígenes]. Traduzido por W. Mitchell. Nova York: Sheed and Ward, 1955.

- FRANZEN, August. *A History of the Church* [História da Igreja]. Revisado e editado por John P. Dolan. Nova York: Herder and Herder, 1969.

- OULTON, J. E. L.; CHADWICK, Henry (Orgs.). *Alexandrian Christianity* [Cristianismo alexandrino]. Filadélfia: Westminster, 1954.

- PATZIA, A. C. *The Emergence of the Church* [A emergência da igreja]. Downers Grove, IL: InterVarsity Press, 2001.

- PRESTIGE, G. L. *Fathers and Heretics* [Pais e hereges]. Londres: S.P.C.K., 1963.

- *TRIGG, Joseph Wilson. *Origen: The Bible and Philosophy in the Third Century Church* [Orígenes: a Bíblia e a filosofia na Igreja do terceiro século]. Atlanta: John Knox, 1983.

Época do Império Romano Cristão

312 a 590 d.C.

O IMPERADOR CONSTANTINO é uma das principais figuras da história cristã. Após sua conversão, o cristianismo logo passou do isolamento das catacumbas ao prestígio dos palácios. No início do quarto século, o movimento era uma minoria perseguida; contudo, no apogeu desse século, ocupava a posição de religião estabelecida do império. Assim, a Igreja cristã foi agregada ao poder do Estado e assumiu uma responsabilidade moral para toda a sociedade. Inicialmente sob a orientação de Constantino, a Igreja refinou sua doutrina e desenvolveu sua estrutura, e algumas pessoas, como o historiador Eusébio, enxergaram a adoção do cristianismo por Constantino como a vitória dessa religião sobre o Império; outros, como os monges, acreditavam que a cultura estava capturando o cristianismo. A história que segue é a "cristianização" do grande mundo e mentalidade helenistas. Quando o império sucumbiu a invasores bárbaros (conhecidos como europeus hoje), os monges ironicamente obtiveram o apoio dos conquistadores por demonstrarem a dignidade de uma vida ordenada, em comunidade e com raízes profundas na fé cristã.

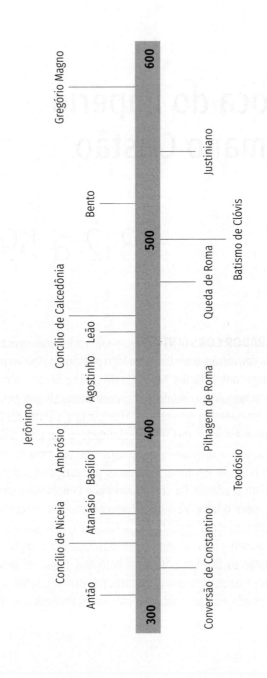

CAPÍTULO 9

Renúncia do cetro

A conversão do império

A MENOS QUE UM TURISTA MANIFESTE algum interesse especial por história ou escultura, os que visitam Roma atualmente se espantam com o tamanho do Arco do Triunfo de Constantino. Porém, quando param para ler o guia de viagem com atenção, reconhecem as palavras latinas no topo do arco louvando "O imperador César Flávio Constantino, o Grande" por uma vitória impressionante sobre "o inimigo e toda a sua tropa".

Um friso na lateral do arco voltada para a cidade mostra o inimigo, um césar rival chamado Massêncio e suas tropas caindo da ponte Mílvio no rio Tibre. Eles eram as vítimas abatidas e ensanguentadas do vitorioso Constantino.

Eusébio de Cesareia, historiador cristão e biógrafo de Constantino, comparou a destruição de Massêncio no Tibre à de Faraó no mar Vermelho. Muitos contemporâneos reconheceram que a conversão de Constantino ao cristianismo e sua vitória sobre os inimigos foram "inspiradas pelo divino" e assinalaram um divisor de águas na história.

Constantino representa a passagem da época do cristianismo católico ao início da época do império cristão (de 312 a 590), quando mártires corajosos tornaram-se coisa do passado. A cristianização do império e a interferência imperial nos assuntos da Igreja estavam em seu início, e é possível identificar as consequências disso até hoje.

Mas como foi que tal reviravolta aconteceu? Por que a "superstição" cdesprezada e perseguida, chamada cristianismo, de repente surgiu das sombras da sociedade romana e assumiu, quase da noite para o dia, a liderança espiritual desse vasto e poderoso império?

A REVIRAVOLTA DE UM IMPÉRIO

No sentido de captar o significado dessa mudança no destino do cristianismo, precisamos voltar ao antecessor de Constantino no palácio imperial, um general chamado Diocleciano.

Todos os sinais de um império decadente já se mostravam no ano 284, quando Diocleciano assumiu o poder. Trinta imperadores haviam reivindicado o trono no terceiro século, e muitos outros também tinham tentado. O senado romano mal fazia questão de emular todo o processo de eleição de césares, e o parentesco de um imperador reinante de nada valia para sua sucessão. Pelo contrário, os filhos ou parentes próximos do césar geralmente corriam risco de execução quando o imperador seguinte assumia a coroa.

Hutchinson e Garrison descrevem a crise:

> O caos e a anarquia alastraram-se por todo o império. O assassinato de um césar era o sinal para que tropas romanas em algum lugar aclamassem um novo governante. Às vezes, a guarda pretoriana posicionada na própria cidade de Roma era a responsável pela escolha; em outras ocasiões, a decisão era tomada pelos exércitos das fronteiras. À medida que o fim do terceiro século se aproximava, a maioria dos romanos ponderados desesperou-se, pois estavam vendo o império desmoronar rapidamente rumo à ruína, e a civilização, outrora orgulhosa, estava prestes a mergulhar em um mar bárbaro.

Eventualmente, foi isso mesmo o que ocorreu, contudo, o colapso não se deu no ano 300. No Ocidente, ele demorou outros 175 anos para acontecer, e, no Oriente, um império que alegava ser romano existiu quase até o dia em que Colombo içou a âncora para velejar rumo à descoberta do Novo Mundo. "Esta súbita reviravolta na história de Roma, do caos e da crescente desintegração a uma nova explosão de vigor e estabilidade, foi, em grande parte, produto de um reinado — o de Diocleciano", o qual ocupou o trono durante vinte anos (de 284 a 305) antes de Constantino.

Diocleciano não gozava de uma "boa reputação" nos círculos cristãos, visto que ele foi o mais cruel perseguidor da Igreja, mas, por causa da anarquia que herdara e do império restaurado que deixou aos seus sucessores, "ele merece ser classificado como um dos imperadores verdadeiramente excelentes".

Filho de escravos na Dalmácia (atual região balcânica), Diocleciano iniciou a carreira militar e tornou-se comandante do exército antes mesmo de completar quarenta anos. Assumindo o trono "por eleição de generais e oficiais", ele dirimiu quaisquer possíveis disputas pelo poder imperial lançando-se sobre seu rival mais próximo no tribunal do senado e apunhalando-o. "Daquele momento em diante, o violento soldado tomou em suas mãos o império que se desintegrava e pôs-se a sacudi-lo, por assim dizer, para que voltasse à vida." Ele não somente suspendeu a ordem de retirada na Alemanha e ao longo do Danúbio, como reconquistou a maior parte dos longínquos territórios da Bretanha e Pérsia.

Diocleciano, entretanto, foi mais do que um general vitorioso, e, com o tempo, sua habilidade de estadista demonstrou ser ainda mais significativa. Ele estava convencido de que o império era ingovernável. Os constantes ataques às fronteiras exigiam contínua reorganização, portanto, dividiu seu poder imperial com mais três governantes, estabelecendo quatro cortes imperiais — nenhuma delas baseada em Roma. Ele situou a própria corte em Nicomédia, na extremidade noroeste da Ásia Menor. Dali, ele conseguia vigiar de perto os constantes invasores das fronteiras orientais.

O plano de Diocleciano visava proteger o império da anarquia gerada pelo constante assassinato de imperadores, e ele acreditava que a divisão do governo imperial entre quatro homens — dois *augusti* e um césar subordinado a cada um deles — controlaria as ambições de seus rivais mais prováveis. Uma vez que a esperança daqueles homens era se tornar imperador, não haveria mais a tentação de promover o próprio destino matando os governantes mais antigos.

CRISTÃOS ÀS FOGUEIRAS

Ninguém parece saber ao certo o motivo, mas, dois anos antes do fim de seu eficiente reinado, Diocleciano liderou a mais cruel de todas as perseguições aos cristãos. Durante dezoito anos, embora fosse um pagão convicto e praticante, ele não prestou atenção ao crescente poder cristão. Seu palácio estava cheio de oficiais cristãos, e sua esposa, Prisca, e sua filha, Valéria, também eram consideradas cristãs. Igrejas esplêndidas surgiam nas principais cidades do império, e a maior delas estava localizada em sua capital, Nicomédia.

Então, de uma hora para outra, o idoso imperador mandou que seu exército exterminasse os cristãos. Éditos imperiais foram publicados ordenando seus oficiais a destruir igrejas, proibir o culto cristão e queimar as Escrituras. Os bispos eram presos em massa, encarcerados, torturados e, muitos deles, mortos, enquanto o poder do trono imperial estava totalmente voltado a aniquilar o restante da comunidade de forma sanguinária.

No ano 305, Diocleciano, seguindo um plano há muito estabelecido, abdicou ao trono e forçou o outro augusto, Maximiano, a fazer o mesmo. Aquilo que a história recorda como "perseguição de Diocleciano", porém, continuava intensa, e o novo augusto no oriente, Galério, estava mais decidido do que nunca a levá-la adiante até o completo extermínio do cristianismo. Os cristãos diziam que ele havia sido o incitador original do massacre.

Os próprios pagãos, entretanto, estavam enojados diante de tanto derramamento de sangue. O outro novo augusto, Constâncio Cloro, na distante Grã-Bretanha, nunca intensificou muito a perseguição em seu distrito da Gália e acabou suspendendo todas as medidas contra os cristãos, mostrando-lhes sinais de favor.

HISTÓRIA DO CRISTIANISMO

No ano 311, no leito de morte, Galério percebeu que sua tentativa de acabar com a nova, porém poderosa religião, havia fracassado. "É certo que milhares e milhares de cristãos aterrorizados negaram a fé, mas outros milhares permaneceram firmes, selando a fé com seu sangue." A bem da verdade, por haver tantos cristãos ávidos por sofrer pela fé, o bispo de Cartago determinou que aqueles que se precipitavam desnecessariamente ao martírio não deviam ser venerados como mártires.

O efeito sobre a opinião pública em todo o império foi enorme. "Nem mesmo o trono podia assumir o risco de continuar torturando, mutilando e matando. Sendo assim, em seu último ato oficial, Galério — com muita relutância e a contragosto — emitiu um edito de tolerância". E foi assim que, para todos os fins práticos, a última e pior perseguição dos cristãos por parte de Roma chegou ao fim.

Após a morte de Galério, uma luta pelo poder imperial irrompeu. Na primavera do ano 312, Constantino, filho de Constâncio Cloro, cruzou os Alpes procurando expulsar da Itália seu rival, Massêncio, e tentando capturar Roma, o que foi uma iniciativa ousada. Quando encontrou o inimigo militarmente superior na ponte Mílvio, bem à frente das muralhas de Roma, ele recebeu auxílio do Deus dos cristãos e, em um sonho, viu uma cruz no céu e as palavras: "Por este sinal, conquiste". Isso o convenceu a avançar e, em 28 de outubro de 312, ao obter sua brilhante vitória sobre as tropas de Massêncio, Constantino considerou seu sucesso uma prova do poder de Cristo e da superioridade da religião cristã.

Alguns historiadores consideram a "conversão" de Constantino uma manobra puramente política, até porque muitas coisas do paganismo foram mantidas em sua vida: ele conspirou, assassinou e até mesmo reteve seu título de *Pontifex Maximus*, que indicava sua posição de líder do culto religioso do Estado. No entanto, é difícil sustentar uma conversão puramente política à luz de suas ações públicas e privadas. A partir do ano 312, Constantino favoreceu o cristianismo abertamente e permitiu que os ministros cristãos desfrutassem da mesma isenção de impostos que os sacerdotes pagãos, aboliu as execuções por crucificação, suspendeu as batalhas de gladiadores como pena por crimes e, do ano 321, transformou o domingo em feriado público. Graças à sua generosidade, templos magníficos surgiram como prova de seu apoio ao cristianismo.

[*Amparo aos abandonados*]

Os romanos incrédulos, como muitos dentre os antigos, abandonavam crianças não desejadas à morte. As meninas, menos desejáveis do ponto de vista econômico, eram vítimas especiais, no entanto, os cristãos, por considerarem as pessoas criadas à imagem de Deus, resgatavam essas crianças. Os romanos desaprovavam aqueles que se envolviam em tal prática e, por isso, leis acabaram sendo criadas para penalizar essa atitude. Constantino, porém, determinou que as crianças abandonadas ficariam na posse de quem as encontrasse e, tal decisão, como muitas outras, favoreceu os cristãos. ■

Esse cristianismo público foi acompanhado por mudanças na vida particular de Constantino. Sem esconder suas convicções cristãs, ele criou seus filhos no cristianismo e levava uma vida familiar cristã. O bispo Eusébio de Nicomédia batizou-o pouco antes de sua morte, no ano 337, e, após o batismo, Constantino recusou-se a usar novamente a túnica imperial roxa e partiu desta vida em suas vestes batismais brancas.

A conversão do imperador inspirou Matthew Arnold, poeta do século XIX, a escrever:

> O oeste vitorioso ela ouviu,
> Ostentando coroa e espada!
> O vazio, seu peito consumiu,
> Estremeceu, mas agiu conforme ordenada.
>
> Cobriu suas águias; a espada, embainhou,
> O cetro que segurava, este levou ao chão;
> Sua imponente púrpura, ela abominou
> E a coroa imperial tornou-se depravação.

UMA NOVA CAPITAL PARA O CRISTIANISMO

Juntamente com sua nova religião, Constantino deu ao mundo romano uma nova capital. Os inimigos do império tinham a tendência de reunir-se no Oriente, e agora a religião oficial era oriental. Uma mudança para o Oriente era, portanto, lógica, e o local escolhido por Constantino dificilmente poderia ter sido mais adequado para uma cidade que haveria de enriquecer por meio do comércio. O canal do Bósforo, uma via navegável entre o mar Negro e o Mediterrâneo, é um cruzamento natural entre a Ásia e a Europa, tanto por terra quanto por água. Perfeitamente posicionado em um dos lados, há um porto natural ideal, estreito o suficiente para ser isolado por uma corrente e, assim, evitar a entrada de intrusos. Durante séculos, uma cidade existiu ali e se chamava Bizâncio até o dia em que Constantino, no ano 330, inaugurou sua nova cidade. Exatamente 1.600 anos depois, em 1930, os turcos mudaram seu nome para Istambul, porém, durante a maior parte de sua longa história, o local foi conhecido como a cidade de Constantino, Constantinopla, capital do Império Bizantino (ou Romano do Oriente).

116 HISTÓRIA DO CRISTIANISMO

Atualmente, depois de tanto tempo, é quase impossível compreender o que essa mudança na liderança imperial significou para a Igreja. Antes de 312, o cristianismo era ilegal e perseguido, mas, de repente, foi favorecido e paparicado. Constantino lançou-o à vida pública e, como consequência, a Igreja conseguiu visualizar novamente sua imagem e missão.

O historiador eclesiástico Eusébio provavelmente falou em nome da maioria dos cristãos quando representou o imperador como o governante cristão ideal e vislumbrou o início de uma nova era de salvação. A nova oportunidade de pregar em público e desenvolver-se em paz certamente significava que Deus tinha uma missão nova e maior para a Igreja. O momento divinamente ordenado chegara para a infusão do espírito do cristianismo na vida pública.

Alguns cristãos discerniram um significado especial no fato de Jesus e sua mensagem terem aparecido exatamente na hora em que o Império Romano oferecia ao mundo unidade política, econômica e cultural. O império pareceu realizar a tarefa providencial de preparar o caminho para que o cristianismo cumprisse sua missão com todos os homens e, agora, com Constantino, a conversão do mundo parecia estar próxima.

As vantagens para a Igreja eram reais, mas havia um preço a ser pago, pois Constantino governava os bispos cristãos da mesma maneira que agia com seus funcionários, exigindo obediência incondicional a pronunciamentos oficiais, mesmo quando estes interferiam em questões puramente eclesiásticas. Além disso, havia também a questão das multidões que fluíam para a Igreja oficialmente favorecida. Antes da conversão de Constantino, a Igreja era composta por cristãos convictos, dispostos a assumir o risco de ser identificados como cristãos, mas agora ela atraía muitos indivíduos politicamente ambiciosos, desinteressados em religião e até mesmo com raízes no paganismo. Isso ameaçou produzir não somente superficialidade e a impregnação de superstições pagãs, como também a secularização e o uso impróprio da religião para fins políticos.

A IGREJA SOBE AO PODER

No ano 380, os favorecimentos aos cristãos deram lugar a sanções para os não cristãos. Nesse ano, o imperador Teodósio transformou a crença no cristianismo em ordem imperial:

> É nossa vontade que todos os povos por nós regidos pratiquem a religião que o divino apóstolo Pedro transmitiu aos romanos. Devemos acreditar na divindade única do Pai, do Filho e do Espírito Santo, segundo o conceito de majestade equivalente e da santíssima Trindade.
>
> Ordenamos àqueles que seguem essa regra que adotem o nome de cristãos católicos. Sobre o restante, porém, os que julgamos dementes e loucos, pesará a infâmia de dogmas heréticos. Seus locais de reunião não receberão o nome

igreja, sofrendo primeiro a vingança divina e, depois, a retribuição de nossa própria iniciativa, a qual adotaremos em conformidade com o juízo divino.

Teodósio considera subentendida a estreita ligação entre sua própria vontade e a de Deus — essa era uma conexão implícita no império cristão.

Os templos eram cuidadosamente projetados de modo a enfatizar a nova hierarquia de Cristo e do imperador, e o estilo era inspirado no oriente. Um viajante grego havia visitado a Pérsia no segundo século e descrito um palácio com "um átrio coberto por uma cúpula, cujo interior era adornado por safiras cintilantes de brilho azul celestial e, destacando-se desse fundo azul de pedras, havia imagens douradas dos deuses reluzindo como estrelas no firmamento". Esse se tornou o padrão para os interiores cobertos por mosaicos das igrejas bizantinas, que exibiam, se não "imagens douradas dos deuses", pelo menos Deus e o imperador "semideus" que o representava na terra.

No Ocidente, longe das cortes imperiais, alguns eclesiásticos ousaram desafiar o semideus — Ambrósio, bispo de Milão, foi um deles —, mas o incidente que ocasionou o conflito estava, aparentemente, longe de ser uma questão de preocupação imperial. No ano 390, um cocheiro de uma cidade grega foi acusado de práticas homossexuais, e o governador da região lançou-o na prisão, mas não contava com a reação do povo. Quando as corridas de biga estavam prestes a começar, o povo pediu a liberdade do condutor, mas o governador negou, e as multidões, então, se iraram, assassinaram o governador e libertaram seu herói.

Teodósio, na época em Milão, ficou indignado e ordenou que o povo fosse punido. Assim, em outra corrida de bigas no circo em Tessalônica, as portas foram fechadas, e os soldados de Teodósio ficaram a postos nas entradas. Mediante um sinal, eles atacaram o povo, e, em três horas, 7 mil tessalonicenses caíram à espada.

Um grito de horror ressoou no império e, Ambrósio, que se considerava a consciência imperial, sentiu-se absolutamente envergonhado. Em nome da humanidade comum e da Igreja, ele precisou se posicionar. Era necessário que Teodósio admitisse o crime e se arrependesse. O bispo, portanto, decidiu escrever-lhe.

"Não posso negar que zelas pela fé", escreveu,

e que temes a Deus, mas teu espírito é naturalmente passional e ingovernável quando se exalta. Peço que te arrependas. Só é possível expiar o pecado com lágrimas, penitência e humilhação de tua alma diante de Deus. Tu és um homem e, por ter pecado como homem, deve arrepender-te. Nenhum anjo ou arcanjo pode perdoar-te. Somente Deus pode fazê-lo, e ele perdoa apenas aqueles que se arrependem.

Ambrósio negou a Comunhão ao imperador até que este confessasse seu pecado. Por um tempo, Teodósio permaneceu afastado da Igreja, mas, no

HISTÓRIA DO CRISTIANISMO

fim, acabou aceitando as condições de Ambrósio. Diante de uma congregação lotada, ele removeu suas esplêndidas vestes imperiais e pediu perdão por seus pecados, e precisou fazer isso em várias ocasiões até que, finalmente, no dia de Natal, Ambrósio ofereceu-lhe o sacramento.

Era necessária uma coragem extraordinária para humilhar um imperador bizantino. Ambrósio havia descoberto a arma — a ameaça de excomunhão — que a Igreja ocidental em breve usaria muitas vezes para humilhar príncipes, todavia, no centro do império cristão, em Constantinopla, bispo algum jamais saiu tão fora de linha.

Hoje, como Bamber Gascoigne destaca,

> Na igreja de Milão, nomeada em homenagem a Santo Ambrósio, os cultos são católicos romanos — reconhecidamente diferentes da forma de culto associada aos imperadores bizantinos, que agora conhecemos como ortodoxa grega. No entanto, ortodoxo significa apenas correto; católico é uma palavra para universal. Poderíamos nos referir de modo igualmente correto a essas formas como católica grega ou ortodoxa romana.

Era apenas uma questão de cada lado, Oriente e Ocidente, alegando a posse da forma correta do cristianismo. Em suas posturas contrastantes diante dos imperadores cristãos, entretanto, temos um símbolo de seus destinos divergentes.

Leitura sugerida

- BAYNES, Norman H. *Constantine the Great and the Christian Church*. 2 ed [Constantino Magno e a Igreja crista]. Londres: Oxford University Press, 1972.

- COCHRANE, Charles Norris. *Christianity and Classical Culture* [Cristianismo e a cultura clássica]. Nova York: Oxford, 1957.

- COLEMAN, Christopher Bush. *Constantine the Great and Christianity* [Constantino Magno e o cristianismo]. Nova York: AMS Press, 1968.

- DAVIDSON, Ivor. *A Public Faith: From Constantine to the Medieval World AD 312—600*, [Fé pública: de Constantino ao mundo medieval, 312 d.C.-600 d.C.], *Baker History of the Church*. v. 2. Grand Rapids: Baker, 2005.

- KEE, Allistair. *Constantine Versus Christ: The Triumph of Ideology* [Constantino *versus* Cristo: o triunfo da ideologia]. Londres: SCM Press, 1982.

- *LEITHART, Peter. *Defending Constantine: The Twilight of an Empire and the Dawn of Christendom* [Em defesa de Constantino: o declínio de um império e o despertar da cristandade]. Downers Grove, IL: InterVarsity Press, 2010.

- *YODER, John Howard. *Christian Attitudes to War, Peace, and Revolution* [Atitudes cristãs de guerra, paz e revolução]. Editado por Theodore Koontz e Andy Alexis-Baker. Grand Rapids: Brazos, 2009.

CAPÍTULO 10

Detalhes importantes
A doutrina da Trindade

DE TODAS AS AFIRMAÇÕES QUE OS CRISTÃOS FAZEM sobre Deus, a que é considerada mais distintiva é que Deus é três pessoas. Os adoradores entoam:

> Santo, santo, santo! Senhor Deus onipotente!
> Todas as tuas obras louvam o teu nome
> na terra, no céu e no mar.
> Santo, santo, santo! Misericordioso e poderoso!
> Deus em três pessoas, bendita Trindade.

Nenhuma outra grande religião confessa ou adora uma divindade três em um. Os muçulmanos e os judeus acham a doutrina ofensiva; os unitaristas e as testemunhas de Jeová consideram-na deplorável.

Os próprios cristãos, em sua maioria, reconhecem que essa doutrina é um mistério. Quando os fiéis se dirigem a Deus no culto, ou procuram descrevê-lo, eles inevitavelmente mencionavam o Pai, o Filho e o Espírito. Quando eram questionados sobre quem encontravam nos relatos cristãos, eles respondiam, na liturgia e na pregação: "Pai, Filho e Espírito". Ao pensar de modo mais abstrato sobre a natureza de Deus, eles afirmavam que ele é um — uma unidade. Os cristãos do quarto século sentiam uma inquietação quanto a essa doutrina, como estudiosos diante de uma pesquisa inacabada. Três em um e um em três; idênticos, porém diferentes?

Um bispo descreveu Constantinopla como um lugar onde essa discussão fervilhava:

> Se, nesta cidade, você pedir troco a alguém, a pessoa desejará discutir se Deus Filho foi gerado ou não. Se você perguntar sobre a qualidade do pão, receberá a resposta de que "Deus Pai é maior, e Deus Filho é menor". Se

sugerir que determinada terma é aprazível, ouvirá a afirmação de que "nada havia antes de Deus Filho ser criado".

A doutrina foi formulada nessa época, mas o que se queria dizer com Trindade? Qual é o entendimento cristão ortodoxo sobre o Deus trino?

EXPLICANDO O MISTÉRIO

A crença ganhou grande importância após a conversão de Constantino, o qual, quando se voltou para a fé, esperou que a Igreja trouxesse nova vida ao império, então esgotado. Para tanto, porém, ela mesma precisava estar unida, pois um cristianismo discordante, dividido, não seria capaz de unir o império decadente.

Em razão desse perigo, Constantino ficou perturbado com relatos generalizados a respeito da amargura que os cristãos estavam demonstrando diante de questões teológicas. Os mesmos fiéis que haviam sido vítimas de terríveis perseguições sob o governo de Diocleciano e Galério estavam agora exigindo que seus semelhantes fossem expulsos ou banidos das igrejas pelo poder do Estado por causa de divergências doutrinárias. Constantino não teve outra escolha senão intervir para pôr fim a essas brigas constantes (ou situações piores) e fazer com que seus súditos cristãos entrassem em acordo no que dizia respeito às suas próprias crenças.

[Iniciativas trinitárias rejeitadas]

É possível progredir na compreensão da doutrina da Trindade discernindo o que ela não é. A Igreja primitiva acreditava, no geral, que a Trindade era um mistério a ser honrado ou respeitado, não um simples enigma a ser solucionado ou explicado por exercícios lógicos.

Duas abordagens procuravam proteger a ideia de um grande Deus dominante (monarca), mas rejeitavam a importância do Pai, do Filho e do Espírito para a história cristã. Esses teóricos são chamados de *monarquianistas*. Uma das abordagens monarquianistas denomina-se *modalismo*, uma versão do modalismo que considerava Pai, Filho e Espírito como modos ou papéis que Deus assume em períodos consecutivos, como um ator interpretando diferentes personagens em atos teatrais sucessivos. Teólogos importantes do segundo século lideraram o ataque contra o modalismo, visto que a teoria não conseguia explicar a interação entre Pai, Filho e Espírito retratada no Novo Testamento (considere o batismo de Jesus). Além disso, o verdadeiro Deus por trás das máscaras de Pai, Filho e Espírito não é revelado; sendo assim, a Igreja rejeitou categoricamente o modalismo.

Uma segunda abordagem monarquianista, o *subordinacionismo*, foi muito mais difícil de ser avaliada. Ela descrevia um Deus dominante, genuíno e poderoso, assistido por deuses menores, de poder e de classe inferiores. O Pai era completamente Deus, ao passo que o Filho e o Espírito eram divindades menores. O famoso Concílio de Niceia, no ano 325, rejeitou a teologia subordinacionista de Ário, mas a disputa continuou por mais meio século até que o veredito de Niceia tornou-se o consenso da Igreja. E vale ressaltar que tanto o modalismo quanto o subordinacionismo são rejeitados na afirmação cristã da Trindade. ∎

A contenda mais problemática no Oriente concentrou-se em Alexandria, onde Ário, pastor da influente igreja de Baucalis, entrou em conflito com seu bispo, Alexandre. Por volta do ano 318, Ário contestou abertamente os mestres de Alexandria afirmando que a Palavra (Logos) encarnada em Jesus Cristo (João 1:14) era um deus menor com uma natureza diferente do Deus Pai; além disso, segundo ele, o Filho não é eterno nem onipotente. Para Ário, quando os cristãos chamavam Cristo de Deus, não queriam dizer que ele era uma divindade, salvo em um sentido aproximado, pois ele era um ser inferior, não o Criador eterno e imutável; era um Ser criado — o primeiro e o maior Ser, mas, ainda assim, criado. Ao explicar sua posição a Eusébio, o bispo da capital imperial de Nicomédia, Ário escreveu: "O Filho tem um começo, mas [...] Deus, não".

Tal ensinamento atraía muitos ex-pagãos por ser bastante parecido com a religião de sua juventude. O gnosticismo, por exemplo, como já vimos, ensinava que havia um único Deus supremo habitando sozinho e, abaixo dele, um grande número de seres menores realizando a obra divina e transitando entre o céu e a terra. Os convertidos provenientes do paganismo achavam difícil compreender a crença cristã de que a Palavra existe desde a eternidade e é igual ao Pai. Ário facilitou a compreensão do cristianismo. Parecia mais lógico imaginar Cristo como uma espécie de herói divino: maior que um ser humano normal, mas de uma categoria inferior ao Deus eterno. O que estava em debate era a posição exata do Filho como um ser divino e a unidade do conceito de Deus; se o Filho era de uma natureza diferente do Pai, então deveriam existir, no mínimo, dois Deuses. Ário sustentava que o Pai era o grande e genuíno Deus e que o Filho era um deus menor.

Suas opiniões eram ainda mais populares porque ele associava um estilo eloquente de pregação a um talento natural para relações públicas. Nas etapas iniciais do conflito, ele transformou suas ideias em melodias simples, semelhantes aos *jingles* radiofônicos, e em pouco tempo aquelas canções de Ário passaram a ser entoadas por estivadores, mascates e crianças da cidade.

O bispo Alexandre, entretanto, não tolerou isso e convocou um sínodo em Alexandria por volta do ano 320, e ali, os eclesiásticos reunidos condenaram o ensinamento de Ário e excomungaram o ex-pastor. Este, no entanto, recorreu a seu amigo Eusébio, bispo de Nicomédia, e obteve seu apoio, e assim a disputa teológica tornou-se um teste de força entre as duas igrejas mais importantes do Oriente: Nicomédia, a capital política, e Alexandria, a capital intelectual. Com o apoio de amigos, Ário retornou a Alexandria, provocando tumultos nas ruas.

Constantino reconheceu que era preciso desarmar essa questão explosiva e, no ano 325, convocou um concílio em Niceia, não muito longe de Nicomédia, na Ásia Menor. Que cena foi esse primeiro sínodo imperial! A maioria dos aproximadamente 300 bispos tinha em suas memórias recentes os tempos de perseguição, e alguns traziam no corpo deformações debilitantes causadas pelo sofrimento e pela prisão. Um deles havia perdido um olho, outro, o movimento das mãos por causa da tortura. Todavia, os dias de aflição pareciam ter ficado para trás. Os bispos não partiram rumo a Niceia às escondidas, como costumavam fazer por medo de serem presos, nem percorreram os longos quilômetros dolorosamente a pé, como lhes era costume. Em vez disso, foram transportados até o concílio, com todas as despesas pagas, como convidados do imperador.

No centro da sala de conferências em Niceia estava Constantino, o qual, a princípio, achou que toda a questão era uma simples diferença de termos. Ele surgiu como uma figura resplandecente para presidir as sessões iniciais — suas roupas imperiais não eram mais as vestes roxas austeras usadas pelos imperadores em Roma, mas trajes incrustados de joias com brocados multicoloridos, considerados apropriados para um monarca oriental.

Constantino falou brevemente aos eclesiásticos, lembrando-os de que deveriam chegar a algum acordo diante das questões que os separavam, pois divisão na Igreja, disse ele, era pior do que guerra, e então entregou a palavra, colocando a resolução do conflito nas mãos dos líderes.

DEUS VERDADEIRO DE DEUS VERDADEIRO

De acordo com um relato do concílio, alguns bispos que apoiavam Ário queriam a vitória completa a todo custo e defenderam sua causa com arrojo e confiança. O conselho como um todo ficou tão perturbado que a apresentação foi interrompida aos gritos. Pelo jeito, todos aqueles bispos vinham de igrejas onde Jesus era adorado, então, enfatizá-lo como um tipo diferente de ser certamente soou irreverente aos seus ouvidos.

Em certo sentido, o concílio havia acabado ali; a doutrina de Ário perdera a rodada. Em seguida, veio o trabalho árduo de elaborar uma declaração que fosse adotada pelo concílio, mas que também excluísse os ensinamentos de Ário.

No debate que se seguiu, o bispo mais culto dentre os presentes — o historiador eclesiástico Eusébio de Cesareia, amigo pessoal e admirador do imperador e defensor um tanto tímido de Ário — apresentou seu credo pessoal, talvez como evidência de sua própria ortodoxia questionada.

DETALHES IMPORTANTES **123**

A maioria dos pastores, entretanto, reconheceu que era necessário algo mais específico para excluir a possibilidade da heresia ariana e, para esse fim, produziram outro credo, provavelmente oriundo da Palestina, no qual inseriram uma série extremamente importante de expressões: "Deus verdadeiro de Deus verdadeiro, gerado e não criado, consubstancial ao Pai".

A expressão *homo ousion*, "consubstancial", foi provavelmente introduzida pelo bispo Ósio de Córdoba (na atual Espanha). Uma vez que ele exercia grande influência em Constantino, o peso imperial fez diferença, e foi assim que surgiu o Credo Niceno, que até hoje é o padrão de ortodoxia nas Igrejas Romana, Oriental e Anglicana, bem como em algumas outras:

> Creio em um só Deus, o Pai Todo-Poderoso, Criador do céu e da terra e de todas as coisas visíveis e invisíveis.
>
> Creio em um só Senhor Jesus Cristo, o Filho unigênito de Deus, nascido do Pai antes de todos os séculos. Deus de Deus, Luz da Luz, Deus verdadeiro de Deus verdadeiro, gerado, não criado, consubstancial ao Pai, por ele todas as coisas foram feitas. E por nós, homens, e para nossa salvação desceu do céu e encarnou pelo Espírito Santo no seio da virgem Maria e se fez homem; Também por nós foi crucificado sob Pôncio Pilatos; padeceu e foi sepultado. Ressuscitou ao terceiro dia, conforme as Escrituras, e subiu aos céus, onde está sentado à direita do Pai. De novo há de vir em sua glória para julgar os vivos e os mortos; e seu Reino não terá fim.
>
> Creio no Espírito Santo, Senhor que dá a vida e procede do Pai e do Filho, e com o Pai e o Filho é adorado e glorificado. Ele que falou pelos profetas. Creio na Igreja una, santa, católica e apostólica. Professo um só batismo para remissão dos pecados. E espero a ressurreição dos mortos e a vida do mundo que há de vir. Amém.

Todos, com exceção de dois bispos presentes, assinaram o credo — e esses dois, juntamente com o próprio Ário, foram exilados logo depois. Constantino ficou radiante, certo de que o assunto estava resolvido e, para celebrar, ofereceu um grande banquete. Aquele foi um evento que desafiou toda a imaginação cristã. Imagine o líder do império e os bispos da Igreja sentados à mesa juntos, celebrando os dias vindouros e felizes da Igreja de Cristo!

"Nenhum bispo estava ausente da mesa do imperador", escreveu Eusébio de Cesareia com entusiasmo.

> A guarda pessoal e os soldados vigiavam, com espadas afiadas à mão, o átrio exterior do palácio, mas os homens de Deus podiam caminhar sem temor entre eles e adentrar nas câmaras interiores do palácio. Durante o jantar, alguns se reclinavam sobre a mesma poltrona do imperador, ao passo que outros repousavam sobre coxins situados em ambos os lados. Poder-se-ia facilmente imaginar que aquele era o reino de Cristo ou um sonho, não a realidade.

O bispo egípcio Pafúncio, que havia perdido um olho durante a perseguição do imperador Diocleciano, foi escolhido para receber uma homenagem especial do novo imperador. Como sinal de amizade entre o império e a Igreja, Constantino beijou o lado deformado do rosto do bispo.

Após o episódio de Niceia, contudo, Constantino e seus sucessores precisaram intervir várias vezes, banindo ou exilando algum eclesiástico. A doutrina da Igreja dependia, com muita frequência, do controle do imperador; e a corte estava infestada de porta-vozes de partidos cristãos. Como consequência, o poder imperial estava sempre banindo bispos e trazendo-os de volta de acordo com o grupo de conselheiros eclesiásticos em alta no momento.

Nenhuma carreira ilustra melhor como o poder imperial assumia o controle efetivo da Igreja do que a de Atanásio. É bem possível que ele tenha participado do concílio como secretário de Alexandre, bispo de Alexandria. Nesse caso, poderia alegar ter sido um contribuidor para a fé nicena e também defensor desta. Logo depois, aos 33 anos, ele sucedeu Alexandre, e, ao longo dos cinquenta anos seguintes, contudo, ninguém foi capaz de adivinhar qual seria o lado vencedor na luta contra o arianismo. Durante essas décadas, Atanásio foi banido nada menos do que cinco vezes, e cada expulsão e cada repatriação a Alexandria foi resultado de uma mudança ora de imperador, ora da camarilha eclesiástica por ele favorecida. Em alguns momentos, Atanásio estava tão desfavorecido pelo império que se sentia abandonado por todos os seus partidários. Em uma dessas ocasiões, ele proferiu seu famoso desacato: *Atanásio contra o mundo*. Se preciso fosse, ele enfrentaria sozinho todo o império.

Esses cinquenta anos deram prosseguimento ao acalorado debate sobre a questão ariana, mas não muito tempo após o Concílio de Niceia, um grupo moderado, por vezes chamado de semiarianos, desligou-se dos arianos radicais e tentou oferecer uma nova interpretação para a declaração da *consubstancialidade*. Eles defendiam o emprego de *homoios*, que significa "semelhante", para descrever a relação da Palavra com o Pai e, desse modo, passaram a existir dois grupos. O grupo liderado por Atanásio insistia no uso de *homoousios* por acreditar que a Palavra (Cristo) era da "mesma" natureza do Pai; ou seja, se Cristo não tivesse sido completamente Deus, diziam, não teria sido capaz de salvar-nos por completo. Já o outro grupo, os semiarianos, defendiam *homoiousios* por considerarem que a Palavra era um ser "como" Deus Pai. Edward Gibbon, em sua memorável história da queda do Império Romano, expressou escárnio ao dizer que os cristãos lutavam uns contra os outros por ditongos nesse conflito. Bem, era mesmo um ditongo, mas esse ditongo carregava um significado imenso.

Em um de seus livros, William Hordern narra a história de uma mulher que, durante sua viagem pela Europa, manda um telegrama para o marido com os seguintes dizeres: "Encontrei pulseira maravilhosa. Preço 75 mil dólares. Posso comprar?" O marido prontamente respondeu: "Não, muito caro". O responsável pelo envio dos telegramas, ao transmitir a mensagem, esqueceu a vírgula. A mensagem que a mulher recebeu foi: "Não muito caro"; então, ela comprou a pulseira. O marido processou a empresa e ganhou.

A anedota lembra-nos de que a importância de uma mensagem não pode ser medida pelo tamanho da pontuação ou do número de letras utilizadas. Embora apenas um iota (em nosso idioma, a letra i) dividisse os grupos depois de Niceia, as questões envolvidas representavam duas interpretações completamente diferentes da fé cristã, pois estavam em jogo a plena divindade de Jesus Cristo e a essência da doutrina da Trindade.

Se os semiarianos tivessem conseguido acrescentar seu iota no Credo, seu ponto de vista teria se tornado o cristianismo ortodoxo, o que significa que o cristianismo teria se transformado em uma forma de paganismo e a fé cristã teria dois deuses e um Jesus que não era nem Deus nem homem. Além disso, o próprio Deus seria inacessível e totalmente separado do homem, e o resultado teria sido um cristianismo semelhante a uma série de religiões pagãs. Como podemos perceber, na luta ariana, precisão era tudo; mas aí surge a pergunta: Como, porém, era possível falar de três em um sem proferir disparates?

O MISTÉRIO DA TRINDADE

Na tentativa de explicar a doutrina da Trindade, os cristãos da atualidade recorrem, às vezes, a padrões tríplices presentes no mundo: a clara, a gema e a casca do ovo; a raiz, a árvore e o fruto da planta; ou a água em suas três formas — gelo, líquido e vapor. Todas estas são ideias fascinantes e, em determinadas circunstâncias, podem ser proveitosas como ilustrações da Trindade. No entanto, perdem completamente de vista o elemento pessoal na doutrina cristã da Trindade.

[*Por que a Trindade é importante?*]

Os documentos do Novo Testamento e os mestres mais antigos reconheciam que o Pai, o Filho e o Espírito não eram apenas três dentre os muitos termos utilizados para descrever Deus. Pai, Filho e Espírito eram necessários à história cristã básica. Deus havia supervisionado ou administrado o curso da história de modo a efetuar nossa salvação.

Trindade e salvação: Salvação, para a Igreja primitiva, era muito mais do que ir para o céu; era estar unido em comunhão com Deus. Pai, Filho e Espírito tinham de ser divinos no sentido de nos incluir e separar para a comunhão divina já existente. Não nos tornaríamos Deus ou semelhantes a ele, mas devemos ser transformados para pertencer à rica e eterna comunhão que aguarda os cristãos.

A simples história de um garoto que passa um tempo na fazenda dos avós talvez ilustre a questão. Para o jovem, seus avós são incríveis: eles trabalham no campo, ouvem as histórias que ele tem para contar e permitem-no participar de suas aventuras diárias. Depois do jantar e de uma longa conversa, o casal se senta em uma cadeira de balanço no alpendre para descansar e ambos parecem gostar desse momento prazeroso de silêncio e comunhão. O menino é capaz de sentir o vínculo, o amor e a união entre eles, e seu desejo é fazer parte desse grande amor e da vida de que o casal de idosos compartilha. Então, espreme-se entre os dois, que se afastam para lhe dar espaço, e se senta com os avós em silêncio, absorvendo o amor e a comunhão de uma vida vivida na companhia um do outro. É dessa maneira que os cristãos primitivos enxergavam seu destino sendo incluído na comunhão do Deus trino.

Trindade e culto: Pai, Filho e Espírito estão enraizados no culto e na história cristã essencial, e quase todos os cristãos são batizados no nome (singular) do Pai, do Filho e do Espírito. A Trindade está presente nas vozes cristãs mais antigas; até mesmo o apóstolo Paulo profere uma bênção trinitária em 2Coríntios 13:14.

Trindade e dignidade humana: Os subordinacionistas imaginavam que, se Jesus servia ao Pai, estava abaixo dele. Na maioria das culturas antigas, a classe de um indivíduo era determinada pela posição social de sua família e por suas conquistas, e, nessa mentalidade, as pessoas importantes eram diferenciadas das outras, que inevitavelmente eram-lhes subordinadas. A noção cristã radical de Deus honra a dignidade do Filho que serve o Pai por amor, não por inferioridade, e os cristãos, ao seguir Jesus, consideram o serviço uma evidência de sua semelhança a Cristo, não de fraqueza ou incapacidade. ■

O verdadeiro fundamento sobre o qual repousa a doutrina é o próprio Deus: é a maneira como Deus agiu na história, revelando-se a Israel; é a maneira como Deus agiu na história, adentrando em nosso mundo como um carpinteiro judeu chamado Jesus, morrendo e ressuscitando para salvar; é a maneira como Deus agiu na história no Pentecostes, descendo como Espírito para compartilhar vida com a Igreja cristã.

Todavia, se Deus é eternamente um e eternamente três, como podemos entender isso? Uma vez que Deus é pessoal, qualquer exemplo que usemos para pensar ou falar sobre ele deve ser pessoal. E, quando buscamos analogias pessoais, verificamos que existem apenas duas opções. Podemos pensar em Deus como três pessoas ou podemos pensar em Deus como uma pessoa.

Se pensamos em Deus como três pessoas, sua trindade é evidente e temos de explicar sua unidade. Os teólogos costumam indicar que três pessoas podem se tornar tão próximas a ponto de se dizer que compartilham uma vida; em outras palavras, elas podem ser ligadas entre si com tamanha intimidade que seria uma distorção falar delas separadamente. Uma vez que essa analogia se baseia em uma sociedade de três pessoas, os teólogos a chamam de analogia social, cuja força reside na clareza quanto à trindade de Deus; seu problema, porém, é não explicar claramente a questão da unidade.

Se pensamos em Deus como uma pessoa, temos de explicar sua trindade, e uma maneira de fazer isso é afirmar que um indivíduo tem várias funções distintas, como mente, emoções e vontade. Uma vez que essa analogia se baseia em funções psicológicas, os teólogos a chamam de analogia psicológica. Sua força reside na clareza quanto à unidade de Deus: ele é uma única pessoa, mas o problema dessa analogia é a imprecisão no que diz respeito à questão da trindade. Ambas as analogias foram utilizadas na Igreja primitiva, e teólogos modernos, como Leonard Hodgson e Karl Barth, também as usam.

Com o passar das décadas, entre 325 e 381, quando o segundo concílio geral da Igreja se reuniu, os líderes no debate ariano foram, aos poucos, esclarecendo seu uso de *pessoa*, avanço este liderado por três pais capadócios — Gregório de Nazianzo, Gregório de Nissa e Basílio Magno. Os capadócios utilizavam a analogia social, mas viram que as distinções entre as três pessoas divinas eram apenas em suas relações divinas interiores. Ou seja, não existem três deuses: Deus é um Ser divino em três "pessoas".

A palavra *pessoa*, entretanto, não significava para os cristãos primitivos aquilo que significa hoje — para nós, uma pessoa significa alguém como Tom, Dick ou Harry. No entanto, a palavra latina *persona* significava originalmente uma máscara vestida pelo ator no palco. A despeito dos possíveis equívocos sugeridos pelo termo, os cristãos empregavam-no para descrever a vida dinâmica interior e conjunta do Pai, do Filho e do Espírito.

Um pouco mais tarde, Agostinho, bispo de Hipona, nas proximidades de Cartago, utilizou a analogia psicológica. Ele acreditava que, se o homem é criado à imagem de Deus, é criado à imagem da Trindade. Sua analogia para a Trindade, portanto, era baseada na mente humana. Deus, dizia Agostinho, é como a memória, a inteligência e a vontade na mente do homem. Em suma, não temos de pensar em três pessoas quando pensamos em Deus; podemos pensar em uma só pessoa. Evidentemente, Agostinho deixou claro que isso era apenas uma analogia; ele era um pensador profundo demais para supor que Deus fosse um homem glorificado sentado no céu. Nós somos seres humanos finitos tentando falar corretamente sobre o mistério de Deus.

Conforme se constatou, então, Atanásio não estava tão sozinho contra o mundo e chegou, inclusive, a ver o triunfo da causa que defendia. Aos 75 anos, morreu de forma tranquila. Ele estivera finalmente seguro em seu cargo como bispo de Alexandria nos últimos anos e, o mais importante, poderia descansar sabendo que o credo pelo qual lutara em Niceia era, desde então, o credo da Igreja: "Deus em três pessoas, bendita Trindade".

Leitura sugerida

- *ANATOLIOS, Khaled. *Athanasius: The Coherence of His Thought* [Atanásio: a coerência de seu pensamento]. Londres: Routledge, 1998.

- *_____. *Athanasius. The Early Church Father Series* [Atanásio. Série Pais da igreja primitiva]. Nova York: Routledge, 2004.

- CRANFIELD, C. E. B. *The Apostles' Creed: A Faith to Live By* [O credo dos apóstolos: uma fé para se viver]. Grand Rapids: Eerdmans, 1993.

- KELLY, J. N. D. *Early Christian Creeds* [Credos cristãos primitivos]. 3 ed. Nova York: D. McKay, 1972.

DETALHES IMPORTANTES **129**

- _____. *Early Christian Doctrine* [Doutrina cristã primitiva]. 5 ed. Nova York: Harper, 1978; Londres: Continuum, 2000.

- _____. *Early Christian Doctrine* [Doutrina cristã primitiva]. Nova York: Harper, 1978.

- *LEITHART, Peter. *Athanasius* [Atanásio]. Grand Rapids: Baker, 2011.

- MCGRATH, Alister E. *"I Believe": Exploring the Apostles' Creed* ["Eu acredito": explorando o Credo dos apóstolos]. Downers Grove, IL: InterVarsity, 1998.

- VAN HARN, Roger E. (Org.). *Exploring and Proclaiming the Apostles' Creed* [Explorando e proclameando o Credo dos apóstolos]. Grand Rapids: Eerdmans, 2004.

- YOUNG, Frances M. *The Making of the Creeds* [A formação dos credos]. Londres: SCM Press, 1991.

CAPÍTULO 11

Emanuel!

Cristo nos credos

CERTA VEZ, NO SOPÉ DO MONTE HERMOM, Jesus perguntou aos discípulos: "Quem o povo diz que eu sou?" Eles responderam dizendo que a maioria o associava aos profetas de Israel. Ao estender a pergunta: "E vocês? [...] Quem vocês dizem que eu sou?", Pedro respondeu: "Tu és o Cristo, o Filho do Deus vivo".

Os homens davam milhares de respostas a essa pergunta de Jesus. Alguns diziam: "Ele é um rabino judeu diferente que prega um reino de amor". Outros respondiam: "Não, ele é um revolucionário social cujo principal propósito é depor o regime tirânico de Roma". Havia, ainda, outros que afirmavam: "Ele é um sonhador desorientado esperando que Deus irrompa na história e estabeleça justiça na terra".

Independentemente do ponto de vista dos homens, a Igreja, ao longo dos séculos, sempre confessou juntamente com Pedro que Jesus Cristo é o Messias, o Filho do Deus vivo. Ele é mais do que um tema de estudo para os cristãos: é o objeto da devoção cristã. Os teólogos chamam este mistério de *encarnação*, a *corporificação* de Deus, e os compositores enaltecem os méritos do "Emanuel", que significa "Deus conosco".

Durante a época imperial da Igreja, quando os imperadores pressionavam os pastores a formular declarações que expressassem a fé cristã com precisão, a Igreja passou a falar sobre o Deus-homem. No ano 451, um concílio geral na Calcedônia, não muito longe de Constantinopla, afirmou que Jesus Cristo era "completo na divindade e completo na humanidade, verdadeiramente Deus e verdadeiramente homem [...] em duas naturezas, sem confusão, sem mudança, sem divisão ou sem separação [...] em uma só pessoa".

A maioria dos cristãos católicos romanos, ortodoxos orientais e protestantes até hoje considera essa declaração uma crença cristã ortodoxa.

Infelizmente, alguns cristãos no Egito, na Síria e na Índia não a consideram assim, e as razões dessa disparidade encontram-se nas tentativas do quinto século de falar com clareza sobre o Acontecimento. Como a doutrina clássica da encarnação foi formulada? O que ela significa?

A PALAVRA TORNOU-SE CARNE

Chamamos essa área da teologia de Cristologia por apresentar a questão: "Quem foi Jesus Cristo?" Qual foi a relação entre a vida divina e a vida humana nesta pessoa singular, o Salvador cristão?

A própria existência dessas perguntas na vida da Igreja é profundamente significativa, pois, até onde sabemos, o islamismo não tem uma *maomelogia* e o budismo não tem uma *budologia*. Esse debate na história do cristianismo é um monumento à singularidade daquele que os cristãos chamam de Filho de Deus.

A época imperial não inventou a questão da encarnação; ela simplesmente a discutiu. O mistério do Deus-homem já era central ao culto cristão muito antes de se tornar central ao pensamento cristão. "Por meio de um instinto profundo", disse J. S. Whale certa vez aos alunos da Universidade de Cambridge, "a Igreja sempre soube que seu discurso mais seguro sobre o mistério de Cristo está em seu louvor. Uma Igreja viva é uma Igreja que adora e canta, não uma escola com posse de todas as doutrinas corretas."

Whale queria dizer que os hinos mais preciosos da Igreja sempre trataram Cristo como um objeto de adoração, e o coração pulsante da experiência cristã encontra-se não no credo da Igreja, mas em seus louvores.

Uma importante tarefa permanece para os eruditos religiosos, entretanto, porque Deus em carne é mais do que um sentimento cristão: é uma realidade cristã. Os apóstolos escreveram coisas como "a imagem do Deus invisível", "a Palavra tornou-se carne" e o "Cordeiro que foi morto desde a criação do mundo". Os cristãos do segundo e terceiro séculos rejeitavam o ebionismo e o gnosticismo justamente porque eram nítidas distorções dessa verdade.

As discussões do quarto e do quinto séculos sobre o significado da encarnação não visavam a explicar Cristo, pois esses cristãos sabiam que Jesus Cristo desafia qualquer explicação porque não se encaixa em nenhuma categoria. Ele é único. O grande mérito dos credos é que eles deixaram o mistério intacto.

Não surpreende, contudo, que a mente humana se revolte contra esses credos de Niceia e Calcedônia — qualquer professor que já tenha tentado descrever as discussões cristológicas a seminaristas do primeiro ano conhece a reação. No entanto, como Charles Williams destacou certa vez, essa é uma revolta de "sensibilidade imatura" — é natural.

Os concílios da Igreja estavam além do sentimento e, como consequência, temos as devoções imaturas e românticas "ao Jesus simples, ao gênio espiritual, ao trabalhador judeu internacional tolerante, ao Jesus do pardal

132 HISTÓRIA DO CRISTIANISMO

e da erva do campo". Contudo, diz Williams, elas não servem à fé porque, desde o início, os cristãos acreditavam que, em Jesus Cristo, há o encontro entre terra e céu, entre homem e Deus.

Os cristãos de uma época anterior sentiam essa realidade profundamente e também sabiam que a obrigação de ser inteligente é moral; portanto, procuraram alguma declaração que correlacionasse a vida humana e a vida divina em Jesus Cristo.

Na Igreja primitiva, duas famosas escolas de teologia davam ênfases contrastantes à Palavra tornando-se carne (João 1:14). Uma delas estava em Alexandria e a outra, em Antioquia. Os alexandrinos enfatizavam como a Palavra divina assumiu a carne humana (a humanidade de modo geral), ao passo que os antioquinos enfatizavam como a Palavra divina foi unida ao homem chamado Jesus. O perigo ou risco iminente para os alexandrinos era enfatizar a união do divino e humano em excesso, a ponto de a humanidade ser ofuscada pela divindade de Jesus; já o perigo iminente para os antioquinos era não enfatizar o suficiente a união do divino e humano em Jesus, a ponto de sua divindade ser ofuscada por sua humanidade.

A primeira e principal voz em Alexandria foi Orígenes, que, falando sobre Jesus Cristo, cunhou o termo *Deus-homem*. Com base nas ideias do famoso filósofo grego Platão, Orígenes desenvolveu um misticismo profundo e intenso com foco na Palavra divina (Logos). Suas ideias concentravam-se no pensamento de que, em Cristo, o encontro entre Deus e a humanidade havia ocorrido perfeitamente e que os cristãos deveriam se esforçar para imitar isso.

Posteriormente, cristãos desenvolveram essa ideia mística. Um dos pais capadócios, Gregório de Nissa, ensinava que, em Cristo, o Logos — a *única* pessoa divina — havia reunido em si as naturezas divina e humana. Ambas as naturezas existiam por si só e eram distintas uma da outra; todavia, não estavam separadas, mas dispostas de maneira que seus atributos eram intercambiáveis.

A escola antioquina de teólogos normalmente interpretava as Escrituras de uma forma histórica mais objetiva, e a tendência dos grandes mestres dessa posição era ressaltar a figura humana dos Evangelhos. Eles encontravam valor salvífico no exemplo e nas realizações de Jesus. Em Cristo, a vontade humana — a qual, nos demais homens, volta-se livremente para o pecado — era obediente e vitoriosa.

Os teólogos antioquinos, por conseguinte, focalizavam a humanidade concreta de Cristo. Conforme David F. Wright explica, a união de corpo e alma não afetou, de modo algum, a integralidade e a normalidade da natureza humana; ou seja, depois que a Palavra se fez carne, duas naturezas permaneceram distintas. No ensinamento antioquino, elas facilmente pareciam dois seres — Deus e homem, Filho de Deus e filho de Maria — ligados ou associados em vez de pessoalmente unidos. Como um vaso habitado pela

Palavra, Jesus não era diferente de profetas e apóstolos, exceto por gozar de plenitude perfeita de graça e poder. De acordo com um teólogo, a Palavra morava no homem Jesus como em um templo.

A discussão sobre o significado do Acontecimento perdurou por gerações, em parte por haver influência política em jogo. Após o cristianismo emergir como religião oficial do império sob o governo de Teodósio, a estrutura da Igreja centrou-se em um pequeno número de poderosos. Os bispos das principais cidades nas províncias imperiais passaram a ser chamados de *arcebispos*, e o termo para o centro oficial da jurisdição e autoridade de um bispo era *sé*; já os bispos das cidades mais importantes do império — Roma, Constantinopla, Alexandria e Antioquia — eram considerados superiores e chamados de *patriarcas*. Ao longo do quarto e quinto séculos, esses quatro patriarcas poderosos tentaram estender o prestígio e o poder de seus cargos espirituais.

De modo geral, Alexandria e Roma tendiam a apoiar-se, e Antioquia, a cooperar com Constantinopla. Da parte de Alexandria, isso refletia o ciúme que a orgulhosa e antiga cidade sentia com a ascensão da nova, porém poderosa, capital no Oriente, Constantinopla. Roma também, embora satisfeita no momento em estender sua influência sobre os domínios imperiais no Ocidente, não estava feliz com a crescente arrogância da "nova Roma" no Oriente. Já Antioquia e Alexandria haviam estado em conflito e rivalidade por muito tempo no Oriente e, se não alcançasse a preeminência, Antioquia preferiria que a igreja na nova capital a recebesse em vez de sua antiga rival no Nilo.

PRINCIPAIS HERESIAS SOBRE CRISTO

Nesse clima, o debate cristológico estendeu-se por um século, constituindo a principal paixão nas igrejas do Oriente. Entre 350 e 450, surgiram heresias que forçaram as igrejas a buscar mais clareza em sua resposta à pergunta: "Quem é Jesus Cristo?"

A primeira posição proposta e rejeitada estava associada a um pastor de Laodiceia chamado Apolinário, um amigo mais jovem de Atanásio, que, reagindo ao ensinamento de Antioquia, teve a ideia de abordar a questão a partir do ponto de vista daquilo que chamaríamos de psicologia. Ele acreditava que a natureza humana incluía o corpo e a alma, mas, na encarnação, a Palavra divina (Logos) substituiu a alma vivificadora e racional do corpo humano, criando uma "unidade de natureza" entre a Palavra e seu corpo. Para Atanásio, a humanidade era a esfera, não o instrumento de salvação, de modo que podia falar de "uma natureza encarnada da Palavra divina". Aqui havia a ênfase alexandrina na divindade de Cristo, mas apenas um corpo representava a natureza humana de Cristo.

Objeções à posição de Apolinário logo surgiram, como: Porventura o evangelho não descreve Jesus como um ser humano completo e genuíno?

134 HISTÓRIA DO CRISTIANISMO

E se a Palavra substituísse a alma racional da natureza humana, com seus poderes de escolher e de pecar, como o homem poderia ser totalmente redimido? Sem total solidariedade com a humanidade, como a Palavra poderia garantir a salvação dos homens? Como expressou Gregório de Nazianzo, "Aquilo que não foi assumido não pode ser restaurado".

Nesta atmosfera de crítica, o segundo conselho geral da Igreja, reunido em Constantinopla no ano de 381, silenciou efetivamente o ensinamento de Apolinário, pois essa simplesmente não era uma descrição adequada da encarnação.

A segunda heresia estava associada ao nome de Nestório, um famoso pregador em Antioquia que, no ano 428, foi ordenado pelo imperador como bispo de Constantinopla. A capital imperial deu a ele uma plataforma, de onde ele procurou defender a posição de seu mestre na fé, Teodoro, bispo de Mopsuéstia, próximo de Antioquia. Assim como seu mestre, Nestório rejeitava uma designação popular de Maria como "genitora de Deus, mãe de Deus".

Ao rejeitar a frase, Nestório fez parecer que, para ele, Cristo havia se unido a duas pessoas. Ele não negava a divindade de Cristo; mas, ao enfatizar a realidade e a integridade da humanidade do Salvador, Nestório retratava a relação entre as duas naturezas em termos de uma conjunção moral ou de uma fusão de vontades em lugar de uma união essencial. Embora nunca tivesse dividido Cristo em dois filhos, Filho de Deus e filho de Maria, ele se recusava a atribuir os atos e sofrimentos humanos do homem Jesus à natureza divina. Certa vez, ele disse: "Eu separo as naturezas, mas uno a adoração". Ele insistia em afirmar que a consideração de Maria como "mãe de Deus" equivalia a declarar que a natureza divina poderia nascer de uma mulher ou que Deus poderia ter três dias de idade.

A condenação de Nestório acabou sendo mais por razões políticas do que doutrinárias e, na berlinda em Constantinopla, ele logo passou a ser amplamente odiado por seus ataques contra judeus e hereges. Em pouco tempo, virou alvo da hostilidade de Cirilo, o patriarca de Alexandria (412-444), além de ilustre pregador e teólogo e implacável nos debates. Ele ficou especialmente alarmado com o ensinamento de Nestório e indignado quando este deu ouvidos às queixas de alguns membros do clero alexandrino que Cirilo havia disciplinado.

Assim, no final do ano 428, Cirilo iniciou seu ataque contra Nestório, suscitando acusações e difamando-o em Roma, onde o patriarca (papa) Celestino estava descontente com o fato de Nestório acolher certos exilados de Roma.

No Concílio Geral de Éfeso (431), reunido pelo imperador Teodósio II — o qual havia defendido Nestório até então —, Cirilo conseguiu fazer com que Nestório fosse deposto antes da chegada tardia de seus partidários sírios. Quando estes chegaram, sob a liderança de João, patriarca de

Antioquia, procederam com a condenação de Cirilo e seus seguidores; por último, os legados romanos chegaram e aprovaram a ação de Cirilo. Toda a questão estava lamentavelmente impregnada de políticas de poder. O historiador eclesiástico norte-americano Williston Walker chamou o episódio de "uma das disputas mais repugnantes na história da Igreja".

No fim, Teodósio II rendeu-se à pressão e expulsou Nestório da capital. Ele morreu em torno do ano 450, durante seu exílio no Egito. A maioria de seus defensores, entretanto, recusou-se a aceitar sua excomunhão, e até hoje não é claro até que ponto os ensinamentos de Nestório foram realmente heréticos e até que ponto ele foi vítima de mal-entendidos e deturpações.

Os seguidores de Nestório fugiram para a Pérsia e fundaram ali a Igreja Nestoriana, que logo passou a ter uma vida ativa. Um monasticismo vital, uma teologia eminente e uma atividade missionária impressionante testificam de sua força — seus missionários foram a Malabar, Índia e Turquistão. Entre 780 e 823, os nestorianos chegaram até mesmo ao Tibete e à China central. No início do século XIV, a Igreja Nestoriana na Ásia central contava com dez igrejas importantes e numerosos clérigos nativos, mas, infelizmente, durante a perseguição sanguinolenta do conquistador muçulmano Tamerlão (1380), essa missão foi destruída.

Na atualidade, a Igreja Nestoriana no Oriente Próximo e na Índia ainda conta com cerca de 80 mil membros e, na América, 25 mil.

Em sua autobiografia, Nestório insiste que não se opunha ao uso da expressão "genitora de Deus" por negar a divindade de Cristo, mas para enfatizar que Jesus nascera como um ser humano genuíno, com o corpo e alma, e suas preocupações não eram infundadas. Contudo, ainda que injustamente, a Igreja atribui o nome Nestório à postura de não se considerar verdadeiramente unidas em Jesus as naturezas divina e humana.

Algumas percepções liberais recentes de Cristo são identificadas como nestorianas. Argumentam que, se Nestório acreditava que somente a força de vontade do homem Jesus o mantinha em uma união moral e volitiva com a Palavra divina, então a diferença entre os cristãos e o próprio Cristo é uma diferença de grau. Jesus era mais atencioso e submisso a Deus do que nós; n não era divino; era apenas uma imagem mais sublime de como é possível ser próximo de Deus; ele era um modelo humano, não um salvador divino.

Infelizmente, alguns cristãos evangélicos são levados por essa mesma falha doutrinária ao buscarem Jesus como um modelo para autoajuda e ignorando a transformação vivificante oferecida por Emanuel: Deus conosco.

ESTABELECENDO OS LIMITES DA VERDADE

Logo após o concílio em Éfeso (431), uma terceira heresia surgiu. Êutiques, líder espiritual de um mosteiro perto de Constantinopla, defendia a natureza única de Cristo (monofisismo). Ele unia as duas naturezas a tal ponto que a natureza humana parecia ser completamente absorvida pela divina.

Assim "como uma gota de mel que, ao cair no mar, se dissolve nele", a natureza humana em Cristo perde-se na divina. Desse modo, Êutiques negava o pré-requisito central para o mistério de Cristo e sua missão como Salvador e Redentor — toda a doutrina cristã da redenção estava em perigo.

O patriarca Flaviano de Constantinopla convocou Êutiques a um sínodo e, por se recusar a abjurar, ele foi condenado como herege. Mas Êutiques encontrou apoio em Dióscoro, patriarca de Alexandria, que seguia as ideias de Cirilo, e, a pedido de Dióscoro, o imperador Teodósio II convocou mais uma vez um concílio imperial. Ele se reuniu sob a liderança de Dióscoro em Éfeso (449) e reabilitou Êutiques, muito embora isso não tenha sido reconhecido pelo resto da Igreja. O papa Leão I (440-461) chamou-o de "concílio de ladrões", ele apoiava o patriarca de Constantinopla e pediu ao imperador um novo concílio. O sucessor de Teodósio, o imperador Marciano (450-457), anuiu ao pedido e, no ano 451, convocou o quarto Concílio Geral de Calcedônia.

Nessa cidade, não muito longe de Constantinopla, quase quatrocentos bispos se reuniram e logo indiciaram Dióscoro por suas ações no "concílio de ladrões". Então, os pais reunidos, a despeito de certa relutância em suplementar Niceia, apresentaram uma nova definição:

> Todos nós, a uma voz, confessamos nosso Senhor Jesus Cristo como único Filho, completo em divindade e em humanidade, verdadeiramente Deus e verdadeiramente homem [...] reconhecido em duas naturezas, sem confusão, sem mudança, sem divisão ou sem separação; sendo a distinção das naturezas de modo algum anulada por causa da união, mas sendo a propriedade característica de cada natureza preservada e unida de modo a formar uma única pessoa.

Assim, em oposição a Ário, a Igreja afirmava que Jesus era verdadeiramente Deus e, em oposição a Apolinário, que ele era verdadeiramente homem. Em oposição a Êutiques, ela confessava que a divindade e a humanidade de Jesus não eram transformadas em outra coisa, e, em oposição a Nestório, que Jesus não era dividido, mas uma única pessoa.

Dessa data em diante, a maioria dos cristãos católicos, protestantes e ortodoxos passaram a encontrar, em Calcedônia, a base da doutrina da salvação: um único Deus-homem, Jesus Cristo.

Um grande número de cristãos no Oriente Próximo, contudo, rejeitou o trabalho de Calcedônia, pois acreditavam que, em vez de a natureza divina e humana se unirem para formar uma única pessoa em Jesus, ele tinha apenas uma natureza, na qual a vida divina e humana eram indistinguíveis. Esse ensinamento monofisita (uma única natureza) foi um fator importante para que as Igrejas Monofisitas se desligassem do restante da Ortodoxia Oriental. Juntamente com o declínio do poder bizantino nas regiões

A CRISTOLOGIA DOS PRIMEIROS CONCÍLIOS

"Em Jesus Cristo, a verdadeira divindade [em oposição a Ário]
e a plena humanidade [em oposição a Apolinário] estão
inseparavelmente unidas em uma única pessoa [em oposição a
Nestório] sem se confundir [em oposição a Êutiques]."

Concílio	Ano	Herege acusado	Herege acusado não afirmava...	O herege acusado...
Niceia	325	Ário	A plena divindade do Filho	• Ensinava que o Filho é gerado/criado/um ser criado. • O Filho não é eterno ou coeterno; "houve um tempo em que ele não era". • O Filho não compartilha da essência ou natureza do Pai. • O Filho é um deus menor.
Constantinopla	381	Apolinário	A plena humanidade do Filho	Ensinava que Jesus tinha um corpo humano e uma alma inferior; sua alma humana superior — a racionalidade ou mente — havia sido substituída pela palavra divina ou logos; esse logos era constante e imutável.
Éfeso	431	Nestório	A união das naturezas divina e humana	Defendia apenas uma união moral ou volitiva entre o divino e o humano; perigo inerente a cristologias conjuntivas tipicamente antioquinas (ilustração: homem e mulher decidindo casar-se).
Calcedônia	451	Êutiques	A distinção e coexistência das naturezas divina e humana	Defendia uma mistura de ambos em um só; perigo inerente a cristologias unitivas tipicamente alexandrinas (ilustração: gota de mel no oceano).

138 HISTÓRIA DO CRISTIANISMO

remotas do Império Oriental, a doutrina monofisita gerou a Igreja Copta, o maior corpo cristão no Egito hoje, com uma igreja relacionada na Etiópia, e a chamada Igreja Jacobita da Síria, que tem a maior parte de seus adeptos no sul da Índia.

Obviamente, Calcedônia não resolveu o problema de como a divindade pode se unir à humanidade em uma única pessoa e, no nível humano, o problema resiste a explicações. A Bíblia considera o Acontecimento algo absolutamente único. O mérito da declaração de Calcedônia reside nos limites estabelecidos, pois, com efeito, ela erigiu uma cerca e disse: "Dentro destes limites encontra-se o mistério do Deus-homem". É possível que, 1.500 anos após o acontecimento, ansiemos por termos mais compreensíveis, mas não ousamos afirmar algo aquém do que a Igreja declarou naquela época.

Leitura sugerida

- BEVAN, Edwyn. *Christianity* [Cristandade]. Nova York: Henry Holt & Co., 1932.

- *FERGUSON, Everett. *Church History, Volume 1: From Christ to the Pre-Reformation* [História da Igreja, volume 1: de Cristo à pré-Reforma]. Grand Rapids: Zondervan, 2005.

- HARDY, Edward R. (Org.). *Christology of the Later Fathers* [Cristologia dos pais posteriores]. Filadélfia: The Westminster Press, 1954.

- KELLY, J. N. D. *Early Christian Doctrines* [Doutrinas cristãs primitivas]. 5 ed. Nova York: Harper, 1978. Continuum, 2000.

- PRESTIGE, G. L. *Fathers and Heretics* [Pais e hereges]. Londres: S.P.C.K., 1963.

- WAND, J. W. C. *Four Great Heresies* [Quatro grandes heresias]. Londres: A. R. Mowbray, 1955.

CAPÍTULO 12

Exilados da vida

Primórdios do monasticismo

Certa noite, no início do quarto século, Antão — o respeitado monge egípcio — estava no deserto orando fervorosamente quando Satanás aproveitou a oportunidade para atiçar as feras selvagens da região contra ele. No momento em que elas o cercaram por todos os lados,

> e, com aspecto ameaçador, prontificavam-se para atacá-lo, ele olhou para aqueles animais com coragem e falou: "Se recebestes poder sobre mim do Senhor, aproximai-vos e não vos demorai, pois estou pronto; contudo, caso tenham vos preparado e vindo a comando de Satanás, voltai aos vossos lugares sem tardar, pois sou servo de Jesus, o Conquistador". Quando o homem bendito proferiu essas palavras, Satanás afastou-se imediatamente pela menção do Nome de Cristo, tal como um pardal diante de um falcão.

É disso que são feitos os ideais. As palavras são de Atanásio, em *Vida de santo Antão*, mas a cena de grandeza poderia muito bem ser a de milhares de pregadores da justiça no quarto século.

O cristão-modelo não era mais o corajoso bispo lançado às feras na arena romana; agora, era o eremita solitário em um deserto abandonado no Egito desafiando o diabo. A imagem era tão clara quanto a de uma cena hollywoodiana de bangue-bangue em Dodge City: Satanás, de um lado, e Cristo, de outro, lutavam pela alma do homem.

O homem moderno não sabe ao certo o que pensar dos monges. A maioria é como Edward Gibbon, que zombou "dos infelizes exilados da vida social, impelidos pelo tenebroso e implacável espírito da superstição". Mas por que alguém desejaria renunciar ao sexo? Além do mais, se pudéssemos eleger um axioma para os tempos modernos, seria este: a boa vida se encontra em uma casa espaçosa e bem abastecida com todas as mais recentes comodidades práticas.

140 HISTÓRIA DO CRISTIANISMO

Até mesmo os cristãos — católicos e protestantes — discordam quanto aos prós e os contras do monasticismo. Os católicos romanos tendem a argumentar que a Igreja é grande o suficiente para acomodar tanto ascetas, que buscam a perfeição espiritual, quanto aqueles membros fracos e pecadores, que mostram poucos sinais de graça, pois a Igreja, dizem, deve ser para todos, independentemente de conquistas morais ou falhas espirituais.

Os protestantes não pensam assim, e a Reforma do século XVI infligiu um duro golpe contra o monasticismo. Martinho Lutero, que já havia sido monge, declarou guerra ao claustro. O monasticismo, disseram Lutero e outros reformadores, incentiva a ideia de duas estradas que levam a Deus, uma superior e uma inferior, no entanto, o evangelho só apresenta um caminho para a salvação: a fé no Senhor Jesus Cristo, a qual não é morta, mas sim ativa no amor a Deus e ao próximo.

Naturalmente, esses pontos de vista conflitantes quanto ao lugar do monasticismo na Igreja levaram a interpretações contraditórias da história do movimento, pois todos concordam que os monges eram ascetas, renunciavam aos confortos da sociedade e buscavam as recompensas espirituais da autodisciplina. Sua teoria era que a renúncia do corpo libera a alma para ter comunhão com Deus. Todavia, a pergunta fundamental é: Como a renúncia se relaciona com o evangelho? Ela é uma forma de salvação própria? É uma justiça por obras, uma expiação do pecado baseada na abnegação? Ou é uma forma legítima de arrependimento, uma preparação essencial para se ter alegria nas boas novas da salvação de Deus?

O IDEAL MONÁSTICO

Sem dúvida, notas ascéticas ressoam nos pregadores da idade apostólica. João Batista, vagando pelo deserto da Judeia com vestes rudimentares e clamores de arrependimento, era uma figura ascética. O próprio Jesus exortou pelo menos um jovem a livrar-se de seus bens a fim de encontrar a vida eterna, e o apóstolo Paulo argumentou que "a carne deseja o que é contrário ao Espírito; o Espírito, o que é contrário à carne. Eles estão em conflito um com o outro" (Gálatas 5:17).

Logo após a época dos apóstolos, surgiu a ideia de uma moralidade inferior e outra superior. Nós a encontramos em um documento escrito em torno de 140, chamado *O pastor de Hermas*. O Novo Testamento, diz *O pastor*, ensina preceitos de fé, esperança e amor para todos, porém, também dá conselhos àqueles que almejam fazer mais do que é exigido aos cristãos comuns.

Em pouco tempo, outros cristãos passaram a enaltecer a abnegação, especialmente o celibato — a renúncia ao matrimônio. Uma vez introduzida, a prática da penitência incentivou atos de virtude excepcional como meios para remover o pecado, assim, Tertuliano, Orígenes, Cipriano e outros líderes endossaram a ideia de um nível mais elevado de santidade. Muito antes da conversão de Constantino, inúmeros fiéis faziam votos de abstinência, embora inicialmente sem se retirar da vida comum das cidades.

A primeira forma de monasticismo foi a vida como eremita solitário. A palavra *eremita* vem do termo grego que significa deserto e é um lembrete de que a fuga monástica do mundo começou no Egito, onde uma breve jornada — quer para o leste, quer para o oeste — a partir da estreita faixa de fertilidade do Nilo bastava para colocar o monge em um árido deserto.

Antão, considerado por muitos o primeiro monge, nasceu em cerca de 250, no povoado de Coma. Impulsionado pelas palavras de Cristo ao jovem rico — "vá, venda os seus bens e dê o dinheiro aos pobres, e você terá um tesouro nos céus. Depois, venha e siga-me" —, Antão, aos vinte anos de idade, doou seu dinheiro e logo assumiu a vida de solidão em um túmulo. Lendas posteriores narram suas batalhas contra tentações que o atacavam de forma visível: demônios, feras e mulheres. Apesar de tamanho estresse, informações dão conta de que ele viveu uma vida plena de 105 anos.

O exemplo de Antão foi contagiante e ele teve centenas de imitadores. Seu amigo, Atanásio, escreveu: "Sinais da presença de ascetas solitários dominam a terra de extremidade a extremidade". Este surto repentino de abnegação coincide, grosso modo, com a popularidade igualmente súbita do cristianismo.

Qualquer que tenha sido a motivação de Constantino para adotar a fé, o resultado foi um declínio no comprometimento cristão. Os fiéis resolutos que Diocleciano assassinara foram substituídos por uma multidão mista de pagãos semiconvertidos. Antes, os cristãos entregavam a vida pela verdade; agora, matavam uns aos outros com vistas a obter recompensas da Igreja. Gregório de Nazianzo queixou-se do seguinte: "A liderança é conquistada pelo mal, não pela virtude; e as sés pertencem não aos mais dignos, mas aos mais poderosos".

Sendo assim, o eremita muitas vezes fugia não tanto do mundo, mas do mundo na Igreja, e seu protesto contra uma instituição corrupta conduzia-o aos perigos de um individualismo acentuado. Em oposição à grande instituição imperial, o canal da graça divina, os primeiros monges voltavam-se à vida da alma, face a face com Deus.

As tentações do mundo exterior eram substituídas pelas tentações do mundo interior: soberba, rivalidade e excentricidade. Muitos monges no Egito e na Síria submetiam-se a dificuldades extremas: alguns comiam somente grama, ao passo que outros viviam em árvores; outros, ainda, se recusavam a tomar banho.

A reputação de alguns eremitas atraía multidões das cidades. Um deles, Simeão Estilita, ficou tão aborrecido com o povo à entrada da caverna onde vivia que erigiu uma coluna e viveu em cima dela por mais de trinta anos. Seus discípulos enviavam-lhe alimento em um cesto, e dizem que, de vez em quando, ele pregava às pessoas que estavam embaixo, convertendo milhares ao cristianismo.

MUDANÇA PARA VIDA COMUNITÁRIA

Apesar de os eremitas continuarem sendo populares no Egito, o movimento monástico deu um passo significativo quando, por volta do ano 320, um ex-soldado chamado Pacômio instituiu o primeiro mosteiro cristão. Em vez de permitir que os monges vivessem isoladamente ou em grupos de eremitas, cada qual com sua lei, Pacômio estabeleceu uma vida comum regrada, na qual os monges comiam, trabalhavam e adoravam. Seu plano exigia horários fixos, trabalho manual, uniformes e disciplina rigorosa, o que chamamos de monasticismo cenobítico, uma expressão proveniente dos termos gregos que significam vida comum — *koinos bios*.

A reforma foi uma melhora imensa para a vida do eremita, com seus perigos de ociosidade e excentricidade, mas também facilitou a vida monástica para as mulheres, às quais a vida de isolamento era quase impossível. Além disso, colocou o monasticismo em uma espécie de sistema de restrição. Pacômio via claramente que, "para salvar almas, é preciso uni-las".

A partir desse início no Egito, o movimento ascético alastrou-se para a Síria, Ásia Menor e toda a Europa ocidental. A Ásia Menor foi conquistada pelo ideal monástico especialmente por meio da influência de Basílio, Gregório de Nazianzo e Gregório de Nissa, os defensores da fé nicena na geração que sucedeu Atanásio. Basílio, que morreu em 379, foi particularmente importante por formular a regra de disciplina segundo a qual o monasticismo da Ortodoxia Grega é organizado até hoje.

O ideal monástico atingiu o cristianismo imperial com poder sem precedentes e, durante o quarto e o quinto séculos, transformou-se em um movimento que afetava todos os níveis da população cristã. Muitos consideraram o ascetismo um substituto aceitável para o heroísmo espiritual requerido durante a época das perseguições. Os monges renovaram o entusiasmo cristão e a piedade intensa de um tempo anterior mais exigente, e transformaram o espírito do martírio no compromisso extremo com Deus e na imitação ascética a Cristo.

O objetivo de imitar Cristo era existir apenas para Deus e viver somente na força de sua graça. A fim de atingir esse objetivo e não ser impedidos, os monges faziam três votos: de pobreza, de castidade e de obediência. Desse modo, os verdadeiros guerreiros espirituais tentavam se despojar de seus bens, de sua felicidade conjugal e de sua liberdade de escolha. Atualmente, chamamos esses elementos de "direitos básicos", mas o monge considerava-os raízes do ego e obstruções à comunhão com Deus.

Uma vez que as extravagâncias iniciais haviam diminuído e os monges começaram a viver de acordo com regras estáveis e suportáveis, o mosteiro passou a assumir tarefas de enorme benefício para a Igreja e para o mundo. No quinto e sexto séculos, praticamente todos os líderes eclesiásticos eram monges ou estavam intimamente ligados ao monasticismo. As células monásticas transformaram-se em salas de aula, e os monges tornaram-se eruditos.

Conforme Roland Bainton diz,

> O pioneiro nos estudos monásticos foi Jerônimo (340-420), que começou sua carreira como eremita no deserto sírio, mas descobriu que só poderia exorcizar suas tentações sexuais ocupando a mente com uma rígida disciplina intelectual. Ele deu início ao estudo do hebraico e o considerou tão eficaz que pôde até mesmo assumir o risco de voltar para o mundo. Em Roma, tornou-se mestre do bispo Dâmaso e de um círculo de senhoras influentes.

Eles estudavam os problemas da interpretação bíblica, mas, com o tempo, a hostilidade contra os monges na Roma cristã — a qual, para Jerônimo, ainda se assemelhava à Babilônia — levou-o a retirar-se para um mosteiro em Belém, onde suas habilidades linguísticas foram aplicadas na tradução do Antigo e do Novo Testamentos para o latim literário. O resultado foi a chamada Vulgata, a versão autorizada da Bíblia no Catolicismo Romano até anos recentes.

O primeiro a introduzir o monasticismo no Ocidente foi Atanásio. No ano 335, quando foi exilado em Tréveris (na atual Alemanha), ele foi acompanhado por dois monges. A circulação de sua obra *Vida de santo Antão* também difundiu a ideia no Ocidente. O bispo Ambrósio de Milão e Agostinho, no norte da África eram fortes defensores do monasticismo, tanto que este último escreveu a primeira regra monástica ocidental para sua comunidade de clérigos em Tagaste e em Hipona. Um pouco mais tarde, no ano 415, o monge João Cassiano, que havia visitado o Egito, fundou o mosteiro de São Vitor, perto de Marselha, e escreveu dois livros valiosos de meditação, os quais poderiam ser considerados regras, mas foi Bento de Núrsia quem forneceu a constituição para o monasticismo ocidental.

O GÊNIO DO OCIDENTE

Bento nasceu em Núrsia, cerca de 135 quilômetros a nordeste de Roma, no final do quinto século. Sua educação em Roma ainda estava nos estágios iniciais quando ele adotou a forma mais extrema de ascetismo e passou a viver como um eremita em uma caverna elevada e solitária no campo, ao sul de Roma. Ele passou três anos ali estudando as Escrituras em rigoroso estado de abnegação, até que "os monges de um mosteiro vizinho escolheram-no como abade", líder espiritual do grupo monástico. No entanto, a rígida disciplina de Bento foi-lhes penosa, e ele escapou da morte por pouco após uma tentativa de envenenamento por parte dos monges. Durante um tempo, ele encontrou a solidão em uma caverna, mas a oposição invejosa expulsou-o da região — e ele se foi como um homem mais sábio.

No ano 529, nas alturas do monte Cassino, 135 quilômetros a sudeste de Roma, Bento lançou as bases daquilo que se tornou o mosteiro mais famoso na Europa, a matriz da ordem beneditina. Foi para esse mosteiro que ele

144 HISTÓRIA DO CRISTIANISMO

escreveu sua famosa Regra. Ali ele ensinou, pregou e viveu um padrão de piedade monástica até sua morte, no ano 542.

"Bento não foi um erudito", afirma Williston Walker, "mas tinha o talento romano para a administração, uma sincera crença no monasticismo como ideal de vida cristã e um conhecimento profundo do povo." Ao elaborar seu conjunto de regulamentos — a Regra —, ele se baseou na obra de líderes anteriores do monasticismo, mas revelou capacidade de moderação e um bom senso provenientes de uma observação aguçada da natureza humana. O monasticismo, reconhecia ele, tinha seus perigos, e muitos monges eram indignos de sua carreira. "Alguns eram em nada melhores do que vagabundos", e esses males, dizia, existiam por causa da falta de disciplina. Portanto, Bento tornou a disciplina fundamental, embora entendesse que ela não deveria ser um fardo pesado demais para os homens comuns. E foi justamente essa notável "combinação de restrição e certo grau de liberdade" que distinguiu a Regra de Bento.

O pretendente aparentemente considerava a vida monástica uma espécie de guarnição espiritual para Cristo em um mundo hostil e, como tal, a disciplina era uma parte necessária. Ninguém deveria entrar para essa vida antes de experimentá-la por, pelo menos, um ano. Durante este tempo, o noviço era livre para desistir, mas, depois, o aspirante a monge fazia os três votos que o desligariam para sempre do mundo e o prenderiam à vida permanente no mosteiro: pobreza, castidade e obediência à Regra e aos líderes do mosteiro.

O governo do mosteiro era confiado a um abade, e em lugar nenhum a sabedoria de Bento aparece de maneira mais vívida do que em sua provisão para o exercício da autoridade. Apesar de cada monge fazer votos de obediência absoluta às ordens do abade — mesmo se estas lhes parecessem impossíveis de cumprir —, o abade era escolhido pelos próprios monges e só poderia decidir questões importantes após consultar o parecer de todo o corpo. "Bento era sábio o suficiente para entender que um homem sensato, mesmo com autoridade absoluta em teoria", não deveria recusar conselhos dos demais em questões de grande importância.

Como Walker explica, no sentido de manter essa fortaleza espiritual separada do mundo, "Bento estipulou que cada mosteiro, sempre que possível, deveria estar preparado para suprir todas as necessidades da vida". Os monges cosiam seus próprios tecidos, faziam seu próprio vinho e eram seus próprios carpinteiros e construtores. Além disso, Bento acreditava que peregrinar fora dos muros era um grande perigo espiritual para um monge.

Uma vez que a adoração era uma grande parte da vida monástica, a Regra apresentava planos especiais para sua observância. Com suposta base nas Escrituras, Bento exigia não apenas sete cultos ao longo das 24 horas do dia, como também incluía uma obrigação especial às duas horas da madrugada, a "vigília". Em contraste com as exigências de algumas outras Regras, entretanto, os cultos beneditinos, exceto a vigília, eram excepcionalmente breves: cada um deles levava cerca de vinte minutos e consistia principalmente da leitura de Salmos.

As exigências mais proveitosas de Bento, diz Walker, eram relacionadas ao trabalho. "O ócio", afirmou ele na Regra, "é inimigo da alma; portanto, os irmãos devem ocupar-se, em horários fixos, com o trabalho manual e a leitura religiosa". Ele enxergava com clareza o valor moral do trabalho, além de ser tolerante o suficiente em sua concepção de labor ao incluir tanto o trabalho da mente quanto o trabalho das mãos. A proporção, naturalmente, variava conforme as estações. No tempo da colheita, durante o verão, o trabalho manual nos campos vinha em primeiro lugar, mas, no inverno, especialmente na Quaresma, as oportunidades de leitura aumentavam.

Um mosteiro beneditino fiel aos propósitos do fundador era, por conseguinte, "um pequeno mundo onde os monges levavam uma vida árdua, porém não sobrecarregada, envolvendo cultos, trabalho diligente nos campos e oficinas e leituras sérias". Cada mosteiro beneditino, portanto, incluía uma biblioteca e, muito embora o próprio Bento nada diga sobre a aprendizagem clássica, os monges beneditinos logo copiaram e leram as grandes obras literárias da antiguidade latina. Por isso, somos gratos a eles por terem preservado os escritos dos pais da Igreja latina e as obras-primas da literatura romana.

PRÓS E CONTRAS

Da Itália, a Regra beneditina alastrou-se rapidamente pela Europa ocidental, e é imensurável o serviço que esses monges prestaram no período após a ruína da antiga civilização romana e o crescimento das novas nações instituídas pelos conquistadores alemães. A Idade Média preservou grande parte do que havia de melhor no cristianismo e no mundo antigo porque os mosteiros beneditinos espalharam-se por toda a região rural europeia e deram a única oportunidade que a Idade Média teve de estudo, descanso e proteção em meio a guerras constantes. Os mosteiros eram uma grande força missionária e um lembrete constante para uma população bruta de que o homem não vive só de pão.

Conforme Williston Walker diz, é fácil identificar as falhas do monasticismo, pois, apesar de os monges fazerem votos de pobreza, os mosteiros costumavam enriquecer imensamente por causa de doações, especialmente de terras. Sua disciplina frequentemente afrouxava e seu rigor muitas vezes diminuía — a história da Idade Média mostra esforços constantes para sua reforma e a fundação de novas casas destinadas a eliminar a corrupção das casas antigas.

Acima de tudo, a concepção beneditina da vida cristã era essencialmente artificial. "Entrar para um mosteiro era separar-se do mundo, abandonar as relações comuns da vida social", abster-se do matrimônio e de tudo aquilo

146 HISTÓRIA DO CRISTIANISMO

que o lar cristão significa. Apoiar todo esse esforço foi uma visão errada do homem. A alma, diziam os monges, está acorrentada à carne como o prisioneiro a um cadáver; essa não é a visão bíblica da vida humana e gerou uma falha nos fundamentos do monasticismo.

Reconhecer esses erros hoje, entretanto, não é alegar que eles eram percebidos pelos homens do decadente Império Romano ou da Idade Média, pois, para estes, de modo geral o chamado monástico aparentava ser a forma mais genuína da vida cristã. Tampouco devemos, ao observar os males do monasticismo, subestimar o imenso serviço que os monges prestaram à difusão e ao desenvolvimento do cristianismo e da civilização em um período difícil da história europeia.

Leitura sugerida

- *BURTON-CHRISTIAN, Douglas. *The Word in the Desert — Scripture and the Quest of Holiness in Early Christian Monasticism* [O mundo no deserto — a Escritura e a busca pela santidade no monasticismo primitivo]. Nova York: Oxford University Press, 1993.

- CHITTISTER, Joan. *The Rule of Benedict: Insights for the Ages* [A Regra de Benedito: conhecimentos para as eras]. Nova York: Crossroads, 1992.

- DEFERRARI, Roy J. (Org.). *Early Christian Biographies* [Biografias do cristianismo primitivo]. Washington, DC: Catholic University Press, 1952.

- DOWLEY, Tim (Org.). *Eerdmans' Handbook to the History of Christianity* [Manual Eerdman da história do cristianismo]. Grand Rapids: Eerdmans, 1977.

- NOLL, Mark A. *Turning Points: Decisive Moments in the History of Christianity* [Pontos de convergência: momentos decisivos na história do cristianismo]. Grand Rapids, Baker Books, 2000.

- WADDELL, Helen. *The Desert Fathers* [Os pais do deserto]. Londres: Constable, 1936.

- WORKMAN, Herbert B. *The Evolution of the Monastic Ideal* [A evolução dos ideais monásticos]. Boston: Beacon Press, 1962.

CAPÍTULO 13

O sábio dos tempos
Agostinho

ROMA ERA CHAMADA DE CIDADE ETERNA. Durante 620 anos, desde a época de Aníbal, ela não avistou qualquer invasor estrangeiro fora de seus muros. De repente, no ano 410, Alarico, o líder visigodo, cercou a cidade com suas hordas arianas. A tempestade logo irromperia, só não sabiam quando isso haveria de acontecer.

O primeiro grupo de paz arriscou-se além dos muros para negociar com Alarico, implorando por misericórdia e propondo um acordo. "Todo o seu ouro e toda a sua prata", veio a resposta. "E, principalmente, seus escravos alemães!" Os romanos continuaram a implorar, enquanto a angústia dentro dos muros se intensificava.

Por fim, os visigodos irromperam pelos portões adentro e saquearam a cidade, templo por templo, palácio por palácio. Houve devastação e ruína por toda parte, exceto nas igrejas. Ao inspecionar os espólios, Alarico, que se autoproclamava cristão, separou os tesouros da igreja e mandou que seus soldados transportassem os vasos sagrados pelas ruas até as igrejas dedicadas a Pedro e a Paulo e ali os deixassem.

Pouco tempo depois, o visigodo e suas tropas retiraram-se de Roma, mas o mundo nunca mais seria o mesmo, pois a glória da "rainha das cidades" findara. A Roma eterna não era eterna. "Estou sem palavras", disse Jerônimo. "A Cidade que capturou o mundo inteiro foi capturada." Com essa frase, ele expressou os sentimentos de todos, tanto cristãos quanto gentios.

Romanos abalados apontavam para os locais onde as estátuas dos deuses antigos costumavam estar; eles haviam sido os responsáveis pela grandeza de Roma. Talvez aqueles deuses pudessem ter poupado a cidade. Será que estavam bravos porque os imperadores tinham se voltado recentemente para o Deus cristão?

148 HISTÓRIA DO CRISTIANISMO

Os refugiados romanos espalharam-se por todas as direções. No pequeno porto norte-africano de Hipona, uma figura esguia, sem barba, com a cabeça rapada e traços fortes assistia à chegada dos foragidos conturbados e ouvia suas perguntas e via suas expressões de dúvida. Alguém deveria oferecer uma explicação para a destruição de Roma. Imediatamente, Aurélio Agostinho, bispo de Hipona, decidiu buscar respostas para algumas questões: Por que Roma havia caído? A ruína da Cidade Eterna significava o colapso do cristianismo? O fim do mundo estava às portas?

As respostas de Agostinho não apenas proveram esclarecimento para os dias tenebrosos que se aproximavam, como também ofereceram uma filosofia para os fundamentos da cristandade e, até hoje, os cristãos sentem o impacto da mente e da alma desse homem. Os católicos romanos baseiam-se na doutrina eclesiástica de Agostinho, e os protestantes, em suas opiniões sobre pecado e graça.

PREPARAÇÃO PARA A GRANDEZA

O grande norte-africano nasceu em 13 de novembro de 354, em Tagaste, uma pequena cidade localizada na região montanhosa de Numídia, a qual conhecemos como Argélia. Seu pai, Patrício, foi um gentio pacato, e sua mãe, Mônica, uma cristã fervorosa. Apesar dos recursos limitados, o casal estava determinado a oferecer a melhor educação disponível a Agostinho. Primeiro, ele frequentou uma escola perto de casa e, depois, foi para a capital norte-africana, Cartago, onde se deparou com tentações sexuais irresistíveis, apaixonou-se por uma moça e teve um filho com ela, Adeodato. Eles viveram juntos por treze anos, mas Agostinho sempre sentiu que sexo era a paixão que o corrompia. Essa fraqueza distorcia suas concepções de pecado e marcou a depravação da qual foi posteriormente resgatado pela graça de Deus.

Sua natureza mais elevada, porém, mostrava-se com frequência. Um tratado de Cícero, o autor latino, caiu em suas mãos quando tinha dezenove anos de idade e persuadiu-o que a busca pela verdade deveria ser seu objetivo de vida. As antigas tentações, contudo, ainda o atacavam; à semelhança de Paulo, Agostinho sentia que dois guerreiros, um superior e um inferior, lutavam por seu domínio. Em seus conflitos, ele se voltava para a Bíblia, mas ela não o atraía, pois seu estilo parecia-lhe rudimentar e bárbaro.

Durante um período, Agostinho experimentou o maniqueísmo, uma fé perseguida no Império Romano, porém especialmente atraente para um homem de paixões com duas tendências lutando dentro de si. Mani, seu fundador, havia lecionado na Pérsia e morrido como mártir por crucificação em 276 ou 277. A crença fundamental dessa religião retratava o universo como a cena de um conflito eterno entre dois poderes, um bom e um mau, e o homem, como o conhecemos, é um produto misto: a parte espiritual de sua natureza é o elemento bom e a parte física, o elemento mau. Sua tarefa, portanto, é libertar o bem do mal que existe dentro de si, e isso pode ser alcançado por meio de oração, mas especialmente pela abstinência de todos os prazeres do mal: riquezas, lascívia, vinho, carnes, casas luxuosas e afins.

O maniqueísmo, assim como o gnosticismo, ensinava que o verdadeiro Jesus espiritual não tinha um corpo material e não havia morrido de verdade. Seu propósito era mostrar aos homens a saída do reino das trevas e o caminho para o reino de luz. Tal como os gnósticos, os maniqueístas alegavam que grande parte do Novo Testamento era verdadeira, mas rejeitavam tudo o que nele parecia sugerir sofrimentos reais de Cristo; além disso, descartavam completamente o Antigo Testamento.

Agostinho passou nove anos como um maniqueísta ferrenho, de 374 a 383, até que começou a sentir certa insatisfação com seus ensinamentos. Durante esses anos, ele ensinou gramática em sua cidade nativa, Tagaste, e retórica em Cartago e, embora estivesse duvidando interiormente da veracidade da filosofia maniqueísta, foi pela sugestão de amigos desse círculo que, no ano 383, ele se mudou para Roma.

Pouco tempo após sua chegada à capital, ele logo garantiu um cargo de professor na Universidade Estadual de Milão (384) e mudou-se para essa cidade, situada ao norte. Sua mãe viúva e alguns amigos africanos acompanharam-no depois. Ele tinha então trinta anos e estava no auge da carreira, diante de perspectivas deslumbrantes. Mais do que nunca, porém, Agostinho sentia-se profundamente insatisfeito com a vida. Ele se separou friamente de sua amante, mãe de Adeodato, e ficou noivo de uma jovem rica e nobre; todavia, não conseguia dominar suas paixões, pois estava em um "turbilhão vicioso de sexo". "Nada é mais poderoso", observou mais tarde, "para derrubar o espírito de um homem do que as carícias de uma mulher". Seus conflitos internos tornaram-se quase insuportáveis.

Enquanto viveu em Milão, entretanto, Agostinho foi influenciado pela poderosa pregação do bispo Ambrósio. Ele foi à igreja, a princípio, para estudar o estilo de pregação do bispo, mas, em pouco tempo, a mensagem alcançou sua alma. Em Ambrósio, ele descobriu que o cristianismo podia ser ao mesmo tempo eloquente e inteligente, e que as histórias problemáticas do Antigo Testamento podiam ser interpretadas como alegorias.

O estímulo final para a conversão de Agostinho parece ter sido o exemplo pessoal dos monges. Quando um amigo lhe contou a história de Antão e dos eremitas egípcios, incluindo a maneira como eles enfrentaram as tentações do mundo, Agostinho foi tomado de vergonha. Como aqueles homens simplórios obtiveram tamanhas vitórias ao passo que ele, com toda a sua educação, só conhecia derrotas? O senso de sua pecaminosidade e impotência perturbaram-no imensamente.

A gota d'água se deu enquanto ele caminhava angustiado em seu jardim, onde escutou a voz de uma criança cantarolando: "Pegue-o e leia". Então, pegou um exemplar do Novo Testamento. Seus olhos se depararam com palavras perfeitamente adequadas à situação: "não em orgias e bebedeiras, não em imoralidade sexual e depravação, não em desavença e inveja. Ao contrário, revistam-se do Senhor Jesus Cristo, e não fiquem premeditando como satisfazer os desejos da carne" (Romanos 13:13-14). "Instantaneamente", disse Agostinho, "assim que cheguei ao final da frase, foi como se uma luz de paz tivesse sido derramada em meu coração, e todas as sombras de dúvida desapareceram."

Na véspera da Páscoa, no ano 387, Agostinho, seu filho Adeodato e seu amigo Alípio foram batizados por Ambrósio em Milão. "A perturbação de nossa vida passada", disse ele, "retirou-se de nós." Alguns meses mais tarde, acompanhado pela mãe, partiu para o Norte da África como um novo homem, mas, no caminho, perto de Roma, ela morreu. No outono de 388, novamente estabelecido em Tagaste, ele perdeu seu filho, o que intensificou a dor que já sentia por causa da morte da mãe. Agostinho estava agora tão desejoso por deixar o mundo quanto antes estivera por mergulhar nele, contudo, não pôde fazê-lo, pois seus dons eram muito conhecidos e a necessidade de liderança na Igreja, grande demais para que ele fosse deixado em paz.

Três anos mais tarde, em Hipona, por exigência popular e contra sua vontade, Agostinho foi ordenado sacerdote. Em pouco tempo, a pedido do bispo Valério, ele foi escolhido como bispo assistente da igreja e, um ano depois, após a morte de Valério, sucedeu-o na liderança da igreja em Hipona. Então, com 43 anos, passou os 33 anos seguintes — até sua morte, no ano 430 — no centro das turbulências da época.

A CONTROVÉRSIA DONATISTA

O cristianismo norte-africano ainda estava dilacerado por um conflito intenso entre católicos e um movimento chamado donatismo. A controvérsia era muito antiga e profunda, e um bispo de Hipona dificilmente poderia evitar a questão.

Quando Agostinho assumiu a liderança da igreja, o donatismo, movimento que defendia uma igreja santa, a disciplina eclesiástica e a resistência inflexível a bispos indignos, já tinha quase cem anos. Os católicos, diziam os donatistas, haviam renunciado a todos esses elementos ordenando sacerdotes e bispos imorais.

O nome *donatista* veio de Donato, um antigo bispo de Cartago (313-355) que liderou o protesto contra as práticas católicas. As acusações donatistas giravam em torno do fato de que certos bispos católicos haviam entregado as Escrituras para serem queimadas durante a perseguição de Diocleciano e, tal ato, insistiam os donatistas, era um grave pecado de apostasia. Uma vez que os pastores católicos eram ordenados por bispos que cometeram tão grave pecado, os donatistas acreditavam que eles, e não os católicos, constituíam a verdadeira Igreja de Cristo. Durante a época de Agostinho, os donatistas ainda estavam espalhados pelo norte da África e, em algumas áreas, formavam uma maioria.

O SÁBIO DOS TEMPOS **151**

Agostinho rejeitava a visão donatista de uma Igreja pura. Até o dia do juízo, afirmava, a Igreja seria uma mistura, e tanto pessoas boas quanto más fariam parte dela. A fim de respaldar essa ideia, ele recorria à parábola de Jesus sobre o trigo e o joio (Mateus 13:24-30), negligenciando, porém, o fato de que Jesus não estava falando da Igreja, mas do mundo todo.

Agostinho também apresentava um entendimento diferente dos sacramentos. Os donatistas argumentavam que a validade do sacramento dependia da moral do ministro, mas Agostinho dizia que não, que o sacramento não pertence ao ministro, mas a Cristo. Os atos do sacerdote são, na verdade, de Deus, pois ele colocou os sacramentos nas mãos do ministro devidamente ordenado, e tudo o que se exige do sacerdote é a consciência de que está administrando a graça de Deus para toda a Igreja.

Tal visão faz do sacerdote o canal de graça para os membros da Igreja e, desse modo, Agostinho adicionou a considerável influência que tinha à sua visão sacerdotal da Igreja, que alcançou extremos infelizes no catolicismo medieval.

Sua defesa da Igreja Católica na controvérsia donatista também levou Agostinho a apoiar o uso de força na supressão de seus rivais. No início, ele era totalmente contra a coerção, porém, pouco a pouco, assumiu outro ponto de vista e, diante da resistência donatista à crescente pressão do governo, passou a aceitar o uso da força para resolver uma questão religiosa. Aquilo que aparenta ser uma ação cruel, disse ele, pode levar o transgressor a reconhecer a justiça. Porventura não havia o próprio Senhor dito na parábola: "obrigue-os a entrar" (Lucas 14:23)? Assim, a fama de Agostinho influenciava aqueles que, em tempos posteriores, justificariam os atos brutais da Inquisição contra os dissidentes cristãos.

PECADO E GRAÇA

Se a controvérsia donatista despertou o clérigo em Agostinho, o debate pelagiano trouxe à tona sua ênfase na salvação pela graça.

Pelágio foi um monge britânico que veio de Roma para o Norte da África. Um discípulo que o acompanhava, Celéstio, tinha esperanças de conseguir a ordenação como sacerdote em Cartago, mas encontrou pouco apoio nas terras dominadas por Agostinho; além disso, suas opiniões foram repudiadas assim que se evidenciaram em Cartago.

Como consequência, Celéstio dirigiu-se ao Oriente, para onde Pelágio havia ido, tendo em vista que as igrejas ali eram mais receptivas à doutrina de Pelágio. No entanto, Agostinho iniciou um ataque literário intenso contra o pelagianismo: no ano 419, os pelagianos foram banidos pelo imperador Honório e, em 431, foram condenados pelo Concílio Geral da Igreja em Éfeso.

Por quê? Qual ensino de Pelagiano foi responsável por suscitar a vigorosa oposição de Agostinho? O monge negava que o pecado humano fosse herdado de Adão. O homem, dizia, é livre para agir com retidão ou pecaminosidade e, além disso, a morte não é uma consequência da desobediência de Adão. Adão introduziu o pecado ao mundo, mas apenas por seu exemplo corrupto, e não há ligação direta entre o pecado dele e a condição moral da humanidade. Quase toda a raça humana pecou, mas é possível não pecar, e algumas pessoas viveram sem pecado. Deus a ninguém predestina, exceto no sentido de que antevê quem crerá e quem rejeitará sua graciosa influência. Seu perdão destina-se a todos os que exercem "fé somente"; porém, uma vez perdoado, o homem tem poder para viver de modo agradável a Deus. Logo, Pelágio não via qualquer necessidade do poder especial e capacitador do Espírito Santo, pois sua ideia de vida cristã era praticamente a concepção estoica do autocontrole ascético.

Tudo isso estava em nítido contraste com a experiência própria de Agostinho, que sentia profundamente a gravidade de seu pecado e, portanto, a grandeza da salvação de Deus. Ele entendia que nada menos do que o irresistível poder divino (graça) poderia tê-lo salvo de seu pecado e que apenas um influxo constante de graça divina poderia mantê-lo na vida cristã. Seu ideal cristão não era um autocontrole estoico, mas o amor pela retidão infundido pelo Espírito de Deus.

Para Agostinho, o pecado de Adão teve enormes consequências. O primeiro homem perdeu a capacidade de fazer o que era correto. Em suma, ele morreu — espiritualmente e, em pouco tempo, fisicamente, porém, não estava sozinho em sua ruína. Agostinho ensinava que toda a raça humana estava "em Adão" e compartilhava de sua queda, ou seja, a humanidade tornou-se uma "massa de corrupção", incapaz de qualquer ato bom (salvífico), e todas as pessoas, desde a mais tenra infância até a velhice, nada merecem exceto condenação.

Uma vez que o homem, por si, nada pode fazer de bom, o poder para tanto é um dom gratuito de Deus, isto é, graça. Deus escolhe alguns da raça caída para receber essa graça, que chega até eles a partir da obra de Cristo — de modo geral, por intermédio da Igreja e, de modo específico, por meio de seus sacramentos. Todos os que recebem o batismo recebem a graça regeneradora, a qual devolve ao homem sua liberdade para servir a Deus — muito embora esse serviço seja imperfeito mesmo em sua melhor forma e mantido apenas pelo dom constante da graça.

Como Williston Walker explica, "Aqueles a quem Deus não envia sua graça estão perdidos. Além disso, nenhum homem pode ter certeza de que será salvo, mesmo se gozar agora da graça de Deus, e somente aqueles a quem Deus concede a graça adicional da perseverança, isto é, aqueles que contam com a ajuda divina até o fim da vida, serão redimidos". O homem, portanto, não tem poder ou mérito em si; sua salvação vem totalmente de Deus.

Agostinho, do mesmo modo que Paulo, foi "capturado" pela graça de Deus e aderiu à fé cristã através de coisas que lhe pareciam catástrofes.

O SÁBIO DOS TEMPOS **153**

A grande catástrofe original era sua condição de nascimento, a alienação pecadora de Deus, e a única maneira de se libertar dessa catástrofe era um novo nascimento.

Os reformadores protestantes haveriam de basear-se grandemente na visão de Agostinho de que a humanidade está incapacitada pelo domínio do pecado e na noção de que só a graça de Deus pode reabilitar o homem. Tais ensinamentos se encaixam bem na doutrina de Agostinho sobre a predestinação, a qual os reformadores expandiram, porém sem levar em conta o modo como Agostinho vinculava salvação e graça aos sacramentos da Igreja.

O ensinamento de Pelágio foi condenado pelo grande concílio de Éfeso no ano 431, visto que ele não havia entendido o forte efeito deformador do pecado nem o fato de que se voltar para Deus sem sua graça era impossível. Contudo, ao longo do século seguinte, a Igreja expressou independência das ideias de Agostinho relativas à graça irresistível e à predestinação, e alguns críticos alegavam que ele havia violado a antiga prática de se adotar a liberdade humana. Vicente de Lérins queixou-se dessa inovação ao escrever que o cristão deve crer naquilo em que se acreditou "sempre, em toda parte e por todos".

A CIDADE DE DEUS SOBRE AS RUÍNAS DE ROMA

Agostinho tinha 56 anos quando ficou sabendo que Roma havia sido saqueada. Esse deve ter sido um momento dramático em sua vida, mas ele recebeu os primeiros refugiados de Roma e pôs-se a trabalhar buscando casas para eles e incentivando seu rebanho ampliado. Em um sermão que pregou na época, ele comparou a captura de Roma ao juízo de Sodoma. Havia acontecido uma grande destruição, mas as cidades, disse ele, consistem de homens, não de muros e, ao contrário de Sodoma, Roma havia sido castigada, mas não destruída.

Logo, ele se voltou a questões mais profundas, abordando as relações entre cidades terrenas como Roma — que se exaltam e caem como qualquer coisa ao longo do tempo — e a cidade celestial ou a Cidade de Deus, que é eterna. Essa questão o ocupou por dezesseis anos, quase até ao fim da vida, e resultou em sua grande obra, *A cidade de Deus*, que — direta ou indiretamente — influenciou o pensamento dos cristãos ao longo dos quinze séculos seguintes no que diz respeito ao que se deve a Deus e ao que se deve a César.

Desde Adão até o fim dos tempos, escreveu Agostinho, a humanidade se divide em duas cidades: o grupo dos ímpios, que vivem a vida de homens terrenos; e o grupo dos homens espirituais, nascidos da graça e chamados à Cidade de Deus para toda a eternidade. A Cidade Mundana, disse Agostinho, está ligada pelo amor comum às coisas temporais, ao passo que a Cidade de Deus está unida pelo amor a Deus.

O que levou os romanos a realizar seus grandes feitos exceto o louvor dos homens?

O que mais havia para amarem salvo a glória? Por meio da glória, eles desejavam ter uma espécie de vida após a morte nos lábios daqueles que os louvavam [...]. A Cidade Celestial supera Roma mais do que se pode imaginar e nela, em vez de vitória, há verdade; em vez de nobreza, santidade; em vez de paz, felicidade; em vez de vida, eternidade [...].

E quanto à Igreja e o Estado? Agostinho considerava a Igreja a única comunidade humana que trabalhava para a edificação da cidade de Deus. O Estado tinha seu lugar na repressão da criminalidade e na preservação da paz, mas, por estar fundamentado no poder do pecado, tinha de submeter-se às leis da Igreja cristã.

A grandiosidade dessa visão espiritual fez de *A cidade de Deus* a obra mais amada de Agostinho em todo o início da Idade Média, pois oferecia uma interpretação espiritual dos males que o mundo estava enfrentando. O presente talvez fosse ruim, mas coisas melhores estavam por vir. A idade de ouro — o Reino de Deus — está no futuro, não nos esplendores desvanecentes de um reino mundano destinado à ruína.

Quanto mais Agostinho envelhecia, mais difícil a vida se tornava para ele. Aos 76 anos, os vândalos bárbaros atravessaram o Estreito de Gibraltar e avançaram a leste, em direção a Hipona. Em seus últimos dias, pediu que copiassem os salmos penitenciais em um pergaminho e o fixassem à parede de seu quarto para que pudesse lê-los da cama. O idoso, à beira da morte, acreditava que o fim do mundo estava às portas. Em 28 de agosto de 430, Agostinho finalmente encontrou a paz em Cristo.

O cerco de Hipona pelos vândalos durou catorze meses e, quando finalmente irromperam pelos muros, em agosto de 431, encontraram a maioria das pessoas morrendo ou já morta de fome.

Leitura sugerida

- *BONNER, Gerald. *St. Augustine of Hippo: Life and Controversies* [Santo Agostinho de Hipona: vida e controvérsias]. Londres: SMC, 1963.

- BROWN, Peter. *Augustine of Hippo: A Biography* [Agostinho de Hipona: uma biografia]. Berkeley: University of California Press, 2000.

- HANSEL, Robert R. *The Life of Saint Augustine* [A vida de Santo Agostinho]. Nova York: Franklin Watts, 1969.

- KNOWLES, Andrew; PENKETT, Pachomius. *Augustine and His World* [Agostinho e seu mundo]. Downers Grove, IL: InterVarsity Press, 2004.

- MARTIN, Thomas F. *Our Restless Heart: The Augustinian Tradition* [Nosso coração inquieto: a tradição agostiniana]. Maryknoll, NY: Orbis, 2003.

- O'MEARA, John J. *The Young Augustine* [O jovem Agostinho]. Staten Island: Alba House, 1965.

CAPÍTULO 14

Pedro como
Pontifex Maximus

Primórdios do papado

"**VOCÊ É O FLAGELO DE DEUS**", gritou um eremita enquanto Átila, o Huno, conduzia sua cavalaria e seus soldados bem armados pelas intermináveis pastagens da Ásia central para invadir a porção ocidental do Império Romano. A marcha do huno Danúbio no quinto século forçou os habitantes de ambos os lados do vale a fugir antes do confronto com as legiões romanas e seus aliados góticos na Europa central. "Sim, você é o flagelo de Deus", profetizara o eremita, "mas Deus destruirá seu instrumento de vingança. Fique sabendo que você será derrotado!"

Em junho de 452, o flagelo de Deus avançou em direção a Roma, e um ataque repentino sobre os Alpes abriu-lhe caminho para o norte da Itália, onde enfrentou resistência apenas em alguns lugares. O enfraquecido exército romano mantinha-se fora de alcance, e a população fugia. Apesar de pestes e motins, Átila continuou conduzindo seus cavalos e homens adiante.

Em um ponto transponível do rio Pó, Átila deparou-se com uma missão diplomática de Roma, uma típica delegação pacificadora, e estava prestes a dispensá-la quando ficou sabendo que o bispo Leão estava ali como emissário do imperador romano.

Leão havia sido comissionado a negociar com um dos homens mais poderosos de um mundo aterrorizado, na esperança de evitar o caos, e deveria salvar o que havia para ser salvo. O imperador romano nada estava fazendo para preservar a antiga capital do império e os territórios circundantes da devastação; deste modo, o representante de Pedro, agora agindo em nome do imperador, reuniu-se sozinho com Átila.

De homem para homem, o confronto parecia desigual. De um lado, a lei da conquista; de outro, a lei da fé. De um lado, o triunfo sobre os feridos, devastados, agonizantes; de outro, a submissão aos divinos mistérios da Igreja. Um rei estrangeiro e um papa governante.

Muito antes da chegada da delegação de Roma, Átila provavelmente já havia decidido acerca de suas futuras iniciativas militares. Epidemias em seu exército e fome generalizada estavam forçando-o a cessar seus avanços, no entanto, ninguém sabia disso. De bom grado, ele concordou em encontrar-se com o enviado imperial e deu ouvidos aos apelos do papa para que a capital fosse poupada, prometendo inclusive se retirar da Itália; e ele cumpriu sua palavra. Naquele momento, o bispo de Roma assumiu um novo papel e um novo controle do futuro.

O papado é um tema muito polêmico, pois nenhuma outra instituição é tão amada e tão odiada. Alguns cristãos reverenciam o papa como o "Vigário de Cristo"; outros o acusam de ser o "anticristo".

Todos os lados concordam, entretanto, que Leão representa uma etapa importante na história dessa instituição singular, visto que ele demonstra a capacidade do papado de adaptar-se a diferentes ambientes ao longo de sua história: o Império Romano, os reinos germânicos da Idade Média, os estados nacionais dos tempos modernos e, hoje, as regiões em desenvolvimento da Ásia e da África. Mas qual é a base do papado e quando ela foi estabelecida?

PRETENSÃO CATÓLICA ROMANA

De acordo com a doutrina oficial da Igreja Católica Romana, definida no Primeiro Concílio Vaticano (1870), Jesus Cristo instituiu o papado com o apóstolo Pedro, e o bispo de Roma, como sucessor de Pedro, exerce autoridade suprema (primazia) sobre toda a Igreja, mas tanto as igrejas ortodoxas orientais quanto as denominações protestantes negam essas alegações. Por esse motivo, qualquer estudo sobre a história do papado gera controvérsia; é como mexer em um vespeiro.

Nossa principal preocupação, entretanto, não é vindicar nem refutar as alegações católicas romanas, mas sim apresentar a história cristã. Independentemente das alegações absolutas das autoridades eclesiásticas, a história indica que o conceito de governo papal sobre toda a Igreja foi estabelecido em fases lentas e dolorosas. Leão é uma importante figura no processo porque oferece, pela primeira vez, as bases bíblicas e teológicas da alegação papal. Por isso é equivocado falar sobre papado antes dessa época.

O termo *papa* em si não é crucial para o surgimento da doutrina da supremacia papal, uma vez que esse termo expressava originalmente o cuidado paterno de qualquer bispo com seu rebanho. Ele só começou a ser reservado para o bispo de Roma no sexto século, muito tempo após a alegação de supremacia.

PEDRO COMO *PONTIFEX MAXIMUS* **157**

Também devemos separar a honra da igreja de Roma da autoridade de sua liderança, até porque os primeiros séculos da história cristã dão provas abundantes da preeminência de Roma em relação às igrejas das regiões ocidentais do império. A honra envolvia seu nome por várias razões. Primeiro, Roma era a capital imperial, a Cidade Eterna, e a igreja de Roma era a maior e mais rica, com uma reputação de ortodoxia e caridade — nenhuma outra chegava à sua altura no Ocidente.

Segundo, apesar das perseguições de todos os tipos, a congregação romana cresceu rapidamente em número e importância. Em meados do terceiro século, a quantidade de membros provavelmente chegava a 30.000, incluindo 150 clérigos e 1.500 viúvas e pobres; naquela época, assim como hoje, tamanho significava influência.

Terceiro, vários escritores cristãos primitivos, desde Irineu no segundo século, referiam-se a Pedro e Paulo como fundadores da igreja em Roma e aos bispos subsequentes como sucessores dos apóstolos. Essas raízes na idade apostólica eram importantes em um tempo quando mestres gnósticos alegavam seguir uma tradição secreta originada em Cristo. Sendo assim, muitos cristãos católicos achavam que uma lista de bispos remontando a Pedro e Paulo era uma maneira segura de proteger a mensagem apostólica.

Esse respeito pelas tradições de Roma, porém, não impedia homens qualificados, como Irineu e Cipriano, de discordar de Roma quando achavam que a igreja ou o bispo estavam errados. Até a época de Constantino, a história não fornece provas concludentes de que o bispo de Roma exercia jurisdição fora dali. Honra, sim; jurisdição, não.

A influência crescente de Roma era uma parte da estrutura eclesiástica cada vez mais complexa em formação no terceiro e quarto séculos. Nesse período, a organização da Igreja desenvolveu-se em duas tendências importantes: a autoridade dos concílios e a autoridade de certos bispos sobre outros bispos.

Os concílios surgiram quando as igrejas em diversas regiões começaram a enviar seus pastores (ou bispos) para se reunirem no intuito de discutir problemas comuns. A princípio, elas eram irregulares, mas, durante o terceiro século, esses concílios provinciais ocorriam anualmente. Em teoria, os bispos das igrejas eram todos iguais, mas esse raramente era o caso na prática, pois os pastores das igrejas estabelecidas pelos apóstolos gozavam de um prestígio espiritual informal, e os bispos das cidades maiores exerciam autoridade sobre os pastores das cidades menores em determinados assuntos.

Enquanto crescia, a Igreja adotou a estrutura do império com bastante naturalidade, o que significa que a cidade provincial do império se tornou a cidade episcopal da Igreja. Acima das províncias do império estavam as metrópoles; assim, os bispos dessas cidades maiores logo passaram a supervisionar os bispos das províncias na região. Por último, o império estava dividido em grandes áreas, de modo que, dentro da Igreja, as pessoas

158 HISTÓRIA DO CRISTIANISMO

começaram a considerar que a igreja de Roma exercia autoridade sobre a Itália; a de Cartago, sobre o Norte da África; a de Alexandria, sobre o Egito; a de Antioquia, sobre a Síria, e assim por diante.

Conforme as igrejas da província se lançavam à zona rural, geralmente por meio de jornadas de pregação dos bispos, outras igrejas eram estabelecidas para atender às necessidades dos convertidos e, no início, essas igrejas eram supervisionadas por clérigos enviados da cidade. Os ministros que nelas serviam, entretanto, não eram bispos; eram denominados sacerdotes ou *presbíteros*, a palavra grega para ancião. Esses sacerdotes nas paróquias do campo eram consagrados e controlados pelo bispo da cidade, mas podiam administrar os sacramentos.

Desse modo, quando o quarto século começou, as igrejas católicas estavam estabelecendo políticas gerais em concílios regionais regulares e lidando com questões cotidianas sob a supervisão de bispos em cada região.

Os concílios gerais da Igreja surgiram somente após a conversão de Constantino, que, no intuito de resolver questões importantes que preocupavam as igrejas, convocava sínodos com bispos provenientes de várias partes. Arles, no ano 314, foi um concílio geral das igrejas no Ocidente; Niceia, em 325, foi o primeiro concílio geral de toda a Igreja. Os decretos desses e de outros concílios tornavam-se lei para a Igreja.

O bispo de Roma ganhou imensa importância a partir desses avanços. O Concílio de Niceia reconheceu os bispos de Alexandria, Antioquia e Roma como preeminentes, cada qual em sua região, e Jerusalém recebeu supremacia honorária. Assim, em 325, a política de patriarcados, isto é, a administração dos assuntos eclesiásticos por bispos de três ou quatro grandes cidades, foi confirmada por ação conciliar.

MUDANÇA IMPERIAL PARA O LESTE

No ano 330, uma circunstância nova e importante ocorreu. Constantino transferiu sua residência imperial para a nova Roma, a antiga cidade de Bizâncio no Bósforo. A cidade de Constantino (Constantinopla) deslocou o centro político para o Oriente e, conforme o poder de Constantinopla crescia, a importância política da antiga Roma diminuía. Logo, as igrejas passaram a buscar, no bispo de Constantinopla, liderança espiritual e doutrinária igual à das outras grandes cidades.

Pouco tempo após o imperador Teodósio entrar em Constantinopla, ele publicou uma lei que tornava o cristianismo a Igreja do Estado. Com isso, sacrifícios pagãos foram proibidos, templos foram fechados e alguns deles destruídos por cristãos fanáticos.

Em maio de 381, o novo imperador convocou um concílio geral em Constantinopla e, tal como Constantino havia feito sessenta anos antes, Teodósio compareceu pessoalmente na abertura. Ele queria pôr ordem em sua Igreja cristã, no entanto, convidou apenas bispos da parte oriental do império. Os italianos não estavam presentes — em particular, Dâmaso, bispo de Roma, que nem mesmo enviou um representante.

O que o imperador queria? A confirmação e a renovação do Credo Niceno, que foi a ação básica do concílio, mas ali também se declarou o seguinte: "O bispo de Constantinopla deve ter precedência imediata após o bispo de Roma, porque sua cidade (Constantinopla) é a nova Roma".

No Ocidente, percebeu-se imediatamente o significado da comparação entre a antiga Roma e a nova Roma, bem como o significado da promoção concedida ao bispo de Constantinopla. Aquilo fora obviamente uma jogada política para fortalecer o poder episcopal no Oriente. Seria Roma abandonada?

Dâmaso, bispo de Roma, contestou a ação do concílio. Por acaso a posição da Igreja e de seus bispos dependem do conceito de determinada cidade no império? A preeminência de Roma, insistiu ele, não se baseia em algum acidente histórico do tipo nem em decretos de um concílio.

Em um sínodo realizado em Roma no ano seguinte, bispos do ocidente argumentaram: "A Santa Igreja Romana tem precedência sobre as outras igrejas não por decisões sinodais, mas por ter recebido a supremacia pelas palavras de nosso Senhor e Redentor no evangelho, quando afirmou: 'você é Pedro, e sobre esta pedra edificarei a minha igreja'". Assim, temos a primeira menção do "primado da Igreja Romana".

A igreja em Constantinopla e a igreja em Roma estavam voltadas para direções diferentes, e isso ficou claro no final do quarto século, quando tensões que resultariam em uma ruptura completa entre o cristianismo do Oriente e do Ocidente já estavam aparentes.

Constantinopla dependia cada vez mais de sua posição política e foi atraída para a órbita da política imperial oriental. Quanto mais a religião e a política se misturavam no Oriente, menos independente se tornava o patriarca da capital.

Em Roma, as condições eram acentuadamente diferentes. A debilidade do Império Romano levou a uma crescente independência do bispo de Roma, o patriarca do Ocidente. O papa, porém, não tinha rivais fortes. Destituídos do antigo argumento da supremacia com base em Roma como cidade imperial, os bispos de lá fiavam-se mais em um argumento com base nas Escrituras e na tradição: o primado de Pedro.

O bispo Dâmaso (366-384) assinalou a transição para uma nova época de Roma e foi capaz de unificar o antigo orgulho civil e imperial ao cristianismo apontando para as nobres basílicas dedicadas a Pedro e Paulo. Construídas por Constantino, as igrejas estavam localizadas em santuários que simbolizavam o túmulo dos dois santos. "Embora o Oriente tenha enviado os apóstolos", disse Dâmaso, "por causa do mérito de seu martírio, Roma adquiriu um direito superior de declará-los cidadãos." E esse foi o prelúdio de Leão.

LEÃO DEFENDE A SUPREMACIA

Antes de sua eleição para o papado, Leão, um nobre proveniente de uma região ao norte de Roma, fora enviado à Gália para arbitrar uma disputa. Quando o bispo de Roma morreu, o clero romano enviou um representante para informar Leão de que ele havia sido escolhido como novo bispo.

No sermão que pregou no dia de sua posse, Leão exaltou a "glória do bendito apóstolo Pedro [...] cujo poder continua existindo e cuja autoridade continua resplandecendo". A cidade que fora outrora favorecida como capital do império e cena do martírio de Pedro e Paulo agora recebia um novo e poderoso líder. Leão ingressou na história mundial como Líder Supremo de toda a cristandade e, recorrendo ao triplo testemunho do evangelho (Mateus 16:13-19; Lucas 22:31-32; João 21:15-17), o novo papa lançou as bases teóricas para a primazia papal: Cristo havia prometido edificar sua Igreja sobre Pedro, a rocha eterna, e os bispos de Roma seriam seus sucessores nessa autoridade.

Essa era uma inversão completa da política de Constantino, para o qual o cristianismo era apenas um instrumento. Ele havia posto pressão política e religiosa sobre os bispos no Concílio de Niceia para preservar a unidade da Igreja, que ele considerava a liga do império. Um século mais tarde, Leão elevou a posição do cargo do bispo em Roma de uma vez por todas, levando o papado até onde era teoricamente possível. Assim, a dinastia de Pedro, Príncipe da Igreja, estava estabelecida de modo solene e decisivo.

No entanto, o emprego que Leão fazia dos textos do evangelho para apoiar o primado de Pedro enfrentava várias dificuldades: primeiro, os Evangelhos deixam claro que a preeminência dos seguidores de Cristo não devia seguir o padrão dos príncipes do mundo, que exercem domínio e autoridade; em vez disso, os discípulos de Cristo devem liderar por meio do serviço humilde. Segundo, o apóstolo Pedro continuou a ser notoriamente instável — até mesmo na passagem de Mateus 16:23, Jesus o repreendeu e chamou-o de "Satanás" por não entender "as coisas de Deus". Mais tarde, ele negou seu Senhor no momento da crise, e Paulo criticou-o, dizendo que não era um discípulo confiável. Terceiro, teorias supõem que a concessão de autoridade não foi à pessoa de Pedro, mas ao seu cargo como bispo de Roma, muito embora essa identificação da autoridade com determinada função não esteja evidente em ponto nenhum do texto.

O argumento de Leão, entretanto, parecia ter sido enviado por Deus em um momento instável da igreja de Roma. Os ataques bárbaros na Itália deixaram a corte imperial em Ravena desesperada pelo apoio de qualquer autoridade que pudesse ajudar a manter unido o império do ocidente. Assim, no ano 445, o imperador Valentiniano III promulgou um decreto instruindo Aécio, o comandante romano na Gália, a obrigar a presença de qualquer bispo que se recusasse a comparecer voluntariamente à corte papal. O edito do imperador transformou a declaração de Leão em lei.

O documento imperial dizia:

> Uma vez que o primado da Sé Apostólica está fundamentado no título do bendito Pedro — Príncipe da dignidade episcopal — na dignidade da cidade de Roma e na decisão do Santo Sínodo, nenhum passo ilícito pode ser dado contra essa Sé a fim de usurpar sua autoridade. A única forma de proteger a paz entre as igrejas de todos os lugares é reconhecendo sua liderança universalmente.

O título de Pedro era claro; a dignidade da cidade era história, porém, não está claro qual "Santo Sínodo" o imperador tinha em mente.

A visão de Leão sobre o papado parecia ter não somente o apoio do imperador, mas também dos pais sagrados reunidos em Calcedônia. Um ano antes do encontro com Átila, em outubro de 451, 350 bispos se reuniram nos arredores de Constantinopla, na margem asiática do Bósforo, para defender a verdadeira fé contra falsas interpretações da vida de Jesus Cristo.

Muito embora o imperador tivesse convocado o concílio em Calcedônia e estivesse presente pessoalmente, o espírito do papa Leão dominava. Suas cartas, decisões e ações eram tão citadas que, por vezes, uma mera referência a ele bastava para que a maioria dos bispos exclamasse, com júbilo: "Essa era a fé dos Pais, essa era a fé dos Apóstolos [...]. Pedro falou por intermédio de Leão".

Na histórica sessão realizada em 30 de outubro de 451, porém, o mesmo concílio deu ao bispo de Constantinopla, como bispo da nova Roma, autoridade semelhante à de Leão, e Constantinopla tornou-se, para o Oriente, aquilo que Roma era para o Ocidente, confirmando, assim, a liderança única e independente da Igreja Oriental pelo patriarca de Constantinopla.

O representante de Leão protestou de imediato, mas os pais do concílio não alteraram sua decisão. Aquilo significou um óbvio retrocesso para Leão, uma vez que o cristianismo passou a ter não uma, mas duas lideranças: a Igreja Romana do império ocidental e a Igreja Grega do império oriental.

FIRME EM MEIO ÀS RUÍNAS

O império ocidental era uma sombra de sua versão anterior. Três anos após as negociações bem-sucedidas com Átila, Leão enfrentou outro teste de diplomacia, tendo em vista que um novo inimigo ameaçava Roma.

Desta vez, eram os vândalos, uma tribo migratória da Escandinávia, impulsionados em direção a sudoeste pelos godos, os quais avançavam da Hungria pela Gália e Espanha. Os vândalos, expulsos por um período da Europa, estabeleceram-se na extremidade mais fraca do Império Romano, no Norte de África, e, durante anos, esperaram o momento certo para atacar Roma.

162 HISTÓRIA DO CRISTIANISMO

No final de março de 455, Genserico, rei dos vândalos, partiu com uma centena de navios tripulados por marinheiros cartagineses. Seu exército desembarcou a norte do Tibre, gerando pânico em Roma, pois corriam rumores de que Genserico pretendia incendiar a cidade. Muitos tentaram fugir, e as tropas imperiais se rebelaram. Ao tentar escapar, o imperador Máximo foi assassinado por um de seus próprios guardas pessoais, e seu corpo foi arrastado pelas ruas, esquartejado e lançado ao rio. Nenhum general assumiu a defesa; as tropas estavam desorganizadas. Em 2 de junho de 455, os vândalos entraram em Roma sem enfrentar qualquer resistência.

No portão da cidade, Leão encontrou-se com Genserico, que estava liderando não soldados, mas sacerdotes. O rei vândalo tinha cerca de 65 anos, e Leão também. Descendente ilegítimo de uma antiga família germânica e filho de um nobre da Toscana, Genserico ficou aleijado por causa de uma queda de cavalo, mas sua reputação como senhor do Mediterrâneo ocidental o precedia.

Quando se encontraram, Leão implorou por misericórdia, instando o rei a refrear suas tropas e suplicando para que não incendiasse a cidade, além de ter oferecido dinheiro. Genserico meneou a cabeça, concordando em silêncio, porém, ao esporear seu cavalo para partir, ele bradou ao papa: "Catorze dias de pilhagem!"

Os vândalos saquearam a cidade sistematicamente, palácio por palácio. Insígnias, objetos de ouro e prata, nenhum dos pertences do imperador ficou de fora. Templos e mais templos foram saqueados e o telhado dourado do Capitólio foi levado, assim como os vasos sagrados do templo de Salomão, trazidos de Jerusalém. Figuras equestres, colunas de mármore e bronze, imagens de deuses: tudo foi carregado para os navios dos vândalos.

Eles também levaram espólio humano: primeiro, prisioneiros políticos, como a imperatriz e suas filhas; depois, senadores e membros da aristocracia romana pelos quais haveriam de pedir resgate. Durante catorze dias, os vândalos ocuparam a cidade. Então, os navios foram carregados, e a força expedicionária retornou a Cartago.

Depois que os vândalos se foram, os romanos celebraram um culto solene de ação de graças, porque Roma não havia sido incendiada. O massacre foi evitado e apenas algumas igrejas cristãs foram saqueadas.

Todos os romanos sabiam o que seu bispo havia feito por eles, mas apenas alguns fiéis compareceram ao culto, pois ainda estavam aterrorizados pela memória dos soldados estrangeiros e das pilhagens. Nenhuma casa foi poupada, e a pergunta que se fazia agora era: Será que em algum momento Roma se recuperaria de tal catástrofe?

Leão lembrou seus ouvintes da "época de nosso castigo e libertação". Ele desejava que sua voz fosse ouvida além das paredes da igreja, nas ruas, no coração daqueles que deviam estar presentes.

Ainda que se tenha vergonha de dizer isso, não se deve ousar ficar em silêncio. Vocês valorizam mais os demônios do que os Apóstolos. Quem restabeleceu a segurança à cidade? Quem a libertou e preservou do massacre? Voltem-se para o Senhor, reconheçam os milagres que ele operou de forma manifesta por vocês e atribuam nossa libertação não como fazem os ímpios, à influência das estrelas, mas à inefável misericórdia do Onipotente, que abrandou a fúria dos bárbaros.

Embora tivesse salvado Roma pela segunda vez, Leão não fez qualquer referência a si mesmo, pois não era necessário. Ele havia assumido o antigo título pagão, *Pontifex Maximus*, o sumo-sacerdote da religião de todo o império, e todos entenderam. Leão, não o imperador, assumira a responsabilidade pela Cidade Eterna. Então, podemos dizer que Pedro havia chegado ao poder.

Leitura sugerida

- BARRACLOUGH, Geoffrey. *The Medieval Papacy* [O papado medieval]. Nova York: Harcourt, Brace & World, 1968.

- HOLLIS, Christopher (Org.). *The Papacy* [O papado]. Nova York: Macmillan, 1964.

- JALLAND, T. G. *The Church and the Papacy* [A Igreja e o papado]. Londres: S.P.C.K., 1944.

- KIDD, B. J. *The Roman Primacy to AD 461* [A primazia romana até 461]. Londres: S.P.C.K., 1936.

- ULLMANN, Walter. *A Short History of the Papacy in the Middle Ages* [Uma breve história do papado na Idade Média]. Londres: Methuen, 1972.

CAPÍTULO 15

Algum lugar entre
o céu e a terra
Ortodoxia Oriental

EM UMA TARDE DE VERÃO NO ANO DE 1054, enquanto um culto estava prestes a começar na espaçosa Igreja de Santa Sofia em Constantinopla, o cardeal Humberto e outros dois representantes (legados) do Papa Leão IX entraram no templo e caminharam até o santuário — porém, não estavam ali para orar. Eles colocaram uma bula (um documento oficial papal) de excomunhão sobre o altar e saíram e, ao atravessar a porta ocidental, o cardeal sacudiu a poeira dos pés e disse: "Que Deus veja e julgue". Um diácono correu atrás dele em grande agonia e implorou para que retirasse a bula, mas Humberto recusou, e ela foi jogada na rua.

Por séculos, os cristãos consideraram esse incidente o começo da grande divisão entre a Ortodoxia Oriental e o Catolicismo Ocidental. Sua contraparte no século dezesseis foi a fixação das 95 teses de Martinho Lutero na porta da igreja em Wittenberg, Alemanha, precipitando a divisão entre o Protestantismo e o Catolicismo Romano. O confronto em Constantinopla aconteceu após um processo longo e complicado.

Das três principais divisões do cristianismo hoje — o Catolicismo Romano, a Ortodoxia Oriental e o Protestantismo — o menos conhecido no Ocidente é a Ortodoxia Oriental. Muitos cristãos na Europa e América do Norte, quando pensam nos cristãos ortodoxos, consideram a Ortodoxia um tipo de Catolicismo Romano sem o papa.

Essa reação desinformada é compreensível, uma vez que os cristãos no Ocidente, tanto protestantes quanto católicos, geralmente começam fazendo as mesmas perguntas: Como alguém é salvo? O que é a Igreja? Onde reside a autoridade religiosa? Os protestantes e os católicos

ALGUM LUGAR ENTRE O CÉU E A TERRA **165**

simplesmente discordam com relação às respostas, mas, na Ortodoxia, não há simplesmente respostas diferentes; o problema é que as perguntas não são as mesmas. A Ortodoxia apresenta uma história singular e uma cultura única.

Acontecimentos importantes na Ortodoxia primitiva

1. Esta confissão da Igreja honra as tradições gregas da Igreja primitiva. Os ortodoxos lembram-nos de que estão escritos em grego o Novo Testamento, o Antigo Testamento comumente utilizado pela Igreja antiga (a Septuaginta é uma tradução das Escrituras hebraicas para o grego) e as antigas declarações de fé da Igreja. Em contrapartida, a Igreja ocidental é muito influenciada pelo latim e suas influências.
2. A Igreja Ortodoxa foi útil na conversão dos povos eslavos. O príncipe Vladimir foi batizado no ano 988, e promoveu a Igreja com zelo. Nos mil anos seguintes, a Ortodoxia moldou a mentalidade desse grande povo.
3. No ano 1054, os líderes das confissões Católica e Ortodoxa romperam a comunhão oficialmente.
4. Os irmãos ortodoxos enfrentaram, de forma mais direta, a expansão militar dos muçulmanos. O Ocidente tirou proveito de seus irmãos ortodoxos em tempos de necessidade; e as cruzadas prejudicaram os cristãos orientais em vez de ajudá-los. No ano 1453, Constantinopla caiu nas mãos dos turcos, mas a Ortodoxia foi, de certa forma, tolerada pelos líderes muçulmanos, embora os cristãos ortodoxos fossem considerados pessoas inferiores pelo governo dos turcos. ∎

A PISTA PARA A ORTODOXIA

O que é Ortodoxia Oriental? Atualmente, há cerca de quinze igrejas distintas, em maior parte na Europa oriental, ligadas por uma fé e história comuns. O ponto mais provável para começar a entender a Ortodoxia, entretanto, não é por suas doutrinas básicas, mas por suas imagens sagradas chamadas de ícones. A maioria dos ocidentais já viu as típicas imagens de santos com auréolas douradas sobre a cabeça, as quais são fundamentais para a compreensão da Ortodoxia. Por exemplo, ao entrar na igreja para participar do culto, o cristão ortodoxo vai primeiro ao iconostásio, a parede de pinturas que separa o santuário da nave do templo, onde ele beija as imagens antes de assumir um lugar na congregação. Outro exemplo é o convidado que, ao entrar em um lar ortodoxo, encontra uma imagem

166 HISTÓRIA DO CRISTIANISMO

pendurada no lado oriental da sala e do quarto; se esse convidado for um cristão ortodoxo, ele primeiro saúda as imagens fazendo o sinal da cruz e, prostrando-se somente depois cumprimenta o anfitrião.

Os cristãos ortodoxos não consideram que essas imagens de Jesus e dos santos são obras humanas, e sim manifestações do ideal celestial — em outras palavras, elas são uma espécie de janela entre o mundo terreno e o celestial. Por meio dos ícones, os seres celestiais se manifestam para a congregação adoradora e se unem a ela; sendo assim, é impossível entender o culto ortodoxo sem as imagens.

Na Ortodoxia, a concepção da imagem é a chave para se entender as condutas de Deus com o homem, o qual foi criado "à imagem de Deus" e carrega o ícone de Deus consigo.

Assim, surge uma diferença bastante nítida entre o cristianismo oriental (Ortodoxia) e o cristianismo ocidental (Catolicismo Romano e Protestantismo), uma vez que a inclinação dos cristãos ocidentais é entender o relacionamento essencial entre Deus e o homem em termos legais, e a salvação diz respeito a como a pessoa pode ser reta e justa perante Deus. Uma divisão posterior com relação a essa questão fomenta uma disputa teológica importante entre católicos e protestantes.

A mesma lógica romana de ordem legal reflete-se na visão do Catolicismo Romano sobre o papado. De acordo com Roma, Jesus Cristo estabeleceu em Pedro uma supremacia jurisdicional para toda a Igreja e, no auge desse processo, como veremos, a teoria transformou o papa no supremo governador do mundo!

A Ortodoxia representa um contraste interessante em relação ao Catolicismo Romano — o grande tema da teologia ortodoxa é a encarnação de Deus e a recriação do homem. De acordo com a Ortodoxia, quando o homem peca, ele não viola o relacionamento legal divinamente estabelecido entre ele e Deus (uma imagem dominante no ensino católico e protestante); em vez disso, ele reduz a semelhança divina, ferindo a imagem original de Deus.

A salvação, portanto, consiste na perfeição ou integridade da imagem total. Cristo, o Deus encarnado, veio à Terra para restaurar o ícone de Deus no homem; logo, os principais temas da Ortodoxia são o renascimento, a recriação e a transfiguração do homem. A Igreja não é uma instituição formalizada, mas sim o corpo místico de Cristo sendo constantemente renovado pela vida do Espírito Santo que flui nela, e é dentro dessa comunidade de amor que o homem é preparado para se unir à comunhão preexistente entre Pai, Filho e Espírito. Os cristãos ortodoxos chamam o processo de *teósis*, ou deificação. "Tornar-se deus" é uma linguagem que preocupa os cristãos ocidentais, todavia, os mestres ortodoxos não alegam que os cristãos se tornam Pai, Filho ou Espírito Santo; na verdade, eles empregam essa linguagem para ilustrar a transformação dos cristãos quando se tornam companhias adequadas para uma comunhão eterna com o Deus trino. O excelente teólogo grego Atanásio ilustrava Jesus tomando parte completamente do mundo corrupto dos homens para que se possa ter parte completa na comunhão incorruptível de Deus; ou seja, ele se tornou Deus no intuito de que os homens pudessem tornar-se deuses. Os teólogos ocidentais também ensinavam outros conceitos ilustrando uma transformação inevitável e necessária que vem antes de compartilhar a eternidade com Deus; vozes protestantes recentes comparam a *teósis* à união que Cristo estabelece com os fiéis.

Essas diferenças fundamentais estavam presentes na Igreja tão logo o evangelho chegara a Roma e a Corinto, porém, a fé cristã distintamente oriental apareceu inicialmente sob o governo de Constantino.

A conversão de Constantino (poucos acontecimentos produziram mudanças maiores na Igreja) foi vital para o desenvolvimento da Ortodoxia porque ele criou, pela primeira vez, uma aliança entre Estado e Igreja, além de tornar a pureza da doutrina cristã uma preocupação central do império.

Alguns cristãos de mentalidade independente consideram essas mudanças o início de uma escravidão da Igreja pelo Estado ou até mesmo a *queda* da liberdade cristã primitiva. No entanto, para os cristãos orientais, Constantino permanece sendo o santo iniciador do universo cristão, o herói dessa vitória da luz sobre as trevas que coroou a luta corajosa dos mártires.

A Ortodoxia tende a ver o governo de Constantino como o auge da evolução do Império Romano. Roma tornara-se, aos poucos, uma monarquia religiosa e, nesse sentido, o imperador servia como uma conexão entre Deus e o mundo, ao passo que o Estado era o reflexo terreno da lei divina. O culto ao Sol Invicto, que o imperador Aureliano havia transformado em religião imperial em meados do terceiro século, estava, na época de Constantino, intimamente associado à nova visão religiosa da monarquia. O imperador na Terra era como o Sol no céu; ou seja, era participante de sua glória e seu representante na Terra. Então, após buscar ajuda no Deus cristão, Constantino obteve vitória sobre seus rivais — o próprio Deus colocou o imperador sob a proteção da cruz e em direta dependência de Cristo.

A VONTADE DIVINA NA SOCIEDADE HUMANA

Isso significava, entretanto, que não foi o Constantino homem que se converteu, mas o imperador. O próprio Cristo havia sancionado seu poder e feito dele o representante divino; e, por intermédio da pessoa de Constantino, o Deus do céu uniu o império a si por laços especiais. Em todo caso, era assim que os cristãos orientais enxergavam a questão.

O pensamento cristão viu-se fascinado com a conversão de Constantino, e essa atmosfera não somente evitou que a Igreja modificasse o absolutismo do império em termos do evangelho, como também, pelo contrário, fez desse absolutismo uma parte inseparável da visão cristã do mundo. Constantino acreditava no Estado como *portador* da religião por refletir e expressar diretamente a vontade divina para o mundo na sociedade humana — e mesmo muito depois dele essa convicção continuou sendo uma marca do cristianismo oriental. Contudo, tal cosmovisão é muito diferente e distante da ênfase moderna sobre o indivíduo e sobre um Estado-nação cujo poder está limitado pelos direitos invioláveis do indivíduo.

O símbolo da nova era para a Igreja na sociedade era Constantinopla, a nova capital do império, a nova Roma. Durante sua história longa e ilustre como centro de uma civilização próspera e sede do poder econômico e político, Constantinopla foi o lar da tradição cristã oriental e o centro da nova civilização bizantina, deixando uma marca de mil anos nas páginas da história.

Ao longo dos séculos, essa visão mística de Constantinopla (que desde o início deveria ser o centro cristão do império) como cidade santa foi ampliada e aprofundada, mas, sem dúvida, originou-se com seu primeiro imperador. Na Igreja dos Doze Apóstolos que edificara, Constantino construiu um túmulo para si em meio aos doze túmulos simbólicos dos apóstolos. Mas aí cabe a pergunta: Por acaso a conversão do império não cumprira a profecia dos apóstolos? Esse décimo terceiro túmulo elevou o imperador à posição de alguém "semelhante aos apóstolos".

Cinquenta anos após a fundação da cidade, o significado religioso da nova Roma estava claro para todos. Os pais do segundo concílio geral proclamaram que o bispo de Constantinopla tinha primazia de honra logo após o bispo de Roma, pois Constantinopla era a "nova Roma, a cidade do imperador e do senado".

Constantino descobriu, entretanto, que o próprio cristianismo estava dividido e fragmentado em diferentes tradições doutrinárias e práticas, e estava apreensivo com a possibilidade de Deus o responsabilizar por essas divisões e rixas entre os cristãos. Se o cristianismo carecia de coesão e unidade, como poderia ser uma religião apropriada para o império? Sendo assim, Constantino e os imperadores que o sucederam esforçaram-se para garantir concordância dentro da fé cristã.

Constantino adotou um procedimento já desenvolvido pelos cristãos para resolver as diferenças de opinião em um nível local ou regional: convocou os líderes de toda a Igreja para se reunir em sua presença para buscar um acordo e uma definição quanto ao que seria a tradição correta, procedimento que se tornou parte da tradição cristã oriental. Desde o primeiro Concílio Geral (ou Ecumênico) em Niceia (325) até o sétimo, também realizado em Niceia (787), era o imperador quem convocava o concílio e o presidia, quer pessoalmente, quer por um representante. Os cristãos orientais na atualidade dão grande ênfase a esses sete concílios gerais; por vezes, chegam a denominar-se "Igreja dos Sete Concílios".

A história dos concílios, que atravessou mais de cinco séculos, deixou como legado os inspiradores escritos dos Pais da Igreja e os credos das assembleias ecumênicas. Todavia, esta luta para alcançar a verdade também aumentou o papel do poder estatal. A luta deixou de ser uma questão puramente religiosa e adquiriu uma nova dimensão política. Dessa forma, o cristianismo ortodoxo oriental estabeleceu-se de modo doloroso ao longo desses séculos de controvérsia.

O sinal emblemático para a ruptura final entre o Oriente e o Ocidente ocorreu em 395, quando o imperador Teodósio, o Grande, no leito de morte, dividiu o império entre seus dois filhos: Honório recebeu o Ocidente e Arcádio, o Oriente. Teoricamente, o império continuou a ser um único Estado com dois imperadores, mas, na prática, a partir desse momento os destinos de cada lado divergiram de modo inevitável.

JUSTINIANO E A REMOÇÃO DOS LIMITES

Claras evidências do caráter bizantino do cristianismo oriental apareceram com um segundo poderoso imperador, Justiniano (527-565). Depois de sua ascensão ao trono, no ano 527, a singular combinação bizantina de lei romana, fé cristã e filosofia grega (helenística) — com uma pitada do Oriente — mostrou-se de muito bom gosto. Na arte bizantina, muito incentivada por Justiniano, o cristianismo manifestou seu distinto estilo oriental. O mundo físico e familiar da experiência humana estava subordinado ao mundo transcendental e celeste. Além disso, nenhuma obra tornou o céu mais real do que o templo da igreja situado no centro do império.

Quando Justiniano reconstruiu a igreja constantina de Santa Sofia, *Hagia Sophia*, e a consagrou no ano 538, exclamou que havia superado Salomão em seu feito. A cúpula, diziam os contemporâneos, suspensa por uma corrente dourada do céu, era um elo na hierarquia que se elevava do finito para o infinito e descendia do Criador para a criatura. Ela parecia inescrutável como o céu. Seus mosaicos resplandeciam com brilho ofuscante. Neles, Constantino e Justiniano estavam retratados; um oferecendo à mãe de Deus um modelo de Constantinopla, a nova Roma, e o outro, um modelo da Igreja de Santa Sofia.

A ligação com Constantino era proposital, pois Justiniano havia trazido os planos daquele à conclusão lógica e, por sua vez, acabou por definir o curso futuro da Ortodoxia Oriental.

Justiniano nunca fez distinção entre a tradição do Estado Romano e o cristianismo, pois se considerava totalmente imperador romano e totalmente imperador cristão, e a fonte de toda a sua teoria residia na união do Império e da religião cristã. Ele definia a missão do imperador piedoso da seguinte maneira: "manter a fé cristã em sua pureza e proteger a Santa Igreja Católica Apostólica de qualquer perturbação".

Justiniano sempre se considerou servo de Deus e realizador de sua vontade, e considerava o império um instrumento do plano divino no mundo. O império havia se colocado irrevogavelmente sob o símbolo da

170 HISTÓRIA DO CRISTIANISMO

cruz, assim, seu propósito era proteger e difundir o cristianismo entre os homens. Como podemos perceber, as mudanças em relação aos primórdios da fé eram notáveis.

A Igreja primitiva considerava-se um corpo, um organismo vivo, um novo povo completamente incompatível com outros povos ou outra comunidade natural. Teoricamente, todos os homens do império eram chamados à comunhão e poderiam se tornar membros desse corpo, mas, mesmo assim, o mundo não se tornaria a Igreja porque, na família de Deus e por meio dela, os homens têm comunhão com outro mundo, outra vida, uma que virá em glória somente após o fim desta era.

Na doutrina bizantina oficial, entretanto, o Estado era comparado a um corpo, mas não nesse sentido cristão antigo, tampouco porque todas as pessoas do império haviam se tornado membros genuínos da Igreja. Na verdade, a figura do corpo imperial surgiu do pensamento pagão. O próprio Estado era concebido como uma comunidade estabelecida por Deus e compreendia todas as áreas da vida do homem, mas o representante visível de Deus dentro dele, que realizava sua vontade e distribuía suas bênçãos, era o imperador. Assim, os antigos limites da Igreja foram gradualmente apagados, e a comunidade cristã fundiu-se cada vez mais à sociedade bizantina como um todo.

Na teoria de Justiniano, a Igreja quase se dissolve na sociedade cristã. Certamente, qualquer percepção de que a Igreja é radicalmente alheia ao mundo e ao império desaparece, de uma vez por todas, no pensamento estatal.

O frágil equilíbrio de elementos importantes no cristianismo oriental foi facilmente perturbado, e o poder do imperador cristão, a preocupação do Estado com a pureza da doutrina e a crença popular nos ícones como janelas para o mundo invisível ruíram em uma violenta desordem durante a famosa (ou infame) controvérsia iconoclasta.

O CONFLITO DOS ÍCONES

Na superfície desse conflito, que se prolongou por mais de um século, o desacordo era quanto ao uso dos ícones, porém, em um nível mais profundo, a discórdia dizia respeito aos objetos que eram sagrados ou santos o suficiente para merecer adoração. Alguns afirmavam que o clero cristão é separado pela ordenação; portanto, é santo, e os templos são separados pela dedicação; logo, são santos. Os mártires e os heróis da fé são separados por seus atos e, por essa razão, são normalmente chamados de *santos*. Mas será que eles não merecem a mesma reverência do clero?

A partir do sexto século, a Igreja e o governo imperial incentivaram tanto o desenvolvimento da fabricação de imagens cristãs quanto a reverência a santos monásticos. O que eles não perceberam foi que a multiplicação descontrolada de imagens e de homens beatificados faria o povo limitar sua devoção cristã a santuários e a figuras locais, uma vez que os cristãos comuns talvez falhassem em distinguir entre o objeto santo ou a pessoa santa e a realidade espiritual que eles representavam, caindo em idolatria.

Esse tipo de idolatria teve seus precedentes. Na Roma antiga, a imagem do imperador era reverenciada como se o próprio imperador estivesse presente, e, mesmo depois que os imperadores se tornaram cristãos, o ícone imperial continuou aparecendo em acampamentos militares, tribunais e lugares importantes nas principais cidades. Além disso, as moedas também exibiam a imagem do imperador como marca de autenticidade.

Durante o governo de Justiniano, o imperador erigiu uma estátua enorme de Cristo sobre o portão principal, o "Portão de Bronze" do palácio imperial em Constantinopla. No final do sexto século, imagens de Maria ou de Cristo já haviam substituído o ícone imperial em vários contextos, e, com o tempo, a imagem deste último apareceu no reverso das moedas.

No início do oitavo século, entretanto, o imperador Leão III (de 717 a 741) atacou o uso de imagens, possivelmente motivado por uma noção do delito do império. O cristianismo ensinava que Deus punia os filhos de Israel por causa da idolatria, então, é bem provável que as derrotas e perdas humilhantes do século anterior, bem como o terrível terremoto no início do reinado de Leão, tivessem a intenção de trazer "o novo povo escolhido de Deus" à sensatez. Seja como for, antes do final do sétimo século, um sentimento contra os ícones desenvolveu-se e espalhou-se pelo império.

Após repelir com êxito os exércitos muçulmanos em seu segundo grande ataque contra Constantinopla (de 717 a 718), Leão III pela primeira vez declarou abertamente sua oposição às imagens. Uma multidão furiosa assassinou o oficial enviado para substituir a imagem de Cristo por uma cruz sobre o Portão de Bronze e, além disso, setores inteiros do império rebelaram-se energicamente. Os mosaicos foram arrancados das paredes; as imagens, pintadas com cal. Leão, então, garantiu a saída do patriarca de Constantinopla e a consagração de um novo patriarca que favorecesse seus próprios pontos de vista.

Os iconoclastas (ou destruidores de imagens) queriam substituir os ícones religiosos pelos símbolos cristãos tradicionais da cruz, do Livro (Bíblia) e dos elementos da ceia, e insistiam que apenas esses objetos deveriam ser considerados santos. Além disso, apenas clérigos ordenados e templos consagrados tinham algum tipo de santidade.

Segundo a explicação de Harlie Kay Gallatin sobre a crise, os monges e os ascetas, juntamente com um público analfabeto, apoiavam os ícones; os monges, contudo, não os defendiam totalmente, embora alguns mosteiros fabricassem e vendessem imagens. Uma defesa consistente deles veio de uma fonte distante:

> João Mansour (c. de 730-760), em um longínquo mosteiro na Palestina sob controle dos árabes, formulou as ideias que acabaram sendo utilizadas para

justificar as imagens religiosas. Mansour, mais conhecido como João Damasceno (Damasco, seu local de nascimento), foi o maior teólogo do oitavo século e hoje é reconhecido pelas igrejas ortodoxas como o último grande mestre da Igreja primitiva, os chamados Pais da Igreja.

João explicou que nenhuma imagem tinha a mesma essência do original; ela meramente o imitava. O único valor do ícone é servir como cópia e lembrança do original. Seu argumento baseia-se no conceito de Platão de que tudo o que percebemos neste mundo é, na verdade, uma imitação da "forma" eterna e original que só pode ser conhecida pela alma no mundo imaterial.

Negar, como fazem os iconoclastas, que qualquer ícone verdadeiro poderia representar Cristo era negar a possibilidade da Encarnação. Embora fosse errado adorar uma imagem, a presença de um ícone de Cristo poderia instruir e auxiliar o fiel na adoração do verdadeiro Cristo; por esse motivo, as imagens devem ser honradas e veneradas da mesma forma que a Bíblia ou o símbolo da cruz.

Assim, João abriu espaço para a aceitação das imagens de Maria, dos apóstolos, dos santos e até dos anjos, contudo, as imagens em si eram apenas lembretes para ajudar os fiéis no devido respeito e na devida reverência.

A história posterior da controvérsia iconoclasta é longa e complicada. Com a ajuda do patriarca Tarásio (784-806), o sétimo concílio geral de 350 bispos finalmente se reuniu em Niceia em 787, e acabou por condenar todo o movimento iconoclasta e apoiar a posição apresentada por João Damasceno.

No entanto, a iconoclastia não foi eliminada com tanta facilidade — na Ásia menor e na classe militar as tendências iconoclastas continuaram muito fortes —, mas, à medida que o nono século avançava, o calor da controvérsia diminuiu. Um sínodo convocado no ano 843, destituiu João Gramático, elegeu Metódio como patriarca, condenou todos os iconoclastas e confirmou as decisões do sétimo concílio. As igrejas ortodoxas atuais ainda celebram o primeiro domingo da Quaresma anualmente como a Festa da Ortodoxia em comemoração ao triunfo dos ícones.

ORIENTE CONTRA OCIDENTE

Ao longo desses anos de majestade de Justiniano e do conflito iconoclasta, as diferenças aumentaram entre a Igreja Ortodoxa no Oriente e a Igreja Católica no Ocidente. As doutrinas e práticas das duas partes da Igreja cristã distanciaram-se lentamente: protestavam contra acréscimos ao Credo, insistiam em diferentes práticas para a Quaresma e discordavam quanto ao tipo de pão utilizado na Eucaristia. Diante de suas diferentes culturas e histórias, dois líderes ambiciosos eram o suficiente para dividir permanentemente as igrejas.

Em 1054, o papa Leão IX enviou a Constantinopla o incitador cardeal Humberto, com propostas já destinadas a falhar e insultar. O imperador tinha interesse em cooperar com o Ocidente, mas o patriarca de Constantinopla, Miguel Cerulário, retribuiu a intolerância de Humberto e humilhou o grupo enviado pelo papa. Humberto, então, deixou uma bula de excomunhão no altar da Igreja de Santa Sofia durante o culto.

Com o tempo, as perdas militares, bem como as heresias, minaram o grande império de Constantino e de Justiniano, e hordas de bárbaros foram seguidas pela propagação do islamismo. No final da Idade Média, os territórios originais da Ortodoxia grega foram reduzidos ao oeste da Turquia, aos Balcãs e ao Chipre; no ano 1453, a própria cidade de Constantino foi tomada pelos turcos islâmicos. Após onze séculos, o império cristão original estava acabando, e os cristãos tornaram-se minoria em uma comunidade governada por muçulmanos; sem um imperador para os liderar, eles buscavam orientação política no patriarca e, por esse motivo, os muçulmanos tendiam a considerá-lo o porta-voz da comunidade cristã.

Hoje, do vasto império conduzido ao cristianismo por Constantino, somente a Grécia e metade de Chipre continuam sendo ortodoxos gregos. No entanto, o cristianismo ortodoxo havia encontrado uma nova área de

174 HISTÓRIA DO CRISTIANISMO

expansão. Apesar das pressões da Europa católica romana no oeste e do islamismo no leste, um corredor estreito permaneceu aberto para o norte; com isso, Boris, rei dos búlgaros, converteu-se no nono século, e Vladimir, grande príncipe de Kiev e de toda a Rússia, no décimo século.

A magnificência deslumbrante de Constantinopla e a liturgia inspiradora conquistaram os enviados de Vladimir, os quais foram encarregados de investigar a fé cristã na nova Roma.

Após participarem de cultos na grande Igreja de Santa Sofia, os mensageiros relataram ao mestre: "Não sabemos se estávamos no céu ou na terra, pois certamente não há tamanho esplendor ou beleza em qualquer outro lugar do planeta. Não somos capazes de descrever; sabemos apenas que Deus habita ali entre os homens e que o culto deles supera qualquer outro. Nunca mais nos esqueceremos daquela maravilha".

Ao longo dos anos, a Rússia se apropriou das glórias estéticas do cristianismo ortodoxo e, aos poucos, Moscou passou a liderar o mundo ortodoxo. Desenvolveu-se uma teoria de que, na Itália, havia existido uma Roma tomada pelos bárbaros e pela heresia do catolicismo romano; depois, uma segunda Roma, Constantinopla; e, quando esta caiu nas mãos dos turcos, passou a haver uma terceira Roma: Moscou. O imperador tomou seu título da primeira Roma — czar é a mesma palavra que césar — e sua religião, da segunda.

Mesmo nas últimas décadas, o Kremlin permanece como um lembrete do passado rico e inspirador. Além disso, as cúpulas da antiga glória da Ortodoxia ainda existem e apontam para o céu.

Leitura sugerida

- BENZ, Ernst. *The Eastern Orthodox Church: Its Thought and Life* [A igreja ortodoxa oriental: seu pensamento e sua existência]. Garden City, NY: Doubleday, 1957.

- CLENDENIN, Daniel B. *Eastern Orthodox Christianity: A Western Perspective*. 2 ed [Cristianismo ortodoxo oriental: uma perspectiva ocidental]. Grand Rapids: Baker, 2003.

- FAIRBAIRN, Donald, *Eastern Orthodoxy through Western Eyes* [Ortodoxia Oriental através dos olhos ocidentais]. Louisville: Westminster John Knox Press, 2002.

- PELIKAN, Jaroslav. *The Spirit of Eastern Christendom (600-1700)* [O espírito da cristandade ocidental (600-1700)]. Chicago: University of Chicago Press, 1974.

- WARE, Timothy. *The Orthodox Church* [A igreja ortodoxa]. Baltimore: Penguin, 1963.

CAPÍTULO 16

Prostrando vencedores

Missão aos bárbaros

AS DENSAS FLORESTAS DA EUROPA SETENTRIONAL eram habitadas por tribos bárbaras que sacrificavam animais e adoravam espíritos da natureza em meio a árvores e riachos, portanto, qualquer missionário que se aventurasse por ali com esperanças de conseguir conversões precisava demonstrar o poder superior dos "espíritos" cristãos.

O episódio mais conhecido foi o de um missionário do oitavo século chamado Bonifácio, que foi até um santuário na Germânia — a floresta sagrada de Thor, o deus do trovão —, onde o objeto de adoração era um carvalho maciço. Bonifácio, conta a lenda, brandiu o machado sobre ele e, assim que desferiu o primeiro golpe, um poderoso sopro vindo de Deus derrubou a árvore. Os pagãos ficaram maravilhados e converteram-se; Bonifácio, por sua vez, usou a madeira na construção de uma capela dedicada a São Pedro.

Foi esse tipo de acontecimento que tornou a Europa cristã. Os monges missionários destruíam a magia dos bárbaros invocando poderes superiores: Deus soprava, e a árvore caía. Um milagre aqui, uma batalha vitoriosa ali, e os germanos já estavam prontos para o batismo.

A questão é que o cristianismo enfrentou um novo e enorme desafio quando as tribos germânicas varreram a fronteira ao longo dos rios Reno e Danúbio, deixando o poderoso império dos romanos em total desordem. Entretanto, a civilização que surgiu nessas ruínas era cristã em essência, pois os invasores renunciaram não a suas armas, mas a seus deuses.

Aqui, surgem algumas questões: Como os bárbaros aceitaram a capela dedicada a São Pedro no local onde o carvalho sagrado de Thor ficava? Por que os germanos passaram a adorar o Deus de seus inimigos derrotados em batalha?

VINDA DOS BÁRBAROS

O ano de 476, marca, em geral, o fim do Império Romano cristão no ocidente, pois foi nesse ano que a longa linhagem de imperadores inaugurada por Augusto (de 27 a.C. a 14 d.C.) terminou e que o domínio explícito dos líderes germanos começou.

O acontecimento foi comum, como qualquer outro, e os soldados mercenários que exerciam o poder real em nome do imperador já eram predominantemente germanos, ou seja, germanos estavam matando germanos.

Em 475, Orestes, o comandante bárbaro das tropas imperiais, obrigou o senado a colocar seu filho adolescente, Rômulo Augusto (o pequeno Augusto), como imperador no Ocidente. No ano seguinte, porém, outro comandante germânico, Odoacro, assassinou Orestes e, não vendo razão para continuar a farsa de uma linhagem imperial, depôs Rômulo Augusto e autoproclamou-se líder do governo. Foi assim, e ninguém ficou muito chocado, pois tudo já havia acontecido em uma geração anterior com Alarico, Genserico e Átila.

Quem eram esses novos donos da Europa? Os romanos os haviam chamado de "bárbaros" porque, nos contatos iniciais, eles não falavam grego ou latim, mas a maior parte era composta por tribos do norte, originalmente da Escandinávia ou de regiões próximas: vândalos, francos, anglos, saxões, godos, lombardos, burgúndios, entre outros.

Quando no terceiro século começaram a causar problemas aos romanos, eles estavam no estágio cultural intermediário entre uma economia pastoril e uma economia agrícola. Dedicavam-se tão pouco ao comércio que a posse de gado, em vez do dinheiro, era o que distinguia os ricos dos demais.

De acordo com o historiador romano Tácito, os germanos eram conhecidos como beberrões e apostadores. Em contrapartida, Tácito elogia-os pela coragem, pelo respeito às mulheres e pela não sujeição a muitos vícios romanos. Uma diversão muito apreciada por eles era ouvir os trovadores tribais recitando contos antigos de heróis e deuses. Os contos foram perdidos há muito tempo, mas o dia dedicado ao deus Thor foi conservado na palavra inglesa *Thursday* (quinta-feira), e o nome de outro deus, *Wodin* (Odin), em *Wednesday* (quarta-feira).

Os germanos viviam para lutar, por isso cada chefe guerreiro tinha um séquito de soldados ligados ao líder por um juramento pessoal de lealdade. De acordo com Tácito, o guerreiro que saísse vivo de uma batalha na qual o chefe tivesse morrido era destinado à infâmia eterna, pois "Os chefes lutam pela vitória; seus companheiros, pelo chefe".

Durante os séculos em que romanos e germanos estiveram face a face na fronteira Reno-Danúbio, houve inúmeros contatos entre eles, tanto pacíficos quanto hostis, tanto que o comércio romano chegou à Germânia, e os germanos entravam no império na condição de escravos. Durante o conturbado terceiro século, muitos bárbaros foram convidados a estabelecer-se em terras desocupadas do império ou a servir em legiões romanas e, assim, ao final do quarto século, o exército romano e seus generais no ocidente eram quase totalmente germânicos.

A crise das invasões em massa veio com a aparição repentina de uma nova força incontrolável: os hunos. Mais adiante, no quarto século, essa onda de povos asiáticos cruzou o rio Volga e logo subjugou a tribo germânica do extremo leste, os ostrogodos. Aterrorizados pela perspectiva de dominação por parte dos hunos, os visigodos (ou godos do ocidente) suplicaram aos romanos para se estabelecerem dentro do império como aliados e Roma concordou; assim, no ano 376, toda a tribo atravessou o Danúbio rumo ao território romano. Em pouco tempo, entretanto, oficiais romanos corruptos passaram a maltratar os visigodos, o que deixou os orgulhosos bárbaros enfurecidos e os fez partir para a violência. O inepto imperador do leste, Valente, tentou reprimi-los, mas, em 378, perdeu seu exército e a própria vida na batalha de Adrianópolis (na atual Turquia).

Alguns historiadores consideram Adrianópolis uma das batalhas decisivas da história, uma vez que ela destruiu a lenda da invencibilidade das legiões romanas e introduziu um século e meio de caos. Durante alguns anos, o hábil imperador Teodósio I conteve os visigodos, mas, após sua morte, no ano 395, eles começaram a migrar e fazer pilhagens sob a liderança de Alarico, o qual invadiu a Itália em 410, e cujos seguidores saquearam Roma.

Para enfrentar a ameaça de Alarico à Itália, os romanos tinham retirado a maioria de suas tropas da fronteira do Reno em 406, e da Bretanha no ano seguinte, mas isso gerou uma grave consequência: uma enxurrada de tribos germânicas pelas fronteiras indefesas. Os vândalos avançaram pela Gália até a Espanha e, depois da pressão dos visigodos, partiram para a África. No ano 455, uma incursão vândala partiu da África pelo mar, saqueando Roma pela segunda vez.

Enquanto isso, os burgúndios instalaram-se no vale do Ródano; os francos espalharam-se aos poucos pelo Norte da Gália; e os anglos, saxões e jutos invadiram a Bretanha. Embora cada uma dessas várias tribos tenha estabelecido um reino de domínio germânico dentro dos limites do império, apenas os francos na Gália e os anglos e saxões na Bretanha conseguiram perpetuar seus reinos por mais do que alguns poucos séculos.

Hoje, podemos ver que as invasões germânicas não foram uma catástrofe como se pensava, pois, embora os invasores tenham se apoderado de uma grande porção de terras, a maioria delas estava abandonada ou pertencia aos imperadores — ou seja, poucos proprietários foram desalojados. Na maior parte das regiões, os germanos ainda representavam a minoria da população, e deu-se início a um processo de miscigenação e gradual fusão cultural e por vínculo de sangue entre os dois povos. Assim, com o tempo, os bárbaros perderam os costumes, a religião e a fala germânicos.

HISTÓRIA DO CRISTIANISMO

Por isso restam poucos traços das línguas germânicas na Itália, na França e na Espanha.

MISSÕES AO NORTE

A tarefa de converter esses povos do norte era enorme. Fazê-los aderir nominalmente ao cristianismo não era tão difícil, pois eles queriam fazer parte do esplendor de Roma e, aos seus olhos, o cristianismo era a religião romana. No entanto, domar, refinar e educar esses povos, transmitir-lhes o melhor da cultura da antiguidade, ensinar-lhes o credo cristão e, acima de tudo, infundir-lhes um grau módico de conduta cristã era algo completamente diferente.

Os bárbaros foram levados ao cristianismo ortodoxo de duas maneiras: diretamente do paganismo e indiretamente por meio do arianismo, uma heresia que negava a eternidade de Jesus Cristo como Filho de Deus. A doutrina de Ário disseminou-se no quarto século entre eles a partir do momento em que o arianismo era forte no império. Esse arianismo, entretanto, era mais eclesiástico do que teológico, pois os germanos não estavam interessados nas sutilezas da teologia abstrata. Para eles, Cristo era a primeira criatura, e a tendência era considerá-lo um chefe guerreiro glorificado. No entanto, a principal diferença entre os arianos e os ortodoxos do Ocidente residia na estrutura da igreja, uma vez que aqueles não tinham um centro eclesiástico e não reconheciam a Roma ortodoxa, mas também não tinham uma contraparte própria e suas igrejas pertenciam ao clã. Mesmo após a conversão desses germanos arianos à Ortodoxia, eles ainda relutavam em aceitar a centralização em Roma.

Aparentemente, a influência ariana começou com obras missionárias entre os visigodos. Meio século após o Concílio de Niceia (325), um missionário chamado Úlfilas (ou Wulfila) cruzou o Danúbio para trabalhar com esse povo por quarenta anos e, auxiliado por outros missionários desconhecidos, conduziu-os à fé em Cristo conforme a pregação de Ário. Essa conversão dos godos deve ter sido algo mais do que uma rendição às pressões sociais, pois sabemos que Úlfilas inclusive traduziu a Bíblia para o idioma gótico, com exceção dos livros dos Reis, os quais considerou belicosos demais para a edificação de um povo que, por natureza, já era extremamente violento e guerreiro. A partir dos godos, então, o cristianismo ariano espalhou-se para outras tribos germânicas.

Alguns dos primeiros povos do norte a aceitar Cristo estavam além das fronteiras do império e não eram germanos. O povo irlandês era celta, e sua conversão é associada a Patrício no início do quinto século. Com base em sua breve autobiografia, sabemos que, quando as legiões romanas foram retiradas para a defesa do continente, os irlandeses — na época chamados escotos — começaram a atacar a costa inglesa, a navegar pelos rios e a levar despojos e escravos, entre os quais estava Patrício. O santo padroeiro da

Irlanda, portanto, não era irlandês! Ele havia sido criado como cristão. Seu pai era diácono, mas Patrício não levou a religião muito a sério até que, certo dia, enquanto cuidava dos porcos, orou com fervor suplicando por liberdade. Sua conversão data desse cativeiro. "O Senhor abriu-me os olhos para minha incredulidade", disse ele, que, após seis anos, conseguiu escapar e dirigiu-se para a costa, onde um navio com cães de caça estava prestes a partir para a França ou Escócia — não sabemos ao certo. As histórias sobre suas viagens para a França talvez sejam pura fantasia, mas temos conhecimento de que ele estava ávido por ver sua família e que, depois de muitas dificuldades, voltou para casa.

Ele teria permanecido na Inglaterra de bom grado se não tivesse sonhado, certa noite, com bebês irlandeses implorando-lhe que voltasse ao país deles e lhes contasse sobre Cristo. Patrício decidiu voltar, mas primeiro teve de aprender mais sobre o cristianismo. Após um longo tempo, foi enviado — alguns dizem que com a aprovação do papa — como missionário ao povo em meio ao qual havia sido escravo um dia.

Nesse ponto, o relato termina; a partir dele, temos apenas lendas. Sabemos, contudo, que, no século seguinte, a estrutura da igreja na Irlanda era predominantemente monástica. Pelo jeito, a comunidade monástica, mantendo-se no campo, encaixava-se melhor nas comunidades agrícolas dos celtas do que no sistema paroquial, tão comum no império romano.

Também sabemos que a Irlanda tornou-se a base para a evangelização na Bretanha. Os irlandeses tinham o hábito de deixar a Irlanda, e os monges missionários não eram exceção. Como vimos, havia igrejas cristãs na Bretanha antes de Patrício, mas, um século depois de sua época, um monge irlandês chamado Columba liderou a fundação de um mosteiro em Iona, uma ilha na costa da Escócia, o qual, por sua vez, deu um novo impulso vital para a pregação de Cristo na Bretanha.

Surpreendentemente, os monges celtas da Irlanda e da Bretanha também se tornaram missionários no continente, e seus pés incansáveis os levaram para cada vez mais longe de casa. Eles fundaram mosteiros na Germânia, Suíça e até no norte da Itália, os quais se tornaram centros de evangelização e aprendizagem religiosa. Columbano é o grande nome nessa missão, embora tenha sido somente um entre tantos; já São Galo e Bobbio foram dois dos mais conhecidos mosteiros celtas. Isso, porém, foi antes de os bispos de Roma receberem reconhecimento geral como papas, porque, depois disso, essa influência celta no continente e o espírito independente dos monges irlandeses e britânicos transformaram-se, com o tempo, em um fator perturbador para o cristianismo romano.

O EVANGELHO ENTRE OS FRANCOS

A influência católica romana começou na porção norte da Gália, em meio aos francos, a única tribo destinada à grandeza na formação da Europa cristã. O fundador da nação era Clóvis (481-511), o primeiro chefe bárbaro importante a se converter ao cristianismo ortodoxo — isso aconteceu porque ele era casado com uma princesa da Borgonha que era cristã. Clotilde frequentemente falava com Clóvis sobre o único Deus que havia criado o céu e a terra do nada e formado o homem, ao que este, porém, respondia: "Bobagem!" Quando seu primeiro filho nasceu, ele permitiu que fosse batizado, no entanto, o bebê morreu em seu traje de batismo. Clóvis culpou o batismo, mas Clotilde alegrou-se porque Deus havia levado a alma da criança diretamente para o céu, para a glória eterna.

Nasceu-lhe outro filho, que foi batizado e adoeceu. Clóvis então disse que o batismo o mataria também, mas a mãe orou, e o menino se recuperou. Mais tarde, durante a batalha contra a tribo dos alamanos, Clóvis estava sofrendo uma terrível derrota e clamou: "Jesus Cristo, Clotilde diz que és o Filho do Deus vivo, que podes dar a vitória àqueles que esperam em ti. Dá-me a vitória e serei batizado. Confiei em meus deuses, mas eles me abandonaram. Clamo a ti. Salva-me". O rei dos alamanos foi morto e seu exército fugiu, e Clóvis, então, retornou e contou à esposa Clotilde o que havia acontecido.

Ela convocou o bispo de Reims, que exortou o rei a renunciar seus deuses. "Sim, santo padre", respondeu Clóvis, "mas meu povo não consentirá. Falarei com ele mesmo assim". Ele o fez e, por unanimidade, o povo renunciou aos deuses germânicos. O batistério estava decorado com tapeçarias e velas aromáticas, e a fragrância do incenso enchia o santuário com perfume de tal modo que muitos pensavam estar em meio aos odores do paraíso. Clóvis avançou em direção à fonte batismal como fizera Constantino, e o bispo ordenou: "Curve-se. Adore o que queimava e queime o que adorava". Assim, o rei foi batizado em nome do Pai, do Filho e do Espírito Santo, e três mil homens de seu exército foram batizados em seguida.

Essa primeira de muitas conversões em massa durante a Idade Média suscita questões importantes acerca da paganização do cristianismo. As missões podem proceder de duas maneiras: uma é a *conversão individual*, com um período de instrução anterior ao batismo. Em geral, esse é o método usado pelas missões protestantes dos movimentos evangélicos no século XIX, com ênfase na mudança de atitude pessoal, mas tinha a desvantagem de os convertidos em uma cultura pagã serem, em razão de sua mudança na fé, arrancados de sua própria cultura e compelidos a ingressar em um enclave estrangeiro.

Outro método é a *conversão em massa*, que converteu a Europa. Reis como Clóvis abraçavam a fé, e seus povos os seguiam tanto no aspecto espiritual quanto no material. Isso significava que os convertidos não eram desarraigados de sua cultura; pelo contrário, traziam suas superstições e condutas para dentro da Igreja.

Esse fato fica claro em muitos exemplos, começando pelo próprio Clóvis, para quem Jesus era um deus de guerra tribal. Os francos admiravam particularmente o apóstolo Pedro, cuja façanha mais nobre aos seus olhos havia sido a prontidão em empunhar a espada para proteger o Senhor Jesus e cortar a orelha do servo do sumo sacerdote. Tal admiração por uma religião militante também é refletida em São Jorge, o santo militar que se tornou padroeiro da Inglaterra, e no apóstolo Tiago, o padroeiro da Espanha cristã na luta contra o islamismo.

É muito possível que os santos, com suas atribuições especiais, tenham significado mais para o povo do que o próprio Cristo. Santo Antônio cuidava dos porcos; São Galo tomava conta das galinhas; Santa Apolônia, cuja mandíbula havia sido quebrada durante uma perseguição, curava dor de dente; Santa Genoveva aliviava febre; São Brás era responsável por sarar gargantas inflamadas. Para quase todas as necessidades humanas, os germanos superficialmente convertidos encontravam um santo.

Muitas histórias circulavam sobre os poderes milagrosos dos santos, e uma delas falava sobre dois mendigos; um coxo e um cego. Eles haviam entrado, sem querer, no meio de uma procissão que carregava as relíquias de São Martinho e ficaram com medo de ser curados e, assim, serem privados de suas esmolas. O mendigo que podia enxergar montou sobre os ombros do colega que podia andar e eles tentaram fugir do alcance dos poderes milagrosos do santo — mas, infelizmente, não conseguiram.

TRANSIÇÃO PARA A INGLATERRA

Apesar do impacto superficial do evangelho em meio aos francos, a conversão deles proveu uma passagem pela Gália até a Grã-Bretanha. A invasão da Bretanha pelos anglo-saxões (ou ingleses) causou hostilidades tão intensas que a evangelização de germanos por bretões era impensável. A iniciativa para a conversão dos ingleses veio de Roma. No ano de 596, o papa Gregório Magno (de 596 a 604) enviou um grupo de monges beneditinos à distante e bárbara Inglaterra sob a liderança de Agostinho — outro Agostinho, que se tornaria conhecido como Santo Agostinho de Cantuária.

Agostinho e seus monges começaram o ministério em Kent, uma das doze áreas controladas pelos invasores anglo-saxões da Inglaterra. Sob a proteção de Berta, outra rainha cristã que ansiava pela conversão do marido pagão, Agostinho conseguiu uma audiência com o rei Etelberto, contanto que fosse do lado de fora, onde Agostinho estaria menos apto a exercer seus poderes mágicos, pois corriam rumores de que ele era capaz de fazer crescer cauda naqueles que o desagradavam. O rei foi persuadido por Agostinho a ponto de oferecer-lhe terras para a fundação de um mosteiro em Cantuária, que, daquele momento em diante, passou a ser a sede do líder religioso inglês. Gregório nomeou Agostinho como o primeiro arcebispo de Cantuária.

Os missionários que seguiram Agostinho atuaram mais ao norte. Na época do rei Oswy, no final do sétimo século, duas iniciativas missionárias

182 HISTÓRIA DO CRISTIANISMO

convergiram: os seguidores celtas de Columba, que avançavam para o sul, e os seguidores de Agostinho, que avançavam para o norte. A rainha, esposa de Oswy, era do sul e seguia as práticas romanas, mas Oswy recebera suas crenças cristãs do norte e observava a tradição celta. Um dos motivos de controvérsia era a data da Páscoa, pois, quando o rei já havia terminado a Quaresma e estava celebrando a Páscoa, a rainha e seus familiares ainda estavam jejuando, o que era suficiente para arruinar a Páscoa de qualquer família!

No sínodo de Whitby, no ano 664, Oswy tomou uma decisão quanto ao assunto: o defensor celta recorreu à autoridade de Columba, ao passo que os romanos citavam o apóstolo Pedro, a quem Cristo dera as chaves. "É verdade? Pedro guarda as portas do paraíso?", perguntou Oswy ao defensor celta, o qual naturalmente confirmou. Oswy achou por bem não se indispor com aquele que controla as portas do céu e concordou em seguir as práticas romanas. Depois de Whitby, as Ilhas Britânicas alinharam-se rigidamente aos padrões de Roma.

Uma vez enraizado com segurança na Inglaterra anglo-saxônica, o cristianismo retornou ao continente com vigor renovado. O missionário britânico mais famoso da Idade Média foi Vinfrido, mais conhecido como Bonifácio. Nascido em Devonshire, ele foi comissionado pelo papa Gregório II, em 729, a evangelizar a Germânia, sendo sua primeira tarefa a de converter a população pagã, na qual obteve grande êxito. Além disso, ele colocou os monges missionários britânicos e irlandeses, bem como seus convertidos, em contato mais próximo com o bispo de Roma.

Bonifácio dedicou-se profundamente à causa e não somente derrubou o carvalho sagrado enquanto uma multidão atônita aguardava que ele fosse morto por um trovão vindo do céu, como também levou muitas pessoas à fé e organizou as jurisdições onde exercia poder de modo a deixar uma estrutura eclesiástica firmemente ligada à autoridade central de Roma.

Bonifácio tornou-se o arcebispo de Mogúncia, onde teria terminado em paz sua esplêndida carreira se não fossem inquietações pelo fracasso de seus esforços iniciais na Frísia (Países Baixos), que o levaram de volta àquela área ainda pagã, onde ele selou sua fé com o martírio. Se isso realmente ocorreu no ano de 754, como geralmente se supõe, o jovem príncipe franco Carlos, destinado a se tornar o imperador Carlos Magno e o arquiteto de uma nova Europa cristã, tinha então doze anos de idade.

Leitura sugerida

- DAVIS, R. H. C. *A History of Medieval Europe* [História da Europa Medieval]. Londres: Longmans, 1957.

- DEANESLEY, Margaret. *A History of the Medieval Church 590-1500* [História da Igreja medieval: 590-1500]. Londres: Methuen, 1969.

- NEILL, Stephen. *A History of Christian Missions* [História das missões cristãs] Middlesex: Penguin, 1964.

- PIRENNE, Henri. *A History of Europe from the Invasions to the XVI Century.* [História da Europa desde as invasões até o século XVI]. Nova York: Murray Printing Company, 1938.

- *SOUTHERN, R. W. *Church and Society in the Middle Ages* [Igreja e sociedade na Idade Média]. New Haven, CT: Yale University Press, 1992.

Idade Média Cristã
590 a 1517 d.C.

A EUROPA DEVE MAIS À FÉ CRISTÃ do que a maioria das pessoas imagina, pois, quando os bárbaros destruíram o Império Romano no Ocidente, foi a Igreja cristã que formou uma nova ordem chamada Europa. A Igreja assumiu a posição de liderança por três vias: a lei, a busca do conhecimento e as expressões de cultura. O que unia império e Igreja era o conceito de cristandade. Esse processo começou sob o governo de Carlos Magno no oitavo século, mas os papas foram, aos poucos, assumindo cada vez mais poder até que Inocêncio III (1198-1216) ensinou a Europa a considerá-los governantes mundiais. Nos séculos posteriores, entretanto, papas foram corrompidos pelo poder, e reformadores militantes entraram em cena clamando por mudança.

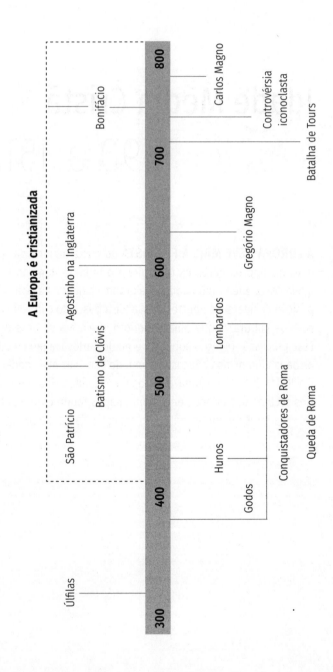

CAPÍTULO 17

Cônsul de Deus

Gregório Magno

NO INÍCIO DE 590, ROMA AGONIZAVA. Depois de ter enfrentado tragédias como inundações e as atrocidades da guerra, a cidade agora era castigada pela propagação implacável da peste. As pessoas dificilmente apresentavam outros sintomas além de um pouco de dor de garganta; depois, vinham as erupções negras e, por fim, a morte súbita. Amontoavam-se corpos nas carroças. O povo estava enlouquecendo. Roma tornou-se um deserto, e o próprio papa, Pelágio II, morreu gritando de desespero.

Por um período de seis meses, nenhum papa governou na basílica de São Pedro e, quando os líderes da Igreja decidiram eleger um monge chamado Gregório, ele recusou o cargo, chegando a fugir da cidade e esconder-se na floresta; porém, foi encontrado e arrastado de volta para Roma. Após notificar Constantinopla, os oficiais consagraram-no como sucessor de São Pedro no dia 3 de setembro de 590.

Gregório era um candidato muito improvável para a grandeza, até porque, aos cinquenta anos, já frágil e parcialmente calvo, ele não ambicionava o papado e queixava-se de ser "tão sofrido que mal podia falar"; no entanto, começou sua administração com um ato público de humilhação porque a praga havia ceifado a vida de seu antecessor. Sete procissões percorreram as ruas durante três dias; orações foram recitadas; hinos foram entoados, mas tudo isso foi em vão para o momento, e a praga continuou a assolar a cidade até que, por misericórdia, ela pareceu ceder.

Uma lenda posterior associa o fim da calamidade à ação de Gregório e narra o aparecimento do arcanjo Miguel guardando sua espada na bainha sobre o mausoléu do imperador Adriano. Desde essa época, os romanos passaram a chamá-lo de castelo de Santo Ângelo e o adornaram com a estátua de um anjo — os turistas ainda podem encontrá-lo às margens do Tibre.

Roma era um símbolo do continente. Aquilo a que agora chamamos Europa surgiu como uma fênix das cinzas de um império devastado e,

188 HISTÓRIA DO CRISTIANISMO

mais do que qualquer outra força, foi o cristianismo que trouxe vida e ordem ao caos.

Mas a pergunta é: Como? O que o cristianismo fez com a devastação de modo a edificar uma nova ordem chamada Europa cristã?

O LUGAR DE GREGÓRIO NA HISTÓRIA

A Igreja alistou os monges celtas e os beneditinos para servir em uma milícia espiritual destinada a ganhar os bárbaros à fé cristã. Ela buscava no papado uma estrutura estável para uma nova forma de vida e, visando manter um contexto de significado espiritual, lia e transmitia os ideais da teologia de Agostinho. Nesse sentido, nenhum homem dominava tais instrumentos melhor do que Gregório.

Em seu livro *Regra pastoral*, Gregório salientou que o líder espiritual nunca deve estar tão absorvido em cuidados exteriores a ponto de esquecer a vida interior da alma, tampouco deve negligenciar coisas exteriores no cuidado da vida interior. "Nosso Senhor permaneceu em oração no monte", escreveu Gregório, "mas operou milagres nas cidades, mostrando aos pastores que, enquanto aspiram por coisas mais elevadas, eles devem envolver-se em solidariedade com as necessidades dos enfermos. Quanto mais graciosamente a caridade se rebaixar, mais vigorosamente retornará para o alto." As palavras eram autobiográficas.

Quando Gregório morreu, no ano 604, esgotado após trinta anos de orações nos montes e milagres nas cidades, seu epitáfio declarou-o "Cônsul de Deus", uma descrição especialmente adequada ao homem que havia se empenhado ao máximo para ser exclusivamente de Deus enquanto governava a Igreja e o mundo como um estadista romano, o último da sua linhagem.

Pouco tempo após sua morte, as igrejas passaram a denominá-lo "Gregório Magno" e, com o tempo, a Igreja Católica acrescentou seu nome aos de Agostinho, Ambrósio e Jerônimo ao falar sobre os "Pais latinos da Igreja". Apenas em termos de competência intelectual, Gregório provavelmente não pertencia a esse grupo, contudo, ele apresentava grande capacidade executiva e intensa compaixão pelas necessidades humanas. E se bondade é o tipo mais elevado de grandeza, então a Igreja agiu bem em conferir-lhe o título de "Magno", e sem dúvida nenhum outro homem ou mulher representa melhor o início da Idade Média. Gregório nasceu em cerca de 540, em uma antiga e rica família senatorial de Roma e foi educado para servir ao governo. Dificilmente ele poderia ter entrado para as páginas da história em um momento pior. Durante sua infância, Roma mudou de liderança várias vezes. Ele tinha catorze anos em 554, quando Narses tornou-se vice-rei da Itália no governo do imperador Justiniano em Constantinopla. Depois, com o fim do domínio visigodo sobre a Itália, alguns breves anos de paz se passaram antes de os selvagens lombardos começarem sua campanha de incendiar igrejas, assassinar bispos, roubar mosteiros e reduzir a desertos campos cultivados. Estava claro que Roma não era mais a metrópole que Ambrósio e Agostinho haviam conhecido; na verdade, a cidade dos césares estava rapidamente se tornando a cidade dos papas, e foi o destino de Gregório surgir bem na hora da transição.

De repente, aos 33 anos de idade, Gregório tomou conhecimento de que o imperador Justino o havia nomeado prefeito de Roma, a mais alta posição civil na cidade e no território adjacente, o que significava que toda a economia de Roma — o fornecimento de grãos, o programa de assistência aos pobres, a construção de edifícios, termas, sistemas de esgoto e canais — repousava sobre os ombros de Gregório. Para deixar o fardo ainda mais pesado, sua nomeação, em 573, aconteceu justo no momento em que o papa e Narses morreram.

Gregório, entretanto, nunca se sentiu confortável com poderes mundanos; ele preferia a solidão de uma célula monástica. Depois de alguns anos, renunciou ao cargo público e rompeu com o mundo e, após a morte do pai, gastou a maior parte de sua riqueza pessoal com a fundação de sete mosteiros. Ele distribuiu o restante assistindo os pobres; em seguida, abandonou todos os traços de prestígio e transformou o palácio de seu pai em um mosteiro dedicado a Santo André. Gregório trocou a toga púrpura pelo manto rústico dos monges e começou a viver com extraordinária ascese, comendo apenas frutas e vegetais crus, orando durante a maior parte da noite, vestindo camisas de cilício e lançando-se às numerosas tarefas de um beneditino. Ele nunca fora uma pessoa forte e, agora, os jejuns incessantes danificaram seu sistema digestivo provocando nele complicações cardíacas, mas, mesmo assim, Gregório considerou esses anos os mais felizes de sua vida.

Os dons de Gregório, entretanto, não conseguiram permanecer ocultos. Em 579, o papa Pelágio II fez dele um dos sete diáconos da Igreja Romana e enviou-o como embaixador à corte imperial em Constantinopla, uma vez que sua formação política e capacidade executiva habilitavam-no de modo especial para o posto. Ele retornou em 585, e foi nomeado abade de seu convento, Santo André, mas permaneceu disponível para assuntos públicos importantes.

Gregório estava completamente satisfeito em ser um abade, e é provável que teria continuado a buscar as coisas do alto se a terrível praga não tivesse varrido a cidade e ceifado a vida do papa Pelágio II (579-590).

RECONSTRUINDO UM MUNDO DESTRUÍDO

Logo após a eleição de Gregório, os lombardos sitiaram Roma, e o novo papa foi forçado a abreviar sua pregação sobre Ezequiel: "Sou obrigado a cessar minha exposição, pois estou cansado da vida. Quem pode esperar que eu me dedique à sagrada eloquência agora que a minha harpa está se transformando em pranto e meu discurso, na voz daqueles que choram?"

Toda a Europa ocidental estava em caos, e até mesmo os homens sérios, dentre eles Gregório, acreditavam que o fim do mundo estava às portas. "O que, neste momento", pergunta ele em um de seus sermões, "poderia nos alegrar neste mundo? Em toda parte, vemos tribulação; em toda parte, ouvimos lamentação. As cidades são destruídas, os castelos são demolidos, os campos são devastados, a terra é desolada. Os povoados estão vazios, poucos habitantes permanecem nas cidades; e até mesmo esses infelizes remanescentes da humanidade são diariamente ceifados. O flagelo da justiça celestial não cessa porque não há qualquer arrependimento. Vemos como alguns são levados para o cativeiro; outros, mutilados; outros, mortos. O que, irmãos, pode nos deixar satisfeitos com esta vida? Se amamos tal mundo, amamos não nossas alegrias, mas nossas dores."

A igreja de Roma sobreviveu a esses ataques, sendo praticamente o único vestígio de civilização organizada que restou no Ocidente e, embora considerasse sua elevação ao papado como um castigo, Gregório imediatamente se lançou à luta pela ordem em meio ao caos.

Ele escreveu cartas urgentes para os administradores de suas propriedades na Sicília: "Você me enviou um pangaré e cinco bons jumentos: o pangaré é imprestável para montar, e eu simplesmente não posso montar em jumentos porque são jumentos". Gregório começou também uma vasta troca de correspondência com seus bispos: "Você evidentemente não prestou atenção à minha última carta".

Além disso, estabeleceu os princípios para o ministério cristão em sua *Regra pastoral*: "Aquele que, pela necessidade de sua posição, precisar falar de coisas elevadas, é impelido pela mesma necessidade a exemplificá-las".

O prestígio do papado na Idade Média advém, em grande parte, do governo prático mantido por Gregório ao longo dessa época conturbada. Ele estava sempre ocupado e nada parecia ser grande ou pequeno demais para seu cuidado pessoal. Seus esforços são ainda mais impressionantes ao considerar-se que ele sofria de péssimas condições de saúde e, muitas vezes, ficava confinado à cama. "Já faz muito tempo", escreveu a um amigo em 601, "que não posso levantar da cama. Sou afligido por dores de gota; uma espécie de fogo parece atravessar todo o meu corpo. Viver dói, e estou ansioso pela morte, o único remédio." Em outra carta, ele diz: "Estou morrendo diariamente, mas nunca morro".

Durante a época de Gregório, a igreja de Roma controlava extensos territórios nos arredores, na região da biqueira e do salto da Itália e na Sicília, os quais eram chamados de "patrimônio de São Pedro". Levando-se em conta essas propriedades — algo em torno de 4.650 quilômetros quadrados —, a Igreja era a maior proprietária de terras na Itália. Portanto, como era de se esperar, quando os lombardos invadiram a Itália central, destruindo a administração imperial, oficiais do patrimônio intervieram para alimentar a população e recolher os impostos das terras, assim como os funcionários imperiais costumavam fazer. O líder desse sistema de impostos e assistência era Gregório.

Além disso, quando os ataques lombardos se aproximaram de Roma, Gregório assumiu a defesa da Itália central, nomeando um governador militar e estabelecendo a paz com dois líderes lombardos. Como consequência, após 595, o papa era mais importante na política com os lombardos do que qualquer representante imperial.

Essa participação no destino político da Itália tornou-se um elemento significativo para o papado nos séculos seguintes. Depois de Gregório, o papa já não era apenas um líder cristão; ele era também uma figura importante na política europeia: o cônsul de Deus.

A liderança vigorosa de Gregório ampliou a autoridade do papado, e um confronto significativo com o patriarca de Constantinopla revela sua visão a respeito do cargo. Em suas cartas, João IV, o patriarca, utilizou várias vezes o título *bispo universal* em relação a si mesmo, que era um título honorífico, conferido aos patriarcas pelos imperadores Leão e Justiniano, e confirmado a João e seus sucessores por um sínodo de Constantinopla em 588.

No entanto, Gregório sentiu-se provocado e irritado pela pretensão de seu rival no Oriente e fez todo o possível para que o título fosse revogado. Em sua opinião, o título era uma usurpação insensata, arrogante, profana, perniciosa, pestífera, blasfema e diabólica, e comparava a Lúcifer todos os que o usavam. Ele ameaçou interromper a comunhão com o patriarca e recorreu ao imperador para punir tamanha presunção.

Em oposição a esses títulos ostentosos, Gregório chamava a si mesmo simplesmente de "servo dos servos de Deus", o que acabou se tornando um dos títulos permanentes dos papas, embora soe irônico quando associado a pretensões posteriores tão extravagantes. Certa vez, determinado clérigo dirigiu-se ao próprio Gregório como papa universal, e este repudiou o título com todas as forças, dizendo: "Eu já disse que nem em relação a mim nem a qualquer outra pessoa se deve escrever algo do gênero. Fora com palavras que inflam o orgulho e ferem a caridade!"

Todavia, embora Gregório protestasse contra títulos ostentosos, ele reivindicava e exercia — sempre que tinha a oportunidade e o poder — o controle de toda a Igreja de Cristo. Não admira, portanto, que seus sucessores utilizassem, sem quaisquer escrúpulos, títulos ainda mais arrogantes do que aquele contra o qual ele tão solenemente protestara com o alerta: "Deus resiste aos soberbos, mas dá graça aos humildes".

Para Gregório, o orgulho era um vício que o perseguia implacavelmente. Ele falava muito a respeito, e era nítido que estava obcecado com o assunto; além disso, enxergava o orgulho em todas as suas formas. Em seu comentário sobre Jó chamado *Moralia*, o pecado é analisado de todos os ângulos: "O orgulho, a que chamamos de raiz dos vícios, longe de estar satisfeito com a

HISTÓRIA DO CRISTIANISMO

extinção de uma única virtude, levanta-se contra todos os membros da alma e, como uma doença universal e mortal, corrompe o corpo inteiro".

É claro que o próprio Gregório padecia dessa doença. Todo o frenesi, as cartas urgentes enviadas continuamente por toda a cristandade, a determinação de nunca descansar sequer por um momento — tudo isso parece brotar do conhecimento de seu próprio orgulho, do desejo desesperado de enfrentar o mal e subjugá-lo. Essa luta vitalícia estava em perfeita harmonia com sua dedicação ao monasticismo.

ESTADISTA MISSIONÁRIO

Com Gregório, o monasticismo ascendeu pela primeira vez ao trono papal, pois ele deu prosseguimento à austera simplicidade de vida monástica, cercou-se de monges, promoveu-os a bispos e legados, confirmou a regra de São Bento em um concílio de Roma, garantiu a liberdade e a propriedade dos conventos e, por meio de seu exemplo e influência, prestou um serviço elevado à vida monástica.

Circulava uma história — provavelmente parte realidade e parte ficção — de que Gregório, antes de assumir o papado, encontrou três garotos ingleses à venda no mercado romano e sentiu-se imediatamente atraído a eles.

— Que infelicidade! — exclamou — Rostos tão luzentes sendo escravos de trevas interiores. Tão belos, porém com a mente enferma e desprovida da graça de Deus.

Então, perguntou ao dono dos escravos sua procedência.

— São anglos — respondeu ao homem.

— Sim, de fato — prosseguiu Gregório — eles têm a aparência de anjos e devem ser coerdeiros dos anjos no céu. De qual província vêm?

— De Deira — disse o proprietário, mencionando o antigo nome do atual condado de Nortumberlândia.

— De Deira? Então devem realmente ser salvos da ira de Deus (*dei ira*) e chamados à misericórdia de Cristo. Quem é o rei deles?

— Aella.

— Então, — disse Gregório — um Aleluia deve ser entoado na terra de Aella.

Gregório tentou ir para a Inglaterra na condição de monge missionário, mas foi impedido por Deus e pelo papa. Porém, uma vez ocupando o trono papal, ele enviou o beneditino Agostinho e quarenta monges para replantar o evangelho em solo inglês. O sucesso desta missão em Kent, como vimos, oferece um elo direto entre todo o cristianismo anglo-americano e a Igreja primitiva.

DEFENSOR DA ORTODOXIA

Gregório não só almejava promover a fé em lugares distantes, como também levava a sério seu chamado como defensor da ortodoxia. Seus mestres

CÔNSUL DE DEUS **193**

na fé eram Ambrósio, Agostinho e Jerônimo, mas ele não tinha as mesmas capacidades intelectuais desses homens. Ele não contribuiu com novas ideias nem assinalou o início de qualquer era na teologia, contudo, formulou a fé comum de sua época e entregou-a para a Igreja Católica da Idade Média. Essa fé incluía não apenas os pronunciamentos oficiais dos concílios e os ensinamentos dos Pais, mas também as percepções da população analfabeta, ainda que, muitas vezes, grosseiras, supersticiosas e, em alguns pontos, até mesmo pagãs. A esse volume, ele acrescentou o peso de sua autoridade e, como consequência, o material tornou-se parte integrante da fé da Igreja ocidental, de teólogos e bispos e de monges e leigos. Por esse motivo, é impossível acompanhar o pensamento da Idade Média sem a orientação de Gregório.

Em sua doutrina do homem, Gregório salientou que a queda de Adão afetou todos os seus descendentes, enfraquecendo — mas não destruindo — sua liberdade de escolha. Assim, quando é tocado pela graça, ele pode cooperar com ela e obter mérito para si por meio de boas obras, que são o produto da graça divina em conjunto com a vontade humana.

No batismo, Deus concede graça perdoadora livremente sem qualquer mérito humano, mas, para os pecados cometidos depois do batismo, é preciso fazer expiação por meio de penitência, que é simplesmente uma forma de punição infligida pelo próprio homem em vez de Deus: "Em alguns momentos, o próprio homem pune o pecado em si mesmo com a penitência; em outros, Deus, vingando-se do pecado, destrói-o". A penitência envolve arrependimento, o qual deve ser sincero e de coração, bem como confissão e obras meritórias.

As obras meritórias, sem as quais a penitência não está completa, são atos que envolvem sacrifício ou sofrimento, tais como caridade, práticas ascéticas e orações em todas as horas do dia. Quanto maiores forem os pecados, mais é preciso fazer para compensá-los e mais cuidado se deve ter para evitá-los no futuro. Somente após a morte é que as pessoas descobriam se haviam feito o suficiente para expiá-los.

Felizmente, os pecadores contam com a ajuda dos santos. A crença na intercessão dos santos e o costume de recorrer à influência que eles têm sobre Cristo não se originaram em Gregório; tanto a crença quanto o costume eram muito mais antigos do que ele. Contudo, ele os enfatizou e os tornou centrais para a piedade cristã. "Eis", escreveu, "que Jesus, o juiz severo, está prestes a vir; o terror daquele poderoso concílio de anjos e arcanjos está às portas. Nessa assembleia, nosso caso será julgado, mas, apesar disso, não estamos buscando patronos para defender-nos naquele momento. Os santos mártires estão prontos para ser nossos advogados; eles desejam ser conjurados e, se assim posso dizer, estão rogando para que roguemos a eles. Devemos buscá-los para que nos auxiliem na oração; voltemo-nos para eles a fim de que nos defendam em nossa culpa."

194 HISTÓRIA DO CRISTIANISMO

Outro auxílio à devoção eram as relíquias sagradas. Gregório encorajava a coleção e a veneração de restos sagrados dos santos e mártires — madeixas de cabelo, unhas, dedos, peças de vestuário — e ensinava (e a maioria dos contemporâneos acreditava) que esses itens possuíam grandes poderes, incluindo o de autodefesa.

E, caso os santos e as relíquias não fossem suficientes para alcançar a justiça nesta vida, os pecados ainda poderiam ser expiados no purgatório. Esse é um lugar de purificação e sofrimento destinado não àqueles que morrem com graves ofensas ainda imputadas, mas àqueles que ainda estão em processo de justificação. No momento da morte, os que são perfeitamente santos vão direto para o céu, e os ímpios, para o inferno; já os de caráter intermediário, que cometeram pecados menores e por eles ainda não fizeram penitência, passam um tempo no purgatório.

Certamente, porém, o milagre supremo e chave para todas as outras expressões do poder divino era a Santa Eucaristia. De acordo com Gregório, a Eucaristia é a comunhão com Cristo, cujo corpo e sangue estão realmente presentes no pão e no vinho; sendo assim, ao ingeri-los, nutrimos e fortalecemos nossa vida espiritual.

O maravilhoso poder da Eucaristia, entretanto, reside em seu caráter sacrificial. O sacerdote oferece-a pelos pecados dos homens — não, porém, como a morte de Cristo na cruz, que foi oferecida pelos pecados de todos os homens, mas pelos pecados dos participantes ou daqueles em cujo benefício ela é especificamente oferecida. Para eles, ela tem o mesmo efeito da penitência, assumindo o lugar de certa quantidade de sofrimento que teriam de enfrentar por causa de seus pecados. Ela pode beneficiar tanto os mortos quanto os vivos; no caso dos mortos, somente os que estão no purgatório, não no inferno, isto é, quando oferecida para alguém no purgatório, ela abrevia sua permanência ali.

Um dos melhores exemplos da crença de Gregório no poder da missa sagrada encontra-se em sua obra *Diálogos*. Embora o incidente seja um pouco longo, ele serve de imagem reveladora para a piedade medieval. Após narrar a morte de um de seus monges, que havia sido considerado culpado de ajuntar dinheiro às escondidas e foi severamente punido, Gregório escreve,

> Trinta dias mais tarde, comecei a sentir intensa compaixão pelo falecido Justo. Ao considerar, com profunda angústia, a punição que ele estava enfrentando, pensei em uma forma de aliviar seu sofrimento. Com isso em mente, chamei Precioso, o preposto, e disse-lhe com tristeza: "Justo está sofrendo os tormentos do fogo já há um longo tempo, e devemos mostrar-lhe caridade ajudando-o o quanto for possível para que seja liberto. A partir de hoje, ofereça o santo Sacrifício por sua alma durante trinta dias consecutivos. Nenhum desses dias deve passar sem que uma Missa seja celebrada por sua libertação". O preposto obedeceu às instruções e se foi.

CÔNSUL DE DEUS **195**

Dias se passaram e, ocupando-me com outras questões, perdi a noção do tempo. Certa noite, Justo apareceu a seu irmão Copioso, o qual lhe perguntou por que viera e como estava. "Até este momento estive em tormento", disse ele, "mas agora estou bem, pois, nesta manhã, recebi a comunhão."

Copioso apressou-se a contar as boas novas aos monges, os quais, ao fazer a conta exata dos dias, descobriram que aquele era o trigésimo dia consecutivo de missa. Antes disso, Copioso não soubera que os irmãos estiveram oferecendo missas para Justo, nem sabiam os irmãos que Copioso falara com ele em uma visão. Assim, no instante em que tomaram consciência do que havia acontecido, perceberam que a visão e a conclusão das trinta missas haviam ocorrido ao mesmo tempo. Agora estavam convencidos de que o irmão falecido fora liberto do castigo graças ao sacrifício da missa.

A doutrina foi amplamente aceita na Igreja ocidental a partir da época de Gregório e ajudou a conferir o tom peculiar do cristianismo na Idade Média.

Leitura sugerida

- DEANESLY, Margaret. *A History of the Medieval Church 590-1500* [História da igreja medieval 590-1500]. Londres: Methuen, 1969.

- DUCKETT, Eleanor Shipley. *The Gateway to the Middle Ages: Monasticism* [A porta de entrada para a Idade Média: monasticismo]. Ann Arbor: University of Michigan Press, 1961.

- GONTARD, Friedrich. *The Chair of Peter* [A cadeira de Pedro]. Nova York: Holt, Rinehart, and Winston, 1964.

- *KARDONG, Terrence G. *Together Unto Life Everlasting: An Introduction to the Rule of Benedict* [Juntos na vida eterna: uma introdução à regra de Benedito]. Richardton, ND: Assumption Abbey, 1984.

- *MARKUS, Robert A. *Gregory the Great and His World* [Gregório Magno e seu mundo]. Cambridge: Cambridge University Press, 1997.

- ZIMMERMAN, Odo John (trad.). *Saint Gregory the Great: Dialogues* [Santo Gregório Magno: diálogos]. Nova York: Fathers of the Church, 1959.

CAPÍTULO 18

A busca por unidade
Carlos Magno e a cristandade

A DATA ERA 25 DE ABRIL DE 799, dia de São Marcos, um dia habitual de arrependimento e oração. Naquele ano, entretanto, os fiéis haviam sido assolados por acidentes e graves danos agrícolas. Por esse motivo, o papa Leão III (795-816) liderou uma procissão em Roma pedindo a bênção de Deus para os campos e a colheita.

A procissão saiu da Igreja de Latrão e marchou pelo centro da cidade até a Igreja de São Pedro, mas, ao virar a esquina no mosteiro de Santo Estêvão e São Silvestre, homens armados correram em direção ao papa, expulsaram os participantes, puxaram Leão do cavalo e o levaram rapidamente para um mosteiro grego.

Tratava-se de um motim liderado por oficiais e dignitários leais ao papa anterior, Adriano I. Perjúrio e adultério eram algumas das acusações feitas contra Leão. Quando escureceu, defensores do papa conseguiram resgatá-lo e trazê-lo de volta à Igreja de São Pedro, no entanto, as brigas constantes nas ruas convenceram Leão de que ele precisava de ajuda externa. Por isso, ele resolveu apelar ao protetor tradicional do papado; o rei dos francos, Carlos Magno.

No ano seguinte, Carlos cruzou os Alpes com um exército preparado para resolver o problema do papa de uma vez por todas. Em dezembro, o rei presidiu uma grande assembleia de bispos, nobres, diplomatas, membros da família real e rebeldes: em 23 de dezembro, o papa, segurando o evangelho em sua mão repleta de anéis, fez um juramento isentando-se das acusações que haviam sido feitas contra ele. Com isso, os motins diminuíram, mas o palco estava montado para um acontecimento ainda mais importante.

No dia de Natal, Carlos dirigiu-se à Igreja de São Pedro com uma grande comitiva para o culto. Leão entoou a missa, e Carlos orou ajoelhado em frente à cripta do apóstolo. O papa aproximou-se do rei dos francos e, em suas mãos, estava uma coroa de ouro. Leão colocou-a sobre a cabeça de Carlos enquanto a congregação clamava: "Vida longa e vitória a Carlos, piedosíssimo augusto coroado por Deus e grande imperador da paz!" O papa prostrou-se. Carlos Magno, rei dos francos, havia restaurado o Império Romano cristão.

Os tempos modernos são marcados pela ideia de Estados soberanos e autônomos sem filiação religiosa alguma e pelo conceito de Igreja como uma associação voluntária à parte do restante da sociedade organizada. No entanto, nenhuma dessas ideias existia na Idade Média.

Baseando-se na perspectiva de Agostinho em *A cidade de Deus*, Carlos Magno inseriu o conceito cristão de uma Igreja Católica universal na visão romana tradicional de império e deu ao mundo medieval a cristandade, uma sociedade unificada que mesclava preocupações religiosas (ou eternas) e questões terrenas (ou temporais).

Mas a pergunta é: Como isso aconteceu? Como o reino que Jesus afirmara "não ser do mundo" poderia tornar-se parte tão integrante do poder terreno?

A resposta reside na persistência de uma ideia e na ascensão de um reino poderoso.

AS IDEIAS MORREM LENTAMENTE

Séculos após sua destruição pelos bárbaros, o Império Romano no Ocidente ainda dominava a imaginação dos homens. Os bárbaros tinham muitos reinos, que estavam sempre em guerra uns com os outros, contudo, os homens ansiavam pela unidade que outrora marcara o Império e aguardavam ansiosamente pelo dia em que um novo Império Romano surgiria. Assim como os gregos acreditavam que Roma tinha dado lugar a Constantinopla, o povo romano e seus vizinhos germanos achavam que o império ressurgiria novamente entre eles.

Na mistura de povos e culturas romanas e germânicas, os francos se destacaram e pareciam estar destinados a restaurar a autoridade imperial. Clóvis, com o apoio ativo da Igreja Católica, havia transformado o reino dos francos em uma potência dominante em relação às demais tribos germânicas.

Após a morte de Clóvis, entretanto, sua dinastia começou a decair por fraqueza interna. A prática germânica de tratar o reino como propriedade pessoal e dividi-lo entre os filhos do rei resultou em constantes e intensas guerras civis, pois os herdeiros reais tramavam assassinatos e tornaram-se adeptos de intriga e traição.

Ao mesmo tempo, surgia um novo centro de poder composto por aristocratas latifundiários, que recebiam cada vez mais autoridade. Dentre esses poderosos proprietários de terra, um ascendeu ao posto de figura mais influente no reino e passou a ser chamado de "prefeito do palácio".

Um novo dia raiou para o reino dos francos em 714, quando Carlos Martel, avô de Carlos Magno, tornou-se prefeito do palácio. Martel permitiu que os reis merovíngios mantivessem seu direito ao trono, mas eles eram

198   HISTÓRIA DO CRISTIANISMO

meras figuras decorativas, pois o poder verdadeiro estava nas mãos do prefeito do palácio.

Muitos se lembram de Carlos por sua vitória sobre os invasores muçulmanos da Europa, triunfo que lhe conferiu o sobrenome Martel, "martelo". Em 711, um exército muçulmano do Norte da África tinha invadido a Espanha e, em 718, o fraco reino dos visigodos havia desmoronado. Com a maior parte da península sob seu controle, os muçulmanos começaram a fazer incursões pelas montanhas dos Pirenéus. Em 732, Carlos Martel confrontou-os perto de Tours, já bem no interior do reino franco, e causou-lhes grandes danos; durante a noite, os mulçumanos se retiraram em direção à Espanha e nunca mais representaram uma ameaça significativa para a Europa central.

O filho de Carlos Martel, Pepino, o Breve (741-768), foi um sucessor digno de seu pai. Ele achou, contudo, que havia chegado a hora de legalizar o poder régio exercido pelos prefeitos do palácio e, assim, recorreu ao apoio do papa para que este emitisse uma sentença estipulando que quem tivesse o poder efetivo deveria ser o governante legal — e conseguiu o que queria. Com a bênção papal, Bonifácio, o grande missionário inglês em meio aos germanos, coroou Pepino como rei dos francos em 751. O último merovíngio foi discretamente confinado em um mosteiro. Três anos mais tarde, o papa abençoou este golpe de estado atravessando os Alpes e ungindo pessoalmente Pepino, à moda do Antigo Testamento, como o escolhido do Senhor.

Conforme explica um historiador, por trás da ação do papa estava sua necessidade de um protetor poderoso. Em 751, os lombardos haviam conquistado o território imperial em Ravena, a sede do governo bizantino na Itália, e estavam exigindo tributos do papa e ameaçando tomar Roma. Após a coroação de Pepino, o papa obteve sua promessa de intervenção armada na Itália e seu compromisso de dar ao papado o território de Ravena assim que fosse conquistado. Em 756, um exército franco forçou o rei lombardo a entregar suas conquistas, e Pepino oficialmente concedeu o território de Ravena ao papa. Conhecido como "doação de Pepino", o presente colocou o papa na posição temporária de governante dos Estados Papais, uma faixa territorial que se estendia diagonalmente pela Itália, de costa a costa — Pedro recuperou sua espada.

Essa aliança entre os francos e o papado afetou o curso da política europeia e do cristianismo por séculos. Ela acelerou a separação entre a Igreja latina e a Igreja grega concedendo ao papado um aliado ocidental confiável no lugar dos bizantinos, até então seus únicos protetores contra os lombardos; além disso, ela criou os Estados Papais, que desempenharam um papel importante na política italiana até o final do século XIX; e, por meio da unção ritual, conferiu à realeza ocidental uma sanção religiosa que, com o tempo, contribuiria para a rivalidade entre o papa e o imperador.

A BUSCA POR UNIDADE **199**

Faltava apenas um passo significativo para a restauração do Império cristão no Ocidente, o qual foi dado com a ascensão do ilustre filho de Pepino, Carlos, o qual hoje é conhecido como Carlos Magno.

Quando sucedeu seu pai, no ano 768, Carlos tinha a mente fixa em conquistar três objetivos: poder militar para aniquilar seus inimigos; poder religioso para direcionar a alma do povo; e poder intelectual para instruir tanto almas quanto mentes. O êxito de Carlos Magno nessas áreas tornou a Europa — a nova ordem política — nominalmente cristã por mil anos, para o bem ou para o mal.

ARQUITETO DE UM IMPÉRIO

Einhard, em sua famosa biografia de Carlos Magno, retratou o rei como um líder por natureza: alto, forte e um excelente cavaleiro sempre à frente nas caças. Ainda que fosse, acima de tudo, um rei guerreiro bem-sucedido, liderando seus exércitos em campanhas anuais, Carlos Magno também buscava uma administração eficaz para o reino.

Quatro regiões foram anexadas com êxito ao seu reino por poder militar. Primeiro, a fronteira sul. Tirando proveito de rixas entre os muçulmanos na Espanha, Carlos Magno procurou estender a cristandade àquelas terras e, no ano 778, cruzou os Pirenéus, mas com pouco sucesso. Em expedições posteriores, contudo, ele expulsou os muçulmanos para o rio Ebro e estabeleceu uma área fronteiriça conhecida como Marca (ou Marcha) Espanhola, centralizada em torno de Barcelona.

Segundo, Carlos Magno conquistou os bávaros e os saxões, as últimas tribos germânicas independentes.

Foram necessárias 32 campanhas para subjugar os saxões, pagãos convictos que viviam entre os rios Elba e Reno. Carlos Magno dividiu a Saxônia em bispados, construiu mosteiros e promulgou leis rígidas contra o paganismo. Comer carne durante a Quaresma, cremar os mortos (uma prática pagã antiga) e fingir o batismo eram infrações puníveis com pena de morte.

Sua brutalidade na conquista e conversão dos saxões foi extrema em todos os sentidos.

Um terceiro local problemático foi a fronteira oriental do reino, constantemente ameaçada pelos eslavos e ávaros, nômades asiáticos aparentados dos hunos. "Em seis campanhas, Carlos Magno dizimou os ávaros e, depois, estabeleceu sua própria província militar no vale do Danúbio para proteger-se de possíveis pilhagens por parte de nômades orientais. Chamada de Marca Oriental, esse território posteriormente se tornou a Áustria."

200 HISTÓRIA DO CRISTIANISMO

Por último, assim como fizera seu pai, Carlos Magno interveio na política italiana. Uma ambição expansionista levou os reis lombardos a invadir novamente os territórios papais. A mando do papa, Carlos Magno derrotou-os em 774, e autoproclamou-se rei deles; além disso, enquanto estava na Itália, fortaleceu a aliança do pai com a Igreja de Roma confirmando a doação de Pepino.

A primeira incursão à Itália foi o prelúdio de outra incursão, no ano 800, que resultou em sua coroação como imperador. O papa precisava de proteção e Carlos Magno, de sanção divina.

Após sua coroação no Natal, Carlos Magno alegou não saber que ela havia sido planejada, porém, fez jus ao título. Em seus despachos, escrevia: "Carlos, pela vontade de Deus, imperador romano, augusto [...] no ano primeiro de nosso consulado". Todos os oficiais, leigos ou eclesiásticos, fizeram-lhe um juramento como césar. Ele enviou embaixadores para abrandar a ira do imperador em Constantinopla e, no ano 812, foi reconhecido pela corte oriental.

A cerimônia na Igreja de São Pedro demonstrou que a memória do Império Romano sobrevivia como uma tradição vital na Europa e que havia um forte desejo de restabelecer a unidade política; no entanto, a coroação também inaugurou uma longa luta entre o império restaurado e o papado.

Na teoria medieval, a Igreja e o Estado eram apenas dois aspectos da cristandade: aquela representava a sociedade cristã organizada para garantir bênçãos espirituais, e este representava a mesma sociedade unida para proteger a justiça e o bem-estar humano. Teoricamente, a Igreja e o Estado estavam em harmonia, ambos com o objetivo de garantir o bem da humanidade.

Na prática, contudo, o papa e o imperador eram concorrentes. A eterna pergunta era: A Igreja deveria governar o Estado ou o Estado deveria controlar a Igreja? Isso foi ilustrado em inúmeros embates, uns grandes e outros pequenos, ao longo de toda a Idade Média. Uma vez que o tempo dependia de eternidade, o partido papal afirmava que o imperador dependia do papa, mas, por Constantino e Carlos Magno terem revelado que Deus também ordenara o Estado cristão, o partido imperial alegava que o imperador era independente do papa; e, se o Santo Padre negligenciasse seu cargo eterno no tempo, o imperador poderia até mesmo corrigi-lo ou controlá-lo.

Durante sua vida, Carlos Magno não deixou dúvidas quanto a quem pertencia a soberania no império e ofereceu à Europa uma figura paterna dominante, tanto que ninguém no reino deixava de responder a ele. Buscando resolver o problema da supervisão de oficiais locais, uma preocupação que perturbava todos os governantes germanos, Carlos Magno emitiu um decreto criando as *missi dominici*, os enviados do rei. Esses oficiais itinerantes viajavam em pares, normalmente um bispo e um nobre, por todo o reino para inspecionar a administração local, o que significava que nem mesmo o papa podia se esconder dos olhos atentos de Carlos.

Carlos Magno também promoveu uma retomada do aprendizado e das artes e seus esforços levaram os historiadores a chamar esse período de "renascimento cultural". Em 789, Carlos Magno decretou que todos os mosteiros deveriam ter uma escola para educar meninos no "canto, aritmética e gramática". Na capital Aachen — ou Aix-la-Chapelle, seu nome em francês —, o imperador patrocinou um palácio-escola para a educação da família real e o estímulo do aprendizado em todo o reino — a vinda de eruditos da Itália e Irlanda promoveram estudos em grego e latim. Alcuíno, um estudioso anglo-saxão responsável pela escola, começou a árdua tarefa de reavivar o aprendizado dando o primeiro passo: redigiu livros de gramática, ortografia, retórica e lógica. Ele exortava seus alunos com as seguintes palavras: "Vocês, jovens, que estão na idade de ler, aprendam! Os anos passam como água. Não desperdicem os dias de aprendizado em ociosidade!"

Poucos historiadores desafiam a pretensão de Carlos Magno à posição elevada de figura decisiva na construção da história mundial. A partir do novo centro no Norte, e não no Mediterrâneo, ele estendeu a civilização cristã pela Europa e, após três séculos de desordem, Carlos Magno restaurou uma medida de lei e ordem. Seu apoio ao saber deixou uma herança cultural para gerações posteriores; além disso, o ideal imperial que ele reviveu continuou como força política na Europa até 1806, quando o Sacro Império Romano foi encerrado por outro imperador autoproclamado, Napoleão Bonaparte.

O DECLÍNIO RUMO AO FEUDALISMO

Infelizmente, o império de Carlos Magno conseguiu apenas uma pequena margem para sua sobrevivência, pois seus territórios eram vastos demais e seus nobres, poderosos demais para permanecerem unidos depois da saída de cena da figura dominadora de seu criador. Sob o governo de seus fracos sucessores, o império desintegrou-se em meio à confusão provocada pelas guerras civis e pelas novas invasões devastadoras. Quando os vikings vindos do norte puseram-se a atacar, as pessoas passaram, cada vez mais, a entregar casas e seus próprios semelhantes aos muitos condes, duques e outros soberanos locais em troca de proteção. Essas condições desintegradoras apresentaram um novo desafio à Igreja e à unidade da Europa, aquilo que chamamos de feudalismo.

O feudalismo consistia em um tipo de governo no qual o poder político era exercido localmente por indivíduos, não por agentes de um Estado centralizado. Um texto conhecido explica o conceito da seguinte maneira: "O feudalismo plenamente desenvolvido era uma fusão de três elementos básicos: (1) o elemento pessoal, chamado de senhorio ou vassalagem, pelo qual um nobre — o vassalo — tornava-se seguidor legal de um nobre superior — o senhor (ou suserano); (2) o elemento de propriedade, chamado feudo (normalmente uma porção de terra), que o vassalo recebia do senhor

202 HISTÓRIA DO CRISTIANISMO

no intuito de cumprir as obrigações da vassalagem; e (3) o elemento governamental, isto é, o exercício privado das funções governamentais sobre vassalos e feudos. As raízes desses três elementos remetiam ao final da época romana e ao início da época germânica".

Um aspecto central do feudalismo era o vínculo pessoal entre o senhor e o vassalo. Na cerimônia conhecida como ato de *homenagem*, o vassalo ajoelhava-se diante do senhor e prometia ser seu "homem"; já no juramento de fidelidade que seguia, o vassalo jurava, sobre a Bíblia ou algum outro objeto sagrado, que permaneceria fiel ao seu senhor. Depois, no ritual da *investidura*, uma lança, uma luva, ou até mesmo um pouco de palha era entregue ao vassalo como símbolo de sua jurisdição (diferente de propriedade) do feudo.

[*Mãos de oração*]

No final do século XI, o ato de o vassalo ajoelhar-se diante do senhor feudal fazia parte da cerimônia. Ele unia as mãos e as estendia; o senhor feudal, então, segurava as mãos do vassalo, levantava-o e o beijava. As mãos unidas e estendidas passaram a ser o símbolo e a postura da oração. ■

O contrato feudal, assim estabelecido por senhor e vassalo, era considerado sagrado e irrevogável para ambas as partes, portanto, romper esse laço de obrigações mútuas era considerado felonia, pois se tratava do vínculo fundamental da sociedade medieval primitiva. O senhor, de sua parte, era obrigado a conferir proteção e justiça ao vassalo; por outro lado, o principal dever do vassalo era o serviço militar, ao qual este devia dedicar quarenta dias de serviço anualmente ao senhor sem receber pagamento.

Sendo a Igreja parte tão importante da vida medieval, ela não podia ficar de fora do sistema feudal. Além do mais, a instabilidade provocada por novos invasores (vikings do norte e magiares da Ásia) obrigou os oficiais da Igreja a manter relações estreitas com o único poder capaz de oferecer-lhe proteção: os barões feudais na França e os reis na Alemanha. Bispos e abades, portanto, tornaram-se vassalos, recebendo feudos pelos quais eram obrigados a oferecer serviços. Todavia, essa fidelidade a senhores mais elevados gerou conflitos incomuns para aqueles bispos que consideravam o papa como o pastor da Igreja por nomeação divina. Nos séculos X e XI, o papa não estava em posição de desafiar ninguém, pois o cargo havia decaído após tornar-se um prêmio visado pelos nobres romanos.

O lado bom foi que, com o tempo, a Igreja buscou influenciar positivamente o comportamento dos barões feudais; assim, além de tentar acrescentar virtudes cristãs ao código de conduta cavalheiresca, chamado de ordem de cavalaria, a Igreja tentou impor limitações à guerra feudal. No século XI, bispos inauguraram os movimentos Paz de Deus e Trégua de Deus. O primeiro bania dos sacramentos todas as pessoas que pilhavam lugares sagrados ou se recusavam a poupar civis, e o segundo determinava "temporadas proibidas" para guerra: do pôr do sol na quarta-feira até o nascer do sol na segunda-feira e determinados períodos mais longos, como a Quaresma. Infelizmente, ambos os movimentos foram, de modo geral, ineficazes.

Somente quando o rei alemão Otto, o Grande, reviveu o Império Romano no ocidente em 962, algum senso de unidade foi restaurado. Com a renovação do império, entretanto, a antiga rivalidade entre Igreja e Estado também reviveu.

> Otto alegava ser sucessor de Augusto, Constantino e Carlos Magno, embora seu poder real fosse limitado à Alemanha e à Itália. No começo, o papado buscou, no rei alemão, proteção contra os incontroláveis nobres italianos que, durante um século, haviam considerado o papado um prêmio. Do ponto de vista da Igreja, porém, esse arranjo tinha seus inconvenientes, pois os reis alemães continuaram a interferir nos assuntos eclesiásticos — até mesmo na eleição dos papas.

Durante o século XI, a controvérsia entre Igreja e Estado girou em torno da investidura leiga. Teoricamente, ao assumir o cargo, os bispos ou abades eram submetidos a duas investiduras: a autoridade espiritual era concedida por um oficial eclesiástico e a autoridade feudal ou civil, pelo rei ou por um nobre. A realidade, entretanto, era que senhores feudais e os reis passaram a controlar tanto a nomeação quanto a investidura de clérigos, prática mais pronunciada na Alemanha, onde controlar a Igreja era a base do poder do rei — a Igreja alemã era, em essência, uma igreja estatal.

COLOCANDO ORDEM NA CASA DE DEUS

A Igreja estava mal preparada para enfrentar reis e imperadores; por esse motivo, precisava se organizar espiritualmente. Esse processo iniciou-se com um avivamento de longo alcance dentro da reformada Ordem Beneditina de Cluny, fundada em 910. Do mosteiro original na Borgonha, um impulso poderoso induziu a reforma da Igreja feudal. O programa cluniacense começou como um movimento voltado para a reforma monástica, mas, com o tempo, passou a exigir o cumprimento do celibato clerical e a abolição da simonia, a compra e venda de cargos eclesiásticos. (O termo *simonia* vem de Simão Mago, que tentou comprar o dom do Espírito Santo dos apóstolos, Atos 8:9-25.) O objetivo final dos reformadores cluniacenses era libertar a Igreja inteira do controle secular e sujeitá-la à autoridade papal. Cerca de trezentos mosteiros cluniacenses foram libertos do controle leigo e, em 1059 o próprio papado recebeu alforria das interferências

204 HISTÓRIA DO CRISTIANISMO

seculares pela criação do Colégio dos Cardeais, que, a partir de então, passou a eleger os papas.

O homem por trás da reforma do papado era o arquidiácono Hildebrando. Em 1073, ele foi eleito papa e, sob o nome de Gregório VII (de 1073 a 1085), reivindicou poder sem precedentes para o papado. Gregório tinha como ideal a criação de uma comunidade cristã sob o controle papal e, em vez de concordar com a igualdade entre Igreja e Estado, ele insistiu que o poder espiritual era supremo em relação ao temporal. Em 1075, ele proibiu formalmente a investidura leiga e ameaçou excomungar qualquer leigo que a realizasse e qualquer clérigo que se submetesse à prática. Esse ato drástico praticamente declarou guerra contra os governantes da Europa, uma vez que a maioria praticava a investidura leiga, sendo o auge do conflito a desavença de Gregório com o imperador Henrique IV.

O papa acusou Henrique de simonia e investidura leiga ao se declarar arcebispo de Milão e o convocou a comparecer a Roma para explicar sua conduta. A resposta de Henrique foi reunir um sínodo de bispos alemães em 1076, no intuito de declarar Gregório usurpador e inapto a ocupar a Sé Romana: "Portanto, doravante renunciamos, agora e para o futuro, toda obediência a ti". Em retaliação, Gregório excomungou Henrique e o depôs, isentando seus súditos dos juramentos de lealdade.

Por fim, coagido por uma revolta dos nobres alemães a fazer as pazes com o Santo Padre, Henrique apresentou-se diante de Gregório em janeiro de 1077, em Canossa, um castelo nas montanhas da Itália. Em trajes de penitência, o imperador ficou descalço na neve por três dias e implorou por perdão até que Gregório proferiu as palavras: "Nós soltamos a corrente da anátema e enfim o recebemos [...] no seio da Santa Igreja Mãe".

"Essa humilhação dramática do imperador", diz um historiador,

> não resolveu a rixa. Nem mesmo relatos contemporâneos atribuem grande significado ao incidente, pois a penitência pública não era algo raro naqueles dias, sequer para reis. Todavia, o papa progredira no sentido de libertar a Igreja da interferência dos leigos e de aumentar o poder e o prestígio do papado. O problema da investidura leiga foi resolvido em 1122 d.C., pelo acordo conhecido como Concordata de Worms, no qual a Igreja manteve o direito de eleger o titular de um cargo eclesiástico, mas apenas na presença do imperador ou de seu representante.

Papas posteriores pouco acrescentaram às teorias de Gregório com relação ao cargo. Eles, assim como Gregório, insistiam que a sociedade cristã estava organizada sob a liderança do papa, sua cabeça visível, e que ele estava protegido contra todas as possibilidades de erro pela presença de Pedro, perpetuamente presente em seus sucessores, os bispos de Roma.

A BUSCA POR UNIDADE **205**

Muitas das reivindicações de Gregório agora parecem intoleráveis. Todavia, temos de concordar que Gregório e seus poderosos sucessores defenderam dois princípios incontestáveis para os cristãos: (1) Nas lealdades dos homens, o espiritual tem a primazia sobre o secular; e (2) As famílias dos homens podem encontrar a verdadeira unidade somente em Cristo e na obediência à lei de Deus. A sociedade medieval estava longe de ser perfeita, contudo, durante a Idade Média, a Europa tomou uma consciência de unidade muito além dos limites incertos do Sacro Império Romano, e a Igreja atingiu um nível de poder e influência sobre a vida do povo — empregados, na maior parte, de forma proveitosa — tal como nunca teve desde então.

Leitura sugerida

- BALDWIN, Marshall W. *The Mediaeval Church* [A Igreja medieval]. Ithaca, NY: Cornell University Press, 1953.

- BARRACLOUGH, Geoffrey. *The Crucible of Europe* [O crisol da Europa]. Berkeley: University of California Press, 1976.

- BARRACLOUGH, Geoffrey. *The Medieval Papacy* [O papado medieval]. Nova York: Harcourt, Brace & World, 1968.

- FREMANTLE, Anne. *Age of Faith* [A Idade da Fé]. Nova York: Time-Life Books, 1968.

- *LOGAN, Donald. *History of the Church in the Middle Ages* [História da Igreja na Idade Média]. Nova York: Routledge, 2003.

- NOLL, Mark A. *Turning Points: Decisive Moments in the History of Christianity* [Pontos de convergência: momentos decisivos na história do cristianismo]. Grand Rapids: Baker Books, 2000.

- RUSSELL, Jeffrey Burton. *A History of Medieval Christianity: Prophecy and Order* [Uma história do cristianismo medieval: profecia e ordenação]. Arlington Heights, IL: AHM Publishing Corporation, 1968.

- *SOUTHERN, R. W. *Western Society and the Church in the Middle Ages*: *The Penguin History of the Church*. v. 2 [Sociedade ocidental e a igreja na Idade Média. Coleção *The Penguin History of the Church*]. Nova York: Penguin, 1990.

CAPÍTULO 19

Misticamente elevado

O papado e o cruzado

EM PARIS, EM UMA PEQUENA ILHA NO RIO SENA, há uma construção de pedras desgastadas — a catedral gótica de Notre Dame. Dedicada à glória de Deus e à veneração de "Nossa Senhora", esse conhecido santuário reflete uma imagem fascinante da vida e do espírito da Idade Média cristã.

Notre Dame foi erigida de 1163 a 1235, durante alguns dos anos mais marcantes do cristianismo ocidental. Enquanto trabalhadores construíam seus arcobotantes ou instalavam as belas janelas, alunos recostados na Petit Pont, uma ponte que ligava à margem esquerda, trocavam relatos sobre vitórias de cruzados na Terra Santa ou discutiam virtudes teológicas. Alguns desses alunos em breve haveriam de vestir as cores do episcopado, e um deles elevaria o papado ao auge do poder terreno sob o nome de papa Inocêncio III.

Notre Dame foi apenas um sintoma de uma verdadeira febre de construção de igrejas que tomou a Europa naquela época. De 1170 a 1270, mais de quinhentas grandes igrejas foram construídas em estilo gótico só na França. Esse estilo surgiu pela primeira vez na restauração da igreja abacial de São Dênis, perto de Paris. O abade de São Dênis, em Suger, concebeu o projeto e orientou o trabalho de reconstrução de 1137 a 1144. Ele reagiu à restauração em termos raramente superados no louvor ao estilo gótico: "É como se eu estivesse em uma parte estranha do universo, não totalmente na inferioridade da terra nem totalmente na serenidade do céu, mas, pela graça de Deus, eu parecia ter sido misticamente elevado desta esfera mais inferior para a superior".

Elevação. Alcance. Aspiração. Esses são os termos da época. A Idade Média não produziu apenas trevas, como as edificações de centenas de catedrais góticas tão prontamente testificam.

O que os cristãos podem esperar na sociedade humana? Se a vontade de Deus fosse feita na terra assim como no céu, como seria a terra? Cristãos de todas as épocas fizeram essa pergunta, mas nenhuma delas se interessou pelas coisas do alto tanto quanto a chamada Alta Idade Média.

VENHA O TEU REINO

Durante os séculos XII e XIII, o papado conduziu esforços admiráveis para constituir uma sociedade perfeita na terra e a Igreja alcançou poder e majestade incomparáveis. Tal como a catedral gótica, a Igreja medieval apontava para os céus, atraindo tudo o que estava embaixo para a glória de Deus, contudo, assim como as catedrais, o papado buscou o impossível e acabou desmoronando sobre a terra.

Acontecia assim muitas vezes com as igrejas. Os antigos construtores góticos tentavam atingir a maior altura possível com os materiais disponíveis. A catedral de Chartres, por exemplo, equivale à elevação de um arranha-céu de trinta andares, ao passo que a catedral de Estrasburgo, a um prédio de quarenta andares. Muitos desses esforços resultaram em repetidas falhas na construção de igrejas, tanto que, para certo historiador especialista em catedrais, a pergunta que se deve fazer ao guia turístico é: "Quando foi que a torre caiu?"

Ao atingir a maior altura possível, o arquiteto procurava criar a ilusão de elevação. O uso de arcobotantes eliminava as paredes maciças, presentes em igrejas anteriores, e possibilitava pilares mais esguios, esculpidos como se fossem um conjunto de colunas ainda mais finas subindo até o infinito. Até mesmo as formas de santos ou anjos esculpidas nos nichos eram alongadas: o pescoço, os braços e as pernas pareciam subir em direção ao céu.

Essa é provavelmente a melhor maneira de entender o cristianismo ocidental nos séculos XII e XIII. O papado elevou-se sobre a sociedade europeia, ascendendo sobre a glória desvanecente do império, e o surgimento de estados nacionais unificados reduziu o império à sombra de seu antigo poder universal. Os imperadores continuavam denominando-se "imperadores romanos augustos" e dirigindo-se a Roma para a coroação, mas, na prática, eram meros soberanos do agrupamento de reinos e repúblicas municipais que constituíam a Alemanha no final da Idade Média.

O papado, em contrapartida, aproveitando as reformas do papa Gregório VII, emergiu como o cargo mais poderoso na Europa, e o governo do papa era uma monarquia verdadeiramente universal que se revelava cada vez mais centralizadora. Todos os bispos juravam fidelidade ao papa, nenhuma ordem religiosa poderia ser fundada sem a autorização dele, a corte papal em Roma ouvia petições de toda a cristandade e, em cada país, legados de Roma zelavam pela execução das ordens papais.

Nas mãos de uma liderança forte, o papado foi capaz de ofuscar todos os monarcas seculares. Esse líder foi o papa Inocêncio III (1198-1216), um novo tipo de papa-administrador. Ao contrário de Gregório VII e outros papas da reforma, que eram monges, Inocêncio e outros grandes papas dos séculos

208 HISTÓRIA DO CRISTIANISMO

XII e XIII recebiam formação como defensores do cânone, especialistas no governo eclesiástico. Inocêncio assemelhava-se a Gregório VII, mas na visão exaltada que tinha do cargo. "O sucessor de Pedro", ele anunciou, "é o Vigário de Cristo: ele foi estabelecido como mediador entre Deus e o homem; está abaixo de Deus, mas acima do homem; é menos do que Deus, mas é mais do que homem; a todos julgará e por ninguém será julgado."

Inocêncio III disse aos príncipes da Europa que o papado era como o sol, e os reis, como a lua; ou seja, assim como a lua recebe sua luz do sol, os reis recebiam seus poderes do papa. As principais armas do papado para sustentar essa autoridade eram as penalidades espirituais, visto que quase todos acreditavam na existência do céu e do inferno e na administração papal da graça para se alcançar aquele e evitar este.

Assim, a primeira arma do papa para subjugar camponeses e príncipes era a ameaça de excomunhão. Ele tinha autoridade para declarar seu anátema, tornando-os "separados" da Igreja, privados da graça essencial para a salvação. Depois de um bispo ler a solene sentença de excomunhão, tocava-se um sino segundo o costume dos funerais, fechava-se um livro e apagava-se uma vela para simbolizar o desligamento do culpado. Caso entrasse em uma igreja durante a missa, ou o excomungado era expulso ou a missa era interrompida.

Enquanto estivesse excomungado, o indivíduo não podia atuar como juiz, jurado, testemunha ou procurador, não podia exercer a função de guardião ou executor de contratos, tampouco ser uma das partes. Quando morria, não recebia sepultamento cristão e, se por acaso, fosse enterrado em terra consagrada, a Igreja exumava seu corpo e o destruía.

A segunda arma no arsenal do Papa era a interdição, que — diferentemente da excomunhão, que era destinada a indivíduos — era aplicada a nações inteiras e suspendia todo o culto público e, com exceção do batismo e da extrema unção, negava os sacramentos às terras dos governantes desobedientes. O papa Inocêncio III aplicou a interdição, ou ameaçou aplicá-la, 85 vezes contra príncipes recalcitrantes.

O pontífice foi tão bem-sucedido em sua alegação de supremacia temporal e espiritual que muitos estados, tanto grandes quanto pequenos, reconheciam-no formalmente como senhor feudal. Na Inglaterra, o rei João discordou de Inocêncio quanto à eleição do arcebispo da Cantuária, e este colocou a Inglaterra em interdição e excomungou aquele. Sob ataque de seus barões, João cedeu a Inocêncio, tornando-se seu vassalo, recebendo a Inglaterra de volta como feudo e pagando-lhe um tributo anual considerável.

Na França, Inocêncio forçou o rei Filipe Augusto a acatar o código moral da Igreja tomando de volta a rainha de quem se divorciara com o consentimento dos bispos franceses.

E, no Sacro Império Romano (Alemanha), Inocêncio interveio em uma guerra civil entre candidatos rivais ao trono, apoiando primeiro um, depois o outro. No fim, ele garantiu a eleição de seu protegido, o jovem herdeiro Hohenstaufen, Frederico II, que prometeu respeitar os direitos do papa e realizar uma cruzada.

Empunhando essas armas espirituais, Inocêncio e seus sucessores no papado durante o século XIII elevaram o cristianismo ao auge de sua influência política e cultural. Sendo assim, é possível afirmar que não podemos compreender o lugar do papa em nossa própria época sem entender o que se passou nesses anos.

Os sonhos — e delírios — altivos do papado nesse período aparecem de modo predominante nas cruzadas e na escolástica: com as primeiras, o papa alegou poder sobre a santa causa na história e, com a segunda, ele mantinha autoridade sobre as almas dos homens mesmo na eternidade — abordaremos as cruzadas no presente capítulo e examinaremos a escolástica no seguinte.

TOMANDO A CRUZ POR CRISTO

As cruzadas refletiam a nova dinâmica do cristianismo. A religião islâmica havia surgido com as visões e revelações de seu profeta, Maomé, nascido em 570. Aos 25 anos de idade, ele subitamente deixou de ser um cuidador de camelos para supervisionar os negócios de uma viúva rica, a qual ficou impressionada com seu caráter e, embora tivesse quinze anos a mais, logo o pediu em casamento. Apesar de ter tomado para si numerosas mulheres depois, ela foi sua única esposa enquanto viveu.

Aos quarenta anos, Maomé passou períodos extensos em uma caverna para contemplação e meditação; certa vez, ele disse à sua esposa que havia sido visitado por um anjo que lhe dera a ordem de "recitar" e, desse mandamento, veio o Corão, que significa literalmente *recitar*.

No início, ele ficou confuso, mas sua mulher disse que aquilo poderia muito bem ser um chamado de Deus. Ela foi sua primeira seguidora, e, depois, um pequeno grupo de familiares fez o mesmo. Muitos resistiram à sua alegação de ser o porta-voz de Deus, e foi somente após diversas batalhas, discussões e guerras que Maomé conseguiu ganhar uma vasta multidão de seguidores na Arábia.

Nos primeiros cem anos desse movimento árabe, numerosas capitais, como Jerusalém, Damasco e Cairo foram dominadas pelo islamismo, no entanto, a sucessão de Maomé, após sua morte inesperada em 632, tornou-se uma questão grave e desagregadora, uma vez que ele não havia nomeado um sucessor, o que gerou uma luta imediata pela liderança do movimento. Um grupo, os *sunitas*, insistia na eleição do primeiro califa, ao passo que os *xiitas* afirmavam que o sucessor deveria vir da própria linhagem de Maomé, o qual teria sido Ali, seu primo e genro.

Agora, na era da grande catedral, cruzados da Europa ocidental tentavam expulsar os muçulmanos da Terra Santa. Os historiadores atribuem numerosas motivações para os cruzados além do fervor religioso. Será que eles procuravam aventura em terras estrangeiras? Porventura obtinham ganho pessoal ou benefício espiritual? Embora poucos cristãos contemporâneos defendam a ideia das cruzadas ou suas infrações mais graves, não devemos negligenciar uma realidade simples: os cristãos procuravam combater a notável conquista militar do islamismo e preservar suas fortalezas geográficas. No oitavo século, metade de todos os cristãos vivia sob governo islâmico, e todas as grandes e pitorescas personalidades da época estavam envolvidas nessa causa consumidora; de Pedro, o Eremita, que incitou a primeira cruzada, até o rei da França, que inspirou a sexta e a sétima.

Por séculos, peregrinos pacíficos haviam viajado da Europa ao local do nascimento de Cristo para cultuar, e o surgimento e a difusão do islamismo no Oriente Próximo durante o sétimo século não interrompeu esse tráfego. No décimo século, os bispos organizavam peregrinações em massa à Terra Santa, sendo que a maior delas, que partiu da Alemanha em 1065, continha cerca de 7 mil peregrinos.

Durante o século XI, porém, peregrinos cristãos começaram a enfrentar perseguição e, quando os turcos seljúcidas — convertidos fanáticos ao islamismo — chegaram devastando e pilhando o Oriente Próximo, a situação tornou-se particularmente tensa. Os seljúcidas tomaram Jerusalém de seus companheiros muçulmanos e prosseguiram rumo ao norte, à Ásia Menor.

Forças do império oriental tentaram desesperadamente bloquear essa horda invasora, mas, na batalha de Manzikert (1071), os turcos capturaram o imperador e dispersaram seu exército. Dentro de poucos anos, a Ásia Menor — principal fonte de renda e tropas bizantinas — foi tomada, e o imperador escrevia aos príncipes ocidentais e ao papa pedindo mercenários para auxiliar no resgate de territórios perdidos. Além disso, rumores de supostos maus tratos dispensados a peregrinos cristãos por parte dos turcos circulavam por toda a Europa e, embora haja evidências de que essas histórias tenham sido apenas propaganda, elas bastaram para inflamar os espíritos.

Em 1095, após o imperador oriental Aleixo I expedir um apelo urgente, o papa Urbano II proclamou a primeira cruzada para reconquistar a Terra Santa. Em uma pregação no Concílio de Clermont, no sudeste da França, o papa exortou os cristãos a tomar a cruz e a lutar por uma causa que prometia não meras recompensas espirituais, mas ganhos materiais também:

> Pois esta terra em que habitais [...] é demasiado estreita para vossa grande população; ela tampouco abunda em riqueza e mal oferece alimento suficiente para seus cultivadores. Por essa razão, matais e devorais uns aos outros [...]. Trilhai a estrada rumo ao Santo Sepulcro; arrancai esta terra da raça iníqua e sujeitai-a.

Quando Urbano concluiu seu ardente apelo, a multidão bradou: "*Deus Vult!*", que significa "Deus o quer!" Assim, naquela mesma ocasião,

Urbano declarou que *Deus Vult!* seria o grito de guerra da cruzada contra o inimigo muçulmano.

Durante sete séculos, os cristãos tentaram esquecer as cruzadas, mas nem judeus nem muçulmanos permitem que eles o façam. Em nossa geração liberal, no entanto, é fácil considerar toda essa questão sangrenta como um fanatismo religioso inconsequente, deixando de lado o contexto em que ela ocorreu.

Os cruzados eram seres humanos; e suas motivações, tais como as nossas, eram confusas e, muitas vezes, conflitantes. A palavra *cruzada* vem de "tomar a cruz", segundo o exemplo de Cristo e, por essa razão, os cruzados traziam o sinal da cruz no peito enquanto se dirigiam à Terra Santa; no regresso, eles o traziam nas costas.

Os cruzados tinham plena consciência das recompensas espirituais prometidas por Urbano, incluindo o perdão total dos pecados passados, e, além disso, a maioria compartilhava uma profunda reverência pelo solo em que Cristo havia pisado.

A intensidade dessa emoção foi posteriormente expressa por Shakespeare nas palavras do belicoso monarca inglês Henrique IV:

> Somos impelidos e comprometidos a lutar [...]
> para expulsar os pagãos dos campos sacros
> onde pisaram os pés benditos
> que, há quatorze séculos, foram cravados
> pelo nosso bem na amarga cruz.

Para Urbano e os papas que o seguiram, as cruzadas eram um novo tipo de guerra, uma Guerra Santa. Agostinho havia estabelecido os princípios de uma "guerra justa": ela era conduzida pelo Estado; seu propósito era a vindicação da justiça, o que significa a defesa da vida e da propriedade; e seu código exigia respeito aos civis, reféns e prisioneiros. Tudo isso evaporou no calor da santa causa. Urbano apelava aos cruzados em nome da Igreja; o objetivo de libertar cristãos transformou-se na conquista de infiéis na Terra Santa; e esse chamado elevado desculpava, de alguma forma, o total desrespeito demonstrado a civis e a prisioneiros.

O início das cruzadas provocou ataques horríveis contra os judeus, e nem mesmo os próprios cristãos estavam isentos de violações e saques. Atrocidades inacreditáveis sobrevieram aos inimigos muçulmanos: os cruzados serravam os corpos em busca de ouro, por vezes cozinhando e comendo a carne — uma iguaria que consideravam "melhor do que pavão condimentado", segundo a descrição de um cronista.

ACONTECIMENTOS DAS CRUZADAS

A partir do final do século XI até o final do século XIII, a Europa cristã, liderada pelos papas, organizou sete grandes cruzadas e diversas expedições menores.

A primeira cruzada foi composta por nobres feudais da França, de partes da Alemanha e da Itália meridional, onde os invasores normandos (ou vikings) haviam se estabelecido. Os exércitos seguiram por terra rumo a Constantinopla. Esperando a ajuda de mercenários europeus contra os seljúcidas, o imperador Aleixo Comeno foi surpreendido por uma horda violenta daquilo que o próprio papa Urbano chamou de "salteadores de outrora". Sendo assim, o imperador apressadamente redirecionou os cruzados de Constantinopla para lutar contra os turcos.

A primeira cruzada foi a mais bem-sucedida das sete; com não mais de 5 mil cavaleiros e soldados, ela superou a resistência dos turcos, que já não estavam mais unidos e, acima de tudo, capturou a Cidade Santa, Jerusalém. Um relato contemporâneo da entrada cristã em Jerusalém diz o seguinte:

> Alguns de nossos homens [...] cortaram a cabeça de seus inimigos; outros os atingiram com flechas para que caíssem das torres; outros os torturaram por mais tempo, lançando-os às chamas [...]. Era necessário abrir caminho entre os corpos de homens e cavalos para passar. Essas coisas, entretanto, foram detalhes em comparação ao que aconteceu no Templo de Salomão, [onde] [...] homens cavalgavam com sangue até os joelhos e as rédeas. Foi um juízo justo e esplêndido por parte de Deus encher esse lugar com o sangue dos infiéis, uma vez que o templo havia sofrido com suas blasfêmias por tanto tempo.

Ao anoitecer, os cruzados uniram as mãos ainda ensanguentadas em postura de oração e ajoelharam-se na Igreja do Santo Sepulcro, "chorando de tanta alegria".

A primeira cruzada capturou uma longa faixa de terra ao longo da costa leste do Mediterrâneo e criou o reino latino feudal de Jerusalém, o qual sobreviveu até 1291, quando o último remanescente foi tomado pelos muçulmanos.

Quando o reino de Jerusalém enfrentou sua primeira crise, cambaleando à beira da destruição em 1147, Bernardo, o poderoso místico de Claraval, incitou a segunda cruzada. A despeito da retórica de Bernardo e da presença da realeza, essa cruzada nada conquistou e, depois de dois anos, simplesmente se dissolveu.

O frenesi inicial havia claramente se acalmado, e os sinais de corrupção da santa causa estavam aparentes. Os papas precisavam de dinheiro para cumprir obrigações como o fornecimento de legados às novas terras cristãs no Oriente e, por esse motivo, transformaram benefícios espirituais em fontes de dinheiro.

Na Idade Média, era preciso confessar os pecados para que eles fossem perdoados e, ao ouvir a confissão, o sacerdote não apenas declarava

MISTICAMENTE ELEVADO   **213**

perdoada a culpa do penitente (graças ao mérito de Cristo), como também exigia uma penalidade ou *satisfação* — algum "ato de penitência" — como sinal de sinceridade. Caso o penitente morresse antes de cumprir a penitência, o purgatório garantia-lhe uma nova oportunidade na vida após a morte. Tal penitência, quer nesta vida, quer no purgatório, era chamada de castigo "temporal".

Por anos, a Igreja havia alegado o poder de anular parte da punição temporal, mas nenhuma remissão completa havia sido concedida até que Urbano II, em Clermont, passou a oferecer remissão total, ou "indulgência", para os cruzados que iam a Jerusalém "por pura devoção".

Bastou um pequeno passo para que benefícios semelhantes fossem conferidos aos impossibilitados de participar de cruzadas, mas que, não obstante, contribuíam para a causa. Era possível praticamente comprar um substituto, o que fez surgirem possibilidades de arrecadação de fundos em todas as direções, como a construção de um hospital aqui ou de uma catedral ali.

Em 1187, Saladino, sultão do Egito e da Síria, trouxe uma nova e vigorosa liderança para os muçulmanos. Quando Jerusalém foi tomada pelos infiéis, os cristãos, com certa relutância, responderam ao clamor por uma terceira cruzada (1189), cujos líderes foram três dos reis medievais mais conhecidos: Frederico Barbarossa da Alemanha, Ricardo Coração de Leão da Inglaterra e Filipe Augusto da França. Frederico afogou-se na Ásia Menor e, depois de muitas brigas com Ricardo, Filipe retornou para casa; sendo assim, restaram Saladino e Ricardo como protagonistas.

Procurando manter os muçulmanos unidos, Saladino proclamou uma *jihad* — ou guerra santa — contra os cristãos, mas continuou sendo um estadista paciente e um guerreiro cavalheiresco. "Abstenham-se do derramamento de sangue", disse ele certa vez, "pois o sangue derramado nunca descansa." Suas sensatas intenções de chegar a um acordo evidenciaram-se quando ele propôs casar-se com a irmã de Ricardo e receber a Palestina como presente de casamento, uma proposta que chocou os europeus.

Ricardo e Saladino finalmente concordaram com uma trégua de três anos e livre acesso a Jerusalém para os peregrinos cristãos. Considerando que Saladino teria aceitado essa concessão a qualquer hora, a trégua quase não compensou o custo de uma cruzada tão cara.

A quarta cruzada revelou as duras realidades das aspirações papais no Oriente e a degradação do zelo das cruzadas. Ao ascender ao trono pontifício em 1198, Inocêncio III esforçou-se para reviver o espírito das cruzadas, mas os poucos cavaleiros que responderam ao seu chamado eram incapazes de arcar com as exorbitantes despesas de embarque exigidas pelos venezianos. Para quitar os custos do transporte marítimo, os venezianos persuadiram os cruzados a capturar a cidade cristã de Zara na costa do Adriático.

214 HISTÓRIA DO CRISTIANISMO

A cidade havia sido, por anos, um incômodo para os navios venezianos; então, em 1202, os cruzados saquearam Zara. Inocêncio, no entanto, acusou Satanás de estar por trás de toda aquela conduta exploradora e excomungou todos os participantes.

Os venezianos, entretanto, aproveitaram sua vantagem e pressionaram os cruzados a atacar a própria cidade de Constantinopla, e esta, dilacerada por grupos rivais internos, foi tomada pelos cruzados, que, após devastar a cidade, estabeleceram o Império Latino de Constantinopla em 1204, e prontamente esqueceram o "livramento da Terra Santa".

Ao tomar conhecimento da conquista, Inocêncio escreveu, furioso: "Nada de sagrado poupastes, nem idade, nem sexo. Vós vos entregastes à prostituição, ao adultério e à libertinagem diante de todo o mundo". Inocêncio, porém, nunca rejeitava uma vantagem política e, assim, nomeou um arcebispo de Constantinopla para servir aos interesses romanos.

O Império Latino de Constantinopla durou até 1261, mas a antiga cidade nunca se recuperou completamente. A conquista intensificou a divisão entre as igrejas grega e latina e acelerou a queda da cidade para os turcos em 1453.

Outros cruzados marcharam e vaguearam pelo Oriente durante esses anos, mas nenhuma iniciativa sagrada adiou o previsível: o regresso da Terra Santa para o controle muçulmano. A época das cruzadas terminou em 1291, com a tomada de Acre, o último reduto dos cristãos na terra onde Jesus caminhara, por aqueles que negavam sua divindade.

OS RESULTADOS DA SANTA CAUSA

Os resultados de longo alcance dos dois séculos de cruzadas não impressionam. Se os principais objetivos eram conquistar a Terra Santa, deter o avanço do islamismo e curar o cisma entre as igrejas oriental e ocidental, então as cruzadas fracassaram completamente.

Elas criaram três ordens militares semimonásticas: os Templários (ou Cavaleiros do Templo), cuja primeira sede situava-se no local do antigo Templo de Jerusalém; os Hospitalários (ou Cavaleiros de São João de Jerusalém), criados inicialmente para cuidar dos doentes e feridos; e os Cavaleiros Teutônicos, uma ordem exclusivamente alemã. Unindo monasticismo e militarismo, essas ordens tinham como objetivo a proteção de todos os peregrinos e a guerra perpétua contra os muçulmanos. Esses homens da cruz colocaram quinhentos cavaleiros armados no campo e seus grandes castelos vigiavam as estradas e as passagens contra ataques muçulmanos. Durante dois séculos, os Templários, usando túnicas brancas com uma cruz vermelha; os Hospitalários, usando túnicas negras com uma cruz branca; e os Cavaleiros Teutônicos, usando túnicas brancas com uma cruz negra eram figuras comuns nos estados cruzados.

MISTICAMENTE ELEVADO **215**

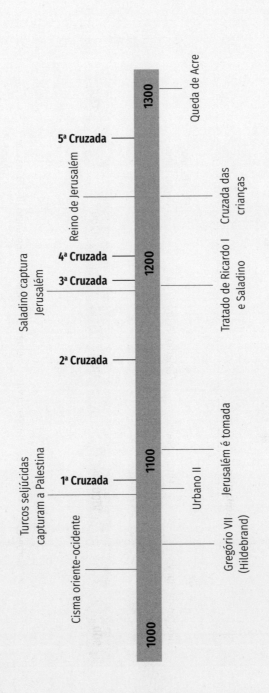

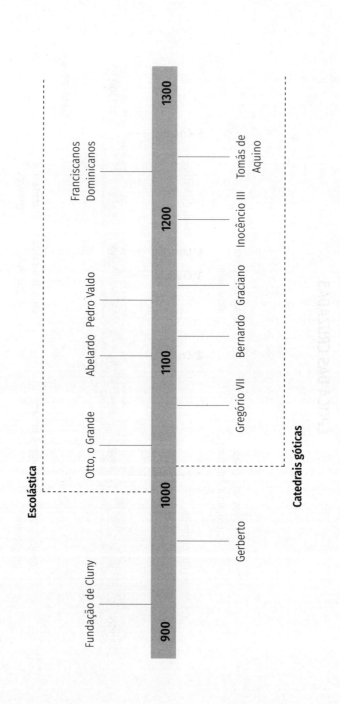

Talvez o resultado mais significativo tenha sido o esplendor adicional que as cruzadas conferiram ao papado. Além de ter sido um papa, Urbano II, quem lançou a primeira cruzada, os papas ao longo de todo o período foram a principal inspiração para novas expedições, pois foram eles, não os imperadores, que se empenharam para unir a cristandade contra o islamismo. As novas ordens militares e os novos bispos na Terra Santa e em Constantinopla estiveram, por um tempo, sob proteção e serviço papal. A Guerra Santa era o papado buscando a soberania universal, uma Igreja unida, Ocidente e Oriente.

Todavia, assim como os arquitetos góticos, que construíam suas catedrais a alturas cada vez mais elevadas até as torres racharem e caírem, os papas tentaram o impossível. A Europa cristã não tinha necessidade da Síria ou de Jerusalém, portanto, a captura delas viera em um momento de entusiasmo, mas a Europa cristã não tinha poder para mantê-las sob seu controle. Enquanto o comércio e as cidades ofereciam novos interesses aos governantes e ao povo, os papas permaneciam fiéis ao antigo controle cristão ideal da Terra Santa, e essa era sua preocupação constante.

Infelizmente os papas nunca defenderam duas verdades básicas que jamais devemos esquecer: que as satisfações mais elevadas do cristianismo não são asseguradas pela posse de lugares especiais e que a espada nunca é a maneira divina de ampliar a Igreja de Cristo. Essa falha garantiu o colapso religioso de toda a estrutura.

Leitura sugerida

- BARRACLOUGH, Geoffrey. *The Medieval Papacy* [O papado medieval]. Nova York: Harcourt, Brace & World, 1968.

- MADDEN, Thomas. *A Concise History of the Crusades* [Uma história concisa das cruzadas]. Nova York: Rowman & Littlefield, 1999.

- RILEY-SMITH, Jonathan. *The Crusades: A Short History* [As cruzadas: uma breve história]. New Haven, CT: Yale University Press, 1987.

- *STARK, Rodney. *The Battalions: The Case for the Crusades* [Os batalhões: o caso das cruzadas]. Nova York: Harper One, 2012.

CAPÍTULO 20

Néctar do saber

Escolástica

AO LONGO DE OITO SÉCULOS, as catedrais góticas por toda a Europa inspiraram devotos e maravilharam turistas. Os mestres medievais do estilo gótico tentaram retratar, em pedras e vitrais, a principal busca religiosa do homem, e também queriam descrever uma tensão: de um lado, o homem almejando as alturas do céu e, de outro, Deus dignando-se a voltar seu olhar para o menor dos homens.

O movimento dos góticos, portanto, era de mão dupla. Os pilares, arcos e torres, alinhados como foguetes, apontavam para o céu, prontos para ascender ao paraíso. Porém, através das janelas coloridas feitas com vidro de chumbo, a luz de Deus descia em direção aos humildes. Essa é uma interpretação arquitetônica da razão humana e da revelação divina.

Na estrutura gótica, as janelas podiam ser amplas e abundantes porque os pilares e os suportes externos eliminavam a necessidade de paredes grossas, e entre as pilastras de pedra delgada, os arquitetos podiam assentar janelas de vidros coloridos. Os artistas usavam cores brilhantes — carmesim, azul, roxo, rubi — para contar a história da redenção, desde a Criação até o Juízo Final e, assim, os devotos, então, podiam refletir sobre o sacrifício de Isaque, a travessia do mar Vermelho, o nascimento de Jesus ou a luta de Santo Antônio contra os demônios.

O resultado final era de tirar o fôlego. À medida que o sol da tarde lançava seus raios intensos e encantadores sobre a fria pedra cinza, até mesmo um simples sapateiro era capaz de sentir, ali sentado no banco da igreja, sua proximidade com Moisés, Isaías, Jesus, Paulo, Agostinho e Benedito.

A luz, que irradiava através das janelas multicoloridas, havia sido um símbolo constante de Deus e de sua conduta com o homem. "Deus é luz", escreveu o apóstolo, "nele não há treva alguma" (1João 1:15). E o próprio

Jesus empregou essa imagem com referência à encarnação ao anunciar: "Eu sou a luz do mundo".

A catedral gótica, portanto, demonstrava a tensão espiritual do drama cristão: as aspirações elevadas do homem e a luz que provém de Deus. O homem, na verdade, sobe enquanto Deus desce. Naturalmente, essa é uma linguagem figurada, pois Deus não está acima nem abaixo em um sentido espacial, mas o homem sempre descreveu sua necessidade em termos de alcance, e a verdade de Deus, em termos de algo que vem de cima.

SURGIMENTO DAS UNIVERSIDADES

De modo apropriado, portanto, as escolas nessas catedrais deram origem às universidades medievais, pois a tarefa suprema da universidade era entender e explicar a luz da verdade revelada de Deus. Assim como as cruzadas refletiram uma paixão generalizada pela extensão da autoridade de Deus em terras muçulmanas, as universidades revelaram uma fome intensa de entender a verdade de Deus recebida de qualquer terra.

Mas como foi exatamente que o mundo das ideias curvou-se ao domínio de Deus? Como a razão passou a ser serva da fé? Denominamos esse período na história do pensamento cristão de "escolástica", porque um método diferenciado de conhecimento surgiu, e uma teologia singular da Idade Média despontou. O objetivo dos escolásticos — como esses mestres são, por vezes, chamados — era duplo: conciliar a doutrina cristã à razão humana e organizar os ensinamentos da Igreja em um sistema ordenado.

Uma busca livre pela verdade não era o foco, uma vez que as principais doutrinas da fé cristã eram consideradas fixas. Na verdade, o propósito da discussão era demonstrar a racionalidade das doutrinas e explicar suas implicações.

Toda a iniciativa ganhou força com a curiosidade intelectual. Um estudioso do século XI, proveniente de Liège, representa uma infinidade de outros:

> Olbert não conseguia saciar sua sede pelos estudos. Quando ouvia falar de alguém ilustre nas artes, corria até esta pessoa imediatamente; e, quanto mais sedento estivesse, mais conhecimentos deleitáveis absorvia de cada mestre [...]. Depois, tal qual uma abelha entre as flores, nutrida com o néctar do saber, ele voltava para a colmeia e ali vivia dedicado aos estudos de maneira religiosa, e dedicado à religião de maneira estudiosa.

Viver "dedicado à religião de maneira estudiosa" era a marca da educação medieval, tendo em vista que o objetivo central dessa educação era a salvação eterna. No início, entretanto, o aprendizado havia sido limitado principalmente ao clero. Bento de Núrsia costumava instar com seus monges a ler e estudar a fim de que se desenvolvessem espiritualmente. Como

220 HISTÓRIA DO CRISTIANISMO

consequência, as abadias beneditinas criaram uma espécie de educação elementar em latim.

Mais tarde, no oitavo século, Carlos Magno, sonhando com um império cristão, ampliara as oportunidades de estudo por meio de um decreto ordenando que cada mosteiro deveria ter uma escola para ensinar aqueles "que, com a ajuda de Deus, são capazes de aprender". O próprio imperador deu o exemplo criando um palácio-escola para seus próprios filhos e os filhos de seus cortesãos.

A melhor oportunidade de aprendizagem para os leigos era oferecida pelas escolas catedralícias. Uma vez que as catedrais, as igrejas dos bispos, estavam situadas nas cidades, suas escolas preparatórias de sacerdotes paroquiais foram, com o tempo, abertas para todos.

O currículo da escola catedralícia limitava-se a gramática, retórica, lógica, aritmética, geometria, música e astronomia, as sete artes liberais — assim chamadas porque, na Roma antiga, seus estudos eram reservados aos *liberi*, homens livres. Os poucos textos disponíveis eram escritos de alguns estudiosos do início da Idade Média, sendo um deles Cassiodoro, um romano do sexto século cuja obra *Instituições das letras eclesiásticas e profanas* definia as artes liberais e interpretava a Bíblia. Outro foi Boécio, contemporâneo de Cassiodoro, cuja obra *A consolação da filosofia*, escrita durante sua permanência na prisão por uma suposta conspiração contra o rei bárbaro Teodorico, tentava conciliar os infortúnios do homem ao conceito de um Deus benevolente e onipotente. Esses homens, juntamente com Agostinho, o papa Gregório Magno e alguns outros pais da igreja, ficaram conhecidos como *auctores*, autoridades, cujas palavras o aluno medieval não ousava contradizer.

MAGNETISMO DE UM MESTRE TALENTOSO

Um novo dia raiou, entretanto, com a chegada dos grandes mestres. Podemos relacionar o nascimento das universidades ao magnetismo de mestre populares cujo entusiasmo e talento no saber atraíam alunos de todos os lugares.

Segundo a descrição de Anne Fremantle, o primeiro deles foi Gerberto, mestre da escola catedralícia em Reims na segunda metade do décimo século. Filho de um servo, ele haveria de terminar sua vida como papa Silvestre II (999-1003), mas deixou uma marca mais profunda na história por causa de seus estudos. "Quando jovem, o monge Gerberto era um aluno tão brilhante que seu abade tomou a rara atitude de enviá-lo à Espanha para estudar matemática. Embora seu mentor ali fosse um bispo cristão, Gerberto também foi exposto à vasta e tolerante cultura dos muçulmanos." Essa foi a primeira de muitas contribuições significantes dos muçulmanos para o despertar intelectual cristão.

Gerberto retornou a Reims profundamente impressionado pelo espírito investigativo e questionador da sabedoria muçulmana e, quando começou a lecionar em Reims, anunciou que as citações das autoridades eclesiásticas tradicionais já não bastavam; a partir de então, seus alunos passaram a estudar os clássicos romanos no original. "Para tanto, Gerberto coletou manuscritos onde podia e construiu uma biblioteca considerável — um feito nada fácil em uma época em que um manuscrito levava, por vezes, um ano para ser copiado e custava, no mínimo, o equivalente ao salário anual de um clérigo."

A figura mais vivaz nesse estágio inicial da revolução intelectual foi Pedro Abelardo (1079-1142). Filho mais velho de um nobre de classe inferior da Bretanha (noroeste da França), "Abelardo, por amor ao saber, abriu mão de sua herança em favor dos irmãos mais novos e vagou pela França para aprender com os grandes mestres, ora ouvindo, ora desafiando-os abertamente nas aulas". Com o tempo, ele se estabeleceu como professor em Paris, onde atraía inúmeros alunos e, depois, começou a escrever.

No tratado intitulado *Sic et Non* [Sim e não], ele apresentou 158 questões da doutrina cristã e respondeu-as com citações conflitantes das Escrituras, dos pais da Igreja e dos clássicos pagãos. "A primeira chave para a sabedoria", afirmava Abelardo, "é o questionamento constante e frequente [...]. Ao duvidar, indagamos, e, ao indagar, chegamos à verdade." Essa ideia, lugar-comum para os gregos, quase não o era para os europeus medievais. O entusiasmo de Abelardo pela dúvida ganhou o aplauso de alguns, mas alarmou muitos outros. Outro livro, sobre a natureza da Trindade, foi condenado por um concílio da Igreja em Soissons em 1121, e o brilhante acadêmico viu-se preso atrás dos muros de um mosteiro.

Engenhoso como sempre, Abelardo obteve permissão do mosteiro para partir um ano depois para viver em uma região desolada no sudeste de Paris. "Os estudantes correram para junto dele, construíram-lhe um abrigo, cultivaram sua terra e imploraram para que voltasse a lecionar. Retomando sua busca pela razão, Abelardo envolveu-se várias vezes em conflitos com os conservadores da Igreja, desta vez incluindo o abade Bernardo de Claraval, o membro mais influente da Igreja na cristandade", o qual perseguiu Abelardo com a mesma devoção com que apregoava a segunda cruzada. "A fé dos justos crê", declarou, "não discute." Sob incitação de Bernardo, um concílio da Igreja em Sens condenou Abelardo por heresia em 1140 e ele então se recolheu à abadia de Cluny, onde permaneceu recluso pelos dois últimos anos de sua vida.

Ninguém, entretanto, conseguiu impedir o crescimento das sementes que ele havia espalhado. Escolas brotaram por todo o continente e, menos de cem anos após sua morte, universidades floresceram em Paris, Orleans e Montpellier, na França; no outro lado do Canal da Mancha, em Oxford e Cambridge; e em Bolonha e Pádua, na Itália.

O que marcou o florescimento das universidades foi o agrupamento de estudantes e mestres em guildas. "Assim como os artesãos haviam feito antes", explica Fremantle, os estudiosos uniram-se em defesa de interesses mútuos e proteção, e autodenominaram-se *universitas*, o nome medieval para qualquer grupo corporativo.

> Na Itália, onde a maioria dos alunos era composta por homens maduros em busca de estudos avançados em direito e medicina, essas guildas passaram a exercer grande poder. Os alunos contratavam e pagavam os mestres, determinavam os cursos a serem dados e multavam qualquer professor que pulasse um capítulo na explanação da matéria.

Nas universidades francesas e inglesas, onde os alunos eram mais jovens, as guildas de mestres detinham o controle e proibiam xingamentos ou jogos de azar entre os estudantes, multavam-nos por desrespeitar o toque de recolher e prescreviam regras de educação à mesa. "Não limpe os dentes", preconizava uma norma, "com o aço afiado para aqueles que comem contigo".

Ao ouvir "universidade", nossa tendência é imaginar prédios cobertos de hera e pátios gramados, mas as universidades medievais, entretanto, nem sequer aparentavam ser acomodações permanentes. A princípio, as aulas eram dadas em galpões às margens de estradas em Oxford e Cambridge, nos conventos das catedrais em Paris e em praças na Itália. Na época, os professores alugavam quartos, e os alunos sentavam-se no chão, normalmente coberto com palha para evitar a umidade. Desprovidas de ginásios esportivos, bibliotecas ou outras comodidades, as universidades podiam mudar-se para outro lugar a qualquer momento caso se envolvessem em conflito com os cidadãos locais.

Além de aulas, o método de ensino era o *debate*. Dois ou mais mestres — e, por vezes, alunos — discutiam sobre as leituras empregando a metodologia de perguntas e respostas adotada por Abelardo. A *escolástica* desenvolveu-se nesse contexto e passou a defender um processo meticuloso para se chegar a conclusões por meio de questionamento, análise e organização de detalhes em um sistema de lógica. O debate escolástico provocou confrontos acalorados e sentimentos amargos, guerras de lógica entre mestres duravam anos e os partidários de cada lado torciam por seu herói batendo os pés e assobiando vigorosamente. Mas algo importante estava acontecendo nessa atmosfera barulhenta: os alunos estavam aprendendo a pensar, o que significava que a aceitação cega das autoridades tradicionais não era mais garantida e até mesmo as conclusões da doutrina cristã estavam sendo investigadas.

APOIO À MONARQUIA PAPAL

Toda essa atividade fervorosa ocorria, contudo, sob os olhos vigilantes do papado. Alguns debates continuaram por gerações, mas os papas envidaram esforços para garantir que o resultado final fosse uma nova estrutura filosófica que apoiasse a monarquia papal. De um lado, estava uma nova formulação do direito canônico; de outro, uma declaração sistemática da teologia cristã.

No final do século XII, a Universidade de Bolonha, na Itália, despontou como o centro de estudo do direito civil romano e da Igreja ou, como é chamado, *direito canônico*.

O direito canônico servia à Igreja assim como o direito civil apoiava um governo secular e definia os direitos, deveres e poderes de todos os indivíduos e sacerdotes dentro da Igreja. Era a lei aplicada em todas as cortes eclesiásticas, desde as dos bispos até a do papa.

Por volta do ano 1140, Graciano, um monge do mosteiro de São Félix, em Bolonha, publicou a *Harmonia dos cânones discordantes*, que tentava coordenar todas as coleções anteriores da lei eclesiástica. Como as citações das autoridades estavam organizadas por assunto, a *Harmonia* logo passou a ser o manual único para mestres e juízes da Igreja, além de servir de base para aditamentos posteriores ao *Código do direito canônico*. Assim, no século XIV, a Igreja romana tinha à sua disposição — até 1918, quando foi revisto — um corpo autorizado de leis para controlar e dirigir a vida dos homens.

O direito canônico interferia em guerras e reconhecia a assistência às viúvas; decretava o jejum e os dias festivos; ordenava a confissão e a comunhão no mínimo uma vez por ano; e especificava quais ações excomungavam o cristão da Igreja.

Porém, ele também controlava os relacionamentos mais íntimos das pessoas. Em virtude de sua preocupação com o batismo, estabelecia padrões para todos os nascimentos — e para tudo aquilo que gerava nascimentos. O primeiro sorriso galanteador entre um homem e uma mulher já colocava o casal sob a sombra vigilante do direito canônico, que também determinava pena para fornicação e adultério e estabelecia condições sob as quais o casamento poderia existir.

Em suma, o direito canônico atingia não apenas todos os sacerdotes, mas também todos os leigos, lavradores ou príncipes e, além disso, professava declarar não somente o caminho necessário para a salvação, mas também a natureza dos órgãos mais íntimos de homens e mulheres.

Essa ânsia pelo controle, o zelo por alcançar cada aspecto da vida, talvez reflitam um legalismo cristão, o qual tentava reduzir a liberdade humana a um nível miseravelmente mínimo e esquecia-se de que Deus havia criado a liberdade para ser a precursora da verdadeira fé.

O direito canônico, contudo, deu ao papado uma base legal racional, algo que o Estado medieval ainda não possuía; consequentemente, o papado ascendeu a um poder preeminente na vida pública da Europa e alcançou um prestígio internacional que superava qualquer reino feudal.

No dia de sua consagração para o ofício papal, Inocêncio III baseou seu sermão nas palavras de Deus em Jeremias 1:10: "Eu hoje dou a você

224 HISTÓRIA DO CRISTIANISMO

autoridade sobre nações e reinos, para arrancar, despedaçar, arruinar e destruir; para edificar e plantar". Por três décadas, foi isso o que ele fez, uma vez que era o "Vigário de Cristo" na terra, graças, em grande parte, à autoridade universal transmitida pelo direito canônico.

A segunda maneira pela qual as universidades serviram ao papado universal foi propiciando uma construção teológica inabalável e racional da sociedade cristã. No século XIII, as universidades enfrentaram uma questão controversa, tendo em vista que diversos escritos de Aristóteles haviam sido reintroduzidos no ocidente nas novas universidades, obras perdidas que haviam sobrevivido ao declínio de Roma em meio aos cristãos orientais e, principalmente, em meio aos muçulmanos. A possibilidade de se empregar a filosofia de Aristóteles, entretanto, suscitou desafios; por exemplo, a nova abordagem peripatética exigia uma nova matriz ou estrutura, uma cosmovisão revisada, ao passo que a maioria dos teólogos havia anteriormente adotado um sistema de referência platônico.

Um dualismo básico seguiu-se: os teólogos diferenciavam as coisas materiais básicas do mundo em que vivemos e a esfera mental ou intelectual (o mundo das formas de Platão). A esfera conceitual englobava ideias básicas — tudo, desde a ideia de um círculo (circularidade) até a ideia de justiça em si. As ideias são perfeitas, imateriais e eternas, mas nosso mundo concreto é composto de cópias imperfeitas, materiais e corruptíveis (não eternas) dessas ideias perfeitas. Este mundo contém muitos círculos, mas cada círculo físico, tangível, é imperfeito (irregular) e temporal (sujeito ao tempo e seus efeitos; não eterno).

Teólogos como Orígenes e Agostinho haviam contado a história cristã com esse pano de fundo filosófico. Pode-se imaginar Deus e suas ideias em um domínio eterno, e o mundo físico corrupto e comprometido estando abaixo deles. Embora Aristóteles não anulasse todo o platonismo, ele pensava que as ideias ou formas estavam presentes nas realidades físicas concretas, e descobrir as formas, portanto, exigia que se investigasse o mundo concreto ou a criação tangível. Para Aristóteles, o objetivo geral não era separar duas dimensões que não coadunam (conceitual e material), mas descobrir e admirar como o melhor raciocínio integrava-se ou ajustava-se ao mundo material pelo desígnio especial de Deus. Essa mudança na visão do mundo e da razão era desafiadora por sua dimensão, sua inovação e seu futuro incerto.

Muitos estudiosos só conheceram Aristóteles quando este foi apresentado por um famoso intérprete muçulmano chamado Averrois, o qual enfatizava a independência da filosofia ou da razão com relação à revelação ou fé. Seu trabalho deixou a impressão de que a razão levava a determinada conclusão e que a revelação poderia indicar ao aluno uma direção completamente diferente. Às vezes, Averrois seguia Aristóteles e a razão, chegando a conclusões que contradiziam a verdade cristã, por exemplo, ao afirmar que a matéria é eterna (não criada). Mas as coisas mudaram com a chegada de

Tomás de Aquino, cuja obra de vida foi insistir que o bom raciocínio nunca leva o aprendiz para longe da verdade divina. A verdade que Deus revela ultrapassa a verdade que podemos alcançar raciocinando, mas elas nunca se contradizem. Conforme diz o ditado: "Toda verdade é a verdade de Deus".

AUGE DO ALCANCE RACIONAL

A fim de abordar controvérsias relativas à doutrina, Tomás de Aquino (1224-1274) foi enviado da Itália para Paris. Tomás de Aquino (em homenagem à cidade natal de seu pai, Aquino) foi um monge dominicano de origem nobre, mente brilhante, dedicação incansável e temperamento gentil que também havia se voltado a Aristóteles, mas destacou-se por sua fidelidade à Igreja. Ao contrário de Averrois, Tomás ensinava que a razão se encaixa com a revelação, e o resultado disso foi sua *Suma Teológica* (um somatório de conhecimento teológico).

A *Suma* tem em vista todo o universo. Tomás diz, no início: "Na sagrada doutrina (teologia), todas as coisas são tratadas do ponto de vista de Deus, e o conteúdo da teologia é, em parte, o próprio Deus e, em parte, outros seres na medida em que são ordenados para Deus".

Aquino assinalou uma clara distinção entre filosofia e teologia, razão e revelação, mas não há contradição entre elas. Todas são fontes de conhecimento e provêm do mesmo Deus.

As duas diferem em seus métodos na busca pela verdade: A razão é baseada na criação visível e pode alcançar ideias que lidam com o "vestíbulo da fé", ao passo que a revelação olha para Deus como ele é e, portanto, é superior à razão tanto em certeza quanto em tema.

Tomás de Aquino (1224-1274) formulou a doutrina cristã pautada no método racional. Sua obra-prima, *Suma Teológica*, é amplamente lida por teólogos e filósofos até hoje.

A razão, por exemplo, pode provar a existência de Deus. Aceitando o princípio de Aristóteles (todo efeito tem uma causa, toda causa tem uma causa anterior, e assim por diante até chegar à causa primeira), Tomás declarou que a criação remonta a uma causa primeira divina, o Criador.

No entanto, o pleno conhecimento de Deus — a Trindade, por exemplo — vem apenas por meio da revelação, e, a partir desse conhecimento, descobrimos a origem e o destino do homem.

O homem é pecador e necessita da graça especial de Deus e, nesse sentido, Jesus Cristo, mediante seu sacrifício, assegurou a reconciliação do homem com Deus. Todo aquele que recebe os benefícios da obra de Cristo é justificado, mas a chave, como na doutrina católica tradicional, reside na maneira como os benefícios da obra de Cristo são aplicados: Cristo alcançou a graça, a Igreja a transmite. Aquino ensinava que os cristãos precisam da constante infusão da "graça cooperativa" pela qual as virtudes cristãs — acima de tudo, o amor — são estimuladas na alma. Assistido por essa graça cooperativa, o cristão pode realizar obras que agradam a Deus e obter mérito especial aos olhos dele.

Essa graça salvadora, disse Aquino, chega ao homem exclusivamente por intermédio dos sacramentos designados por Deus e colocados a cargo da Igreja, o corpo romano visível e organizado dirigido pelo papa. Por estar extremamente convencido da sanção divina do papado, Aquino insistia que a submissão ao papa era necessária para a salvação.

Ele seguiu Pedro Lombardo — o qual havia escrito o texto padrão para a teologia — ao defender sete sacramentos: batismo, confirmação, ceia, penitência, extrema-unção, casamento e ordenação.

O maior sacramento de todos era a ceia, que representava mais do que a comunhão da Igreja primitiva. Assim como a Igreja romana havia alegado durante séculos, Aquino defendia que ela era um sacrifício verdadeiro, uma continuação do sacrifício de Cristo na cruz que predispunha Deus a ser gracioso com aqueles por quem ela era oferecida. Na ceia, a essência ou a matéria genuína do pão e do vinho era transformada milagrosamente no verdadeiro corpo e sangue de Cristo, ao passo que o exterior permanecia inalterado — Tomás fez a clássica apresentação dessa doutrina conhecida como *transubstanciação*. Uma vez que o pecado permanece sendo um problema para o cristão batizado, Deus providenciou a penitência, o sacramento da cura espiritual, que, segundo Tomás, consistia de três elementos: contrição ou tristeza pelo pecado; confissão ao sacerdote, o médico espiritual capaz de aplicar o remédio apropriado e pronunciar a absolvição; e a satisfação, pela qual o cristão transformava em bem os efeitos malignos do pecado, geralmente chamada de "ato de penitência".

Com algumas cautelas, Tomás também aceitou a prática de indulgências, que havia alcançado destaque durante as cruzadas. Aquino ensinava que, graças à obra de Cristo e aos feitos merecedores dos santos, a Igreja

CIDADES IMPORTANTES DA IGREJA MEDIEVAL

tinha acesso a um "tesouro de mérito", um grande reservatório espiritual, e os sacerdotes podiam utilizá-lo para ajudar os cristãos cujos méritos próprios eram insuficientes.

A morte era o grande divisor, e os iníquos, afirmava Tomás, vão para o inferno, ao passo que os fiéis, que utilizaram com sabedoria os meios da graça, vão diretamente para o céu. Porém, a grande parte da humanidade que, embora cristã em intenção e participante dos sacramentos, segue Cristo inadequadamente deve enfrentar um processo de purificação no purgatório antes de alcançar as alegrias do céu. Felizmente essas almas não estão fora do alcance da Igreja na terra, visto que rações aos santos no céu são capazes de aliviar as dores das almas no purgatório.

Dessa forma, chegamos ao auge da aspiração — e arrogância — eclesiástica. A terra apenas não bastava! O papa e seus sacerdotes não somente mediavam a graça de Deus aos pecadores por meio do milagre do sacrifício bendito e de suas orações pelos mortos, como também iam além do túmulo para ministrar às almas sofredoras.

Não há novidade aqui, pois isso havia sido dito muitas vezes antes. Tomás, entretanto, organizou as doutrinas tradicionais da Igreja em uma estrutura grandiosa, quase cósmica e, assim como a catedral gótica, seu sistema visava à perfeita harmonia entre as aspirações do homem e a luz da verdade de Deus, o que proporcionou à monarquia papal uma impressionante visão sobrenatural deste mundo e do mundo vindouro.

No entanto, tal como as cruzadas, a teologia escolástica talvez tenha ido longe demais e reivindicado autoridades em excesso para si e para a Igreja.

HISTÓRIA DO CRISTIANISMO

Uma mostra do cúmulo dessa arrogância está na afirmação de Inocêncio III de que o papa é o juiz do mundo, "entre Deus e o homem, abaixo de Deus e acima do homem". A presunção, contudo, não permaneceu incontestada, pois um número crescente de leigos iletrados passou a lembrar-se do testemunho apostólico: "Há um só Deus e um só Mediador".

Leitura sugerida

- *BARRON, Robert. *Thomas Aquinas: Spiritual Master*. 2 ed [Tomás de Aquino: mestre espiritual]. Nova York: Crossroad, 2008.

- *BAUERSCHMIDT, Frederick. *Holy Teaching: Introducing the Summa Theologiae of St. Thomas* [Ensino sagrado: introduzindo a *Summa Teológica* de São Tomás]. Grand Rapids: Brazos, 2005.

- DANIEL-ROPS, H. *Cathedral and Crusade* [Catedral e Cruzada]. Londres: J. M. Dent, 1957.

- DAUPHINAIS, Michael; LEVERING, Matthew. *Knowing the Love of Christ: An Introduction to the Theology of St. Thomas Aquinas* [Conhecendo o amor de Cristo: uma introdução à teologia de São Tomás de Aquino]. Notre Dame: University of Notre Dame Press, 2002.

- FREMANTLE, Anne. *Age of Faith* [Era de fé]. Nova York: Time-Life Books, 1968.

- HASKINS, Charles Homer. *The Rise of the Universities* [O surgimento das universidades]. Ithaca, NY: Cornell University Press, 1957.

- *HEALY, Nicholas. *Thomas Aquinas: Theologian of the Christian Life* [Thomás de Aquino: teólogo da vida cristã]. Burlington, VT: Ashgate, 2003.

- MCGIFFERT, Arthur C. *A History of Christian Thought: From Tertullian to Erasmus* [História do pensamento cristão: de Tertuliano a Erasmo]. Nova York: Scribner's, 1954.

- NICHOLS, Aidan. *Discovering Aquinas: An Introduction to His Life, Work, and Influence* [Descobrindo Aquino: uma introdução à sua vida, obra e influência]. Grand Rapids: Eerdmans, 2003.

CAPÍTULO 21

Canção à Senhora Pobreza

O estilo de vida apostólico

TODOS, SABEMOS, APRECIAM QUEM SABE SER ROMÂNTICO. Canções sobre dedicação eterna não são de agora; por exemplo, as baladas dos trovadores dominaram o século XII, e todas elas eram sobre amor cortês: cavaleiros galantes, mágicos sombrios, castelos encantados, animais falantes e, sempre, belas donzelas.

Talvez seja por isso que tantas pessoas se sentiram atraídas a Francisco de Assis, cuja canção era sobre a Senhora Pobreza, seu ideal de verdadeiro cristianismo e de santidade pessoal. No início de sua carreira como pregador, o "cavaleiro corajosíssimo de Cristo" — como seu primeiro biógrafo o chamou — entregou-se com devoção e fervor à Pobreza.

De acordo com uma das muitas histórias contadas a seu respeito, Francisco e alguns companheiros saíram em busca da Pobreza. Dois idosos disseram-lhe que ela vivia no topo das montanhas e, ao escalar os picos, Francisco encontrou-a ali, "no trono de sua indigência". Ela acolheu os viajantes, e Francisco imediatamente a aclamou como "rainha das virtudes". Pobreza respondeu que, de fato, havia estado com Adão no Paraíso, mas que, depois do pecado, passara a ser errante e sem lar. Então veio Jesus e a elegeu e, por intermédio dela, os cristãos se multiplicaram. Os monges, de modo especial, acompanharam-na até que sua inimiga, a Avareza, deixou-os ricos e mundanos; sem escolha, ela se retirou do monasticismo. Ao ouvir a história de Pobreza, Francisco jurou ser-lhe fiel, tomou-a como esposa, e os dois desceram juntos da montanha.

Francisco não foi o único cavaleiro espiritual dedicado à Senhora Pobreza. Nos séculos XII e XIII, ela teve uma multidão de admiradores. Os conceitos de pregação itinerante e de pobreza voluntária atraíam a imaginação e a consciência de muitos cristãos. Um número crescente de leigos, em vez de contar com as orações de monges e bispos, lia a Bíblia em língua vernácula e fazia votos de seguir a ordem do evangelho: "venda os seus bens e dê o dinheiro aos pobres [...]. Depois, venha e siga-me". Alguns desses cristãos escolhiam a ortodoxia, outros optavam por alguma heresia; por vezes, apenas um fio parecia separar os dois grupos.

Uma coisa estava clara: a visão de Inocêncio III sobre o Cristo no céu que governava, por meio de seu Vigário, todas as nações, todo o conhecimento e toda a graça na vida presente e na vindoura enfrentava um rival formidável na antiga imagem do Salvador que havia afirmado: "As raposas têm suas tocas e as aves do céu têm seus ninhos, mas o Filho do homem não tem onde repousar a cabeça". Mas onde, afinal de contas, está o verdadeiro cristianismo? Em uma instituição sacramental ou em um estilo de vida abnegado?

POBREZA, HERESIA E VIOLÊNCIA

O movimento medieval de pobreza é um lembrete atemporal de que o cristianismo político é apenas parcial, pois a fé cristã é mais do que política papal, muito mais. Que aproveita a Igreja, bem como o homem, ganhar o mundo e perder a alma? De que servem o direito canônico, as cruzadas santas, as nomeações episcopais e as discussões escolásticas se o povo recebe pedra quando pede pão?

O evangelho da pobreza voluntária tirou suas forças de um ressentimento profundo e generalizado do sacerdócio, que se mostrava corrupto e negligente. O movimento "de volta aos apóstolos" estava, com frequência, aliado a inquietações políticas e econômicas em uma sociedade de rápida transformação e expansão, contudo, seu cerne era a fome espiritual do povo.

Em um momento de necessidade desesperadora, a assistência pastoral era uma arte perdida. Roberto Grosseteste, o competente bispo de Lincoln, Inglaterra (1235-1253), condenou a cobiça, a ganância e a imoralidade do clero: "Uma vez que a vida dos pastores é o livro dos leigos, fica manifesto que eles, como tais, são pregadores de todo o tipo de erro e perversidade". E o fundamento de tudo isso, disse Grosseteste, era a corte romana, a qual não nomeava pastores, mas destruidores de homens.

A queixa de Grosseteste tinha algo de familiar. Já no décimo século, reformadores monásticos haviam apregoado o retorno à pobreza da Igreja primitiva, e todos os pregadores zelosos sabiam que, se a pobreza apostólica fosse de fato o ideal cristão, os bispos em palácios adornados e os monges em claustros abastados não estavam vivendo de modo cristão.

Em séculos anteriores, entretanto, todos esses apelos ao sacrifício eram convenientemente canalizados para alguma nova reforma monástica, mas, dentro da própria Igreja, as coisas permaneciam como de costume. Os séculos XII e XIII demonstraram ser diferentes. Nem todos os pregadores da pobreza apostólica estavam dispostos a permanecer dentro dos limites aceitáveis da Igreja e, quando se voltavam contra ela, eram classificados como hereges.

Os cristãos modernos consideram quase impossível compreender a postura medieval com relação à heresia. Acreditamos profundamente que a fé religiosa é uma questão de escolha pessoal, mas raramente pensamos nas crenças religiosas como questões de vida ou morte. Por que alguém deveria morrer pela própria fé ou matar o próximo por causa de sua fé?

No entanto, os cristãos medievais nunca consideraram a fé algo estritamente particular. As crenças cristãs eram o cimento da sociedade; negar uma doutrina equivalia à traição. A cristandade era — mudando a figura — um corpo sociopolítico, e a fé cristã, sua alma vivificante; logo, a heresia na cristandade era tão inaceitável quando o câncer na carne.

Mas o que é heresia? No século XII era a negação, por parte de uma pessoa batizada, de qualquer verdade revelada da fé cristã, dentre as quais estavam a unidade da Igreja e a nomeação divina do papa como cabeça do corpo cristão. Por conseguinte, a desobediência à autoridade estabelecida já era considerada heresia.

Ao lidar com hereges, portanto, a Igreja tinha dois objetivos principais: a conversão dos hereges e a proteção da sociedade cristã. Mas a questão é: até onde ela podia ir para proteger a sociedade? Era correto tirar uma vida para proteger outras?

As heresias levaram a Igreja Católica ao seu conflito interno mais grave: como ela poderia empregar violência para proteger uma sociedade pacífica? A Igreja deliberadamente aceitou uma linha de ação quase impossível de ser conciliada ao reino eterno que almejava alcançar; além disso, criou a Inquisição não só para executar hereges, mas para submetê-los a torturas deliberadas e prolongadas. O problema é que, ao expulsar um demônio, a Igreja abriu a porta para outros sete.

Mas a contradição não era muito aparente na época, ou seja, a mesma Igreja que enviava exércitos cruzados contra os infiéis poderia ordenar a incineração de hereges. Mas quase todos concordavam que uma Igreja pura era a vontade de Deus.

POBRES NO REINO

Mas onde está a Igreja pura? Está no palácio papal em Roma? Está no sangue dos exércitos cruzados ou na venda de indulgências aos pobres? E se a Igreja pura não estiver em nenhum desses aspectos, mas nos famintos que encontram pão, nos nus que são vestidos e nos estrangeiros que encontram repouso? E se o reino dos céus pertencer aos pobres de espírito? Esse foi o questionamento da Senhora Pobreza.

Uma das primeiras vozes contra o mundanismo da Igreja Católica foi Arnaldo, um abade na Bréscia, cidade ao norte da Itália, o qual, em uma série de sermões, insistiu que a corrupção eclesiástica era resultado da tentativa da Igreja de controlar o mundo. O abade instou para que a Igreja entregasse suas terras e seu domínio secular ao Estado e retornasse à pobreza e à simplicidade

232 HISTÓRIA DO CRISTIANISMO

da Igreja primitiva, pois a verdadeira Igreja e seus ministros, disse ele, devem abster-se da riqueza, pois riqueza e poder anulam a salvação.

Em 1139, Arnaldo conseguiu fazer com que o povo se voltasse contra o bispo e, por essa razão, ele foi banido da Itália pelo papa Inocêncio II. Ao que tudo indica, Arnaldo fugiu para Paris, onde estudou sob a orientação de Abelardo e, assim como seu mestre havia feito anteriormente, suscitou a ira de Bernardo de Claraval, que o chamava de mais um "lobo devorador em pele de ovelha".

Após cinco anos de exílio, Arnaldo apareceu em Roma e imediatamente aderiu a um movimento para depor o domínio papal. Os romanos, sonhando com a antiga república romana, tomaram o poder durante a jornada de pregação do papa para a segunda cruzada, e Arnaldo, que pregava que o clero devia viver em pobreza apostólica e chamou o Colégio de Cardeais de covil de ladrões, então ascendeu à liderança do novo e puro governo secular.

A experiência durou cerca de dez anos, até que o papa Adriano IV colocou Roma sob interdição e obteve a ajuda do imperador Frederico Barbarossa para capturar Arnaldo. Em 1155, ele foi executado e suas cinzas, lançadas no rio Tibre.

As pessoas mal tinham esquecido Arnaldo quando outra voz a favor da pobreza surgiu no leste da França: Pedro Valdo (c. 1140-1218), um rico comerciante de Lyon.

Certo dia, Valdo ouviu um trovador itinerante cantando sobre as virtudes da vida monástica. A canção narrava a história do jovem Alexis, pressionado a se casar pelos pais patrícios, mas que, relutante, dedicava-se ao ideal de castidade. Assim, na noite de núpcias, ele fez um pacto de pureza com sua esposa e imediatamente partiu para a Terra Santa.

Os pais de Alexis buscaram-no em vão. Anos mais tarde, ele retornou para casa como um mendigo, mas a vida de abnegação deixara-o tão macilento que ninguém o reconheceu. Ele viveu no quintal da casa, sobrevivendo com migalhas que caíam da mesa da família.

Somente quando estava prestes a morrer, Alexis revelou sua verdadeira identidade — tarde demais para que a família enlutada o recebesse de volta. A moral foi, então, revelada: o verdadeiro cristão deve estar disposto a sacrificar tudo nesta vida pelo bem do próximo.

Profundamente comovido pela história, Valdo procurou um sacerdote para saber como viver de modo semelhante a Cristo, e a resposta foi a mesma que Jesus tinha dado ao jovem rico: "Se você quer ser perfeito, vá, venda os seus bens e dê o dinheiro aos pobres, e você terá um tesouro nos céus. Depois, venha e siga-me" (Mateus 19:21). Nove séculos antes, o mesmo texto havia lançado o movimento monástico com Antão no Egito.

Valdo decidiu seguir o conselho e assegurou uma renda adequada à esposa, colocou as duas filhas em um convento e deu o resto de suas propriedades aos pobres.

CANÇÃO À SENHORA POBREZA 233

No início da missão, ele recrutou dois sacerdotes para traduzir partes da Bíblia para o francês e, depois de memorizar longas passagens, começou a ensinar pessoas comuns a imitar Cristo pela prática da pobreza voluntária. Assim, sua inovação residia em aplicar a vida de pobreza, discipulado e pregação a todos os cristãos verdadeiros, não só a monges.

Quando ganhou alguns seguidores, Valdo enviou-os de dois em dois, segundo o padrão apostólico, a povoados e mercados para ensinar e explicar as Escrituras. Eles se denominavam "pobres de espírito", mas nós os conhecemos como valdenses.

A pregação não autorizada de Valdo logo enfrentou forte oposição do arcebispo de Lyon, que o mandou parar, mas ele se recusou, citando São Pedro: "É preciso obedecer antes a Deus do que aos homens!" (Atos 5:29). O arcebispo, então, excomungou-o.

Valdo e seus seguidores decidiram recorrer ao papa. Eles chegaram a Roma e se depararam com a cidade lotada de clérigos participando do Terceiro Concílio de Latrão (1179). Mesmo assim, conseguiram uma audiência antes do Concílio, mas, na ocasião, tiveram a infelicidade de ser ridicularizados por um inglês astuto chamado Walter Map.

O papa Alexandre III por sua vez não encontrou evidência de heresia neles e impressionou-se com sua pobreza. No entanto, por serem meros leigos, sua decisão foi a de que poderiam pregar apenas a convite dos bispos — uma possibilidade muito improvável.

Valdo estava convencido de que as Escrituras o mandavam pregar aos pobres com ou sem a aprovação dos bispos, então, juntamente com um número crescente de seguidores, ele continuou a pregar e praticar a pobreza apostólica. O movimento difundiu-se pelo Sul da França e pelos Alpes até a Itália. Em 1184, a desobediência obrigou o papa Lúcio III a excomungá-los da santa Igreja Católica.

O conflito é compreensível. Os valdenses queriam purificar a Igreja com um retorno à vida simples dos apóstolos, o que significava renunciar aos poderes mundanos. Tinham o mesmo objetivo da Igreja Romana, a salvação, no entanto, seus meios eram radicalmente diferentes. O papado não podia renunciar seus sacramentos ou seu sacerdócio, nem admitir que a fé em Deus poderia ser algo diferente das ordens de Roma. Já os valdenses sentiam cada vez mais que nenhum ensinamento, exceto o de Cristo, era obrigatório, ou seja, as Escrituras deviam dominar. Contudo, como poderiam encontrar apoio à sua causa se todos vivessem em pobreza apostólica? Aos poucos, eles passaram a aceitar, assim como os primeiros mosteiros, dois níveis de comprometimento cristão. Os "pobres de espírito" — a sociedade propriamente dita — estavam vinculados por votos especiais e cultuavam juntos em simplicidade. O outro círculo de "amigos" permanecia na Igreja Católica, mas fornecia recrutas e sustento para o movimento.

234 HISTÓRIA DO CRISTIANISMO

Estava tão claro que os valdenses eram um movimento em busca do retorno à Bíblia que, ao longo dos anos, muitos cristãos evangélicos tentaram apresentá-los como "reformadores anteriores à Reforma". Em comparação com a doutrina de autoridade papal da Igreja Romana, a convocação valdense de retorno à Bíblia soa, de fato, como Lutero ou Calvino, mas, mesmo assim, seu entendimento de salvação — uma vida de pobreza e penitência — carece da nota clara da graça de Deus, que tão poderosamente soou na Reforma.

O PERIGO DE NOVAS HERESIAS

Um terceiro movimento dissidente e, de longe, o mais problemático para a Igreja Católica, foi o grupo comumente chamado de *cátaros*, que significa *os puros*. Por terem sido especialmente influentes na cidade e nos arredores de Albi, no Sul da França, alguns os chamavam de albigenses.

A maior parte do que sabemos sobre os albigenses veio de seus inimigos e, como Charles Williams observou certa vez, ninguém pode garantir com precisão o que o adversário de alguém diz, muito menos pensa, a seu respeito.

Muito provavelmente, entretanto, os cátaros infiltraram-se na Europa vindos da Bulgária, onde uma de suas principais ramificações recebia o nome de bogomilismo. Tal como os gnósticos na Igreja primitiva, os cátaros defendiam que o universo era o cenário de um conflito eterno entre dois poderes, um bom e um mau. A matéria, incluindo o corpo humano, era obra do poder maligno, o deus do Antigo Testamento, o qual, alegavam os cátaros, havia aprisionado a alma humana em um corpo terreno.

Para escapar do poder da carne, o cátaro genuíno devia abster-se do matrimônio, das relações sexuais, da ingestão de carne e dos bens materiais. Essa era uma pobreza radical, mas não fundamentada no exemplo de Jesus ou na natureza do universo. Uma guerra civil cósmica era travada entre matéria e espírito, e os cátaros tomavam o lado do espírito.

O bom Deus, ensinavam, tinha enviado Cristo para revelar o caminho da salvação ao homem; Cristo, para os cátaros, não era um ser humano, mas um espírito vivificante. Era-lhes impossível conceber um Cristo humano; Salvação por morte de cruz, impensável. Em outras palavras, Cristo ensinara o caminho como um Buda, não como o homem-Deus dos credos cristãos.

É evidente que a heresia dos cátaros tinha um aspecto diferente daquela de Arnaldo de Bréscia e Pedro Valdo, os quais se recusavam a submeter-se às autoridades da Igreja, pois eles rejeitavam não apenas papas e bispos, mas o cristianismo básico, e tentavam fugir do mal não com arrependimento e fé, mas com a descoberta e libertação do eu puro.

Os cátaros representaram um enorme perigo para a Igreja Romana, visto que não somente reviveram a antiga heresia dualista, como, em 1200, contavam com a proteção dos príncipes de Toulouse, uma região cultural no Sul da França, e alastravam-se em um ritmo alarmante. A Igreja Católica tinha três armas à disposição: pregações para trazê-los de volta à verdade, cruzadas para aniquilar toda a resistência e a Inquisição para extirpar a heresia por completo.

ASCENSÃO DOS DOMINICANOS

Os papas tentaram enviar pregadores aos cátaros, mas essa iniciativa foi visivelmente ineficaz — até que um espanhol chamado Domingos de Gusmão (1170-1221) descobriu a razão disso. Em 1206, Domingos estava envolvido nos esforços para converter os albigenses quando percebeu que os pregadores designados pelo papa estavam colocando a confiança em sua pompa e dignidade eclesiástica. Os albigenses consideravam aquele espetáculo um sinal de falsa religião, mas Domingos acreditava que os hereges dariam ouvidos à mensagem se os pregadores se submetessem à pobreza e, a fim de ganhá-los, ele se apresentou como um homem pobre, descalço e indigente.

A missão pacífica de Domingos durou apenas dois anos no Sul da França e foi posta de lado pela política rigorosa de Inocêncio III, no entanto, o zeloso espanhol estava convencido de que a pobreza e a pregação caminhavam lado a lado; assim, ele reuniu um grupo de homens com a mesma opinião e deu continuidade à sua obra com os hereges atuando em outros lugares. Em 1220, a missão e o estilo de vida dominicano obtiveram aprovação oficial. A nova ordem de pregação que agora conhecemos como dominicana foi chamada de *mendicante*, e o termo *frade* (ou irmão) distinguia-os dos monges, pois, diferentemente destes, eles viviam em meio ao povo para pregar e ensinar. Tal como os mosteiros haviam surgido para atuar nas zonas rurais, os freis mendicantes agora vinham para atender às necessidades espirituais das pessoas da cidade.

Enquanto isso, Inocêncio III estava determinado a exterminar a heresia albigense. Os franceses do Norte estavam ansiosos por uma chance de conquistar o Sul da França, na época um país separado. Quando Inocente convocou uma cruzada — não contra os turcos muçulmanos, mas contra cristãos hereges —, os franceses do Norte logo saíram pilhando e assassinando, pois não é sempre que bons cristãos conseguem salvar a própria alma e, ao mesmo tempo, ampliar seus reinos exterminando incrédulos. Até Inocêncio ficou chocado com aquela brutalidade, mas a cruzada foi, sem dúvida, bem-sucedida. Em 1215, os albigenses estavam extirpados de Toulouse, e os franceses do Norte haviam reivindicado os territórios devastados do Sul.

CHEGADA DOS INQUISIDORES

O propósito da Inquisição era expulsar os hereges dispersos de seus esconderijos. A infâmia dessa instituição deixou sua marca nas memórias e no

236 HISTÓRIA DO CRISTIANISMO

vocabulário das pessoas em toda a parte. Nós a comparamos à crueldade de uma condenação injusta.

A primeira forma de Inquisição surgiu em 1184, quando o papa Lúcio III exigiu que os bispos "inquirissem" as crenças dos súditos — em suma, eles realizavam um inquérito, uma inquirição —, e a heresia em si ou o ato de refugiar hereges gerava excomunhão imediata.

A difusão dos albigenses e sua escalada de violência contra católicos fiéis exigia medidas mais rígidas. Sendo assim, em 1215, o Quarto Concílio de Latrão, sob a liderança de Inocêncio III, previu a punição dos hereges pelo Estado, o confisco de suas propriedades, a excomunhão daqueles que negassem a oposição à prática e o perdão absoluto dos pecados a quem colaborasse.

Em 1220, o papa tomou a Inquisição das mãos dos bispos e entregou-a aos dominicanos recém-consolidados. Nove anos mais tarde, o Sínodo de Toulouse sistematizou as políticas inquisitoriais, deixando os hereges praticamente sem direitos. O inquisidor não estava sujeito a nenhuma lei, apenas ao papa, e era promotor e juiz. O "julgamento" era secreto, e o acusado tinha de provar sua inocência sem o benefício de um advogado e sem saber quem eram seus acusadores, como em todos os tribunais que seguiam a lei romana.

O último passo significativo foi dado em 1252, quando o papa Inocêncio IV autorizou a tortura como meio de obter informações e confissões dos hereges acusados. Papas, santos e teólogos do passado horrorizavam-se diante da simples ideia de tortura, contudo, nenhuma reserva nesse sentido permaneceu após Inocêncio III ascender ao trono papal e a Igreja Católica alcançar sua majestosa e poderosa unidade.

É bem verdade que o direito canônico proibia os clérigos de derramar sangue, ou seja, quem servia nos altares do Único Sacrifício não deveria sacrificar homens; podia apenas perseguir, interrogar e torturar o prisioneiro. Caso considerasse o infeliz culpado de heresia, o clérigo entregava-o às autoridades civis, geralmente para ser queimado na estaca.

O cenário era desagradável, mas quase todos, seguindo o ensinamento agostiniano, concordavam que salvar o corpo amputando um membro deteriorado era o caminho da sabedoria, e estava claro que a Igreja de Roma era o corpo e que os hereges eram o membro deteriorado.

A cruzada contra a heresia em Toulouse e a Inquisição puseram um fim ao catarismo antes do final do século XIII. A doutrina segundo a qual a matéria é incapaz de obter salvação passou a ser, até à vinda de Mary Baker Eddy, coisa do passado. Os valdenses, com frequência alvos da mesma Inquisição, sobreviveram nas montanhas da Itália e saudaram a Reforma quando ela irrompeu na Europa no século XVI.

A Inquisição também sobreviveu, mesmo com um grave defeito: ela era capaz de amputar, mas não de curar. O ministério de cura surgiu em um povoado cercado por vinhas 135 quilômetros ao Norte de Roma. Assis foi a cidade natal de Giovanni Bernardone, o qual conhecemos como Francisco

CANÇÃO À SENHORA POBREZA **237**

de Assis (1182-1226). Seu pai era um rico italiano comerciante de tecidos, cujo sonho era que o filho se tornasse cavaleiro. Francisco buscou a glória do serviço militar, mas sua captura, enfermidade e uma série de visões obrigaram-lhe a virar as costas aos sonhos do pai. O processo de reorientação foi dramático. Antes da mudança, ele era rico, buscava honra e se mantinha afastado de doenças como lepra. Com Cristo como modelo, ele abandonou a segurança das riquezas, viveu uma vida humilde dedicada ao benefício dos outros e acolheu os leprosos. Após sair de casa usando uma capa esfarrapada e um cinto de corda tomada de um espantalho, ele vagueou pelo campo com alguns seguidores pedindo esmola aos ricos, dando aos pobres e pregando as alegrias da pobreza apostólica.

FUNDAÇÃO DOS FRANCISCANOS

Em 1209, Francisco formulou uma Regra simples para sua pequena confraria, que consistia principalmente do chamado de Cristo para tomar a cruz, de seus conselhos para o jovem rico e de suas instruções para o envio de apóstolos. Com essa Regra em mãos, Francisco e seus companheiros foram ao papa Inocêncio III em busca de aprovação. A cena foi quase uma reprodução de Valdo perante Alexandre III em 1179, mas os tempos eram outros. Inocêncio, ciente do erro que os outros haviam cometido, aprovou a pequena associação de pregadores, e Francisco deu ao grupo o nome Frades Menores (Irmãos Menores), mas nós os chamamos de franciscanos.

Praticamente desde o início, Francisco tinha o mundo em mente. Ele tentou ir à Síria e ao Marrocos, mas foi frustrado por um revés. Então, em 1219, uma expedição ao Egito ofereceu-lhe novamente a oportunidade. Com onze colegas, ele acompanhou o exército até o Oriente Médio, onde tentou, sem êxito, converter o sultão do Egito. De lá, visitou os lugares santos na Palestina, e foi somente após mais de um ano que Francisco pisou na Itália novamente.

Durante sua ausência, surgiram diferenças entre os irmãos. Alguns achavam que o rápido crescimento exigia mais organização, mais regras, mais supervisão, ao passo que outros tentavam apegar-se aos princípios originais da pobreza segundo Cristo.

Ao regressar à Itália, Francisco viu que não era capaz de lidar com os problemas, pois ele era um modelo, não um administrador. Assim, recorreu ao papa para nomear o cardeal Ugolino como conselheiro e, em pouco tempo, entregou a administração da fraternidade ao colega Pedro Catâneo. "Senhor Jesus", orou, "devolvo a ti esta família que me confiaste. Sabes que eu não tenho mais força ou capacidade para cuidar dela." Esta é uma cena familiar em organizações cristãs: um homem funda; outro administra.

Ugolino, que mais tarde se tornou o papa Gregório IX, admirava muito Francisco, mas era, acima de tudo, um príncipe da Igreja. Ele viu as possibilidades do movimento como um agente para o avanço da Igreja Romana,

238 HISTÓRIA DO CRISTIANISMO

especialmente onde sua autoridade havia sido minada por Arnaldo, Valdo e os cátaros. Ele reformaria a Igreja dando autoridade aos franciscanos; Francisco, por sua vez, queria reformar o mundo pregando a humildade de Cristo.

Em 1223, o papa Honório III confirmou uma nova Regra para a ordem, a qual possibilitava uma organização elaborada e tornava a mendicância sua característica fundamental. Assim, os franciscanos uniram-se aos dominicanos em um grande contra-ataque mendicante na pregação, na doutrina e na dedicação. Com a aproximação de seu fim, Francisco foi transportado de volta a Assis e morreu ali em 3 de outubro de 1226, em plena humildade e cantoria.

Francisco foi um produto de sua época e um amante da Senhora Pobreza, mas pertence a todos os séculos cristãos. "Por alguns anos", escreveu Herbert Workman, "o sermão do monte tornou-se um fato realizado, mas o sonho terminou" para quase todos.

Por mais um século, os franciscanos dividiram-se em Conventuais, que permitiam à Igreja ter propriedades para uso franciscano, e Espirituais, cuja opinião era de que a pobreza total era uma marca indispensável da verdadeira Igreja.

Desse modo, a Senhora Pobreza continuou sendo um desafio para a Igreja detentora das riquezas e do poder, mas, assim como a visão de domínio universal de Inocêncio III, ela demonstrou ser uma impossibilidade para toda a Igreja em todos os momentos.

Leitura sugerida

- BALDWIN, Marshall W. *The Mediaeval Church* [A Igreja medieval]. Ithaca, NY: Cornell University Press, 1953.

- GOBRY, Ivan. *St. Francis Assisi* [São Francisco de Assis]. São Francisco: Ignatius, 2006.

- LAMBERT, Malcolm. *Medieval Heresy* [Heresia medieval]. Nova York: Holmes & Meier, 1976.

- RUNCIMAN, Steven. *The Medieval Manichee* [O maniqueísmo medieval]. Londres: Cambridge University Press, 1955.

- THOMPSON, Augustine. *Francis of Assisi: A New Biography* [Francisco de Assis: uma nova biografia]. Nova York: Cornell University Press, 2012.

- TURBERVILLE, A. S. *Medieval Heresy and the Inquisition* [Heresia medieval e Inquisição]. Londres: Archon, 1964.

- WESTIN, Gunnar. *The Free Church through the Ages* [A igreja livre ao longo do tempo]. Nashville: Broadman, 1958.

- WORKMAN, Herbert B. *The Evolution of the Monastic Ideal* [Evolução do ideal monástico]. Boston: Beacon Press, 1962.

CAPÍTULO 22

Homens adormecidos e a lei da necessidade

O declínio do papado

O SÉCULO XIV PARECEU RAIAR SOBRE A EUROPA com um ar triunfante. Em 22 de fevereiro de 1300, o papa Bonifácio VIII proclamou um Jubileu — um Ano Sagrado — para celebrar o novo centenário do nascimento de Cristo. Foi o primeiro Jubileu. O decreto oficial anunciava "perdão pleno e abundante de todos os pecados" a todos os que visitassem as igrejas de São Pedro e São Paulo com reverência durante o Ano Sagrado. Assim, alegres multidões dirigiram-se à Cidade Eterna.

O papa Paulo VI repetiu as palavras de Bonifácio 675 anos depois, ao anunciar que 1975 seria outro Ano Sagrado, utilizando o termo "dom da Indulgência Plenária". E, como no primeiro Ano Sagrado, Roma abriu os braços para as multidões.

Bonifácio VIII (1294-1303), fundador dos Anos Sagrados, levava jeito para pompa e circunstância. Várias vezes, ele surgiu diante dos peregrinos em vestes imperiais bradando: "Eu sou césar. Eu sou o imperador". Segundo relatos, sua coroa papal continha 48 rubis, 72 safiras, 45 esmeraldas e 66 grandes pérolas. Ele podia se dar ao luxo de mostrar generosidade distribuindo perdões aos peregrinos espirituais. Na Igreja de São Paulo, de acordo com um cronista, celebrantes generosos mantiveram dois sacerdotes ocupados dia e noite "arrecadando grande quantidade de dinheiro".

As décadas seguintes pareciam brilhantes para Bonifácio, pois, durante dois séculos, o papado havia usufruído de uma posição incomparável de poder, tanto o religioso quanto político. Bonifácio tinha, diante de si, o exemplo vívido de Inocêncio III, um papa altamente qualificado em impor

240 HISTÓRIA DO CRISTIANISMO

sua vontade sobre reis e imperadores. Assim, supôs que seria capaz de manter a mesma prática.

Três anos após o Jubileu, entretanto, Bonifácio morreria em decorrência do maior insulto pessoal já proferido contra um papa. Enquanto os celebrantes do Jubileu se regozijavam, as forças que marcaram o início do fim da soberania papal medieval já estavam atuando.

Como uma coisa dessas poderia acontecer? Por que os homens e as nações desafiaram o poder secular dos papas?

SONO E MUDANÇA NO REINO

Certa vez, Jesus contou uma parábola sobre um homem que lançava sementes na terra (Marcos 4:26-29). Dia e noite, estivesse o homem dormindo ou acordado, as sementes germinavam e cresciam e, às vezes, o homem não fazia ideia de como o grão havia crescido. O solo simplesmente produzia o caule, depois o bulbo e, por fim, o grão completo. Jesus disse que o reino dos céus era assim.

Muitas vezes, alterações significativas na Igreja e no mundo ocorrem sem que os homens estejam conscientes, e o século XIV foi uma dessas épocas. O papado, em particular, continuava com sua postura habitual enquanto ideias e forças sociais importantes mudavam a face do cristianismo. O período de 1300 a 1500, é conhecido como o "declínio da Idade Média" porque a concepção de cristandade, a qual unificara o milênio entre os séculos IV e XIV, estava sob ataque vigoroso.

A cristandade era possível graças à harmonia de dois conceitos: o Império cristão e a Igreja Católica. A imagem de um Império cristão, tão proveitosa na criação de uma Europa unificada no sétimo e oitavo séculos, aos poucos perdeu importância nos séculos XII e XIII com a difusão da influência do papa. Inocêncio III demonstrou que a soberania papal era muito mais eficaz na arregimentação de príncipes para uma cruzada ou na defesa da fé contra hereges.

A importância dos séculos XIV e XV não está apenas no declínio do império, mas na perda dramática do prestígio papal.

É cedo demais para falar sobre *nações* no sentido moderno do termo já no século XIV, mas cada vez mais as pessoas estavam se acostumando à ideia de que eram inglesas ou francesas quando seus pensamentos iam além de sua própria cidade ou religião. E, talvez o mais importante, era-lhes possível imaginar seu "estado" funcionando sem direção papal direta. Em termos modernos, podemos dizer que elas começaram a pensar em questões seculares e sagradas, em um domínio para o Estado e um domínio para a Igreja. Essa nova forma de ver o mundo aparece com mais nitidez nos acontecimentos que gravitaram em torno dos papas.

A Europa estava lentamente se afastando de seu passado feudal. A terra era menos importante, o novo interesse era dinheiro vivo, e cada vez mais os homens no topo da estrutura do poder medieval percebiam que era necessário

HOMENS ADORMECIDOS E A LEI DA NECESSIDADE **241**

comandar fontes maiores de renda, o que, por sua vez, exigia uma autoridade fiscal mais ampla. A luta entre a Igreja e as impetuosas monarquias nacionais da Inglaterra e da França desencadeou a turbulência do século XIV.

Eduardo I governava a Inglaterra; Filipe, o Belo, a França. Ambos eram fortes e confiantes, porém conflitavam quanto às terras na França que estavam sob domínio inglês. Para financiar suas dispendiosas campanhas, Eduardo e Filipe depararam-se com a mesma solução: tributar o clero presente em seus domínios; contudo, na opinião do papa, a renda eclesiástica estava isenta de fiscos obrigatórios e era tributável apenas pela própria Igreja.

Em 1296, Bonifácio VIII havia emitido o *Clericis laicos*, um documento que ameaçava a excomunhão de qualquer governante leigo que tributasse o clero e de qualquer eclesiástico que pagasse esses impostos sem consentimento papal. No entanto, Eduardo e Filipe eram uma nova raça de monarcas seculares que não se impressionava com as ameaças de Roma. A réplica de Eduardo foi decretar que, se o clero não pagasse o que devia, seria despojado de toda proteção jurídica, e suas amplas propriedades seriam confiscadas pelos delegados do rei. A resposta de Filipe foi embargar completamente a exportação de ouro, prata e joias de seus domínios, privando o tesouro papal de uma importante fonte de renda proveniente do arrecadamento das igrejas na França.

Perante tão forte oposição, Bonifácio recuou, explicando que não tinha intenção de cortar as contribuições clericais para a defesa em tempos de extrema necessidade. Todavia, uma vez que os reis podiam decidir o que constituía "defesa" e "extrema necessidade", a vitória para Eduardo e Filipe estava clara.

NOVA VOZ NA CRISTANDADE

A vitória real, entretanto, estava longe de ser alcançada. Encorajado pelo sucesso estrondoso do ano do Jubileu, Bonifácio concluiu que a reverência espiritual manifesta por ele em cada parte da cristandade estendia-se também à esfera civil, e uma segunda coroa foi acrescentada à sua tiara como símbolo de soberania temporal. Concentrando sua artilharia em Filipe, o papa estava determinado a ensinar uma lição ao monarca francês. Filipe, entretanto, representava uma nova e estridente voz na cristandade, defendendo que Jesus Cristo não havia dado à Igreja nenhuma autoridade temporal.

Em 1301, o rei prendeu um bispo francês sob a acusação de traição. Bonifácio ordenou a libertação do oficial e voltou atrás com o consentimento de tributação das terras eclesiásticas. No ano seguinte, Filipe respondeu convocando representantes da nobreza, do clero e da burguesia francesa (a estreia de sua Assembleia Nacional, os Estados Gerais) para exibir seu apoio unânime no conflito com o papa, e um dos ministros de Filipe apresentou a escolha deles com clareza: "A espada do meu mestre é feita de aço; já a do papa, de palavras".

242 HISTÓRIA DO CRISTIANISMO

Vários meses depois, Bonifácio emitiu a *Unam sanctam*, a declaração mais extrema de poder papal em toda a história da Igreja. Desta vez, Bonifácio transmitiu sua mensagem de forma inequívoca. "É absolutamente necessário", declarou, "que todos os seres humanos sejam sujeitos ao pontífice romano." A réplica do rei foi igualmente drástica; ele se preparou para depor Bonifácio com base na ilegalidade de sua eleição. Para executar esse plano, ele contou com Guilherme de Nogaret, um astuto advogado que o estava ajudando a construir os fundamentos da nação.

Nogaret também era mestre em acusações falsas. Ele era conhecido por aprovar a utilização de testemunho "voluntário", obtido pelo processo de despir a testemunha, untá-la com mel e pendurá-la sobre uma colmeia. Sua acusação contra Bonifácio incluía não apenas a ilegitimidade da eleição, mas também heresia, simonia e imoralidade. Munido de autoridade conferida por uma assembleia de clérigos e nobres franceses, ele se apressou à Itália, determinado a levar o papa à França para julgamento diante de um concílio eclesiástico especial.

Bonifácio, então com 86 anos, havia deixado o calor de Roma para passar o verão no sopé dos montes Apeninos, em sua terra natal, Anagni. Nogaret e algumas tropas convocadas surpreenderam o idoso Bonifácio em seu próprio quarto. Há controvérsias quanto a ele ter sido maltratado ou não, mas, sem dúvida, recebeu uma enxurrada de insultos e foi mantido prisioneiro por vários dias. Quando o povo simples de Anagni percebeu o que estava acontecendo, uniu-se e resgatou Bonifácio, mas, atordoado e humilhado, o papa morreu algumas semanas depois. Contemporâneos afirmaram que "ele chegou como uma raposa, reinou como um leão e morreu como um cão".

Qual é o significado do episódio de Anagni? Ele revela que os cristãos europeus não mais aceitavam a interferência papal naquilo que consideravam questões puramente políticas. Ninguém era capaz de dizer com certeza o que era uma questão puramente política, mas o poder de um rei sobre seu próprio país era um fato aceito de modo geral. Não obstante, uma afronta contra um papa, mesmo que impopular, causava amplo ressentimento. Bonifácio não era um papa amado; era alvo de críticas generalizadas. Até Dante, o gênio italiano que escreveu *A divina comédia*, reservou-lhe um lugar no inferno! Mesmo assim, ele era o Vigário de Cristo, e poucos na época conseguiam imaginar o cristianismo sem o Santo Padre.

Então, mesmo sem os termos políticos, os homens no início do século XIV estavam começando a distinguir autoridade secular de autoridade religiosa e a reconhecer os direitos de cada uma em seu próprio lugar, e isso era novo.

Anagni passou a simbolizar o declínio do poder papal, assim como Canossa, cerca de dois séculos antes, havia simbolizado sua ascensão. Quando o sucessor de Bonifácio em Roma morreu, após um reinado breve e ineficaz, o ousado golpe de Filipe gerou frutos. Em 1305, o Colégio de Cardeais elegeu um francês, o arcebispo de Bordeaux, como papa Clemente V,

HOMENS ADORMECIDOS E A LEI DA NECESSIDADE **243**

mas este nunca pôs os pés em Roma, preferindo permanecer perto de casa, onde estava sempre acessível às ordens reais.

CATIVEIRO DO SANTO PADRE

A eleição de Clemente marcou o início do período de 72 anos na história da Igreja chamado, em homenagem ao longo exílio dos antigos judeus na Babilônia, de Cativeiro Babilônico do papado. Depois de Clemente, seis papas sucessivos, todos de origem francesa, decidiram residir em uma pequena cidade chamada Avignon, que ficava no rio Ródano, na outra margem das fronteiras de Filipe, em vez de em Roma. Com os papas, ela se tornou uma cidade movimentada de 80 mil habitantes com sua imensa burocracia clerical e o suntuoso palácio do papa.

A transferência do papado para Avignon foi mais do que uma questão geográfica. No pensamento do povo europeu, Roma, a Cidade Eterna, representava não só a ideia de sucessão apostólica da Igreja fundamentada no apóstolo Pedro, como também o conceito de universalidade ocidental, o *imperium* romano. Avignon, em contrapartida, estava cercada por todos os lados pelo reino francês e era um mero instrumento nas mãos de uma única nação, os franceses, sedentos por poder.

A Alemanha nutria um amargo ressentimento contra o papado de Avignon. Em 1324, o imperador Luís da Baviera (1314-1347) opôs-se ao papa João XXII recorrendo a um concílio geral. Dentre os estudiosos que apoiavam o movimento, estava Marsílio de Pádua, o qual fugira da Universidade de Paris. Em 1326, Marsílio e seu colega João de Jandum presentearam Luís com uma obra intitulada *O defensor da paz*, que questionava toda a estrutura papal da Igreja e defendia um governo democrático. *O defensor da paz* afirmava que a Igreja era a comunidade de todos os cristãos e que o sacerdócio não era superior aos leigos. Os papas, bispos e sacerdotes não haviam recebido funções especiais de Cristo; eles serviam apenas como agentes na comunidade dos cristãos, representada pelo concílio geral.

Essa visão radical e revolucionária da Igreja transformava o papado no gabinete executivo do concílio e subordinava o papa à autoridade conciliar. A teoria, chamada conciliarismo, logo se tornaria realidade.

A maior parte das hostilidades contra o papado de Avignon era motivada por seu uso abusivo de dinheiro. O declínio na receita dos Estados Papais na Itália havia causado a falência da corte papal; então, para repor esses fundos e arrecadar outros, os papas de Avignon recorreram a uma série de esquemas — alguns antigos, outros novos. Havia taxas para determinados privilégios e impostos para outros; por exemplo, os papas introduziram a regra de que, após a nomeação de um bispo, o salário do primeiro ano, chamado de *annat*, deveria ir para o papa. Visando preencher vagas, os papas costumavam transferir um bispo de outra cidade, criando mais *annates*; ou, então, atrasavam a nomeação e recebiam toda a renda do período — isso era chamado de *reserva*.

244 HISTÓRIA DO CRISTIANISMO

A prática mais lucrativa, entretanto, era a concessão de indulgências, que eram dispensadas por qualquer motivo, desde a construção de pontes até guerras, e alegações extravagantes de seus benefícios espirituais aumentavam a cada geração. Sentimentos amargos com relação ao papado cresciam, principalmente quando o Santo Padre exigia taxas ou ganhos sob ameaça de excomunhão.

Em 1360, uma turbulência na Itália causada pelos Estados Papais e pelos protestos contra a dominação francesa do papado deixaram claro que o papado de Avignon não poderia continuar indefinidamente. Mas o que ninguém poderia prever eram os acontecimentos ultrajantes que o retorno a Roma ocasionaria.

Em 1377, o idoso papa Gregório XI regressou a Roma, mas a alegria pelo restabelecimento do papado na Cidade Eterna durou pouco. A morte de Gregório um ano depois exigiu uma nova eleição papal, e o Colégio de Cardeais, ainda repleto de franceses, cedeu ao clamor de uma multidão romana e escolheu um italiano. Em 18 de abril, no domingo de Páscoa, um novo papa foi coroado: Urbano VI. Todos os cardeais estavam presentes. Os meses de verão, contudo, trouxeram as condutas despóticas de Urbano, gerando dúvidas quanto à sua seleção. Em agosto, os cardeais subitamente informaram toda a Europa de que o povo romano havia forçado a eleição de um apóstata para o trono de Pedro e que os procedimentos haviam sido inválidos.

Um mês depois, o "apóstata" respondeu criando praticamente um novo Colégio de Cardeais. Os cardeais franceses escolheram um novo papa para si, Clemente VII, e anunciaram esse fato às diversas autoridades civis e eclesiásticas. Clemente VII viajou pela Itália e acabou partindo para a França e Avignon.

GRANDE CISMA PAPAL

Assim, com Urbano governando em Roma e Clemente governando em Avignon, o sombrio capítulo na história papal chamado Grande Cisma, que teve duração de 39 anos, começou. Cada papa tinha seu próprio Colégio de Cardeais, assegurando, assim, a sucessão papal de sua escolha, e cada um deles alegava ser o verdadeiro Vigário de Cristo, com o poder de excomungar aqueles que não o reconheciam.

Tais rupturas nunca haviam acontecido antes, e tanto antes quanto depois desse cisma houve almas piedosas que rejeitaram as alegações da Igreja romana. Agora, porém, ninguém estava rejeitando tais alegações, exceto a própria Igreja de Roma, que estava envolvida tanto na promoção quanto na rejeição de seu próprio pontífice.

A identidade apropriada do verdadeiro papa era uma questão de importância considerável para a cristandade, mas, infelizmente, as únicas testemunhas do problema, os cardeais, contradiziam-se categoricamente. Se o que haviam dito em abril era verdade, então o que disseram em setembro não era; e se o que disseram em setembro estava correto, então o que haviam dito em abril não estava. Ficou a cargo de universidades, reis, bispos, duques e qualquer outra pessoa decidir quem era o verdadeiro Vigário de Cristo.

A França prosseguiu com Clemente; a Itália, com Urbano. O império seguiu Urbano, e a Inglaterra também; já a Escócia seguiu Clemente. Porém, dentro de cada país, havia minorias. Tumultos e levantes eclodiram, e propriedades eram incendiadas e cruzadas eram apregoadas. Em suma, uma casa dividida não poderia subsistir.

Em 1395, professores importantes da Universidade de Paris propuseram um concílio geral, representando a Igreja Universal, para resolver o cisma. Todavia, dificuldades surgiram imediatamente, pois o direito canônico afirmava que somente o papa poderia convocar um concílio geral; e apenas o papa poderia ratificar qualquer decisão de um concílio geral. Mas qual papa detinha esses direitos? O direito canônico estava, no fim das contas, proibindo a reunião da cristandade! Seria a própria necessidade uma lei superior?

ELEIÇÃO DE UM NOVO PAPA

Em 1409, a maioria dos cardeais de ambos os lados achava que sim — a necessidade era uma lei superior — e, assim, reuniram-se para um concílio geral em Pisa, na costa oeste da Itália. Os cardeais depuseram ambos os pretendentes ao trono papal e elegeram um terceiro homem, Alexandre V. Nenhum dos dois papas depostos, entretanto, aceitou a ação do concílio e, desse modo, a Igreja tinha agora não dois, mas três pretendentes ao trono de Pedro.

Três papas ao mesmo tempo é demais para quase todos os padrões, especialmente quando um dos papas prega uma cruzada contra o outro e começa a vender indulgências para arcar com os custos. Esse espetáculo bizarro despertou a Europa para que seus líderes tomassem uma atitude firme. Em 1414, na cidade alemã de Constança, o santo imperador romano participou da reunião eclesiástica mais impressionante já realizada na época, para a qual até a Igreja Ortodoxa Grega enviou representantes.

Pela primeira vez, a votação seguiu um critério puramente nacional. Em vez da tradicional assembleia de bispos, o concílio incluiu representantes leigos e foi organizado como uma convenção de "nações" (alemã, italiana, francesa e inglesa; a espanhola entrou depois) e cada nação tinha um voto. A estrutura nacional do concílio foi extremamente significativa e demonstrou que a Igreja estava percebendo, com relutância, o novo alinhamento nacional de poder.

Enfim, em 1417, o concílio conseguiu fazer com que um incumbente papal abdicasse, destituiu os outros dois e escolheu um novo Vigário de Cristo, Martinho V. Um dos papas depostos, Bento XIII de Avignon, aferrou-se ao título; mas, para todos os efeitos, o concílio em Constança pôs fim ao Grande Cisma.

A necessidade havia triunfado, mas foi prontamente negada. Martinho ascendeu ao poder precisamente por causa da ação do concílio, mas, assim

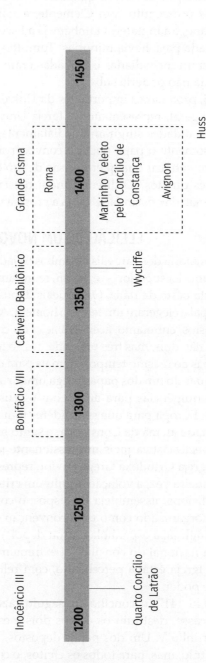

que assumiu o cargo de papa, ele repudiou todos os atos do concílio, exceto aquele que lhe permitira reinar. A mente jurídica da Igreja romana nunca havia se deparado com tamanha contradição, não de teoria, mas de prática.

Martinho tinha boas razões para negar o trabalho do concílio, visto que ele suscitava uma questão muito importante: Quem é maior, um concílio geral que cria o papa ou o papa que alega supremacia sobre os concílios?

O movimento conciliar visava transformar o papado em uma espécie de monarquia limitada. Constança decretou solenemente que os concílios gerais eram superiores aos papas e que eles deveriam se reunir em intervalos regulares no futuro, decisão que o papa chamou de herética. Seu retorno ao poder e a incapacidade dos concílios posteriores de introduzir reformas extremamente necessárias permitiram que os papas, no ano 1450, desacreditassem o movimento conciliar. Eles se ocupavam não com reformas religiosas, mas com política italiana e mecenato, e muitas vezes o papa não sabia se era sucessor de Pedro ou de césar. A corrupção política e a imoralidade no Vaticano atingiram níveis inacreditáveis sob Rodrigo Bórgia, que governou como Alexandre VI (1492-1503) e era absolutamente imoral e obcecado pela paixão de proporcionar riqueza e poder aos filhos.

Assim, Constança podia ser negada, mas não esquecida. O distanciamento do papa estava aumentando. Os homens começaram a pensar em termos de "igrejas nacionais" e na Igreja sendo regida por corpos representativos. Resumindo, o desafio da Reforma Protestante já estava preparado.

Leitura sugerida

- BALDWIN, Marshall W. *The Mediaeval Church* [A Igreja medieval]. Ithaca, NY: Cornell University Press, 1953.

- DEANESLY, Margaret. *A History of the Medieval Church 590-1500* [História da Igreja medieval 590-1500]. Londres: Methuen, 1969.

- HEINZE, Rudolph W. *Reform and Conflict: From the Medieval World to the Wars of Religion, AD 1350-1648,* [Reforma e conflito: do mundo medieval às guerras religiosas, 1350-1648 d.C.], *Baker History of the Church.* v. 4. Grand Rapids: Baker, 2004

- HOLLIS, Christopher (Org.). *The Papacy* [O papado]. Nova York: Macmillan, 1964.

- *LOGAN, F. Donald. *A History of the Church in the Middle Ages* [História da Igreja na Era Medieval]. Nova York: Routledge, 2013.

- SCHAFF, Philip. *History of the Christian Church, Volume V, The Middle Ages (Part I), AD 1049-1294* [História da igreja cristã, volume 5, A Era Medieval (parte I), 1049-1294 d.C. Grand Rapids: Eerdmans, 1957.

- *SOUTHERN, R. W. *Western Society and the Church in the Middle Ages* [Sociedade ocidental e a Igreja da Era Medieval], *The Penguin History of the Church.* v. 2. Nova York: Penguin, 1990.

CAPÍTULO 23

Juízo do tempo
Wycliffe e Huss

EM SEU PEQUENO, PORÉM REVELADOR, LIVRO *Christianity and History* [Cristianismo e história], Herbert Butterfield observa que os sistemas humanos surgem, prosperam e depois perdem a força porque o tempo tem seu próprio "juízo". Instituições que, à primeira vista, parecem ser bem respeitáveis acabam desmoronando porque os próprios séculos expõem suas falhas.

O Cativeiro Babilônico em Avignon e o Grande Cisma do papado que o seguiu revelaram deficiências fundamentais. As reformas básicas estavam em ordem, mas, após o fracasso do movimento conciliar, nenhuma reforma significativa saiu da Igreja de Roma, e a concepção de que o papado era o canal da vontade de Deus foi morrendo aos poucos. Os homens acreditavam que o papado, que era o centro da sociedade cristã na terra, era essencial não só para a vida religiosa, mas também como meio de sancionar o governo político.

Duas almas corajosas — João Wycliffe, um inglês, e João Huss, um tcheco — ousaram sugerir a ideia de que a Igreja cristã era algo diferente de uma organização visível na terra liderada pelo papa. Eles pagaram caro pela mera menção da possibilidade, mas viam claramente que havia chegado o momento do juízo sobre a casa de Deus. Mas quem eram eles e como apontaram o caminho para o futuro?

O ZELOTE INGLÊS, WYCLIFFE

João Wycliffe foi um zelote e, como a maioria dos zelotes, desprezava a neutralidade e recebia na mesma medida em que dava. Desde sua época, os homens ora o exaltaram até os céus, ora o destinaram às trevas exteriores.

A confusão quanto ao verdadeiro Wycliffe é compreensível, uma vez que sabemos realmente muito pouco a seu respeito. Ele tinha o hábito

JUÍZO DO TEMPO **249**

exasperante de esconder sua personalidade sob as páginas de discursos acadêmicos, e, embora os historiadores consigam acompanhar seus argumentos de modo satisfatório, poucos alegam *compreendê-lo*.

O início da vida de Wycliffe é tão obscuro quanto sua personalidade, pois sequer temos certeza de sua data de nascimento. Ele foi criado no norte da Inglaterra, mas emergiu das névoas medievais apenas quando foi estudar em Oxford, onde concluiu o doutorado em 1372 e ascendeu imediatamente à preeminência como principal professor na universidade.

A questão mais discutida na época era o *domínio* ou *senhorio* dos homens. Todos os pensadores concordavam que o senhorio vinha de Deus, mas a questão era: De que maneira esse direito de governar era transmitido por Deus aos governantes terrenos? Segundo uma opinião amplamente aceita, o senhorio só era justo quando derivava da Igreja romana, tendo em vista que Deus havia confiado ao papa o domínio universal sobre todas as pessoas e circunstâncias temporais; sendo assim qualquer autoridade exercida por governantes pecadores era ilegítima.

Outros mestres insistiam que o senhorio dependia menos da mediação da Igreja e mais do fato de seu possuidor estar em um estado de graça, isto é, de não ter cometido nenhum pecado grave. Um dos professores de Wycliffe, Richard FitzRalph, argumentou o seguinte: "Por que o estado de graça só deve ser exigido de governantes temporais? Por acaso os eclesiásticos têm o direito de liderar caso estejam vivendo em um pecado mortal?" Se a graça é essencial a um governante leigo, afirmara FitzRalph, ela não é menos necessária a um clérigo.

Sob a influência indubitável de seu mestre, Wycliffe mergulhou na discussão e acrescentou uma ideia importante, argumentando que o governo inglês tinha a responsabilidade divinamente atribuída de corrigir os abusos da Igreja dentro de seus domínios e depor os eclesiásticos que persistissem no pecado — inclusive, o Estado poderia confiscar a propriedade de oficiais corruptos da Igreja.

Não é de admirar que, no ano 1377, o papa tenha condenado o ensinamento do reformador de Oxford. A Igreja opôs-se a Wycliffe naquele momento, mas amigos influentes na Inglaterra asseguraram que a condenação nunca passasse de ameaças.

A importância de longo alcance do ensinamento de Wycliffe sobre a questão do domínio reside em sua ligação com a Reforma, e essa foi a maneira que o reformador inglês encontrou para enfatizar a liberdade espiritual do homem justo. Ele é possuidor de "um domínio fundamentado em graça": "Deus não dá senhorio aos seus servos sem primeiro oferecer-se a eles", portanto, todos os homens, sacerdotes ou leigos, detêm uma posição igual aos olhos de Deus. Essa relação pessoal entre o homem e Deus é tudo; o caráter é a única exigência para o cargo. O sacerdócio mediador e as missas sacrificiais da Igreja medieval não são mais essenciais; desse modo,

Wycliffe antecipa a doutrina de Lutero de justificação somente pela fé, e ambos destroem as barreiras medievais entre Deus e seu povo.

A doutrina do "domínio fundamentado em graça" foi apenas a primeira vez em que Wycliffe bateu de frente com a Igreja, contudo, o ano decisivo de sua carreira reformadora foi 1378, a data do Grande Cisma do papado. Diante da tragédia cômica de um papa em Roma excomungando outro papa em Avignon, Wycliffe tornou-se mais radical em sua avaliação da Igreja e da necessidade que ela tinha de uma reforma.

Suas opiniões iniciais sobre o papado eram moldadas pela ênfase na pobreza apostólica, e ele insistia que o ocupante do trono de São Pedro deveria ser como o apóstolo, sem prata ou ouro. De acordo com Wycliffe, "o papado da Bíblia" consistia em uma vida pobre e humilde, gasta no serviço da Igreja, que servisse como exemplo de bondade cristã ao povo de Deus; ou seja, o papa deveria ser o pastor do rebanho e o pregador que traz homens a Cristo.

Tal perspectiva não deixava espaço para o poder temporal do papa. A concepção do papado como força política era anátema para Wycliffe, e ele detestava a pompa do poder, denunciando o mundanismo e o luxo dos papas.

Em certo sentido, Wycliffe aclamou o Grande Cisma. O espetáculo de dois papas rivais excomungando-se mutuamente parecia-lhe uma confirmação pública da falência espiritual do cargo e da necessidade de se colocar outra coisa em seu lugar. Entretanto, a medida que o cisma prosseguiu, a opinião de Wycliffe tornou-se mais rígida, e ele começou a crer que o papa era o anticristo; assim, se havia dois papas afrontando um ao outro, eles simplesmente dividiam o título profano.

Em um fluxo contínuo de acusações, Wycliffe demonstrou como o papado havia se afastado da fé e da prática simples de Cristo e seus discípulos. "Cristo é a verdade;" escreveu, "o papa é o princípio da mentira. Cristo viveu na pobreza; o papa trabalha em troca de magnificência mundana. Cristo recusou o domínio temporal; o papa o procura."

O reformador de Oxford desprezava a concepção de que todos os bispos de Roma deveriam estar acima da cristandade só porque Pedro havia morrido em Roma. Seguindo o mesmo raciocínio, os muçulmanos poderiam concluir que seu "prelado de Jerusalém", onde Cristo morrera, era maior do que o papa. Somente Cristo, declarou Wycliffe, é o cabeça da Igreja. A instituição papal é "cheia de veneno". O papa é o próprio anticristo, o homem de pecado que se exalta acima de Deus. Então, que venha o juízo!

DE REFORMADOR A PROTESTANTE

Assim, o reformador deu o grande passo de sua vida: deixou de ser um pregador ortodoxo, ávido pela reforma da Igreja romana internacional existente, para ser um protestante — empregando aqui um termo posterior.

A ruptura do estudioso de Oxford com o papado era parte de uma nova ideia que ele havia formado sobre a Igreja. Ele aceitava a antiga divisão da

Igreja em três partes: "uma triunfante no céu", "uma militante na terra" e a terceira "dormindo no purgatório". Porém, ele definia a Igreja na terra como o número inteiro dos eleitos, contendo "apenas homens que serão salvos". Seu predestinacionismo era tão absoluto que ele acrescentava que nenhum homem, nem mesmo o papa, sabia se fazia parte da Igreja ou se era "um membro do diabo". Wycliffe protegia a doutrina de alguns de seus perigos afirmando que, "por ter a esperança de que estará seguro em bem-aventurança, o homem deve supor que é um membro da santa Igreja", sustentando inclusive que "todo homem será condenado por sua própria culpa, e todo homem será salvo por seu próprio mérito".

Dessa doutrina de uma Igreja invisível de eleitos, Wycliffe extraiu algumas conclusões práticas. A Igreja é uma unidade que desconhece primados e hierarquias papais e "seitas" de monges, frades e sacerdotes; e a salvação do eleito não pode ser condicionada por missas, indulgências, penitências ou outros artifícios do sacerdócio.

Com o tempo, Wycliffe desafiou toda a gama de crenças e práticas medievais: perdões, indulgências, absolvições, peregrinações, adoração de imagens, adoração de santos, o entesouramento dos méritos dos santos na reserva do papa e a distinção entre pecados mortais e veniais. Ele conservou a crença no purgatório e na extrema-unção, embora admitisse não ter encontrado a instituição da extrema-unção na Bíblia. As imagens, disse ele, caso intensificassem a devoção, não precisavam ser removidas; e as orações aos santos não eram necessariamente erradas. Ele considerava as confissões proveitosas, contanto fossem espontâneas e feitas a uma pessoa adequada e, melhor ainda, em público; já a confissão obrigatória, ele chamava de "escravidão do anticristo". Podemos captar o espírito da revolta em sua declaração de que a pregação "tem mais valor do que a administração de qualquer sacramento".

O padrão segundo o qual Wycliffe julgava a Igreja romana era o ensinamento da Escritura. "Nem o testemunho de Agostinho nem o de Jerônimo", disse ele, "nem o de qualquer outro santo deve ser aceito, salvo se estiver fundamentado na Escritura"; sendo assim, "A lei de Cristo", defendia, "é melhor e suficiente; as outras leis devem ser consideradas meros ramos da lei de Deus".

O reformador de Oxford foi ainda mais longe ao afirmar que todo homem tem o direito de estudar a Bíblia por si só: "O Novo Testamento tem plena autoridade e está aberto ao entendimento dos homens simples nos pontos mais necessários à salvação [...]. Sendo assim, aquele que pratica a mansidão e a caridade tem a verdadeira compreensão e perfeição de toda a Escritura Sagrada", pois "Cristo não escreveu suas leis em tábuas ou em peles de animais, mas no coração dos homens".

Em todo o seu clamor puritano, Wycliffe não despertou hostilidade semelhante àquela provocada por seu ataque contra a doutrina tradicional da transubstanciação. No verão de 1380, ele publicou doze argumentos

João Wycliffe (1300-1384), reformador inglês, denunciava o mundanismo dos papas e enfatizava a liberdade espiritual dos justos.

João Huss (1369-1415), reformador tcheco, considerava Cristo, não o papa, o cabeça da Igreja.

contra o conceito de que o pão e o vinho da Santa Eucaristia eram transformados no corpo físico e no sangue de Cristo. Segundo ele, a Igreja primitiva defendia que os elementos consagrados, o pão e o vinho, eram símbolos eficazes do corpo e do sangue de Cristo; logo, Cristo está presente nos elementos de modo sacramental, não material — ou seja, a finalidade do sacramento é a presença de Cristo na alma.

A negação da transubstanciação por Wycliffe deu aos seus inimigos a oportunidade pela qual aguardavam, e os apoiadores do reformador passaram a ser uma pequena minoria em Oxford. Primeiro, o reitor e um pequeno concílio condenaram suas doutrinas e proibiram-lhe de lecionar; depois, o arcebispo da Cantuária, William Courtenay, convocou outro concílio que considerou heréticas dez doutrinas de Wycliffe. Em 1382, ele foi efetivamente silenciado em Oxford.

No entanto, antes de sua derrota na universidade, Wycliffe havia se voltado ao povo do campo e da cidade, e, por sua missão necessitar da Bíblia na linguagem dos artesãos e camponeses, ele liderou alguns estudiosos de Oxford na tradução da Bíblia latina para a língua inglesa e seguiu os métodos de São Francisco e dos frades.

De Oxford, como de Assis dois séculos antes, Wycliffe enviou "sacerdotes pobres" às estradas, aos vilarejos e, por vezes, às igrejas, para ganhar as almas dos negligenciados. Trajando mantos marrons de lã não tratada, sem sandálias, bolsas ou alforjes, com um longo cajado à mão e dependentes da boa vontade do próximo para obter alimento e abrigo, os sacerdotes pobres de Wycliffe logo se tornaram uma potência na terra — seus inimigos apelidaram-nos de *lolardos*, que significa *murmuradores*. Eles carregavam algumas páginas da Bíblia do reformador, bem como seus tratados e sermões, enquanto cruzavam a região campestre pregando a Palavra de Deus. Um observador alarmado afirmou que "quase todo homem" que encontrava era um lolardo. A despeito do ambiente acadêmico de Wycliffe, seu legado foi transmitido, em grande parte, por proclamadores leigos que procuravam viver e anunciar uma dependência simples da Bíblia; além disso, sua influência é um exemplo do poder recorrente das Escrituras quando lidas na linguagem do povo.

Wycliffe ganhou apoio suficiente de modo que as autoridades eclesiásticas tiveram o bom senso de não confrontá-lo. Seus seguidores foram perseguidos, expulsos de Oxford ou forçados a renunciar às suas opiniões, mas Wycliffe, embora dispensado da universidade, foi deixado em paz ao final da vida em sua paróquia, em Lutterworth, onde morreu em 1384.

TRANSIÇÃO À BOÊMIA

O movimento lançado por Wycliffe continuou na Inglaterra sob restrições, mas encontrou uma oportunidade ainda maior de expansão na Boêmia. As duas nações foram ligadas em 1383, pelo casamento de Anne da Boêmia com o rei Ricardo II da Inglaterra. Assim, os alunos de ambos os países iam e voltavam de Oxford e Praga.

A revolta de Wycliffe obteve sucesso maior na Boêmia porque ela foi acompanhada por um forte partido nacional liderado por João Huss. O reformador tcheco nascera no sul da Boêmia, em uma pequena cidade chamada Husinetz, e seus pais eram camponeses. Ele estudou teologia na Universidade de Praga e obteve tanto o diploma de bacharel (1394) quanto o de mestre (1396) antes de começar a lecionar na faculdade de humanas e mergulhar na causa da reforma.

Em seus estudos, Huss teve contato com os escritos filosóficos de Wycliffe, mas foi somente após sua ordenação e nomeação como reitor e pregador na capela de Belém que ele se deparou com os escritos religiosos de Wycliffe e adotou de imediato a visão do reformador inglês a respeito da Igreja como um grupo eleito que tinha em Cristo seu cabeça, não o papa.

A capela de Belém, perto da universidade, concedeu a Huss uma oportunidade incomparável de transmitir os ensinamentos de Wycliffe, incluindo

254 HISTÓRIA DO CRISTIANISMO

suas críticas contra os abusos do poder no papado. Nas paredes havia pinturas contrastando o comportamento dos papas e o de Cristo. Enquanto o papa montava um cavalo, Cristo caminhava descalço; enquanto Jesus lavava os pés dos discípulos, o papa preferia ter seus pés beijados. A capela havia sido fundada em 1391, com o propósito expresso de incentivar a fé nacional na Boêmia, e ali os sermões inflamados de Huss na língua boêmia conquistaram amplo apoio popular. Em pouco tempo, surgiram manifestações de alunos a favor e contra Wycliffe, tal como hoje fariam a favor ou contra alguma figura revolucionária.

O arcebispo de Praga ficou incomodado e queixou-se ao papa sobre a propagação das doutrinas de Wycliffe, e o papa, em resposta, mandou-o arrancar a heresia pela raiz. Assim, o arcebispo Zbynek excomungou Huss. Como consequência, um grande tumulto popular eclodiu. Huss piorou as coisas quando atacou abertamente a venda papal de indulgências para financiar a guerra contra Nápoles, atitude que custou a Huss o apoio do seu rei, Venceslau. Quando Praga recebeu um interdito do papa por causa de Huss, o reformador foi exilado no Sul da Boêmia. Durante esse período de isolamento, baseando-se expressivamente em Wycliffe, ele escreveu sua grande obra *Sobre a Igreja*.

O concílio de Constança estava às portas, e Huss cedeu à insistência do imperador Sigismundo para que comparecesse. Ele nutria esperanças de apresentar seus pontos de vista às autoridades reunidas, mas, ao chegar, viu-se vitimado pela Inquisição.

[*Inquisição*]

A Inquisição é uma estratégia do antigo direito romano; trata-se de um julgamento diante de uma comissão de juízes. Enquanto um juiz apresenta a evidência, todos os juízes interrogam as testemunhas, diminuindo a possibilidade de o tribunal receber falsos testemunhos. Os romanos exigiam confissão ou duas testemunhas oculares como prova em casos capitais, porém, sem testemunhas ou uma confissão, o acusado era, por vezes, torturado para que a confissão fosse extraída quando as circunstâncias pareciam sugerir culpa. Esse antigo sistema foi adotado pela Igreja. ∎

A regra da Inquisição era simples: se um número suficiente de pessoas testemunhasse a culpa do acusado, ele tinha de confessar e renunciar aos erros ou ser queimado, sendo a recompensa pela confissão a prisão perpétua em vez da estaca. Em conformidade com essa regra, o júri nomeado pelo concílio acreditou nas testemunhas que testificaram contra Huss e condenou-o por heresias que ele nunca havia ensinado.

ABAIXO OS HEREGES

Huss estava disposto a ceder à doutrina da Igreja se tão somente fosse instruído pela Escritura de que seu ensinamento estava errado, contudo, não havia como renunciar a heresias que sempre condenara com veemência. Para ele, a verdade era suprema: "Eu já disse que não abriria mão da verdade sequer por uma capela cheia de ouro". "Bem sei", escreveu em 1412, "que a verdade é poderosa para sempre, que permanece eternamente e que nela não há acepção de pessoas." Nas cartas de Constança, sua principal preocupação era que "os mentirosos digam que me desviei da verdade que preguei". Poucas cenas na história da Igreja são mais comoventes do que a fidelidade de Huss e sua recusa em afastar-se da verdade absoluta, mesmo que fosse para salvar a própria vida.

Durante oito meses, ele permaneceu na prisão em Constança. Suas cartas durante o último mês de seu aprisionamento estão entre as mais importantes na literatura cristã. Mesmo se o reformador nada houvesse acrescido à nossa herança intelectual, ele ainda teria enriquecido nossa perspectiva moral.

"Ó santíssimo Cristo", orou,

> atrai-me, por mais fraco que eu seja, para ti; pois, se não nos atraíres, não podemos seguir-te. Fortalece meu espírito, de modo que ele esteja disposto. Se a carne é fraca, que a tua graça nos preceda, nos acompanhe e nos siga, pois, sem ti, não podemos nos dirigir à morte cruel pela tua causa. Dá-me um coração intrépido, uma fé justa, uma esperança firme e um amor perfeito; que, por tua causa, eu possa entregar minha vida com paciência e alegria. Amém.

Por fim, em 6 de julho de 1415, chegou o dia em que seria queimado vivo. A caminho do local da execução, Huss passou por um adro e viu seus livros em uma fogueira; sua reação foi rir e pedir aos observadores que não acreditassem nas mentiras que circulavam a seu respeito. Ao chegar ao lugar designado, conhecido como *Lugar do Diabo*, Huss ajoelhou-se e orou. Pela última vez, o marechal do império perguntou-lhe se ele abjuraria para salvar a própria vida, ao que Huss respondeu: "Deus é minha testemunha de que as provas contra mim são falsas. Nunca pensei ou preguei com qualquer outra intenção exceto a de tirar homens, se possível, de seus pecados. Na verdade do evangelho é que escrevi, ensinei e preguei; hoje, eu morrerei com alegria".

A rebelião boêmia recusou-se a morrer com Huss e desenvolveu uma facção moderada e uma facção militante. Os moderados eram chamados de *utraquistas*, um termo do latim que significa "ambos", uma vez que seu principal protesto exigia a liberdade de se receber *tanto* o pão *quanto* o cálice na Comunhão.

HISTÓRIA DO CRISTIANISMO

Os militantes eram chamados de *taboritas* em homenagem à cidade na Boêmia que lhes servia de principal baluarte. Esses seguidores de Huss lutaram contra a Igreja Romana e o Império Germânico até que várias guerras reduziram seu número e sua influência. A despeito dos melhores esforços do papado para pôr fim à heresia boêmia, entretanto, uma igreja independente conhecida como *Unitas Fratrum*, ou *Unidade dos irmãos*, sobreviveu e, até à vinda de Lutero, ela permaneceu como uma raiz em solo seco.

A Igreja de Roma teve amplas oportunidades de passar por reformas internas nos séculos XIV e XV, porém, ao final do século XV, os sonhos de Marsílio de Pádua haviam desaparecido; os líderes da reforma nos concílios eclesiásticos haviam sido frustrados e repudiados; e as revoltas de Wycliffe e Huss haviam sido exterminadas. O valor do período reside na demonstração de que a reforma interna da Igreja papal era impossível. A hora do juízo havia chegado. A *Unidade dos irmãos* era testemunha desse fato e uma promessa das coisas por vir.

Leitura sugerida

- *EVANS, G. R. *John Wyclif: Myth and Reality* [John Wycliffe: mito e realidade]. Downers Grove, IL: IVP, 2006.

- *FUDGE, Thomas A. *The Magnificent Ride: The First Reformation in Hussite Bohemia* [O passeio magnífico: a primeira reforma na Boêmia Hussita]. St. Andrews Studies in Reformation History. Aldershot, Vermont: Ashgate, 2008.

- HEINZE, Rudolph W. *Reform and Conflict: From the Medieval World to the Wars of Religion, AD 1350-1648* [Reforma e conflito: do mundo medieval às guerras religiosas (1350-1648 d.C.)], *Baker History of the Church*. v. 4. Grand Rapids: Baker, 2004

- MCFARLANE, John. *Wycliffe and the Beginnings of English Nonconformity* [John Wycliffe e o início da não conformidade inglesa]. Londres: English University Press, 1952.

- SPINKA, Matthew (Org.). *Advocates of Reform* [Advogado da Reforma]. Filadélfia: Westminster, 1953.

- _____. *John Hus: A Biography* [John Huss: uma biografia]. Princeton, NJ: Princeton University Press, 1968.

- WORKMAN, Herbert B. *The Dawn of the Reformation: The Age of Hus* [O despontar da Reforma: a Era de Huss]. Londres: Epworth, 1933.

- _____. *The Dawn of the Reformation: The Age of Wyclif* [O despontar da Reforma: a Era de Wycliffe]. Londres: Epworth, 1933.

Época da Reforma

1517 a 1648 d.C.

O ESPÍRITO DE REFORMA IRROMPEU com surpreendente intensidade no século XVI, dando origem ao protestantismo e destruindo a liderança papal da cristandade ocidental. Quatro importantes tradições marcaram o protestantismo inicial: a luterana, a reformada, a anabatista e a anglicana. Após uma geração, a Igreja de Roma, liderada pelos jesuítas, recuperou seu fervor moral. Batalhas sangrentas entre católicos e protestantes vieram em seguida, e a Europa foi devastada pela guerra antes de se tornar evidente que a cristandade ocidental estava permanentemente dividida e de alguns pioneiros apontarem um novo caminho: o conceito denominacional de Igreja.

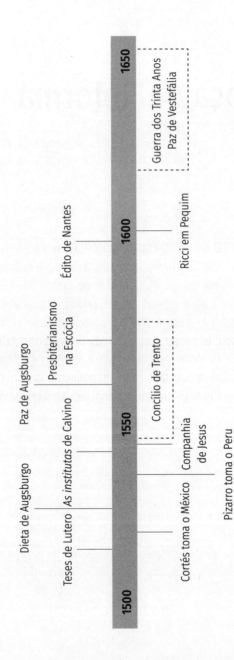

CAPÍTULO 24

O javali selvagem na vinha

Martinho Lutero e o protestantismo

NO VERÃO DE 1520, um documento com um selo impressionante circulou pela Alemanha em busca de uma figura remota. "Levanta-te, ó Senhor", começava o texto, "e julga tua causa. Um javali selvagem invadiu tua vinha".

O documento, uma bula papal — termo derivado de selo, ou *bulla* — levou três meses para alcançar Martinho Lutero, o javali selvagem. Muito antes de chegar a Wittenberg, onde Lutero lecionava, ele já sabia o conteúdo do texto. Um total de 41 crenças suas haviam sido condenadas como "heréticas, escandalosas, falsas, ofensivas a ouvidos piedosos, além de sedutoras a mentes simples e repugnantes à verdade católica". A bula exigia que Lutero se arrependesse e repudiasse seus erros ou enfrentaria as terríveis consequências.

Lutero recebeu sua cópia no décimo dia do mês de outubro e, ao final do período de sessenta dias de graça, ele liderou uma multidão de alunos entusiasmados para fora de Wittenberg e queimou cópias do direito canônico e obras de alguns teólogos medievais. Talvez em uma reflexão posterior, Lutero acabou acrescentando uma cópia da bula que o condenava. Esta foi sua resposta. "Eles queimaram meus livros", disse, "então eu queimei os deles." Essas chamas no início de dezembro de 1520, foram um símbolo adequado da oposição que o papa enfrentava em toda a Alemanha.

Atualmente, a Igreja dos papas não lança mais anátemas contra os protestantes, e luteranos não queimam mais livros católicos, mas as divisões no cristianismo ocidental permanecem. Por trás das diferenças atuais entre católicos e protestantes estão os acontecimentos da época de Lutero, um período da história da Igreja que chamamos de Reforma (1517-1648).

O SIGNIFICADO DO PROTESTANTISMO

O que é protestantismo? A descrição de Ernst Troeltsch serve de padrão para a resposta. No início do século XX, ele chamou o protestantismo de uma "modificação do catolicismo" na qual os problemas católicos permanecem, mas soluções diferentes são oferecidas. As quatro perguntas que o protestantismo respondeu de uma nova maneira foram: (1) Como a pessoa é salva? (2) Onde reside a autoridade religiosa? (3) O que é a Igreja? e (4) Qual é a essência da vida cristã?

Reformadores protestantes em toda a Europa do século XVI passaram a ter convicções semelhantes a respeito dessas questões, mas as novas respostas surgiram pela primeira vez no conflito pessoal de Martinho Lutero com Roma. Outros indivíduos sentiam profundamente a necessidade da reforma, mas nenhuma dessas inquietações se comparou à corajosa luta travada na alma do robusto alemão.

Nascido em 1483, filho de um minerador saxão, Lutero tinha a intenção de tornar-se advogado até o dia, em 1505, em que foi surpreendido por uma tempestade a caminho do povoado de Stotternheim. Um raio lançou-o ao chão, e Lutero, aterrorizado, clamou à padroeira dos mineradores: "Santa Ana, salva-me! Se me salvares, me tornarei um monge".

Para imenso desgosto de seus pais, Lutero cumpriu o voto, e duas semanas depois, obcecado pela culpa, ele entrou para o mosteiro agostiniano em Erfurt e se tornou um monge dedicado. "Segui as regras com tanta rigidez", lembrou anos depois, "que, se fosse possível a um monge ir para o céu apenas por seu comprometimento, esse monge teria sido eu. Se tivesse continuado, eu teria morrido de tantas vigílias, orações, leituras e outros trabalhos."

Lutero submeteu seu corpo a austeridades extremamente prejudiciais à saúde. Às vezes, jejuava por três dias e dormia sem cobertor no inverno congelante. Ele era impulsionado por uma profunda consciência de sua própria pecaminosidade e da inefável majestade de Deus. No meio da primeira missa que conduziu, Lutero disse: "Eu me sentia absolutamente estupefato e aterrorizado. Pensava: 'Quem sou eu para que eleve os olhos ou levante as mãos para a majestade divina? Sou pó e cinzas, cheio de pecado, e estou falando com o Deus vivo, eterno e verdadeiro'". Nenhuma penitência, nenhum conselho tranquilizador de seus superiores eram capazes de apaziguar a convicção de Lutero de que era um pecador miserável e condenado e, embora seu confessor o aconselhasse a amar a Deus, Lutero, certa vez, desabafou: "Eu não amo Deus! Eu o odeio!"

Entretanto, o perturbado monge encontrou o amor que procurava por meio do estudo da Escritura. Quando foi nomeado para lecionar o curso de estudos bíblicos na recém-estabelecida Universidade de Wittenberg, ele ficou fascinado com as palavras de Cristo na cruz: "Meu Deus! Meu Deus! Por que me abandonaste?" Cristo abandonado! Como nosso Senhor poderia ser abandonado? Lutero sentia-se abandonado, mas era um pecador.

Cristo, não. A resposta devia estar na identidade de Cristo com a humanidade pecadora. Teria ele compartilhado a alienação humana de Deus para assumir o castigo necessário pelo pecado?

Uma nova e revolucionária imagem de Deus começou a se desenvolver na alma inquieta de Lutero. Finalmente, em 1515, enquanto meditava na epístola de Paulo aos Romanos, Lutero deparou-se com as seguintes palavras: "Porque no evangelho é revelada a justiça de Deus, uma justiça que do princípio ao fim é pela fé, como está escrito: 'O justo viverá pela fé'" (1:17). Ali estava a chave para sua segurança espiritual.

> "Noite e dia, eu refleti," lembrou Lutero mais tarde, "até que enxerguei a ligação entre a justiça de Deus e a declaração de que 'o justo viverá pela fé'. Então, compreendi que a justiça de Deus é a retidão pela qual, por graça e pura misericórdia, ele nos justifica mediante a fé. Nesse momento, senti que nasci de novo e que atravessei os portões abertos do paraíso."

Lutero agora via com clareza que o homem é salvo apenas pela fé no mérito do sacrifício de Cristo, ou seja, só a cruz pode remover o pecado do homem e salvá-lo das garras do diabo. Foi assim que Lutero chegou à sua famosa doutrina da justificação somente pela fé e percebeu como ela conflitava nitidamente com a doutrina da Igreja Romana de justificação que incluía fé e boas obras — a saber, a demonstração da fé por atos virtuosos, a aceitação do dogma da Igreja e a participação em seus rituais. Mais tarde, em um hino que reflete seu estilo vigoroso, Lutero descreveu sua jornada espiritual da ansiedade à convicção:

> Na masmorra do diabo acorrentado eu estava
> A angústia da morte me tomou.
> Meu pecado noite e dia me devorava
> No qual minha mãe me gerou.
> Minha angústia abundante veio a ser,
> A vida não me dava mais prazer,
> E o pecado em loucura me deixou.
>
> "Apega-te a mim," então o Filho falou,
> "A partir de agora tu haverás de conseguir.
> Minha própria vida por ti dou,
> E por ti, enfrento riscos do porvir.
> Pois tu és meu, e eu sou teu,
> E teu viver é um com o meu.
> O velho inimigo não nos pode destruir."

As implicações da descoberta de Lutero foram enormes. Se a salvação vem somente por meio da fé em Cristo, a intercessão dos sacerdotes é supérflua; além disso, a fé é formada e alimentada pela Palavra de Deus — escrita e pregada — e não requer monges, missas nem orações aos santos. A mediação da Igreja de Roma, portanto, recolhe-se à sua insignificância.

O ATAQUE DE LUTERO À AUTORIDADE PAPAL

Lutero não fazia ideia dos desdobramentos de sua descoberta espiritual. Foi necessário um abuso flagrante das finanças da Igreja para que ele se integrasse à rebelião religiosa na Alemanha e assumisse outra posição revolucionária com relação à autoridade papal.

A venda de indulgências, introduzida durante as cruzadas, permanecia como uma fonte estimada de renda papal. Em troca de obras meritórias — tais como, contribuições a uma causa digna ou peregrinações a um santuário — a Igreja concedia ao pecador a isenção dos atos de penitência exigidos valendo-se de seu acesso ao "tesouro de méritos", que consistia na graça acumulada pelo sacrifício de Cristo na cruz e pelas obras beneméritas dos santos.

Muitas vezes, os zelosos defensores das indulgências faziam-nas parecer uma espécie de mágica, como se uma boa obra, especialmente uma contribuição, fosse recompensada de forma automática a despeito do estado da alma do doador. A tristeza pelo pecado era completa e convenientemente negligenciada, o que perturbava profundamente Lutero.

Munido de sua compreensão recém-descoberta da fé, ele começou a criticar a teologia das indulgências em seus sermões. Seu descontentamento intensificou-se de modo notável durante o ano de 1517, quando o dominicano João Tetzel pregou em grande parte da Alemanha a favor de uma campanha papal que angariava fundos para concluir a construção da basílica de São Pedro em Roma. Em troca de contribuições, Tetzel alardeava que concederia aos doadores uma indulgência eficaz até mesmo após a morte, capaz de livrar almas do purgatório. "Assim que a moeda no cofre cai", dizia sua propaganda, "a alma do purgatório sai."

Para Lutero, a pregação de Tetzel era má teologia — se não algo pior. Sendo assim, ele prontamente elaborou 95 proposições (ou teses) para debate teológico e, em 31 de outubro de 1517, segundo um costume universitário, afixou-as na porta da Igreja do Castelo em Wittenberg. Entre outras coisas, elas alegavam que as indulgências não podem remover a culpa, que não se aplicam ao purgatório e que são prejudiciais porque induzem o doador a uma falsa sensação de segurança. E foi essa centelha que inflamou a Reforma.

Após um breve período, os dominicanos alemães denunciaram Lutero a Roma por pregar "doutrinas perigosas". Um teólogo do Vaticano emitiu uma série teses em resposta, argumentando que quem criticasse as indulgências era culpado de heresia. Inicialmente disposto a aceitar um veredito final de Roma, Lutero insistiu para que apresentassem provas bíblicas de que ele estava errado e até questionou a autoridade papal sobre o purgatório. Em 1519, durante um debate com o teólogo João Eck, em Leipzig, que durou dezoito dias, Lutero falou abruptamente: "O concílio, às vezes, pode errar. Nem a Igreja nem o papa podem estabelecer artigos de fé, os quais devem provir da Escritura".

Desse modo, Lutero passou de sua primeira convicção — de que a salvação é somente pela fé em Cristo — a uma segunda: que as Escrituras, não os papas ou os concílios, são o padrão para a fé e a conduta cristã.

João Eck não pôde deixar de ver a semelhança de Lutero com João Huss, e, após o debate de Leipzig, ele fez com que Roma declarasse Lutero um herege. Lutero, por sua vez, decidiu apresentar seu caso diante do povo alemão publicando uma série de folhetos. Em *À nobreza cristã da nação alemã*, o reformador convocava os príncipes a corrigir os abusos praticados no seio da Igreja, a privar bispos e abades de riqueza e poder mundano e a criar, com efeito, uma Igreja nacional alemã.

No panfleto *Do cativeiro babilônico da Igreja*, Lutero esclareceu como a justificação pela fé remodelou sua doutrina da Igreja e argumentou que o sistema sacramental de Roma mantinha os cristãos cativos. Ele atacou o papado por privar o cristão da liberdade para se aproximar de Deus diretamente pela fé, sem a mediação dos sacerdotes, e definiu seus próprios pontos de vista a respeito dos sacramentos. A fim de ser válido, afirmou, o sacramento tinha de ser instituído por Cristo e ser exclusivamente cristão. Segundo esses critérios, Lutero não conseguiu encontrar qualquer justificativa para cinco dos sete sacramentos católicos romanos e manteve apenas o batismo e a ceia, e ainda assim os situou nas comunidades dos cristãos, não nas mãos de um sacerdócio exclusivo.

[*Temas teológicos importantes para Lutero*]

Justificação pela fé

Os católicos seguiam Agostinho, o qual havia ensinado que a justiça era transmitida — era uma posse interna do cristão adquirida durante a vida. Já Lutero ensinava que o indivíduo passa a ser reto aos olhos de Deus por *imputação*, um termo da contabilidade que descreve o ato divino de colocar a justiça que pertence a Jesus na conta pessoal de alguém. Essa justiça "declarada por Deus" é externa ao cristão, que continua a ser um pecador na prática. Um indivíduo só pode ser justo se Deus creditar justiça em sua conta, e somente então um santo declarado pode começar a tornar-se justo na prática. Os protestantes chamam o ato de ser declarado justo de *justificação* e o processo subsequente de tornar-se santo, de *santificação*. Lutero condenava os esforços das pessoas no sentido de se santificar sem que antes tivessem sido declaradas justas.

Resumo da justiça	
Visão de Agostinho sobre a justiça (modelo católico)	Visão de Lutero sobre a justiça (modelo protestante)
Os seguidores fiéis tornam-se justos na peregrinação espiritual	Os cristãos são declarados justos e, somente então, podem progredir e tornar-se mais santos na prática
A justiça é adquirida em um processo	A justiça é recebida em um ato
A justiça é transmitida	A justiça é imputada
A justiça é um estado interno, infundido ou implantado	A justiça é externa ao cristão
Justificação e santificação são uma única unidade	Justificação e santificação são radicalmente diferenciadas

Lei e evangelho

Lutero diferenciou dois sistemas ou orientações que percorrem toda a Bíblia: lei e evangelho. Tanto a lei quanto o evangelho prometem bênçãos. Para Lutero, as promessas da lei estão condicionadas à observância das estipulações da aliança. Era possível desfrutar da comunhão pactual com Deus no caso de se obedecer às regras da aliança. A promessa da lei torna-se quase torturante, caso o indivíduo não consiga cumprir suas estipulações. No entanto, a lei não desempenha um papel vital na revelação da falência espiritual de alguém e sua necessidade da graça do evangelho; já o evangelho faz uma promessa ainda maior de comunhão com Deus, e é maior porque Deus, em sua misericórdia, satisfaz todas as condições, uma vez que é uma promessa incondicional. Lutero provara a alegria vivificante do evangelho, tendo em vista que deixou de ser um homem atormentado que não conseguia cumprir as regras para ser um receptor de uma promessa incondicional. As passagens que proclamam o evangelho encontram-se tanto no Antigo Testamento (com concentrações em Isaías, por exemplo) quanto no Novo Testamento (com concentrações em João e Paulo, mas nada em Tiago).

Teologia da cruz

A cruz revela um mistério no cerne do cristianismo. Uma testemunha ocular da crucificação naturalmente concluiria que esse acontecimento foi o ponto mais baixo da história. A grande injustiça que foi a crucificação de um homem inocente parece ser a derrota do propósito divino: trevas absolutas. Somente mais tarde pode-se perceber que no testemunho da cruz presenciamos Deus derrotando o mal e a transgressão. Tendo a cruz como um novo paradigma ou uma nova lente através da qual se vê o mundo, o senso de valores, de justiça

O JAVALI SELVAGEM NA VINHA **265**

e de esperança é transformado. A inversão de nossa avaliação da cruz (do triunfo do mal para o triunfo sobre o mal) produz uma reavaliação do mundo. Por exemplo, não foram os disciplinados e os dignos que progrediram e se aproximaram de Deus. A cruz revela o falso orgulho e mostra que a descoberta da própria incapacidade espiritual e moral pertence aos humildes — os pecadores humildes estavam prontos para a graça de Deus. Vemos o mundo de forma diferente quando olhamos através da lente da cruz: Deus faz com que pecadores virem santos e com que os mortos voltem à vida.

Lutero criticou a teologia católica, a qual confiava na capacidade humana de progredir (ou ascender) em direção a Deus, chamando-a de teologia da glória, e afirmou que nossa teologia deve estar enraizada na cruz reorientadora. ∎

Assim, Lutero descartou a visão tradicional da Igreja como uma hierarquia sagrada e chefiada pelo papa, retornando à visão cristã primitiva de uma comunidade de cristãos em que todos são sacerdotes chamados a oferecer sacrifícios espirituais a Deus.

Em seu terceiro panfleto, *Da liberdade cristã*, publicado em 1520, Lutero definiu — em tom conciliatório, porém firme — sua visão sobre a conduta cristã e a salvação, fornecendo provavelmente a melhor introdução disponível às suas ideias centrais. Ele não desencorajava as boas obras, mas alegava que a liberdade espiritual interior proveniente da certeza encontrada na fé conduz à realização de boas obras por todos os cristãos verdadeiros. "As boas obras não fazem um homem bom", declarou, "mas um homem bom faz boas obras."

Desse modo, às portas de ser excomungado da Igreja romana, Lutero removeu a necessidade do monasticismo, salientando que a essência da vida cristã está em servir ao chamado de Deus, seja ele secular ou eclesiástico. Todas as vocações proveitosas, afirmou ele, são sagradas aos olhos de Deus.

HEREGE, FORA DA LEI E HERÓI

Em junho de 1520, o papa Leão X emitiu a bula condenando Lutero e dando-lhe sessenta dias para abandonar a heresia, mas a fogueira em Wittenberg deixara evidente a intenção de Lutero, então sua excomunhão foi concretizada. Em janeiro de 1521, o papa declarou-o herege e expulsou-o da "única Igreja santa, católica e apostólica".

O problema alemão agora caíra nas mãos do jovem imperador Carlos V, que havia jurado defender a Igreja e remover a heresia do império. Ele convocou Lutero à dieta (ou assembleia) imperial reunida em Worms para dar explicações sobre seus escritos. Antes da assembleia, Lutero mais uma vez insistiu que apenas a autoridade bíblica exerceria influência sobre ele. "Minha consciência está cativa à Palavra de Deus", afirmou à corte.

266 HISTÓRIA DO CRISTIANISMO

"Não retirarei coisa nenhuma, porque ir contra a própria consciência não é honesto nem seguro. Aqui estou, e não posso agir de outra forma. Deus me ajude. Amém."

Carlos V não se impressionou e declarou Lutero um fora da lei. "Este diabo em hábito de monge", dizia seu pronunciamento, "reuniu erros antigos em um único charco fétido e inventou novos erros." Lutero tinha 21 dias para chegar à Saxônia em segurança antes de a sentença ser aplicada, mas isso, porém, nunca aconteceu. Lutero foi salvo da prisão e da morte pelo príncipe da Saxônia, o duque Frederico, o Sábio, cujos domínios incluíam Wittenberg, o qual ofereceu a Lutero refúgio em seu solitário Castelo de Wartburg. Disfarçado como um nobre de classe inferior chamado cavaleiro Jorge, o reformador permaneceu ali por quase um ano; durante o período, traduziu o Novo Testamento para o alemão, um importante primeiro passo rumo à reformulação do culto público e privado na Alemanha.

Enquanto isso, a revolta contra Roma espalhou-se; em várias cidades, sacerdotes e concílios municipais removeram estátuas das igrejas e abandonaram as missas. Novos reformadores, muitos deles bem mais radicais do que Lutero, entraram em cena e, o mais importante, príncipes, duques e eleitores contestaram a condenação de Lutero em apoio ao novo movimento.

Em 1522, Lutero retornou a Wittenberg no intuito de pôr em prática uma reforma espiritual que acabaria por se tornar o modelo para grande parte da Alemanha. Ele aboliu o cargo de bispo, uma vez que não encontrava justificativa para ele na Escritura, pois as igrejas precisavam de pastores, não de dignitários. A maioria dos ministros na Saxônia e nos territórios adjacentes abandonou o celibato, e monges e freiras começaram a se casar. Após incitar os demais ao matrimônio, o próprio Lutero finalmente concordou em tomar uma ex-freira, Catarina von Bora, como esposa. Uma nova imagem do ministério surgiu no cristianismo ocidental: a do pastor casado vivendo, como qualquer outro homem, na companhia da família. "Há muito com que se acostumar no primeiro ano de casamento", disse Lutero mais tarde. "Acorda-se pela manhã e encontra-se um par de tranças sobre o travesseiro que não estavam lá antes."

Lutero também revisou a liturgia latina e traduziu-a para o alemão. Ele abandonou a prática católica de se comer apenas o pão na ceia. Os leigos recebiam o pão *e* o vinho na Comunhão, tal como os hussitas haviam exigido um século antes. Ademais, toda a ênfase no culto deixou de estar sobre a celebração da missa sacrificial e passou a estar sobre a pregação e o ensinamento da palavra de Deus.

Nem tudo, entretanto, estava indo bem na Alemanha. Durante o ano de 1524, Lutero revelou o quanto havia perdido ao obter o apoio dos príncipes alemães. Incentivados pelo conceito de liberdade cristã, que aplicavam às esferas econômica e social, os camponeses alemães se rebelaram contra seus senhores. Sendo explorados por um longo tempo pela nobreza, os camponeses incluíram, em suas doze exigências, a abolição da servidão — a menos que pudesse ser justificada pelo evangelho — e a atenuação dos serviços excessivos.

Inicialmente, Lutero deu razão às queixas dos camponeses, mas, quando eles lançaram mão de violência contra a autoridade estabelecida, ele se lhes opôs com veemência. Em um panfleto mordaz, *Contra as hordas ladras e assassinas dos camponeses,* Lutero convocava os príncipes a "abater, estrangular e apunhalar [...] e a não considerar nada tão perverso, pernicioso ou satânico quanto os insurgentes".

Em 1525, os príncipes e os nobres exterminaram a revolta a um custo estimado de 100 mil camponeses. Os sobreviventes consideraram Lutero um falso profeta, e muitos deles regressaram ao catolicismo ou se envolveram em formas mais radicais da Reforma.

Martinho Lutero (1483-1546) foi o pai da Reforma, a qual transformou não só o cristianismo, como toda a civilização ocidental.

PRINCIPAIS TRADIÇÕES DA REFORMA

Catolicismo Romano	Luterana
	Reformada
Cristianismo medieval	Católica Romana
Ortodoxia Oriental	Anglicana
	Anabatista

268 HISTÓRIA DO CRISTIANISMO

O conservadorismo das visões política e econômica de Lutero provinha de sua crença de que a igualdade de todos os homens perante Deus aplica-se a questões espirituais, não seculares. Embora indispusesse os camponeses, tais opiniões eram uma vantagem para as alianças com os príncipes, muitos dos quais se tornaram luteranos em parte porque as opiniões de Lutero permitiam-lhes controlar a Igreja em seus territórios, fortalecendo assim seu poder e riqueza.

INFLUÊNCIA DURADOURA DE LUTERO

Em 1530, quando uma conferência de cúpula envolvendo os líderes da Reforma reuniu-se em Augsburgo para elaborar uma declaração comum de fé, a liderança do movimento começou a sair das mãos de Lutero. O reformador, por ainda ser um fora da lei, não pôde comparecer, e a tarefa de apresentar o luteranismo fui atribuída a um jovem professor de grego de Wittenberg, Filipe Melâncton. O jovem acadêmico redigiu a Confissão de Augsburgo, assinada por príncipes e teólogos luteranos, mas o imperador continuava contrário à conciliação, como em Worms.

Após Augsburgo, Lutero continuou a pregar e a ensinar a Bíblia em Wittenberg, mas até mesmo biógrafos solidários acham difícil justificar algumas das ações realizadas em seus anos de declínio. A revista *Time* disse numa ocasião que "Ele endossou o casamento bígamo de seu partidário, o príncipe Filipe de Hesse, e denunciou os reformadores que discordavam dele em termos que havia anteriormente reservado ao papado. Além disso, suas declarações sobre os judeus soariam excessivas até mesmo na boca de Hitler". O biógrafo Roland Bainton diz que, próximo à sua morte, em 1546, Lutero era "um velho irascível, petulante, rabugento, desenfreado e, às vezes, grosseiro".

Felizmente, os defeitos pessoais de um rebelde idoso em nada diminuem a grandeza de sua realização, a qual acabou transformando não apenas o cristianismo, mas também toda a civilização ocidental.

Após 1530, o imperador Carlos V deixou evidente sua intenção de exterminar a crescente heresia. Em contestação, os príncipes luteranos formaram, em 1531, a Liga de Esmalcalda e, de 1546 a 1555, guerras civis eclodiram esporadicamente. Os combatentes chegaram a um acordo na Paz de Augsburgo (1555) que permitia a cada príncipe decidir a religião de seus súditos, proibia todas as seitas do protestantismo à exceção do luteranismo e ordenava que todos os bispos católicos renunciassem às suas propriedades caso se tornassem luteranos.

Os efeitos dessas disposições foram acentuados na Alemanha, e o luteranismo tornou-se uma religião oficial em grandes porções do império. Da Alemanha, ele chegou à Escandinávia. As opiniões religiosas tornaram-se propriedade privada dos príncipes, e as pessoas tinham de acreditar naquilo que seu príncipe queria que eles acreditassem, fosse na perspectiva luterana, fosse na católica.

A maior contribuição de Lutero para a história, porém, não foi política, e sim a religiosa. Ele abordou quatro preocupações católicas e ofereceu respostas revitalizantes. À pergunta "Como a pessoa é salva?", Lutero respondeu: "Não pelas obras, mas somente pela fé". À pergunta "Onde reside a autoridade religiosa?", ele respondeu "Não na instituição visível chamada Igreja romana, mas na Palavra de Deus encontrada na Bíblia". À pergunta "O que é a Igreja?", ele respondeu "Toda a comunidade de cristãos, pois todos são sacerdotes diante de Deus". E, à pergunta "Qual é a essência da vida cristã?", ele respondeu "Servir a Deus em qualquer chamado útil, seja ele ordenado ou leigo". Até hoje, qualquer descrição clássica do protestantismo deve ecoar essas verdades centrais.

Leitura sugerida

- BAINTON, Roland. *Here I Stand: A Life of Martin Luther* [Eis-me aqui: a vida de Martinho Lutero]. Nashville: Abingdon Press, 1950.

- CHADWICK, Owen. *The Reformation* [A Reforma]. Middlesex: Penguin Books, 1964.

- DILLENBERGER, John. *Martin Luther: Selections from His Writings* [Martilho Lutero: seleções de seus escritos]. Garden City, NY: Doubleday & Company, Inc., 1961

- HEINZE, Rudolph W. *Reform and Conflict: From the Medieval World to the Wars of Religion, AD 1350-1648* [Reforma e conflito: do mundo medieval às guerras religiosas (1350 -1648 d.C.)], *Baker History of the Church*. v. 4. Grand Rapids: Baker, 2004

- MARTY, Martin. *Martin Luther* [Martinho Lutero]. Nova York: Penguin, 2004

- *MCGRATH. *Theology of the Cross: Martin Luther's Theological Breakthrough*. 2 ed [Teologia da cruz: a jornada teológica de Martinho Lutero]. Malden, MA: Wiley-Blackwell, 2011.

CAPÍTULO 25

Discipulado radical

Os anabatistas

SOB O MANTO DA ESCURIDÃO, cerca de uma dúzia de homens arrastava-se vagarosamente pela neve que cobria Zurique em 21 de janeiro de 1525. Aparentando calma, porém resolutos, eles prosseguiram pelas ruas estreitas. O vento invernal soprando do lago parecia combinar com o estado de espírito do grupo que se aproximava da casa de Manz, perto de Grossmünster, a maior igreja da cidade.

Naquele dia, o concílio municipal de Zurique havia ordenado que seus líderes, Conrad Grebel e Felix Manz, parassem de ensinar a Bíblia e essa oposição se mostrava cada vez mais intensa. Quatro dias antes, o conselho havia admoestado todos os pais a batizar seus infantes com até oito dias de nascidos; caso contrário, seriam banidos do território. O que os irmãos fariam? Eles combinaram um encontro na casa de Manz para que pudessem decidir.

Ali, eles compartilharam rumores e informações e, em seguida, rogaram a Deus para que os capacitasse a fazer sua vontade. Depois da oração, realizaram uma das ações mais decisivas da história do cristianismo: George Blaurock, um ex-sacerdote, foi até Conrad Grebel e pediu-lhe para ser batizado à moda apostólica, mediante confissão de fé pessoal em Jesus Cristo. Grebel batizou-o na mesma hora, e Blaurock prosseguiu batizando os demais. Assim nasceu o anabatismo, outra expressão importante da Reforma protestante.

Hoje, os descendentes diretos dos anabatistas são os menonitas e os huteritas. Os norte-americanos provavelmente os imaginam como fazendeiros barbudos casados com mulheres de lenço na cabeça conduzindo cavalos e carroças pelo interior da Pensilvânia ou de Iowa. Nada de automóveis, nada de botões, nada de zíperes.

A realidade, entretanto, é que somente um grupo de menonitas, a Antiga Ordem *Amish*, insiste em manter os velhos costumes. A maioria deles se parece com qualquer norte-americano típico e consome sua cota de energia como o restante de nós.

O que une os diversos tipos de menonitas não é o estilo de vestuário ou o meio de transporte, mas um conjunto de convicções e valores — muitas dessas convicções são agora aceitas por outros cristãos. Assim, os parentes distantes dos anabatistas hoje incluem os batistas, os *quakers* e, de certo modo, os congregacionalistas. Na verdade, pela crença na separação de Igreja e Estado, os anabatistas revelaram-se os precursores de praticamente todos os protestantes modernos.

Mas qual a razão disso? Como um povo tão decidido a restaurar o cristianismo do Novo Testamento conseguiu estar tão adiante de seu tempo? Tal como os monges beneditinos em uma época anterior, os anabatistas demonstraram que quem vive com mais devoção para o mundo por vir costuma estar em melhor posição para mudar o presente.

CRENÇAS BÁSICAS DOS ANABATISTAS

Em certo sentido, a ascensão do anabatismo não foi surpresa. A maioria dos movimentos revolucionários produz uma ala de radicais que se sentem chamados por Deus para reformar a reforma, e o anabatismo foi essa voz a chamar os reformadores moderados a golpearem ainda mais profundamente as fundações da antiga ordem.

Tal como a maioria dos movimentos contraculturais, os anabatistas careciam de coesão, uma vez que não havia um corpo de doutrina nem uma organização unificadora que prevalecesse em seu meio. Até mesmo o nome *anabatista*, que significava rebatizador, fora-lhes atribuído por seus inimigos com o intuito de associar os radicais aos hereges da Igreja primitiva e submetê-los a severa perseguição, o que funcionou de modo notório.

A verdade, porém, é que os anabatistas rejeitavam completamente o conceito de rebatismo, pois nunca consideraram o cerimonial de aspersão recebido na infância um batismo válido, e preferiam muito mais ser designados pelo termo *batistas*. Para a maioria, entretanto, a questão fundamental não era o batismo, mas a natureza da Igreja e sua relação com os governos civis.

Eles haviam chegado às suas convicções do mesmo modo que a maior parte dos demais protestantes: por meio das Escrituras. Lutero havia ensinado que as pessoas comuns têm o direito de estudar a Bíblia, pois, se ela havia sido seu guia para a salvação, por que não o poderia ser também para os outros?

Assim, pequenos grupos de anabatistas puseram-se a estudar a Bíblia e descobriram um mundo diferente nas páginas do Novo Testamento. Ali, não encontraram qualquer aliança entre Estado e Igreja, qualquer cristandade; em vez disso, descobriram que as igrejas apostólicas eram associações

HISTÓRIA DO CRISTIANISMO

de fiéis comprometidos, comunidades de homens e mulheres que haviam decidido, por livre e espontânea vontade, seguir a Jesus, uma ideia que, para o século XVI, era revolucionária.

Apesar da ênfase de Lutero na religião pessoal, as igrejas luteranas eram igrejas estabelecidas e retiveram um clero ordenado que considerava membros da igreja toda a população de determinado território; além disso, as igrejas contavam com o subsídio e o apoio do Estado. De certo modo, o protestantismo oficial parecia pouco diferir do catolicismo oficial.

Os anabatistas queriam mudar tudo isso, e seu objetivo era a "restituição" do cristianismo apostólico, um retorno às igrejas compostas por verdadeiros fiéis. Na Igreja primitiva, diziam eles, homens e mulheres que haviam experimentado a regeneração espiritual pessoal eram os únicos aptos ao batismo. As igrejas apostólicas desconheciam a prática de batizar crianças, uma tradição que não passava de um mecanismo conveniente para a perpetuação da cristandade: uma sociedade cristã nominal, porém, espiritualmente impotente.

A verdadeira Igreja, insistiam os radicais, é sempre uma comunidade de santos, de discípulos dedicados em meio a um mundo perverso. Assim como os monges missionários da Idade Média, os anabatistas queriam moldar a sociedade com seu exemplo de discipulado radical — até mesmo pela morte, se necessário — e se recusavam terminantemente a fazer parte do poder mundano, o que incluía portar armas, ocupar cargos políticos e prestar juramentos. A questão é que, no século XVI, essa independência da sociedade social e cívica era vista como ação sediciosa, revolucionária e até mesmo traiçoeira.

Os radicais encontraram as melhores oportunidades para pregar na Suíça, Renânia e Holanda. Em meados do século, três grupos surgiram na Europa de língua alemã: (1) os irmãos suíços, liderados por Conrad Grebel e Felix Manz em Zurique; (2) os irmãos huteritas na Morávia; e (3) os menonitas nos Países Baixos e no Norte da Alemanha.

RADICAIS NOS ALPES SUÍÇOS

Inicialmente, Conrad Grebel e Felix Manz apoiaram a reforma incipiente em Zurique liderada por Ulrico Zuínglio (1484-1531). Em 1519, o ano em que Lutero debateu com João Eck em Leipzig, Zuínglio tornou-se o sacerdote do povo na igreja de Grossmünster, em Zurique, e não lançou a reforma afixando teses na porta da igreja, mas pregando sermões bíblicos de púlpito. Influenciado pelo famoso acadêmico Erasmo, Zuínglio passara a reverenciar a linguagem e a mensagem do Novo Testamento, portanto, suas mensagens criaram muita comoção em Zurique. Um de seus ouvintes, um jovem chamado Thomas Platter, disse que, quando escutava a explicação da Bíblia — por tanto tempo negligenciada —, sentia-se como se Zuínglio o estivesse puxando pelos cabelos.

Em um aspecto a destacar, Zuínglio seguiu a Bíblia com ainda mais rigor do que do reformador Lutero, que permitia tudo o que a Bíblia não proibia; já Zuínglio rejeitava tudo o que a Bíblia não prescrevia. Por essa razão, a reforma em Zurique tinha a tendência de remover símbolos mais tradicionais da Igreja romana: velas, estátuas, música e imagens. Mais tarde, na Inglaterra, os homens chamaram esta atitude de puritanismo.

Grebel e Manz, ambos homens bem educados e respeitados em Zurique, apoiaram as reformas iniciais de Zuínglio. Todavia, ao seguir os passos do reformador, estudando a Bíblia eles começaram a ver as diferenças óbvias entre as igrejas apostólicas e as igrejas da época.

Na cidade-estado de Zurique, bem como no restante do mundo cristão, todo recém-nascido era batizado e considerado membro da Igreja; consequentemente, a Igreja e a sociedade eram elementos idênticos ou intercambiáveis. A Igreja era simplesmente a Igreja de todos, contudo, no Novo Testamento, a Igreja era uma comunhão de poucos, um grupo de fiéis verdadeiros e comprometidos a viver e a morrer pelo Senhor.

Esse era o tipo de igreja que Grebel e Manz queriam em Zurique: uma igreja independente do Estado, composta por discípulos verdadeiros. O batismo dos fiéis era meramente a característica mais marcante desse novo tipo de igreja. Zuínglio, no entanto, não faria parte dessa revolução, pois precisava do apoio dos líderes da cidade.

No outono de 1524, quando a esposa de Grebel deu à luz um filho, todas as teorias haveriam de passar pela prova de fogo. O bebê seria batizado? Os Grebel se recusaram, e outros pais seguiram seu exemplo.

O concílio municipal de Zurique lidou com a crise organizando um debate público sobre a questão em 17 de janeiro de 1525. Após ouvir argumentos de ambos os lados, os representantes do povo declararam Zuínglio e seus discípulos vencedores e, em resposta, o conselho alertou todos os pais que haviam negligenciado o batismo dos filhos a fazê-lo dentro de uma semana; caso contrário, seriam banidos de Zurique. Foi nesse contexto que ocorreu o batismo histórico na casa de Manz em 21 de janeiro, um ato claramente desafiador — ao mesmo tempo, porém, muito mais do que isso. Grebel, Manz e seus seguidores, considerando todos os custos, retiraram-se de Zurique logo após o batismo e dirigiram-se para o povoado próximo de Zollikon. Ali, no final de janeiro, nasceu a primeira congregação anabatista, a primeira igreja livre (das amarras do Estado) nos tempos modernos.

As autoridades em Zurique não deixaram a rebelião passar em branco e enviaram guardas a Zollikon, capturaram os homens recém-batizados e mantiveram-nos aprisionados por um tempo. No entanto, assim que foram soltos, os anabatistas partiram para cidades vizinhas em busca de conversões.

Isso fez com que concílio de Zurique perdesse a paciência. Em 7 de março de 1526, ele decidiu que qualquer pessoa encontrada realizando um segundo batismo seria morta por afogamento. Aparentemente, o raciocínio foi este: "Se os hereges querem água, que a tenham". Dentro de um ano, em 5 de janeiro de 1527, Felix Manz tornou-se o primeiro mártir anabatista. As autoridades de Zurique afogaram-no no rio Limmat, que atravessa a cidade e, no transcurso de quatro anos, o movimento radical de Zurique e seus arredores foi praticamente erradicado.

Muitos dos que estavam sendo perseguidos refugiaram-se na Alemanha e na Áustria, mas nem ali suas perspectivas eram promissoras. Em 1529, a dieta imperial de Espira declarou o anabatismo herético, e todas as cortes da cristandade foram obrigadas a condenar os hereges à morte. Durante os anos da Reforma, entre 4 e 5 mil anabatistas foram executados por fogo, água e espada.

Para nós, os anabatistas parecem ter feito uma simples exigência: o direito individual às próprias crenças, contudo, no século XVI, os hereges pareciam estar destruindo a estrutura da sociedade, e é por isso que a voz da consciência era silenciada com tanta frequência pelo martírio.

Podemos ouvir essa voz em uma carta emocionante escrita por uma jovem mãe à filha de apenas alguns dias de idade, em 1573. O pai havia sido executado por ser anabatista, ao passo que a mãe, que aguardava em uma cela na Antuérpia, tivera a execução prorrogada até que o bebê nascesse. Ela escreveu suplicando à filha que não se envergonhasse dos pais:

> Minha filha querida, que o verdadeiro amor de Deus a fortaleça em virtude — você, que ainda é tão jovem e a quem tenho de deixar neste mundo perverso, maldoso e cruel.
>
> Quem me dera tivesse aprazido ao Senhor que eu a criasse, mas parece que essa não é a vontade dele [...]. Não se envergonhe de nós; esse foi o mesmo caminho trilhado pelos profetas e apóstolos. Seu querido pai demonstrou, com o próprio sangue, que essa é a fé genuína, e eu também espero atestar o mesmo com meu sangue. Ainda que a carne e o sangue permaneçam na estaca, eu sei que nos encontraremos no porvir.

Dentre os primeiros missionários anabatistas que levaram sua mensagem para o leste ao longo dos Alpes, na região chamada Tirol, estava George Blaurock. As autoridades católicas dessa região perseguiam intensamente os anabatistas e, em 6 de setembro de 1529, o próprio Blaurock foi queimado na fogueira.

A perseguição obrigou os anabatistas a rumar para o norte, e muitos deles encontraram refúgio nas terras de alguns príncipes excepcionalmente tolerantes na Morávia, onde fundaram uma forma duradoura de comunidade econômica chamada *Bruderhof*, uma comuna cristã. Em parte, o objetivo era seguir o padrão das primeiras comunidades apostólicas, mas eles também recorreram a esse sistema por razões práticas, como um meio de sobrevivência em grupo diante da perseguição. Suas comunidades procuravam mostrar que, no reino de Deus, a fraternidade vem antes do interesse pessoal. Consolidados sob a liderança de Jacó Hutter, que morreu em 1536, esses grupos tornaram-se conhecidos como huteritas.

CONSTRUÇÃO DO REINO DESCONTROLADA

Os temores de católicos e luteranos com relação aos radicais anabatistas intensificaram-se repentinamente, em meados de 1530, com a rebelião bizarra de Münster, uma cidade episcopal em Vestfália, próximo aos Países Baixos. Em 1532, a Reforma espalhou-se rapidamente pela cidade. Inicialmente, um grupo luterano conservador era forte ali, porém, novos imigrantes, apóstolos de uma figura estranha chamada João Matthys, incitaram o fanatismo em meio aos que estavam no poder. Muitos aguardavam a criação do reino terreno do Senhor em Münster. Os historiadores eclesiásticos denominam tal visão de *quiliasmo*, que significa a crença em um reino terreno milenar de Cristo.

Quando o bispo da região reuniu suas tropas para sitiar a cidade, esses anabatistas, de forma atípica, defenderam-se com armas e, à medida que o cerco progredia, os líderes mais extremos tomavam controle da cidade. No verão de 1534, um ex-hospedeiro, João de Leiden, tomou o poder e governou como um verdadeiro déspota. Alegando ter recebido novas revelações de Deus, João introduziu a prática da poligamia presente no Antigo Testamento e, em setembro, assumiu o título de "rei Davi".

Com seu harém, o "rei Davi" vivia de modo suntuoso e, ainda que por meio de uma sagacidade peculiar, manteve a moral cívica na cidade apesar da fome generalizada, tendo conseguido manter o exército do bispo à distância até 24 de junho de 1535. Então, a queda da cidade pôs fim ao reinado de Davi, porém, nos séculos que se seguiram, os europeus passaram a associar a palavra "anabatista" à rebelião de Münster e, consequentemente, ela passou a significar um fanatismo religioso radical.

Após a supressão de Münster, os anabatistas desalentados na região do baixo Reno ganharam novo ânimo por meio do ministério de Menno Simons (por volta de 1496-1561). Apesar de sempre correr grande perigo, Menno, um ex-sacerdote, fazia extensas viagens para visitar os grupos de anabatistas espalhados pelo Norte da Europa e inspirá-los com sua pregação noturna. Ele era inflexível ao ordenar o pacifismo e, por conseguinte, seu nome passou a significar o repúdio do movimento à violência. Embora Menno não fosse o fundador do movimento, a maioria dos descendentes dos anabatistas é chamada de menonita.

Sobrevivendo apenas como grupos de foras da lei na Suíça, na Morávia e nos Países Baixos, esses grupos anabatistas tiveram poucas oportunidades de coordenar seus esforços evangelísticos ou de dar uma expressão unida às suas crenças. Em uma ocasião importante, entretanto, tentaram chegar a um acordo quanto à base comum da fraternidade.

PIONEIROS DO CRISTIANISMO MODERNO

John H. Yolder e Alan Kreider consideram essa primeira conferência um resumo das crenças anabatistas. No ano de 1527, em Schleitheim (atual fronteira entre a Suíça e a Alemanha, perto de Schaffhausen), os anabatistas reuniram-se no primeiro sínodo da Reforma Protestante. A principal personalidade do encontro foi o ex-monge beneditino Michael Sattler, que, quatro meses depois, foi queimado na estaca nas proximidades, na cidade de Rotemburgo em Neckar. A "União Fraternal" adotada em Schleitheim demonstrou ser um documento extremamente importante, que chamamos de Confissão de Schleitheim. Durante a década seguinte, a maioria dos anabatistas em todas as partes da Europa concordou com as crenças nele estabelecidas.

A primeira dessas convicções era denominada pelos anabatistas de *discipulado*. O relacionamento do cristão com Jesus Cristo deve ir além da experiência interior e da aceitação de doutrinas. Ele deve envolver uma caminhada diária com Deus, na qual o ensinamento e o exemplo de Cristo modelam um estilo de vida transformado, em conformidade com um testemunho anabatista que diz: "Ninguém pode conhecer verdadeiramente Cristo a não ser que o siga". Isso significava obedecer resolutamente à "voz clara e viva do Filho de Deus, cuja palavra é verdadeira e cujo mandamento é vida eterna". Normalmente, os cristãos pensam que devem entender (interpretar) e, então, obedecer, mas o instinto anabatista é o oposto: somente a obediência gera entendimento.

Os anabatistas perceberam que as consequências de ser um discípulo eram abrangentes. Para citar apenas uma, eles rejeitavam o juramento por causa do mandamento claro de Jesus no sermão do monte: "Não jurem de forma alguma: nem pelos céus [...] nem pela terra [...] nem por Jerusalém" (Mateus 5:34-35). Para os anabatistas, não podia haver gradações ou níveis no ato de dizer a verdade.

Um segundo princípio anabatista, o princípio do amor, surgiu logicamente a partir do primeiro e, em suas condutas com não anabatistas, eles agiam como pacifistas, isto é, não participavam de guerras, não se defendiam de perseguidores nem tomavam parte em coerções realizadas pelo Estado.

A ética do amor, contudo, também era expressa dentro das comunidades anabatistas na ajuda mútua e na redistribuição de riqueza. Em meio aos anabatistas morávios, como vimos, isso levou até mesmo à criação de uma vida comunitária cristã.

O terceiro princípio anabatista é o que podemos chamar de visão *congregacional* da autoridade eclesiástica, à qual tenderam Lutero e Zuínglio nos primeiros anos de reforma. Nas assembleias anabatistas, todos os membros deveriam ser fiéis batizados voluntariamente sob a confissão pessoal de fé em Cristo; sendo assim, cada fiel era tanto um sacerdote para seus companheiros quanto um missionário para os infiéis.

A tomada de decisões era responsabilidade de todos os membros, portanto, ao decidir assuntos doutrinários, a autoridade da Escritura era interpretada não por uma tradição dogmática ou por um líder eclesiástico, mas por um consenso da assembleia local, em que todos podiam falar e ouvir de forma crítica. Em questões de disciplina da igreja, os fiéis também agiam em conjunto e deveriam ajudar uns aos outros a colocar em prática fielmente o propósito de suas promessas batismais.

Uma quarta importante convicção anabatista era a insistência na separação de Igreja e Estado. Os cristãos, afirmavam eles, eram um "povo livre, autônomo e independente". A fé é um dom gratuito de Deus, e as autoridades civis excediam sua competência quando "defendiam a Palavra de Deus com os punhos". A Igreja, diziam os anabatistas, é distinta da sociedade, mesmo se a sociedade alega ser cristã; sendo assim, os verdadeiros seguidores de Cristo são um povo peregrino, e sua Igreja é uma manifestação contínua de estrangeiros eternos.

Ao separar Igreja e Estado, os anabatistas tornaram-se os primeiros cristãos nos tempos modernos a pregar uma liberdade religiosa absoluta: o direito de se juntar a outros de mesma fé em culto sem o apoio ou a perseguição do Estado.

Com o passar dos séculos, os descendentes do anabatismo perderam muitas características de seus fundadores e, na busca por uma Igreja pura, eles, muitas vezes, se tornaram legalistas. Visando à mera sobrevivência, acabaram perdendo o zelo evangelístico e ficaram conhecidos simplesmente como excelentes fazendeiros, boas pessoas e os "que vivem tranquilamente na terra". Somente no fim do século XIX eles vivenciaram um despertamento e um novo crescimento e, no final do século XX, sua comunidade mundial havia alcançado mais de meio milhão de membros. Muito além das fronteiras das comunidades menonitas e huteritas, entretanto, os cristãos adotaram alguns desses princípios pelos quais a primeira geração de radicais esteve disposta a morrer.

Leitura sugerida

- CLASEN, Claus-Peter. *Anabaptism: A Social History, 1525-1618* [Anabatismo: uma história social (1525-1618)]. Ithaca, NY: Cornell University Press, 1972.

- ESTEP, William R. *The Anabaptist Story* [Uma história anabatista]. Grand Rapids: Eerdmans, 1975.

- HERSHBERGER, Guy F. *The Recovery of the Anabaptist Vision* [O resgate da visão anabatista]. Scottdale, PA: Herald Press, 1957.

- LITTELL, Franklin H. *The Origins of Sectarian Protestantism* [As origens do protestantismo faccioso]. Nova York: Macmillan, 1964.

HISTÓRIA DO CRISTIANISMO

- WENGER, John Christian. *Even unto Death* [Até a morte]. Richmond: John Knox Press, 1946.

- *WEAVER, Denny. *Becoming Anabaptist: The Origin and significance of Sixteenth Century Anabaptism*. 2 ed [Tornando-se um anabatista: a origem e o significado do anabatismo do século XVI]. Scottsdale, PA: Herald Press, 2005.

- WILLIAMS, George H.; MERGAL, Angel M. *Spiritual and Anabaptist Writers* [Escritores espirituais e anabatistas]. Filadélfia: The Westminster Press, 1957.

- *VAN BRAGHT, Thieleman J. *Martyrs Mirror: The Story of Seventeen Centuries of Christian Martyrdom from the Time of Christ to AD. 1660* [Espelho dos mártires: a história de dezessete séculos de martírio cristão — da época de Cristo até 1660]. Traduzido por Joseph F. Sohm. Scottsdale, PA: Herald Press, 1950.

CAPÍTULO **26**

Lançado ao jogo

João Calvino

A GUERRA TRAVADA ENTRE ESPANHA E FRANÇA havia fechado a estrada para Estrasburgo. Sendo assim, o jovem acadêmico da França, na esperança de continuar seus estudos, foi obrigado a passar por Genebra, onde planejou permanecer apenas uma noite, pois sabia que a cidade não era o melhor lugar para ficar quando se está sozinho.

Genebra estava em desordem. Ela era uma cidade conhecida pela busca do prazer, mas, por haver rejeitado recentemente o duque de Saboia e o papa em Roma, os assuntos públicos estavam em ruínas, dilacerados por facções perigosas.

Um reformador apaixonado chamado Guilherme Farel estivera pregando em Genebra por quatro anos, e as multidões católicas haviam desaparecido. Todavia, o protestantismo de Genebra repousava principalmente na hostilidade contra o bispo, não em convicções doutrinárias, e ninguém tinha dado um passo à frente para moldar as instituições religiosas da cidade conforme os padrões bíblicos.

Farel sabia que a cidade precisava de um administrador, então, durante a visita "inesperada" do jovem francês João Calvino, Farel apelou ao visitante, pois viu neste a resposta para a necessidade de Genebra e instou ao jovem erudito a permanecer na cidade para ajudar a estabelecer a obra.

Calvino protestou, alegando seu desejo de dedicar-se a alguns estudos, porém, Farel respondeu: "Você está apenas seguindo seus próprios desejos! Se não nos ajudar nesta obra do Senhor, ele o castigará por preferir seus próprios interesses aos dele".

Calvino ficou aterrorizado, pois a última coisa que queria era ofender o Deus onipotente! Então, consentiu em ficar e imediatamente apoiou a causa reformadora em Genebra.

Anos mais tarde, ao recordar sua carreira, Calvino observou: "Por ser um pouco antissocial e tímido, eu sempre gostei muito do retraimento e da paz [...]. Porém, Deus me cercou com muitos acontecimentos e nunca deixou que eu me acomodasse em lugar nenhum; apesar de minha inclinação natural, ele me colocou sob os holofotes e me fez 'entrar no jogo', como dizem".

A liderança de Calvino no "jogo" moldou uma terceira tradição da reforma, a qual chamamos de cristianismo reformado ou calvinista e que inclui todos os presbiterianos, as igrejas reformadas holandesas e alemãs, e também muitos batistas e congregacionalistas.

O SIGNIFICADO DO CRISTIANISMO REFORMADO

Quais são as características exclusivas do cristianismo reformado? Podemos traçar seus principais aspectos à vida e aos ensinamentos daquele jovem erudito que ouviu o chamado de Deus na advertência de Guilherme Farel.

Calvino estava convencido de que Deus tinha um plano que ele chamava de vontade soberana de Deus. Assim como a doutrina central de Lutero era a justificação pela fé, a de Calvino era a soberania de Deus. Ambos os reformadores tinham uma percepção avassaladora da majestade de Deus, mas a de Lutero serviu para enfatizar o milagre do perdão, ao passo que a de Calvino garantia-lhe a inexpugnabilidade do propósito divino.

Calvino (1509-1564) compartilhava as quatro crenças protestantes centrais de Lutero, no entanto, havia nascido uma geração depois, em outro lugar, e era um tipo de pessoa completamente diferente.

Lutero era um camponês, monge e professor universitário; Calvino, um advogado e estudioso convocado a um ministério público turbulento em uma comunidade próspera de negócios. Naturalmente, eles se impressionaram com diferentes necessidades e enfatizaram diferentes soluções cristãs para elas, e possuíam as mesmas bases, mas as estruturas de doutrina e prática que edificaram em Wittenberg e em Genebra foram diferentes em muitos aspectos importantes.

As habilidades organizacionais e executivas de Calvino possibilitaram-no desenvolver o trabalho de Zuínglio. O movimento de reforma começou em Zurique e alastrou-se rapidamente pelas regiões da Suíça de língua alemã. Berna e seus territórios adjacentes (o cantão) passaram para o lado protestante em 1528, e a Basileia acompanhou-os em 1529. Em pouco tempo, Appenzell, São Galo e Schaflhausen juntaram-se ao movimento.

O tipo de reforma zuingliano encontrou apoio também fora da Suíça, na importante cidade alemã de Estrasburgo. Ali, Martinho Bucer (1491-1551), superado em influência na Alemanha apenas por Lutero e seu aliado Melâncton, estava mais inclinado a simpatizar com Zuínglio do que com Lutero.

LANÇADO AO JOGO **281**

No entanto, a controvérsia entre os cantões católicos e protestantes na Suíça provocou, em 11 de outubro de 1531, uma batalha em Kappel, entre Zurique e seus vizinhos católicos. Na batalha, Zuínglio perdeu a vida. Então, a liderança da reforma em Zurique foi transferida para Henrique Bullinger. Na década de 1540, porém, Genebra, situada na Suíça francófona, havia emergido como centro internacional do cristianismo reformado nas mãos disciplinadas de Calvino.

João Calvino era proveniente de uma pequena cidade 97 quilômetros a nordeste de Paris. A preocupação de seu pai era que ele tivesse as vantagens de uma boa educação. Sendo assim, Calvino entrou na Universidade de Paris aos catorze anos de idade e dominou não apenas um estilo brilhante de escrita, como também habilidades na argumentação lógica. Em anos posteriores, os homens talvez não gostassem do que Calvino escreveu, mas sem dúvida entendiam o que ele queria dizer. Em 1528, ele deixou a universidade com o diploma de mestre em mãos.

Depois Paris, por insistência paterna, João dedicou-se ao direito nas universidades de Orleans e Bourges, mas a morte do pai, em 1531, liberou-o para buscar seus próprios interesses e, assim, ele retornou a Paris para estudar os clássicos com a intenção de seguir a carreira acadêmica.

Seus estudos colocaram-no em contato com ideias reformadoras que circulavam em Paris e, pouco tempo depois, um acontecimento em sua vida fez com que seguisse uma nova direção, o qual Calvino chamou de "conversão inesperada". Não temos como saber ao certo a data em que ocorreu, mas foi claramente algo além de um esclarecimento espiritual ou reconhecimento da autoridade suprema das Escrituras. Calvino submeteu sua vontade a Deus, abriu mão de sua carreira como classicista e identificou-se com a causa protestante na França.

No outono de 1533, ele estava intimamente associado ao seu amigo Nicolas Cop, reitor da universidade, o qual proferiu um discurso acentuadamente protestante certa vez que gerou em alguns a suspeita de que havia sido redigido por Calvino. As vigorosas palavras geraram um rebuliço na instituição, e Calvino foi forçado a fugir de Paris, encontrando refúgio na Basileia, onde, em março de 1536, publicou a primeira edição de sua obra altamente influente *As institutas da religião cristã.*

Essa obra foi a exposição mais clara, mais lógica e de mais fácil leitura da doutrina protestante produzida na época da Reforma, sendo responsável por conferir fama ao seu jovem autor europeu da noite para o dia. Calvino trabalhou em sua elaboração por quase toda a vida, e vinte anos depois ela era uma obra muito maior, mas sua interpretação da verdade cristã permanecia essencialmente a mesma.

Como prefácio para *As institutas*, Calvino redigiu uma carta notável a Francisco I, rei da França, defendendo os protestantes naquele país das críticas de seus inimigos e reivindicando seu direito a uma audição respeitosa.

GENEBRA: LAR DO CALVINISMO

Ninguém havia falado com tamanha eficácia em favor deles e, com essa carta, Calvino assumiu uma posição de liderança na causa protestante.

Calvino não podia mais permanecer na França, e foi por essa razão que, após alguns meses de viagem, ele se dirigiu a Estrasburgo naquela fatídica noite de julho de 1536, quando Guilherme Farel alistou-o para a obra de Deus em Genebra.

Os concílios municipais ofereceram a Calvino a posição de professor de Escrituras Sagradas, e ele iniciou seu trabalho com vigor preparando uma confissão de fé a ser aceita por quem desejasse ser cidadão, planejando um programa educativo para todos e insistindo na excomunhão, em particular a proibição da ceia, no caso daqueles cuja vida não se conformasse aos padrões espirituais.

O programa de Calvino era o mais exigente de disciplina moral dentro do protestantismo — um pouco mais do que os líderes da cidade haviam pedido. A oposição aumentou, especialmente no que se refere a quem detinha o poder de excomungar, a Igreja ou os magistrados. Após um ano de disputa, Calvino e Farel foram derrotados na questão e, em abril de 1538, os concílios municipais ordenaram que os dois reformadores saíssem de Genebra. Calvino parecia ter falhado.

Os três anos seguintes vividos em Estrasburgo foram provavelmente os mais felizes da vida de Calvino. Como pastor de uma igreja de refugiados franceses, ele era livre para aplicar suas medidas disciplinares; além disso, foi um professor de teologia bem-sucedido, e a cidade homenageou-o com o cargo de representante nas conferências religiosas na Alemanha. Durante esses anos, ele se casou com uma viúva que tinha dois filhos, e ela foi uma companheira prestativa até morrer, em março de 1549.

Enquanto isso, os amigos de Calvino em Genebra recuperaram o poder no governo da cidade e insistiram para que ele voltasse e retomasse seus esforços reformadores. Em setembro de 1541, com grande relutância, ele, mais uma vez, assumiu o fardo de Genebra, praticamente à sua própria maneira e assim a constituição eclesiástica aceita pela cidade pôs em prática as principais ideias de Calvino.

Quatro cargos governavam a igreja: pastores, professores, anciãos e diáconos. Os doze anciãos, juntamente com os ministros, formavam o Consistório, responsável pela supervisão moral da cidade. As transgressões variavam desde ausência no culto público até bebedice, adultério, jogos de azar e dança.

Naturalmente, a oposição continuou e muitas vezes Calvino esteve à beira da expulsão. No entanto, ele lutou com coragem, e o influxo de exilados por causa da fé — principalmente da França, os quais Calvino atraía para Genebra — aumentava constantemente seu grupo de seguidores.

Em 1553, com a diminuição da influência de Calvino, o brilhante, porém instável, médico espanhol Miguel Serveto procurou refúgio em Genebra. Serveto estava fugindo da perseguição católica por sua heresia de negar a doutrina da Trindade e chegou a Genebra bem no momento em que os inimigos de Calvino estavam desafiando sua autoridade. Embora Calvino desejasse uma morte mais misericordiosa do que a fogueira para o herege, ele apoiou o silenciamento do pensador desequilibrado. Serveto foi queimado na estaca, e Calvino ficou marcado nas gerações posteriores principalmente como "o homem que queimou Serveto".

Dois anos depois, a posição de Calvino em Genebra estava assegurada, e até sua morte ele desfrutou de influência significativa sobre as questões morais e religiosas da cidade. Para Calvino, entretanto, Genebra nunca foi um fim em si, pois ele considerava a cidade um refúgio para protestantes perseguidos, um exemplo de uma comunidade cristã disciplinada e um centro de formação ministerial. Alunos empolgados de toda a Europa iam até Genebra para ver o que João Knox chamou de "a escola mais perfeita de Cristo que já existiu desde a época dos apóstolos". Eles receberam a teologia de Calvino em primeira mão e seguiram o estilo de vida vigoroso da cidade.

A SOBERANIA DE DEUS

O calvinismo absorvido pelos alunos fluía da crença central de Calvino na soberania absoluta de Deus. "Deus declara sua onipotência", escreveu, "e exige nosso reconhecimento desse atributo", pois é o "Governador de todas as coisas." Em sua própria sabedoria, desde a mais remota eternidade, ele decretou o que faria e o executa por seu próprio poder.

Isso é mais do que uma orientação geral, uma vez que a Bíblia ensina a direção singular de Deus sobre cada indivíduo. Lemos que nem mesmo um pardal cai ao chão sem que o Pai o saiba, e lemos também que ele deu filhos a algumas mães e negou-os a outras. Essas coisas não representam um fatalismo inexorável na natureza, mas os decretos pessoais do Deus Onipotente que move os homens para que trilhem os seus caminhos.

Se o texto central de Lutero era "o justo viverá pela fé", o de Calvino era "seja feita a tua vontade, assim na terra como no céu". Calvino via a antiga doutrina da predestinação ensinada por Paulo, Agostinho e Lutero como fonte de devoção religiosa e, mais do que um problema para a mente, ele considerava a eleição divina para a vida eterna a fonte mais profunda de confiança, humildade e poder moral.

Embora não professasse saber de modo absoluto quem eram os escolhidos (eleitos) de Deus, ele acreditava que três testes constituíam um bom critério para julgar os que poderiam ser salvos: a participação nos dois sacramentos, batismo e ceia; uma vida moral reta; e uma profissão pública de fé. Essas coisas eram adequadas para uma igreja disciplinada na terra.

A consequência da fé para Calvino, muito mais do que para Lutero, é um árduo esforço no sentido de introduzir o reino de Deus na terra e, ainda que não seja mais julgado pela lei de Deus, o verdadeiro cristão encontra nela o padrão divino para o caráter moral. O homem não é justificado pelas obras, mas nenhum homem justificado vive sem realizar obras e, além disso, ninguém pode ser um verdadeiro cristão sem aspirar à santidade na vida. Essa busca rigorosa por justiça moral era uma das principais características do calvinismo, pois transformava o caráter em um teste fundamental da verdadeira vida religiosa e explica o ativismo social dinâmico do calvinismo — Deus chama os eleitos para seu propósito!

A ênfase do calvinismo na soberania de Deus, por sua vez, gerou uma visão especial do Estado, e a tendência de Lutero era considerar o Estado supremo. Os príncipes alemães, com frequência, determinavam onde e como o evangelho seria pregado, mas Calvino, porém, ensinava que homem algum, seja papa ou rei, tem qualquer direito ao poder absoluto. Ele nunca pregou o "direito de revolução", mas incentivou o crescimento de assembleias representativas e salientou seu direito de resistir à tirania dos monarcas. A resistência calvinista ao exercício do poder arbitrário pelos monarcas foi um fator-chave no desenvolvimento de governos constitucionais modernos.

A Igreja, dizia Calvino, não está sujeita ao governo secular, salvo em questões obviamente seculares. Em contrapartida, ela tem a obrigação, sob o domínio do Deus soberano, de guiar a autoridades seculares em assuntos espirituais, uma visão que motivou os seguidores de Calvino a ir por toda a Europa como uma conspiração espiritual, buscando destruir falsas religiões e governos restritivos.

Muitos discípulos zelosos consideravam Genebra uma base estabelecida por Deus, visto que era uma promessa de que o reino seria organizado algum dia. De lá, os discípulos retornavam a seus respectivos países buscando estabelecer os princípios calvinistas e, em consequência, o calvinismo rapidamente assumiu dimensões internacionais.

Na França, o calvinismo continuou sendo uma minoria, mas, graças a convertidos influentes em meio à nobreza, o movimento ganhou uma importância desproporcional em relação aos seus números. Conhecidos como huguenotes, calvinistas franceses estavam ameaçando tomar a liderança do país, mas milhares foram brutalmente massacrados no dia de São Bartolomeu, em 1572. Eles permaneceram como uma minoria significativa, mas nunca mais representaram um sério desafio ao trono católico.

Nos Países Baixos, o calvinismo ofereceu um ponto de união para a oposição contra o governo opressor da Espanha católica. Os ministros calvinistas estavam entre os líderes mais antigos dos grupos de resistência, e hoje nós os chamaríamos de combatentes pela liberdade ou, talvez, guerrilheiros. O líder do partido nacional na província setentrional dos Países

LANÇADO AO JOGO **285**

Baixos era Guilherme, o Taciturno, o qual entrou para a Igreja reformada em 1573 e, durante a década seguinte, ajudou a moldar uma república holandesa; inclusive, o atual hino nacional da Holanda, "Canção do príncipe", foi escrito para os seguidores de Guilherme.

Na Escócia, os calvinistas criaram algo único na Europa do século XVI: uma terra cuja religião do povo era diferente da religião do monarca.

Maria da Escócia, uma garota de dezoito anos de idade que vivia em um país estrangeiro, reinava; ela entrou para a família real francesa por meio do matrimônio, e os escoceses, bem como muitos ingleses, temiam que ela entregasse a Escócia aos franceses. Um homem, entretanto, pregava em toda a parte a ideia de que o povo da Escócia poderia desafiar o governo de sua rainha: esse homem foi João Knox.

ESCÓCIA DE JOÃO KNOX

Knox foi um ativista incansável que já havia tentado direcionar a Inglaterra ao calvinismo, mas, como muitos outros, porém, foi forçado a fugir às pressas quando, em 1553, o país retornou à fé católica sob o governo da filha de Henrique VIII, Maria I, cuja perseguição aos líderes protestantes rendeu-lhe o título de Maria Sanguinária.

Knox escapou para o continente, onde desenvolveu a teoria de que os protestantes tinham o direito de resistir — se necessário, pela força — a qualquer governante católico romano que tentasse impedir seu culto ou missão. Isso ia mais longe do que o próprio Calvino estava disposto a ir, mas muitos nobres na Escócia acharam a ideia atraente.

Quando a guerra civil eclodiu na Escócia em 1559, Knox apressou-se de volta para casa, e, no verão de 1560, os calvinistas haviam tomado o controle de Edimburgo. Ele elaborou os artigos de religião que o parlamento aceitou para o país, abolindo, assim, o catolicismo romano.

No ano seguinte, quando Maria da Escócia, então uma viúva de dezenove anos, decidiu regressar ao seu reino, ela o encontrou no colo da "heresia" protestante. Ao longo dos anos que se seguiram, Knox, o pregador apaixonado do calvinismo, e Maria, a jovem rainha da Escócia, passaram a simbolizar o conflito da Reforma: não somente protestantes contra católicos, mas também alegações democráticas do calvinismo contra o poder da monarquia de nomear bispos. Os acontecimentos na Escócia seguiram a direção de Knox e, muito embora os descendentes de Maria tenham tentado voltar no tempo, a Escócia continuou sendo o país calvinista mais devoto do mundo.

Assim, quando Calvino faleceu, em 1564, deixou muito mais do que uma Genebra reformada, pois, por toda a Europa e, em breve, na distante América, ele ganhou seguidores ávidos por dar prosseguimento ao jogo do qual decidira participar naquela noite fatídica durante sua visita à desordeira e agitada Genebra de Farel.

Leitura sugerida

- *COTTRET, Bernard. *Calvin: A Biography* [Calvino: uma biografia]. Eerdmans, Grand Rapids, 2000.

- FERM, Vergilius. *Classics of Protestantism* [Clássicos do protestantismo]. Nova York: Philosophical Library, 1959.

- HARBISON, E. Harris. *The Christian Scholar in the Age of the Reformation* [O erudito cristão na era da Reforma]. Nova York: Charles Scribner's Sons, 1956.

- MCGRATH, Alister. *A Life of John Calvin: A Study in the Shaping of Western Culture* [A vida de João Calvino: um estudo da formação da cultura ocidental]. Oxford: Basil Blackwell, 1990.

- MCNEILL, John T. *The History and Character of Calvinism* [História e caráter do Calvinismo]. Nova York: Oxford University Press, 1967.

- PARKER, T. H. L. *Portrait of Calvin* [Retrato de Calvino]. Filadélfia: Westminster, John Knox Press, 2007.

- WALKER, Williston. *John Calvin, the Organizer of Reformed Protestantism* [João Calvino, o organizador do protestantismo reformado]. Nova York: Schocken, 1969.

CAPÍTULO 27

Maldição sobre a coroa

A Igreja da Inglaterra

EM UMA TARDE DE SÁBADO EM JUNHO DE 1533, uma senhora inglesa de olhos escuros, rodeada pela nobreza da nação, atravessava as ruas apinhadas e os arcos triunfais de Londres. Ana Bolena, sentada em uma poltrona drapeada de ouro e prata, estava a caminho da Abadia de Westminster, onde, na manhã seguinte, seria solenemente ungida e coroada rainha da Inglaterra.

Por trás daquele cortejo, uma série de acontecimentos em ritmo acelerado conduzia a Inglaterra à reforma do cristianismo à sua própria maneira e criava o contexto histórico para um conjunto de denominações anglo-americanas, incluindo os episcopais, os congregacionais e os batistas.

Se a reforma luterana começou em uma célula monástica, e se a reforma anabatista começou em uma reunião de oração, e a reforma calvinista, na mesa de um acadêmico, então, a reforma inglesa começou em meio aos assuntos do Estado, especificamente com o problema da sucessão ao trono real.

Em certo sentido, a Inglaterra passou por duas reformas: uma constitucional, com o rei Henrique VIII (1509-1547), e uma teológica, com os puritanos, quase um século depois. Com Henrique, nada mudou do ponto de vista doutrinário, pois a Inglaterra simplesmente rejeitou a autoridade de Roma, mas com essa atitude, ela previu o futuro do cristianismo nas nações modernas. A Inglaterra transformou as crenças cristãs quase completamente em um assunto privado e considerou a prática da religião um instrumento do Estado, algo que as gerações posteriores chamaram *religião civil*.

Mas como uma coisa dessas poderia acontecer? Por que a Inglaterra, mesmo sem um grande problema teológico, depôs a antiga autoridade da Igreja de Roma?

RUPTURA DA INGLATERRA COM ROMA

A ideia surgiu a partir dos problemas conjugais do rei Henrique, a quem Charles Dickens certa vez descreveu como "um arruaceiro extremamente intolerável, uma mancha de sangue e graxa na história da Inglaterra". Outras influências sem dúvida contribuíram para a ruptura com Roma, mas a sucessão ao trono foi o principal fator constitucional na transformação da Igreja *na* Inglaterra para a Igreja *da* Inglaterra.

Durante séculos, a Igreja na Inglaterra já estivera caminhando em direção à independência de Roma, e na época de Lutero a maioria dos ingleses patriotas percebia que a fé tinha um caráter distinto em sua pátria. O cardeal Tomás Wolsey (1474-1530) é provavelmente o melhor símbolo da independência que a Inglaterra havia alcançado antes mesmo do rompimento de Henrique com Roma. Wolsey era arcebispo de York, cardeal na Igreja de Roma e chanceler do reino inglês. Desse modo, em sua própria pessoa, ele representava a Igreja na Inglaterra, a Igreja de Roma e o reino da Inglaterra, mas, em todos esses cargos ele estava submisso ao rei, sujeito à honra ou à vergonha que procede do capricho real.

O cisma na Igreja surgiu de um problema com a realeza, não de conflitos teológicos. Em suma, Henrique VIII, rei da Inglaterra, rebelou-se contra o papa porque desejava intensamente Ana Bolena, uma dama de companhia da corte que tinha belos olhos negros.

Porém, essa é apenas a manchete. Os fatos importantes giram em torno da sucessão real ao trono inglês, não das paixões pessoais do rei. Henrique sabia como satisfazer suas concupiscências: ele compartilhava do passatempo comum da realeza com as concubinas e tinha, pelo menos, um filho ilegítimo. O problema era que ele não tinha filhos com sua esposa, a rainha Catarina de Aragão.

Catarina, filha de Fernando e Isabel da Espanha, havia gerado cinco descendentes, mas o único que sobreviveu à infância foi a princesa Maria. Infelizmente, a Inglaterra não estava disposta a aceitar uma menina como herdeira ao trono porque no único caso em que uma mulher ocupou o cargo ocasionou guerras sangrentas de sucessão.

À medida que Catarina foi envelhecendo, Henrique ficou cada vez mais preocupado; em 1525, ela completou quarenta anos, fazendo com que o rei refletisse intensamente sobre os caminhos do Onipotente: "Será que estou sob alguma maldição de Deus?"

A questão surgiu porque, antes de seu casamento, Catarina havia sido esposa de Artur, irmão falecido de Henrique, durante vários meses. Por causa de Levítico, Henrique acreditava que Deus amaldiçoava o matrimônio daqueles que se casavam com a esposa do irmão: "Se um homem tomar por mulher a mulher do seu irmão, comete impureza; desonrou seu irmão. Ficarão sem filhos" (Levítico 20:21).

MALDIÇÃO SOBRE A COROA **289**

Naturalmente, a Igreja de Roma também havia reconhecido a maldição, mas, por ocasião do casamento de Henrique, o papa Júlio II encontrara razões para conceder permissão especial ao matrimônio; contudo, com o passar dos anos sem gerar de filhos, Henrique começou a considerar a hipótese de Júlio ter abusado de seus direitos sagrados. Seria a incapacidade de Catarina de gerar um filho uma prova da maldição de Deus sobre a união? Em caso afirmativo, por que o papa não separava aquilo que unira?

Em 1527, Henrique pediu ao Santo Padre, Clemente VII, que revogasse a isenção especial e declarasse o casamento de dezoito anos inválido desde o início. O papa talvez estivesse aberto à ideia, não fosse o fato de que Catarina era tia de Carlos V, sacro imperador romano e rei da Espanha. Naquele momento, o papa não podia dar-se ao luxo de ofender o imperador; portanto, recusou-se. As razões pessoais de Henrique para desejar a anulação eram as mesmas razões políticas do papa para recusar o pedido.

Henrique decidiu resolver o problema com as próprias mãos: aceitou prontamente a sugestão de um de seus conselheiros, Tomás Cranmer, e apresentou o caso às universidades europeias para receber a opinião acadêmica. A resposta, como seria de esperar, foi mista, mas agora Henrique tinha cobertura para impor sua vontade sobre a nação.

Em janeiro de 1533, o rei casou-se secretamente com Ana e, em maio, uma corte eclesiástica inglesa declarou nulo e sem efeito o casamento de Henrique com Catarina; em setembro, a nova rainha deu à luz, mas, ao contrário das previsões dos astrólogos, era uma menina, Elizabeth.

O papa opôs-se à atitude de Henrique com a excomunhão, e o rei percebeu que a autoridade papal na Inglaterra tinha de ser deposta, pois sabia que os sentimentos antipapais eram intensos na nação. Em Cambridge, por exemplo, certos professores estavam tão influenciados por Lutero que nomearam seu local de encontro favorito, a taverna White Horse, de "pequena Alemanha". Portanto, o rei supôs que enfrentaria pouca oposição popular se ele renunciasse à autoridade papal na Inglaterra e evitasse questões doutrinárias problemáticas.

Henrique agiu energicamente em uma série de frentes: ele descobriu uma antiga lei do século XIV que proibia relações com potências estrangeiras e utilizou-a para que o clero inglês cortasse relações com o papa. Surpreendentemente, houve pouca resistência.

Um ano depois, em 1534, o Ato de Supremacia declarou: "Sua majestade, o rei, é, deve ser e será reputado justa e corretamente como único líder supremo na terra da Igreja da Inglaterra, chamada *Anglicana Ecclesia*".

Pronto, a ruptura com Roma estava consumada, e a Inglaterra agora tinha uma Igreja nacional com o rei na liderança. O líder, entretanto, não era um sacerdote; sendo assim, ele podia nomear, mas não consagrar bispos, podia defender, mas não formular a fé. Então, o rei colocou o arcebispo da

POLÍTICA DUPLA DE HENRIQUE

Assim, a única questão religiosa na reforma inicial da Inglaterra foi a supremacia papal. Henrique não tinha a intenção de romper com a antiga fé e se considerava um guardião do dogma católico. Em 1521, em resposta ao ataque de Lutero contra os sete sacramentos, o rei redigira uma *Defesa dos sete sacramentos*, texto no qual ele chamava Lutero de "serpente venenosa" e "lobo do inferno". Em gratidão, o papa concedera a Henrique o título de "defensor da fé" — um título ainda utilizado por monarcas ingleses.

Após a ruptura com Roma, a ortodoxia da Inglaterra permaneceu intacta, e Henrique continuou a insistir na doutrina católica dentro do reino. Aparentemente, seu objetivo era ter uma Igreja Católica Inglesa em vez de uma Igreja Católica Romana, e então, em 1539, o *Estatuto dos seis artigos* confirmou artigos católicos como o celibato clerical, a missa privada e as confissões ao sacerdote.

Apenas duas alterações importantes assinalaram a nova fase na Igreja da Inglaterra: a primeira foi a supressão dos mosteiros; a segunda foi a publicação da Bíblia em inglês para uso nas igrejas.

Os monges na Inglaterra não eram populares nem devotos. Certo autor chamou-os de "leprosos imundos e infelizes que [...] despojavam pobres senhoras da décima parte de tudo o que tinham, até dos ovos". A falta de dedicação ao chamado ficou evidente em 1536, quando Henrique suprimiu os mosteiros menores. Na ocasião, o rei deu aos monges a opção de transferir-se para outros mosteiros ou de ir para a vida secular; metade preferiu a sociedade a outro claustro.

Henrique utilizou as propriedades monásticas — quase um décimo da riqueza nacional — para reabastecer os cofres reais e para conquistar o apoio de barões e nobres favorecidos, os quais ganharam ou adquiriram as propriedades. Os monges receberam uma pensão razoável, mas, com essa única manobra, Henrique conseguiu reduzir a oposição à sua política e ganhar novos amigos.

A segunda mudança na Igreja da Inglaterra ocorreu quando Henrique ordenou que houvesse uma Bíblia em inglês em todas as igrejas. No começo, a Igreja de Roma não objetou às versões na língua nativa contanto que fossem ortodoxas e autorizadas. Traduções do hebraico e do grego, entretanto, certamente ofenderiam Roma porque, durante séculos, essa cidade havia fundamentado doutrinas cruciais em traduções questionáveis encontradas na versão latina. O exemplo mais digno de nota é a tradução latina "fazer penitência" para um termo grego que quer dizer simplesmente "arrepender-se". Roma, portanto, dificilmente poderia aclamar a notícia de outra Bíblia em inglês, sobretudo após a heresia de Wycliffe.

MALDIÇÃO SOBRE A COROA **291**

No entanto, logo depois da publicação do Novo Testamento em grego por Erasmo em 1516, com seu prefácio exortando à tradução da Escritura para as línguas comuns da Europa, novas versões apareceram em alemão, francês e inglês, e elas alimentaram os sentimentos nacionais e as convicções protestantes emergentes.

A BÍBLIA DE WILLIAM TYNDALE

O pioneiro na tradução da Bíblia inglesa foi William Tyndale, em cuja alma havia um zelo por disponibilizar ao homem comum as Escrituras. Certa vez, após ser ordenado, ele manifestou espanto diante da ignorância do clero. Um colega sacerdote indignou-se com esse fato, ao que Tyndale respondeu, irritado: "Se Deus me der vida, em poucos anos eu possibilitarei que um fazendeiro conheça mais as Escrituras do que você".

Tyndale logo descobriu, entretanto, que tal iniciativa não era bem-vinda na Inglaterra e, depois de estudar em Oxford e em Cambridge, ele foi forçado a fugir para o continente europeu a fim de viver, trabalhar e publicar o Novo Testamento. No início de 1526, ele começou a contrabandear as primeiras cópias da obra para sua terra natal.

Nos anos seguintes, Tyndale traduziu partes do Antigo Testamento e lançou uma edição aprimorada do Novo. Os oficiais da Igreja continuaram a persegui-lo e, em 1536, ele foi capturado; após dezessete meses preso, Tyndale enfrentou a morte na estaca. Sua oração final foi: "Senhor, abra os olhos do rei da Inglaterra".

Os acontecimentos na nação já estavam caminhando rapidamente no sentido de uma resposta à oração de Tyndale. Durante seus meses na prisão, outro reformador graduado em Cambridge, Miles Coverdale, havia publicado a primeira edição de sua tradução completa da Bíblia. A edição era basicamente a obra de Tyndale acrescida das versões latina e alemã.

Então, um ano após a morte de Tyndale, surgiu a *Matthew Bible* [Bíblia de Mateus], que era obra de outro reformador inglês chamado João Rogers, o qual considerou prudente divulgar sua tradução de forma anônima. A Bíblia de Mateus era praticamente uma compilação bem editada da obra de Tyndale e Coverdale. Por solicitação de Tomás Cranmer, Henrique VIII autorizou que essa Bíblia, revista por Coverdale e chamada de "Grande Bíblia", fosse comprada e lida em todo o território. A oração final de Tyndale foi atendida, ao menos em parte. O repentino acesso às Escrituras gerou tamanho entusiasmo que Henrique achou por bem emitir novas regras limitando a leitura a comerciantes ricos e a aristocratas; mas, mais liberdade, era apenas questão de tempo.

A GUINADA PARA O PROTESTANTISMO

Após a morte do rei, em 1547, seu filho único, o frágil Eduardo VI, assumiu o trono do pai aos dez anos de idade. A mãe de Eduardo era Joana Seymour, com quem Henrique se casou após executar Ana Bolena sob acusação de adultério. Durante a infância de Eduardo, o poder do governo estava nas mãos de um grupo de conselheiros reais que simpatizavam com a Reforma protestante, fazendo com que a política inglesa oficial tomasse abruptamente essa direção.

Durante a breve vida de Eduardo, os Seis Artigos foram revogados, os sacerdotes receberam autorização para se casar e o antigo culto latino foi substituído pelo *Livro de oração comum* em inglês. Em 1553, Cranmer também produziu os *Quarenta e dois artigos* que estabeleciam a fé da Igreja da Inglaterra segundo as crenças protestantes.

Essa guinada para a direção protestante foi subitamente interrompida em 1553, quando Eduardo morreu, e Maria, filha de Catarina, ascendeu ao trono. Católica devota, Maria tentou conduzir a Inglaterra de volta para os caminhos de Roma, mas em apenas quatro anos ela superou o pai em intolerância, enviando quase trezentos protestantes, incluindo o arcebispo Cranmer, para morrer queimados na estaca.

Mais tarde, João Foxe reuniu os vívidos relatos desses martírios em sua obra *O livro dos mártires* (1571), incitando o povo inglês a nutrir um sentimento de horror ao catolicismo, e atribuiu a Maria o nome pelo qual a história a eternizou: Maria Sangrenta.

Apesar de Maria ter sido a única monarca piedosa do século XVI, ela cometeu o erro imperdoável de realizar martírios. Na década de 1550, a Inglaterra havia gozado de quase uma geração sem interferência de Roma; por esse motivo, o país interpretou seu casamento com Filipe da Espanha e sua devoção a ele como uma traição, e ela morreu como uma rainha falida e frustrada.

Com a ascensão ao trono da filha ruiva e impetuosa de Ana Bolena, Elizabeth I (1558-1603), a Igreja Anglicana assumiu seu caráter distinto, nem romano nem reformado. Percebendo a necessidade política de paz religiosa, Elizabeth esforçou-se para chegar a um acordo e, embora a Igreja da Inglaterra tivesse permanecido como uma Igreja do Estado sob o controle do monarca, Elizabeth alterou, com astúcia, seu título de Chefe Supremo para a opção mais modesta de Governador Supremo.

Por aceitar a Bíblia como autoridade final e reconhecer apenas o batismo e a santa eucaristia como sacramentos instituídos por Cristo, os *Trinta e nove artigos* (1563) de Elizabeth eram essencialmente protestantes, mas muitos deles foram redigidos de modo a satisfazer tanto católicos quanto protestantes. A liturgia da Igreja conservou muitos elementos católicos, e bispos na sucessão apostólica governavam a Igreja. Elizabeth, à semelhança dos monarcas que vieram depois dela, seguiu o conselho de que uma igreja liderada por bispos seria mais fácil de controlar. Com o tempo, os clérigos ingleses passaram a considerar essa alternativa o melhor dos mundos, a *Via Media*, o meio termo entre o protestantismo e o catolicismo.

MALDIÇÃO SOBRE A COROA **293**

Alguns exilados que haviam sido forçados a sair da Inglaterra durante o reinado de Maria, entretanto, não estavam tão certos disso. Quando retornaram do continente para a regência de Elizabeth, eles começaram a se rebelar contra "a tranquilidade em Sião", uma vez que haviam lido a Bíblia e desenvolvido suas próprias ideias para uma verdadeira reforma na Inglaterra. Nós conhecemos esses reformadores como puritanos, os pregadores de justiça pessoal e nacional. O futuro estava raiando.

Leitura sugerida

- *MCCULLOCH, Diarmaid. *Thomas Cranmer: A Life* [Thomas Cranmer: uma vida]. New Haven, CT: Yale, 1996.

- MOZLEY, J. F. *William Tyndale.* Nova York: The Macmillan Company, 1937.

- PARKER, T. M. *The English Reformation to 1558* [A Reforma Inglesa até 1558]. Londres: Oxford University Press, 1960.

- RUPP, E. G. *The English Protestant Tradition* [A tradição protestante inglesa]. Cambridge: Cambridge University Press, 1966.

- RUPP, Gordon. *Six Makers of English Religion: 1500-1700* [Seis criadores da religião inglesa]. Nova York: Harper & Brothers Publishers, 1957.

- WOODBRIDGE, U. K. *Thomas Cranmer: Churchman and Scholar* [Thomas Cranmer: eclesiástico e erudito]. Rochester: Boydell Press, 1993.

CAPÍTULO 28

"Outro homem" em Manresa

A Reforma católica

EM 1521, ANO EM QUE MARTINHO LUTERO estava diante do imperador Carlos V na dieta de Worms, um jovem espanhol da nobreza lutava nas regiões fronteiriças contra os invasores franceses em Pamplona, onde uma bola de canhão destruiu uma de suas pernas. Durante a longa e dolorosa recuperação, ele se voltou, motivado pelo tédio, para duas conhecidas obras inspiradoras: uma sobre a vida dos santos e outra sobre a vida de Cristo, e com elas seu longo processo de conversão começou.

Meses depois, na abadia beneditina de Montserrat, ele trocou seus trajes de nobre pela túnica rústica, típica dos peregrinos, e dedicou sua espada e seu punhal à Virgem Negra do santuário. Por quase um ano, em uma pequena cidade chamada Manresa, cinquenta quilômetros ao norte de Barcelona, ele se entregou a um excesso de austeridades: mendicância de porta em porta, cintos farpados, jejuns por dias a fio. Durante meses, ele enfrentou as terríveis depressões da noite escura da alma, segundo as palavras do místico, chegando a cogitar a ideia de suicídio em certo ponto, mas o que ele recebeu em seguida foi uma recompensa singular, um imenso progresso rumo à elucidação espiritual. Certo dia, em uma onda arrebatadora de esclarecimento às margens do rio Cardoner, o nobre ferido, Inácio de Loyola, tornou-se, em suas próprias palavras, um "outro homem".

Loyola (1491-1556) transformou seu renascimento em Manresa em um plano de disciplina espiritual, um manual militar para a tropa de choque a serviço do papa. O resultado disso foi o grupo dos jesuítas, a Companhia de Jesus, a maior força unificada na campanha do catolicismo para recapturar os domínios espirituais tomados pelo protestantismo.

"OUTRO HOMEM" EM MANRESA **295**

Mas como foi que a Igreja de Roma reagiu ao desafio protestante? Ela não o fez — ao menos não de imediato. Contudo, quando finalmente percebeu a gravidade da revolta, a Igreja romana recrutou seus guerreiros espirituais, convocou um novo concílio militante e reformou o mecanismo do cargo papal. Enfrentando a rebelião de quase metade da Europa, o catolicismo reverteu a maré do protestantismo até que, no final do século XVI, limitou esse movimento aproximadamente ao terço setentrional da Europa, como se encontra até o presente momento.

Alguns historiadores interpretam a Reforma católica como um contra-ataque ao protestantismo; outros a descrevem como uma verdadeira revivificação da religiosidade católica com pouca consideração ao protestantismo. A verdade é que o movimento foi tanto uma Contrarreforma, como insistem os protestantes, quanto uma Reforma católica, como argumentam os católicos. Suas raízes remontam a forças anteriores à época de Lutero, mas a forma assumida foi, em grande parte, determinada pelo ataque protestante.

[*Facetas da Contrarreforma*]

1. Inácio tornou-se uma voz importante na espiritualidade católica e organizou a influente Ordem Jesuíta.
2. A Contrarreforma também contribuiu para o surgimento de outras vozes importantes na espiritualidade, incluindo Teresa de Ávila.
3. Os católicos responderam ao trabalho acadêmico e erudito dos protestantes com obras na língua local (especialmente na Espanha) e pela formação de sacerdotes.
4. O Concílio de Trento ofereceu uma articulação de doutrinas em reação ao ensino protestante.
5. A Igreja católica iniciou uma expansão missionária mundial.
6. A Inquisição, uma adaptação de um antigo formato jurídico romano, foi uma estratégia eficaz, embora cruel, para detectar e reprimir heresias. ■

RETORNO AO ESPIRITUAL

Por mais estranho que pareça, a experiência mística constituiu uma grande parte da recuperação do catolicismo. O século XVI produziu uma notável variedade de santos católicos: Tomás More, o advogado e estadista inglês; Francisco de Sales, o missionário alegre e imaginativo em meio aos calvinistas; Carlos Borromeu, o sombrio reformador e arcebispo de Milão; Teresa de Ávila, a entusiástica mística espanhola; e, o mais influente de todos, Inácio de Loyola, o soldado espanhol de Cristo.

Mesmo antes de Lutero afixar suas teses na porta da igreja, um grupo distinto e aristocrático em Roma havia formado uma fraternidade piedosa chamada o Oratório do Amor Divino, cuja crença central era que a reforma da Igreja e da sociedade começava na alma de cada indivíduo.

O Oratório nunca foi grande em número, talvez chegando a cinquenta membros, mas sua influência foi enorme e estimulou a reforma nas ordens monásticas mais antigas, contribuindo com líderes para o concílio que estava sendo planejado pela Igreja de Roma para lidar com a reforma interna e a heresia protestante. Entre os membros do Oratório que mais tarde emergiram como figuras significativas estavam Jacopo Sadoleto, que debateu com Calvino; Reginaldo Pole, que tentou, sob a regência de Maria Sangrenta, fazer a Inglaterra se voltar para Roma; e Gian Pietro Carafa, que se tornou o papa Paulo IV.

Ao longo das décadas de 1520 e 1530, entretanto, a Igreja de Roma não deu passos significativos em direção à reforma, e a razão pela qual isso aconteceu nos interessa. Por que, afinal, a Igreja romana demorou tanto para reagir ao desafio protestante?

Uma resposta simples é por causa da política. O imperador Carlos V e os papas travaram uma batalha pela convocação de um concílio geral que se estendeu por mais de duas décadas. Lutero havia convocado um concílio da Igreja já em 1518, e a ideia ganhou o apoio dos príncipes alemães e do imperador, mas os papas temiam uma assembleia. Eles lembravam muito bem dos concílios em Constança e Basileia e também sabiam que, na Alemanha, muitos tinham em mente um concílio sem o papa.

Igualmente importante, os papas nas décadas de 1520 e 1530, estavam preocupados com assuntos seculares e políticos, e Clemente VII (1523-1534) é um exemplo preeminente. Ele considerava o interesse pelos Estados Papais na Itália como uma lei suprema, e sua paixão pelo sucesso das políticas papais induziu-o à uma aliança com a França contra Carlos V, líder dos interesses dos Habsburgo na Itália. A traição e a deslealdade do papa enfureceram Carlos, que ameaçou julgar Clemente perante um concílio geral a menos que este anulasse sua aliança com Francisco I, rei da França.

Procurando mostrar ao papa que estava falando sério, Carlos ordenou que suas tropas marchassem na direção de Roma, mas o resultado fugiu ao planejado: os comandantes das tropas foram mortos, deixando os brutos e indisciplinados mercenários espanhóis e alemães sem liderança quando invadiram Roma em 6 de maio de 1527. A pilhagem, o saque e os assassinatos na Cidade Eterna duraram semanas. O papa refugiou-se no Castelo de Santo Ângelo, mas, no fim, teve de se render e passar metade de um ano em uma prisão cruel. Muitos consideraram esse saque de Roma uma terrível visita de Deus, um claro chamado ao arrependimento e à mudança do papado mundano.

Nenhuma reforma séria aconteceu até a ascenção ao trono papal de Paulo III (1534-1549), muito embora aparentasse ser um candidato extremamente improvável para a liderança espiritual. Paulo tinha três filhos ilegítimos e uma filha, isto é, quatro lembretes evidentes de que sua vida era voltada à busca por prazer. Aparentemente, a pilhagem de Roma trouxe sobriedade a Paulo, o qual percebeu que havia chegado o momento de iniciar uma reforma na Casa de Deus. Então, começou onde sentiu que uma mudança interna era mais urgente: o Colégio de Cardeais. Ele nomeou para o colégio vários defensores da reforma, entre os quais havia líderes do Oratório do amor divino: Sadoleto, Pole e Carafa.

Em seguida, Paulo III designou nove dentre os novos cardeais para fazer parte de uma comissão de reforma. O líder da comissão, Gasparo Contarini, havia sido membro do Oratório e, por ter um temperamento pacífico, ele apoiou a reconciliação com os protestantes e defendeu um retorno à fé dos apóstolos.

Após um estudo abrangente das condições na Igreja de Roma, a comissão publicou, em 1537, um relatório formal, *Conselho sobre a Reforma da Igreja*, o qual afirmava que a desordem na Igreja podia ser associada diretamente à necessidade de reforma. O cargo papal era secular demais, e tanto os papas quanto os cardeais precisavam dar mais atenção aos assuntos espirituais e parar de flertar com o mundo. Subornos em cargos elevados, abusos de indulgência, evasões à lei da Igreja, prostituição em Roma: essas e outras transgressões deviam cessar.

CONVOCAÇÃO PARA UM CONCÍLIO GERAL

O papa Paulo III tomou medidas com relação a alguns desses itens, mas a resposta mais significativa que deu foi a convocação de um concílio geral da Igreja. Após intensas negociações, ele concordou com o imperador quanto à localização da assembleia, a cidade de Trento, no Norte da Itália, que estava sob o controle imperial.

Com tudo isso, porém, nenhum concílio se reuniu durante anos porque Francisco I fez tudo o que estava ao seu alcance para evitar o encontro e, em sua paixão pela liderança da Europa, temia que um concílio fortalecesse o poder de Carlos, inclusive rebaixando-se a ponto de incitar os turcos contra o imperador. Duas guerras entre Francisco e Carlos postergaram a reunião do concílio até 1545, quase três décadas após as 95 teses de Lutero.

Em 1545, Roma viu-se impactada por uma nova austeridade. A reforma estava em ascensão, e as imoralidades da juventude de Paulo já não eram um comportamento aceitável. O novo rigor do papa evidenciou-se na instituição da Inquisição romana e no *Index* de livros proibidos — obras por cuja leitura os católicos arriscavam-se à condenação eterna. Todos os livros dos reformadores estavam na lista, bem como as Bíblias protestantes e, durante um longo período na Espanha, o simples fato de possuir um desses livros

298 HISTÓRIA DO CRISTIANISMO

proibidos era punível com morte. O *Index* foi atualizado até 1959 e, finalmente, abolido pelo papa Paulo VI.

INÁCIO DE LOYOLA

Foram esta cidade — uma nova Roma militante — e este papa — Paulo III — que sancionaram a nova Companhia de Jesus, de Inácio de Loyola. Os ousados soldados de Cristo prometeram ao papa que iriam aonde quer que ele os enviasse, "seja aos turcos, ao Novo Mundo, aos luteranos ou aos outros, seja a fiéis ou a infiéis". Eles não somente prometeram, como tinham a intenção de cumprir seu voto, pois eram semelhantes ao seu general, o fundador do grupo.

Na juventude, Inácio havia deixado o castelo sombrio de Loyola perto dos Pireneus para viver na corte de um nobre que era amigo de seu pai e se tornou um boêmio sedutor. Gastava os dias em jogos militares, lendo romances cavalheirescos populares e, durante as noites, vivia em busca de aventuras menos nobres com garotas locais.

Porém, tudo isso foi antes de Inácio encontrar-se com Deus em Manresa. Martinho Lutero saiu de sua luta espiritual convencido de que a vontade humana estava escravizada e que o homem não pode salvar a si próprio; Deus, somente Deus, deve libertá-lo. Loyola saiu de sua luta crendo que tanto Deus quanto Satanás são externos ao homem e que este tem o poder de escolher um dos dois. Com o uso disciplinado da imaginação, o homem pode fortalecer sua vontade de modo a escolher Deus e seus caminhos.

Um dos exercícios espirituais de Loyola, por exemplo, visava tornar reais os horrores do inferno:

> Ouça, na imaginação, os berros, os gemidos e os gritos blasfemos contra Cristo, nosso Senhor, e todos os santos. Sinta o cheiro, na imaginação, das fumaças de enxofre e do fedor de imundície e da corrupção. Prove, na imaginação, toda a amargura das lágrimas, da melancolia e da crescente consciência. Sinta, na imaginação, o calor das chamas flamejantes que queimam as almas.

A mesma técnica, naturalmente, podia ser utilizada para representar as belezas da Natividade ou as glórias do céu e, por meio de uma disciplina adequada, a imaginação podia reforçar a vontade e ensiná-la a cooperar com a graça de Deus.

Particularmente para Inácio, entregar-se à vontade de Deus significava obter mais educação; sendo assim, ele se matriculou em uma escola em Barcelona para estudar latim ao lado de garotos com menos da metade de sua idade e, depois, iniciou um ano intenso de cursos na Universidade de Alcalá. Formou sua convicção de que o aprendizado deve ser organizado para que seja útil, e a ideia acabou se transformando no conhecido plano de estudos dos jesuítas, o qual recomendava doses pesadas, porém exequíveis, do estudo dos clássicos, das humanidades e das ciências.

Inácio tornou-se um evangelista tão fervoroso que a Inquisição, mais de uma vez, o aprisionou e colocou sua vida, seu ensinamento e sua teologia sob forte escrutínio. Perturbado, ele partiu para Paris, onde passou sete anos na universidade. Tornou-se conhecido como "Mestre Inácio" e reuniu seus primeiros companheiros permanentes: Pedro Fabro, Diego Laynez, Afonso Salmeron, Simão Rodrigues, Nicolau Bobadilha e, principalmente, o jovem nobre espanhol Francisco Xavier.

Inácio compartilhou com eles seu notável programa para alcançar a santidade, os *Exercícios espirituais*. Os *Exercícios*, que são a essência de suas próprias experiências religiosas durante e após a conversão, prescrevem quatro "semanas" de meditação, começando com pecado, morte, juízo e inferno e, depois, passando à vida, morte e ressurreição de Cristo.

Inácio desejava traçar um caminho para a perfeição espiritual, o qual incluía o exame rigoroso da consciência, a penitência e o esquecimento resoluto da culpa, uma vez que o peregrino espiritual tivesse encontrado o perdão de Deus. Os *Exercícios* tornaram-se a base da espiritualidade de todo jesuíta, tanto que papas posteriores também os prescreveram para os candidatos à ordenação e os retiros católicos aplicavam-nos a grupos de leigos.

Em sua obra *Retrato do artista quando jovem*, James Joyce descreve seu jovem herói, Stephen Dedalus, horrorizado com um sermão sobre o inferno: "Uma onda de fogo percorreu seu corpo [...] chamas crepitavam de seu crânio". Depois de fazer a confissão, entretanto, "o passado era passado". Era exatamente esse o plano de Inácio. "Não despeça ninguém desalentado", escreveu Loyola, pois "Deus não pede nada impossível". Assim, seus seguidores tornaram-se os grandes apóstolos do possível.

A COMPANHIA DE JESUS

Em 1540, o papa Paulo III aprovou a pequena Companhia de Jesus como uma nova ordem religiosa e, na metáfora de Inácio, seus membros deviam ser soldados cavalheirescos de Jesus: itinerantes, versáteis e prontos para ir a qualquer lugar e executar qualquer tarefa designada pelo papa. Na condição de ordem reconhecida, eles acrescentaram aos antigos votos de pobreza e castidade o tradicional voto de obediência aos seus superiores e um quarto voto manifestando a lealdade especial ao papa. Além disso, entregaram o comando a um general superior eleito para a vida toda. O primeiro general escolhido foi Inácio.

O objetivo da ordem era simples: restaurar a Igreja Católica Romana à posição de potência espiritual e influência terrena que havia ocupado três séculos antes, sob Inocêncio III. Tudo estava subordinado à Igreja de Roma porque Inácio acreditava piamente que o Cristo vivo residia, com exclusividade, na Igreja institucional.

300 HISTÓRIA DO CRISTIANISMO

Talvez a característica mais fascinante dos jesuítas tenha sido sua perigosa tentativa de viver energicamente *no* mundo sem ser *do* mundo. Loyola desejava que eles fossem tudo para todos — um objetivo quase alcançado.

Seus esforços conquistaram defensores que lhes atribuem as posições mais elevadas no céu e críticos que os relegam às regiões mais baixas do inferno. Ao escrever a Thomas Jefferson em 1816, John Adams disse: "Se uma única congregação de homens tivesse de receber a perdição eterna na terra e no inferno, seria a companhia de Loyola". Qualquer que tenha sido seu destino, os jesuítas foram, desde o início, únicos.

Essa primeira geração sob a zelosa liderança de Loyola avançou a todo vapor na realização de suas atribuições: converter os gentios e reconverter a Europa protestante. Francisco Xavier partiu da Índia, atravessou o sudeste da Ásia e chegou ao Japão, um país que nunca tinha ouvido a mensagem cristã. Mais do que quaisquer outros grupos, a Companhia de Jesus obstruiu e, por vezes, reverteu, a maré do protestantismo na França, nos Países Baixos e na Europa central. Quando Inácio morreu, em 1556, sua ordem tinha quase mil membros e já havia encaminhado apóstolos para quatro continentes.

Nenhuma missão dessa primeira geração foi mais decisiva do que o grupo de jesuítas designado a participar do Concílio de Trento. Apenas 31 pais do Concílio, liderados por três legados papais, estiveram presentes nas cerimônias de abertura, e nenhum deles poderia ter imaginado que esse início modesto conduziria o concílio mais importante desde o de Niceia (325) até o Vaticano II (1962-1965). Sob a influência dos jesuítas, Trento tornou-se uma poderosa arma da Contrarreforma, e dois membros gentis, inteligentes e altamente influentes da sociedade, Diego Laynez e Afonso Salmeron, conduziram a agenda cada vez mais em direção à "postura eclesiástica correta" dos seguidores de Loyola.

Os pais do concílio reuniram-se em três sessões principais: 1545-1547, 1551-1552 e 1562-1563, e, nas sessões, os italianos eram fortemente representados. Outras regiões, em especial a França, não tinham boa representação, mas, em comparação com outros concílios, Trento nunca teve um bom número de participantes. Durante a segunda série de sessões, uma grande quantidade de protestantes esteve presente, mas não houve resultados práticos. Do início ao fim, o concílio refletiu a nova postura militante de Roma.

O FORMATO DO CATOLICISMO MODERNO

Tudo o que a Reforma protestante defendia foi rejeitado com veemência — quase se poderia dizer com violência — em Trento. Os reformadores protestantes enfatizavam a justificação *somente pela fé*, mas o concílio rejeitou uma possível concessão alegando que a justificação é o resultado de duas causas: uma justiça externa ao discípulo, acrescentada em seu favor aos olhos de

Deus, e uma justiça interna, infundida nele. A justiça externa dos protestantes era um ato mediante o qual, aos seus próprios olhos, Deus considerava a pessoa justa; já para os católicos, a justiça interna era o processo pelo qual Deus transmitia justiça ao discípulo durante o curso de sua vida. Trento associou enfaticamente a justificação ao processo de se tornar justo, deixando a noção de ser declarado justo aos proclamadores protestantes.

Lutero, Calvino e Grebel enfatizavam a salvação *somente pela graça*; o concílio enfatizava a graça e a cooperação humana com Deus para evitar, nos termos de Loyola, "o veneno que destrói a liberdade". "Ore como se tudo dependesse só Deus", aconselhava Inácio, "mas aja como se sua salvação dependesse somente de você".

Os protestantes ensinavam a autoridade religiosa *somente da Escritura*, já o concílio insistia na função suprema de ensino da Igreja romana, dos papas e bispos como intérpretes essenciais da Bíblia.

Assim, o Concílio de Trento garantiu que o catolicismo romano moderno seria regido pela colaboração entre Deus e o homem; sendo assim, permaneceram o papa, os sete sacramentos e o sacrifício da missa, assim como a figura dos santos, as confissões e as indulgências. O trabalho do Concílio essencialmente restringiu a gama de opções que antes estavam disponíveis aos católicos medievais; o tom reacionário antiprotestante era evidente. Depois de quatro séculos, podemos olhar para a época da Reforma e ver

302 HISTÓRIA DO CRISTIANISMO

que não havia condições para a unidade religiosa na cristandade ocidental, mas as pessoas do tempo de Loyola não enxergavam essa verdade, embora ela raiasse sobre a Europa lentamente.

No princípio, os seguidores de Lutero achavam que ele estava tão obviamente correto que seria inevitável à Igreja católica adotar suas ideias; outros o consideravam tão obviamente errado que, cedo ou tarde, ele acabaria sendo queimado como herege e seu movimento desapareceria, afinal de contas, o passado estava coberto de corpos de hereges que haviam sido mortos. A questão é que ambos os lados, católico e protestante, acreditavam representar a verdadeira Igreja católica de Cristo e achavam que seus inimigos eram uma falsa versão dela — esse era o espírito de Trento também.

Conforme o tempo passou, entretanto, o pensamento dos homens comuns alcançou, de modo quase imperceptível, um segundo estágio, com a convicção desconfortável e semiconsciente de que o conflito havia chegado a um impasse, uma vez que o catolicismo não podia destruir a nova heresia e o protestantismo não podia depor Roma. Nessa segunda fase, não havia uma verdadeira aceitação emocional ou intelectual por parte dos homens, apenas uma amarga constatação da realidade.

A vasta maioria das pessoas ainda estava convencida de que a verdade religiosa era identificável. A verdade estava de um lado; o erro, do outro. O erro significava não somente condenação individual, mas a contaminação dos demais e a destruição da sociedade, e a resistência a esses males terríveis assumiu a forma de inquisições, guerras civis e perseguições.

Nessa guerra ideológica, calvinistas e jesuítas detinham papel principal, uma vez que cada um personificava uma organização militante que exigia lealdade acima de laços nacionais e políticos. Nessa fase, quase ninguém podia imaginar que a verdade poderia estar em ambos os lados do campo de batalha ou que ambas as partes poderiam coexistir pacificamente no mesmo estado ou, até mesmo, no mesmo continente.

O terceiro estágio de tolerância religiosa, com base na plena aceitação da diversidade religiosa dentro da nação, surgiu antes de 1600, apenas em sinais percebidos nas posturas de místicos, de humanistas cristãos como Erasmo, de protestantes radicais como os anabatistas e de políticos práticos como a rainha Elizabeth da Inglaterra.

Talvez ainda mais poderosas tenham sido as forças políticas e econômicas comprometidas com o surgimento do Estado-nação. A Europa agora tinha pequenas regiões políticas (do tamanho de grandes condados ou de pequenos estados norte-americanos) sob a égide de um imperador e da Igreja Católica. Esses reinos menores sob o domínio de senhores estavam se unindo e se transformando naquilo que hoje reconhecemos como nações, tais como a Alemanha; todavia, um Estado com fronteiras geográficas e maior contingente de pessoas exigiria que cidadãos protestantes e católicos convivessem e cooperassem.

"OUTRO HOMEM" EM MANRESA **303**

Algumas vozes, antecipando o pensamento iluminista posterior, requeriam que o conceito genérico de Deus compartilhado por praticamente todos os fiéis no Ocidente se tornasse um novo padrão público: Deus é eterno, único etc. Crenças e práticas sociais distintas seriam toleradas se pudessem se tornar uma questão de devoção particular. Por mais fraco que fosse, esse sussurro era a voz do futuro, e nenhuma companhia de cristãos resistiu a ela com mais obstinação do que os jesuítas.

Leitura sugerida

- *BIRELEY, Robert. *The Refashioning of Catholicism, 1450-1700* [A reformulação do catolicismo (1450-1700)]. Washington, D.C.: Catholic University of America Press, 1999.

- BRODRICK, James. *The Origin of the Jesuits* [A origem dos jesuítas]. Londres: Longmans, Green and Co., 1949.

- DANIEL-ROPS, Henry. *The Catholic Reformation* [A Reforma Católica]. Nova York: E. P. Dutton, 1962.

- FRANZEN, August. *A History of the Church: Revised and Edited by John P. Dolan* [História da igreja: revisto e editado por John P. Dolan]. Nova York: Herder and Herder, 1969.

- NOLL, Mark A. *Turning Points: Decisive Moments in the History of Christianity* [Pontos de convergência: momentos decisivos na história do cristianismo]. Grand Rapids: Baker Books, 2000.

- *O'MALLEY, John W. *The First Jesuits* [Os primeiros jesuítas]. Cambridge, MA: Harvard University Press, 1993.

- THOMPSON, Francis. *Saint Ignatius Loyola* [Santo Inácio de Loyola]. Westminster, MD: Newman Press, 1950.

- WAKEFIELD, James L. *Sacred Listening: Discovering the Spiritual Exercises of Ignatius Loyola* [Escuta sagrada: descoberta dos exercícios espirituais de Inácio de Loyola]. Grand Rapids: Baker Books, 2006.

CAPÍTULO 29

Abertura da rocha
América e Ásia

EM 11 DE OUTUBRO DE 1492, uma quinta-feira, um novo mundo abriu-se para a fé cristã, pois, nesse dia, Cristóvão Colombo, "almirante do mar oceano, vice-rei e governador de qualquer território que viesse a descobrir", avistou aves nativas, canas verdes e, finalmente, terra no lugar que chamamos de Índias Ocidentais.

Na manhã seguinte, Colombo desembarcou na costa da ilha, chamou-a de San Salvador (São Salvador) e tomou posse dela em nome do rei Fernando e da rainha Isabel da Espanha. Ele ofereceu aos nativos curiosos "gorros vermelhos e colares de contas para pendurar no pescoço", e aquilo lhes deu tanta alegria, que Colombo deduziu que eles poderiam ser facilmente "convertidos à nossa santa fé pelo amor", sem o uso da força.

Os historiadores referem-se aos 150 anos seguintes como a era da descoberta porque, durante essas décadas, os europeus fundaram colônias nas Américas e descobriram novas rotas comerciais para as riquezas do Extremo Oriente. Na história do cristianismo, essa época pode ser denominada de a "era da expansão global", uma vez que, de 1500 a 1650, os monges e frades católicos romanos levaram o evangelho às colônias espanholas espalhadas pela América Latina e aos portos portugueses ao longo da costa da África e da Ásia.

Durante esses anos animadores, a escolha inicial de Colombo perturbou os missionários cristãos. Os nativos deveriam ser ganhos para a santa fé por amor ou por força? Às vezes, um franciscano ou jesuíta corajoso e altruísta conquistava o nativo pelo amor perseverante; outras vezes, uma tropa de cruéis conquistadores cristãos forçava o batismo aos nativos à ponta da espada.

O problema surgiu pela necessidade contínua de os missionários decidirem o que era o paganismo. Seria uma busca incerta da humanidade pelo

ABERTURA DA ROCHA **305**

Deus verdadeiro? Ou seria uma resistência empedernida da humanidade ao evangelho? O embaixador cristão deve buscar o bem nas religiões pagãs e usá-lo como base para a construção de uma comunidade cristã? Ou deve suprimir — e destruir, se necessário — todas as formas de religião pagã a fim de implantar a fé verdadeira? Podemos denominar a primeira abordagem de política de adaptação e a segunda de política de conquista.

EVANGELHO E CULTURA

A adaptação ou a conquista dependem, por sua vez, de uma questão mais ampla: Como o evangelho se relaciona com a cultura? Muitas vezes, a Igreja corre o risco de associar o evangelho a alguma forma de cultura na qual a fé encontrou seu lugar e, desse modo, os missionários não conseguem se adaptar aos costumes de outro povo, sentindo-se forçados a insistir em uma expressão comum da fé.

Na época dos apóstolos, os cristãos judeus acreditavam piamente que a fé equivalia aos ritos, às alianças e aos sábados hebraicos, e foi somente quando se libertaram dos padrões judaicos que as boas novas puderam criar raízes no mundo greco-romano. O mesmo aconteceu quando as tribos germânicas invasoras destruíram muitas instituições da vida romana, pois a fé cristã teve de encontrar novas maneiras de falar ao povo medieval com eficácia. Diante disso, podemos dizer que o início da Idade Média e a Alta Idade Média foram tempos de esforços missionários dedicados.

Durante a Idade Média, contudo, uma postura importante desenvolveu-se em meio aos cristãos europeus. A ascensão do islamismo no sétimo século criou um abismo entre os cristãos na Europa e seus irmãos na Ásia e na África. Apenas alguns focos do cristianismo sobreviveram nos países islâmicos no Norte da África e no Oriente Próximo. O cristianismo ficou confinado de modo quase exclusivo à Europa.

As cruzadas foram uma tentativa brutal da Europa cristã de derrubar as barreiras do islamismo com força militar. A longa batalha na Espanha e em Portugal para expulsar os mouros, como os muçulmanos eram chamados ali, gerou uma postura especialmente militante com relação aos descrentes. Conquista e evangelização entrelaçaram-se gradativamente; poucos enxergavam diferença entre as duas coisas.

A nova época das missões mundiais começou com a era das grandes descobertas, em que portugueses e espanhóis enviaram seus navios para o sul pela primeira vez em meados do século XV; os franceses, os holandeses e os ingleses logo se uniram à aventura colonizadora. Seguindo a costa oeste da África, os portugueses alcançaram a extremidade sul do continente em 1486, e denominaram-na Cabo da Boa Esperança. Em 1495, Vasco da Gama continuou a contornar a África em direção à Ásia e avistou terra inicialmente na costa ocidental da Índia, ou costa do Malabar. Esse foi um ponto ideal para servir de base às operações de expansão portuguesa no Extremo

Oriente, visto que, durante séculos nos portos de Malabar, comerciantes árabes haviam despachado especiarias, pedras preciosas, marfim, algodão indiano e seda chinesa pelo mar Vermelho ou Golfo Pérsico e, depois, transportado essas mercadorias por terra até o mundo mediterrâneo. Os portugueses perceberam que estes portos eram centros de negócios entre o Oriente e o Ocidente e o coração do comércio oriental.

Os portugueses, portanto, logo expulsaram as frágeis embarcações árabes do oceano Índico, fizeram de Goa, na costa do Malabar, o centro de seu império comercial oriental e avançaram ao leste para implantar bases estratégicas no Arquipélago Malaio e nas Ilhas Molucas. Em 1516, já haviam alcançado a China e, em 1543, o Japão.

Os portugueses, ao contrário dos espanhóis, não fizeram tentativas de conquistar ou colonizar em grande escala, pois não tinham interesse na terra nem pretensões ao ouro. Eles queriam o monopólio do comércio, o que significava o controle dos mares.

Assim surgiram os portos portugueses ao longo das costas da África ocidental, no Congo e na Angola; na Índia e no Ceilão; no Brasil, em Moçambique e na Malásia. E, em cada povoado comercial, surgiram pequenas igrejas católicas.

ESPANHÓIS NO NOVO MUNDO

Enquanto isso, os espanhóis davam continuidade às descobertas de Colombo. O genovês ruivo fez mais três viagens ao Novo Mundo na vã tentativa de encontrar uma abertura para o continente asiático. Na segunda viagem, ele partiu com dezessete navios, levando 1.500 homens e, no Haiti, encontrou ouro — muito ouro.

Após circundar a costa de Cuba, que acreditava ser o sul da China, Colombo voltou para a Espanha e, apesar de um juramento de sigilo, a palavra mágica *ouro* vazou em sua terra natal, e a corrida mais violenta da história em busca do metal começou.

Em um período de cinquenta anos, desde que São Salvador fora avistada pela primeira vez, os espanhóis saquearam e conquistaram o Novo Mundo desde a Califórnia até a extremidade da América do Sul. A ação desses desbravadores brutais e corajosos introduziu a palavra *conquistadores* em nosso vocabulário. Em 1521, Hernán Cortés, equipado com cavalos, armaduras e pólvora, havia destruído o grande Império Asteca no México, e, em 1533, Francisco Pizarro assassinara traiçoeiramente Atahualpa, o monarca dos incas, prostrando o poderoso império de outrora.

Tudo isso, vale lembrar, aconteceu na época de Martinho Lutero. Carlos V, que sucedeu Fernando e Isabel e herdou a enorme riqueza do Novo Mundo, era o mesmo príncipe diante do qual Lutero apresentou-se na dieta de Worms. Assim, enquanto Carlos lutava para evitar que a Alemanha escapasse de seu domínio imperial e fosse parar em mãos protestantes, ele encontrava conforto nos navios espanhóis que chegavam carregados de especiarias das Índias Ocidentais e do México.

Essa grande aventura global, porém, estava longe de ser apenas uma corrida desesperada por especiarias e ouro, pois lá no fundo do coração dos comerciantes portugueses e dos conquistadores espanhóis estava o zelo pela difusão da santa fé, a fé católica romana de seus pais. Desse modo, dominicanos, franciscanos, agostinianos ou jesuítas navegavam juntos, tão ávidos por converter os pagãos quanto qualquer capitão por encontrar um novo porto para comércio.

Os sacrifícios que muitos desses monges e frades fizerem eram extraordinários, uma vez que as viagens marítimas eram arriscadas e não havia folga. Dos 376 jesuítas que partiram rumo à China, de 1581 a 1712, 127 morreram a caminho.

Graças a esses homens, no século XVI, quando a Europa foi dividida em católicos e protestantes, o cristianismo se tornou católico de uma nova maneira e, no momento em que havia ficado dolorosamente claro que *católico* não mais significava *unido*, a fé cristã mostrou-se católica em sua missão aos povos distantes. Em busca de evitar rivalidade entre Portugal e Espanha, o papa desenhou uma linha no mapa que ia do Polo Norte ao Polo Sul, passando a oeste dos Açores, determinando que tudo o que havia a oeste da linha, disse ele, pertencia à Espanha, e tudo o que havia a leste pertencia a Portugal. Essa demarcação explica por que o Brasil é hoje um país de idioma português e o restante da América Latina, de idioma espanhol.

Por incumbência papal, os reis de Portugal e da Espanha foram responsáveis por evangelizar as terras conquistadas por seus soldados, pois a Igreja Católica esperava que esses príncipes enviassem missionários e os mantivessem na Índia ou no Peru, uma vez que os monarcas tinham controle exclusivo sobre os missionários e podiam nomear bispos para liderar seus súditos recém-batizados.

Dessa forma, a ideia implícita dessa nova era missionária era a extensão do conceito de príncipe cristão, o guia espiritual divinamente designado do povo que devia remover todos os sinais de idolatria de suas terras e trazer seus súditos ao domínio de Cristo por meio da santa Igreja Católica.

É possível que a natureza violenta das expedições espanholas tivesse raízes na devoção da Espanha à Igreja mãe e na invasão militar do islamismo, uma vez que, infelizmente, essas expedições adotaram o fanatismo atroz das cruzadas. Cortés, o cruel e experiente conquistador do México, por exemplo, era devoto da Virgem Maria e sempre trazia uma imagem dela consigo; além disso, ele rezava e ia à missa diariamente e em uma de suas bandeiras havia uma cruz; na outra, a imagem da Virgem.

A primeira política da Espanha com relação aos índios, chamada *encomienda*, concedia aos colonizadores espanhóis um número de indígenas que deveria trabalhar arduamente nas minas e nas plantações de seus

308 HISTÓRIA DO CRISTIANISMO

dominadores e, em troca de sua aflição, os indígenas recebiam proteção e instrução na santa fé. Uma vez que eles eram culpados de crimes graves, como sacrifício humano e idolatria, os espanhóis sentiram-se no dever de pôr um fim a essas barbaridades; sendo assim, guerras contra os índios, a seu ver, eram guerras tão justas quanto as de Israel contra os ímpios cananeus. Em 1531, o bispo Zumárraga escreveu, do México, que os espanhóis haviam destruído mais de quinhentos templos e 20 mil ídolos.

O DEFENSOR DOS OPRIMIDOS

Um defensor dos índios oprimidos foi Bartolomeu de Las Casas, cujo pai havia acompanhado Colombo na segunda viagem às Índias Ocidentais. A princípio, Bartolomeu fez parte do imperialismo cristão tanto quanto qualquer espanhol nas Índias Ocidentais ou no México. Por volta dos trinta anos de idade, porém, ele passou por uma conversão espiritual e foi ordenado ao sacerdócio, protagonizando a primeira ordenação no Novo Mundo. A partir de então, começou a sentir um peso na consciência e, em um sermão diante do governador e dos principais colonizadores, ele denunciou as crueldades que testemunhava ao seu redor e se fazia a seguinte pergunta: Como o Deus dos cristãos poderia ordenar a brutalidade como um instrumento de conversão?

Las Casas deparou-se com uma resistência generalizada, e muitos o consideravam um visionário e uma ameaça à Nova Espanha. Alguns missionários argumentavam que povos selvagens e bárbaros não poderiam chegar à fé sem a força necessária para mostrar-lhes seus erros; e alguns colonos insistiam que a oposição de Las Casas à *encomienda* poderia levar as colônias à ruína econômica.

Las Casas, entretanto, persistiu em suas opiniões e fez catorze viagens pelo Atlântico para instar os líderes espanhóis a considerar outra maneira de ganhar a fé dos indígenas. Graças, em parte, aos seus apelos, Carlos V promulgou uma série de novas leis, as *Leis das Índias*, em 1542, as quais abrandavam a severidade do sistema da *encomienda* e estabeleciam o princípio de que os indígenas também tinham direitos humanos.

Leis na longínqua Espanha, porém, eram uma coisa; já a prática no México era outra. Em um famoso debate em Valladolid, na Península de Iucatã, em 1550, Las Casas defendeu a igualdade e a liberdade dos indígenas. A única maneira de convertê-los, disse ele, era pela pregação pacífica da Palavra e pelo exemplo de uma vida santa. Seu oponente era um teólogo, Juan Ginés de Sepúlveda, que utilizava o argumento de Aristóteles de que certas pessoas nascem para a escravidão. "Os espanhóis", dizia, "estão acima dos indígenas, assim como o homem está acima do macaco." Desse modo, apesar do grande esforço de Las Casas, o imperialismo cristão continuou no Novo Mundo e dificultou a propagação do evangelho em meio aos indígenas.

Os índios estavam dispostos a aceitar a fé cristã, mas igualmente prontos a abandoná-la. De 1524 a 1531, os franciscanos batizaram mais de um milhão de mexicanos. A prática de batismos em massa faz lembrar o leitor das conversões em massa realizadas na Europa durante o início da Idade Média, e ambas podem parecer superficiais ou até mesmo supersticiosas para o cristão moderno que enfatiza a situação do indivíduo perante de Deus.

Segundo uma história bem conhecida, Cortés deixou instruções explícitas em uma cidade para que os cidadãos adorassem o Deus cristão e tomassem conta de um de seus cavalos, que era manco. Os índios obedeceram fielmente e alimentaram o cavalo com frutas e flores até sua morte, pois imaginavam que o cavalo e o Deus cristão eram a mesma coisa; mais tarde, dois franciscanos descobriram que os indígenas haviam feito uma estátua do cavalo e o adoravam como se fosse o deus do trovão e do relâmpago.

No Oriente, os portugueses, assim como os espanhóis, consideravam que o rei cristão era responsável perante Deus pelo bem-estar espiritual de seus súditos. Consequentemente, Goa, o centro do império comercial português no Oriente, tornou-se uma cidade de grandes igrejas barrocas. Ali havia um arcebispo que servia como representante autorizado da Igreja Católica em toda a Ásia oriental, e as autoridades portuguesas cuidavam para que nenhuma idolatria contaminasse o território do rei cristão.

No entanto, os portugueses se depararam com um problema que os espanhóis jamais enfrentaram nas Américas: eles encontraram civilizações altamente desenvolvidas e religiões antigas muito mais fortes do que as dos incas e astecas, as quais tiveram um impacto significativo na forma como muitos missionários cristãos abordaram os povos asiáticos. Na Índia, no Japão e na China, a política de conversões pela conquista foi modificada e, em alguns casos, abandonada em favor da política de adaptação. Os jesuítas, em particular, precisavam questionar quais costumes japoneses, chineses ou indianos eram meramente sociais ou civis e quais eram incompatíveis com o batismo cristão.

FRANCISCO XAVIER

O grande pioneiro das missões cristãs no Extremo Oriente desembarcou em Goa em 1542 Francisco Xavier (1506-1552), colaborador de Inácio de Loyola, foi comissionado como legado papal a serviço do rei de Portugal, e oficiais de todos os lugares foram obrigados a auxiliá-lo em sua missão de pregação. Ele encontrou Goa, como a maioria das cidades portuárias, ocupada por uma ralé que chegava de todo lado apenas para satisfazer seus apetites lascivos. Xavier permaneceu em Goa apenas alguns meses, mas, nesse pouco tempo, desencadeou uma espécie de revolução moral ali. Ansioso por desbravar novas terras, ele voltou sua atenção para um campo de trabalho mais exigente, desta vez na extremidade sul da Índia.

Em 1534, alguns pescadores que moravam na costa sudeste haviam buscado a proteção do rei de Portugal, pois ladrões os assolavam por terra e mar, e os portugueses concordaram em protegê-los contanto que aceitassem o batismo cristão. Eles aceitaram, mas, nos primeiros oito anos de profissão cristã, não tiveram quem lhes explicasse os mistérios de sua nova fé. Xavier, o "pequeno homem escuro", tomou essa necessidade em suas mãos e saía pelas dunas escaldantes onde as aldeias de pescadores estavam espalhadas, tocava um sino para reunir os aldeões e recitava o credo, a oração do Pai nosso, os dez mandamentos e o rosário. Depois que os pescadores aprendiam essas palavras e professavam fé no credo, Xavier batizava-os às centenas, até que, exausto, não tivesse mais forças para continuar. Três anos depois, ele conseguiu deixar uma igreja organizada para seus sucessores.

Os Paravar, como esses pescadores eram chamados, totalizavam possivelmente 30 mil. Uma vez que o cristianismo ali era restrito a uma casta, eles pouco contatavam seus vizinhos, a não ser por razões comerciais, e a igreja sobreviveu, portanto, apenas como uma ilha cercada pelo mar do hinduísmo.

Apoiados pelas autoridades portuguesas, os jesuítas que vieram após Xavier reuniram os Paravars em aldeias e, aos poucos, moldaram sua vida de acordo com os padrões cristãos. Nenhum barco saía para pescar aos domingos, e uma parte da pesca de cada sexta-feira destinava-se à igreja. Gradualmente, desapareceu toda lembrança de um tempo em que os Paravar não eram cristãos, e o centro de sua vida era a igreja, a única construção em alvenaria ao redor da qual as cabanas de palmeira e palha estavam agrupadas.

Tanto os católicos romanos quanto os protestantes enaltecem o zelo missionário e a personalidade de Francisco Xavier, contudo, ele não escapou das influências de sua época e seus anos na Índia mostram que, no início, ele compartilhou da intolerância religiosa existente naquele tempo. Em uma carta escrita em 16 de maio de 1546, ele disse ao rei de Portugal que, se desejasse ter bons cristãos na Índia, o monarca deveria estabelecer a Inquisição para suprimir os muçulmanos. O rei então atendeu o seu pedido, e a Inquisição atuou em Goa até o início do século XIX.

Xavier, entretanto, não tinha a intenção de permanecer em Goa nem na região, até porque o encargo recebido do papa e do rei estendia-se por todo o Extremo Oriente; assim sendo, ele partiu da Índia para a Malaca em 1546, e, após quase dois anos de ministério ali, ele estava pronto para desbravar novos mundos. Francisco retornou a Goa e, em 1549, com cartas das autoridades, partiu para o Japão, a ilha dos sonhos de Marco Polo.

Com dois companheiros, Xavier desembarcou no Japão em 15 de agosto num momento oportuno. Governado apenas por barões feudais e ávido por negociar com o mundo, o Japão recebeu bem os estrangeiros. Além disso, o budismo era impopular, e nenhuma religião nacional apresentava oposição rigorosa ao evangelho.

Os anos vividos no Japão mudaram a opinião de Xavier a respeito das missões cristãs. Durante o tempo inicial em que esteve na Índia, ele sustentou a posição imperialista, visto que o paganismo nada tinha em comum com a fé verdadeira e tudo precisava ser nivelado por baixo antes que qualquer iniciativa cristã pudesse ser edificada — tal como a visão da maioria dos missionários na América Latina.

No Japão, contudo, ele deparou-se com um povo com tantos sinais de nobreza que acabou mudando de posição. Ele viu que, embora o evangelho devesse transformar e refinar os japoneses, não era necessário descartar tudo na vida e na cultura daquele povo. Cercados pelas impressionantes e antigas religiões orientais, muitos jesuítas que vieram após Xavier desenvolveram uma qualidade totalmente incomum à Contrarreforma: transigência em questões religiosas.

A Companhia de Jesus dominou a missão cristã no Japão até o fim do século XVI e obteve sucesso extraordinário. Em 1577, um jesuíta escreveu com otimismo: "Em dez anos, todo o Japão será cristão se tivermos missionários suficientes". Dois anos depois, os jesuítas estabeleceram uma nova cidade para servir de lar aos novos convertidos e a chamaram de Nagasaki. Antes do fim do século, os missionários contabilizaram 300 mil convertidos, centenas de igrejas e dois colégios cristãos.

Ao longo dos anos, os jesuítas seguiram a liderança de Xavier e buscaram meios de expressar a fé cristã na cultura de seus anfitriões, adaptando-se aos costumes e valores locais de todas as formas possíveis e passando imediatamente a treinar líderes japoneses para as igrejas.

Infelizmente, no início do século XVII, novos governantes temerosos de que os missionários estrangeiros fossem, na verdade, invasores estrangeiros, lançaram uma política de perseguição aos cristãos. De 1614 a 1642, nada menos do que 4.045 mártires deram o último testemunho de Cristo, alguns à espada, alguns na fogueira, alguns no caldeirão fervente, e a obra cristã no Japão, antes próspera, desintegrou-se. Somente um remanescente sobreviveu nas colinas próximas de Nagasaki.

A PORTA PARA A CHINA

Na China, a história das missões cristãs compara-se à saga no Japão. Mais uma vez, o visionário foi Francisco Xavier. Após dois anos pregando nas ruas do Japão, o intrépido Xavier decidiu que era hora de entrar na China. Ele retornou a Goa a fim de obter a autorização necessária, mas, a caminho do Oriente, encontrou dificuldades para atravessar Cingapura. Na esperança de entrar clandestinamente em Cantão, embarcou em um navio até uma ilha na costa do sul da China, onde adoeceu e morreu em 1552, pondo fim a uma das carreiras mais fantásticas que constam em registros de histórias de missionários.

312 HISTÓRIA DO CRISTIANISMO

O acesso à China, que Xavier não conseguira encontrar, foi aberto para seu sucessor espiritual, Mateus Ricci (1552-1610). Em 1567, uma pequena ilha na costa da China, Macau, tornou-se colônia portuguesa, mas durante anos entrar na China parecia impossível. A dinastia Ming não tinha interesse em ter contato com o mundo exterior, e os chineses consideravam-se produtores, e não receptores, de cultura. O confucionismo era dominante no império e no Estado; a família e a ética eram regidas pelos ideais e ensinamentos dessa doutrina.

Segundo relatos, em 1579, Alessandro Valignano, um líder dos jesuítas no Oriente, clamou enquanto olhava pela janela, de Macau, para a costa chinesa: "Ó, Rocha, Rocha, quando te abrirás?".

Valignano lembrou-se de um jesuíta italiano de trinta anos de idade que, à época, lecionava no seminário em Goa. Mateus Ricci havia estudado matemática, astronomia e cosmologia em Roma antes de ir para a Índia e parecia ser excepcionalmente preparado para ministrar aos chineses. Então, Valignano chamou Ricci em Macau e colocou o fardo da China sobre seus ombros.

A primeira tarefa de Ricci foi instalar-se em Macau para aprender o idioma e os costumes chineses — e esperar a Rocha fender. Em 1583, ele obteve permissão para estabelecer-se em Zhaoqing, a capital da província. Com seu tradicional respeito pelos acadêmicos, os chineses decidiram ouvir o homem que se trajava como mandarim, falava o idioma e era capaz de abrir-lhes novos campos de aprendizado. Ricci desenhou-lhes um mapa do mundo e apresentou-lhes à nova ciência do calendário.

Tais relações foram úteis para que ele conquistasse a tolerância dos chineses, mas Ricci estava convencido de que a China jamais poderia ser conquistada pela fé cristã a partir de uma província afastada. Pouco a pouco, ele se aproximou da capital do império e, no ano de 1600, obteve permissão para entrar de fato em Pequim.

Ricci levou consigo dois relógios como presentes para o imperador e usou-os para ganhar sua simpatia. Eles agradaram muito ao monarca, mas, quando pararam de funcionar, os especialistas chineses não tinham ideia de como restaurá-los. A habilidade de Ricci em mantê-los funcionando conquistou a aprovação efusiva do imperador, que lhe permitiu permanecer na capital por dez anos como astrônomo e matemático.

Sob a liderança sábia de Ricci, a missão jesuíta em Pequim criou raízes e floresceu. Inúmeras famílias ilustres e muitos estudiosos foram batizados. Por ocasião da morte de Ricci, em 1610, a igreja contabilizava 2 mil membros.

O sucessor de Ricci, Adão Schall, elevou o nível do trabalho acadêmico ainda mais e conquistou a admiração dos estudiosos chineses ao prever com precisão o horário de um eclipse lunar, tornando-se, então, diretor do Serviço Astronômico Imperial. Em 1650, Schall construiu uma igreja

ABERTURA DA ROCHA **313**

pública em Pequim e conquistou a liberdade religiosa para o cristianismo em todo o império (1657). Por ocasião de sua morte, havia quase 270.000 cristãos na China. O Édito Imperial de Tolerância, em 1692, premiou o trabalho dos jesuítas em favor da China e da casa imperial e, dessa maneira, uma Igreja chinesa independente começou a se tornar realidade.

A missão chinesa, entretanto, também experimentou infelicidades; desta vez não de pressões externas, mas de missionários dominicanos e franciscanos, para os quais a adaptação aos costumes chineses tinha ido longe demais.

Ricci evitara apresentar o cristianismo aos chineses como algo novo e, por se recusar a considerar um povo ateu aquela civilização avançada e religiosa, ele ensinava que a devoção tradicional chinesa alcançava a perfeição na fé cristã. O "Senhor do céu", a quem os chineses veneravam havia tanto tempo, era Deus. Ricci alegava que a reverência a ancestrais, tão comum na China, não era um ato religioso, mas social e, portanto, aceitável para os cristãos.

Teria essa adaptação ido longe demais? Em 1631, um franciscano e um dominicano chegaram a Pequim e ficaram chocados com o que encontraram. A palavra usada para traduzir o conceito da *missa* cristã no catecismo jesuíta era o caractere chinês que fazia referência à cerimônia de adoração aos ancestrais! Certa noite, os frades compareceram disfarçados à cerimônia para acompanhar a participação dos cristãos chineses e ficaram escandalizados com o que viram. Eles relataram a experiência a Roma, e a controvérsia a respeito dos "ritos" começou. Um papa aprovava, outro desaprovava, até que, um século depois, toda a missão na China entrou em acentuado declínio.

O conflito entre a política de adaptação e a política de conquista não terminou no século XVII. Ele ainda acontece hoje, com a diferença de que a conquista costuma ser em termos de controle econômico em vez de político. No entanto, a era da expansão global foi especial em um aspecto: ao abrir enormes regiões da terra para a mensagem cristã, ela revelou alguns dos líderes missionários mais inovadores e criativos de todos os tempos.

Leitura sugerida

- GASCOIGNE, Bamber. *The Christians* [Os cristãos]. Nova York: William Morrow & Co., Inc., 1977.

- LATOURETTE, Kenneth Scott. *A History of the Expansion of Christianity*. v. 3 [História da expansão do cristianismo]. Nova York: Harper, 1939.

- NEILL, Stephen. *A History of Christian Missions* [História das missões cristãs]. Editado por Owen Chadwick. Middlesex: Penguin Books, 1986.

- _____. *The Christian Society* [Sociedade cristã]. Nova York: Harper & Brothers, 1952.

CAPÍTULO 30

Governo dos santos
Puritanismo

EM 1630, MAIS DE QUATROCENTOS IMIGRANTES reuniram-se em Southampton, Inglaterra, em preparação para partir rumo ao Novo Mundo. John Cotton, um respeitado pastor que, mais tarde, se uniria a eles do outro lado do oceano, pregou um sermão de despedida. Seu texto para a ocasião, um sermão baseado em 2Samuel 7:10, resumia o espírito da grande aventura:

> E providenciarei um lugar para Israel, o meu povo, e os plantarei lá, para que tenham o seu próprio lar e não mais sejam incomodados. Povos ímpios não mais os oprimirão, como fizeram no início.

Cotton declarava que, tal como os antigos israelitas, aqueles imigrantes eram o povo escolhido de Deus sendo conduzido para a terra por ele prometida e preparada. Nessa nova terra, eles poderiam trabalhar despreocupados para a glória de Deus.

Aí está um retrato do puritanismo: a Bíblia é o guia que fornece instruções concretas para a conversão do fiel e a construção de uma sociedade destinada a reforçar uma visão bíblica do Estado; a Igreja, com frequência retratada de forma semelhante ao antigo Israel, também deve atuar conforme sua descrição nas Escrituras, isto é, como agente de reforma individual e social; por fim, a sociedade e a nação também devem ser conduzidas de modo a consolidar o propósito de Deus que está sendo cumprido na história. Enquanto permaneceu como um movimento histórico distinto, de 1560 a 1660, o puritanismo forneceu aos cristãos de todas as gerações um modelo da fé cristã marcado pelo compromisso decisivo com Jesus Cristo e a maneira como essa vida da alma se manifesta publicamente em uma nação regida pelas verdades da Bíblia.

PURITANISMO: VIDA NOVA E NOVO MUNDO

Em séculos mais recentes, os cristãos renovaram, de tempos em tempos, a experiência puritana da alma, isto é, um tipo de piedade decorrente da obra puramente graciosa de Deus no coração. Porém, nenhum movimento cristão posterior teve a intenção ou a oportunidade de aplicar a lei de Deus à vida de uma nação.

Nos tempos modernos, marcados pelo zelo da busca por direitos individuais e liberdade sexual, o termo *puritano* passou a referir-se ao indivíduo moralista, hiper-religioso ou sexualmente reprimido — alguém que faz o possível para evitar que os demais se divirtam. Essa visão do puritano como um moralista retrógrado entrou no pensamento popular como um movimento de reação ao conservadorismo vitoriano. No início do século XX, o jornalista americano H. L. Mencken resumiu essa imagem popular ao brincar que o puritanismo era "o medo de que alguém, em algum lugar, pudesse estar feliz".

Será que isso é justo? O que foi o puritanismo nas suas origens? Seja lá o que ele tenha sido, ele não foi algo austero, mas defendia a mudança e uma nova era para a Inglaterra. Os primeiros puritanos tinham pouca confiança na religião tradicional e seus planos para uma nova Inglaterra surgiram a partir de uma profunda convicção de que a conversão espiritual era crucial para o cristianismo. Esse renascimento separava os puritanos do resto da humanidade e conferia-lhes os privilégios e as funções dos eleitos de Deus. Nesse sentido, a Igreja podia preparar o homem para essa experiência e depois podia orientá-lo, mas seu cerne, a aceitação da graça de Deus, estava além de seu controle.

Em sua busca pela reformulação da Inglaterra, o movimento puritano passou por três períodos bem distintos. Primeiro, no governo da rainha Elizabeth (1558-1603), quando tentou purificar a Igreja da Inglaterra segundo o padrão da Genebra de Calvino. Segundo, no governo de James I e Carlos I (1603-1642), quando resistiu às reivindicações da monarquia e sofreu sob as pressões reais para que se conformasse a um cristianismo de "alta igreja". Terceiro, durante a Guerra Civil da Inglaterra e o governo de Oliver Cromwell (1642-1660), quando os puritanos tiveram uma chance de moldar a Igreja nacional na Inglaterra, mas fracassaram por causa de dissensões internas.

Esse resumo sugere corretamente que o puritanismo tinha um lado público e outro lado pessoal: começava na experiência do indivíduo com a graça redentora de Deus, mas depois enfatizava a missão do eleito no mundo, a formação da sociedade de acordo com princípios bíblicos.

Em sua ênfase na vida interior dos santos, o puritanismo foi um dos pilares do cristianismo evangélico posterior com sua mensagem de novo nascimento; em sua ênfase na ideia de uma "nação disciplinada sob o domínio de Deus" e suas leis, ele contribuiu significativamente para a formação do caráter nacional do povo norte-americano.

316 HISTÓRIA DO CRISTIANISMO

O puritanismo, a segunda reforma da Inglaterra, apareceu pela primeira vez durante o reinado de Elizabeth. Ele tinha um novo estilo de pregação: uma mensagem voltada não para a mente, mas para o coração. Essa "fraternidade espiritual", como William Haller, a autoridade puritana, certa vez o chamou, incluía nomes como Greenham, Rogers, Chaderton e Dod. Muitos desses primeiros puritanos haviam sido protestantes exilados no reinado de Maria Sangrenta (1553-1557). Expulsos de sua pátria pela rainha católica, esses simpatizantes do protestantismo tinham ido para Genebra e se mobilizado como uma vanguarda para um novo ataque calvinista na Inglaterra.

A imagem militar é adequada, pois, no final da década de 1550, Genebra havia se tornado um centro de subversão internacional — uma Moscou protestante, se assim podemos dizer —, enviando grupos de alunos inflamados pela ideia de depor o catolicismo em sua pátria. Em 1560, João Knox foi bem-sucedido na Escócia, e os reformadores ingleses esperavam o mesmo em seu próprio país.

A morte da rainha Maria e a coroação de Elizabeth pareceram ser um convite aos exilados para retornar à Inglaterra, e eles deram início ao seu trabalho, convencidos de que a Bíblia dava orientações específicas para a ordenação da vida pessoal, a estruturação da Igreja e a regulamentação da sociedade. Eles descobriram que a questão política mais explosiva era a autoridade para escolher os ministros das igrejas, pois os puritanos queriam que a seleção de seus ministros fosse feita pelo povo, mas a rainha insistia que a nomeação dos bispos era responsabilidade dos governantes.

Durante sua vida, a rainha Elizabeth permitiu que esses cães puritanos latissem, contanto que não mordessem. A política tolerante da rainha permitia-lhes criticar as rezas do livro, o vestuário especial dos ministros, o sinal da cruz nos batismos e praticamente qualquer coisa que lembrasse o catolicismo romano — mas nada podiam falar sobre o controle da Igreja. Ela lhes permitia discursar por horas sobre a importância da pregação e o cargo bíblico do ancião, mas se certificava de que a Igreja da Inglaterra permanecia firme nas mãos dos bispos e, portanto, no controle da coroa.

O POVO DO LIVRO

O zelo puritano pela purificação da Igreja da Inglaterra foi inflamado pela leitura de versões populares da Bíblia, sendo a principal a Bíblia de Genebra, que, como o nome indica, era obra de vários ingleses que estiveram exilados em Genebra durante o reinado de Maria, a rainha católica. Miles Coverdale, que havia traduzido a primeira Bíblia completa para o inglês em 1535, estava nesse grupo. A Bíblia de Genebra foi impressa durante os primeiros anos do reinado de Elizabeth, e os versículos numerados, a linguagem clara, os conhecimentos aprimorados, os prólogos extensos e as notas nas margens conferiram-lhe grande popularidade. Até sua substituição pela versão King James (1611), ela foi a Bíblia de mais ampla circulação em inglês e a versão levada pelos puritanos para os Estados Unidos.

Os puritanos, entretanto, levaram consigo mais do que a Bíblia de Genebra, pois tinham um senso de destino, uma visão do propósito de Deus em meio aos homens e às nações. A concepção de que o Deus onipotente interfere nos assuntos dos homens vinha, sem dúvida, da Bíblia. Contudo, o conceito de que a peregrinação do povo de Deus havia atravessado os séculos e chegado, por fim, à Inglaterra era proveniente de outro livro. João Foxe, em sua conhecida obra *O livro dos mártires*, plantou essa ideia na mente dos ingleses.

Assim como a Bíblia de Genebra, *O livro dos mártires* foi um produto do exílio inglês durante o reinado de Maria Sangrenta. Foxe organizou vários relatos sobre o sofrimento dos protestantes fiéis que ousaram morrer para o triunfo do reino de Deus. De acordo com ele, esse rastro de mártires levava à costa da Inglaterra e ao reinado de Maria, e a conclusão parecia clara: Deus tinha um lugar especial para o povo inglês em seu plano mundial de redenção.

A influência do livro foi enorme, e várias gerações de ingleses olharam para a história e leram a Bíblia através dos olhos de Foxe. Depois da Bíblia, esse livro provavelmente moldou mais a mente dos ingleses do que qualquer outro. Menos de meio século após a morte de Foxe, os puritanos atravessaram o Atlântico e levaram sua obra e sua filosofia da história, juntamente com a Bíblia em inglês, para as terras norte-americanas.

Graças ao estudo da Bíblia e à leitura de *O livro dos mártires*, os puritanos passaram a considerar-se o novo Israel de Deus. A maioria dos cristãos no século XVII acreditava que a Bíblia era a Palavra inspirada e a vontade revelada de Deus, mas a chave para a visão puritana da Bíblia reside em seu entendimento do conceito bíblico fundamental de *aliança*.

Os puritanos, tal como os antigos hebreus, acreditavam na existência de *contratos espirituais* entre Deus e os homens, sendo o mais fundamental deles a aliança de graça, o contrato pelo qual os verdadeiros cristãos estavam ligados a Deus. Embora acreditassem que Deus elegia soberanamente homens para a salvação, eles também alegavam que qualquer pessoa poderia entrar para o grupo da aliança mediante fé pessoal em Jesus Cristo, isto é, pela graça, os cristãos tornavam-se povo de Deus, e ele, seu Deus.

Essa "união íntima" obrigava os santificados a andar em todos os caminhos de Deus revelados em sua Palavra; por outro lado, apresentava as Escrituras como um manancial profundo de força espiritual e emocional, uma fonte da determinação inflexível pela qual os puritanos tornaram-se conhecidos. Viver na aliança da graça era viver na luz da Palavra e de acordo com o plano do Deus onipotente.

CONFLITOS COM O REI

Em 1603, o longo reinado da rainha Elizabeth chegou ao fim quando ela morreu sem deixar herdeiros. James VI da Escócia, filho de Maria da Escócia,

318 HISTÓRIA DO CRISTIANISMO

tornou-se James I da Inglaterra, unindo os dois reinos pela primeira vez. Quaisquer esperanças puritanas de que James traria o presbiterianismo da Escócia para a Inglaterra foram imediatamente frustradas, pois ele saudou a oportunidade de ter bispos. O governo na Escócia havia travado uma luta constante com os ministros presbiterianos, e o presbitério escocês, disse ele, "concorda com a monarquia tanto quanto Deus concorda com o diabo".

Na Conferência de Hampton Court, em 1604, alguns dos principais puritanos tiveram a oportunidade de apresentar ao rei suas ideias de mudança para a Igreja da Inglaterra. James, porém, que tinha uma visão superior da própria inteligência, rejeitou a maioria das opiniões com arrogância, cedendo em apenas um ponto quanto às exigências feitas pelos puritanos: estava disposto a encomendar uma nova tradução das Escrituras. Dessa decisão, resultou a versão King James da Bíblia.

Em nenhum outro aspecto importante o rei cedeu aos puritanos. As cerimônias, o livro de oração e os bispos da Igreja da Inglaterra permaneceriam. Gostando ou não, os puritanos deveriam submeter-se; caso contrário, disse o rei, "Eu os lançarei fora desta terra — ou coisa pior". Com essa ameaça, a conferência terminou.

O contato inicial de James com o parlamento foi igualmente rude. Em seu primeiro discurso ao grupo, ele defendeu o direito divino dos reis. "O Estado monárquico," declarou, "é o que há de mais supremo na terra, pois os reis são não meros tenentes de Deus colocados no trono divino; eles são, pelo próprio Deus, chamados de deuses."

Desprezando as instituições inglesas e ignorando a disposição do povo inglês, James deixou claro que pretendia ser um monarca absoluto. Em 1611, ele dissolveu o parlamento e, durante os dez anos seguintes, governou a Inglaterra sem ele. Por esse motivo, os líderes dos puritanos e os defensores da autoridade parlamentar na Inglaterra se uniram na resistência ao poder real.

Alguns integrantes do movimento puritano, porém, estavam impacientes pela mudança na Igreja. Logo após a Conferência de Hampton Court, pequenos grupos de cristãos começaram a reunir-se para cultuar segundo aquilo que acreditavam serem os padrões bíblicos, não de acordo com bispos e livros de oração, e estavam determinados a obedecer a Deus mesmo se os líderes da nação não estivessem. Chamamos esse movimento de separatismo, pois os grupos tinham a intenção de deixar a Igreja da Inglaterra e construir uma igreja distinta.

Um desses grupos estava localizado no povoado de Scrooby, no Norte da Inglaterra.; outro estava situado a uma pequena distância dali, em Gainsborough. Em 1608, ambas as congregações haviam se mudado para a Holanda em busca de segurança e a liberdade de culto. O grupo de Scrooby estabeleceu-se em Leiden; o grupo de Gainsborough encontrou um lar em Amsterdã.

Após dez anos na Holanda, a congregação de Scrooby, liderada pelo pastor John Robinson, percebeu que seus filhos estavam crescendo sem contato com a terra natal, esquecendo até mesmo sua língua nativa. Todavia, retornar à Inglaterra significava retornar aos maus caminhos da sociedade inglesa. Eles tinham ouvido falar da colônia inglesa na Virginia, plantada em 1607; talvez o novo continente, a América, fosse a resposta. Esse era um pensamento ousado, que trazia medos desconhecidos, mas um pequeno número estava disposto a tentar; e essas pessoas retornaram à Inglaterra, onde foram acompanhadas de outros peregrinos afins. Em setembro de 1620, um grupo composto por cerca de cem almas zarpou de Plymouth em um navio chamado *Mayflower*, e, em novembro, a tripulação avistou a costa rochosa da Nova Inglaterra — os pais peregrinos pisaram na terra que chamamos de Plymouth, Massachusetts.

Enquanto isso, o segundo grupo de separatistas, que havia sido assistido por menonitas locais, buscava refúgio da perseguição na Holanda. Pouco se sabe sobre a associação entre eles, mas há informações de que os grupos trocaram confissões para comparar doutrinas. O pastor do rebanho, John Smyth, formado em Cambridge, estudou o Novo Testamento em grego e descobriu que a prática de batizar bebês não constava em suas páginas. Se os bebês não estavam inclusos na aliança da graça, apenas cristãos maduros em Jesus Cristo, não deveriam as igrejas ser edificadas a partir de confissões de fé, em vez de laços pactuais? Com essa profissão, eles formaram a primeira Igreja Batista. Smyth batizou a si mesmo e, em seguida, os outros quarenta membros de sua congregação por efusão. O ano era 1609. A questão da origem e da identidade batista está intimamente ligada. Mas os batistas devem ser entendidos como separatistas ingleses ou como separatistas ingleses que se misturaram aos anabatistas?

ATAQUE CONTRA O UNGIDO DO SENHOR

Uma separação da Igreja da Inglaterra, contudo, era algo drástico demais para a grande maioria dos puritanos, e eles esperavam por outra alternativa de rompimento. Qualquer esperança de que isso viria de governantes terrenos, porém, desapareceu em 1625, quando Carlos I assumiu o trono inglês de James, seu pai. James tinha suas teorias sobre o direito divino dos reis, e Carlos estava determinado a colocá-las em prática. Nenhuma lei e nenhum parlamento iriam impedi-lo. Para piorar a situação aos olhos dos puritanos, a esposa do novo rei, Henriqueta Maria, era uma princesa francesa católica romana.

No intuito de impor sua vontade aos puritanos, Carlos encontrou um servo disposto, o arcebispo William Laud, o qual acreditava que Deus havia ordenado bispos para governar sua Igreja. Liderado pelo arcebispo, um partido episcopal emergiu para resistir aos puritanos e, com o apoio do rei, o grupo reintroduziu os vitrais, as cruzes e até os crucifixos. Além disso,

320 HISTÓRIA DO CRISTIANISMO

elevou a mesa de comunhão, chamou-a de altar e insistiu que o culto fosse realizado unicamente de acordo com o livro de oração.

A política arrogante e dominadora de Laud impulsionou alguns puritanos ao separatismo e outros à América, do outro lado do Atlântico. Em dez anos de cargo, vinte cidades e igrejas surgiram na baía de Massachusetts: ao todo, 16 mil pessoas, incluindo as quatrocentas que tinham ouvido o sermão de despedida de John Cotton em Southampton.

A gota d'água para o fim da moderação entre os dois reinos aconteceu quando Carlos tentou forçar o estilo da "alta igreja" da religião anglicana aos escoceses presbiterianos, insistindo em que estes realizassem seus cultos com base no *Livro de oração comum*, o qual John Milton chamava de "esqueleto de um livro de missa" — era assim que os escoceses o enxergavam. Então, eles se uniram em oposição à atitude em uma "Solene Liga e Aliança" e, em busca de defender sua Igreja, eles ousaram armar-se contra o rei.

Para colocar um exército em campo, Carlos foi obrigado a convocar o parlamento, o qual havia tentado ignorar, como seu pai, por mais de uma década. Quando o parlamento se reuniu, lealdades conflitantes produziram um partido monarquista e um partido parlamentar; e os parlamentares, claramente maioria, concordavam quanto aos princípios puritanos gerais, mas estavam divididos quanto à forma da Igreja. De um lado, estavam os presbiterianos; de outro, os independentes (ou congregacionalistas). Unidos no ódio contra o arcebispo Laud, os parlamentares conseguiram levá-lo a julgamento e fazer com que fosse decapitado.

Quando Carlos tentou punir os líderes dessa oposição, uma guerra civil eclodiu, e então os membros do partido monarquista deixaram Londres para se unir às forças que defendiam o rei. Assim, o parlamento ficou finalmente livre para instituir a reforma da Igreja que os puritanos sempre desejaram e convocou um grande número de teólogos puritanos a Westminster e atribuiu-lhes a criação de uma nova forma de culto e de governo eclesiástico para a Igreja da Inglaterra.

A Assembleia de Westminster, que se reuniu de 1643 a 1649, produziu a Confissão de Fé de Westminster para substituir os *Trinta e nove artigos*, bem como um Catecismo Maior e um Breve Catecismo para uso nas igrejas. Por causa desses escritos, a assembleia tornou-se uma das reuniões mais importantes da história cristã, tanto que muitos presbiterianos e congregacionalistas ortodoxos utilizam esses documentos até hoje.

Em 1645, o parlamento ordenou a criação de presbitérios em todo lugar e a eleição de anciãos para as igrejas, mas o sistema nunca esteve plenamente em vigor porque o parlamento não governava o país inteiro. Mesmo com o rei derrotado, o exército, não o parlamento, era quem exercia o poder.

O GOVERNO DOS SANTOS

A guerra evidenciou uma das figuras eminentes da história cristã, um cavalheiro do campo chamado Oliver Cromwell (1599-1658). Atuando como coronel nas forças parlamentares, ele demonstrou ser um gênio militar, e seu regimento, conhecido como *Ironsides*, nunca foi derrotado; em parte, porque Cromwell instilava em seus homens um senso de disciplina e missão cristã.

Com o tempo, a ascensão de Cromwell colocou-o na liderança do Novo Exército Modelo, uma tropa de 21 mil homens que consideravam seu papel na história inglesa um chamado de Deus. Aos olhos deles, a guerra era uma cruzada puritana contra os inimigos da justiça e o fim justo santificava a força como meio. É por isso que o exército orava antes das batalhas e marchava para o conflito entoando hinos cristãos.

Ao final de 1646, o exército de Cromwell conseguiu forçar Carlos à rendição. Durante os dois anos seguintes, o rei tentou jogar seus inimigos uns contra os outros: os escoceses, os presbiterianos (que controlavam o parlamento) e os independentes (que dominavam o exército). Ele conseguiu dividir o parlamento e fazer uma aliança secreta com os escoceses, no entanto, uma forte indignação contra Carlos eclodiu no exército e, em 1648, a guerra irrompeu de novo.

Desta vez, o exército derrotou os aliados do rei, e os presbiterianos foram removidos da Câmara dos Comuns. Este Parlamento Residual, como foi chamado — uma ferramenta do exército — criou um supremo tribunal de justiça para julgar o rei. Em janeiro de 1649, Carlos foi conduzido à tribuna em frente ao palácio real de Whitehall, em Londres e, diante de uma multidão reunida, foi executado.

Essa foi uma ação ousada, um sinal evidente de que os puritanos foram definitivamente removidos do poder, pois deu aos monarquistas seu próprio mártir. Séculos de tradição real inglesa não podiam ser apagados, nem mesmo pelos santos de Deus.

Pouco tempo depois da execução do rei, um retrato foi divulgado, supostamente mostrando suas últimas horas, no qual ele estava de joelhos diante de uma mesa e, sobre ela, havia uma Bíblia. A coroa real estava no chão, na mão direita do rei havia uma coroa de espinhos e seus olhos estavam voltados para uma coroa de glória.

A ampla circulação do retrato e o sentimento que o acompanhava mancharam a imagem do puritanismo como nenhum campo de batalha seria capaz de fazer, uma vez que transformou Carlos de um rei executado por rebeldes em um mártir perseguido por fanáticos. Foi assim que muitos ingleses escolheram lembrar-se dos puritanos.

O exército, entretanto, estava no poder. Após abolir a Câmara dos Lordes, a Câmara dos Comuns proclamou a Inglaterra uma república: a *Commonwealth*. Todavia, em 1653, o exército, ainda desconfiando do parlamento,

322 HISTÓRIA DO CRISTIANISMO

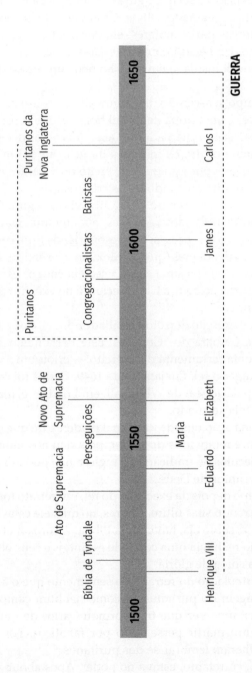

depôs a *Commonwealth* e estabeleceu uma forma de governo chamada Protetorado, no qual Cromwell ocupou o cargo de Lorde Protetor, praticamente um ditador militar da Inglaterra.

O Lorde Protetor buscou uma solução religiosa para a nação concedendo liberdade a uma grande variedade de grupos de cristãos em desenvolvimento no cenário religioso: presbiterianos, independentes, batistas, *quakers*, niveladores e outros. Infelizmente, ele considerou a tarefa impossível, e os últimos três anos de sua vida foram repletos de decepção e aborrecimento. Quando morreu, em 1658, o governo dos santos na antiga Inglaterra morreu com ele. Em dois anos, o país acolheu o retorno da monarquia e, com o rei, o cargo de bispo. Do outro lado do Atlântico, porém, dezenas de milhares de santos estavam estabelecidos e felizes na Nova Inglaterra, piedosamente edificando o reino de Deus na imensidão norte-americana.

Leitura sugerida

- *BEBBINGTON, David. *Baptists through the Centuries: A History of a Global People* [Batistas ao longo dos séculos: uma história de um povo global]. Waco, TX: Baylor Press, 2010.

- *BRACKNEY, William H. *The Baptists* [Os batistas]. Westport, CT: Praeger, 1995.

- HALLER, William. *The Rise of Puritanism* [A ascenção dos puritanos]. Nova York: Harper & Brothers, 1938.

- MORGAN, Edmund S. *Visible Saints: The History of a Puritan Idea* [Santos visíveis: a história do ideal puritano]. Ithaca, NY: Cornell University Press, 1963.

- RUTMAN, Darrett B. *American Puritanism* [Puritanismo Americano]. Filadélfia: Lippincott, 1970.

- SIMPSON, Alan. *Puritanism in Old and New England* [Puritanos na Antiga e na Nova Inglaterra]. Chicago: University of Chicago Press, 1955.

- TORBET, Robert G. *A History of the Baptists* [História dos batistas]. Filadélfia: Judson Press, 1963.

- WATKINS, Owen C. *The Puritan Experience* [A experiência puritana]. Nova York: Schocken, 1972.

CAPÍTULO 31

Indispostos a morrer por uma ideia antiga

Denominações

POR DÉCADAS, AS DENOMINAÇÕES FORAM CHAMADAS de "escândalo", "flagelo", "sectarismo" e "sistema de castas", mas elas continuam sendo a marca institucional do cristianismo moderno.

A crítica é compreensível. Qualquer cristão, ao ler o Novo Testamento, percebe a diferença entre a fé dos apóstolos e o cristianismo atual. O apóstolo Paulo, por exemplo, fala da Igreja como o templo de Deus, unificada em devoção ao Senhor Jesus Cristo, mas nós vemos apenas uma miscelânea de cultos, seitas, denominações e doutrinas em nossa época. Temos, lá no fundo, a sensação de que essa divisão do cristianismo não *deveria* existir, mas existe.

Por quê? Como as denominações passaram a ser a principal expressão do cristianismo nos tempos modernos?

Reconhecemos que os cristãos estão divididos hoje, ao menos em parte, porque têm a liberdade de diferir, mas, em séculos anteriores, eles não a tinham. Podemos até maldizer a existência de denominações ou tentar ignorá-las, mas elas não desaparecerão tão cedo; além disso, o custo de sua remoção é mais alto do que a maioria de nós está disposto a pagar. Somos impactados por esse fruto do cristianismo moderno, mas poucos desejam levar o machado à raiz da questão.

A época da Reforma (1517-1648) não terminou de repente com o surgimento da época da razão e dos reavivamentos (1648-1789), tal como as datas dos historiadores parecem sugerir; no entanto, os tempos mudam, e uma diferença acentuada entre o século XVI e o século XVII foi a aceitação das diferenças religiosas.

Muitas vezes, ouvimos: "Não concordo com o que você diz, mas defenderei até à morte seu direito de dizê-lo". A maioria dos cristãos hoje, mesmo sem identificar a fonte, aceita o sentimento desse tão citado manifesto — aceita-o, contudo, não por ser cristão, mas por ser moderno.

SUPRESSÃO DOS INCONFORMISTAS

A provável fonte da declaração é Voltaire (1694-1778), o presunçoso humanista da época da razão. É algo que Martinho Lutero ou Inácio de Loyola nunca diriam, pois nenhum dos dois acreditava nisso. À luz da Reforma, a discórdia não era uma virtude cristã nem um direito humano e, além disso os reformadores estavam tão ávidos por suprimir a inconformidade quanto os católicos.

A razão disso é que ambos os grupos acreditavam que a verdade cristã unia sociedades, pois era um instrumento de poder, e apenas um lado do conflito religioso estava com a verdade. A ideia de que a Palavra de Deus podia ser encontrada em ambos os lados da linha de combate era um conceito revolucionário que só recebeu atenção após as partes envolvidas sucumbirem de exaustão.

Nas décadas de 1540 e 1550, quando tanto protestantes quanto católicos ainda acreditavam em uma cristandade unida, os príncipes luteranos lutaram contra as forças imperiais católicas na Alemanha até chegar a um impasse. Na Paz de Augsburgo (1555), ambos os lados concordaram com o fim da luta mediante a adoção do princípio territorial: o governante de cada região poderia determinar a fé de seus súditos — luterana ou católica.

O acordo foi um subproduto do conceito de príncipe cristão e garantia a um grande número de pessoas o direito de cultuar segundo a própria consciência, mas também reconhecia o direito do príncipe de perseguir aqueles que discordavam dele. Isso causou sofrimento e dificuldade para muitos inocentes cuja única ofensa era a divergência religiosa.

O sistema territorial foi o precursor da morte da cristandade. Se o príncipe cristão de um pequeno território podia ordenar uma religião única para seus súditos, e outro governante, a quilômetros de distância, podia ordenar outra religião para seu povo, o padrão da verdade cristã estava fragmentado, e a sociedade cristã, desintegrada.

Evidentemente, os acontecimentos estavam à frente das novas ideias, de modo que outras guerras foram travadas por toda a Europa, e novos territórios foram moldados segundo o antigo conceito de que podia existir apenas uma religião por região.

De 1562 a 1598, a França enfrentou uma série de guerras civis entre católicos romanos e calvinistas franceses (huguenotes), e quando chegaram ao ponto de completa fadiga, ambas as partes concordaram em fazer um acordo territorial no Édito de Nantes (1598). Os huguenotes adquiriram liberdade religiosa e controle político de certas partes do país, ao passo que o catolicismo romano permaneceu a religião oficial do reino e da maior parte da nação.

Semelhantemente, de 1560 a 1618, nos Países Baixos, os holandeses calvinistas travaram uma guerra para conquistar a independência da Espanha católica — e venceram. Nos territórios do sul, entretanto, na região que chamamos de Bélgica, o povo permaneceu católico e só conseguiu a independência da Espanha muito tempo depois.

A GUERRA DOS TRINTA ANOS

Todos esses conflitos serviram como um prelúdio sangrento para a última e a mais devastadora guerra religiosa: a Guerra dos Trinta Anos (de 1618 a 1648). Esse conflito começou essencialmente como uma luta religiosa com implicações políticas e terminou como uma luta bárbara pelo poder político com implicações religiosas. Essa mudança na motivação dominante torna a Guerra dos Trinta Anos um símbolo apropriado para a transição da época da Reforma à época da razão e dos avivamentos.

A guerra foi tão complexa quanto longa, mas aqui não é o lugar para detalhes militares ou políticos, pois estamos interessados na mudança de ideais e podemos encontrá-la nos pontos altos do conflito.

Uma das deficiências evidentes da Paz de Augsburgo é que ela ignorava completamente os calvinistas, que, por sua vez, tinham um sentimento de missão santa. Mas foi apenas questão de tempo até que as hostilidades eclodissem de novo. Os preparativos para a guerra aconteceram no início do século XVII, quando os protestantes formaram uma liga de príncipes germânicos, e os católicos, de modo semelhante, criaram uma liga católica. A batalha irrompeu em 1618.

Um zeloso adepto da Contrarreforma educado por jesuítas, Fernando II, foi nomeado rei da Boêmia pouco antes de também ser eleito sacro imperador romano e, aplicando o conceito de uma única religião por reino, Fernando tentou extirpar o protestantismo da Boêmia e impor o catolicismo aos seus súditos.

Os nobres boêmios, em sua maioria protestantes, revoltaram-se e ofereceram a coroa a Frederico V, o fervoroso governante calvinista do Palatinado, um dos principais territórios alemães. A aceitação de Frederico desencadeou a luta entre católicos e calvinistas.

Em 1620, próximo a Praga, as forças imperiais católicas avançaram com o brado: "Pela Virgem Maria!". Elas destruíram os boêmios, confiscaram a maioria das terras dos rebeldes e, ainda por cima, conferiram aos jesuítas o controle da Universidade de Praga, o antigo reduto de João Huss.

Consternado com a vitória católica e ávido por anexar território alemão, o rei Cristiano IV da Dinamarca luterana entrou na guerra contra Fernando e as forças católicas, mas, sem apoio adequado, sua iniciativa já estava condenada desde o início. Em 1626, os dinamarqueses foram completamente debandados das montanhas Harz e forçados a recuar para a Dinamarca como uma matilha surrada.

O controle imperial das margens ao sul do mar Báltico e profundas convicções religiosas instigaram o rei Gustavo Adolfo da Suécia, um hábil guerreiro luterano, a entrar na Alemanha como novo líder da causa protestante, o qual foi motivado a avançar pelo sul até Munique pela série de vitórias esmagadoras que obteve. Os protestantes chamavam-no de "Leão do Norte", mas até a coragem dos reis tem um fim. Na Batalha de Lutzen (1632), no sudoeste de Leipzig, o exército sueco foi novamente vitorioso, mas Adolfo morreu em combate.

Sem ele, a guerra continuou, mas o resultado já estava claro: as forças católicas não podiam subjugar os protestantes no Norte da Alemanha, e os protestantes não podiam controlar os católicos no Sul.

Nos anos finais do conflito, a religião tornou-se insignificante. De maneira geral, a França e a Espanha, ambas nominalmente católicas, lutavam por vantagens políticas na Renânia.

Quando as espadas se acalmaram, a Alemanha estava devastada. A revivificação da autoridade imperial, tão sonhada por Fernando, não aconteceu; em vez disso, surgiram trezentos estados independentes. Por motivos totalmente frívolos, o fervor religioso dos católicos e calvinistas esfriou, e os homens começaram a questionar o conceito territorial. Assim, o denominacionalismo surgiu como alternativa.

Os termos de paz, chamados de Paz de Vestefália (1648), refletem a passagem de uma época. O calvinismo uniu-se ao luteranismo e ao catolicismo como uma expressão reconhecida da fé cristã, e os príncipes, caso desejassem, agora podiam permitir a existência de católicos e protestantes em seu território; além disso, o papa estava excluído de qualquer interferência nos assuntos religiosos da Alemanha. Naturalmente, o papa Inocêncio X condenou o tratado, mas tanto católicos quanto protestantes ignoraram seus protestos. Sendo assim, depois de mais de mil anos o Estado estava livre para conduzir seus negócios como se o papa não existisse.

O relacionamento do cristianismo com o poder civil estava mudando, e os cristãos no Ocidente agora viviam em Estados-nação, os verdadeiros vencedores na Guerra dos Trinta Anos. Nos Estados-nação emergentes, os cristãos teriam de conviver com cidadãos pertencentes a uma variedade de denominações e credos. Com o tempo, alguns desses Estados-nação exigiram que os cidadãos professassem uma crença genérica de Deus para poderem ter um emprego ou frequentar a faculdade; todavia, crenças e práticas distintas, tais como ser católico ou presbiteriano, eram uma questão estritamente privada, individual.

NOVOS CAMINHOS NA AMÉRICA

Em 1648, do outro lado do Atlântico, nas colônias inglesas da América do Norte, os homens buscavam construir sociedades distintamente religiosas.

No início, eles moldaram locais de caráter e testemunho cristão, mas, com o tempo, o objetivo de construir cidades santas para alimentar homens santos passou a ser o de construir cidades onde pessoas pudessem se tornar santas. As levas de recém-chegados, uma segunda geração indiferente e a vasta fronteira aberta pesaram contra uma uniformidade religiosa.

Durante o século XVI, tanto a Inglaterra quanto a França enviaram exploradores corajosos para a América do Norte em uma busca vã pela Passagem do Noroeste para a China. No entanto, foi somente quando a Companhia de Londres mandou seus primeiros colonos para Jamestown, Virginia, em 1607, que colonizações permanentes começaram a atrair ingleses para o Novo Mundo. Os peregrinos desembarcaram em 1620 e, dez anos mais tarde, a Companhia da Baía de Massachusetts começou a atrair milhares de puritanos frustrados para Boston e cidades vizinhas. De 1629 a 1642, cerca de 25 mil puritanos migraram para a Nova Inglaterra e, com exceção da Virgínia, as autoridades inglesas não esboçaram qualquer tentativa de impor um padrão de uniformidade religiosa no Novo Mundo.

As colônias eram iniciativas comerciais destinadas a contribuir para a prosperidade de um império inglês em desenvolvimento; assim, no propósito de ser lucrativas, elas precisavam de colonos para desmatar as florestas e cultivar os campos. Desse modo, a promessa de tolerância religiosa deu um poderoso incentivo para que eles aceitassem os riscos da vida nas colônias norte-americanas. *Quakers* vieram para a Pensilvânia; católicos, para Maryland; e reformados holandeses, para Nova York. Mais tarde, chegaram luteranos suecos, huguenotes franceses, batistas ingleses e presbiterianos escoceses.

A notória exceção a essa política geral de tolerância religiosa foram os puritanos congregacionais da baía de Massachusetts, que estavam determinados a estabelecer uma nova Sião nas terras norte-americanas: uma "forma apropriada de governo, tanto civil quanto eclesiástico", foi a maneira como o governador John Winthrop expressou a ideia.

A oportunidade de criar um governo dos santos puritanos na Nova Inglaterra surgiu da curiosa omissão da cláusula habitual exigindo que a sede da companhia estivesse na Inglaterra e, assim, fosse sujeita à autoridade do rei. Como consequência da omissão, a Companhia da Baía de Massachusetts, controlada pelos santos, era, na prática, uma república independente, pois todos os membros da companhia migraram para a Nova Inglaterra e levaram o estatuto consigo.

Assim, por duas gerações, os santos na Nova Inglaterra governaram com uma política de conformidade religiosa, muito embora ela já tivesse demonstrado sua inutilidade na antiga Inglaterra. As pessoas poderiam ser gravemente punidas por inúmeras razões: por não comparecer aos cultos na igreja, por negar a ressurreição de Cristo ou por ser irreverentes com a Bíblia.

No entanto, até mesmo aqui, no cerne do puritanismo na Nova Inglaterra, havia estímulos para a manutenção da tolerância religiosa, e um deles era a devoção dos puritanos à Escritura.

O pastor John Robinson disse o seguinte aos pais peregrinos: "o Senhor, por sua santa Palavra, ainda tem verdades a anunciar". Os puritanos estavam sempre prontos para "receber qualquer verdade que fosse revelada [...] na palavra escrita de Deus". Não surpreende, portanto, que os puritanos da Nova Inglaterra sempre gerassem seus próprios dissidentes, homens e mulheres que recorriam à verdade revelada na "palavra escrita de Deus". Roger Williams foi um deles; Anne Hutchinson, também.

A existência de regiões despovoadas também contribuiu para conter a intolerância puritana. Os dissidentes na Nova Inglaterra não precisavam se esconder debaixo da terra, pois podiam, simplesmente, afastar-se — atravessar o rio, ir para as florestas ou subir a montanha; além disso, também era sempre possível construir um santuário em um espaço aberto.

Desse modo, a devoção puritana à Bíblia, a existência de regiões desabitadas e a política inglesa de tolerância minaram o espírito intolerante dos puritanos na Nova Inglaterra.

O fim dos esforços para impor conformidade religiosa à Nova Inglaterra foi prenunciado pela perda de seu estatuto, em 1684, e o retorno da colônia ao controle real foi drasticamente simbolizado em 1687, quando o governador confiscou a igreja Old South para o culto anglicano. Dali em diante, os habitantes da Nova Inglaterra tiveram de se conformar à política inglesa.

A IDEIA DAS DENOMINAÇÕES

A diversidade religiosa das colônias norte-americanas, embora seguisse predominantemente a tradição puritana, exigiu uma nova visão da Igreja, a qual pode ser chamada de *teoria denominacional*. O uso da palavra *denominação* para descrever um grupo religioso entrou em voga em cerca de 1740, durante os primeiros anos do Avivamento Evangélico liderado por John Wesley e George Whitefield, mas a teoria em si foi moldada um século antes por um grupo de líderes puritanos radicais presente na Inglaterra e na América.

O denominacionalismo, em sua concepção original, é oposto ao sectarismo. As seitas reivindicam a autoridade de Cristo somente para si e acreditam ser o verdadeiro corpo de Cristo, que toda a verdade lhes pertence — e a nenhuma outra religião; logo, por definição, as seitas são exclusivas. A palavra *denominação*, em contrapartida, é um termo inclusivo e indica que o grupo cristão chamado ou *denominado* por um nome específico é membro de um grupo maior, a Igreja, à qual todas as denominações pertencem.

A teoria denominacional da Igreja, portanto, insiste que a verdadeira Igreja não pode ser identificada com uma única estrutura eclesiástica.

330 HISTÓRIA DO CRISTIANISMO

Nenhuma denominação alega representar toda a Igreja de Cristo, e cada uma delas simplesmente constitui uma forma diferente — de culto e organização — da vida maior da Igreja.

Os reformadores haviam plantado as sementes da teoria denominacional ao insistir que a verdadeira Igreja nunca pode ser identificada com uma instituição em um sentido exclusivo — a verdadeira sucessão não é de bispos, mas de cristãos. Lutero enfatizou que uma expressão institucional "situada em algum lugar e envolvida nas coisas e atividades do mundo" é inevitável, mas que, "nesta vida, a maneira adequada de se entender a Igreja não é nesses termos". As formas externas da Igreja, disse Lutero, devem dar à Palavra de Deus livre acesso ao mundo, não bloquear seu poder para salvar.

De modo semelhante, Calvino, no prefácio de *As institutas*, indicou que é impossível estabelecer fronteiras precisas para a Igreja de Cristo, uma vez que ninguém pode determinar, com exatidão, quem está entre os eleitos de Deus.

Os próprios reformadores, entretanto, não seguiram esse pensamento, e quando a discordância religiosa surgia em determinada área, eles tentavam suprimi-la, uma vez que ainda estavam convencidos de que apenas uma religião poderia existir em cada região.

Os verdadeiros arquitetos da teoria denominacional da Igreja foram os independentes (congregacionalistas) do século XVII, que representaram a voz da minoria na Assembleia de Westminster (1642-1649). A maioria na Assembleia seguia princípios presbiterianos, expressando-os de forma clássica na Confissão de Fé de Westminster, bem como no Catecismo Maior e no Breve Catecismo.

Os independentes, porém, que seguiam princípios congregacionais, plenamente conscientes dos perigos de se "dividir o piedoso partido protestante" na Inglaterra, buscaram alguma forma de expressar a unidade cristã mesmo quando os cristãos não concordavam entre si.

Esses Irmãos Dissidentes de Westminster articularam a teoria denominacional da Igreja em várias verdades fundamentais.

Em primeiro lugar, considerando a incapacidade humana de sempre enxergar a verdade com clareza, as diferenças de opinião quanto à forma externa da Igreja são inevitáveis. Em segundo lugar, embora tais diferenças não envolvam fundamentos da fé, elas não são questões indiferentes, e todo cristão é obrigado a praticar aquilo que acredita ser o ensinamento bíblico. Em terceiro lugar, uma vez que nenhuma igreja tem uma compreensão final e plena da verdade divina, a verdadeira Igreja de Cristo nunca pode ser totalmente representada por uma única estrutura eclesiástica. Em último lugar, a mera separação não constitui, em si, cisma, pois é possível existir divisão em muitos pontos e, ainda assim, haver união em Cristo. Portanto, a teoria denominacional da Igreja buscava unidade cristã em uma experiência religiosa interna e permitia a diversidade nas expressões externas dessa fé pessoal.

INDISPOSTOS A MORRER POR UMA IDEIA ANTIGA **331**

Essa postura tolerante não era proveniente de indiferença doutrinária. Os independentes não tinham qualquer intenção de estender a unidade cristã a todas as profissões religiosas. A identidade da "única Igreja verdadeira" restringia-se àqueles que tinham um entendimento comum do cerne da fé cristã.

Essa visão denominacional da Igreja obteve uma aceitação limitada na Inglaterra, onde a Igreja ocupava uma posição privilegiada mesmo depois de o Ato de Tolerância reconhecer, em 1689, o direito de presbiterianos, congregacionalistas, batistas e *quakers* de cultuar livremente. Nas colônias inglesas da América, contudo, a teoria denominacional obteve cada vez mais aceitação e parecia ser a resposta de Deus para as crenças que se multiplicavam no Novo Mundo.

Poucos defensores da visão denominacional da Igreja no século XVII previram as centenas de grupos cristãos existentes hoje, os quais não tinham a intenção de reduzir as crenças básicas do cristianismo a um sentimento geral de sinceridade religiosa. Todavia, não podiam controlar o futuro e simplesmente sabiam que a intolerância tradicional e o derramamento de sangue em nome de Cristo não eram o caminho a ser seguido.

Assim, a forma denominacional da Igreja marcou os séculos recentes de história cristã — não por ser ideal, mas por ser melhor do que qualquer alternativa oferecida ao longo dos anos.

Leitura sugerida

- AHLSTROM, Sydney E. *A Religious History of the American People* [História religiosa do povo Americano]. New Haven, CT: Yale University Press, 1972.

- BUSCHART, W. David. *Exploring Protestant Traditions* [Explorando as tradições protestantes]. Downers Grove, IL: IVP Academic, 2006.

- *GAUSTAD, Edwin S.; SCHMIDT, Leigh E. *The Religious History of the America: Revised Edition* [História religiosa da América: edição revisada]. São Francisco: Harper Collins, 2004.

- HUDSON, Winthrop S. *American Protestantism* [Protestantismo Americano]. Chicago: University of Chicago Press, 1961.

- LITTELL, Franklin H. *From State Church to Pluralism* [Da Igreja do Estado ao pluralismo]. Garden City, NY: Doubleday, 1962.

- MEAD, Sidney E. *The Lively Experiment: The Shaping of Christianity in America* [A experiência vívida: a formação do cristianismo na América]. Nova York: Harper & Row, 1963.

Época da razão e dos avivamentos

1648 a 1789 d.C.

A ÉPOCA DA REFORMA FOI MARCADA PELO DEBATE CRISTÃO sobre o caminho da salvação; já a época da razão destacou-se pela negação de toda religião sobrenatural, e o apreço pela ciência e pela razão humana substituiu a fé cristã como fundamento da cultura ocidental. Muitos protestantes enfrentaram essa crise de fé não com argumentos, mas com a experiência de conversão sobrenatural, uma vez que a fé se baseava menos em dogmas e mais em experiência. Esse cristianismo evangélico difundiu-se rapidamente apenas pelo poder da pregação, e muitos cristãos perceberam que o apoio do Estado não era mais essencial para a sobrevivência do cristianismo; sendo assim, os cristãos modernos poderiam aceitar a liberdade religiosa.

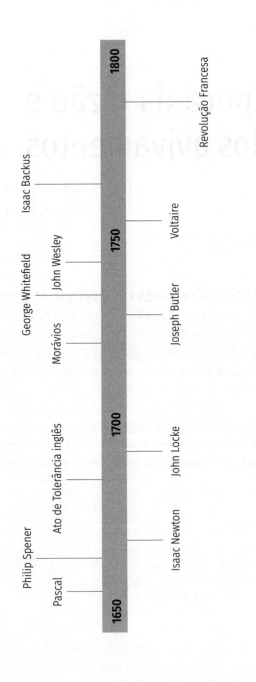

CAPÍTULO 32

Em busca dos fundamentos

O culto à razão

SE OS NORTE-AMERICANOS ACREDITASSEM EM SANTOS, Benjamin Franklin seria um deles, pois exemplificou muitas virtudes que esse povo passou a admirar; por exemplo, as pessoas consideravam-no prático, objetivo, afável, perspicaz e, acima de tudo, tolerante.

Poucas semanas antes de morrer, Benjamin respondeu a um questionamento de Ezra Stiles, presidente da Universidade de Yale, sobre sua fé religiosa:

> Quanto a Jesus de Nazaré [...], tenho [...] dúvidas sobre sua divindade, porém não dogmatizo a questão por nunca a ter estudado. Além disso, considero desnecessário ocupar-me com ela agora, visto que espero logo ter a oportunidade de conhecer a verdade sem tantos problemas. Não vejo dano, entretanto, em que se creia nisso, desde que tal crença produza a boa consequência [...] de tornar as doutrinas de Jesus mais respeitadas e observadas.

Podemos perceber o espírito norte-americano nessa declaração: o espírito da época de Franklin, a época da razão (1648-1789). Questões dogmáticas não pareciam ser importantes nem dignas de discussão; além disso, o comportamento tinha muito mais valor. Será que nossas crenças nos tornam mais tolerantes, mais respeitosos com aqueles que diferem de nós, mais responsivos ao verdadeiro espírito de Jesus?

Se o ódio contra o fanatismo religioso e uma veneração à tolerância de todas as opiniões religiosas nos soam familiares, isso se deve ao fato de que as posturas da época da razão não são coisa do passado, isto é, continuam presentes nos valores do mundo ocidental.

HISTÓRIA DO CRISTIANISMO

A época da Reforma provou, mais uma vez, que fé e poder são uma mistura poderosa, e, enquanto os cristãos tinham acesso ao poder, eles o utilizaram para impor conformidade à verdade — fosse ela católica, luterana ou reformada. Portanto, homens — dezenas de milhares de homens — morreram por sua fé até que algo indefinido, porém muito profundo, revoltou-se em seu interior.

O ESPÍRITO DA ÉPOCA DA RAZÃO

Chamamos essa revolta de época da razão — ou, como alguns preferem, Iluminismo — quando, nas palavras de Charles Williams, "os interesses nacionais e o relaxamento mental excluíram da cultura a metafísica".

O espírito da época da razão era nada menos do que uma revolução intelectual, uma maneira totalmente nova de olhar para Deus, para o mundo e para si mesmo; podemos dizer que esse foi o nascimento do secularismo.

A Idade Média e a Reforma foram séculos de fé no sentido de que a razão servia à fé, de que a mente obedecia à autoridade — no caso dos católicos, a autoridade da Igreja; no caso dos protestantes, a autoridade da Bíblia. Em ambos os casos, porém, a palavra de Deus tinha primazia, e não os pensamentos humanos, e a preocupação básica do homem nesta vida era sua preparação para o porvir.

A época da razão repudiou isso, substituindo a fé pela razão, e a preocupação básica do homem já não era mais a preparação para a próxima vida, mas a felicidade e a realização neste mundo; e a mente do homem, não sua fé, era o melhor guia para a felicidade — não as emoções, os mitos ou as superstições.

O espírito e o propósito do Iluminismo foram expressos com eloquência por um de seus porta-vozes, o barão d'Holbach, que escreveu:

> Esforcemo-nos para dispersar essas nuvens de ignorância, esse nevoeiro de trevas, que obstruem a jornada do homem [...], que o impedem de marchar pela vida com um passo firme e constante. Procuremos inspirá-lo [...] atentando à sua própria razão, com um inesgotável amor pela verdade [...] de maneira que ele aprenda a se conhecer [...] e não mais seja enganado por uma imaginação desencaminhada pela autoridade [...], que aprenda a basear sua moral em sua própria natureza, em seu próprio querer, na verdadeira vantagem da sociedade [...], que aprenda a buscar sua felicidade promovendo a felicidade dos outros [...]; em suma, que se torne um ser virtuoso e racional e, assim, necessariamente feliz.

A RENASCENÇA

Como esse novo espírito criou raízes e cresceu? Suas sementes provavelmente foram lançadas na época da Reforma, em um movimento que os historiadores chamam de Renascença. A palavra significa *renascimento* e refere-se à recuperação dos valores das civilizações clássicas grega e romana que foram expressos na literatura, na política e nas artes. Em certo sentido, a Reforma não seria possível sem a influência do humanismo renascentista, que busca a prosperidade humana, o indivíduo equilibrado com um conjunto completo de habilidades e virtudes. A leitura de textos clássicos das gloriosas épocas romana e grega era considerada um passo crucial para uma boa vida, e o ato de ler tais obras era entendido como uma conversa com um autor famoso, um encontro prático tanto com o autor quanto com sua cultura. A leitura do texto em seu idioma original, por sua vez, era o nível mais elevado nessa iniciativa de edificação da alma. Todos os principais reformadores adotaram essa abordagem humanista renascentista aos textos e passaram a acreditar que precisavam ter contato com a Bíblia em seu idioma original.

Talvez o melhor exemplo da volta do espírito classicista tenha sido Erasmo de Roterdã (1467-1536), o qual, em uma série de sátiras de sucesso, em especial *Elogio da loucura*, ridicularizava o monasticismo e a escolástica fazendo uso de ironia, sutileza e um senso comum inteligente.

Os seguidores de Erasmo viam nele um verdadeiro reformador e, para eles, Erasmo havia posto o ovo que Lutero chocou. No entanto, em 1524, um conflito significativo entre Lutero e Erasmo eclodiu, e naquele ano o livro *Diatribe sobre o livre arbítrio* de Erasmo foi publicado, obra que evidenciou as diferenças fundamentais entre os dois homens. Lutero acreditava que a vontade do homem era escravizada e totalmente inútil para amar ou servir a Deus a não ser que contasse com a graça capacitadora, ao passo que Erasmo considerava esta doutrina perigosa, visto que ameaçava mitigar a responsabilidade moral do homem.

As diferenças entre a Reforma e a Renascença estão justamente nisto, na visão que tinham do homem, uma vez que os reformadores pregavam o pecado original do homem e viam o mundo como um lugar caído em relação ao plano original de Deus, ao passo que a Renascença tinha uma visão positiva da natureza do homem e do universo em si. Essa confiança no homem e em suas capacidades floresceu e espalhou-se pela atmosfera do Iluminismo.

Outra raiz do Iluminismo perpassa o século (1550-1650) em que ocorreram terríveis conflitos religiosos: a Guerra Civil Inglesa, a perseguição dos huguenotes franceses e a Guerra dos Trinta Anos na Alemanha. A decência comum clamava contra o poder de clérigos fanáticos, e cada vez mais pessoas mostravam-se indignadas contra a atitude de queimar ou afogar idosas acusadas de bruxaria ou heresia. O preconceito religioso parecia ser muito mais perigoso do que o ateísmo e, dessa forma, uma sede por tolerância e verdades comuns a todos os homens começou a se alastrar.

338 HISTÓRIA DO CRISTIANISMO

[Iluminismo]

O Iluminismo foi, na verdade, uma série de "iluminações" que influenciou a Inglaterra, a França e outros lugares antes de finalmente chegar à Alemanha. Seu conceito básico foi captado pelos primeiros pensadores iluministas franceses, que fizeram várias observações a partir de experiências fascinantes que tiveram na Inglaterra, onde eles viram mais prosperidade e mais liberdade, uma vez que o governo e a Igreja atuavam menos no sentido de restringir os cidadãos, os quais desfrutavam de um nível mais elevado de liberdade para pensar por si mesmos. Esses diversos elementos foram finalmente reunidos em uma crença central: se os indivíduos não fossem limitados e restringidos pelo fardo das tradições culturais e fossem autorizados a pensar por si, desfrutariam de prosperidade, uma vez que a liberdade de pensamento, independente de tradições, produz verdade e prosperidade. Essa percepção foi, então, expandida de inúmeras maneiras. ■

Por fim, a época da razão brotou de uma nova fé na lei e na ordem. A ciência moderna surgiu nos séculos XVI e XVII e encheu os homens de perspectivas quanto a um novo tempo de paz e harmonia. Os pioneiros dessa ciência moderna forçaram os homens a pensar de uma nova maneira sobre o universo: Copérnico (1473-1543), insistindo que o sol, não a terra, era o centro do universo; Johann Kepler (1571-1630), concluindo que o sol emitia uma força magnética responsável pela movimentação dos planetas em suas respectivas órbitas; e Galileu Galilei (1564-1642), provando a aceleração constante de corpos que caem por meio de um telescópio que ele mesmo construiu para examinar os planetas.

Todas essas descobertas, entretanto, precisavam ser unificadas em um único princípio que explicasse o movimento dos corpos celestes e apresentasse o universo como uma grande máquina que operava por leis inalteráveis, façanha esta realizada pelo cientista mais ilustre da época da razão: Isaac Newton (1642-1727).

Em 1687, Newton publicou sua grandiosa obra, *Princípios matemáticos da filosofia natural*, em que todas as leis de movimento, tanto de corpos celestes quanto terrestres, foram harmonizadas em um princípio superior para o universo: a lei da gravidade.

A MARAVILHA DA MÁQUINA-MUNDO

O público leitor da Europa estava fascinado pela maravilha da máquina-mundo de Newton. O mundo medieval de espíritos invisíveis — anjos e demônios — parecia menos plausível e até mesmo supersticioso e, em seu lugar, surgia um universo centrado no Sol e operado por leis da física, por sua vez explicadas e justificadas pela matemática.

No novo modelo, o Sol tomou o lugar da Terra como centro. Alguns acreditavam que a humanidade havia perdido sua posição de ápice supremo da criação no mundo formado por Deus, outros sentiam que o próprio Deus havia perdido sua posição e parecia menos necessário para sustentar o mundo diante do fato de que o mundo opera por leis discerníveis. Os leitores de hoje, contudo, devem ser lembrados de que o surgimento da ciência moderna dependeu absolutamente de convicções cristãs e que os responsáveis por sua continuidade foram mentes treinadas em ambientes e instituições cristãs. Também vale observar o novo enfoque sobre Deus nessa época, que nas discussões dessa época costuma ser retratado como mais um ator no palco, não como Senhor majestoso dirigindo todo o projeto.

A revelação desse vasto universo deixou alguns homens consternados. Blaise Pascal (1623-1662), o físico francês, esmoreceu diante da "terrível vastidão que nos traga como átomos efêmeros"; outros, porém, enxergaram esses fatos como um convite para descobrir os segredos da existência cósmica. Alexander Pope escreveu:

> Escondiam-se, em trevas, a natureza e suas leis;
> Disse Deus: "Haja Newton!", e tudo luz se fez.

Esse acesso repentino aos mistérios do universo pareceu engrandecer o papel da razão humana. Se o universo é uma máquina estável com todas as peças coordenadas por um grande projeto, então o homem precisaria apenas pensar com clareza para encontrar o sentido da vida e a verdadeira felicidade. Essa ideia fundamental de que o homem tem a capacidade de encontrar a verdade pelos sentidos e pela razão deu origem ao nome do período: época da razão.

O termo não deve sugerir que qualquer ferreiro ou pároco, de uma hora para outra, assumiu ares de intelectualidade, até porque muitos cristãos viveram e morreram na fé de seus pais sem qualquer consciência de que uma nova época havia surgido; todavia, a perspectiva e a direção da Europa haviam mudado.

O cristianismo não pôde escapar das consequências dessa revolução intelectual. Durante 1200 anos, as ideias de Agostinho haviam dominado a cristandade, segundo as quais o homem era um pecador escravizado que necessitava, sobretudo, da graça sobrenatural de Deus. E no intuito de garantir a disponibilidade dessa graça por meio da Igreja cristã, Deus ordenara os poderes do Estado para proteger a verdade e punir o erro.

Agora, porém, os intelectuais argumentavam algo diferente: o homem não é pecador; ele é uma criatura sensata e aparentemente precisava mais de bom senso do que da graça de Deus.

Os cristãos vivenciaram duas atmosferas contrastantes. No início, durante os anos finais do século XVII, alguns cristãos, especialmente na Inglaterra, tentaram harmonizar razão e fé, alegando que o cristianismo era totalmente racional, mas algumas verdades vêm pela razão, e outras, por revelação. Algumas coisas, como a existência de Deus, vêm pela observação do céu; outras, como a ressurreição de Cristo, pelo testemunho das Escrituras.

Com o tempo, entretanto, após o começo do século XVIII, essa atmosfera mudou. Na França, a confiança na razão crescia, e os cristãos perceberam que muitos intelectuais consideravam todas as declarações em favor da revelação das Escrituras meras tolices supersticiosas. O clima era obviamente mais hostil.

O melhor representante da primeira geração foi John Locke (1632-1704), um filósofo influente que nunca minimizou a importância da fé. Em sua obra *Ensaio sobre o entendimento humano*, ele não apenas demonstra o funcionamento da razão, como também indica que a existência de Deus é "a verdade mais óbvia que a razão pode desvendar". Um exame mais aprofundado, entretanto, mostra que o Deus considerado por Locke pouco tem em comum com o Deus do Êxodo ou com o Deus da ressurreição de Jesus, até porque tentativas de justificar o cristianismo de modo racional infelizmente costumavam adaptá-lo ao que parecia ser racional no momento. Uma antiga e profunda sabedoria cristã é esquecida. Os cristãos não chegam à convicção cristã como conclusão de um longo argumento; eles creem por causa do relato das primeiras testemunhas oculares que foi poderosamente validado pelo poder contínuo de Deus. O Novo Testamento é um livro de testemunhos poderosamente validados da ação divina, não um livro de lógica dedutiva, portanto, a razão pode servir à revelação, mas nunca substituí-la.

O mérito de Locke era endossar a revelação e nunca duvidar de sua importância; sendo assim, o cumprimento das profecias e os milagres provam a autoridade de Jesus. Contudo, o que as Escrituras realmente mostram é que poucos dogmas são necessários, e estes são simples e inteligíveis para homens comuns, até porque o cristianismo, na realidade, tem apenas uma doutrina essencial: Jesus é o Messias. Todavia, a maior parte da teologia tradicional é considerada irrelevante por Locke.

Locke também falou à sua geração enfatizando a conduta moral. Além da crença em Jesus como Messias, o cristianismo, dizia ele, inclui o imperativo de uma boa vida. Jesus falou muitas vezes sobre recompensas e punições para o comportamento cristão, e isso também é perfeitamente razoável, pois a razão mostra que os padrões morais devem ser reforçados por incentivos fortes.

Assim, de acordo com Locke, a revelação mostra o caráter racional do cristianismo, uma vez que tudo o que Jesus e os apóstolos exigiam para a retidão era a fé em Jesus como Messias e um comportamento ético, ambos basicamente racionais.

ASCENSÃO DOS RADICAIS

"Os pais comem uvas verdes, e os dentes dos filhos se embotam" (Ezequiel 18:2). Muitos na geração seguinte, a primeira do século XVIII, já não se sentiam em dívida ao passado cristão; portanto, em vez de tentar harmonizar a natureza com as Escrituras, eles simplesmente colocaram a revelação de lado. Muitos intelectuais alegavam que as partes da Bíblia que estão de acordo com a razão são claramente desnecessárias; já as partes que contradizem a razão — os mitos, os milagres e a lenga-lenga sacerdotal — são simplesmente inverídicas; essa postura mais militante com relação à fé evidenciou-se de modo especial na França.

No século XVIII, Paris emergiu como a capital de uma nova cultura cosmopolita. As ideias circulavam livremente por toda a Europa e pelas colônias norte-americanas e, em um grau incomparável ao que veio antes ou viria depois, os líderes sociais e intelectuais da Europa estavam unidos em uma comunidade de pensamento e interesses.

Em Paris, um grupo de pensadores e escritores conhecido como *philosophes* levou a época da razão ao seu auge. Eles não eram filósofos dedicados a uma disciplina acadêmica, mas sim homens das letras, alunos da sociedade que analisavam seus males e defendiam reformas, além de disseminar conhecimento e emancipar o espírito humano.

Curiosamente, o ateísmo não era moda nessa "sociedade educada". A maioria dos "infiéis" que ridicularizavam o cristianismo durante o século XVII acreditava em um ser supremo, mas considerava uma atitude supersticiosa defender que ele interferia na máquina-mundo. Essa crença passou a ser chamada de *deísmo*, um movimento especialmente popular em meio a anglófonos que estava à metade do caminho do ateísmo. Defendia ser possível sustentar a ideia de Deus e rejeitar o conceito de que ele se envolve ou interfere no mundo.

O Deus dos deístas é, por vezes, chamado de Deus relojoeiro, pois criou o mundo assim como um relojoeiro fabrica um relógio, depois deu corda e o deixou funcionando. Uma vez que Deus era um relojoeiro perfeito, não havia necessidade de interferir no mundo depois. Por essa razão, os deístas rejeitavam qualquer coisa que se assemelhasse a uma interferência divina no mundo, tal como milagres ou revelações especiais registradas na Bíblia.

Os deístas acreditavam que sua religião era a religião original do homem e dela todas as demais religiões haviam derivado por distorção, as quais, por sua vez, eram obra de sacerdotes que inventavam as teologias, os mitos e as doutrinas das diversas religiões em busca de aumentar seu próprio poder.

O propagandista mais influente do deísmo foi Voltaire (1694-1778), que personificou o ceticismo do Iluminismo francês e, acima de todos os outros, popularizou a ciência de Newton, lutou pela liberdade do indivíduo e da imprensa, e difundiu o culto da razão. Ele produziu um número prodigioso de obras (histórias, peças teatrais, panfletos, ensaios e romances) e, por meio de

342 HISTÓRIA DO CRISTIANISMO

correspondências, estimadas em 10 mil cartas, ele disseminou com perspicácia as virtudes do Iluminismo e atacou ferozmente os abusos da época.

Voltaire alcançou sua maior fama por ser o crítico mais implacável das igrejas estabelecidas, tanto protestantes quanto católicas, visto que se mostrava indignado com a intolerância do cristianismo organizado e desgostoso com as rixas insignificantes que pareciam monopolizar o tempo de muitos sacerdotes e clérigos. A despeito de sua crítica mordaz ao cristianismo, entretanto, seu objetivo não era destruir a religião, tanto que certa vez ele disse que, se não houvesse um Deus, seria necessário inventar um.

Voltaire tinha muitos discípulos, mas seu único concorrente na propagação do deísmo era um conjunto de livros: a famosa *Enciclopédia* francesa, editada por Denis Diderot (1713-1784). Os dezessete volumes da *Enciclopédia* constituíam o principal monumento dos *philosophes* e anunciavam a supremacia da nova ciência, defendiam a tolerância, denunciavam a superstição e expunham os méritos do deísmo. O artigo de Diderot sobre o cristianismo professava grande respeito pela religião de Jesus, mas seu efeito era produzir no leitor um profundo desprezo por suas falhas sociais.

Ao contrário da maioria dos críticos anteriores da Igreja, os *philosophes* não eram hereges ou dissidentes que a atacavam em nome de Cristo; na verdade, esses homens lançavam seus ataques de fora da Igreja. Além disso, não dirigiam seus ataques a um único dogma, mas ao fundamento de toda a verdade cristã, e seu propósito, evidente a todos, era demolir a cidadela.

O CRISTIANISMO NO TRIBUNAL

O cristianismo, insistiam os *philosophes*, era uma conspiração perniciosa destinada a entregar a terra para os poderes opressivos de uma casta sacerdotal, e a religião revelada era nada menos do que um esquema para explorar os ignorantes. Voltaire gostava de referir-se ao cristianismo como a "coisa infame", e sua acusação mais impiedosa contra a fé descrevia milhares de vítimas da intolerância da fé cristã. Ironicamente, os críticos do cristianismo mediam o comportamento cristão por padrões que chamavam de humanos e ignoravam o fato de que tais padrões humanos eram, na verdade, legado do ensinamento cristão.

Os intelectuais julgavam o cristianismo pelos simples padrões humanos do bem e do mal. Se a Igreja, em nome da pureza da doutrina, sancionava a carnificina sangrenta dos próprios cristãos — como havia acontecido nas guerras religiosas —, o cristianismo, longe de ser sagrado, era uma instituição perversa, uma vez que impedia a paz, a harmonia e o progresso nos povos da terra.

A principal arma apontada para a Igreja era a verdade. "Pensamos que o maior serviço a ser feito pelos homens", disse Diderot, "é ensiná-los a utilizar a razão, a considerar como verdade apenas aquilo que verificaram e comprovaram."

EM BUSCA DOS FUNDAMENTOS **343**

No entanto, os padrões de verdade excluíam a doutrina cristã desde o início e, quando os ortodoxos tentavam argumentar com base em suas premissas básicas, os infiéis apenas zombavam porque se recusavam a levar em consideração argumentos extraídos da autoridade ou da tradição, fosse a Bíblia ou a Igreja, argumentando que eles simplesmente não eram "razoáveis".

A menção de milagres recebia o mesmo desdém. A prova de determinada posição encontrava-se na razão ou em experiências humanas e, uma vez que os milagres eram reprovados nesse teste, eram descartados como disparates medievais.

"Veja", argumentou Diderot,

> uma vez que alguém coloca os pés no âmbito do sobrenatural, não há limites; não se sabe para onde vai nem o que se pode encontrar. Alguém afirma que 5 mil pessoas foram alimentadas com cinco pães pequenos; tudo bem! Mas, amanhã, outro indivíduo garantirá que alimentou 5 mil pessoas com um único pão pequeno e, no dia seguinte, um terceiro alegará que alimentou 5 mil com o vento.

Os críticos estavam completamente cientes de que estavam fomentando uma revolução nas crenças fundamentais dos europeus, e Voltaire relatava cada novo triunfo da razão sobre a Igreja com o júbilo de um comandante vencendo batalhas.

A FUTILIDADE DE UMA CONFIANÇA VAZIA

Esses ataques contra as convicções cristãs exigiam uma resposta vigorosa e fundamentada por parte dos cristãos ortodoxos, mas, infelizmente, nos países católicos, como a França, a reação foi inadequada. Os líderes da Igreja não estavam indiferentes à crescente onda de infidelidade, mas tentaram controlá-la por meios tradicionais, isto é, recorreram às autoridades seculares para censurar os livros "perigosos". No entanto, elas geralmente desconheciam as principais questões apresentadas pelos escarnecedores.

Na Inglaterra foi diferente. Vários homens escreveram eficazmente contra o deísmo — nenhum deles, porém, mais do que o bispo Joseph Butler (1692-1752), cuja obra monumental, *Analogia da religião*, praticamente encerrou o debate para os pensadores. Conflitos persistiram por anos, mas, depois de Butler, ficou evidente que as questões fundamentais haviam sido resolvidas.

Os deístas, com seu otimismo confiante, supunham saber tudo sobre a sabedoria e o propósito de Deus, e extraíam todas essas informações do padrão da natureza, ao passo que Butler via com clareza desarticulante que a vida é cheia de enigmas e perplexidades.

Ele não tentou provar a existência de Deus, pois deístas jamais negaram tal premissa, tampouco rejeitou a razão; pelo contrário, aceitava-a como luz natural do homem, mas desafiou sua soberania. A razão, disse Butler, não fornece um sistema completo de conhecimento e, na vida comum, pode oferecer-nos apenas probabilidades.

Assim, Butler minou a fortaleza do deísmo, sua confiança na razão. A natureza, afirmou, não é um domínio onde a razão impera, mas está repleta de obscuridades e mistérios inexplicáveis. Encontramos perplexidade em cada esquina e, se encontramos problemas na natureza, deveríamos ficar surpresos se encontrarmos dificuldades na religião?

Levemos isso agora um pouco adiante. Conhecemos o curso normal da natureza porque ele nos é revelado pela experiência, incluindo nossos problemas e perplexidades. Se as verdades religiosas encontram dificuldades semelhantes, não é razoável supor que um tipo de conhecimento é tão confiável quanto o outro? Nós normalmente agimos com base na probabilidade. Por que não podemos agir assim na religião?

Por fim, o deísmo acabou desmoronando por suas próprias fraquezas, pois estava fundamentado em um falso otimismo e não dispunha de explicações para os males e os desastres da vida. Uma vez que as leis da natureza eram claras e imutáveis, os deístas presumiam que as escolhas morais do homem também eram simples e imutáveis. À pergunta: "Por que os homens nem sempre veem com clareza as verdades religiosas na natureza?", os deístas podiam responder apenas com "as mentiras dos sacerdotes"; contudo, isso era simples demais para ser verdade, e poucos ficaram convencidos.

A rejeição final do deísmo, entretanto, não recolocou o cristianismo no lugar central na cultura ocidental, e o esforço negativo da época da razão perdurou. A cultura moderna — sua arte, sua educação, sua política — estava liberta da influência cristã formal. Os homens fizeram uma tentativa deliberada de organizar uma civilização religiosamente neutra, e isso significava que a fé deveria atuar nos âmbitos particulares, limitados à Igreja, ao lar e ao coração, justamente o que encontramos hoje nas sociedades modernas seculares.

Isso deixa os cristãos da era moderna com um problema básico: até onde, na condição de cidadãos, os fiéis podem ir na tentativa de fazer com que o Estado imponha padrões cristãos de conduta? Ou, no caso de desistirem da ideia de impor o comportamento cristão, qual norma de conduta eles devem, como cidadãos, tentar transformar em uma obrigação para todos?

Leitura sugerida

- BRINTON, Crane. *The Shaping of the Modern Mind* [A formação da mente moderna]. Nova York: The New American Library, 1953.

- CRAGG, Gerald R. *The Church and the Age of Reason: 1648-1789* [A igreja na Era da Razão: 1648-1789]. Middlesex: Penguin Books, 1960.

EM BUSCA DOS FUNDAMENTOS **345**

- GAY, Peter. *Age of Enlightenment* [Era do Iluminismo]. Nova York: Time-
-Life Books, 1966.

- _____. *The Enlightenment: An Interpretation: The Rise of Modern Paganism*
[Iluminismo: uma interpretação — a ascenção do paganismo moderno].
Nova York: Alfred A. Knopf, 1966.

- MCGRATH, Alister. *Science and Religion: A New Introduction*. 2 ed. [Ciência e religião: uma nova introdução]. Malden MA: Blackwell, 2010.

- PEARSE, Meic. *The Age of Reason: From the Wars of Religion to the French Revolution, AD 1570-1789* [A Era da Razão: das gerras religiosas à Revolução Francesa (1570-1789)], *Baker History of the Church*. v. 5. Grand Rapids: Baker, 2006.

CAPÍTULO 33

O coração e suas razões
Pascal e os pietistas

O QUE FAZER COM OS PERTENCES DE UM ENTE QUERIDO que faleceu? Esse é um problema quase universal.

Alguns dias depois da morte de Blaise Pascal (1623-1662), um empregado da casa notou, por acaso, um volume no casaco do grande cientista. Ao abrir o forro, retirou um pergaminho dobrado escrito à mão por Pascal, no qual havia uma folha de papel rabiscada, uma cópia fiel das palavras do pergaminho:

> Ano da graça de 1654.
> Segunda-feira, 23 de novembro, [...]
> de quase dez e meia da noite até perto de meia-noite e meia.
> O Deus de Abraão, o Deus de Isaque, o Deus de Jacó,
> não o dos filósofos e acadêmicos.
> Certeza, certeza, sentimento, alegria, paz.
> O Deus de Jesus Cristo [...]
> Eu me afastei dele e dele fugi.
> Reneguei-o e crucifiquei-o.
> Que eu jamais permaneça separado dele! [...]
> Renúncia — total e doce.

Essas palavras eram o registro da iluminação mística de Pascal. Duas horas na presença de Deus! Por oito anos, ele as escondera no casaco, costurando e descosturando o forro para pegar o papel quando necessário. Era seu segredo pessoal, a lembrança da chegada da graça divina à sua alma.

Mesmo na época da razão, a sede da alma não podia ser ignorada, e um movimento novo e importante chamado pietismo surgiu como lembrete desse fato.

O católico romano Blaise Pascal e os primeiros pietistas, quase todos luteranos declarados, não pareciam pertencer à mesma corrente da história cristã, porém, com a hostilidade da fé, tão predominante nos séculos XVII e XVIII, os rótulos religiosos tradicionais significavam cada vez menos. As críticas poderosas de Pascal contra o Iluminismo mostraram que os pensadores iluministas não podiam defender com coerência seu limitado entendimento técnico da razão sem grandes conjecturas ou saltos de fé. O importante testemunho de Pascal não se baseava em alguma versão pretensiosa, onisciente e autossuficiente da razão humana, mas em uma sabedoria mais profunda a respeito de como a razão estava ligada ao coração. Pascal e os pietistas defendiam o papel fundamental do coração no conhecimento de Deus. Mas, de que maneira, então, eles sustentaram a vida da alma na época da razão?

APELOS À "GRAÇA BARATA"

A Igreja Católica do século XVII não carecia de heróis espirituais na Europa nem nos novos mundos da Ásia, África e América. Na França, contudo, ela protegia com zelo suas alianças poderosas tradicionais, pois o alto clero sabia de sua importância na ordem política, uma vez que dividia com os nobres e reis os lucros da nação e os esplendores da corte.

Muitas vezes, os jesuítas — os mestres dos ricos e os confessores dos poderosos — eram preparados para atuar no mundo refinado da realeza. O papel deles de guias espirituais dos nobres e dos reis fez com que os discípulos de Loyola se tornassem especialistas em psicologia, e eles aprenderam a abafar os trovões do Sinai e a curar as neuroses do remorso desenvolvendo a habilidade da casuística, a ciência do certo e errado para a consciência cristã.

Na função de confessores, esperava-se dos sacerdotes católicos que soubessem exatamente o que era um pecado mortal, um pecado venial e o que não era pecado, visto que eles tinham de aplicar esse conhecimento e a penitência apropriada a cada caso específico. Em que casos a letra da lei poderia ser colocada de lado em troca de seu espírito? Quando seria permitido ao cristão mentir, roubar ou matar por um propósito maior?

Alguns especialistas nesta ciência da casuística eram intérpretes rigorosos da lei moral; outros eram lenientes. Os jesuítas eram lenientes — muito lenientes. Eles argumentavam ser possível reter a verdade por "reserva mental" ou até mentir se algum propósito mais elevado o exigisse. Faziam tantas concessões para a natureza humana pecadora que muitas pessoas sinceras protestaram contra o que lhes parecia ser uma "graça barata", isto é, o perdão sem contrição.

[*Reserva mental e probabilismo*]

A reserva mental *ampla* possibilita que a ambiguidade do falante engane os ouvintes. Quando os soldados romanos estavam perseguindo Atanásio, seu amigo lhes disse que ele "não estava longe", sendo que, na verdade, o bispo estava escondido naquele mesmo barco; assim, os soldados correram adiante, pensando que ainda poderiam alcançar o barco de Atanásio. A reserva mental *restrita* possibilita que o falante iluda o ouvinte à luz de uma ressalva importante que não é expressa por ele, e o raciocínio do falante é este: "Não devo admitir que menti, pois tive uma razão muito nobre para fazê-lo". Os jesuítas argumentavam que uma resposta nessas circunstâncias não poderia ser considerada mentira ou pecado.

Os jesuítas também propuseram a teoria do probabilismo, a qual justificava o comportamento sob a alegação de que ele tinha uma probabilidade remota de ser moralmente aceitável. ■

A oposição mais agressiva aos jesuítas veio de um movimento chamado jansenismo. Cornelius Jansen (1585-1638) era um holandês que adotou as opiniões de Agostinho com relação ao pecado e à graça na Universidade de Louvain e passou a acreditar que a melhor forma de defender o catolicismo do desafio calvinista era com o retorno às doutrinas do notável norte-africano e com o estabelecimento de um código moral rigoroso para o clero católico no intuito de combater a ética permissiva dos jesuítas.

Jansen deu continuidade à sua campanha contra os jesuítas atuando como professor de Escrituras Sagradas em Louvain e, mais tarde, como bispo de Ypres. Com sua morte, em 1638, ele deixou inacabado um tratado de grande importância, *Augustinus*, que, logo após sua publicação, em 1640, tornou-se a plataforma para o jansenismo na França.

A fim de corrigir os erros do catolicismo em sua época, Jansen voltou-se para Agostinho e argumentou que Deus, antes da fundação do mundo, havia escolhido os homens e as mulheres que seriam salvos. As boas obras dos homens jamais poderiam alcançar a salvação sem a ajuda da graça divina, pois a vontade do homem não é livre, e sua natureza é corrupta e não pode salvar-se, ou seja, somente a graça de Deus, disponibilizada pela morte de Cristo, pode salvá-lo.

A Igreja Católica nunca repudiou explicitamente essas doutrinas de Agostinho, permitindo que elas se infiltrassem em sua doutrina. Após o Concílio de Trento, a defesa jesuíta do livre arbítrio engrandeceu as boas obras do homem ao ponto de desvalorizar a obra redentora de Cristo — pelo menos assim parecia a Jansen. Os jesuítas, dizia ele, exaltavam demais a razão humana e, de modo lamentável, minimizavam a fé firme e incondicional em Deus.

JANSENISMO EM PORT-ROYAL

Um amigo próximo de Jansen, Jean DuVergier, abade de Saint-Cyran, levou a mensagem jansenista para a França em 1633, quando foi nomeado

O CORAÇÃO E SUAS RAZÕES **349**

confessor de um convento cisterciense chamado Port-Royal, a cerca de 26 quilômetros de Paris. A jovem abadessa do convento, Jacqueline Arnauld, havia conduzido seu rebanho inteiramente nos caminhos de Cristo, ainda que de maneira modesta, e a reputação da devoção do convento atraiu não apenas outras mulheres, mas também alguns devotos chamados Solitários, um grupo de leigos que buscava santidade pessoal no vale pantanoso ao redor de Port-Royal.

Entre os amigos notáveis do convento estava o irmão de Jacqueline, Antoine Arnaud II, um membro da Sorbonne, a faculdade de teologia da Universidade de Paris. Após a morte de Jansen, em 1638, Arnauld assumiu a liderança da causa jansenista e, em 1643, apontou suas armas teológicas para os jesuítas. Sem nomeá-los, lançou a ideia de que a confissão frequente poderia compensar o pecado reiterado.

Os jesuítas não puderam se esquivar dessa acusação e então, se voltaram para o papa e enfatizaram os perigos do jansenismo, alegando que o jansenismo era calvinismo disfarçado de catolicismo. Em 1653, o papa condenou cinco proposições supostamente extraídas de *Augustinus*.

Arnauld, entretanto, continuou seu ataque contra os jesuítas e publicou duas *Cartas para um duque e colega*, atacando o que alegava ser os métodos jesuítas no confessionário. Nessas circunstâncias, a Sorbonne passou a cogitar uma medida para expulsá-lo da faculdade.

Arnauld precisava de um defensor e então, recorreu a um novo amigo de Port-Royal, um jovem cientista e mestre de prosa francesa, Blaise Pascal. Não poderia haver escolha melhor, pois Pascal era uma pessoa que era calejada pela vida desde a infância.

Sua mãe morreu quando ele tinha apenas três anos de idade e seu pai, Stephen Pascal, encarregou-se da educação dos três filhos: Gilberte, Blaise e Jacqueline. Stephen levava seu filho consigo aos encontros da Academia de Ciências ocasionalmente e, em pouco tempo, a curiosidade científica do jovem despertou.

Antes de completar 27 anos, Pascal, que pertenceu à época das grandes descobertas científicas, já havia conquistado a admiração dos matemáticos de Paris, inventado a máquina calculadora para seu pai — que à época era um sobrecarregado coletor de impostos — e descoberto os princípios básicos da pressão atmosférica e hidráulica.

O contato inicial de Blaise com os jansenistas ocorreu por causa de um acidente com seu pai. Em um dia muito frio de janeiro de 1646, enquanto corria para impedir um duelo prestes a acontecer, Stephen caiu sobre o chão duro e congelado e deslocou o quadril. Os dois médicos que cuidaram dele eram jansenistas fervorosos, que conseguiram não apenas curar seu paciente, como também conquistar seu filho para a doutrina deles.

Eles ensinaram à família Pascal que os sofrimentos físicos nada mais eram que ilustrações de uma verdade religiosa fundamental: o homem por

350 HISTÓRIA DO CRISTIANISMO

si mesmo é uma criatura indefesa e miserável. Blaise tivera raros dias sem sentir dor e sabia quão impotentes os médicos podiam ser; assim, esse argumento afetou-o com uma força incomum e aprofundou sua percepção do mistério trágico da vida.

Blaise também aprendeu com esses médicos jansenistas o quão profundamente a Bíblia fala à condição humana e se tornou um ávido estudante das Escrituras, ponderando sobre suas páginas assim como fizera em relação à pressão atmosférica, pois sentia que ela era o caminho para um coração transformado.

Em 1651, porém, o drama pessoal de Pascal agravou-se com a morte do pai. A perda desencadeou uma crise em sua vida, e sua irmã, Jacqueline, renunciou ao mundo, entrando para o convento de Port-Royal, e Blaise ficou sozinho em Paris.

Desta forma, ele se entregou aos interesses mundanos e mudou-se para uma casa suntuosamente mobiliada, encheu-a de empregados e locomovia-se pela cidade em uma carruagem puxada por quatro cavalos. Blaise seguiu os caminhos da "sociedade adequada" com o mesmo afinco com que estudara geometria. No entanto, após um ano de prazer, ele encontrou apenas um "grande desgosto no mundo" e mergulhou em um "desespero silencioso" diário. Ele se sentia abandonado por Deus.

CERTEZA, ALEGRIA, PAZ

Sozinho e com o coração entenebrecido, Blaise voltou-se para a Bíblia outra vez, para o capítulo 17 do Evangelho de João, onde Jesus está prestes a morrer na cruz. De repente, o Fogo apareceu, conforme a descrição do cientista no papel rabiscado: "Certeza, certeza, sentimento, alegria, paz".

A nova fé de Pascal atraiu-o magneticamente para a órbita de Port-Royal e, mais tarde, em 1654, ele se juntou à irmã, Jacqueline, como membro da comunidade. Arnauld encontrou Pascal ali, quando este precisava de um defensor em sua causa contra os jesuítas.

Pascal respondeu de forma brilhante. Ele escreveu dezoito *Cartas provinciais* expondo a teologia e as práticas jesuítas com eloquência e agudeza sarcástica. Assim que cada carta era publicada, o público corria para ler, e isso as tornou instantaneamente famosas. Port-Royal não era mais um mosteiro desconhecido; estava no centro do interesse público. O papa condenou as cartas, como era de se esperar, mas elas eram lidas por todos os franceses instruídos, assim como as gerações seguintes o fizeram por mais dois séculos.

Depois de escrever a última carta, em março de 1657, Pascal ansiava por publicar um livro sobre as evidências a favor do cristianismo, mas nunca conseguiu concluir o manuscrito. Em junho de 1662, ele foi acometido por uma doença grave e morreu dois meses depois, no dia 19 de agosto, aos 39 anos de idade.

O CORAÇÃO E SUAS RAZÕES **351**

Amigos encontraram partes de seus escritos sobre fé e razão e, oito anos após sua morte, publicaram essas anotações sob o título de *Pensamentos (Pensées)*. Ali, Pascal é o gênio da religião que abrange a doutrina e penetra o cerne do problema moral do homem, apelando ao intelecto com sua paixão pela verdade e estimulando as emoções por meio de descrições implacáveis do drama do homem sem Deus.

Em plena Era da Razão, Pascal insistiu que a natureza não é um indício certo de Deus. "Eu olho para todos os lados", diz ele,

> e, em todos os lugares, nada vejo além de obscuridade [...]. Se não visse sinais de divindade, eu permaneceria em negação. Se visse as marcas de um Criador em toda parte, descansaria em paz na fé. *Porém, vendo tanto para negar (a Deus) e tão pouco para me assegurar, estou em um estado deplorável e desejaria cem vezes que, se um Deus sustenta a natureza, que ela o revelasse sem ambiguidade.*

O próprio homem, dentro desse universo ambíguo, é o maior mistério de todos. Ele é parte anjo e parte fera, e lembra Pascal da Quimera, uma cabra com cabeça de leão e rabo de serpente da mitologia grega: "Que quimera é o homem! Que inovação, que monstro, que caos, que contradição, que prodígio! A glória e o refugo do universo. Quem desvendará tal confusão?"

Nem mesmo a razão é um guia seguro. Caso o homem confie apenas na razão, duvidará de tudo exceto da dor e da morte. Porém, nosso coração diz que isto não pode ser verdade. Pensar que a vida e o universo não têm significado seria a maior de todas as blasfêmias. Deus e o significado da vida devem ser sentidos pelo coração, não pela razão: "O coração tem razões que a própria razão desconhece".

Pascal olhou para a condição humana com tamanha profundidade e clareza que, três séculos depois, homens e mulheres de nossa própria época ainda encontram esclarecimento nele para suas próprias peregrinações misteriosas.

Após a morte de Pascal, a oposição conjunta da Igreja Católica e do rei Luís XIV conseguiu expulsar o jansenismo da França. Port-Royal foi destruído, e o movimento foi obrigado a refugiar-se na Holanda.

No século XVII, porém, a França católica romana não era a única região que necessitava de ânimo. Qualquer religião que se torna a religião da maioria e, aos poucos, vira um hábito social tende a tornar-se enfadonha e monótona, independentemente de seu entusiasmo original. Assim foi em muitas áreas da Alemanha luterana.

[*Escolástica protestante*]

Durante os cem anos seguintes aos ensinamentos de Lutero e de Calvino, o movimento protestante passou por uma mudança substancial. O caráter dinâmico dos primeiros chamados protestantes para que os fiéis se entregassem à misericórdia transformadora de Deus foi ofuscado por discussões doutrinárias que pareciam abstratas e sem vida. Lutero havia lido a Bíblia e enxergado seu testemunho vivificante de Jesus. Os escolásticos protestantes desenvolveram argumentos intrincados e entediantes fundamentados na lógica de Aristóteles (o qual Lutero havia condenado), não nas Escrituras. Quando protestantes posteriores passaram a recorrer frequentemente à Bíblia, eles abstraíam as declarações como se fossem minúsculos fragmentos lógicos de informação, não parte do grande fluxo da história de Deus. As Escrituras pareciam ser consideradas um corpo autossuficiente de matéria, não o livro que ganhou vida pelo testemunho do Espírito de Deus. Uma vez que Deus era visto em termos menos pessoais, a Bíblia parecia diferente: uma fonte, não um testemunho transformador. Além disso, a teologia era moldada mais pelas escolas e menos pela Igreja e, com o tempo, até os sermões pareciam palestras ou reflexões teóricas. O que Lutero e Calvino disseram importava menos do que o que teriam dito se tivessem abordado os temas especulativos dos protestantes escolásticos. Infelizmente, essa experiência teológica não os diferenciou dos incrédulos nem dos católicos, mas uns dos outros, e as confissões e os credos dividiram a Igreja cada vez mais. ■

Na esteira do vigoroso e criativo movimento chamado Reforma, veio um período de cautela chamado escolástica protestante ou confessionalismo. Das profundezas de sua própria experiência, Lutero havia proclamado uma doutrina robusta de fé justificadora, mas, no século XVII, seus seguidores dedicados, sob o fascínio do intelecto, transformaram a fé em um exercício mental. Não mais sendo vista como um ato de entrega à misericórdia de Deus revelada em Cristo, a fé era agora uma aprovação formal das verdades doutrinárias estabelecidas pelos acadêmicos.

A vida cristã era menos um relacionamento pessoal com Cristo e mais uma questão de associação à Igreja estatal. O comparecimento frequente ao culto público e o recebimento dos sacramentos oferecidos pelos ministros ortodoxos eram as marcas essenciais de um bom cristão.

O pietismo surgiu como reação a essa solidificação da Reforma e, assim como o jansenismo se opôs à graça barata dos jesuítas franceses, os pietistas desafiaram a fé nominal do luteranismo alemão.

O objetivo dos pietistas era duplo. Primeiro, eles enfatizavam a importância da fé pessoal, deixando para trás todos os sonhos de cristandade católica e comunidades puritanas, pois acreditavam que o cristianismo começava com o indivíduo. Assim, pela primeira vez na história cristã, a ideia de conversão de cristãos batizados (bem como de pagãos) ganhou

O CORAÇÃO E SUAS RAZÕES   353

destaque. A essência da fé, diziam os pietistas, é uma experiência pessoal da graça de Deus no coração daquele que crê.

Segundo, os pietistas queriam transferir o centro da vida cristã, que estava nas igrejas do Estado onde a pessoa nascia e era criada, para as congregações íntimas daqueles que tinham uma fé viva em Deus. Então, esperava-se que os leigos renovados desses centros difundissem a Palavra de Deus para todas as classes sociais.

Três homens — Philip Jacob Spener, August Hermann Francke e o conde Nikolaus von Zinzendorf — marcaram a história do pietismo.

RETORNO DA ALMA À VIDA

Philip Spener (1635-1705) foi criado sob fortes influências religiosas, incluindo os escritos do místico alemão Johann Arndt e dos puritanos ingleses. Mais tarde, na Universidade de Estrasburgo, Spener conheceu professores que o apresentaram a Lutero e ele entendeu a justificação pela fé não simplesmente como doutrina, mas como renascimento espiritual.

Depois de três anos no pastorado em Estrasburgo, Spener aceitou o chamado da importante cidade luterana de Frankfurt, mas ficou chocado com as condições da cidade e abandonou os textos regulamentados, passando a pregar sobre toda a Bíblia, passando a chamar os ouvintes ao arrependimento e ao discipulado. Por muitos anos, nada de relevante aconteceu, até que, em 1669, ele pregou a respeito do sermão do monte, e a reação foi repentina e surpreendente: pessoas foram convertidas, e a vida familiar mudou.

Duas vezes por semana, Spener reunia em sua casa um pequeno grupo de fiéis dedicados a ler as Escrituras e conversar sobre religião. Esses encontros foram logo chamados, com desprezo, de "encontros dos piedosos". Assim nasceu o pietismo.

Por causa do aumento do interesse pela literatura devocional, os sermões de Johann Arndt foram publicados, sendo a introdução a eles escrita por Spener, que intitulou *Desejos piedosos*. Ali, o religioso recomendava a criação de grupos de estudo da Bíblia para o desenvolvimento espiritual; uma vida cristã rígida, de preferência ascética; maior cuidado com o caráter cristão dos alunos de teologia; e uma pregação mais simples e espiritual. O pensamento de Spener era que uma célula de cristãos experientes deveria se reunir em cada congregação no intuito de cultivar uma vida cristã mais rígida e calorosa. Ele esperava que este fermento permeasse toda a Igreja e sentia que somente aqueles que haviam nascido de novo por uma experiência cristã consciente — a conversão — estavam prontos para esse trabalho ou poderiam ocupar um lugar no ministério.

Em 1686, Spener aceitou o chamado para ser o pregador da corte de Dresden, porém, por causa de seus sermões inflexíveis, ele estava sempre em conflito com as autoridades e, em 1692, aceitou de bom grado o

354 HISTÓRIA DO CRISTIANISMO

convite feito por um eleitor de Brandemburgo para se mudar para Berlim. No mesmo ano, ele convenceu Frederico, o futuro rei da Prússia, a convidar August Hermann Francke (1663-1727) para ser professor na nova Universidade de Halle. A atitude de Spener demonstrou grande sabedoria e humildade. Logo, Francke ascendeu à liderança do movimento pietista, embora Spener tivesse continuado a escrever e pregar até falecer, em fevereiro de 1705.

A chegada de Francke a Halle aconteceu após vários anos na Universidade de Leipzig, onde sua ênfase espiritual havia criado tensões com os colegas de faculdade.

> Ele associava seu zelo a uma conversão transformadora que havia acontecido após dois anos de conflito interior e dúvida. Enquanto escrevia um sermão sobre João 20:31, Francke dobrou os joelhos com grande temor. "Eu implorei", disse ele, "a Deus, a quem eu ainda não conhecia e em quem eu ainda não cria, que, se realmente existisse um Deus, que ele me salvasse daquela condição miserável." Deus o ouviu! A tristeza deixou seu coração, e ele foi "repentinamente tomado por uma onda de alegria". Quando se levantou, sabia que havia sido salvo e que, dali em diante, seria "fácil viver com justiça e alegria neste mundo".

Em Halle, Francke foi o precursor de uma série de ministérios espirituais e sociais, e a universidade tornou-se o centro de um grande número de ministérios pietistas. A compaixão de Francke pelos negligenciados levou-o a criar uma escola para os pobres; além disso, ele também fundou um orfanato e comprou uma taverna e o terreno ao lado para construir um hospital. Seu trabalho contínuo incluiu uma escola de latim para crianças talentosas, uma casa para viúvas, uma casa para mulheres solteiras, um dispensário médico, um depósito de livros, uma tipografia e uma casa da Bíblia. Quando o rei Frederico IV da Dinamarca expressou o desejo de estabelecer uma das primeiras missões protestantes na Índia, em 1705, foi em meio aos discípulos de Francke, em Halle, que encontrou seus primeiros missionários.

O CARPINTEIRO E O CONDE

A fase posterior do pietismo foi marcada pelo conde von Zinzendorf (1700-1760), um homem fervoroso e emotivo que acreditava que a marca do cristianismo verdadeiro é uma fé simples, inocente no sangue de Jesus. Em imagens vívidas, quase eróticas, ele proclamou o relacionamento da alma com Cristo.

Zinzendorf era neto de um nobre que havia deixado a Áustria por causa de suas convicções religiosas. Quando o pai do jovem Nikolaus morreu, e sua mãe casou-se outra vez, sua criação ficou ao encargo da avó, uma religiosa admiradora dos pietistas de Halle. Nikolaus estudou direito por três anos na Universidade de Wittenberg, mas o ministério sempre foi uma preocupação em sua alma.

Uma oportunidade para servir surgiu de modo inesperado no remanescente do antigo movimento hussita, os Irmãos Boêmios (*Unitas Fratum*), que prosperaram na Boêmia e na Morávia na época da Reforma, mas foram quase suprimidos durante a Guerra dos Trinta Anos, ficando sujeitos a perseguição severa. Sob a liderança de um carpinteiro morávio, Christian David, os irmãos haviam experimentado o avivamento e estavam procurando um refúgio em terras protestantes. Eles o encontraram nas propriedades de Zinzendorf e, em 1722, David estabeleceu uma comunidade chamada *Herrnhut*, "Vigília do Senhor". Zindendorf entrou para a comunidade e, em pouco tempo, devotos de várias procedências convergiram para *Herrnhut*. Os morávios tinham em mente uma cidade habitada somente por cristãos, separados do mundo, uma verdadeira "comunhão de santos". Era um monasticismo livre e social, sem celibato, no entanto, assim como o monasticismo, eles buscavam viver a vida cristã em condições particularmente favoráveis e longe de tentações mais graves.

A partir de 1727, Zindendorf passou a ser o espírito de liderança de *Herrnhut* e, dez anos mais tarde, recebeu a ordenação formal na Igreja morávia reorganizada, ou Irmãos Unidos, como os fiéis preferiam chamá-la. As inclinações de Zindendorf sempre foram fortemente missionárias e, como consequência, os morávios tornaram-se a primeira força missionária protestante em grande escala da história.

Em uma visita à capital dinamarquesa, Copenhague, para a coroação do rei Cristiano VI em 1731, Zinzendorf conheceu um homem negro oriundo das Índias Ocidentais Dinamarquesas e ficou impressionado com as necessidades do povo escravizado. Como consequência, em 1732, os primeiros missionários de um "exército" morávio, Leonhard Dober e David Nitschmann, partiram de *Herrnhut* para São Tomás. O estabelecimento de outras missões logo sucedeu: Groenlândia, Lapônia, Índias Americanas na Geórgia, costa africana da Guiné, hotentotes da África do Sul, Guiana da América do Sul, Ceilão e Argélia.

Os traços do caráter de Zinzendorf tinham seu lado iluminado e seu lado sombrio, em nada diferente da maioria das pessoas. Ele tendia a um tipo de religião sentimental, e alguns de seus hinos comoventes, como "Jesus continua a liderar até nosso descanso chegar", encontraram lugar no culto de muitas igrejas. Poucos homens demonstraram tamanha devoção pessoal a Cristo. Ele expressou o verdadeiro fundamento de seu caráter na declaração feita à congregação de *Herrnhut*: "Eu só tenho uma paixão: ele, ninguém mais".

A VISTA PELO ESPELHO RETROVISOR

O pietismo deu uma enorme contribuição não somente para o povo alemão, como também para o cristianismo em todo o mundo, visto que alterou a ênfase das igrejas do século XVIII, que antes se ocupava com disputas acaloradas, para o cuidado das almas. O movimento pietista fez com que a pregação e a visita pastoral fossem as preocupações centrais do ministério protestante, enriqueceu enormemente a música cristã e destacou a importância da espiritualidade dos homens comuns para uma igreja reavivada. Mas talvez seu maior legado tenha sido a ênfase nos pequenos grupos e na leitura devocional da Escritura Sagrada. As reuniões na igreja não ofereciam uma exposição sistemática das Escrituras e então os pequenos grupos se concentravam em complementar e encorajar a leitura pessoal da Bíblia e a adoração coletiva. As cópias individuais das Escrituras estavam mais acessíveis aos fiéis do que nunca antes na história, e o envolvimento pessoal com a Bíblia tornou-se o ponto focal do discipulado. Os grupos destacavam uma palavra ou um pensamento das Escrituras, e um hino adequado reforçava a meditação diária sobre a Palavra de Deus.

Embasando todas essas ênfases, estava o tema dominante dos pietistas: a regeneração. E não se referiam com isso a uma doutrina teológica, mas a uma experiência indispensável ao cristão, pois acreditavam que esse renascimento espiritual era a verdadeira concretização da Reforma protestante. Assim, no coração a doutrina cristã se tornava uma realidade cristã.

A maneira intensamente pessoal com que os pietistas descreviam a regeneração costumava transformar o cristianismo em um drama da alma humana: o coração do homem era o cenário de uma luta desesperadora entre os poderes do bem e do mal.

Nesse sentido, o pietismo foi a fonte de todos os avivamentos modernos, pois colocou a experiência da vida nova em Cristo no centro da mensagem e do ministério cristão. Por essa razão, é impossível pensar no cristianismo evangélico hoje sem levar o pietismo em consideração.

Os evangélicos herdaram dois aspectos importantes do pietismo. Em primeiro lugar, a emoção desempenhava um papel tão importante na vida religiosa pietista que a razão ficou comprometida. Uma vez que a mente do homem não podia sondar os mistérios do destino humano, os sentimentos eram responsáveis por transmitir o significado da fé. Consequentemente, o pietismo tinha pouco a dizer sobre o lugar de Deus na natureza ou na história humana, e isso apresentou poucos desafios à expansão do secularismo. Muitas vezes, os evangélicos rendiam-se à mesma fraqueza.

Em segundo lugar, o pietismo presumia a existência da igreja institucional. Ele não a atacou, mas mudou o lugar do que era essencial ao cristianismo — o novo nascimento e a vida espiritual — das tradicionais igrejas do Estado para os grupos íntimos ou associações voluntárias de cristãos. Nos Estados Unidos, onde nenhuma igreja do Estado jamais prevaleceu, os evangélicos fizeram uma aliança com o conceito denominacional de Igreja e simplesmente multiplicaram os movimentos religiosos enfatizando o evangelismo ou algum aspecto da vida cristã.

O CORAÇÃO E SUAS RAZÕES **357**

Claramente, portanto, o pietismo perdura não apenas na denominação morávia, mas também no cristianismo evangélico em geral, isto é, nos descendentes espirituais de John Wesley e George Whitefield.

Leitura sugerida

- BROWN, Dale. *Understanding Pietism* [Entendendo o pietismo]. Edição revista. Nappanee, IN: Evangel Publishing House, 1996.

- CAILLIET, Emile. *Pascal: The Emergence of Genius* [Pascal: o surgimento de um gênio]. Nova York: Harper & Brothers, 1961.

- GROOTHUIS, Douglas. *On Pascal* [Sobre Pascal]. Melbourne: Thomson/ Wadsworth, 2003.

- *HAMMOND, James. *The Cambridge Companion to Pascal*. Cambridge: New York, 2003.

- MCGIFFERT, A. C. *Protestant Thought Before Kant* [Pensamentos protestantes antes de Kant]. Nova York: Harper & Brothers, 1961.

- MCNEILL, John T. *Modern Christian Movements* [Movimentos cristãos modernos]. Nova York: Harper & Row, 1954.

- *O'CONNELL, Marvin. *Blaise Pascal: Reasons of the Heart* [Blaise Pascal: razões do coração]. Grand Rapids: Eerdmans, 1997.

- *SHANTZ, Douglas H. *An Introduction to German Pietism: Protestant Renewal at the Dawn of Modern Europe* [Uma Introdução ao pietismo alemão: renovação protestante no despontar da Europa moderna]. Baltimore, MD: Johns Hopkins, 2013.

- STOEFFLER, F. Ernest. *The Rise of Evangelical Pietism* [A ascenção do pietismo evangélico]. Leiden: E. J. Brill, 1965.

CAPÍTULO 34

Um tição tirado do fogo
Wesley e o metodismo

NO FINAL DE JANEIRO DE 1736, o navio mercante *Simmonds*, com destino a Savannah, na Geórgia (EUA), enfrentou uma série de tempestades violentas no mar. O vento rugia, o navio estalou e estremeceu, e as ondas atingiram o convés.

A bordo, um jovem ministro anglicano, de porte franzino, estava paralisado de medo. John Wesley havia pregado o evangelho da salvação eterna aos outros, mas estava com medo de morrer. Ele, no entanto, estava profundamente impressionado com um grupo de irmãos morávios de *Herrnhut*. Enquanto o mar invadia o convés da embarcação, despedaçando a vela mestra, os morávios entoavam tranquilamente seus salmos a Deus.

Mais tarde, Wesley perguntou a um dos alemães se ele havia ficado assustado.

— Não — respondeu.

— Sua esposa e seus filhos não estavam com medo? — perguntou Wesley.

— Não — disse o morávio —. Nossas mulheres e crianças não têm medo de morrer.

"Esse", escreveu Wesley em seu *Diário*, "foi o dia mais glorioso de minha vida."

Naquele momento glorioso, Wesley era um candidato muito improvável para a liderança de um despertar espiritual que em breve abalaria a Inglaterra, soltando-a de suas amarras, pois ele tinha uma forma de piedade, mas ainda precisava encontrar seu poder.

O AVIVAMENTO EVANGÉLICO

Durante a Era da Razão, houve uma renovação espiritual dramática no cristianismo ocidental chamada Avivamento Evangélico. O movimento estava interligado a vínculos pessoais entre os líderes, mas três regiões

UM TIÇÃO TIRADO DO FOGO **359**

foram significativamente modificadas: a Alemanha, pela ascensão do pietismo; as Ilhas Britânicas, pela pregação dos metodistas; e as colônias americanas, pelo impacto do Grande Despertar.

O avivamento metodista na Inglaterra não explica apenas a origem da denominação metodista (com mais de 20 milhões de membros atualmente), como também traz luz ao movimento que chamamos de cristianismo evangélico. Mas quem foram esses evangélicos e como ganharam tamanha importância na história cristã?

Aqueles morávios que cantavam a caminho da Geórgia com Wesley representam uma ala importante do evangelicalismo, pois eram, como já sabemos, pietistas, mas o corpo principal dos evangélicos veio da Grã-Bretanha e de suas colônias.

Durante a década de 1730, na América, na Escócia, no País de Gales e na Inglaterra, houve um súbito aumento da preocupação apostólica em pregar o evangelho aos não convertidos. Jonathan Edwards em Northampton, Massachusetts, Ebenezer e Ralph Erskine, na Escócia, Howel Harris no País de Gales e George Whitefield na Inglaterra precederam John Wesley no avivamento evangélico.

A maioria das crenças básicas dos evangélicos podia ser encontrada no puritanismo: a pecaminosidade do homem, a morte expiatória de Cristo, a graça imerecida de Deus, a salvação do verdadeiro cristão. Todavia, o puritanismo estava mais preocupado com a política e tentou criar uma comunidade santa, a verdadeira sociedade bíblica, na Inglaterra e na América.

Os evangélicos não estavam separados da política como os pietistas, mas sua paixão dominante era a conversão dos perdidos. Eles estavam menos preocupados com a reforma das igrejas e mais preocupados com a pregação do evangelho a todos: cristãos nominais, escarnecedores e pagãos. John Wesley não tinha essa paixão na Geórgia, mas, quando a encontrou, toda a Inglaterra ficou sabendo.

Nas primeiras décadas do século XVIII, a Inglaterra era um lugar muito improvável para um avivamento nacional de uma fé viva e, entre os ricos e cultos, o Iluminismo havia deslocado a religião, antes no centro da vida, para sua periferia.

Na Igreja estabelecida, a Igreja Anglicana, e nas denominações não conformistas, como batistas e congregacionalistas, o zelo dos puritanos parecia ser uma coisa do passado, uma vez que a Inglaterra já tinha alcançado seu limite de causas sagradas e a ordem do dia era a moderação em todas as coisas.

Um sermão inglês, disse Voltaire, era uma "dissertação sólida, porém seca, que alguém lê para as pessoas sem quaisquer gestos e sem exaltação particular da voz". Os ministros ignoravam brandamente a doutrina cristã tradicional da pecaminosidade humana; em vez disso, os homens se aproximavam de Deus com leve reverência e alegria. O famoso hino de

360 HISTÓRIA DO CRISTIANISMO

Joseph Addison, publicado em seu periódico *The Spectator*, é típico dessa nova postura:

> O céu azul na amplidão,
> Estrelas mil em multidão,
> A luz do céu e seu fulgor
> Proclamarão o Criador.
> O Sol de luz, com seu calor,
> Louvor dará ao seu Autor,
> E sem falar, a resplender,
> Dirá de Deus e Seu poder.

Os sinais da influência mortificadora da razão sobre as igrejas aparece-ram em um grande grupo dentro da Igreja da Inglaterra, chamado latitu-dinários. O eloquente John Tillotson, arcebispo da Cantuária (1691-1694), estava entre eles e denunciou vigorosamente aquilo que chamou de "entu-siasmo" religioso, que incluía qualquer expressão emocional encorajada por pregadores fervorosos. Ele e seus colegas latitudinários enfatizavam, em vez disso, o comportamento adequado, segundo o qual os homens deve-riam reformar sua conduta, ser generosos, humanos e tolerantes, e evitar a intransigência e o fanatismo.

O PEQUENO GIGANTE

John Wesley (1703-1791) veio de um lar marcado por decência e ordem, com qualidades tanto da piedade anglicana quanto da religiosidade não confor-mista. Seu pai, o reverendo Samuel Wesley, era um clérigo culto e devoto da alta igreja em Epworth, Lincolnshire. A mãe de John, Susanna, era filha de um ministro não conformista em Londres e uma mulher notável que havia gerado dezenove filhos — John era o décimo quinto. Ela os havia ensinado a "temer a vara e chorar baixinho", e toda semana dedicava tempo para a instrução religiosa de cada criança separadamente. Para tanto, era necessá-rio que fosse metódica! John buscou a orientação da mãe até o dia em que ela morreu.

Quando John tinha seis anos, a residência paroquial de Epworth pegou fogo e ele ficou sozinho em meio às chamas, mas foi avistado em uma janela do segundo andar e resgatado por um vizinho, que subiu nos ombros de outro homem para alcançá-lo. Depois disso, John passou a referir-se a si mesmo como "um tição tirado do fogo" e nunca duvidou da mão providen-cial de Deus em sua vida.

Aos dezessete anos, foi para a Universidade de Oxford, onde estudou primeiro na *Christ Church* e, depois, na *Lincoln College*. Em Oxford, ele não se sentiu estimulado na mente ou no espírito, mas leu uma grande gama de autores e ficou especialmente impressionado com os primeiros pais da

UM TIÇÃO TIRADO DO FOGO **361**

Igreja e com os grandes clássicos devocionais. Os primeiros pais gregos ensinaram-lhe que o objetivo da vida cristã era a perfeição, um processo de amor disciplinado e não um estado religioso.

Com a leitura de *Holy Living* [Viver sagrado], de Jeremy Taylor, *A imitação de Cristo*, de Thomas à Kempis, e *Serious Call to a Holy Life* [Chamado sério a uma vida santa], de William Law, Wesley aprendeu que a vida cristã é a consagração completa ao amor a Deus e ao próximo. Esses homens, disse ele, "me convenceram da absoluta impossibilidade de ser *cristão pela metade*. Eu determinei, pela graça de Deus, ser totalmente dedicado a ele". Assim, John listou suas fraquezas e estabeleceu regras para vencê-las.

Em 1726, Wesley foi eleito membro do conselho da *Lincoln College*, o que lhe conferiu não só uma posição acadêmica na universidade, como também lhe assegurou uma renda estável. Dois anos depois, ele foi ordenado para o ministério anglicano e retornou a Epworth por um tempo para servir como assistente de seu pai.

Quando retomou seus deveres em Oxford, John descobriu que seu irmão, Charles, alarmado com a propagação do deísmo na universidade, reunira um pequeno grupo de alunos decididos a levar sua religião a sério. John era justamente o líder de que precisavam e, sob sua direção, eles elaboraram um plano de estudo e uma regra de vida com ênfase na oração, na leitura da Bíblia e na frequente participação na Santa Comunhão.

O pequeno grupo logo atraiu a atenção e o escárnio dos universitários negligentes. "Entusiasmo" em Oxford? Eles os chamaram de Clube Santo — bem como de traças da Bíblia, metodistas e Clube da Reforma. Metodistas foi o rótulo que pegou.

Os membros da pequena sociedade eram almas ardentes, porém inquietas, e eles experimentavam um entusiasmo renovado sempre que um cidadão ou um novo aluno se juntava a eles, como fez o brilhante e impetuoso George Whitefield, estudante da *Pembroke College*. Contudo, eles estavam constantemente em busca de maneiras de conformar a própria vida à prática dos primeiros cristãos e ofertavam aos pobres e visitavam os presos. Todavia, John logo confessou que não tinha a paz interior de um verdadeiro cristão. Deus devia ter algo mais em mente.

Então, chegou o convite para a Geórgia. Um amigo, o Dr. John Burton, sugeriu que John e Charles poderiam servir a Deus na nova colônia liderada pelo general James Oglethorpe. Charles poderia ser o secretário do general e John, o capelão da colônia. John acolheu a oportunidade de pregar aos índios americanos, de modo que os irmãos embarcaram no *Simmonds* em outubro com idealismo juvenil e zelo missionário, porém totalmente inconscientes das tempestades que os aguardavam tanto no mar quanto na alma.

A empreitada na Geórgia acabou sendo um fiasco. John descobriu que os nobres selvagens americanos eram "glutões, ladrões, mentirosos e

362 HISTÓRIA DO CRISTIANISMO

assassinos"; além disso, os colonos brancos ressentiram-se profundamente com suas rígidas práticas, típicas da alta igreja, com sua recusa em realizar o funeral de um não conformista e com a proibição do uso de vestidos extravagantes e joias de ouro pelas senhoras dentro da igreja.

As frustrações de John foram agravadas por seu lamentável caso amoroso com Sophy Hopkey, a sobrinha de dezoito anos do principal magistrado de Savannah. Wesley estava tão confuso emocional e espiritualmente que não compreendia os próprios pensamentos, até que Sophy finalmente resolveu a situação fugindo com o rival de John. O amante rejeitado proibiu-a de participar da Santa Comunhão, e o novo marido da jovem, furioso, processou John por difamar o caráter de Sophy. O julgamento arrastou-se e, depois de seis meses de aborrecimentos, Wesley fugiu indignado da colônia.

A caminho de casa, ele teve a chance de refletir sobre toda a experiência. "Eu fui para a América", escreveu, "para converter os índios, mas, ó, quem me converterá?"

COM O CORAÇÃO AQUECIDO

Wesley desembarcou na Inglaterra em 1º de fevereiro de 1738, tristemente desacreditado e dolorosamente incerto de sua fé e de seu futuro. Durante doze anos, ele buscara trilhar o caminho da perfeição, esforçando-se segundo os melhores modelos que conhecia para alcançar a verdadeira bem-aventurança, porém, a missão na Geórgia apenas revelou sua falência espiritual.

Mas o episódio da Geórgia deixou também uma experiência positiva: seu contato com os morávios. John estava decidido a aprender o segredo do poder espiritual deles e, em Londres, conheceu Peter Bohler, um jovem pregador morávio que alertou John acerca da necessidade que tinha de um novo nascimento, de uma fé pessoal forte em Cristo que lhe permitisse vencer o pecado e alcançar a verdadeira santidade. Justificação pela fé, disse Bohler, não é meramente uma doutrina; é uma experiência pessoal do perdão de Deus. Mas como, perguntou Wesley, a fé pode ser concedida em um único momento?

Ele descobriu a resposta por si mesmo em 24 de maio de 1738. "À noite," escreveu,

> muito contrariado, fui a uma sociedade na rua Aldersgate, onde alguém estava lendo o prefácio de Lutero à *Epístola aos Romanos*. Por volta de 20h45, enquanto o indivíduo descrevia a mudança que Deus opera no coração mediante a fé em Cristo, senti meu coração estranhamente aquecido. Eu senti que confiava em Cristo, somente em Cristo, para a salvação; e foi-me dada uma certeza de que ele havia tirado os *meus* pecados, os *meus* mesmo, e me salvado da lei do pecado e da morte.

UM TIÇÃO TIRADO DO FOGO **363**

Os registros no diário de Wesley depois de Aldersgate refletem que aquela contínua falta de segurança desapareceu quando Deus usou sua pregação evangelística com grande resultado. Assim, Wesley encontrou o porto seguro que lhe faltava, um sentido de propósito que o sustentaria por meio século de energia incomparável. Ele havia descoberto a mensagem de sua vida; agora, precisava encontrar seu método.

Mais tarde naquele verão, Wesley visitou os morávios em sua pátria saxã, pois queria ver pessoalmente o poder da piedade que testemunhara no navio e na Geórgia. Suas impressões sobre *Herrnhut* foram mistas: por um lado, conheceu muitas pessoas notáveis que exemplificavam "a plena certeza da fé cristã"; por outro, rapidamente detectou sinais de justiça própria entre eles. De modo especial, ele repeliu o culto à personalidade que havia se desenvolvido em torno do líder, o Conde von Zinzendorf. "Não é o Conde tudo em todos?", questionou Wesley.

Assim, Wesley e os morávios logo se separaram. Wesley devia muito a eles, especialmente a mensagem de justificação pela fé e o sistema de pequenos grupos para o crescimento espiritual, mas não se via como um morávio.

Ele voltou para Londres e retomou sua pregação nas igrejas. Seu zelo não diminuiu, mas seus resultados também não eram mais gratificantes do que antes. Ainda lhe faltavam um senso interior de realidade e um impacto externo, então, quase por acaso, enquanto viajava de Londres para Oxford, ele começou a ler o relato de Jonathan Edwards sobre as recentes conversões em Northampton, Massachusetts. Wesley sentiu-se tocado por uma força fantástica e, nesse sentido, o Grande Despertar na Nova Inglaterra teve uma influência direta sobre o avivamento wesleyano em sua pátria. Em questão de semanas, Wesley foi tomado por um semelhante mover do Espírito, que começou quando ele recebeu um convite surpreendente de um membro do Clube Santo.

George Whitefield, nove anos mais novo que John Wesley, o havia seguido até a Geórgia em 1738, mas retornou no outono daquele mesmo ano para ser ordenado. Não satisfeito com as oportunidades que recebera nos púlpitos e ansioso por alcançar as multidões, ele começou, em fevereiro de 1739, a pregar nos campos abertos perto de Bristol para operários das minas de carvão que raramente ousavam ou desejavam entrar em uma igreja. Sua voz era clara e forte, e sua oratória fervorosa comovia aqueles homens endurecidos e cansados a ponto de George conseguir ver "as trilhas brancas de lágrimas" escorrendo sobre a face deles, enegrecida pelo trabalho nas minas de carvão.

A pregação de Whitefield era inesquecível. Empregando imagens chocantes, ele fazia com que seus ouvintes sentissem a dor do pecado e o terror do inferno; e então, com a voz embargada, era capaz de descrever o amor de Cristo até que sua audiência clamasse por perdão. "Eu daria uma

364 HISTÓRIA DO CRISTIANISMO

centena de guinéus", disse o ator David Garrick, "se eu pudesse apenas dizer: 'Ó!' como o Sr. Whitefield."

Quando um grande número de mineradores calejados de Bristol implorou pela misericórdia de Deus, Whitefield instou com Wesley a que seguisse seu caminho e pregasse ao ar livre. John sabia que não estava à altura da oratória de Whitefield, pois este falava como um erudito de Oxford e um cavalheiro, mas hesitou principalmente porque nunca havia sonhado em pregar a céu aberto. "Tendo sido, toda a minha vida, tão tenaz quanto a cada ponto relacionado à decência e à ordem", escreveu, "eu poderia pensar que a salvação de almas é quase um pecado se não ocorrer dentro de uma igreja."

PARA OS CAMPOS, PARA O MUNDO

Apesar da resistência de seu irmão Charles, John relutantemente decidiu ir a Bristol, mais como um mártir do que como um mensageiro alegre. Ao fazê-lo, "o tição tirado do fogo" colocou os pés em sua verdadeira missão na vida: ele pregou para mais de 3 mil pessoas ao ar livre, e a reação delas foi surpreendente. As conversões, tão reais quanto as que ocorreram na Nova Inglaterra, aconteciam em todos os lugares — o avivamento metodista havia começado.

Os efeitos sobre Wesley foram igualmente notáveis. Até aquele momento, ele estivera cheio de ansiedade, insegurança e sentimentos fúteis, mas, depois de Bristol, ele se tornou um ativista de Deus.

Peter Bohler havia exortado John com as seguintes palavras: "pregue a fé até que a tenha; e depois, por tê-la, você a pregará". Em Aldersgate, ele passara da fé potencial para a fé real, da expectativa para a certeza. Edwards e Whitefield lhe mostraram que a Palavra corretamente pregada produz frutos visíveis e, agora, diante de seus olhos, a colheita desses frutos ocorria. Ele havia pregado a fé até que os outros a tivessem, e agora sua própria fé era confirmada pela fé deles!

Após aquela primavera de 1739, em Bristol, Wesley partiu para levar o evangelho aos pobres, onde quer que os encontrasse desejosos por ouvir a mensagem. Em junho, ele escreveu: "Considero o mundo inteiro minha paróquia; julgo ser meu sagrado dever declarar as boas novas da salvação a todos que estejam dispostos a ouvir".

Ele pregava nas prisões aos prisioneiros, nas pousadas aos viajantes e nas embarcações que atravessavam a Irlanda. Em um anfiteatro natural de Cornwall, ele pregou para 30 mil pessoas de uma vez e, quando lhe foi recusada a entrada na Igreja de Epworth, ele pregou para centenas de ouvintes no cemitério, de pé sobre a lápide do próprio pai. No registro de 28 de junho de 1774, de seu diário, Wesley escreveu que percorria, no mínimo, 7 mil quilômetros por ano, o que significa que ele deve ter viajado mais de 400 mil quilômetros em sua vida, dez vezes a circunferência do

UM TIÇÃO TIRADO DO FOGO **365**

mundo! Ele se locomovia principalmente a cavalo, e logo aprendeu a deixar o animal com rédeas soltas para que pudesse ler um livro ou preparar o sermão no caminho para a cidade seguinte.

Nos primeiros anos das viagens de Wesley, as multidões nem sempre foram amigáveis, e pedregulhos e pedras, ou outros objetos, eram atirados contra ele. Em algumas ocasiões, ele foi cercado e espancado por bandos incitados por algum fazendeiro ou pároco hostil, mas Wesley não temia homem algum. Por um estranho magnetismo pessoal, ele muitas vezes intimidava multidões turbulentas, e, com o tempo, a violência diminuiu. Antes de sua morte, estatuetas na China e lembranças com sua imagem foram produzidas em grande número para satisfazer a demanda pública.

Em 1751, Wesley casou-se com Molly Vazeille, viúva de um comerciante londrino, a qual cuidou dele até sua total recuperação de uma queda no gelo; mas John não era um homem de fácil convívio. Por dois anos, Molly tentou viajar com ele em suas jornadas frenéticas, mas o colapso de sua saúde e de seus nervos a fizeram deixá-lo. Até 1777, Wesley considerou a possibilidade de reconciliação, mas, quando Molly morreu, em 1781, ele não ficou sabendo de sua morte e não participou do funeral. Molly havia se casado com um homem que já estava comprometido com sua própria missão.

Em sua pregação incansável, Wesley enfatizou aquilo que chamamos de crenças *arminianas* e foi o único líder preeminente do Despertamento que o fez. Esse nome vinha de Jacó Armínio (1560-1609), um professor holandês que tentou modificar o calvinismo de sua época. Wesley não acreditava ter qualquer dívida especial com Armínio, mas se opôs firmemente à doutrina de Calvino sobre a predestinação, pois entendia que essa crença fazia Deus parecer arbitrário, e insistia que Deus desejava a salvação de *todos* os homens e que os homens podiam receber ou recusar a graça divina.

Tal convicção levou à ruptura de sua amizade com Whitefield, que defendia a doutrina da predestinação em razão de ela ressaltar a autoridade soberana de Deus. Ele achava que o "arminianismo" de Wesley atenuava o significado crucial do pecado e comprometia o conceito vital de um Deus onipotente.

Uma vez que ambos procuravam promover a obra do avivamento, eles concordaram em diferir mantendo o respeito mútuo. No sermão que Wesley pregou no funeral de Whitefield, em 1770, ele falou da "amizade generosa e amável" daquele evangelista, no entanto, a controvérsia levou à formação de dois grupos de metodistas: as sociedades arminianas, que seguiam Wesley, e as sociedades calvinistas, que seguiam Whitefield.

A ESTRUTURA METODISTA

Whitefield não tinha uma real aptidão por organização, mas Wesley era um gênio administrativo. Seguindo seus passos, as sociedades metodistas surgiram em toda a Inglaterra, na Irlanda e no País de Gales, mas ainda não eram congregações no sentido lato que damos ao termo. A maioria dos cristãos fazia parte da Igreja Anglicana, e Wesley exortava-os a participar do culto e da Santa Comunhão em suas paróquias. Ele ainda era o clérigo devoto da casa paroquial de Epworth, contudo, aqueles que haviam sido convertidos por ele encontraram o centro de sua experiência cristã nas sociedades metodistas onde podiam confessar seus pecados uns aos outros, submeter-se à disciplina do líder e unir-se para orar e louvar.

Charles Wesley, que havia experimentado a graça perdoadora de Deus três dias antes de John, escreveu mais de 7 mil hinos e cânticos evangelísticos para aquelas reuniões metodistas. Talvez seu hino mais amado seja *Jesus Lover of my Soul* [Jesus, aquele que ama minha alma], que foi entoado em sociedades por toda a Grã-Bretanha e América. Inclusive, alguns historiadores acreditam que os hinos de Charles são o maior legado desse avivamento.

Seguindo o exemplo dos morávios, John dividiu suas sociedades em grupos menores de doze membros ou menos, chamados de *classes* — o termo vinha do latim *classis*, que significa "divisão", sem implicação escolar. Wesley originalmente as utilizou para incentivar o apoio financeiro à obra: um centavo por semana; porém, logo percebeu que o coletor também poderia servir como guia espiritual das ovelhas e que os membros das classes poderiam se encorajar mutuamente em sua experiência cristã. O resultado foi a "reunião de classe" para testemunhos, orações e encorajamento espiritual, uma característica muito bem-sucedida do avivamento metodista.

À medida que o trabalho crescia, Wesley decidiu empregar leigos das sociedades e classes como pregadores e assistentes pessoais, mas evitou cuidadosamente chamá-los de ministros e não deu a eles autoridade para administrar os sacramentos. Eles eram ajudantes pessoais diretamente ligados a ele em seu trabalho, tal como ele era responsável diante da Igreja Anglicana.

Em 1744, John achou impossível manter contato pessoal com todos esses pregadores e criou a Conferência Anual para lidar com alguns colegas ordenados e com um número ainda menor de pregadores leigos. O encontro ajudou a moldar a política e a doutrina do movimento, embora as decisões cabiam a Wesley, que dispunha seus assistentes como uma espécie de milícia, transferindo-os frequentemente de uma missão para outra, mas insistindo em uma tarefa comum: o evangelismo e a educação cristã. "Nós nos consideramos não autores ou líderes de determinado partido ou seita — nada está mais distante de nossos pensamentos —, mas mensageiros de Deus àqueles que são cristãos no nome, mas pagãos no coração e na vida, para chamá-los de volta àquilo de que caíram, ao cristianismo real e genuíno."

Assim, em 1748, "as pessoas chamadas metodistas", como os pietistas na Alemanha, eram uma igreja dentro da igreja. Durante os quarenta anos seguintes, Wesley resistiu a todas as pressões de seus próprios seguidores e a todas as acusações dos bispos anglicanos que sugeriam sua separação da Igreja da Inglaterra, dizendo: "Eu vivo e morro como membro da Igreja da Inglaterra".

No final de seus dias, no entanto, as necessidades dos metodistas na América levaram-no a dar passos significativos em direção à separação. Muito antes dos apelos americanos por "liberdade", Wesley tinha enviado Francis Asbury para as colônias, e a obra havia crescido. Em 1773, a primeira conferência metodista americana foi realizada na Filadélfia, mas as sociedades precisavam de líderes ordenados. Os apelos de Wesley ao bispo de Londres mostraram-se infrutíferos; então, ele tomou a questão em suas próprias mãos.

Wesley decidiu nomear dois de seus pregadores leigos, Richard Whatcost e Thomas Vasey, para o ministério americano e comissionar o Dr. Thomas Coke como superintendente dos metodistas americanos — essa foi uma importante ruptura da política anglicana. A Igreja Metodista na América tornou-se uma denominação nova e distinta quando a reunião da Conferência de Natal em Baltimore, em 1784, escolheu Coke e Francis Asbury como superintendentes.

Wesley continuou a pregar quase até o fim da vida. Ele morreu em Londres, em 2 de março de 1791, com quase 88 anos. Quando por fim feneceu, o tição tirado do fogo deixou para trás 79 mil seguidores na Inglaterra e 40 mil na América do Norte. Se julgarmos a grandeza pela influência, ele está entre os grandes de sua época.

Após sua morte, os metodistas ingleses seguiram os passos dos irmãos americanos rumo à separação da Igreja Anglicana, no entanto, o impacto de Wesley e o avivamento que ele representa foram muito além da Igreja Metodista. Eles renovaram a vida religiosa da Inglaterra e suas colônias, elevaram a vida dos pobres e estimularam missões no exterior e as preocupações sociais dos evangélicos nos séculos XIX e XX.

Leitura sugerida

- *COLLINS, Kenneth J. *The Theology of John Wesley: Holy Love and the Shape of Grace* [A teologia de John Wesley: o amor sagrado e a forma da graça]. Nashville, TN: Abingdon, 2007.

- EDWARDS, Maldwyn. *John Wesley and the Eighteenth Century* [John Wesley e o século XVIII]. Londres: Epworth, 1955.

- GREEN, V. H. H. *John Wesley*. Londres: Nelson, 1964.

- OUTLER, Albert C. (Org.). *John Wesley*. Nova York: Oxford, 1964.

- PUDNEY, John. *John Wesley and His World* [John Wesley e seu mundo]. Nova York: Scribner, 1978.

368 HISTÓRIA DO CRISTIANISMO

- *RACK, Henry D. *Reasonable Enthusiast: John Wesley and the Rise of Methodism*. 3 ed [Entusiasta sensato: John Wesley e a ascenção do metodismo]. Londres: Epworth Press, 2002.

- TOMKINS, Stephen. *John Wesley: A Biography* [John Wesley: uma biografia]. Grand Rapids: Eerdmans, 2003.

- WOOD, A. Skevington. *The Inextinguishable Blaze* [A chama inextinguível]. Grand Rapids: Eerdmans, 1960.

CAPÍTULO 35

A nova ordem
dos séculos

O Grande Despertar

EM 4 DE JULHO DE 1776, Benjamin Franklin, John Adams e Thomas Jefferson foram nomeados para criar um selo dos Estados Unidos da América.

Várias sugestões foram apresentadas. Franklin queria uma imagem de Moisés, na qual, no fundo, as tropas de faraó seriam vistas se afogando no mar Vermelho com a seguinte mensagem: "Rebelião para os tiranos é obediência a Deus". Jefferson sugeriu que o selo mostrasse que os filhos de Israel no deserto eram "conduzidos por uma nuvem de dia e uma coluna de fogo à noite".

Na escolha final, o conteúdo bíblico quase evaporou; porém, é significativo o fato de que esses patriotas americanos, tão distantes de sua herança judaico-cristã, encontraram na Bíblia os símbolos que uniriam e interpretariam a experiência de seu povo. A expressão em latim que acabou estampando o selo, hoje presente na moeda dos Estados Unidos, é esta:

E PLURIBUS UNUM — ANNUIT COEPTIS — MDCCLXXVI —
NOVUS ORDO SECLORUM

Uma tradução aproximada seria:

um de muitos — (Deus) sorriu para as nossas empreitadas — 1776 —
uma nova ordem dos (ou para os) séculos.

Ninguém sabe ao certo o que esses patriotas queriam dizer com "uma nova ordem dos séculos", mas é a retórica de uma revolução. Porém, sem dúvida as igrejas cristãs se depararam com uma missão nova e

HISTÓRIA DO CRISTIANISMO

surpreendentemente diferente na emergente nação norte-americana. Nenhum acontecimento marcou a nova ordem com mais clareza para o cristianismo do que a explosão religiosa que chamamos de Grande Despertar, o primeiro na longa história dos avivamentos americanos. Mas o que foi o Grande Despertar e por que ele foi crucial para o desenvolvimento do cristianismo na América?

UMA NOVA ORDEM PARA AS IGREJAS

Durante trinta gerações, os cristãos haviam encontrado um lugar significativo sob o céu de Deus ao sustentar a ideia de cristandade, e ninguém a desafiou seriamente. Por gerações, pessoas nasceram e foram batizadas na sociedade cristã, onde Igreja e Estado trabalhavam em harmonia pelo bem de todos. Por meio de seus ensinamentos e sacramentos, a Igreja dispensava graça salvífica, preparando os homens para a vida por vir, e o Estado mantinha as leis cristãs e a ordem política para o bem-estar terrenal de seus cidadãos.

A Reforma, involuntariamente, destruiu a cristandade tradicional, e orou, pregou e lutou pela verdadeira fé até que nenhuma igreja isolada subsistisse, restando apenas o que chamamos de denominações. Contudo, no lugar da cristandade, surgiram fortes príncipes nacionais para perpetuar a aliança entre Igreja e Estado em seus reinos para o suposto bem dos súditos. Essas igrejas, estabelecidas e apoiadas pela lei, tendiam a oscilar entre os extremos da repressão e do relaxamento.

A "nova ordem" para o cristianismo nas colônias americanas lançou as igrejas em outro cenário e, após a primeira geração de colonos, uma variedade de tendências nacionais e religiosas impossibilitou a existência de uma igreja estabelecida em quase todas as colônias. Em 1646, por exemplo, dezoito línguas eram faladas apenas nas margens do rio Hudson, mas provavelmente todos os grupos cristãos eram unânimes em uma coisa: almejavam a liberdade de proclamar seu próprio ponto de vista. Com o tempo, entretanto, tornou-se óbvio que a única maneira pela qual cada grupo poderia alcançar a liberdade religiosa para si era concedendo-a a todos os outros. Eles haviam ido para a América para construir um governo que produzisse um povo santo; logo, teriam de cooperar com os diferentes tipos de pessoas para conquistar uma versão revisada de seu sonho. Eles estavam determinados a viver em uma sociedade na qual as pessoas ainda poderiam praticar a santidade.

Assim, as igrejas foram forçadas a, sozinhas, assumir a carga de evangelizar os não convertidos e de alimentar os cristãos; elas não contavam com nenhum apoio ou proteção estatal, ou seja, o cristianismo estava por conta própria.

Chamamos essa condição de *voluntarismo*, pois as igrejas, privadas de apoio estatal, foram obrigadas a manter sua missão de pregação e ensino com base em voluntariado. Os homens podiam aceitar ou rejeitar o evangelho como lhes conviesse, e o Estado nada tinha a ver com isso; em outras palavras, as denominações tinham de converter e arrecadar fundos sem auxílio estatal.

O Grande Despertar revelou-se crucial nessa nova ordem, uma vez que convenceu multidões de cristãos de que o voluntariado poderia funcionar e, após as primeiras ondas de êxtase do Espírito, muitos cristãos consideraram os avivamentos um dom de Deus para a criação de uma América cristã. Jonathan Edwards até pregou que a América seria o cenário do milênio vindouro!

Isso, entretanto, não aconteceu com facilidade. O avivamento encontrou resistência, especialmente na Nova Inglaterra puritana, e os motivos são conhecidos. O puritanismo estabelecido pela lei representava a velha ordem: o cristianismo aliado ao Estado; no entanto, mesmo no puritanismo, sementes do avivamento foram amplamente espalhadas.

O entendimento puritano da Igreja repousava sobre sua compreensão da aliança da graça. Os primeiros habitantes da Nova Inglaterra perceberam que a igreja visível nunca poderia ser uma cópia exata dos eleitos, mas Deus queria que ela fosse, tanto quanto possível, uma igreja de pessoas visivelmente santas, e é por isso que a primeira geração insistia que a conversão do indivíduo precede sua posição de membro da igreja, uma prática reafirmada em 1648, com a adoção da Plataforma de Cambridge.

"As portas das igrejas de Cristo sobre a terra", disseram, "não permanecem, por designação de Deus, escancaradas a ponto de todo tipo gente, boa ou má, entrar livremente a seu bel-prazer." Aqueles que buscavam ser admitidos deveriam ser "primeiramente examinados e provados" para que fosse constatado que apresentavam, acima de tudo, "arrependimento de pecados e fé em Jesus Cristo". De modo geral, isso significava que os membros em potencial faziam "uma confissão pessoal e pública", detalhando "como Deus atuava na alma".

A VONTADE DE DEUS NA SOCIEDADE

A colônia em Massachusetts, entretanto, era mais do que uma série de congregações cristãs ao redor do porto de Boston e, tal como fizeram os peregrinos em seu Pacto do Mayflower, os puritanos pretendiam unir toda a comunidade de acordo com o desígnio de Deus — esse era o propósito da aliança civil. Um povo cristão que pretendesse desfrutar das bênçãos coletivas que somente Deus pode dar deveria andar nos caminhos dele e cumprir seus mandamentos, mesmo em seu governo civil.

A vontade de Deus era corporificada em "leis benéficas", e os puritanos consideravam que a lei sem base moral não é lei. Uma vez que os "pecados dos homens são como mares tempestuosos, que submergiriam a todos se eles não tivessem margens", os puritanos sabiam que as leis eram necessárias para conter as paixões dos homens e restringir as expressões externas

372 HISTÓRIA DO CRISTIANISMO

da depravação humana. Tais leis eram derivadas da Escritura ou da natureza e da razão correta, mas o teste de qualquer lei era sua capacidade de promover ou não "o bem público", que era outra maneira de dizer "cumprir a vontade de Deus na sociedade".

Os puritanos estavam em posição de dizer quais leis eram para o bem público porque haviam obtido a carta que lhes concedia o direito de se instalar na Nova Inglaterra. Assim, na colônia em Massachusetts, eles tinham a autoridade para permitir que apenas homens livres votassem em eleições para o cargo de governador e de magistrado e para insistir que todos os homens livres fossem membros da igreja. Desse modo, o voto e a moral pública eram controlados pelas igrejas.

Essa tentativa de legislar a moral é uma razão pela qual, mais tarde, os americanos vieram a odiar os puritanos, pois a maioria dos americanos do século XX valorizava sua liberdade pessoal acima do caráter da sociedade em que viviam. O "santo experimento" puritano de misturar a crença em uma igreja composta por cristãos verdadeiramente convertidos à ideia de um Estado cristão parecia estar destinado ao fracasso quase desde o início. Há problemas para gerir qualquer igreja na terra quando só Deus sabe quem são os membros verdadeiros, mas nem todos em Massachusetts ou em Connecticut podiam testificar corajosamente que haviam experimentado a graça. À medida que o zelo dos fundadores da Nova Inglaterra esfriava, menos homens e mulheres podiam dar testemunho público da graça em sua alma. Então, para evitar que o número de membros diminuísse drasticamente, muitas igrejas em 1662, se conformaram com o Pacto do Meio-Termo, uma política em que os "não despertados" poderiam desfrutar de uma espécie de membresia parcial, batizando os filhos e participando de atividades congregacionais, mas sem ter plena comunhão. Esse tipo de afiliação à igreja era suficiente para grande parte dos fins políticos e sociais, de modo que, aos poucos, os "santos" se tornaram uma minoria ínfima. Quando uma nova carta, em 1691, baseou o direito de voto na propriedade, e não na adesão à igreja, a Nova Inglaterra chegou a uma encruzilhada espiritual.

Pouco depois do início do século XVIII, dois tipos de herdeiros do pensamento puritano eram visíveis. A herança espiritual ficou com os filhos do Grande Despertar, e o chamado para a conversão pessoal como base da membresia da igreja logo ecoou por todo o vale do rio Connecticut por meio da pregação de Jonathan Edwards.

Os "puritanos mundanos", por sua vez, mantiveram o senso de responsabilidade cívica e a preocupação com um governo legal e, mesmo perdendo o sentimento do temor de viver diante do maravilhoso Senhor da história, esses colonialistas ainda defendiam a ideia de que impérios surgiam ou caíam por obediência ou desobediência aos desígnios da Divina Providência e acreditavam, por exemplo, que Deus sorria para busca da liberdade.

A NOVA ORDEM DOS SÉCULOS **373**

O Grande Despertar conhecia tanto o olhar franzido quanto o sorriso de Deus e restaurou ao cristianismo colonial tanto as lágrimas de arrependimento quanto a alegria da salvação.

Durante vinte anos (de 1720 a 1740), o Despertamento manifestou-se como uma série de brisas regionais. De acordo com George Whitefield, "o iniciador do grande trabalho" foi Theodore J. Frelinghuysen, ministro da Igreja Reformada Holandesa em Nova Jersey. Pouco depois de chegar às colônias, ele mexeu com os sentimentos dos rigorosos paroquianos camponeses do vale Raritan com seus apelos apaixonados e testemunhou um grande "afluxo de novos membros".

Os ventos, então, sopraram na direção dos presbiterianos escoceses e irlandeses na região, e em uma pequena escola, apelidada de *Log College* [Colégio de toras] por clérigos mais acadêmicos, um pregador da Pensilvânia chamado William Tennent começou a preparar vários ministros com zelo evangélico. Seus alunos logo direcionaram os ventos do avivamento a um grande número de igrejas, particularmente em Nova Jersey. Em pouco tempo, surgiu uma controvérsia em torno de ministros "formados" versus ministros "convertidos", e a Igreja Presbiteriana dividiu-se em dois grupos: homens do "lado novo", a favor do avivamento, e homens do "lado antigo", que se opunham a ele.

Ignorando a oposição, as forças avivalistas enviaram missionários para o sul e, sob a liderança do reverendo Samuel Davies, congregações presbiterianas revivalistas enraizaram-se na Virgínia. No intuito de não serem ultrapassados, os batistas começaram a se multiplicar na Virgínia e nas Carolinas com pregadores não formados, porém zelosos, liderados por Shubael Stearns.

Na Nova Inglaterra, as brisas vieram do oeste, de uma pequena cidade de Massachusetts chamada Northampton, onde Jonathan Edwards era espiritualmente responsável por duzentas famílias que sofriam de uma "monotonia extraordinária na religião". Edwards queixava-se de "licenciosidade [...], andanças noturnas, idas à taverna e práticas libertinas" por parte das pessoas. No entanto, em dezembro de 1734, "o Espírito de Deus começou a manifestar-se de modo extraordinário" e uma "grande e sincera preocupação com as coisas grandiosas [...] do mundo eterno" tomou a cidade. "Era raro ver uma pessoa na cidade, idosa ou jovem", escreveu Edwards, "que estivesse despreocupada com as coisas grandiosas do mundo eterno [...]. A obra de conversão foi realizada da maneira mais surpreendente; as almas, por assim dizer, vieram como rebanhos a Jesus Cristo."

O GRANDE AVIVALISTA

Nova Jersey. Virgínia. Massachusetts. Os ventos seguiram vigorosos, porém regionais, até que as correntes atlânticas levaram para a América o pai do evangelismo em massa, George Whitefield. Em 1739, o amigo de Wesley

374 HISTÓRIA DO CRISTIANISMO

trouxe sua poderosa voz e seu estilo magnético para as colônias e pregou na Geórgia, nas Carolinas, na Virgínia, em Maryland, na Pensilvânia e em Nova York.

Na Filadélfia, ele pregava a céu aberto, e até mesmo o sábio secular Benjamin Franklin ficou impressionado, especialmente porque os ouvintes "o admiravam e respeitavam, muito embora ele [...] declarasse que eram, por natureza, *metade feras e metade demônios*". Foi uma surpresa para o deísta Franklin caminhar pelas ruas de sua cidade e ouvir salmos sendo entoados nas casas.

Whitefield mudou-se para o norte e, em 1740, uniu o avivamento da Nova Inglaterra ao das colônias do centro e do sul. Muitos ministros de Boston o convidaram para a cidade deles e, sem saber, estabeleceram um precedente, pois nos anos posteriores, todos os avivalistas excepcionalmente bem-sucedidos acabaram indo para as cidades maiores. Whitefield falou em Boston e em Harvard, e, por fim, foi a Northampton para pregar quatro sermões à congregação de Edwards. Em seguida, viajou pelas cidades de Connecticut, de onde multidões vinham de fazendas vizinhas em torrentes, em um "fluxo constante de cavalos com seus cavaleiros".

Whitefield deixou a Nova Inglaterra depois de um mês, mas os despertamentos regionais já não eram mais brisas refrescantes, pois haviam produzido um furacão espiritual chamado Grande Despertar.

Edwards e outros ministros começaram a visitar cidades vizinhas para pregar sermões de avivamento e, quando pregou em Enfield, Connecticut, um sermão intitulado "Pecadores nas mãos de um Deus irado", ele foi implacável. Edwards descreveu Deus segurando os homens sobre uma chama como alguém segura uma aranha repugnante sobre uma vela e especulou sobre como seria sentir a agonia abrasadora de ser queimado por toda a eternidade. Ele também disse aos ouvintes que o chão sob os pés deles era um piso podre sobre um poço de fogo, pronto para ceder em segundos.

Essa foi uma pregação poderosa para homens e mulheres, pois as chamas eram-lhes inequivocamente reais. Os soluços e suspiros eram tamanhos que Edwards teve de interromper algumas vezes a pregação, pois sua voz era abafada por eles. O sermão quase causou sua ruína, tanto que as gerações posteriores de americanos praticamente esqueceram que ele era um psicólogo apaixonado, um brilhante teólogo e o terceiro presidente de Princeton. Lembraram-se dele imprecisamente apenas como mais um pregador dramático do fogo e do enxofre do inferno.

Em 1741, todos os elementos do avivamento estavam em cena: visitantes nos púlpitos, ameaças de perdição, oradores itinerantes, reuniões de oração e afluência de membros — e também controvérsias e divisões na igreja.

As mudanças dramáticas que o Grande Despertar trouxe para a Nova Inglaterra puritana evidenciaram-se na vida de um garoto camponês de

Connecticut. Em uma escola de apenas uma sala, o jovem Isaac Backus havia aprendido que a boa ordem da sociedade de Connecticut era protegida pelo ensino religioso das igrejas e pelas leis da colônia.

O Grande Despertar, entretanto, passou pela pacífica Norwich em 1741, quando Isaac era um garoto de então dezessete anos, e a conversão de sua mãe aconteceu. Logo ele percebeu que "o tempo designado" para seu próprio arrependimento havia chegado: ele "nasceu de novo" sem a emoção e o êxtase habituais enquanto ceifava sozinho no campo. "Eu fui capacitado pela luz divina", disse ele, "para ver a perfeita justiça de Cristo, bem como a liberdade e a riqueza de sua graça, com tanta clareza que minha alma foi atraída a confiar nele para a salvação."

Essa "nova luz" ou "testemunho interior" foi a chave para o avivamento na Nova Inglaterra. Os avivalistas destacavam que seus pais haviam deixado a Igreja da Inglaterra para vir a América precisamente porque acreditavam que permitir que não convertidos fizessem parte da Igreja era contrário à Palavra de Deus. Eles achavam que o Despertamento era um chamado de Deus para que se começasse uma "nova reforma" na Nova Inglaterra.

Assim, as Novas Luzes começaram a se separar das igrejas paroquiais e a organizar suas próprias congregações empregando os métodos dos pais fundadores da Nova Inglaterra. Eles ouviam o testemunho da experiência de conversão e, então, assinavam um pacto concordando em caminhar juntos nos caminhos do Senhor como uma igreja de santos visíveis.

Pouco depois da conversão, Isaac Backus sentiu-se chamado por Deus para se unir aos avivalistas, mergulhou na obra do evangelismo itinerante nas cidades a sudeste da Nova Inglaterra, e esclarecimentos adicionais levaram-no a adotar convicções batistas. Assim, com alguns outros homens, ele formou a Primeira Igreja Batista de Middleborough, Massachusetts.

O DEFENSOR DA LIBERDADE RELIGIOSA

O palco, então, estava montado para o papel significativo de Backus na história americana como defensor da liberdade religiosa. Mais do que qualquer outro homem, ele formulou e divulgou a posição evangélica quanto à Igreja e ao Estado que acabaria prevalecendo em toda a América.

Em 1769, os batistas da Nova Inglaterra formaram a Associação Warren para promover sua causa. Dois anos depois, a associação criou um comitê de queixas e incumbiu-o da tarefa de defender a liberdade religiosa em toda a Nova Inglaterra. Backus tornou-se o membro-chave desse comitê ao escrever tratados, elaborar dezenas de petições, obter provas factuais de perseguição, comparecer em tribunal como testemunha, trabalhar em comitês para formular políticas e travar uma guerra verbal constante em jornais, disputas públicas e cartas privadas. O encarceramento de sua mãe, de seu irmão e de um tio em Connecticut, bem como suas próprias convicções

376 HISTÓRIA DO CRISTIANISMO

profundamente pietistas, produziram nele uma oposição inflamada contra o sistema estabelecido.

Uma crença básica da posição batista era que todas as conexões diretas entre o Estado e a religião institucionalizada deviam ser rompidas para que a América se tornasse um país verdadeiramente cristão. Backus, assim como Jefferson e Madison antes dele, acreditava que "a verdade é grande e prevalecerá", mas, ao contrário de seus "colegas iluminados", ele entendia que a *verdade* era composta pelas doutrinas reveladas das Escrituras. Sua premissa fundamental era que "Deus designou dois tipos de governo no mundo, diferentes em natureza e que nunca devem ser confundidos": um é civil e o outro, eclesiástico.

"Nossos legisladores civis", disse Backus, não funcionam como "nossos representantes em assuntos religiosos." Eles eram eleitos como representantes de assuntos civis ou seculares e, quando atuavam em assuntos eclesiásticos, intrometiam-se em questões sobre as quais seus eleitores não lhes tinham dado poderes para legislar. Além disso, o poder legislativo é inadequado para a fé, uma vez que "a religião é uma obediência voluntária a Deus que a força não pode promover".

Ao resistir às igrejas estabelecidas, os avivalistas nunca pretenderam desistir do sonho de uma América cristã, uma vez que haviam encontrado no Grande Despertar a resposta para suas necessidades. O reino de Deus viria para a América se a maioria dos cidadãos fosse persuadida a se submeter voluntariamente às leis de Deus, e os avivamentos eram os meios de Deus para esse fim.

Em 1760, esse era mais do que um simples sonho. De 1740 a 1742, o Despertamento havia trazido de 25 mil a 50 mil membros somente para as igrejas da Nova Inglaterra. Nas décadas de 1750 e 1760, 150 novas igrejas congregacionais foram formadas, sem falar da constante proliferação dos batistas.

Uma pista para saber a profundidade da ruptura do Despertamento com o passado, entretanto, pode ser encontrada na mensagem dos avivalistas. Ao se concentrar na necessidade de salvação individual, aqueles que estavam à frente do Despertamento tendiam a negligenciar a preocupação puritana com as implicações políticas e sociais do evangelho. Com a "aliança da graça" limitada a homens e mulheres nascidos de novo, a ideia de "povo da aliança" transitou com facilidade da igreja para o povo americano em geral. Como resultado, a missão do "povo eleito" deixou sutilmente de ser a formação de uma "comunidade santa" puritana para ser a luta do povo americano pela "liberdade".

Os avivalistas, naturalmente, não eram os únicos colonos a favor do voluntarismo. Outras linhas de pensamento do século XVIII reforçaram a ideia de consentimento livre, pessoal e sem coerção como única base adequada para as organizações humanas civis e eclesiásticas.

A NOVA ORDEM DOS SÉCULOS **377**

Muitos Filhos da Liberdade estavam infectados pelo espírito do Iluminismo e, assim como seus tutores franceses e ingleses, esses patriotas — Jefferson, Franklin, Madison — partiam do princípio de que o homem poderia usar a razão para chegar a uma compreensão razoável ou "natural" de si mesmo e de seu mundo. Esses patriotas "iluminados" alegavam que o indivíduo poderia ser tocado e guiado apenas pelo peso da evidência na mente. A coerção da opinião pelo Estado em prol da uniformidade, pensava Jefferson, servia apenas para "transformar metade do mundo em tolos e a outra metade, em hipócritas".

Era aqui que os "homens razoáveis" do Iluminismo e os "homens avivados" do Grande Despertar encontraram um terreno comum. O avivamento também desenvolveu a ideia de liberdade, mas uma liberdade do indivíduo sob um ministério especial do Espírito, liderado, é claro, pela revelação objetiva da Escritura. A experiência pessoal da graça pelo convertido trazia-lhe liberdade espiritual — mas não por meio da razão, e sim "em Cristo".

Assim, como Sidney Mead disse certa vez, o avivalista "não tinha coração", e "o racionalista não tinha cabeça" para continuar justificando a uniformidade forçada sob uma religião estabelecida. É por isso que, durante o século XVIII, racionalistas e avivalistas puderam unir forças na questão prática e jurídica da liberdade religiosa contra os defensores de estabelecimentos religiosos.

Essa aliança temporária foi bem-sucedida. O nascimento dos Estados Unidos da América levou à adoção da Primeira Emenda da Constituição: "O Congresso não poderá fazer nenhuma lei concernente ao estabelecimento de uma religião ou à proibição de seu livre exercício [...]".

Um século após a Revolução Americana, lorde James Bryce, um observador judicioso do povo americano, escreveu sua perspicaz obra intitulada *A comunidade americana*. Nessa obra, ele conseguiu destacar os pressupostos fundacionais dos norte-americanos, cujo entendimento de Igreja e Estado está enraizado na "concepção da Igreja como um corpo espiritual que existe para fins espirituais e segue caminhos espirituais" e, consequentemente, nunca ocorreu "ao americano comum que exista qualquer razão pela qual as igrejas estatais devam existir [...]. Imposição de qualquer tipo é contrária à natureza deste corpo [...]. Ele não deseja ajuda estatal [...]. Ele não procura privilégios exclusivos".

Nada na nova ordem dos séculos foi mais novo do que isso!

Leitura sugerida

- *KIDD, Thomas S. *The Great Awakening: A Brief History with Documents* [O Grande Despertar: uma breve história com documentos]. Nova York: St. Martins, 2007.

378 HISTÓRIA DO CRISTIANISMO

- _____. *The Great Awakening: The Roots of Evangelical Christianity in Colonial America* [O Grande Despertar: as raízes do cristianismo evangélico na América Colonial]. New Haven, CT: Yale, 2007.

- MARSDEN, George. *Jonathan Edwards: A Life* [Jonathan Edwards: uma vida]. New Haven, CT: Yale University Press, 2003.

- MARTY, Martin E. *Religion, Awakening and Revolution* [Religião, despertamento e revolução]. Wilmington: McGrath 1977.

- MCLOUGHLIN, William G. *Isaac Backus and the American Pietistic Tradition* [Isaac Backus e a tradição pietista Americana]. Boston: Little, Brown and Co., 1967.

- PARRISH, Archie. *The Spirit of Revival: Discovering the Wisdom of Jonathan Edwards* [O espírito do Renascimento: descobrindo a sabedoria de Jonathan Edwards]. Wheaton, IL: Crossway, 2000.

- STEARNS, Monroe. *The Great Awakening 1720-1760* [O Grande Despertar (1729-1760)]. Nova York: Franklin Watts, 1970.

- STOTT, Harry S. *The Divine Dramatist: George Whitefield and the Rise of Modern Evangelicalism* [O dramaturgo divino: George Whitefield e o surgimento do evangelismo moderno]. Grand Rapids: Eerdmans, 1991.

Época do progresso
1789 a 1914 d.C.

OS CRISTÃOS ENFRENTARAM UMA NOVA INQUIETAÇÃO SOCIAL somada aos desafios intelectuais provenientes do surgimento da ciência moderna. A Revolução Francesa desencadeou novas esperanças e expectativas para os homens comuns. O poder agora parecia estar ao alcance das massas. Sendo assim, de que maneira poderiam os cristãos satisfazer as necessidades das massas urbanas? Seria o homem um simples produto de forças evolutivas? Os cristãos estavam seriamente divididos quanto à maneira de encarar esses problemas e, sem o apoio tradicional do Estado, muitos protestantes se uniram em sociedades voluntárias para assistir os pobres e os oprimidos, bem como para levar a mensagem do evangelho a terras estrangeiras.

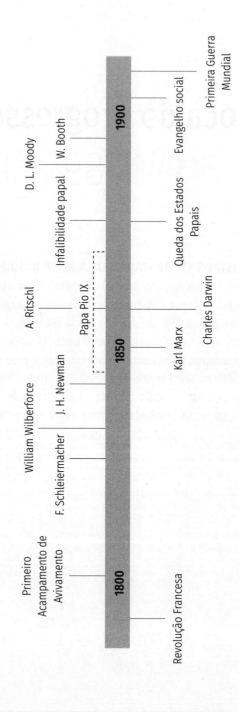

CAPÍTULO 36

Restauração de fortalezas

O catolicismo na época do progresso

NA EXTREMIDADE ORIENTAL DE PARIS havia uma antiga fortaleza feudal que por muito tempo foi utilizada como prisão. A propaganda popular a transformara em um símbolo da tirania real, e acreditava-se que os homens definhando em suas masmorras fossem defensores virtuosos dos oprimidos. Por esse motivo, o governador de Launay guardava a Bastilha com um efetivo de 110 soldados.

Na manhã de 14 de julho de 1789, uma multidão começou a se formar em uma pequena praça diante dos portões externos da prisão. A cada momento, ela aumentava em número e ficava mais agitada, e as pessoas começaram a avançar contra o imenso portão. Alguns patriotas mais aguerridos escalaram a torre e cortaram as correntes da ponte levadiça, dando acesso ao pátio externo para os invasores.

Ao perceber as más intenções da multidão, de Launay concordou em entregar a fortaleza sob a condição de que ele e seus homens pudessem se retirar em segurança. No entanto, assim que os portões internos se abriram, os invasores se precipitaram, dominaram de Launay e o assassinaram.

Nas masmorras, foram encontradas sete vítimas da tirania: cinco criminosos comuns e dois loucos, mas nenhum patriota ilustre estava entre eles! Os fatos sórdidos do dia 14 de julho de 1789, logo se contaram como eventos heroicos da Revolução Francesa.

O NASCIMENTO DE UMA NOVA ÉPOCA

Os historiadores consideram esse fatídico acontecimento como o nascimento de uma nova época: a era do progresso (de 1789 a 1914). A Bastilha era o símbolo do Antigo Regime: o absolutismo monárquico e a tradicional sociedade feudal representada pela Igreja Católica, pelos aristocratas ricos e por cidadãos impotentes. A turbulenta multidão era um sinal da nova época, o século XIX, trazendo consigo direitos para o homem comum.

A base do pensamento popular na nova época era a doutrina do progresso humano. É fato que a rebelião e o derramamento de sangue que seguiram a queda da Bastilha suscitaram dúvidas quanto às condições do caminho rumo ao progresso, mas poucos duvidaram de que a história estava de fato progredindo. A raça humana estava evoluindo e ficando mais feliz — era essa, pelo menos, a nova crença.

O cristianismo atravessou esse período tumultuado sob condições adversas. O século XIX foi dominado por diversas correntes diferentes, e os cristãos encontraram dificuldades para encontrar o caminho correto em alguns momentos. Os protestantes sentiram o impacto, mas foi a Igreja Católica Romana, com sua ligação de longa data com o Antigo Regime, que viu muitos de seus tesouros de outrora serem varridos violentamente pelos ventos dos tempos modernos.

O evangelho democrático da Revolução Francesa baseava-se na glorificação do homem, não de Deus, e a Igreja de Roma percebeu isso e se posicionou contra a heresia, como era seu costume, reconhecendo, com mais clareza do que a maioria das igrejas protestantes, que o diabo pode ser democrático quando isso lhe traz vantagens.

O fato de 10 mil pessoas contarem uma mentira não a transforma em verdade. Essa é uma importante lição da era do progresso que ficou guardada para os cristãos de todas as gerações. A liberdade de voto e a chance de aprendizado não garantem a concretização de uma utopia. A fé cristã sempre insistiu que a falha na natureza humana é mais básica do que qualquer falha existente em instituições humanas políticas ou sociais.

Alexis de Tocqueville, de passagem pelos Estados Unidos durante o século XIX, emitiu um alerta em seu clássico livro *A democracia na América*. Nos Estados Unidos, disse ele, não existe aristocracia nem tirania principesca, porém, questionava ele, tal "igualdade de condições" sem precedentes não apresenta a ameaça inevitável da "tirania da maioria"? Nos processos governamentais, alertou Tocqueville, o domínio da maioria pode significar a opressão da minoria; pode significar o controle nas mãos de sentimentos públicos instáveis em vez de uma liderança racional.

Infelizmente, ao resistir ao evangelho do homem comum, a Igreja de Roma tentou voltar no tempo, tentando erigir uma fortaleza medieval no meio da estrada para o progresso, mas multidões seculares simplesmente mudaram de lado. Cabe perguntar quais motivos levaram a isso. Mas por que o catolicismo temia tanto os movimentos populares da época?

Os ventos da nova época foram anunciados no toque de clarim da Revolução Francesa: "Liberdade, igualdade e fraternidade".

RESTAURAÇÃO DE FORTALEZAS **383**

Liberdade representava a autonomia individual nas áreas política e econômica. Os termos *liberdade* e *liberalismo* são utilizados de forma confusa: a liberdade, em um sentido social, pode traduzir o pensamento de Ronald Reagan e Ted Kennedy, visto que ambos buscavam (e seus respectivos partidos ainda buscam) maximizar e ampliar a liberdade pessoal; todavia, eles divergem quanto à aparência da liberdade e o modo de alcançá-la. Porém, ainda falamos de liberdade em termos objetivos. Do ponto de vista teológico e político, os termos também exigem muita atenção.

Os liberais na política do início do século XIX eram vozes representantes da classe média que lutavam pelo direito ao voto e pelo controle de governos representativos. Em questões monetárias, eles queriam liberdade para construir fábricas e acumular riquezas sem a interferência dos governos (*laissez faire*).

Igualdade, o segundo termo, representava a garantia dos direitos humanos, independentemente do contexto familiar ou da posição financeira de cada pessoa. Durante o século XIX, camponeses e trabalhadores urbanos tentaram igualar-se politicamente à classe média e, para tanto, apoiaram filosofias que promoviam seus direitos. Porém, enquanto a classe média, os donos de propriedades e os barões do comércio defendiam a doutrina do *laissez faire*, a classe operária exigia igualdade por meio de uma doutrina rival chamada *socialismo*. Nesse sentido, as vantagens para os operários poderiam ser obtidas ora por evolução dentro de um sistema democrático ora por revolução em um padrão marxista.

Fraternidade, a terceira ideia, representava um forte senso de irmandade desencadeado no século XIX. Os rebeldes que invadiram a Bastilha estavam unidos pela ambição de serem mestres de seu próprio território e destino — em resumo, eles eram motivados pelo *nacionalismo*, que não somente imperou na Europa do século XIX, como, no século XX, alastrou-se pela Ásia e África.

Todas essas correntes, e outras mais, agitavam as igrejas na época do progresso, mas ninguém previu a devastação que elas trariam para a tradicionalista Igreja de Roma.

Às vésperas da Revolução Francesa, a Igreja Católica Romana deleitava-se na glória do Antigo Regime, que por mil anos havia santificado as estruturas da Europa feudal abençoando o reinado dos monarcas e os casamentos dos nobres. Porém, assim como os monarcas e os aristocratas, a Igreja não se importava com a impotência dos camponeses e da crescente classe média. Na sociedade europeia do século XVIII, o berço nobre e a vocação santa eram mais importantes do que a inteligência, as realizações ou o acúmulo de riquezas. De toda a população francesa, composta por 25 milhões de pessoas, apenas 200 mil cidadãos pertenciam às classes privilegiadas — a nobreza e o clero. Esses dois grupos controlavam quase metade das terras da nação e ocupavam as melhores posições no governo. Os camponeses,

384 HISTÓRIA DO CRISTIANISMO

80% da população, cambaleavam com fardos intoleráveis, incluindo impostos pesados cobrados pela Igreja e pelo Estado. A classe média tinha riqueza sem responsabilidade, inteligência sem autoridade e habilidade sem reconhecimento. Por tudo isso, uma mudança dramática era apenas questão de tempo — menos tempo do que se imaginava.

A FEBRE REVOLUCIONÁRIA

A era do Iluminismo produziu o fermento necessário para a mudança, mas a maior parte desse fermento foi expressa em palavras, não em ações. A partir da década de 1760, diversos países sentiram a febre da inquietação política, e tanto em pequenos estados, como Genebra, quanto em grandes estados, como a Inglaterra, políticos radicais desafiaram a ordem estabelecida. Em todos os lugares, as reivindicações básicas eram as mesmas: direito à participação na política, direito ao voto e direito à maior liberdade de expressão.

A Revolução Americana na década de 1770, inspirou os radicais na Europa com uma lição importante a ser aprendida e, talvez, imitada. Para os observadores europeus, os colonizadores americanos eram verdadeiros iluministas: racionais, porém intensamente preocupados com a igualdade; pacíficos, porém prontos para a guerra em defesa da liberdade. Ao conquistar independência de um poder imperial robusto, os colonos haviam provado que as ideias do iluminismo funcionavam, pois tinham sido submetidos ao maior teste de todos, a saber, a experiência, que era o teste preferido do Iluminismo para provar suas ideias.

Na França, o país mais populoso da Europa, surgiam evidências de falência política e econômica. O governo estava fazendo enormes empréstimos de banqueiros europeus e falsificando registros de modo a esconder o verdadeiro estado das finanças; além disso, o padrão elevado de vida dos clérigos e uma série de safras fracas na estratégica indústria francesa de vinhos contribuíram para uma atmosfera de inquietação.

O rei Luís XVI tentou remediar a situação e, em 1789, ele convocou a Assembleia dos Estados Gerais, uma assembleia nacional que representava os três setores tradicionais, ou Estados, da sociedade francesa: o clero, a nobreza e a plebe.

Controvérsias surgiram imediatamente no que dizia respeito a como a assembleia deveria conduzir os assuntos, visto que ela não se reunia havia 175 anos, e seus poderes nunca tinham sido definidos com clareza. Conforme a descrição de Peter Gay,

> A aristocracia e o clero, no intuito de preservar seus privilégios tradicionais, desejavam que cada Estado votasse como uma unidade, o que deixaria o controle da Assembleia nas mãos das classes mais elevadas. A plebe, que representava o Terceiro Estado, queria que cada homem fosse livre para votar.

Uma vez que sua representação na assembleia havia recentemente atingido 50% do número total de membros, e eles agiam com o apoio dos liberais nos outros dois Estados, a plebe teria o controle numérico.

A agitação popular diante desse assunto intensificou-se, e sentimentos revolucionários difundiram-se. Como o rei não honrou as exigências do Terceiro Estado, a plebe rompeu com os Estados Gerais e formou sua própria Assembleia Nacional.

Em 14 de julho de 1789, a multidão parisiense enraivecida irrompeu contra a Bastilha. A Coroa não era mais capaz de manter a ordem; a partir de então, a população francesa precisava ser considerada uma força política. Ao final de agosto do mesmo ano, a maioria dos tradicionais privilégios feudais da aristocracia francesa havia sido eliminada, e uma ousada "Declaração dos direitos do homem e do cidadão" tornou-se lei.

A Declaração apresentava a maioria das exigências do Iluminismo: declarava que os direitos naturais do homem — "liberdade, propriedade, segurança e resistência à opressão" — eram sagrados e inalienáveis, estabelecia seu direito de expressar as próprias opiniões livremente, proibia a detenção arbitrária e protegia os direitos dos acusados. O documento também declarava que a França não era propriedade privada dos monarcas, mas uma nação soberana pertencente ao povo!

Durante os dez breves anos que antecederam o final do século, a França formou uma república, executou um rei, estabeleceu um regime revolucionário (ainda que faccionário) e enfrentou uma época de confusão que terminou com um golpe de Estado e a ascensão do general Napoleão Bonaparte ao poder. Em meio a tudo isso, a nação francesa continuou lutando contra o restante da Europa.

A Igreja de Roma estava tão ligada ao Antigo Regime que os revolucionários a trataram como um objeto especial de sua fúria. No início da década de 1790, a revolucionária Assembleia Nacional tentou reformar a Igreja segundo os ideais do Iluminismo e passou a pagar salários justos aos pastores e reformulou os limites diocesanos — tudo para o bem. No entanto, ao eliminar todo o controle do papa na Igreja francesa e impor um juramento de lealdade aos oficiais eclesiásticos, a Assembleia dividiu a Igreja. Dois grupos católicos defrontavam-se em quase todos os povoados e cidades da França: o clero constitucional, que concordara em fazer o juramento, e o clero refratário, que se recusara a fazê-lo.

Os líderes da revolução logo fizeram com que 30 a 40 mil sacerdotes fossem exilados de sua cidade natal ou se escondessem, e isso foi apenas o prelúdio do que viria a seguir. A revolução começou a assumir um caráter religioso próprio, além de publicar um novo calendário sem qualquer resquício de cristianismo e promoveu o Culto da Razão. Em pouco tempo, as paróquias foram convertidas em Templos da Razão, e os revolucionários coroaram uma atriz como Deusa da Razão no altar-mor da catedral de Notre Dame, o que serviu de exemplo para as províncias. Garotas vestidas de Razão, Liberdade ou Natureza lideravam procissões que atravessavam as cidades até os altares erigidos para a nova religião da revolução.

Em 1794, essa paródia do cristianismo havia perdido a força, e um decreto no início do ano seguinte garantiu a livre prática de qualquer religião na França. Por todo o país, os católicos retornaram aos seus altares, mas a Igreja de Roma nunca se esqueceu disto: liberdade significava adoração à deusa da Razão!

Quando tomou as rédeas do poder, Napoleão teve o bom senso de fazer um acordo com o papa, a Concordata de 1801, restaurando à Igreja de Roma um lugar especial na França. A Igreja era chamada de "religião da grande maioria dos franceses", mas havia perdido para sempre sua posição de poder. A França e o resto da Europa nunca mais poderiam ter uma sociedade sustentada pela aliança entre trono e altar, e a Igreja de Roma nunca desenvolveu uma apreciação pelo liberalismo. As razões para isso são bem claras.

CATOLICISMO *VERSUS* LIBERALISMO

O Senhor e seus apóstolos passaram pouco tempo falando sobre liberdade, independência pessoal e o direito do indivíduo à opinião própria e, ao longo da Idade Média e da Reforma, o axioma de Agostinho de que a liberdade vem pela graça, não a graça pela liberdade, havia formado a base da organização e imposição da fé cristã. De modo a ser completamente livre, o homem deve estar em um estado de salvação; por isso, ao longo desses séculos, os cristãos demonstravam pouco entusiasmo quanto à ideia de uma liberdade incompleta no sentido político.

Durante o século XIX, entretanto, a ideia de que todos deveriam ter a maior liberdade possível estava em voga. Mas a pergunta é: Até onde isso era possível?

[*Liberdade em uma acepção antiga*]

A liberdade, em numerosos contextos antigos, significava mais do que a mera noção de que o indivíduo pode escolher um curso de ação: ela costumava estar associada à natureza. A humanidade possuía uma natureza ou essência, e, consequentemente, por causa da natureza humana, as pessoas tinham, por exemplo, grande potencial para pensar e raciocinar. A liberdade dizia respeito à capacidade do homem para viver de acordo com sua natureza e colocá-la em prática — ou seja, um homem engatinhando na lama não seria louvado por ter decidido agir como um porco. A liberdade era nobre e importante, era algo que capacitava as pessoas a buscar o alvo de viver à altura de seu potencial ou natureza; sendo assim, as barreiras sociais que restringiam o progresso pessoal deveriam ser demolidas sempre que possível. Hoje, as pessoas costumam entender liberdade à parte da natureza, pois não desejam ser livres para se tornar uma boa versão de quem são (por natureza); elas acham que liberdade é poder escolher quem querem ser. Semelhantemente, o entendimento primitivo de prosperidade ou felicidade humana estava associado ao fato de ser ou se tornar bom, não apenas de alguém se sentir bem. Aristóteles, por exemplo, acharia estranho a maneira pela qual nossa cultura contemporânea enxerga satisfação em alguém que se sente bem, mas que não é bom. Mais uma vez, viver em sincronia com a própria natureza era fundamental para a liberdade e a felicidade. Nossos pais primitivos partiam dessa noção antiga de natureza quando falavam sobre vida, liberdade e felicidade. Em comparação com ela, as noções contemporâneas de liberdade são, muitas vezes, empobrecidas. ∎

"A liberdade de cada um", escreveu John Stuart Mill, "é limitada pela liberdade de todos", e isso definia o possível. Liberdade significava o direito de ter a própria opinião, de propagar a própria opinião e de agir de acordo com a própria opinião, sujeito a uma liberdade similar de cada membro da comunidade. Na prática, isso significava um governo constitucional que garantia liberdade civil para todos, incluindo a liberdade para adorar conforme a escolha pessoal. Os papas, todavia, desprezavam essa ideia.

Quando o império de Napoleão ruiu, em 1815, e ele foi banido para uma ilha sombria no Atlântico, os reis absolutistas tentaram recuperar seu território perdido, mas o retorno à monarquia encontrou forte resistência dos liberais em toda a Europa.

Os primeiros levantes liberais na Espanha e na Itália foram suprimidos com facilidade. Porém, o sucesso dos liberais em depor os reis restaurados na França (1830) era promessa de mudança. Um ano importante foi 1848, quando a revolução liberal triunfou temporariamente em quase todas as capitais europeias.

Ao longo de todos esses anos, os papas — Leão XII, Pio VIII e Gregório XVI — não foram homens maus: eles simplesmente se recusaram a participar do século XIX e continuaram defendendo o passado e perderam contato com os movimentos de sua própria época. Nenhum deles realmente entendia o novo mundo introduzido pela Revolução Francesa e também nunca descobriram como combatê-lo ou como convertê-lo.

O liberalismo propunha-se a destruir todos os males que afligiam a humanidade e, nessa batalha, ele não apenas recusava a assistência da Igreja Católica Romana, como insistia que ela não tinha qualquer direito de expressar suas opiniões sobre a moralidade da vida pública. Política é independente

388 HISTÓRIA DO CRISTIANISMO

de ética cristã. Os católicos romanos são cidadãos comuns com os mesmos direitos de quaisquer outros cidadãos comuns, e nada além disso.

O símbolo mais evidente dos laços do papa com o passado eram os Estados Papais na Itália, pois, nessas regiões, o papa não era apenas um líder espiritual, mas um soberano terreno. Por séculos, a Itália nada mais havia sido do que uma expressão geográfica: era composta por sete Estados além dos territórios papais localizados a nordeste de Roma, os quais cruzavam a península.

Em meados do século XIX, entretanto, surgiu na Sardenha um movimento a favor da unificação italiana chamado de *risorgimento*, renascimento, o qual buscava a subversão de todos os poderes estrangeiros na Itália e a unificação de toda a península em uma nação italiana moderna. Esse espírito revolucionário não poderia tolerar a continuidade dos Estados Papais, um governo medieval no coração da Itália regido por rígidos princípios absolutistas. Após 1849, os Estados Papais eram tão odiados, que só podiam ser defendidos por baionetas francesas.

No início, os liberais saudaram o papa Pio IX (1849-1878), que era um homem caloroso, gentil e de boas intenções, e o enxergaram como um verdadeiro reformador quando, em 14 de março de 1848, ele formulou uma constituição para os Estados Papais que permitia ao povo certo grau de participação em seu governo. Alguns até sonharam com uma federação italiana sob a regência do papa, no entanto, Pio imediatamente mudou de ideia quanto aos Estados Papais quando revolucionários assassinaram seu primeiro ministro, o conde Pellegrino Rossi. A revolução eclodiu em Roma, e Pio foi forçado a fugir. Com a ajuda militar francesa, ele conseguiu reaver o controle da cidade e dos Estados Papais; mas desta vez, porém, ele insistiu em um retorno ao Antigo Regime absolutista.

A irritação de seus opositores aumentou, e o movimento de unificação nacional, comandado pelo rei Vitor Emanuel II da Sardenha (1849-1878), precipitou uma série de eventos sem volta. Nos anos de 1859 e 1860, grandes porções dos Estados Papais caíram nas mãos dos nacionalistas. Em Florença, em março de 1861, Vitor Emanuel foi proclamado rei da Itália.

A cidade de Roma ainda era protegida por uma guarnição francesa, mas, quando a Guerra Franco-Prussiana forçou a retirada das tropas francesas para sua pátria, os nacionalistas italianos imediatamente invadiram Roma. Após um breve bombardeio em 20 de setembro de 1870, a cidade se rendeu e, depois de mais de mil anos, os Estados Papais chegaram ao fim.

Pio IX retirou-se para o Vaticano e, em junho de 1871, Vitor Emanuel transferiu sua residência para Roma, ignorando todos os protestos e as excomunhões do papa. O novo governo ofereceu ao papa um subsídio anual e o exercício livre e desimpedido de todas as suas funções espirituais. Contudo, Pio rejeitou a oferta com fúria e deu prosseguimento aos seus protestos como "prisioneiro do Vaticano". Ele proibiu os católicos italianos

RESTAURAÇÃO DE FORTALEZAS **389**

de participar das eleições políticas, mas isso apenas deu espaço aos radicais e provocou um crescente progresso anticlerical no governo italiano. Essa condição desagradável, a "Questão Romana", ficou sem solução até que Benito Mussolini assinou o Tratado de Latrão, em fevereiro de 1929, no qual o papa renunciava a todas as suas reivindicações aos antigos Estados Papais e recebia soberania total no pequeno Estado do Vaticano.

INFALIBILIDADE DO PAPA

O ano de 1870, entretanto, não apenas marcou o fim do governo terreno do papa, como também assinalou a declaração da autoridade suprema do bispo de Roma e a doutrina da infalibilidade papal — isso é mais do que simbólico. O Concílio Vaticano I representou o ápice do movimento chamado *ultramontanismo*, um termo que significa "além das montanhas" (os Alpes) e representa uma devoção a Roma.

Após a Revolução Francesa, uma lealdade peculiar ao papado havia se desenvolvido no conturbado país. Findo o tumulto dos anos revolucionários e napoleônicos, alguns católicos exaltavam o papado como a única fonte de ordem civil e moralidade pública. Eles argumentavam que somente os papas eram capazes de restaurar a sociedade humana, então em desordem, e que somente um clero independente do Estado e firmemente dirigido por um papa infalível, o mestre incontestado da Igreja, teria o prestígio e a força necessários para proteger a liberdade espiritual da tirania do poder político.

A doutrina da infalibilidade, portanto, havia surgido como o pré-requisito inevitável, necessário e óbvio a um papado eficaz. A Igreja deve ser uma monarquia de acordo com a vontade de Deus e, assim como a soberania estava para os reis, a infalibilidade estava para os papas; o termo significava nada mais do que a soberania no âmbito espiritual e eclesiástico. Dessa maneira, monarquistas convictos poderiam importar seus conceitos de autoridade política para a Igreja e o papado.

Em meados do século, essa linha de pensamento atraiu um número considerável de seguidores católicos, e o papa a encorajava de todas as maneiras possíveis. Uma publicação jesuíta declarava que, enquanto o papa meditava, Deus pensava por meio dele. Hinos de adoração eram endereçados a Pio IX, não a Deus, e alguns ousavam referir-se ao Santo Padre como "vice-Deus da humanidade".

Em 8 de dezembro de 1854, Pio IX declarou como dogma a crença tradicional de que Maria havia sido concebida sem o pecado original: "É uma verdade de fé divinamente revelada que Maria, no primeiro instante de sua concepção, foi liberta por graça especial da mácula do pecado original em vista dos méritos de Cristo". O assunto da decisão não era novo, mas a maneira como foi promulgada, sim, e essa não foi uma decisão tomada por um concílio, mas uma definição *ex cathedra* do papa — tal expressão significa "da cadeira", a posição oficial de instrução dentro da Igreja.

390 HISTÓRIA DO CRISTIANISMO

Polêmicas surgiram de todos os lados. O papa poderia sozinho, sem concílio, decidir e proclamar um dogma? O grande tema do Concílio Vaticano I era anterior à própria Igreja. A solene proclamação da concepção imaculada de Maria foi ouvida por 54 cardeais e 140 bispos, mas a decisão foi tomada somente pelo papa.

Dez anos depois, em dezembro de 1864, conforme os nacionalistas italianos fechavam o cerco sobre os Estados Papais, o papa Pio IX enviou uma *encíclica*, ou carta papal, a todos os bispos da Igreja.

Nesse documento, estava incluso um *Sílabo dos erros*, uma compilação de oitenta males da sociedade moderna. Com termos inequívocos, ele declarou guerra contra o socialismo, o racionalismo, a liberdade de imprensa, a liberdade religiosa, as escolas públicas, as sociedades bíblicas e a separação de Igreja e Estado, além de uma série de outros demônios da época do progresso. Ele concluiu negando que "o Pontífice romano pode e deve reconciliar-se com o progresso, o liberalismo e a civilização moderna".

Pio IX não buscava pacifismo com o mundo moderno; sendo assim, a Igreja tinha de se fechar em torno de seu líder infalível e preparar-se para uma longa batalha.

Pio traçou planos para um concílio geral da Igreja visando ao fortalecimento da posição do Vicário de Cristo e designou uma congregação preparatória de cardeais (9 de março de 1865), reuniu mais alguns bispos de confiança e, no aniversário de 1.800 anos do martírio de Pedro e Paulo (1867), anunciou a mais de quinhentos bispos seus planos de convocar um concílio. A reunião iniciou-se em Roma no dia 8 de dezembro de 1869.

A questão da infalibilidade papal estava no ar. O conceito em si não apresentava grandes dificuldades; os católicos tinham poucas dúvidas de que o papa, como sucessor de Pedro, dispunha de autoridade especial para o ensino. A única questão era saber a extensão dessa autoridade, se ela poderia ser exercida independentemente de concílios e do colégio de bispos e que precondições tinham de ser cumpridas.

No concílio, o bispo Hefele de Rotemburgo, ilustre autor do famoso livro *A história dos concílios da Igreja*, e o bispo Strossmayer de Djakovar, na Eslavônia, comandaram a oposição contra uma definição e foram apoiados por um grande número de cardeais e bispos, dentre eles a maioria dos alemães.

Na primeira votação, em 13 de julho de 1870, 451 pais do concílio votaram a favor da definição de infalibilidade, 88 votaram contra e 62 a aceitaram com reservas. Muitos dos que se opuseram simplesmente achavam que a época não era adequada.

Após mais discussões, um bom número ainda estava indeciso, mas, em vez de criar polêmica, 55 bispos, com o consentimento do papa, deixaram Roma antes da votação final. A votação oficial ocorreu em 18 de julho, somando 533 votos a favor da doutrina da infalibilidade e apenas dois votos

RESTAURAÇÃO DE FORTALEZAS **391**

contrários; assim, o concílio declarou duas verdades fundamentais: a primazia papal e a infalibilidade papal.

Em primeiro lugar, como sucessor de Pedro, Vicário de Cristo, e supremo cabeça da Igreja, o papa exercia total e direta autoridade sobre a Igreja e os bispos, autoridade que se estendia a assuntos de fé e moral, bem como à disciplina e administração eclesiástica. Dessa maneira, os bispos deviam obediência ao papa "não apenas em assuntos concernentes à fé e à moral, mas também a hábitos e à administração da Igreja".

Em segundo lugar, quando o papa em sua posição oficial (*ex cathedra*) tomava uma decisão final no que dizia respeito às questões de fé e de moral, essa decisão era infalível, imutável e não precisava do consentimento prévio da Igreja.

Imediatamente após a votação, o concílio teve de ser interrompido, visto que a deflagração da Guerra Franco-Prussiana (19 de julho de 1870) forçou muitos pais do concílio a voltar para casa. E, mais tarde, a ocupação de Roma pelos nacionalistas italianos, em 20 de dezembro de 1870, destruiu qualquer esperança de que o concílio fosse retomado. De qualquer maneira, o trabalho realmente vital já havia sido realizado: o concílio obtivera êxito em restaurar, por assim dizer, a Bastilha.

Toda a estratégia dos ultramontanistas, liderados por Pio IX, moldou a vida dos católicos romanos para as futuras gerações. Cercada pelas forças hostis do liberalismo, socialismo e nacionalismo, Roma optou por se fechar na segurança das muralhas de um papado exaltado e infalível.

Infelizmente, porém, as fortalezas têm uma clara desvantagem: são sufocantes. Não aceitam novos pensamentos e, após algum tempo, quem está em seu interior começa a imaginar que o único lugar importante se encontra dentro dos muros.

Leitura sugerida

- BOKENKOTTER, Thomas. *A Concise History of the Catholic Church* [Uma história concisa da Igreja Católica]. Nova York: Doubleday, 1977.

- HUGHES, Philip. *A Popular History of the Catholic Church* [História popular da Igreja Católica]. Nova York: MacMillan, 1957.

- *JADOCK, Darrell. *Catholicism Contending with Modernity* [Catolicismo contendendo com a modernidade]. Cambridge: Cambridge University Press, 2000.

- JOHNSON, Paul. *A History of Christianity* [História do cristianismo]. Nova York: Atheneum, 1983.

- VIDLER, Alec R. *The Church in an Age of Revolution: 1789 to the Present Day* [A Igreja na Era da Revolução: de 1789 aos dias atuais]. Nova York: Penguin Books Inc., 1961.

CAPÍTULO 37

Uma nova
fronteira social
A Inglaterra do século XIX

> Luz terna, suave, no meio da noite,
> Leva-me mais longe...
> Não tenho aqui morada permanente:
> Leva-me mais longe...

ESSES VERSOS, HOJE ENTOADOS POR MILHÕES, foram escritos em 1833, por John Henry Newman enquanto regressava da Sicília para a Inglaterra, seu lar. O tom sombrio nos faz recordar as muitas almas atribuladas na Inglaterra do século XIX. Uma década depois, Newman fugiu para a Igreja de Roma em busca de segurança, mas a mesma sensação de estar envolvido em trevas aparece no conhecido hino evangélico de Henry Francis Lyte intitulado "Comunhão divina":

> Em breve aqui terei meu fim mortal;
> Desaparece o gozo terreal;
> Mudança vejo em tudo, e corrupção.
> Comigo faze eterna habitação!

Ninguém na Inglaterra do século XIX podia ignorar o ritmo de mudança, porém, dois movimentos cristãos preeminentes ajudaram literalmente milhões de fiéis a se ajustar ao "breve [...] fim mortal" e, no processo, conquistaram um lugar de respeito na memória cristã.

Refiro-me à seita de evangélicos Clapham e ao movimento de Oxford, que consistia de anglicanos da alta igreja, nenhum deles grande em número em seu início. Eles fortalecem a observação feita pelo professor Gilbert Murray de que "a edificação do homem é trabalho de uns poucos escolhidos", contudo, até hoje os cristãos evangélicos consideram a Seita Clapham um modelo de preocupação social cristã, e os anglicanos da alta igreja olham para o movimento de Oxford como uma fonte de devoção clerical.

Uma comparação dos dois movimentos gera algumas percepções interessantes quanto à contínua questão do papel do cristianismo na sociedade. Mas de que modo, afinal, os cristãos devem ver o mundo?

EVANGÉLICOS NO MUNDO

Sabemos que a Igreja tem uma dupla comissão: Deus enviou seu povo *ao* mundo para proclamar a salvação e servir aos necessitados, mas também chamou os seus *do* mundo para adorá-lo e aprender dele. Missão sem adoração pode produzir um serviço vazio, e adoração sem missão pode gerar uma religião negligente. Desse modo, a vida da Igreja no mundo envolve uma conversa constante: um "sim" aqui e um "não" ali. Uma vez que a sociedade estava mudando com tanta rapidez, os protestantes da Inglaterra no século XIX nem sempre sabiam ao certo se estavam conversando com amigos ou inimigos.

[*Evangélicos*]

Descrições contemporâneas costumam se basear nas quatro características oferecidas por David Bebbington: conversionismo, ativismo, biblicismo (confiança na Bíblia como fonte de devoção, direção e teologia) e crucicentrismo (ênfase na natureza sacrificial da cruz). Thomas Kidd acrescenta uma ênfase no Espírito Santo conforme manifesto em avivamentos, derramamentos e encontros transformadores com o amor de Deus. ■

Em muitos aspectos, o século XIX pertenceu à Grã-Bretanha. A Inglaterra foi o berço da Revolução Industrial e Londres tornou-se a maior cidade e o centro financeiro mundial. O comércio britânico circundava o globo; a marinha britânica dominava os mares. Em 1914, a Grã-Bretanha era o maior império em extensão e população já formado pelo homem.

Entretanto, esse rápido crescimento industrial e comercial deixou muitos britânicos estarrecidos. O fundamento de todas as instituições sacras parecia estar abalado. Alguns homens, recordando-se dos terríveis dias da Revolução Francesa, temiam o futuro, ao passo que outros exaltavam a mudança e chamavam-na de progresso. Para eles, a Inglaterra era a vanguarda de uma nova época de prosperidade e liberdade para todos; assim, medo e esperança estavam curiosamente mesclados.

394 HISTÓRIA DO CRISTIANISMO

No raiar da era do progresso, os protestantes ingleses pertenciam ora à Igreja estabelecida, o anglicanismo, ora a denominações não conformistas: metodista, batista, congregacionalista e outros grupos menores. Os movimentos marcantes do século XIX, todavia, não emergiram de linhas denominacionais tradicionais. A crescente liberdade da época possibilitou aos cristãos a formação de uma série de sociedades religiosas para ministrar à vida inglesa de alguma forma essencial ou para difundir o evangelho além-mar. Essas sociedades não eram igrejas no sentido tradicional de sacramentos, credos e ministros ordenados, mas sim grupos de cristãos trabalhando para algum objetivo específico: distribuição de Bíblias, por exemplo, ou auxílio aos pobres.

No início da era do progresso, a maior força na vida religiosa inglesa era o movimento evangélico, incitado e difundido por John Wesley e George Whitefield e que tinha como principais marcas a piedade pessoal intensa, geralmente fruto de uma experiência de conversão, e uma intensa preocupação com o serviço cristão no mundo. Ambas eram nutridas pela devoção à Bíblia e direcionadas pelos temas centrais do avivamento do século XVIII: o amor de Deus revelado em Cristo, a necessidade de salvação por meio da fé e a experiência do novo nascimento conduzida pelo Espírito Santo. Essa mensagem evangélica ecoava de uma minoria significativa de púlpitos na Igreja da Inglaterra e de uma maioria de púlpitos nas denominações não conformistas.

Os evangélicos da Igreja da Inglaterra eram totalmente leais à sua igreja e aprovavam seu governo episcopal. No entanto, estavam dispostos a trabalhar com ministros e igrejas não conformistas porque seu principal interesse não era a igreja e seus ritos, pois consideravam a pregação do evangelho mais importante do que a execução de sacramentos ou os estilos de rituais. Essa postura era chamada de "baixa igreja".

Impelidos pelo entusiasmo do avivamento metodista, os evangélicos viram os males da sociedade britânica como um chamado para o serviço dedicado e se lançaram a causas reformadoras em favor dos negligenciados e oprimidos.

A COMUNIDADE CLAPHAM

A sede geral das cruzadas evangélicas era um pequeno vilarejo a cerca de cinco quilômetros de Londres chamada Clapham, que era a residência de campo de um grupo de evangélicos ricos e fervorosos que sabia o que era praticar "santidade na vida diária" e viver com os olhos na eternidade. Vários deles possuíam casas magníficas na vila, ao passo que outros no grupo visitavam Clapham com frequência e viviam com seus colaboradores. Apesar de terem sido denominados pelos historiadores de "Seita de Clapham", eles não eram uma seita; estavam mais para uma família intimamente unida.

O grupo encontrou orientação espiritual no ministro da igreja paroquial, John Venn, um homem de cultura e distinto bom senso, e seus membros se encontravam com frequência para estudar a Bíblia, dialogar e orar na biblioteca oval de um rico banqueiro, Henry Thornton.

O líder inquestionável do grupo era William Wilberforce (1759-1833), o estadista parlamentar, mas ele contava com inúmeros talentos para causas evangélicas em seu círculo de amigos: John Shore (lorde Teignmouth), governador-geral da Índia; Charles Grant, presidente da Companhia das Índias Orientais; James Stephens Sr., chefe do departamento colonial; Zachary Macauley, editor do periódico *Christian Observer* [Observador cristão]; Thomas Clarkson, líder abolicionista, entre outros.

Aos 25 anos, Wilberforce experimentara uma conversão marcante após a leitura de *Rise and Progress of Religion in the Soul* [Começo e progresso da religião na alma], de Philip Doddridge. Além disso, possuía todas as qualidades naturais para uma liderança de destaque: vasta riqueza, educação liberal e talentos incomuns. O primeiro-ministro William Pitt disse, certa vez, que ele tinha a maior eloquência natural jamais vista em alguém, tanto que alguns o chamavam de "rouxinol da Câmara dos Comuns"; além disso, muitos testificaram de sua abundante capacidade de fazer amizade e de seus elevados princípios morais. Por várias razões, Wilberforce parecia providencialmente preparado para a tarefa e o momento.

"Minha caminhada", disse ele uma vez, "é pública: meu negócio está no mundo, e é necessário que eu me misture nas assembleias dos homens ou renuncie à parte que a Providência parece ter-me designado."

Sob a liderança de Wilberforce, os amigos de Clapham aproximaram-se gradualmente em intimidade e solidariedade. Nas mansões dele acontecia aquilo que decidiram chamar de "conselhos de gabinete", em que discutiam os erros e as injustiças do país e as batalhas que teriam de travar a fim de estabelecer a justiça. Então, dentro e fora do parlamento, eles se comportavam como um único corpo, delegando o trabalho que cada pessoa melhor conseguiria desempenhar para alcançar seu propósito comum.

"Foi uma fraternidade notável", diz Reginald Coupland, biógrafo de Wilberforce. "Nunca houve nada igual desde então na vida pública britânica."

OS EVANGÉLICOS E AS QUESTÕES SOCIAIS

Um grande número de causas evangélicas emergiu da sossegada e pequena comunidade de Clapham: a Sociedade Missionária da Igreja (1799), a Sociedade Bíblica Britânica e Estrangeira (1804), a Sociedade para a Melhoria da Condição dos Pobres (1796), a Sociedade para a Reforma da Disciplina Prisional e muitas outras.

A maior iniciativa de todas, entretanto, concentrava-se na campanha contra a escravidão, cuja primeira batalha foi pela abolição do comércio de

396 HISTÓRIA DO CRISTIANISMO

escravos, isto é, o ato de capturar homens negros provenientes da África e enviá-los para serem vendidos nas Índias Ocidentais.

Os ingleses haviam entrado nesse negócio em 1562, quando Sir John Hawkins apropriou-se de um carregamento de escravos de Serra Leoa e vendeu-os em São Domingos. Então, após a monarquia ter sido restaurada em 1660, o rei Carlos II concedeu uma carta de direitos a uma companhia que levava 3 mil escravos por ano às Índias Ocidentais. Desde então, o comércio tomou enormes proporções. Em 1770, de um total de 100 mil escravos por ano trazidos do oeste da África, os navios britânicos transportavam mais da metade; por esse motivo, muitos ingleses consideravam o negócio escravagista inseparavelmente ligado ao comércio e à segurança nacional da Grã-Bretanha.

Em 1789, Wilberforce fez seu primeiro discurso na Câmara dos Comuns sobre o tráfico de escravos, reconhecendo imediatamente que a eloquência por si só nunca destruiria o interesse comercial na venda de seres humanos. Em outras palavras, seria preciso oferecer informações confiáveis e, para isso, recorreu a seus colegas de Clapham.

Dois anos depois, após preparação exaustiva, Wilberforce apresentou outro discurso aos Comuns, buscando apresentar um projeto de lei para impedir mais importações de escravos para as Índias Ocidentais. "Nunca, nunca", disse ele, "desistiremos, até que tenhamos limpado esse escândalo do nome cristão, libertando-nos do peso da culpa e extinguido todo resquício desse tráfico sanguinário."

Uma vez mais, a oratória foi insuficiente, mas o apoio estava crescendo, e os trabalhadores a favor da abolição passaram a ver que as esperanças de sucesso dependiam de apelos não apenas ao parlamento, mas ao povo inglês. "É no sentimento da nação que devemos nos apoiar", disse Wilberforce, "então, que a chama seja alimentada."

Por etapas, a Seita Clapham aprendeu dois princípios fundamentais da política em uma democracia: como criar opinião pública e como encaminhar a pressão dessa opinião ao governo.

Os evangélicos obtinham petições, publicavam literatura abolicionista de qualidade, palestravam em palanques públicos e faziam campanhas em painéis publicitários — ou seja, usavam todos os meios de publicidade de que dispunham. Os não conformistas, por sua vez, manifestavam seu apoio, e, pela primeira vez na história, as mulheres participaram de uma disputa política. Os evangélicos alimentaram a chama e então levaram o fogo ao parlamento, onde Wilberforce e quatro colegas de Clapham — os "Santos" nos Comuns — tentaram incitar líderes complacentes a colocar um fim no desumano comércio escravagista.

O FIM DO TRÁFICO DE ESCRAVOS

Finalmente, a vitória coroou os esforços do grupo e, em 23 de fevereiro de 1807, a oposição foi desmantelada. O entusiasmo na Câmara intensificava-se a cada discurso apaixonado dos apoiadores da abolição e quando, por fim, um membro fez uma brilhante comparação entre Wilberforce e Napoleão, a antiga e sempre solene Câmara abandonou suas convenções tradicionais, pôs-se em pé, irrompeu em aplausos e fez o teto ecoar uma ovação raramente ouvida no parlamento. Wilberforce, tomado de emoção, permaneceu sentado com a cabeça entre as mãos e lágrimas escorrendo pelo rosto.

Esse acontecimento interrompeu o sistema legal que permitia o tráfico de vidas humanas, mas os escravos permaneciam presos, mas Wilberforce deu prosseguimento à batalha pela completa emancipação até que a idade e a saúde debilitada forçaram-no a deixar o parlamento. Ele, contudo, escalou um habilidoso jovem evangélico, Thomas Fowell Buxton, para a liderança do "santo empreendimento", e essa foi uma escolha sábia. A certeza da passagem do Ato de Emancipação, libertando os escravos no extenso Império Britânico, veio em 25 de julho de 1833, quatro dias antes da morte de Wilberforce.

O significado dessa ação antes de as potências coloniais europeias repartirem a África é enorme, e ninguém descreveu melhor o impacto do que o professor G. M. Trevelyan em seu livro *British History in the Nineteenth Century* [História britânica do século XIX]:

> Na última noite da escravidão, os homens negros em nossas ilhas da Índia Ocidental subiram ao topo das colinas para assistir ao nascer do sol, trazendo-lhes liberdade nos primeiros raios que brilhavam sobre as águas. Ao longe, nas florestas da África Central, no coração das penumbras ainda inexploradas, ninguém entendia ou estimava aquele dia. Contudo, o escuro continente era o mais afetado de todos. Antes de sua exploração pela Europa sequer começar, a nação mais poderosa que haveria de controlar seu destino decidira que a escravidão não deveria ser a relação entre o homem negro e o homem branco.

Por essa razão, acima de todas as outras, a Seita Clapham permanece sendo um exemplo brilhante de como uma sociedade, ou talvez o próprio mundo, pode ser influenciado por alguns poucos homens hábeis e devotos.

O MOVIMENTO DE OXFORD

Outro movimento cristão, o movimento de Oxford, representa uma resposta contrastante à crise social da Inglaterra no século XIX. Assim como seu antecessor, o movimento evangélico, ele foi uma iniciativa que partiu mais do sentimentalismo do que da razão. Porém, ao contrário do grupo de Clapham, os homens de Oxford estavam profundamente incomodados com o rumo da sociedade inglesa, pois viam as reformas do governo como ataques contra a santidade da Igreja da Inglaterra e estavam determinados a resistir às intrusões do mundo.

398 HISTÓRIA DO CRISTIANISMO

"Vivemos em uma era inédita", escreveu John Henry Newman para sua mãe, em março de 1829. "Os homens, até agora, dependiam dos outros, especialmente do clero, para ter acesso à verdade religiosa; agora, cada homem tenta julgar por si mesmo [...]. O talento da época está contra a Igreja."

Por gerações, a força da Igreja da Inglaterra havia repousado nas mãos dos aristocratas rurais, os poderosos do parlamento. A Revolução Industrial criou cidades industriais de rápido crescimento, tais como Manchester e Birmingham, mas elas não tinham representantes no parlamento. Por esse motivo, o clamor por reforma se intensificava.

O Ato da Reforma, de 1832, transferiu o equilíbrio do poder, antes sobre a nobreza rural, para a classe média, gerando uma nova sensibilidade para as forças democráticas. Essa ação significava que muitos membros novos do parlamento, embora não fossem membros da Igreja da Inglaterra, exerciam um poder significativo sobre ela. Alguns eclesiásticos devotos ficaram horrorizados e se faziam a seguinte pergunta: Será que políticos profanos ousariam colocar as mãos nas coisas sagradas de Deus?

Um grupo de homens talentosos e profundamente religiosos da Universidade de Oxford proferiu um brado contra essa ideia. John Keble, membro da Oriel College, pregou no púlpito da universidade, em 14 de julho de 1833, um sermão intitulado "Apostasia nacional". Uma nação é declarada culpada de negar a soberania de Deus, disse ele, quando mostra desrespeito pelos sucessores dos apóstolos, os bispos da Igreja, e apela apenas a razões baseadas em popularidade ou conveniência.

Keble encontrou um sólido apoio em John Henry Newman (1801-1890), vigário da igreja universitária e figura dominante na comunidade acadêmica. Em pouco tempo, um homem mais velho uniu-se a eles: Edward Pusey, professor de hebraico. Por meio de pregações e trabalhos escritos, esses três homens influentes transformaram seu protesto em um movimento.

Os homens de Oxford sentiam que a Igreja da Inglaterra precisava afirmar que sua autoridade não repousava na autoridade do Estado, mas vinha de Deus, e os bispos da Igreja não recebiam poder por posição social, mas por uma comissão apostólica. Sendo assim, mesmo que a Igreja fosse completamente separada do Estado, a Igreja da Inglaterra ainda poderia exigir a obediência dos ingleses, pois tinha autoridade divina.

A fim de difundir suas opiniões, os homens de Oxford publicaram, em 1833, uma série de "Tratados para os tempos", uma atitude que lhes conferiu a alcunha de "tratarianos". Nesses escritos, os líderes do movimento expressavam suas convicções sobre um único artigo do credo: a crença na "Igreja única, santa, Católica e apostólica". Eles enfatizavam a sucessão apostólica de bispos ao longo da história e a autoridade divinamente concedida da Igreja para ensinar a verdade e governar a vida dos homens. Além disso, engrandeciam o lugar dos sacramentos, atribuindo-lhes um verdadeiro poder salvífico, e defendiam como ideal para a Igreja da Inglaterra a imagem da Igreja dos primeiros cinco séculos da era cristã, pois, naquela época, argumentavam eles, a Igreja cristã era unificada e verdadeiramente católica.

Mesmo que algumas dessas ideias históricas fossem extravagantes, os tratarianos acreditavam nelas piamente e se autointitulavam católicos, fundamentando-se no fato de que estavam em concordância com esse cristianismo católico primitivo, e rejeitavam o nome "protestante" por este se referir a uma divisão na Igreja.

O culto público era vital para os homens de Oxford, pois eles acreditavam profundamente no valor religioso das ações simbólicas do culto, tais como virar-se para o altar, ajoelhar-se e erguer a cruz. A adoração a Deus, diziam eles, exige uma resposta total do homem; assim, o ritual deveria apelar aos sentidos, incluindo ricas indumentárias clericais, incenso no altar, música cantada por vozes treinadas, entre outros elementos — em suma, o cristianismo tratariano era uma versão zelosa do cristianismo da alta igreja.

Aos poucos, os homens de Oxford se aproximavam da Igreja de Roma até que, em 1841, como um raio fulminante, John Henry Newman escreveu o *Tratado 90* e afirmou que os *Trinta e nove artigos da Igreja da Inglaterra* não eram necessariamente protestantes e podiam ser interpretados no espírito da Igreja Católica. Será que Newman de fato cria que um indivíduo poderia ser católico romano e permanecer na Igreja da Inglaterra?

O movimento enfrentou uma chuva de protestos, e o bispo de Oxford proibiu Newman de publicar outros tratados, o qual concluiu que o único modo de ser verdadeiramente católico era entrando para a Igreja Católica Romana e, assim, converteu-se a Roma em 1845. Durante os seis anos seguintes, centenas de clérigos anglicanos seguiram seu exemplo. Com o tempo, Newman tornou-se reitor da nova universidade católica em Dublin, e, em 1877, foi nomeado cardeal na Igreja de Roma.

A grande maioria dos tratarianos, contudo, permaneceu na Igreja da Inglaterra, e um número crescente de clérigos passou a adotar a mesma postura de alta igreja. A religião, para muitos, focava-se em rituais, sacerdotes e sacramentos, mas a preocupação com a beleza trouxe melhorias nas igrejas na esfera da arquitetura, da música e da arte. Gradualmente, os nomes "movimento de Oxford" e "tratarianos" deram lugar ao título "anglo-católicos", significando que esses anglicanos valorizavam sua unidade com a tradição católica na ortodoxia oriental e no catolicismo romano, mas se recusavam a aceitar a supremacia do patriarca ou papa.

A visão evangélica e anglo-católica do papel do cristianismo na sociedade permanece viva em nossa época, embora nem sempre ativa. Poucas gerações têm um Wilberforce ou um Newman, mas suas convicções sobrevivem, contudo, por serem básicas ao cristianismo em qualquer era, a saber: missão e adoração. Os cristãos primitivos criam que, no meio da noite, o

400 HISTÓRIA DO CRISTIANISMO

próprio Senhor Jesus orou por seus discípulos: "Pai, [...] Não rogo que os tires do mundo, mas que os protejas do Maligno. Eles não são do mundo, como eu também não sou. Santifica-os na verdade; a tua palavra é a verdade. Assim como me enviaste ao mundo, eu os enviei ao mundo" (João 17:11-18).

Leitura sugerida

- CHURCH, R. W. *The Oxford Movement* [O Movimento de Oxfrod]. Chicago: University of Chicago Press, 1970.

- COUPLAND, Reginald. *Wilberforce: A Narrative* [Wilberforce: uma narrativa]. Oxford: Clarendon Press, 1923.

- HOWSE, Ernest Marshall. *Saints in Politics* [Santos na política]. Londres: George Allen, 1960.

- JOHNSON, Paul. *A History of Christianity* [História do cristianismo]. Nova York: Atheneum, 1983.

- OLLARD, S. L. *A Short History of the Oxford Movement* [Uma breve história do Movimento de Oxford]. Londres: Faith Press, 1963.

- SYMONDSON, Anthony (Org.). *The Victorian Crisis of Faith* [A crise da fé vitoriana]. Londres: S.P.C.K., 1970.

- *TOMKINS, Stephen. *William Wilberforce: A Biography* [William Wilberforce: uma biografia]. Grand Rapids: Eerdmans, 2007.

CAPÍTULO 38

Aos povos mais remotos da terra

As missões protestantes

EM UMA VILA INGLESA, NO FINAL DO SÉCULO XVIII, havia um pequeno ateliê. Sobre a porta, uma placa anunciava: "Compram-se e vendem-se sapatos usados". Ali dentro, o sapateiro, William Carey, consertava os calçados dos vizinhos ou, quando o tempo permitia, aprofundava-se em seus estudos de latim e grego. Sobre a bancada de trabalho, havia um mapa-múndi rudimentar no qual Carey fizera anotações sobre as viagens do capitão James Cook ou de algum outro viajante. Um amigo, Thomas Scott, apelidou o ateliê de "faculdade de Carey".

A bancada de Carey e seu mapa são símbolos apropriados do crescente interesse por povos distantes e por buscar os meios de levar-lhes o evangelho durante a era do progresso. No começo do século XIX, o cristianismo protestante quase não existia fora da Europa e da América, e a Ásia era praticamente intocada pelo evangelho, salvo por alguns pontos na Índia e nas Índias Orientais, regiões que os holandeses haviam tomado dos portugueses. A África era o "continente negro", exceto pela presença dos antigos coptas no Egito e na Etiópia. Após dezoito séculos, o cristianismo estava longe de se caracterizar como uma religião mundial.

Hoje a situação é diferente. Quase todos os jornais metropolitanos apresentam, em sua primeira página, notícias diárias de acontecimentos absolutamente ligados ao cristianismo em algum lugar da terra.

A grande era da expansão cristã foi o século XIX. "Nunca antes um conjunto de ideias, religiosas ou seculares, foi propagado em tantas regiões e por tantos agentes profissionais mantidos por doações espontâneas de tantos milhões de indivíduos." Esse é o parecer de Kenneth Scott Latourette, o principal historiador especializado na expansão do cristianismo. Somente

402 HISTÓRIA DO CRISTIANISMO

no aspecto da magnitude, a missão cristã no século XIX é sem precedentes em toda a história da humanidade.

Como podemos explicar essa explosão repentina de energia protestante voltada a ganhar o mundo para Cristo?

O PIONEIRO DAS MISSÕES MODERNAS

Durante o primeiro século da história protestante, os países católicos romanos, Espanha e Portugal, controlavam o crescimento comercial e imperial dos povos europeus. Os grandes nomes missionários eram Xavier, Las Casas e Ricci. Somente após a vitória inglesa sobre a Armada Espanhola (em 1588) e a ascensão dos britânicos e holandeses como potências coloniais é que continentes e povos se abriram aos missionários protestantes.

Os primeiros protestantes que tentaram alcançar povos de lugares remotos com o evangelho foram os pietistas. A preocupação dos morávios, entretanto, voltava-se para os habitantes de colônias europeias que pereciam sem o conhecimento de Cristo. Os grupos cristãos inaugurados pelos pietistas eram pequenas ilhas rodeadas pelo mar do "paganismo".

William Carey apresentou aos cristãos o conceito de missões em uma escala muito maior, pois pensava em termos da evangelização de países inteiros, considerando qual seria o resultado de populações inteiras se tornando cristãs. Ele alegava que o missionário em terras estrangeiras nunca poderia dar mais do que uma pequena contribuição para a realização de todo o trabalho que precisava ser feito e que, dessa forma, o desenvolvimento do ministério local deveria ser o primeiro e maior interesse de todos os missionários. Acima de tudo, ele entendia que o cristianismo deveria estar firmemente enraizado na cultura e nas tradições das terras em que fosse plantado. Por todas essas razões e muitas outras mais, Carey ganhou o título de "pai das missões modernas".

O sapateiro inglês era um candidato muito improvável para a grandeza. Ele era casado com uma moça pobre e sem estudos, e o que ganhava com seu ofício mal pagava a própria alimentação. A grandeza desse homem, entretanto, residia dentro dele, não nas circunstâncias, pois ele tinha um apetite voraz pelo conhecimento e passaria fome, se preciso, para comprar um livro. Colombo e o capitão James Cook eram sua grande inspiração.

Em 1779, por intermédio de um colega sapateiro, ele se converteu à fé cristã e, em 1783, foi batizado. Após obter um pouco de experiência como pregador, ele se tornou pastor da Capela Batista em Moulton e, assim, passou a sustentar a família também com a pregação.

Nos círculos batistas, ele conheceu Andrew Fuller, também pastor e um calvinista convicto que havia rompido com alguns de seus colegas calvinistas que consideravam a evangelização vigorosa e os apelos à conversão atitudes inconsistentes com a eleição divina de certas pessoas para a salvação.

Ele defendia tanto a ideia calvinista da eleição quanto a ordem de seguir a Jesus e os apóstolos na prática do evangelismo.

"Chegamos a um estado tão transigente na forma de lidar com os não convertidos", queixou-se Fuller, "que quase perdemos o espírito dos primeiros pregadores. É por isso que pecadores de todos os tipos podem se sentar tranquilamente, como fazem ano após ano nos bancos de nossos templos."

Com base no ensino de Fuller, Carrey chegou à inferência inevitável de que, se é dever de todos os homens arrependerem-se e crerem no evangelho, também é dever daqueles que já receberam o evangelho levá-lo a todo o mundo.

Em 1792, Carey publicou *Uma averiguação da obrigação dos cristãos de usar meios para a conversão dos pagãos*, obra que inaugurou uma nova época. Nela, Carey abordou as cinco objeções que as pessoas faziam contra missões às terras pagãs: a distância, o barbarismo, o perigo envolvido, as dificuldades de sustento e o idioma. Ele deu respostas para todas elas, uma a uma, uma vez que os mesmos obstáculos não haviam impedido que comerciantes viajassem a lugares remotos. "É apenas necessário", escreveu, "que tenhamos tanto amor pelas almas de nossos semelhantes, criaturas e pecadores como nós, quanto os comerciantes têm pelo lucro obtido com peles de lontras. Então, todas essas dificuldades serão facilmente superadas." Ele concluiu seu apelo com propostas práticas para a pregação do evangelho ao redor do mundo.

Encorajados mutuamente, Carey e Fuller conseguiram se livrar da teologia restritiva da época e se voltaram ao Novo Testamento, especificamente à injunção de Cristo para pregar o evangelho a todo o mundo e à declaração do apóstolo Paulo sobre a intenção divina: "que ao nome de Jesus se dobre todo joelho, nos céus, na terra e debaixo da terra, e toda língua confesse que Jesus Cristo é o Senhor, para a glória de Deus Pai" (Filipenses 2:10-11). Esses textos eram lidos com um senso de urgência, como se Jesus estivesse falando com eles, não apenas com os discípulos havia tanto tempo.

Em consequência, em outubro de 1792, Carey, Fuller e onze colegas batistas formaram a Sociedade Missionária Batista e, dentro de um ano, Carey e sua família estavam a caminho da Índia. Sua esposa, Dorothy, havia planejado ficar, mas mudou de ideia e aceitou um último pedido do esposo para acompanhá-lo, mas se arrependeu quase de imediato e, no fim, acabou passando o resto da vida dentro do quarto, mergulhada em amargura e, possivelmente, insanidade.

A Companhia Britânica das Índias Orientais, a verdadeira responsável por governar a Índia desde 1763, estava em pleno vigor naquela época, mas não era uma entusiasta das missões, pois seu interesse era o lucro. A maioria de seus representantes, que gozava de uma vida livre e fácil e desfrutava ao máximo do sentimento de superioridade racial, considerava "o envio de missionários às possessões orientais o projeto mais insano, extravagante, custoso e indefensável já sugerido por um fanático lunático. Esse é um plano pernicioso, imprudente, inútil, danoso, perigoso, desvantajoso e exótico".

A Companhia não autorizou Carey a viver em Calcutá, então ele se estabeleceu em Serampore, uma região controlada pela Dinamarca. Ali, ele conseguiu um emprego como capataz em uma fábrica de índigo em Bengala e, uma vez que suas atribuições tomavam-lhe apenas três meses do ano, ele tinha bastante tempo para se dedicar intensivamente ao estudo das línguas orientais. Em 1799, dois colegas batistas, Joshua Marshman e William Ward, juntaram-se a Carey em Serampore e, nos 25 anos seguintes, os três homens trabalharam juntos com o objetivo de organizar uma crescente rede de focos missionários em Bengala e além.

Carey e seus companheiros mergulharam corajosamente nos meandros do pensamento hindu, pois não consideravam esses estudos uma forma de distração da obra missionária; pelo contrário, acreditavam que a plena compreensão do pensamento hindu era uma ferramenta essencial, afinal de contas, além de o pregador do evangelho não poder ser entendido com clareza se falar apenas com autoconfiança em seu próprio conhecimento, aqueles missionários também entendiam que não é somente a alma e o corpo dos homens que precisam ser redimidos; a cosmovisão de uma nação não cristã também é um campo que deve ser levado cativo e sujeito a Cristo. Em 1824, Carey já havia supervisionado seis traduções completas e 24 traduções parciais da Bíblia, além de publicado diversas gramáticas, dicionários e traduções de livros orientais.

A PROPAGAÇÃO DO TRABALHO MISSIONÁRIO

O exemplo do trio de Serampore foi contagioso. No começo do século XIX, o protestantismo demonstrou uma determinação nova e generalizada de levar o evangelho a todos os homens. A postura anterior predominante nas principais igrejas havia sido considerar as missões uma iniciativa desnecessária e sem esperança, mas, agora, vozes se levantavam de todos os lados proclamando o dever que todos os cristãos tinham de tomar parte na conversão dos povos ao redor do mundo, pois o evangelho não era propriedade privada dos povos europeus.

A lista de missionários pioneiros alcançava a casa das centenas: Henry Martyn na Índia, Robert Morrison na China, John Williams nos mares do sul, Adoniram Judson em Mianmar, Alexandre Duff na Índia, Allen Gardiner na Terra do Fogo, Robert MoVat na África do Sul e muitos outros. Inúmeros outros missionários e suas esposas foram há muito esquecidos porque morreram em questão de meses em climas tropicais infestados de malária ou nas mãos de alguma tribo selvagem.

Em grande parte, essa nova paixão pela pregação do evangelho aos pagãos surgiu das porções do protestantismo profundamente influenciadas

AOS POVOS MAIS REMOTOS DA TERRA **405**

pelos avivamentos evangélicos do século XVIII na Europa e na América. Durante as três primeiras décadas da nova era missionária, a iniciativa era quase exclusivamente evangélica.

Isso não chega a surpreender, uma vez que os despertamentos evangélicos revolucionaram a pregação e seus objetivos. Os clérigos tradicionais geralmente limitavam a tarefa do ministro ao desenvolvimento da semente da fé plantada no batismo em praticamente todos os membros da paróquia, portanto, esses homens não podiam imaginar a pregação do evangelho em uma sociedade tribal. Ao mesmo tempo, os cristãos que seguiam uma rígida doutrina de predestinação nunca pareceram se preocupar com os eleitos na Índia ou na China. Entretanto, os evangélicos, como Carey, entendiam a pregação como um chamado para que os pecadores se achegassem a Deus mediante a fé em Cristo e sentiam uma responsabilidade pessoal de fazê-lo e não enxergavam qualquer diferença em princípio entre "pagãos batizados" na Grã-Bretanha e povos não cristãos além-mar.

Foi somente nas décadas de 1820 e 1830, que o interesse por missões além-mar se tornou uma característica generalizada das igrejas britânicas, o que se deu, em parte, pelo sucesso dos evangélicos em influenciar as sociedades inglesa e escocesa. Muitos de seus valores foram adotados fora de seu próprio círculo e, de modo especial, a Grã-Bretanha como nação cristã com responsabilidades no exterior foi uma ideia que criou raízes.

A visão dessa tarefa missionária é expressa em milhares de sermões e centenas de hinos da época. Reginald Heber, que deu a própria vida para servir na Índia como bispo de Calcutá, oferece um exemplo com seu conhecido hino *From Greenland's Icy Mountain* [Das montanhas geladas da Groenlândia]:

> Podemos nós, de corações esclarecidos
> Com a sabedoria que do alto vem;
> Podemos nós, aos homens embrutecidos
> Negar a luz da vida além?
> Salvação, ó salvação!
> O som mavioso proclama,
> Até que a mais remota nação
> Do nome do Messias, conheça a fama.

Duas ênfases produziram essa nova visão protestante de mundo e, uma delas, conforme ilustram Carey e Fuller, era evangélica. A Bíblia ensina que os homens estão perdidos se não crerem em Cristo, e o Senhor determina que os cristãos em todas as épocas façam conhecida a salvação a todo o mundo.

A outra ênfase era profética. Muitos cristãos no século XIX seguiram Jonathan Edwards na crença de que o conhecimento do Senhor encheria a

406 HISTÓRIA DO CRISTIANISMO

terra assim como as águas cobrem o mar e que essa expansão do evangelho seria a preparação para o reino vindouro de Cristo sobre a terra. Tal crença em um reino futuro de Cristo era chamada de *milenarismo*.

A missão protestante em todo o mundo não era apenas um sonho, e a dedicação do movimento missionário mesclou-se ao otimismo da época do progresso, tornando tangível o alcance da meta. Foi assim que o Movimento Estudantil Voluntário para as Missões Estrangeiras tomou como lema as palavras: "A evangelização do mundo nesta geração".

A visão era constantemente renovada por relatos vindos da África ou do Pacífico Sul, mas nenhum deles foi mais inspirador do que os relatos sobre as trevas espirituais da África ou sobre os horrores do mercado escravagista árabe feitos por David Livingstone (1813-1873).

O grande explorador do continente africano vinha de um clã poderoso de escoceses e, aos dezenove anos, havia se comprometido a dedicar a vida ao "alívio da miséria humana". Estudou medicina como preparação para a obra missionária e, atraído pela reputação de Robert MoVat na África do Sul, foi para lá no ensejo de cooperar com o trabalho.

LIVINGSTONE NA ÁFRICA

Livingstone serviu por dez anos, a partir de 1841, na rotina comum de uma obra missionária, mas ele não era o tipo de pessoa que costumava permanecer por muito tempo em um só lugar. A mente e o impulso de explorador pulsavam dentro dele, sempre o atraindo, em suas próprias palavras, à "fumaça de milhares de vilarejos" que nunca haviam visto um missionário.

Na primeira grande viagem que o tornou famoso, ele seguiu pelas florestas à costa oeste de Angola e, depois, por não querer abandonar seus ajudantes africanos que o haviam acompanhado até ali, atravessou o continente até Quilimane, na costa leste. Nessa jornada, ele demonstrou todas as qualidades de um grande explorador, uma vez que, em sua conduta com os africanos, era muito paciente e nunca precisou usar violência; além disso, suas observações científicas e geográficas eram extremamente precisas. Essa única viagem bastou para abrir o coração da África para a era moderna.

No entanto, Livingstone era mais do que um viajante, pois sua causa maior era o evangelho e seu diário está repleto de trechos que expressam uma devoção quase mística. Pouco antes de iniciar a grande jornada, ele escreveu: "Não tomo por valiosa coisa nenhuma que eu tenha ou possa ter, salvo aquilo que apresente relação com o reino de Cristo".

O que mais tocava seu coração era aquilo que chamava de "ferida aberta do mundo", o devastador mercado escravagista da África central. Em uma pregação aos alunos de Cambridge em 1857, ele disse: "Eu voltarei para a África na tentativa de abrir caminho para o comércio e para o cristianismo, portanto, façam seu melhor para continuar o trabalho que comecei — deixo-o em suas mãos".

AOS POVOS MAIS REMOTOS DA TERRA **407**

Comércio e cristianismo? Seria Livingstone um mero precursor dos exploradores colonialistas que transformaram a vida de tantas partes da África em pesadelo? Não, longe disso. O que ele percebeu foi que o mercado escravagista seria incapaz de continuar se a própria África deixasse de participar. Se a escravidão fosse fonte de riqueza, participar deste tráfico sempre seria uma tentação para as tribos vizinhas mais fracas que tornavam extremamente perigosa a vida dos indefesos. Sendo assim, somente se os africanos fossem persuadidos a se envolver em um comércio legítimo, trocando os produtos de seus campos e florestas pelas coisas desejáveis que o homem branco tinha a oferecer, é que esse comércio maligno e destrutivo teria fim. Essa, pelo menos, era a convicção de Livingstone, uma parte central de seu sonho para a África.

Mas como essa visão missionária foi colocada em prática? Quais foram os canais para essa explosão de energia espiritual? As denominações tradicionais usavam uma das três formas de governo eclesiástico: episcopal, presbiteriano ou congregacional. Os defensores de cada uma alegavam estar seguindo a Bíblia, e todos os principais argumentos de cada um dos grupos eram bem conhecidos. Os homens haviam sofrido, e alguns até derramado sangue em favor da forma de governo que apoiavam.

Porém, conforme a convicção da responsabilidade de expandir o evangelho pelo mundo começou a surgir nos cristãos britânicos e americanos, ficava claro que nenhuma das formas tradicionais de governo eclesiástico possibilitaria à Igreja partir em missões mundiais. Sendo assim, os defensores do evangelismo mundial foram impelidos a outra forma de cooperação: as sociedades voluntárias.

A CRIAÇÃO DAS SOCIEDADES VOLUNTÁRIAS

Mais uma vez, Carey foi o pioneiro. Quando escreveu *Averiguação*, ele se perguntou o seguinte: O que uma companhia comercial faria? A partir daí, ele propôs a formação de uma companhia de cristãos sérios composta por leigos e ministros. O grupo deveria formar um comitê para coletar e processar informações e reunir recursos e missionários capacitados para enviar ao exterior.

A sociedade voluntária, da qual a sociedade missionária foi uma forma primitiva, transformou o cristianismo do século XIX. Ela foi criada para satisfazer necessidades não por razões teológicas; porém, acabou minando as formas estabelecidas de governo eclesiástico e, assim, possibilitando ações interdenominacionais. Anglicanos, batistas, congregacionalistas e metodistas podiam trabalhar juntos com propósitos definidos sem levantar questões preocupantes acerca de estruturas eclesiásticas. Além disso, a sociedade voluntária também alterou a base de poder na igreja encorajando a presença de leigos na liderança. Assim, homens cristãos comuns — e, posteriormente, mulheres — passaram a ocupar posições-chave nas sociedades importantes, algo considerado impossível em outras formas de igreja.

408 HISTÓRIA DO CRISTIANISMO

Essas características surgiram no início da história das sociedades missionárias. A Sociedade Missionária de Londres adotou, em 1795, seu "princípio fundamental de não enviar o presbiterianismo, a independência, o episcopado ou qualquer outra forma de governo eclesiástico, [...] mas o glorioso evangelho do Deus bendito aos pagãos". Um de seus fundadores exigia "o funeral da intolerância".

Graças à criação das sociedades, o entusiasta que coletava um centavo por semana dos membros de sua sociedade missionária local e distribuía a revista missionária participava plenamente do trabalho de missões, e foi por meio do trabalho dessas pessoas que candidatos para a obra se prontificavam. O missionário americano Rufus Anderson escreveu, em 1834: "Foi somente no presente século que as igrejas evangélicas da cristandade realmente se organizaram com vistas à conversão do mundo", e elas fizeram isso por meio das sociedades voluntárias.

Nos Estados Unidos, a primeira sociedade missionária estrangeira foi a Junta Americana de Comissionados para Missões Estrangeiras (1810), que foi formada pela iniciativa de um grupo de alunos do recém-criado Seminário Teólogico Congregacional de Andover. O líder do grupo era Samuel J. Mills, que, durante os estudos na *Williams College*, havia instigado a formação de uma pequena sociedade na qual todos os membros se comprometiam a dedicar a vida ao serviço missionário. Em Andover, a sociedade incluía o famoso missionário de Mianmar, Adoniram Judson. Os alunos, então, como em tantas outras ocasiões em anos posteriores, lançaram as bases para um avanço missionário; nesse caso, voltado para a jovem nação norte-americana.

Após alguns anos, batistas, presbiterianos e outras denominações maiores seguiram os congregacionalistas na criação de agências missionárias, e a conversão dos pagãos tornou-se um assunto de maior atenção nas congregações locais em cada cidade e município ao redor do país, sendo estimulada pela atividade contínua das sociedades locais e das organizações femininas, por eventos como "dias das crianças em favor das missões estrangeiras", visitas ocasionais de missionários em gozo de licença, campanhas periódicas para arrecadação de ofertas e, mais recentemente, a inclusão de sustento às missões estrangeiras como uma grande parcela no orçamento regular das igrejas.

No final do século XIX, quase todo corpo cristão, desde a Igreja Ortodoxa da Rússia até o Exército da Salvação, e quase todos os países, desde a Igreja Luterana da Finlândia e a Igreja Valdense da Itália até as mais novas denominações nos Estados Unidos, tinham participação nas iniciativas missionárias além-mar.

Muitas vezes, esses primeiros missionários não estavam conscientes dos conflitos que o evangelho produzia em outras culturas, uma vez que, para a maioria, o cristianismo ocidental era a única forma de cristianismo.

AOS POVOS MAIS REMOTOS DA TERRA **409**

Dessa maneira, converter um indiano ou um malásio era, em grande parte, o mesmo que transformá-lo em um holandês ou um português.

Hoje, é fácil condenar essa atitude, mas toda sociedade cristã e todo indivíduo cristão inserem uma grande medida de tradição cultural à fé. O problema existiu em todas as obras missionárias desde o início, e as consequências de uma apresentação tão estrangeira podem ser desastrosas para o progresso do evangelho. Se o cristianismo se apresenta com hábitos ocidentais considerados chocantes por outros povos, tais como a ingestão de carne ou uma proximidade maior entre os sexos do que a permitida na maioria das sociedades orientais, a fé é condenada antes mesmo de ser sequer examinada.

No entanto, a comunidade cristã apresenta uma distinção típica, que é a distinção do evangelho propriamente dito. O evangelho é um poder revolucionário, e qualquer tentativa de disfarçar esse fato tende a transformar a fé cristã em algo que ela não é.

AS MARCAS DO CRISTIANISMO MODERNO

Apesar de todas as barreiras, o movimento missionário protestante continuou a expandir-se e, ao longo do processo, enfatizou diversas características do cristianismo moderno.

Primeiro, a expansão mundial aconteceu, de modo geral, por voluntariado, não coerção. Desde a época de Constantino, a propagação da fé havia contado com o apoio ativo de governantes em países cristãos, com frequência resultando em conversões em massa; no entanto, os missionários protestantes no século XIX partiam — com algumas exceções — sem o apoio ou o controle do Estado, avançando apenas pelo poder da persuasão. Assim, os cristãos encontraram uma maneira de se envolver em missões defendendo a liberdade religiosa.

Segundo, o movimento missionário contava com a riqueza e os talentos de cidadãos protestantes comuns. Ao contrário da expansão missionária anterior, conduzida por monges e bispos, as novas sociedades estavam organizadas sobre as mais amplas bases possíveis e, por esse motivo, a tarefa primordial das igrejas, pregar o evangelho, recaiu sobre as pessoas das igrejas.

Terceiro, uma grande variedade de ministérios humanitários acompanhou a pregação do evangelho. Agências de missões fundaram escolas, hospitais e centros de formação para enfermeiras e médicos; além disso, transformaram muitos idiomas e dialetos em linguagem escrita e traduziram não somente a Bíblia, mas também outros escritos ocidentais para esses idiomas. E mais: introduziram medidas de saúde pública e técnicas mais avançadas de agricultura. Em alguns casos, essas atividades estavam intimamente ligadas ao objetivo de conversão, mas muitas surgiram do simples reconhecimento das necessidades físicas e sociais que nenhum cristão em sã consciência poderia ignorar.

HISTÓRIA DO CRISTIANISMO

Em muitos aspectos, portanto, o movimento missionário restaurou o evangelho ao seu lugar central no cristianismo e, nesse sentido, recuperou um elemento do conceito de santa igreja católica obscurecido pelas divisões da Reforma. A catolicidade, ou universalidade, que inspirou o mapa no ateliê de Carey, procurou alcançar novos povos em muitas terras desconhecidas.

Leitura sugerida

- DREWERY, Mary. *William Carey: Shoemaker and Missionary* [William Carey: sapateiro e missionário]. Londres: Hodder and Stoughton, 1978.

- GEORGE, Timothy. *Faithful Witness: The Life and Mission of William Carey*. [Testemunha ocular: a vida e a missão de William Carey]. Birmingham, AL: New Hope, 1991.

- GASCOIGNE, Bamber. *The Christians* [Os cristãos]. Nova York: William Morrow, 1977.

- HUXLEY, Elspeth. *Livingstone and His African Journeys* [Livinstone e suas missões africanas]. Nova York: Saturday Review Press, 1974.

- NEILL, Stephen. *A History of Christian Missions* [HIstória das missões cristãs]. Editado por Owen Chadwick. Middlesex: Penguin Books, 1986.

- NORTHCOTT, Cecil. *David Livingstone: His Triumph, Decline and Fall* [David Livinstone: seu triunfo, seu declínio e sua queda]. Filadélfia: Westminster, 1973.

CAPÍTULO 39

O destino de uma nação
Uma América cristã

"PODE UMA NAÇÃO NASCER NUM SÓ DIA, ou, pode-se dar à luz um povo num instante?" A pergunta de Isaías parecia excepcionalmente apropriada para a jovem nação americana. Em 1835, Lyman Beecher, o conhecido ministro presbiteriano e congregacional da Nova Inglaterra, pregou um sermão sobre Isaías 66:8, ao qual chamou de *Apelo ao oeste*.

Beecher acreditava piamente que um novo e vasto império estava começando na imensidão americana, e nada menos que uma cultura inteira estava em jogo. Por esse motivo, os cristãos deveriam aproveitar a oportunidade, disse ele, e moldar o "destino religioso e político da nação".

Ele propôs fazer isso pela pregação do evangelho, pela distribuição de Bíblias, pela plantação de igrejas, pela fundação de escolas e por meio de uma reforma da moral americana. Por ser puritano, Beecher sabia que uma sociedade livre precisava de leis justas e, em uma democracia, leis justas exigiam o apoio popular influenciado pelo cristianismo.

Beecher falava em nome de uma série de cristãos evangélicos: batistas, metodistas, congregacionalistas, presbiterianos e episcopais. Suas opiniões eram compartilhadas por tantos que os historiadores chamam essa época de "império justo". A visão de uma América cristã é um tema dominante no protestantismo americano do século XIX, e podemos identificar sua ascensão, sua grande crise e os elementos de seu declínio. Sem algum conhecimento daquele século, é quase impossível que os cristãos da atualidade compreendam as forças sociais e as figuras religiosas que atuam no presente.

O DESAFIO DO OESTE NORTE-AMERICANO

A campanha evangélica para moldar o destino da jovem nação norte-americana não era nova. Tal como a visão que Inocêncio III tivera da Europa medieval e o conceito de Calvino para uma Genebra cristã, o sonho

412 HISTÓRIA DO CRISTIANISMO

evangélico para a América expressava a preocupação cristã com a sociedade. O oeste norte-americano deu ao cristianismo evangélico sua maior oportunidade de impor as reivindicações do evangelho a uma nação inteira.

Mesmo que tal visão tenha desaparecido em nossa época, o impulso básico permanece, pois faz parte do propósito do Senhor para seu povo: "Vocês são o sal da terra [...] Vocês são a luz do mundo". Mas a pergunta é: Como os cristãos podem não se preocupar com o mundo à sua volta?

O grande fato do século XIX na América foi o oeste, uma fronteira em constante expansão. Os primeiros a ir além das montanhas Allegheny enalteceram a região. Em 1751, Christopher Gist descreveu-a como uma terra "regada por um grande número de pequenos córregos e riachos e repleta de lindos prados naturais, cobertos com centeio selvagem, grama azul e trevo".

Após a Guerra Revolucionária, um número tão grande de americanos foi para esse território que todo o continente pareceu se inclinar para o Pacífico. De 1792 a 1821, foram adicionados nove novos estados aos treze primeiros e, em meados do século, metade do povo norte-americano vivia a oeste dos montes Apalaches.

Foi um processo violento. Entre as árduas tarefas de expulsar os índios nativos norte-americanos e subjugar a região inexplorada, os pioneiros ganharam a reputação de levar uma vida selvagem e sem lei, tanto que suas condutas bárbaras sempre chocavam os europeus que se arriscavam além das montanhas.

Um visitante inglês descobriu que os

> homens nas florestas [...] lutam por causa das mais insignificantes provocações. Mãos, dentes, joelhos, cabeça e pés são suas armas; eles não lutam apenas com os punhos, [...] mas também rasgando, chutando, arranhando, mordendo, arrancando os olhos uns dos outros com o uso habilidoso do polegar em conjunto com outro dedo e fazendo o máximo para matar seus rivais [...].

No nascimento dos Estados Unidos da América, as denominações não pareciam estar preparadas para enfrentar as oportunidades do Oeste. A influência cristã estava em seu ponto mais baixo de toda a história — apenas 5% ou 10% do povo norte-americano era membro de alguma igreja. Com o tempo, entretanto, a sociedade bruta, turbulenta e ímpia do oeste foi domesticada e, mais do que qualquer outra força, o responsável por isto foi o cristianismo evangélico.

Ao enfrentar o desafio de subjugar uma nação à obediência cristã, os evangélicos tinham à mão dois instrumentos: a sociedade voluntária e o avivamento.

O DESTINO DE UMA NAÇÃO **413**

A Carta dos Direitos, com sua garantia de liberdade religiosa para todos, havia sancionado o conceito denominacional de Igreja e descartado qualquer influência direta das igrejas sobre o governo. As denominações eram livres, portanto, para definir seus próprios credos e práticas. Mas e quanto à responsabilidade cristã pela vida e moral pública? Nesse contexto entra em ação a sociedade voluntária.

William Carey e outros evangélicos ingleses haviam criado a sociedade voluntária para levar o evangelho à Índia e lutar contra o tráfico de escravos nas Índias Ocidentais. Os evangélicos americanos adotaram a ideia para seus próprios propósitos, pois ela parecia ser o instrumento perfeito para que a sociedade livre na América exercesse influência na opinião pública, apoiasse atividades missionárias e educacionais de amplo alcance e disseminasse ideais reformadores na jovem nação. As sociedades voluntárias possibilitaram que cristãos de várias denominações se unissem em algumas questões de interesse comum, como a temperança ou a observância do sábado.

Assim, no início do século XIX, várias sociedades surgiram na tentativa de moldar algum aspecto da vida norte-americana: a Sociedade Bíblica Americana, a Sociedade de Colonização Americana, a União Americana de Escolas Dominicais, a Sociedade Americana de Educação e muitas outras. "Está se tornando cada vez mais evidente", observou Beecher em 1830, "que a grande influência" da Igreja e os triunfos dos últimos quarenta anos são o resultado da "associação voluntária de cristãos".

O segundo instrumento que os evangélicos empregaram para subjugar a terra foi o avivamento. Beecher argumentou que as igrejas poderiam procurar avivamento "para seus membros e pastores, bem como para o poder sobre a opinião pública que influencia a lei e dá apoio voluntário às instituições religiosas".

Em 1790, os evangélicos enfrentaram um duplo desafio evangelístico: recuperar o leste e ganhar o oeste. No leste, especialmente em várias faculdades, um novo entusiasmo pela vida do Espírito era visível antes de 1800. Esse avivamento tornou-se conhecido como o Segundo Grande Despertar e produziu a geração seguinte de líderes qualificados e dedicados para a cruzada ocidental.

O grande avivamento da fronteira ocidental ocorreu em regiões recém--colonizadas entre os montes Alleghenies e o Mississippi, concentradas em Kentucky e no Tennessee. Esse despertamento adquiriu as características dos habitantes: foi bruto, selvagem e impetuoso.

Timothy Flint, um homem que conhecia bem a região, deixou-nos um retrato do pregador do oeste:

> Viajando mês após mês através de florestas escuras [...], o pensamento e a expressão dos homens naturalmente passam a ser pensativos e românticos

414 HISTÓRIA DO CRISTIANISMO

[...]. Por isso, a pregação é de um tipo bastante comum, e seu primeiro objetivo é despertar os sentimentos [...]. O campo oferece um auditório sem limites para uma eloquência forte, sincera e iletrada, e o pregador raramente tem grande influência ou utilidade se não dispuser de algum toque desse poder.

Em meio a uma população amplamente analfabeta, o pregador fronteiriço, fosse branco ou negro, tornou-se o principal canal para a propagação do cristianismo. Um dos mais incisivos desses avivadores rústicos do oeste foi um presbiteriano alto, magro, com olhos negros penetrantes e "modos corajosos e intransigentes": o reverendo James McGready.

O INFLAMADO JAMES MCGREADY

McGready vinha de uma família escocesa/irlandesa na Pensilvânia, mas lançou seus primeiros raios na Carolina do Norte. Enfatizando a ira do Senhor contra pecadores de dura cerviz, McGready instigou um avivamento que levou dezenas de penitentes à conversão.

Ele percebeu, no entanto, que as congregações fronteiriças nem sempre esmoreciam sob uma pregação fervorosa. Quando McGready se mudou repentinamente para o Kentucky, no oeste, em 1798, circulou uma história de que a sugestão para sua mudança havia sido feita em uma carta anônima escrita com sangue!

Em Kentucky, o inflamado McGready pregava em três pequenas congregações: no rio Vermelho, no rio Gasper e no rio Muddy. Todos os três ficavam no Condado de Logan, na extremidade sudoeste do estado, uma região que era descrita por um pároco da fronteira como "porto dos delinquentes", pois abundava em ladrões de cavalos, bandidos e assassinos. Surpreendentemente, os campesinos sem lei reagiram com entusiasmo ao retrato que McGready pintava do céu e do inferno.

Ele descrevia o céu tão vividamente, que sua calejada congregação quase via suas glórias e desejava estar lá. Em seguida, pintava o inferno e seus horrores de forma tão eficaz que os pecadores estremeciam e imaginavam um lago de fogo e enxofre abrindo a boca para engoli-los, e a ira de Deus empurrando-os para dentro do abismo.

Em julho de 1800, McGready teve seu Pentecostes — e mudou o curso da história americana. Após um avivamento inicial no rio Vermelho, ele decidiu avisar previamente sobre o próximo culto sacramental na igreja do rio Gasper. Quando a notícia se espalhou pelos vilarejos, dezenas de pioneiros partiram em carroças, a cavalo ou a pé rumo ao rio Gasper, prontos para experimentarem o mover do Espírito. Alguns viajaram mais de 150 quilômetros e várias famílias chegaram ao rio Gasper com tendas e alimentos — carne de porco fria, fatias de pão de milho e aves assadas —, preparadas para permanecer um tempo ali e ver, ouvir e sentir a mão de Deus.

O DESTINO DE UMA NAÇÃO **415**

Hoje consideramos o rio Gasper o primeiro "acampamento de avivamento", ou seja, o primeiro culto religioso com vários dias de duração ao ar livre para pessoas provenientes de todas as partes. O nome vem do fato de que elas acampavam no local do evento.

McGready foi um precursor. Por quase dois séculos, os conceitos de pregador avivalista e de acampamento de avivamento perduraram na América. Com o tempo, no entanto, a intensidade da pregação inevitavelmente esfriou, pois o homem não vive só de fogo. Sob a liderança de homens como Charles Finney, D. L. Moody e Billy Graham, os acampamentos passaram a ser realizados em ambientes fechados, dando prosseguimento às suas condutas vitoriosas em capelas rurais e em auditórios urbanos.

Nem todos, é claro, apoiavam os avivamentos: muitos luteranos e presbiterianos achavam que eles desprezavam a sã doutrina, ao passo que católicos romanos e episcopais consideravam-nos erupções emocionais, não verdadeira adoração.

Tais críticas, entretanto, foram amplamente ignoradas à medida que os entusiásticos avivadores e um número crescente de missionários avançavam ao oeste pregando o evangelho, plantando igrejas e fundando faculdades. Na década de 1830, Alexis de Tocqueville, um arguto observador estrangeiro, descobriu que "não existe um país no mundo em que a religião cristã tenha mais influência sobre a alma dos homens", com o que muitos outros concordaram.

Um câncer mortal, porém, espalhou-se pelos tecidos da "América cristã". De que maneira uma democracia infundida em princípios cristãos podia continuar sancionando a escravização de milhões de seres humanos?

A prática americana escravagista havia começado em 20 de agosto de 1619, quando vinte escravos negros foram descarregados de uma fragata holandesa em Jamestown, Virgínia. Em 1830 esse número havia aumentado para cerca de 2 milhões. Conforme a nação se ampliava para o oeste, a escravidão tornou-se um problema, e toda vez que um novo estado era integrado à União, toda vez que os colonos se mudavam para uma terra nova, a questão da escravidão perturbava a consciência nacional com ainda mais intensidade. O novo território deveria ser escravo ou livre? A escravidão deveria ser estendida indefinidamente? Na paixão por preservar a liberdade e a união, se fosse preciso escolher, qual deveria vir primeiro?

As dimensões dessa luta eram tão básicas à existência humana e tão religiosa em caráter que todos os lados se voltaram para as Escrituras a fim de interpretar sua situação.

O CRISTIANISMO ENTRE OS ESCRAVOS

Os escravos buscaram na Bíblia algum sentido para preencher seu vazio, principalmente por necessidade, uma vez que seu mestre branco os havia despojado de tudo, incluindo seus deuses africanos.

416 HISTÓRIA DO CRISTIANISMO

O desarraigamento dos negros e seu transporte para uma terra estrangeira tiveram um efeito drástico em sua vida, pois, ao destruir sua cultura africana e ao romper sua organização social, a escravidão privou-os de um senso de lugar no mundo.

Alguns escravos cometeram suicídio durante a "passagem média", a travessia do Atlântico, outros tentaram escapar da escravidão em seu novo ambiente, mas a grande maioria submeteu-se ao seu destino e, em confusão e perplexidade, buscou significado para sua existência no mundo dos homens brancos.

O cristianismo deu aos escravos um novo centro para sua nova vida em uma nova terra. No começo, alguns senhores se opuseram fortemente ao ensino das Escrituras aos negros, pois temiam que o escravo pudesse encontrar na Bíblia ideias de igualdade humana que poderiam incitá-los à rebelião. A oposição diminuiu, porém, conforme os escravocratas se convenciam de que o próprio Novo Testamento apresentava argumentos em apoio à escravidão. Alguns deles, de fato, estavam convencidos de que os melhores escravos — ou seja, aqueles que estavam dispostos a aceitar o controle dos mestres brancos — eram aqueles que mais conheciam a Bíblia.

Na Bíblia, então, os escravos aprenderam sobre o Deus do homem branco e seu relacionamento com a humanidade e, uma vez que todas as outras formas de vida social organizada eram proibidas entre os escravos, o pregador negro surgiu como importante figura na "instituição invisível", a igreja escrava. Refletindo o espírito de avivamento da fronteira, o pregador negro era "chamado" ao cargo quase sempre por meio de uma experiência indicando que Deus o escolhera como líder espiritual. Esses chamados dramáticos deram ao pastor negro uma influência sem precedentes e, com o tempo, ele aprendeu a dramatizar histórias bíblicas para negros e a interpretar muitos personagens e acontecimentos em termos de experiências dos escravos.

Como Dean Willard Sperry explicou certa vez, o principal acontecimento era o Êxodo e o personagem bíblico mais importante era Jesus. A escravidão do povo de Deus por parte dos egípcios, a libertação do Egito, a passagem do mar Vermelho, a destruição do exército de Faraó no mar, as peregrinações no deserto e a travessia final do Jordão para a Terra da Promessa eram parábolas de vida que forneciam os temas constantes para sermões e cânticos dos escravos. Na época da servidão, havia pouca esperança de livramento aqui na terra; então, a emancipação passou a estar ligada à morte, quando Jesus golpearia os grilhões do escravo e o libertaria para outro mundo, mais feliz.

Olhando para trás, é difícil entender como um cristão poderia ter defendido a escravidão — a maioria, na verdade, só tentou fazer isso a partir da década de 1830. Às vezes, nos esquecemos de que, durante as três primeiras décadas do século XIX, o movimento antiescravagista era mais forte no

O DESTINO DE UMA NAÇÃO   **417**

sul do que no norte dos Estados Unidos. Por uma combinação de razões, no entanto, o movimento antiescravagista desapareceu, e uma defesa sulista da instituição surgiu; além disso, alguns dos argumentos a favor da escravidão eram extraídos da Bíblia graças aos clérigos do sul.

Na raiz da defesa sulista da escravidão estava o fato de que a Bíblia, por preceito e exemplo, apoiava o direito de ter escravos. Richard Furman, principal batista da Carolina do Sul, argumentava que os israelitas no Antigo Testamento foram orientados a adquirir escravos e, uma vez comprados, estes deveriam ser "escravos para sempre" (Levítico 25:46). Da mesma forma, no Novo Testamento, alegava Furman, os apóstolos inspirados nunca exigem a emancipação dos escravos. Dos senhores, somente o seguinte é requerido: "tratem seus escravos da mesma forma. Não os ameacem".

As associações da religião evangélica à raça passaram a ser uma característica distintiva do modo de vida sulista durante os anos do Reino do Algodão. O sul tornava-se cada vez mais isolado não apenas do Norte, mas de grande parte do resto do mundo ocidental, onde fortes julgamentos contra a escravidão eram frequentemente expressos, e esse isolamento levou à uma atitude defensiva. A região parecia obcecada com a instituição. Harriet Martineau, uma visitante estrangeira na década de 1830, observou o seguinte: "Um anel mágico parece ter sido desenhado em torno dos que vivem em meio à escravidão, e isso confere um caráter circular a tudo o que eles pensam e fazem sobre o assunto. Há poucos dentro desse anel que conseguem ver algo além disso". Uma coisa que os sulistas viram além de seu "anel mágico" foram ameaças e ataques.

Uma fonte importante do sentimento evangélico contra a escravidão no norte pode ser encontrada na pregação avivalista de Charles G. Finney. Por intermédio do amplo impacto de Finney, fortes sentimentos antiescravagistas cresceram no centro-oeste, especialmente em torno da *Oberlin College*, faculdade da qual Finney foi presidente. À frente da cruzada estava um dos discípulos de Finney, Theodore Weld. Seus escritos poderosos, *The Bible against Slavery* [A Bíblia contra a escravidão] (1837) e *Slavery as It Is* [A escravidão como ela é], serviram de catalisadores para o abolicionismo.

Harriet, filha de Lyman Beecher, ficou especialmente impressionada com *Slavery as It Is*. De acordo com a esposa de Weld, Angelina Grimke Weld, "Harriet Beecher Stowe viveu com *Slavery as It Is* dia e noite até seus fatos se cristalizarem em uma obra própria, *A cabana do Pai Tomás*". Em seu famoso livro antiescravagista, Harriet Beecher Stowe clamou: "Cristãos! Como vocês podem se esquecer, sempre que oram para que o reino de Cristo venha, de que a profecia associa, em terrível comunhão, o dia da vingança ao ano dos redimidos?" Ela estava se referindo à violenta derrocada do mal, Babilônia, predita no último livro da Bíblia. De acordo com a interpretação milenarista amplamente aceita do Apocalipse, a agonia da Babilônia, que começara com a Reforma Protestante, seria marcada pela "convulsão" das nações.

Assim, a nação norte-americana, destinada a desempenhar um papel fundamental no plano divino, deveria ser purificada da culpa enquanto avançava rumo ao ápice da história humana. A escravidão não era um pecado apenas do sul. A culpa era nacional; a purificação devia ser nacional. Em *A cabana do Pai Tomás*, então, a senhora Stowe estava falando à consciência da nação na esperança de que uma limpeza da alma nacional evitasse um flagelo divino sobre o corpo político.

Todos os lados da luta, portanto, usavam o mesmo conjunto de símbolos. Havia uma Bíblia, um céu, um inferno, um Jesus Cristo, um caminho de salvação; no entanto, os símbolos eram empregados para causas opostas. Como Deus poderia ser o Deus do sul contra o norte e o Deus do norte contra o sul? Como Deus poderia ter apoiado a escravidão, conforme diziam os sulistas, e ter-se oposto à escravidão, como afirmavam os nortistas?

Ninguém tinha mais consciência dessas questões do que o homem que carregava o fardo da reconciliação, o presidente Abraham Lincoln. Embora moldado pela cultura evangélica, Lincoln nunca se unira a uma igreja, permanecendo em casa sem um credo específico. Sua linguagem e seu pensamento, entretanto, eram formados pela Bíblia, e dela aprendeu que ninguém era capaz de interpretar com precisão a vontade de Deus para a nação.

Lyman Beecher (1775-1863), puritano, defendia firmemente a visão de uma América cristã.

"Em grandes contendas", disse certa vez, "cada lado alega agir de acordo com a vontade de Deus, mas ambos podem estar agindo segundo sua vontade, e um necessariamente está errado." Em outra ocasião, no segundo discurso inaugural, ele observou: "Ambas [União e Confederação] leem a mesma Bíblia, oram ao mesmo Deus e invocam seu auxílio uma contra a outra [...]. As orações de ambas não podem ser respondidas

[...]. O Onipotente tem seus próprios propósitos". Lincoln sabia que os homens deveriam tentar fazer a vontade de Deus tão bem quanto a pudessem determinar, mas o Onipotente tem propósitos que vão além dos planos dos homens.

E assim aconteceu: a guerra foi travada; sangue foi derramado; o país sofreu. A visão de uma América cristã também sobreviveu, mas, como a própria nação, estava muito enfraquecida. As igrejas negras cresceram em grande número, sendo a principal expressão institucional da liberdade e o constante lembrete do ponto cego na visão de uma América cristã.

CHOQUES CULTURAIS PARA A AMÉRICA EVANGÉLICA

As ruas de Atlanta mal haviam se esvaziado quando uma série de choques culturais suscitou questões generalizadas sobre a verdade ou a relevância das crenças evangélicas tradicionais.

O primeiro choque surgiu nos escritos de Charles Darwin. Em 1859, ele publicou *A origem das espécies*, talvez o livro mais importante do século. Em sua teoria da evolução, Darwin apresentou um grande desafio aos evangélicos, pois o livro argumentava que a evolução ocorreu mediante um mecanismo chamado seleção natural. De acordo com ele, várias espécies procuram sobreviver: as mais fortes para se adaptarem ao ambiente, perduram; as mais fracas, incapazes de fazê-lo, são extintas. Muitos cristãos previram o rumo dessas ideias: Será que ela deixaria algum lugar para um Deus criador ou sustentador? Como a história bíblica da criação deveria ser entendida?

O segundo choque para a fé tradicional partiu da crescente industrialização da sociedade americana e do êxodo para as cidades. Pequenos vilarejos tornaram-se grandes cidades da noite para o dia, e as pessoas vinham não só do interior da América, mas da Alemanha, Noruega, Itália e de outros países europeus. A maioria dos novos imigrantes trazia opiniões religiosas estranhas à maneira tradicional de os americanos protestantes enxergarem seu país e sua Bíblia.

O terceiro e mais direto ataque à confiança nas Escrituras veio na forma de críticas mais elevadas. À medida que professores de seminários e faculdades obtinham diplomas avançados nas principais universidades europeias, as opiniões críticas tornavam-se cada vez mais predominantes no ensino superior americano e, por fim, em muitas denominações importantes. Imagine o choque para as igrejas quando foi sugerido que Moisés não escreveu os cinco primeiros livros da Bíblia e que Jesus era um visionário iludido, não o Filho de Deus em carne!

Juntos, esses choques foram parte da mudança geral na cultura ocidental no que diz respeito às formas de pensamento e comportamento — antes, cristãs; agora, seculares. Além disso, os cristãos discordavam quanto à maneira de agir para enfrentar os novos desafios.

HISTÓRIA DO CRISTIANISMO

Entre as denominações tradicionalmente evangélicas, dois grupos distintos desenvolveram-se: um escolheu adotar as mudanças como bênçãos enviadas por Deus; o outro escolheu a resistência, considerando-as ameaças à mensagem bíblica.

O principal avivalista urbano durante a geração pós-Guerra Civil foi Dwight L. Moody, que, assim como vários pregadores menos conhecidos, sentiam que sua principal tarefa era ganhar almas para Cristo e preparar homens e mulheres salvos para a segunda vinda de Cristo.

Era claro, entretanto, que o sonho de Beecher de uma América cristã estava desaparecendo rapidamente. As esperanças milenaristas dissolveram-se no ódio da guerra entre os estados, no trauma das greves e dos pânicos financeiros nas décadas de 1870 e 1880, e na formação de uma sociedade urbana que rejeitava os valores cristãos. Em número crescente, os evangélicos, especialmente no norte urbano, passaram a especular sobre o futuro e se voltaram para o cultivo da vida interior.

O caráter decisivo do meio século no período compreendido entre a Guerra Civil e a Primeira Guerra Mundial evidencia-se em duas declarações, uma no início desse período e outra no final.

Em um discurso proferido em 1873, para a Aliança Evangélica, o reverendo Theodore Woolsey, presidente aposentado de Yale, perguntou: "Em que sentido este país pode ser chamado de *cristão*? Neste sentido, certamente: que a grande maioria das pessoas crê em Cristo e no evangelho, que as influências cristãs são universais, que nossa civilização e cultura intelectual são edificadas sobre esse fundamento [...]".

Cinquenta anos depois, em 1924, H. L. Mencken, o conhecido crítico de costumes americanos, observou que "a cristandade pode ser definida, de forma sucinta, como aquela parte do mundo em que, se alguém se levanta em público e jura solenemente que é cristão, todos os ouvintes riem".

Beecher nunca teria acreditado nisso.

Leitura sugerida

- FRAZIER, E. Franklin. *The Negro Church in America* [A igreja negra na América]. Nova York: Schocken, Books, 1963.

- GEORGE, Timothy (Org.). *Mr Moody and the Evangelical Tradition* [Moody e a tradição evangélica]. Nova York: T & T Clark International, 2004.

- HANDY, Robert T. *A Christian America* [Uma América crista]. Nova York: Oxford University Press, 1971.

- MARTY, Martin E. *Righteous Empire: The Protestant Experience in America* [Império justo: a experiência protestante na América]. Nova York: Dial Press, 1970.

- MCLOUGHLIN, William O. *The American Evangelicals: 1800-1900* [Os evangélicos Americanos: 1800-1900]. Nova York: Harper & Row Publishers, 1968.

- NOLL, Mark A. *A History of Christianity in the United States and Canada* [História do cristianismo nos Estados Unidos e no Canadá]. Grand Rapids: Eerdmans, 1992.

CAPÍTULO 40

Uma ponte para homens modernos inteligentes

O liberalismo protestante

EM SEU OCTOGÉSIMO QUINTO ANIVERSÁRIO, em 1920, Lyman Abbott, um dos ministros mais influentes da América na década de 1890, recordou-se da sólida educação puritana que recebera 75 anos atrás. Ele se lembrou da visão que tinha de Deus na juventude como "um tipo de justiça policial terrível e onipresente" e da imagem que tinha de si mesmo como "um culpado assustado, ciente de que merece punição, mas sem saber exatamente o motivo".

Muito antes de 1920, no entanto, juntamente com muitos outros americanos e europeus, Abbott havia deixado de pensar em Deus como um "policial onipresente" e no homem como um "culpado assustado". O mundo ocidental havia passado por muitas mudanças e adotado uma série de novas ideias no último quarto do século XIX.

Abbott assemelhava-se a um grande número de ministros americanos que tinham em comum um piedoso lar protestante, mas também convicções religiosas "liberais" e formação em algum seminário na Alemanha ou na América cujos estudos continentais eram valorizados.

Os acontecimentos do século XX foram cruéis com o credo liberal, mas cada uma das grandes denominações protestantes ainda reflete o impacto trazido pela teologia liberal. É difícil discordar do parecer do professor Sydney E. Ahlstrom, segundo o qual os liberais "lançaram a controvérsia mais fundamental à destruição de igrejas desde a época da Reforma". A razão disso é seu objetivo ambicioso: eles tentaram conduzir as igrejas protestantes ao novo mundo da ciência, da filosofia e da história modernas. Em sua autobiografia, *The Living of These Days* [O viver destes dias], Harry Emerson Fosdick, ministro da influente Igreja Riverside na cidade de Nova York, expressa bem isso ao dizer que o objetivo central da teologia liberal era possibilitar ao homem "ser tanto um homem moderno inteligente quanto um cristão sério".

OS OBJETIVOS DO LIBERALISMO PROTESTANTE

O liberalismo protestante, então, tinha diante de si um problema tão antigo quanto o próprio cristianismo: Como os cristãos podem fazer com que sua fé seja significativa em um novo mundo de pensamentos sem distorcer ou destruir o evangelho? O apóstolo Paulo tentou e conseguiu, mas os primeiros gnósticos tentaram e falharam. A questão do liberalismo ainda não foi decidida, mas a opinião pública cristã tende fortemente ao fracasso. Ninguém expressou a ironia dessa filosofia melhor do que H. Richard Niebuhr quando afirmou que, segundo o liberalismo, "um Deus sem ira trouxe homens sem pecado a um reino sem julgamento por intermédio das ministrações de um Cristo sem cruz".

Além de seu objetivo bastante claro, as definições de liberalismo religioso são tão variadas como as de liberalismo político. Muitos negam que o liberalismo protestante seja uma teologia, preferindo chamá-lo de *perspectiva*, *abordagem* ou *espírito*. Desse modo, Henry Sloane Coffin disse certa vez, no Seminário Union de Nova York, que o liberalismo é aquele espírito que reverencia a verdade como algo supremo e, portanto, almeja a liberdade de discutir, anunciar e buscar o que acredita ser verdadeiro.

[*O liberalismo teológico*]

O liberalismo teológico promove uma visão ética progressiva derivada da mensagem cristã ao mesmo tempo que nega o entendimento cristão tradicional da doutrina.

Adolf von Harnack (1851-1930) oferece-nos um exemplo perfeito de liberalismo. Ele fez contribuições pioneiras aos estudos, à teologia, à ética e à teologia histórica (um campo que revolucionou) do Novo Testamento e argumentava que Jesus havia sido mal compreendido e mal interpretado na maioria das fontes cristãs, inclusive nos Evangelhos. Jesus teria sido um simples profeta hebreu que chamava pessoas a um despertamento moral. A mensagem do verdadeiro Jesus poderia ser recuperada quando as camadas corruptas de tradição fossem removidas, isto é, quando o invólucro do cerne, cujo valor é eterno, fosse retirado.

De acordo com Harnack, Jesus ensinou que o reino de Deus não era um cataclismo sobrenatural vindouro, mas um reino ético, e ensinou também sobre a paternidade de Deus e a irmandade da raça humana; cada uma das almas era de infinito valor. Jesus também chamava seus discípulos a uma justiça mais elevada (que ultrapassava a dos fariseus), enraizada no mandamento divino de amar. ■

424 HISTÓRIA DO CRISTIANISMO

Sem dúvida, essa é uma síntese da perspectiva liberal, mas seria só isso? Por acaso esse espírito não conduz a convicções identificáveis? Penso que sim, e é esse conjunto, juntamente com essas convicções, que constitui o liberalismo protestante.

Pode ser proveitoso pensar na teologia liberal como uma ponte suspensa: a base de uma das torres está firmada no pensamento moderno, e a base da outra torre está firmada na experiência cristã. Infelizmente, o solo sob as duas colunas é instável, e quem atravessa a ponte discorda quanto a qual lado é o mais seguro. É por isso que o professor Kenneth Cauthen observa dois tipos fundamentais de liberalismo:"liberalismo evangélico" e "liberalismo modernista".

Cauthen sugere que os evangélicos liberais eram "cristãos sérios" — utilizando os termos de Fosdick — em busca de uma teologia que servisse a "homens modernos inteligentes". Os evangélicos liberais, então, depositaram mais confiança na torre fundamentada na experiência cristã.

Do outro lado da ponte, estavam os liberais modernistas; homens modernos inteligentes na expectativa de serem considerados cristãos sérios em algum sentido e que encontravam maior apoio na torre fundamentada no pensamento moderno.

Então, talvez a melhor forma de explorar o liberalismo teológico seja dar uma boa olhada no *pensamento moderno* e, depois, na *experiência cristã*.

Os liberais acreditavam que a teologia cristã devia chegar a um acordo com a ciência moderna caso desejasse reivindicar e manter o apoio de homens inteligentes da época. Entretanto, eles se recusavam a aceitar crenças religiosas com base apenas na autoridade, insistindo que a fé tinha de passar pelo teste da razão e da experiência. A mente do homem, acreditavam, era capaz de ter os pensamentos de Deus e que os melhores vestígios da natureza divina eram a intuição e a razão humana.

Os liberais afirmavam que o cristão deve manter a mente aberta para a verdade proveniente de qualquer fonte, pois novos fatos podem muito bem mudar crenças tradicionais que se apoiam em nada mais do que nos costumes e no tempo; em outras palavras, uma fé sem questionamento não tem valor.

Rendendo-se tão completamente à mentalidade moderna, os liberais aceitavam a suposição de que o universo era uma grande e harmoniosa máquina, ou talvez um organismo em crescimento extremamente complexo. Seja qual for a imagem, a de um relógio ou de uma planta, a questão em vista é a unidade, a harmonia e a coerência.

O relato bíblico da criação, no entanto, reconhece certas ordens importantes no universo: matéria inanimada, plantas, animais, homem e Deus. Isso não incomodava a teologia liberal, que insistia na unidade e na continuidade, reduzindo distinções entre revelação e religião natural, cristianismo e outras religiões, salvos e perdidos, Cristo e homem, homem e Deus.

Dois termos técnicos da teologia são cruciais aqui: *imanência* e *transcendência*. Imanência carrega a ideia da presença de Deus no mundo e de seu agir por meio da natureza — uma versão extrema da imanência encontra-se no panteísmo, o qual afirma que Deus e o mundo são idênticos. Já transcendência refere-se à realidade de Deus separada do mundo — uma versão extrema da transcendência encontra-se nos deístas, para os quais Deus está separado do mundo assim como um relojoeiro de seu relógio.

Os liberais sentiam que a antiga ideia ortodoxa cristã de um Deus localizado em algum lugar fora do universo era inaceitável para o homem moderno, e alguns deles criticavam a visão de um Deus como um ser distante e remoto, apesar de essa visão ter muito mais a ver com o deísmo do que com a teologia cristã genuína. Em oposição ao entendimento remoto de Deus, eles associavam o divino à consciência da humanidade, pois, para eles, Deus é a vida que flui através da natureza e do homem.

Essa visão imanente de Deus pareceu encaixar-se com os resultados dos estudos científicos. Em vez de subitamente irromper dentre as nuvens para criar o mundo, Deus, diziam eles, havia trabalhado durante eras por meio da lei natural, construindo aos poucos o universo que temos hoje. A maioria dos liberais concordava com o poeta: "Alguns chamam de evolução, outros chamam de Deus".

Evolução era a teoria de que todos os seres vivos complexos haviam se desenvolvido a partir de formas mais simples por meio da seleção natural, portanto, nenhuma espécie é permanente e imutável. Em 1785, James Hutton havia atribuído o desenvolvimento da terra não a causas sobrenaturais, mas a causas naturais, e confirmações desse ponto de vista vieram na obra de Sir Charles Lyell que inaugurou uma época, *Princípios de geologia* (1830). Lyell demonstrou que a superfície da terra havia sido formada por causas naturais operando durante um vasto período de tempo, uma concepção de tempo geológico essencial para qualquer teoria da evolução baseada em mudanças das espécies ao longo de milhares de gerações.

SURGE CHARLES DARWIN

O cientista cujo nome tornou-se sinônimo de evolução foi Charles Darwin (1809-1882). Após estudar medicina e preparar-se na Universidade de Cambridge para o ministério, Darwin tornou-se naturalista. De 1831 a 1836, estudou os espécimes que havia coletado durante uma expedição de pesquisa a bordo do *Beagle* ao longo da costa da América do Sul.

Em 1859, as opiniões de Darwin foram publicadas em seu livro *A origem das espécies*, no qual ele afirmou "que as espécies se modificaram durante uma longa série de descendências [...] principalmente por meio da seleção normal de numerosas variações sucessivas, pequenas e favoráveis". *A origem das espécies*, o livro mais importante do século, revolucionou os

426 HISTÓRIA DO CRISTIANISMO

conceitos sobre a origem e evolução da vida no planeta Terra. Darwin, então, fez uma segunda afirmação bombástica. Em 1871, seu livro *A descendência do homem* aplicou a seleção natural ao homem, chegando à controversa conclusão de que os ancestrais do homem eram provavelmente animais semelhantes a macacos.

Tais conclusões colocaram muitos religiosos na defensiva. Alguns rejeitaram vigorosamente as novas visões científicas, pois, se o homem não foi especialmente criado por Deus nem destituído de seu favor, onde está a necessidade de salvação em Cristo? Outros buscaram conciliar suas crenças religiosas com a teoria da evolução. Com o tempo, os liberais passaram a crer que a teoria da evolução suplementava, não contradizia, as bases do cristianismo e consideraram o crescimento e o desenvolvimento como uma forma escolhida por Deus para revelar-se ao homem. Em 1892, Lyman Abbott, à época ministro da Igreja Plymouth no Brooklyn, Nova York, redigiu *The Evolution of Christianity* [A evolução do cristianismo], buscando mostrar que, "no espiritual, assim como no físico, Deus é o segredo e a fonte de luz". Abbott falou sobre a evolução da Bíblia, da Igreja e até mesmo da alma.

Por mais sério que fosse o desafio da ciência para o cristianismo ortodoxo, ele era claramente secundário em relação às novas perspectivas históricas. A ciência podia apenas questionar o governo de Deus no mundo físico, mas o criticismo histórico avançava diretamente para os domínios da fé cristã, para a revelação de Deus na Bíblia.

A expressão utilizada para a aplicação dos princípios históricos à Bíblia é *criticismo bíblico* — o termo *criticismo* pode ser um tanto enganoso. É verdade que muitos estudiosos críticos chegam a conclusões que desafiam a veracidade da Bíblia e seu valor como testemunho do propósito de Deus, mas o termo identifica uma estratégia de conhecimento e aprendizado — um estudioso é crítico quando sujeita o material a um escrutínio cuidadoso (crítico). Por exemplo, um estudioso moderno ou crítico pode examinar o material do Novo Testamento com a finalidade de constatar se há evidência histórica que sustente o ensino eclesiástico de que o Filho era, de fato, Deus, ou se tal doutrina se apoia apenas em tradição. Esse movimento acreditava ser imune às tradições que corrompiam a verdade, algo já não tão verossímil atualmente.

O criticismo bíblico apresenta duas formas, por vezes chamadas de *baixa* e *alta* crítica. A baixa crítica busca reconstruir a redação precisa dos textos originais (atualmente perdidos) a partir de uma análise das muitas partes de manuscritos antigos sobreviventes. Essa busca acadêmica talvez alarme os cristãos conservadores a princípio, mas os próprios conservadores contribuíram significativamente com essa iniciativa, afinal de contas, eles têm grande interesse no discernimento e na descoberta da redação exata contida nos originais.

A alta crítica, por sua vez, coloca outra questão à prova, pois não está primariamente interessada na redação original do texto, mas em seu significado, e tem como objetivo examiná-lo historicamente para ver se o evento que ele relata aconteceu de fato. Para tanto, estuda o contexto, a autoria e seu cenário. Esse tipo de crítica acredita que só é possível compreender a Bíblia se olharmos para ela levando em consideração o contexto. Os métodos da alta crítica não eram novos, mas haviam sido limitados a outros escritos sem ser a Bíblia. No século XIX, o método foi aplicado à Bíblia como se ela fosse qualquer outro livro antigo cujas credenciais tinham de passar pelos critérios do método histórico; na prática, porém, os críticos não aplicavam a metodologia crítica como fariam com qualquer outro livro. Muitos partiam do pressuposto de que Deus não podia agir na história de formas miraculosas ou rotineiras; outros presumiam que a história da Bíblia e seu ensino eram falsos a menos que pudessem ser comprovados por fontes independentes. Isso resultou em conclusões que chocaram a ortodoxia.

Muitas conclusões da crítica incomodaram os fiéis. Os críticos acreditavam que os livros de Moisés eram, na verdade, produto de composições ao longo de séculos que incluíam quatro grandes tradições literárias da história de Israel. Alguns críticos especulavam que certas profecias pareciam verdadeiras por terem sido escritas após os acontecimentos; outros desafiavam a precisão dos Evangelhos, especialmente João. Uma das preocupações centrais da alta crítica era a busca do "Jesus histórico". Os críticos supunham que o Jesus da história era diferente do Jesus que encontramos retratado nos Evangelhos e pressupunham que a Igreja primitiva e os evangelistas haviam adicionado muitas coisas ao relato bíblico, gerando a necessidade de peneirar as palavras e as obras autênticas Jesus e separá-las daquelas que foram acrescentadas.

O trabalho de Strauss (1809-1874) rejeitava todas as abordagens anteriores, uma vez que ele alegava não ser mais possível adotar uma abordagem sobrenaturalista objetiva nem a abordagem do racionalismo, voltada a manter as aparências. Os racionalistas entendiam que os leitores podiam encontrar explicações racionais para os milagres de Jesus, os quais haviam sido mal interpretados pelos evangelistas; por exemplo, Jesus estava andando sobre um cais, não sobre as águas. Além disso, também era insatisfatória a noção de que os escritores dos evangelhos foram intencionalmente fraudulentos ao criar a história de Jesus. Strauss argumentou que as representações de Jesus nos Evangelhos refletem uma perspectiva mitológica dos antigos.

Os mitos eram o veículo empregado pelos povos antigos para explicar grandes personalidades e acontecimentos; sendo assim, a consciência de que o entendimento de mundo era moldado por mitos deu ao leitor moderno o conhecimento necessário para verificar de modo adequado as ideias importantes contidas nas histórias mitológicas antigas.

428 HISTÓRIA DO CRISTIANISMO

O IMPACTO DO CRITICISMO BÍBLICO

Tão importante como qualquer uma das conclusões particulares dos críticos da Bíblia era o fato de que o criticismo pôs em dúvida a confiabilidade geral da Bíblia. Os liberais deram boas-vindas à alta crítica porque reconheciam que uma visão radicalmente diferente da Bíblia era necessária aos homens modernos inteligentes e se sentiram livres da necessidade de fornecer explicações para a Bíblia toda como Palavra infalível de Deus. Não mais precisavam defender um Deus que ordenava aos israelitas que matassem seus inimigos, incluindo mulheres e crianças, ou que enviava ursos para despedaçar jovens por zombarem de um profeta.

Os estudos da alta crítica, diziam os liberais, deixavam claro que Deus se revelara por meio de um processo evolutivo, o qual começou com ideias primitivas e sanguinárias e mostrou como os judeus gradativamente passaram a entender o conceito de um Deus justo que só pode ser servido pelos que agem justamente, amam a misericórdia e andam em humildade com Deus. Essa revelação evolutiva de Deus encontrou sua plenitude em Jesus, em quem Deus é retratado como Pai amoroso de todos os homens.

No momento em que não mais puderam se apoiar nas doutrinas tradicionais da ortodoxia, que teriam sido destruídas pela ciência e pela história, os liberais encontraram a segurança necessária em outro pilar da ponte: a experiência cristã.

No início do século XIX, surgiu um movimento artístico e intelectual chamado Romantismo. Embora seja popularmente entendido como um protesto contra a mentalidade excessivamente racionalista do Iluminismo, o Romantismo discernia uma energia e uma força dinâmica que emanava da natureza, e essa forte vitalidade não era exatamente irracional, mas estava além da razão. Com frequência, as pinturas românticas representam essa força vital como uma grande tempestade, ao mesmo tempo perigosa e fascinante para o observador. As pessoas conseguiam discerni-la e eram tomadas por seus poderes criativos e mentais, e encontrar e envolver-se nessa vitalidade tornou-se muito importante, uma vez que era usufruída por uma consciência ou um senso intuitivo, não por dedução lógica. Por que se perturbar com credos externos e formais quando uma certeza tão íntima e inegável governava as almas? Como Tennyson escreveu,

> Fala com ele, pois ele ouve, e o Espírito podes encontrar —
> Mais perto está do que o fôlego, e antes do que as mãos e os pés o podes achar.

Em resposta ao pedido para que interpretasse a situação americana perante o Concílio Congregacional Internacional em Londres, em 1891, Dr. Lewis F. Stearns, do Seminário Bangor, em Maine, disse:

UMA PONTE PARA HOMENS MODERNOS INTELIGENTES **429**

Estamos chegando ao entendimento de que é o reconhecimento da invencível realidade do cristianismo espiritual que dará à teologia seu grande poder no futuro [...]. O criticismo pode atacar os fatos históricos da revelação, o racionalismo pode trazer objeções às doutrinas. Porém, da mesma forma com que as ondas em nossa costa de Maine golpeiam os penhascos de granito contra os quais elas se quebram, o criticismo e o racionalismo incomodam as realidades cristãs, as quais permanecem firmes na experiência do cristão e da Igreja.

PORTA-VOZES INFLUENTES DO LIBERALISMO

Os dois porta-vozes mais influentes da experiência cristã foram os teólogos alemães Friedrich Schleiermacher (1768-1834) e Albrecht Ritschl (1822-1889). Schleiermacher ensinava na recém-fundada Universidade de Berlim, e Ritschl, em Bonn e Göttingen.

De acordo com o professor William Hordern, Schleiermacher buscou reabilitar a religião em meio aos intelectuais, insistindo que os grandes debates quanto às evidências de Deus e as abstratas descrições doutrinárias da fé eram, na melhor das hipóteses, uma expressão secundária da religião, em cujo cerne havia uma consciência de nossa absoluta dependência e vulnerabilidade ante a grandeza Deus. Ele apelou aos intelectuais sofisticados, dizendo que eles estavam corretos em rejeitar as versões abstratas de cristianismo vistas no escolasticismo protestante. Na verdade, suas sensibilidades românticas eram inerentemente religiosas, e o cristianismo, quando corretamente compreendido, explica essa experiência melhor do que qualquer outra religião. Após Schleiermacher, a concepção de que as religiões são expressões diferentes da mesma experiência interna religiosa, compartilhada por todas as pessoas, tornou-se comum. A singularidade de Cristo, disse Schleiermacher, não está em alguma doutrina sobre ele ou em alguma origem milagrosa, tal como o nascimento virginal: "O verdadeiro milagre é o próprio Jesus, em quem encontramos um homem que tinha a consciência de Deus em um nível supremo". Enquanto todos nós temos vislumbres de Deus, ele tinha um conhecimento completo; enquanto nossa obediência é intermitente, a dele era completa. "Sendo o homem cheio de Deus", Jesus foi "nosso grande pioneiro" no âmbito do espírito e da moralidade.

Uma vez que Jesus possui total e completo conhecimento de Deus, ele é capaz de comunicar a consciência de Deus a outros e, por seu intermédio, podemos chegar a um relacionamento vivo e vital com Deus. A Igreja é testemunha viva de que, ao longo dos séculos, os homens passaram a ter uma consciência vital de Deus por meio do contato com a vida de Jesus, o que conduz a uma verdadeira comunhão com o próximo.

Schleiermacher foi o "pai da teologia moderna", principalmente por transferir a base da fé cristã da Bíblia para uma "experiência religiosa".

430 HISTÓRIA DO CRISTIANISMO

Albrecht Ritschl, o teólogo mais influente no final do século XIX e principal professor dos liberais americanos, concentrou-se na experiência religiosa baseada no Jesus histórico. Para ele, a religião tinha de ser prática e deve começar com a pergunta: O que devo fazer para ser salvo? Porém, se essa pergunta significar "Como posso ir para o céu quando morrer?", então é uma pergunta teórica, pois ser salvo significa ter uma nova vida, ser salvo do pecado, do egoísmo, do medo e da culpa.

De acordo com Hordern, "Para que seja prático, o cristianismo deve basear-se em fatos, então Ritschl deu boas-vindas à busca do Jesus histórico. O grande fato cristão é o impacto que Jesus causou na Igreja ao longo dos séculos". A natureza não pode nos introduzir a Deus porque fala com ambiguidade a seu respeito. "Encontramos, em vez disso, Deus na história, onde acontecem movimentos dedicados aos valores que tornam a vida significativa. A tarefa da teologia é fazer com que os homens voltem a Jesus e lembrá-los do que significa segui-lo."

Para Ritschl, a religião se apoia nos valores do homem, não na verdade da ciência. Esta nos conta os fatos, as coisas como são; mas a religião pesa os fatos e considera alguns mais valiosos do que outros. "O grande fato sobre o homem é que, apesar de ser produto da natureza e da evolução, ele tem um senso de valores." Podemos explicar isso apenas se reconhecermos que o universo cria não somente átomos e moléculas, mas também valores, e "Deus é o postulado necessário para explicar esse senso de valor no homem".

Muitos cristãos no final do século XIX, diz Hordern, consideraram proveitosa a abordagem de Ritschl, uma vez que ela pareceu libertar a fé cristã do impacto destrutivo da história e da ciência. Além disso, permitiu que o criticismo bíblico tomasse o caminho da ciência: que decidisse os fatos sobre autoria, datação e significado dos livros bíblicos; no entanto, ela também reconheceu que religião é muito mais do que fatos, e a ciência não pode decidir valores, a matéria da religião.

Se o criticismo bíblico nega os milagres de Jesus, seu nascimento virginal, sua preexistência, isso não o torna menos valioso para nós, pois a crença na divindade de Jesus não reside sobre nada disso, mas somente no fato de que ele é a fonte de um movimento gerador de valores, de que ele conduziu os homens ao Deus dos valores. Ou seja, a vida de Jesus personificou os ideais éticos elevados e o modelo que nos inspirara a viver como ele viveu. Jesus é divino no sentido de que pode fazer por nós aquilo que Deus faz; ele nos conscientiza do que há de mais elevado na vida; sendo assim, a partir de sua influência surge a Igreja, uma comunidade criadora de valores à frente da construção de uma sociedade inspirada pelo amor, o reino de Deus sobre a terra.

O impacto do liberalismo não estava limitado a uma única denominação ou país: na verdade, ele desafiou as ordens ortodoxas tradicionais por toda

UMA PONTE PARA HOMENS MODERNOS INTELIGENTES **431**

a Europa e América do Norte. Podemos tomar os congregacionalistas nos Estados Unidos como exemplo de muitos outros grupos cristãos.

UM EXEMPLO DE MUDANÇA LIBERAL

A teologia liberal surgiu entre as igrejas da Nova Inglaterra sob o título de Nova Teologia e seus principais defensores surgiram do calvinismo tradicional da Nova Inglaterra. Theodore Thornton Munger era ministro da *United Church* (congregacional) em New Haven, Connecticut; Newman Smyth, seu colega em New Haven, serviu na *Center Church* (congregacional) por 25 anos; George Angier Gordon era ministro da histórica *Old South Church*, em Boston; Washington Gladden serviu inicialmente na Nova Inglaterra, mas encontrou maior reconhecimento na Primeira Igreja Congregacional em Columbus, Ohio; George Harris ocupava o cargo de Professor responsável pelo departamento de teologia no Seminário Teológico de Andover e, apoiado por seus colegas, serviu de porta-voz da Nova Teologia no periódico *The Andover Review*. Por fim, houve o grande propagador do movimento, Lyman Abbott. "Provavelmente nenhum outro homem", disse F. H. Foster, "exerceu uma influência tão poderosa na América na propagação da teologia liberal".

Uma grande quantidade de homens uniu-se a esses líderes iniciais — Henry Ward Beecher, Egbert Smyth, William Jewett Tucker, Lewis French Stearns, William Newton Clarke e outros —, mas o caráter do movimento manteve-se basicamente o mesmo: era um protesto, geralmente chamado de *Teologia da Nova Inglaterra*, em favor do pensamento moderno contra a "velha teologia" do puritanismo evangélico.

Em 1881, Edwards Amasa Park, talvez o último porta-voz importante da Teologia da Nova Inglaterra, renunciou ao influente cargo de professor responsável pelo departamento de teologia em Andover. Dois anos mais tarde, Harris sucedeu-o, e podemos considerar esse acontecimento como o divisor de águas entre o velho e o novo pensamento.

Antes de 1880, a maioria dos ministros da Nova Inglaterra defendia a soberania de Deus; a depravação inata da raça humana (resultado do pecado do primeiro homem); a expiação de Jesus Cristo, base do perdão dos pecados humanos; o papel essencial do Espírito Santo na conversão; e a eterna separação dos salvos no céu e dos perdidos no inferno.

Após 1880, cada uma dessas crenças foi posta à prova pelos liberais, sendo que a controvérsia mais famosa surgiu no Seminário de Andover. O seminário havia sido estabelecido por congregacionalistas da Nova Inglaterra em 1808, para combater as tendências unitárias de Harvard e, na tentativa de preservar a ortodoxia de Andover, os fundadores exigiam um consentimento ao credo que resumia suas heranças calvinistas. Em 1880, no entanto, membros da faculdade, sob a influência do liberalismo, consideraram impossível ceder a essa exigência e se pronunciaram. Todavia,

432 HISTÓRIA DO CRISTIANISMO

as fagulhas que acenderam as chamas da controvérsia foram uma série de artigos no *Andover Review*. Egbert C. Smyth, William Jewett Tucker e George Harris, membros da faculdade, argumentaram que, se um pagão morresse sem qualquer conhecimento do evangelho, teria a oportunidade de receber ou rejeitar o evangelho na vida futura antes de encarar o julgamento final. Assim, pouco a pouco, no debate que se seguiu, os membros da faculdade passaram à defesa pública da teologia liberal.

O *Board of Visitors* [Comitê de visitantes], um dos grupos que regia o seminário, finalmente acusou Smyth por afastar-se do credo — uma espécie de caso prova — e, pós anos de recursos, a Suprema Corte de Massachusetts anulou, em 1892, a ação do *Board of Visitors* com vistas a destituir Smyth. Naquela altura, porém, quase todas as denominações americanas já lidavam com casos célebres próprios de heresia.

Leitura sugerida

- AHLSTROM, Sydney E. *A Religious History of the American People* [Uma história religiosa do povo americano]. New Haven, CT: Yale University Press, 1972.

- CAUTHEN, Kenneth. *The Impact of American Religious Liberalism* [O impacto do liberalismo religioso americano]. Nova York: Harper & Row, 1962.

- DORRIEN, Gary J. *The Making of American Liberal Theology, 1900-1950* [O desenvolvimento da teologia liberal americana, 1900-1950]. Louisville, KY: Westminster John Knox Press, 2003.

- HORDERN, William E. *A Layman's Guide to Protestant Theology* [O Guia Layman da teologia protestante]. Nova York: MacMillan, 1968.

- SHRIVER, George H. *American Religious Heretics* [Hereges religiosos americanos]. Nashville: Abingdon Press, 1966.

CAPÍTULO 41

Nada a perder, salvo correntes

Crise social

EM SEU ROMANCE *TEMPOS DIFÍCEIS*, Charles Dickens descreveu uma típica cidade industrial inglesa do início do século XIX:

> Era uma cidade de tijolos vermelhos, ou tijolos que teriam sido vermelhos se a fumaça e as cinzas o permitissem; mas, no estado em que ela se apresentava, aparentava tons não naturais de vermelho e preto, semelhante ao rosto pintado de um selvagem. Era uma cidade de máquinas e altas chaminés, das quais intermináveis serpentes de fumaça deixavam rastros sem fim e nunca se dissolviam. Havia [...] um rio roxo por causa da presença de tintas malcheirosas e vastos prédios repletos de janelas que ressoavam e tremiam o dia inteiro [...].

A cena é um vislumbre da Revolução Industrial, uma expressão que historiadores empregam como referência às rápidas mudanças que ocorreram nas sociedades europeia e americana no século XIX. Eles a chamam de industrial porque a maioria das mudanças pode ser associada aos novos métodos de manufatura. Fábricas significavam cidades, cidades significavam pessoas, e pessoas significavam problemas — muitos problemas.

O súbito crescimento das cidades e a multiplicação das máquinas apresentaram aos cristãos um desafio novo e complexo, assim como acontecera no conflito anterior com o pensamento moderno. Como os cristãos reagiram a essa crise social?

Muitos críticos insistem, até hoje, que o cristianismo não confrontou a crise, apenas fugiu dela. Em nossa época, vastos territórios antes moldados por valores cristãos são agora controlados por um governo marxista.

E até mesmo no chamado ocidente cristão, poucas pessoas veem qualquer conexão entre sua religião e seu trabalho. Qual comunhão tem a luz com as trevas ou a sala do sindicato com o santuário da igreja?

O NOVO MUNDO DAS FÁBRICAS

A cidade industrial é um enigma para muitos cristãos, pois eles não entendem seu funcionamento e temem seus pecados e crimes. Ao longo de sua história, entretanto, o cristianismo foi uma força tanto conservadora quanto radical — e o mesmo se deu na crise industrial.

A França passou por uma revolução política, a Alemanha, por uma revolução intelectual, mas a Inglaterra produziu a revolução industrial. Como potência comercial e financeira, a Inglaterra detinha o mercado e o dinheiro para a produção industrial e, no fim do século XVIII, as indústrias estavam sempre descobrindo algo para aumentar a produção, mas nenhum avanço foi mais importante do que a energia do vapor. James Watt (1736-1819), o gênio escocês da Universidade de Glasgow, encontrou uma maneira de controlar o fornecimento de vapor e mover um pistão para trás e para frente em um cilindro fechado, fazendo com que em pouco tempo os motores passassem a ser utilizados na fabricação de tecidos e, mais tarde, em locomotivas e barcos.

Pela primeira vez, o fabricante tinha uma fonte de energia que não dependia do clima nem das estações para colocar moinhos ou rodas d'água em funcionamento. A fábrica tornou-se o símbolo da nova ordem industrial e nela a energia e as máquinas possibilitaram a produtividade. E, para que as máquinas funcionassem, pessoas foram forçadas a sair dos campos, teares e fazendas para unir-se à mão de obra em alguma fábrica.

A vida subitamente mudou. Cessou, para muitos, uma vida rural ou de cidade pequena onde o ritmo de trabalho era determinado pelo dia e pela noite, pelo plantio e pela colheita. Em seu lugar, eles encontraram a precisão do regime do mundo industrial. O sol de Deus foi tapado pela fumaça e substituído pelo apito da fábrica: um símbolo do tempo do homem, não de Deus.

A Revolução Industrial aumentou grandemente a riqueza da humanidade, mas trouxe consigo uma série de males para os trabalhadores aglomerados em fábricas constantemente em expansão de cidades europeias e americanas. As primeiras fábricas não contavam com as estruturas de segurança e saneamento mais básicas. Casos terríveis de mutilação eram comuns e, segundo as leis inglesas, qualquer acidente que o trabalhador viesse a sofrer era considerado resultado de negligência pessoal, ou seja, o empregador não podia ser responsabilizado. Como não havia qualquer indenização por acidentes de trabalho nem seguro de vida, era bem provável que o trabalhador ferido fosse despedido, abandonado e tivesse seu cargo oferecido a um dos milhares que se aglomeravam nas novas cidades à procura de emprego.

Mulheres e crianças trabalhavam juntamente com os homens, e a pobreza costumava obrigar mulheres a trabalhar até um ou dois dias antes do parto e a voltar logo após o nascimento do bebê. Muitas fábricas contratavam crianças de quatro ou cinco anos de idade e, além disso, as jornadas variavam de doze a quinze horas de trabalho duro por salários ínfimos.

Os trabalhadores e suas famílias viviam em um único quarto de um cortiço sujo — e eram sortudos se não precisassem dividi-lo com outras famílias. As ruas imundas ao redor eram cheias de lixo, e sem esgoto adequado as pessoas cheiravam mal por causa do odor de excremento.

O antigo conflito de classes entre os aristocratas e a classe média, travado na Europa ocidental durante os primeiros anos do século XIX, havia terminado com o triunfo da burguesia. Com a vitória, surgira uma filosofia econômica chamada *laissez faire*, segundo a qual os males sociais do industrialismo resistiam a correções. Todo indivíduo deveria ser deixado em paz para buscar seus interesses próprios; então, tudo culminaria com a felicidade do maior número de pessoas.

O compêndio dessa escola de pensamento, *A riqueza das nações*, de Adam Smith, argumentava que a sociedade se beneficiava da competição, portanto, quanto mais eficientes fossem os indivíduos, maiores seriam seus ganhos. Embora os governos fossem responsáveis pela proteção da vida e da propriedade, suas mãos deveriam permanecer fora dos negócios; além disso, os melhores interesses da sociedade eram servidos pela livre operação das leis de oferta e demanda.

A força de trabalho urbana, entretanto, não tinha acesso nenhum aos benefícios da competição, uma vez que não possuía propriedades nem, portanto, direito de voto para mudar as condições em que viviam. Sendo assim, sua luta no século XIX visava ao acesso às urnas ou a outro meio de poder.

O primeiro ataque contra a filosofia capitalista *laissez faire* partiu de um novo conceito chamado *socialismo*. Neste estágio inicial, o termo não representava um movimento militante dos trabalhadores, ou seja, era predominantemente uma teoria que condenava a concentração de riquezas e exigia a propriedade pública ou proletária da empresa. Acima de tudo, os socialistas insistiam que harmonia e cooperação, não uma competição impiedosa, deveriam controlar os assuntos econômicos.

Esses primeiros socialistas eram utópicos, pois suas teorias de comunidades ideais eram baseadas em noções ingênuas de que os homens naturalmente se amavam e poderiam viver felizes juntos — era a competição capitalista, diziam, que colocava os homens uns contra os outros.

Assim, os muitos problemas da sociedade industrial tendiam a concentrar-se em uma única questão: propriedade. Haveria no homem um direito natural e inalienável de possuir coisas? A Igreja sempre dissera que sim e isso parecia estar contido no décimo mandamento: "Não cobiçarás a casa do teu próximo [...] nem seu boi [...] nem coisa alguma que lhe pertença". Aqueles que haviam rejeitado o princípio foram tratados como hereges.

Contudo, nunca antes do século XIX houve tantas propriedades e tão poucos indivíduos autorizados a possuí-las, isto é, milhões, não milhares, estavam desapossados, sem propriedade nenhuma. O povo romano, desde muito tempo, havia se contentado com pão e circo, mas, nessa época mais recente, ambos desapareceram, o que significa que aos pobres não era dado nem milho nem carnaval. A fome preocupava as classes mais baixas, e a insegurança rondava cada vez mais as classes médias.

As igrejas não ocupavam uma posição forte para abordar a crise, e a tendência dos tempos modernos de separar Igreja e Estado havia deixado as igrejas sem uma plataforma política. A Constituição dos Estados Unidos proibiu o governo federal de transformar qualquer igreja em religião nacional, e as reformas inglesas da década de 1930, despiram a Igreja da Inglaterra de muitos privilégios tradicionais; já nos países onde os católicos romanos eram numerosos, especialmente na França e na Itália, sentimentos anticlericais limitavam as autoridades eclesiásticas. Em suma, as igrejas haviam sido excluídas da esfera onde decisões cruciais eram tomadas.

Homens dentro e fora das igrejas passaram a considerar o cristianismo em termos cada vez mais limitados, e praticamente tudo o que não fosse obviamente "espiritual" estava livre de críticas. Assim, um grupo crescente de trabalhadores industriais passou a considerar igrejas e mensagem cristãs irrelevantes ou impotentes para abordar as dificuldades sofridas na era das máquinas.

MARX, PROFETA DA NOVA ERA

A época, porém, não carecia de vozes. Quase despercebido, em 1848, um profeta chamado Karl Marx surgiu pregando uma nova forma de socialismo; Marx criticava o cristianismo, afirmando que era infiel à própria visão porque havia tomado o lado dos ricos opressores. Acompanhando a forma geral da religião, o cristianismo era uma ferramenta nas mãos dos ricos para oprimir os pobres, visto que a pregação cristã exortava os pobres a sofrer injustiça aqui e agora, prometendo-lhes galardão no céu. O cristianismo também enganava o povo com conversas grandiosas e confusas sobre ideias mais nobres; Marx argumentava, em vez disso, que as circunstâncias atuais eram resultado do conflito entre as classes sociais e ensinava que havia chegado o momento em que o pobre deveria se levantar e transformar a história com o uso de violência.

Nascido na Renânia, em Tréveris, filho de pais judeus de origem alemã convertidos ao cristianismo, Marx (1818-1833) obteve seu diploma de doutorado após estudar as ideias do filósofo George Hegel.

Por não conseguir iniciar uma carreira como professor universitário, ele foi forçado a viver de modo precário como jornalista. Foi a Paris, onde passou a interessar-se pelas ideias socialistas e, durante sua permanência, iniciou uma amizade que duraria toda a vida com Friedrich Engels (1820-1895), filho de um rico alemão dono de fábrica. Em 1845, as autoridades francesas expulsaram Marx e ele foi viver em Bruxelas com Engels.

Em janeiro de 1848, Marx e Engels publicaram *O manifesto comunista*, um famoso e inspirador documento que continha praticamente todos os elementos daquilo que viriam a chamar de socialismo "científico". Ele começa com uma declaração ameaçadora: "Um espectro assombra a Europa — o espectro do comunismo". O *Manifesto* incitava uma luta implacável contra a burguesia e proclamava a inevitável revolução e o triunfo das massas, concluindo com um grave aviso:

Os comunistas não se rebaixam a dissimular suas opiniões e seus fins. Eles proclamam abertamente que seus objetivos só podem ser alcançados pela derrubada violenta de todas as condições sociais existentes. Que as classes dominantes tremam à ideia de uma revolução comunista! Os proletários nada têm a perder, a não ser suas correntes. Eles têm um mundo a ganhar. Trabalhadores de todos os países, uni-vos!

Após um curto período na Alemanha, Marx passou o resto da vida em Londres, a maior parte dela em busca de sobrevivência. Sustentado, em grande medida, por contribuições de amigos, especialmente Engels, Marx ia quase diariamente ao Museu Britânico, onde coletava material para seus diversos livros, especialmente *O capital*.

Independentemente do que se pense a respeito do socialismo marxista, ninguém pode duvidar de que *O capital* (1867-1894) é um dos livros mais influentes dos tempos modernos, tanto que, durante determinada época no século XX, quase metade do mundo estava organizada por governos enraizados no marxismo.

Tal como na controvérsia da escravidão, os movimentos cristãos distribuíram-se por todos os lados da crise social. Muitos membros de igreja eram capitalistas, possuíam fábricas e ocupavam diversas posições influentes na sociedade; além disso, muitos defendiam com afinco a filosofia do *laissez faire*.

Depois da metade do século XIX, no entanto, um crescente número de cristãos, católicos e protestantes trabalhou com zelo em busca de melhores condições de trabalho e quatro linhas de ação foram-lhes abertas: eles (1) poderiam desafiar a filosofia *laissez faire* em nome dos princípios cristãos; (2) poderiam estabelecer instituições cristãs a fim de aliviar o sofrimento dos pobres e impotentes; (3) poderiam apoiar a formação de sindicatos; e

438   HISTÓRIA DO CRISTIANISMO

(4) poderiam apelar ao Estado por uma legislação voltada à melhoria das condições de trabalho.

Nos círculos católicos romanos, já desde 1848, um bispo alemão, Wilhelm Ketteler (1811-1877), abordou o problema dos trabalhadores das fábricas em sermões e livros, delineando uma solução católica que apontava os perigos tanto da competição capitalista desenfreada quanto do controle estatal exagerado dos socialistas. Ele defendia o direito de intervenção estatal, confrontando os capitalistas, e o direito à propriedade privada, confrontando as tendências totalitárias dos socialistas. Acima de tudo, insistia no direito dos trabalhadores de formar suas próprias associações e exigia uma série de reformas, incluindo participação dos lucros, jornadas de trabalho plausíveis, dias de descanso suficientes, inspeção das fábricas e regulação do trabalho de mulheres e crianças.

Na Inglaterra, os trabalhadores encontraram um amigo entre os católicos romanos na pessoa do cardeal Henry Edward Manning (f. 1892), um convertido do anglicanismo evangélico. Em dezembro de 1872, Manning compareceu a uma reunião organizada para promover a causa dos trabalhadores rurais, o que foi uma atitude corajosa, pois, pela primeira vez na Inglaterra, um prelado da Igreja Católica posicionava-se tão abertamente em favor do trabalhador. Ele deu continuidade à sua iniciativa enviando uma carta ao primeiro-ministro Gladstone instando-o a providenciar duas coisas: leis que proibissem o trabalho infantil abaixo de certa idade e a regulação das moradias.

Em 1874, Manning fez um discurso intitulado *Os direitos e a dignidade do trabalho*, no qual defendeu vigorosamente o direito do trabalhador de organizar-se, exigiu leis que regulassem as horas do trabalho e pediu ao povo que olhasse para os terríveis abusos ligados ao trabalho infantil.

Nos Estados Unidos, um leigo católico romano, Terence Powderly, foi o líder do primeiro sindicato de trabalhadores realmente efetivo, conhecido como *Cavaleiros do trabalho*. Aberto aos americanos de todas as crenças, o sindicato teve, desde o seu início, maior adesão de membros católicos.

No século XIX, entretanto, oficiais da Igreja Romana, incluindo o papa, temeram os sindicatos, pois a lembrança dos conflitos com os maçons italianos e as forças políticas para unir a Itália ainda estava viva. Os *Cavaleiros do trabalho* corriam o risco de ser condenados pelo papa, e provavelmente só não o foram porque o arcebispo de Baltimore, que mais tarde se tornou o cardeal Gibbons, veio em sua defesa.

Foi só em 1891 que o papa abordou a crise social. O idoso Leão XIII (1878-1903) descreveu aquilo que se tornou a posição católica básica quanto ao relacionamento entre capital e trabalho. A encíclica *Rerum Novarum*, após chamar atenção para as más condições resultantes da Revolução Industrial, rejeitou o socialismo e apresentou uma forte defesa da família cristã como a unidade mais essencial da sociedade.

TRABALHADORES NA INGLATERRA

Na Inglaterra, de maioria protestante, o apoio em favor dos trabalhadores veio principalmente de denominações não conformistas. Até meados do século XIX, os sindicatos eram ilegais, mas o movimento dos trabalhadores encontrou um sólido apoio nos não conformistas, especialmente entre os metodistas primitivos. Muitos líderes do movimento trabalhista receberam formação como pregadores metodistas leigos e simplesmente levaram para as associações de trabalhadores o zelo, as habilidades organizacionais e a experiência de pregação que eram encontrados nas capelas metodistas.

Os não conformistas também lideravam os movimentos de temperança e a fundação de orfanatos. George Müller, dos irmãos de Plymouth; Charles Haddon Spurgeon, o principal pregador batista em Londres; e T. B. Stephenson, um metodista, foram instrumentos na criação de orfanatos cristãos.

AVANTE, SOLDADOS CRISTÃOS!

O exemplo mais notável de ministério aos desfavorecidos foi a obra do evangélico pietista William Booth (1829-1912), o qual iniciou seu ministério na Nova Conexão Metodista, mas logo partiu para trabalhar com os pobres de Londres. Sua pregação nas ruas de East End, em Londres, obteve um sucesso fenomenal em 1864 e, em onze anos, ele conseguiu montar 32 estações para promover o evangelismo e o serviço social aos destituídos de Londres. Seus obreiros, organizados como unidades militares, foram logo chamados de Exército da Salvação, e o evangelista Booth passou a ser conhecido como general Booth.

Em 1888, o general já havia estabelecido mil unidades britânicas e enviado patrulhas para muitas outras nações. Seu livro, *In Darkest England and the Way Out* [Na mais escura Inglaterra e como sair dela], surgiu em 1890, comparando as trevas sociais da Inglaterra às trevas da África descritas por David Livingstone. Em Londres, em um ano, ele relatou que 2.157 pessoas haviam sido encontradas mortas, 2.297 haviam cometido suicídio, 30 mil viviam em prostituição, 160 mil haviam sido tomadas pelo alcoolismo e mais de 900 mil eram classificadas como miseráveis. Booth prosseguiu descrevendo os enormes esforços de resgate do Exército — o quadro era de uma necessidade desesperadora.

HISTÓRIA DO CRISTIANISMO

A Igreja da Inglaterra estava tão presa ao passado que teve grande dificuldade para se ajustar à crise social. Novas paróquias nas proliferantes cidades industriais exigiam uma escritura do parlamento, o que custava caro e despendia tempo; como consequência, as novas massas urbanas costumavam crescer sem o cuidado da Igreja da Inglaterra.

Um movimento da Igreja Anglicana, porém, acabou sendo uma impressionante exceção: o Grupo Socialista Cristão. F. D. Maurice (1805-1872), teólogo; Charlse Kingsley (1819-1875), romancista; e John Malcolm Ludlow (1821-1911), advogado, todos homens da igreja, sentiam que o evangelho tinha algo a dizer para o povo trabalhador da Inglaterra.

Durante seu breve período de atividade, de 1848 a 1854, o movimento socialista cristão atacou toda a perspectiva *laissez faire*. "A competição", escreveu Maurice a Kingsley, "é apresentada como lei do universo, mas isso é mentira. Chegou a hora de declararmos com palavras e atitudes que isso é uma mentira."

A verdadeira lei do universo, afirmava ele, é que o homem foi feito para viver em comunidade, e os homens percebem sua verdadeira natureza quando cooperam uns com os outros como filhos de Deus e irmãos em Cristo.

Os líderes do socialismo cristão adotaram a designação socialista com intenções provocativas, uma vez que essa palavra significava apenas, diziam, a ciência de produzir parceria entre os homens. Eles consideravam o conceito um desenvolvimento do cristianismo e acreditavam que a fé cristã defendia uma sociedade que permitisse aos homens trabalhar juntos em cooperação, não em oposição.

Os resultados práticos do movimento socialista cristão foram limitados, e suas cooperativas eram mal organizadas e demasiadamente otimistas quanto ao papel dos trabalhadores. A maior contribuição foi provavelmente que suas ideias chegaram aos Estados Unidos pelo Atlântico.

De forma geral, os trabalhadores da Inglaterra no século XIX lentamente ganharam poder político e melhores condições de trabalho. Pouco a pouco, ação após ação, a Inglaterra desfez-se da antiga doutrina *laissez faire* e melhorou a vida de seus cidadãos trabalhadores: nenhuma criança abaixo de dez anos podia trabalhar, mulheres e crianças tinham carga horária limitada a dez horas por dia, inspeções de segurança foram introduzidas nas fábricas e muitas outras medidas foram tomadas. A Inglaterra proveu muitos benefícios ao povo trabalhador antes que muitos indivíduos nos Estados Unidos sequer reconhecessem a crise social.

EVANGELHO SOCIAL NA AMÉRICA

O maior movimento em favor da justiça social nos Estados Unidos foi chamado de Evangelho Social, surgido em meio a pastores protestantes liberais e professores de teologia. Eles não formaram uma organização extraordinária, decidindo, em vez disso, operar por meio de denominações estabelecidas e agências políticas.

A essência do Evangelho Social era a crença de que a obra salvífica de Deus incluía tanto estruturas corporativas quanto vidas individuais. Se é verdade que o bem e o mal social são coletivos por natureza, e não simplesmente a soma de bem e mal individual, então os cristãos são obrigados a trabalhar para a reconstrução da ordem social, pois isso é parte de sua responsabilidade social.

Os profetas do Evangelho Social baseavam-se em muitas fontes — o próprio avivamento, que, sob a liderança de Dwight L. Moody, tornou-se fortemente individualista, teve originalmente a visão de uma América moral e cristã. Antes da Guerra Civil, avivamentos e reformas andavam de mãos dadas. Charles Finney, por exemplo, encorajava seus convertidos a passar da experiência pessoal de regeneração à missão social na cruzada antiescravagista.

Os líderes do Evangelho Social também liam, no entanto, obras dos socialistas cristãos europeus: J. F. D. Maurice, Charles Kingsley e outros.

Por fim, houve a Nova Teologia. A "ortodoxia progressiva" do Seminário de Andover e os púlpitos da Nova Inglaterra forneceram um padrão geral de crenças para os primeiros pregadores do Evangelho Social.

O pai do movimento foi Washington Gladden (1836-1918), que publicou o primeiro de seus muitos livros sobre o Evangelho Social em 1876. Proveniente da Nova Inglaterra, ele passou seus anos mais influentes na Primeira Igreja Congregacional de Columbus, Ohio, em cuja capital ele se deparou com a luta do trabalhador em primeira mão.

Em sua congregação havia tanto empregadores quanto empregados, de modo que, durante a época do conflito industrial, Gladden testemunhou, alarmado, "o distanciamento crescente entre essas classes". Em muitas pregações noturnas, ele se concentrou no problema trabalhista e expressou sua convicção de que os ensinos de Jesus continham os princípios para a ordem social correta.

Podemos captar algo do espírito do reformador em seu conhecido hino:

> Contigo, ó Mestre, quero andar
> em teu serviço trabalhar.
> Vem ajudar-me a compreender
> os sofrimentos do viver.

Gladden não era socialista e defendia a propriedade privada e o empreendimento privado. Não obstante, acreditava que muitas indústrias poderiam ser geridas de forma cooperativa e que ferrovias, minas e indústrias de serviço público das cidades deveriam ser operadas pelo governo.

Em termos de influência duradoura, o grande profeta do Evangelho Social foi Walter Rauschenbusch (1861-1918), um jovem pastor batista

442 HISTÓRIA DO CRISTIANISMO

alemão do distrito habitacional de Nova York chamado Hell's Kitchen, que abordou a reação cristã aos problemas urbanos. Os livros que o tornaram nacionalmente conhecido surgiram durante seus anos como professor de História da Igreja no Seminário Teológico de Rochester. Suas três principais obras foram: *Christianity and the Social Crisis* [Cristianismo e a crise social] (1907), *Christianizing the Social Order* [Cristianizando a ordem social] (1912) e *A Theology for the Social Gospel* [Uma teologia para o Evangelho Social] (1917).

Evitando a conveniente doutrina do progresso humano, Rauschenbusch ancorou seu apelo à responsabilidade social no conceito do reino de Deus:

> O Evangelho Social, escreveu, é a antiga mensagem da salvação, mas ampliada e intensificada. O evangelho individualista ensinou-nos a ver a pecaminosidade de cada coração humano e inspirou-nos a ter fé na disposição e no poder de Deus para salvar cada alma que se achega a ele. Contudo, ele não nos deu um entendimento adequado sobre a pecaminosidade da ordem social e sua parcela nos pecados de todos os indivíduos dentro dela [...]. O Evangelho Social procura trazer os homens ao arrependimento de seus pecados coletivos e criar uma consciência mais sensível e moderna.

O principal exemplo de pecado na sociedade, de acordo com os pregadores do Evangelho Social, era o sistema capitalista, uma vez que a salvação do homem, diziam eles, era impossível enquanto o sistema se mantivesse imutável. Os evangelistas sociais discordavam entre si quanto ao grau de mudança necessário para a regeneração do sistema americano, mas concordavam que o reino de Deus não poderia vir sem que isso acontecesse.

Mas qual foi o alcance do Evangelho Social nas denominações? Muitos seminários teológicos reformularam o currículo para abordar questões sociais, mas o principal sinal de mudança, no entanto, veio em 1908, com a formação do Conselho Federal das Igrejas. Um dos primeiros atos do conselho foi produzir um "Credo social das igrejas", o qual prescrevia muitos benefícios que trabalhadores americanos posteriores considerariam básicos: segurança ocupacional, aposentadoria, salário mínimo e direito à arbitragem.

Ao longo de sua história, a Igreja havia tentado melhorar a vida do homem na terra ao mesmo tempo em que o preparava para o mundo vindouro. Era possível concentrar-se demais no porvir a ponto de os cristãos parecerem insensíveis às dores do tempo presente, e certamente a crise social do último século tornou isto óbvio.

Os diversos movimentos cristãos voltados às preocupações sociais enfrentavam o perigo de reduzir o evangelho ao ativismo social, mas nos deixaram um importante lembrete de que os cristãos não podem mostrar preocupação com o destino eterno das pessoas a menos que também demonstrem preocupação com suas necessidades terrenas.

Leitura sugerida

- CARTER, Paul A. *The Decline and Revival of the Social Gospel* [O declínio e o renascimento do Evangelho Social]. Hamden, CT: Archon Books, 1971.

- DAYTON, Donald W. *Discovering an Evangelical Heritage* [Descobrindo a herança evangélica]. Nova York: Harper & Row, 1976.

- GEORGE, Timothy (Org.). *Pilgrims on the Sawdust Trail: Evangelical Ecumenism and the Quest for Christian Identity* [Peregrinos na trilha de feno: ecumenismo evangelical e a busca pela identidade cristã]. Grand Rapids: Baker, 2004.

- HANDY, Robert (Org.). *The Social Gospel in America 1870-1920* [O Evangelho Social na América (1870-1920)]. Nova York: Oxford University Press, 1966.

- *RAUSCHENBUSCH, Walter. *Christianity and the Social Crisis in the 21st Century: The Classic that Woke up the Church* [Cristianismo e a crise no século XXI: o clássico que despertou a igreja]. Editado por Paul Raushenbush. Nova York: Harper Collins, 2007.

- WHITE JR., Ronald C.; HOPKINS, C. Howard. *The Social Gospel* [O Evangelho Social]. Filadélfia: Temple University Press, 1976.

Época das ideologias
1914 a 1989 d.C.

NO SÉCULO XX, ACONTECERAM AS COLOSSAIS LUTAS DE GIGANTES POLÍTICOS E MILITARES: comunismo, nazismo e americanismo. Um novo paganismo apareceu em apelos às leis da economia, às paixões da raça e aos direitos invioláveis dos indivíduos, e os cristãos foram forçados a sofrer, a pensar e a se unir de maneiras novas. Os protestantes se aproximaram dos movimentos de unidade, e os católicos romanos lutaram para atualizar sua Igreja. A queda do Muro de Berlim sinaliza um declínio do poder das ideologias, e o o "novo" cristianismo no Terceiro Mundo — e além — emerge e se expande de modo assombroso. Esse novo cristianismo ofusca vozes muçulmanas inflamadas, nas quais discerne ambos o perigo e o chamado à missão.

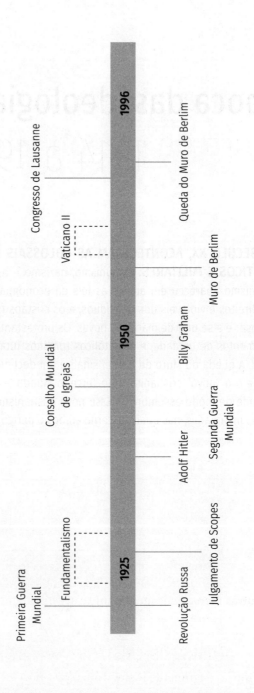

CAPÍTULO 42

Grafite em um muro de vergonha

As ideologias do século XX

DURANTE O VERÃO DE 1961, a polícia da Alemanha Oriental, instigada pelo primeiro-ministro soviético Nikita Khrushchev, tentou impedir a onda de alemães orientais que fugiam para Berlim ocidental. Quando restrições de viagem mais severas falharam, a polícia ergueu mais de quarenta quilômetros de arame farpado e concreto, rasgando a cidade com uma feia cicatriz. Os berlinenses furiosos chamaram essa divisão de *Schandmaurer*, um muro de vergonha. Que símbolo para o mundo do século XX!

No lado leste do Muro de Berlim localizavam-se os sombrios edifícios do mundo comunista com seu evangelho de uma utopia terrena em uma futura sociedade sem classes, ao passo que no lado oeste ficavam as lojas e os filmes do "ocidente livre", com sua busca incansável por riqueza e felicidade agora. Ao longo do muro, havia estruturas subterrâneas sem identificação, monumentos silenciosos do outrora invencível Terceiro Reich de Adolf Hitler.

Como o cristianismo, com sua mensagem de paz e de liberdade, foi capaz de sobreviver a esses anos de hostilidades internacionais? Como outros evangelhos, ele teve de lutar por espaço nas paredes manchadas de sangue dos conflitos humanos. Um olhar sobre as duas últimas gerações revela a mensagem cristã rabiscada ao longo das décadas como tantos grafites, cercada por outras mensagens igualmente cativantes e talvez mais exigentes: o nazismo, o marxismo, o capitalismo.

DEUSES PÓS-CRISTÃOS PARA AS MASSAS

Arnold Toynbee, o eminente historiador, sugeriu certa vez que o século XX marcou a destituição das grandes religiões mundiais por três ideologias

448 HISTÓRIA DO CRISTIANISMO

pós-cristãs: nacionalismo, comunismo e individualismo, as quais assumem o caráter de religião. Cada uma delas faz exigências definitivas (patriotismo, luta de classes ou humanismo secular) e tem seus símbolos sagrados e suas cerimônias, seus escritos inspirados, seus dogmas, santos e líderes carismáticos.

A teoria de Toynbee, no entanto, está apenas parcialmente correta. As pessoas no Ocidente parecem entender perfeitamente o século XX em termos desse processo de secularização; as ideologias emergentes do nacionalismo, do comunismo e do individualismo destituíram ou subjugaram, em grande parte, as grandes religiões, fazendo com que elas parecessem ter uma importância marginal. Muitos previram que esse processo continuaria, e a razão e a ciência explicariam cada vez mais o mundo e as pessoas. À medida que os indivíduos se tornassem mais esclarecidos, não precisariam de religião — pelo menos não da mesma maneira. As vozes da secularização previam que poucas pessoas ainda creriam em Deus, e o Deus em quem creriam seria um Deus menor. Embora muitos ocidentais continuem a adotar o modelo de secularização, a teoria é ridiculamente imprecisa quando se considera o mundo inteiro. O mundo está mais religioso do que nunca, até mesmo hiper-religioso, mas os cristãos no Ocidente talvez ainda acreditem que o cristianismo está em declínio e não tenham consciência de sua extraordinária expansão. Antes do final do século, os teóricos reverteram grande parte da teoria de Toynbee; entenderemos melhor o futuro prestando atenção às questões religiosas e culturais, e não às políticas e econômicas.

No entanto, surgiram inúmeros governos totalitários liderados por um ditador ou por uma pequena elite governante que detinha o controle de uma força armada. Com o uso de métodos psicológicos sofisticados, os governantes conseguem dirigir a mente e as emoções das pessoas contra os inimigos do regime e, na conduta totalitária, a propaganda e o controle dos meios de comunicação, juntamente com a regulamentação da economia, produzem um novo tipo de povo, sem qualquer fome de liberdade pessoal.

As raízes dessas ideologias do século XX e de seus regimes totalitários se encontram no solo ensanguentado da Primeira Guerra Mundial. A nova religião da Europa do início do século XX era o nacionalismo, e o pangermanismo e o pan-eslavismo colocaram as grandes potências da Europa em conflito nos Balcãs. O militarismo crescente, o imperialismo econômico e as políticas de poder criaram um barril de pólvora para a guerra, e a faísca para inflamá-lo foi lançada em 28 de junho de 1914, quando um jovem estudante inspirado pelo nacionalismo sérvio assassinou o príncipe herdeiro da coroa austro-húngara. Em agosto, a Alemanha e a Áustria (os Poderes Centrais) estavam alinhadas contra a França, a Rússia e a Grã-Bretanha (os Aliados) e, antes de a guerra terminar, 27 países foram envolvidos no conflito — de Tóquio a Ottawa.

GRAFITE EM UM MURO DE VERGONHA **449**

Pela primeira vez, o mundo conheceu a "guerra total". Soldados e pilotos morreram como os homens sempre morreram, mas os civis agora renunciavam às suas liberdades e sacrificavam bens pessoais pelo esforço de guerra. Em ambos os lados da linha de batalha, as pessoas acreditavam estar envolvidas em uma cruzada justa. Quando os Estados Unidos entraram no conflito, em 6 de abril de 1917, o presidente Woodrow Wilson, filho de um ministro presbiteriano, disse que aquela era uma guerra "com vistas a tornar o mundo seguro para a democracia".

Enquanto os americanos mobilizavam seu efetivo e material bélico, o esforço de guerra russo desabava. Numa revolução ocorrida em novembro de 1917, os bolcheviques — a vanguarda militante e autonomeada de uma nova sociedade socialista — arrancaram o poder do czar e, no início de 1918, os revolucionários fizeram as pazes com a Alemanha.

O desembarque de um milhão de soldados norte-americanos na Europa permitiu aos Aliados fazer que a Alemanha considerasse o armistício e, por fim, participasse da Conferência de Paz de Paris. Contudo, os termos de paz arrancados dos alemães demonstraram ser uma mistura curiosa de idealismo ingênuo e ávida vingança.

Woodrow Wilson garantiu a criação de uma Liga das Nações, mas o povo norte-americano recusou-se a apoiá-la. Os outros Aliados estavam mais empenhados em extrair uma confissão de culpa da Alemanha e debilitar o país nos anos seguintes — e conseguiram as duas coisas, mas os alemães jamais se esqueceram disso, tanto que o nazismo surgiu como resultado desse espírito vingativo.

A ASCENSÃO DO NAZISMO

Os nazistas, uma versão de direita do domínio ditatorial, ensinaram ao mundo o significado do termo totalitarismo. Nós o chamamos de *fascismo*. Tais governos combatem a frustração e alienação pessoal, bem como tensões sociais e econômicas, enfatizando a unidade de classes e reafirmando os valores tradicionais. Os movimentos fascistas glorificam a nação, definindo-a em termos de sua missão, de sua unicidade racial ou do próprio Estado. Os governantes fascistas permitem a propriedade privada e a iniciativa capitalista, mas controlam-nas a curtas rédeas.

Após a Primeira Guerra Mundial, governos de direita surgiram em toda a Europa, mas o maior deles foi o nacional-socialismo alemão, mais conhecido como nazismo. As igrejas protestantes nas terras de Lutero perderam milhões de pessoas para essa nova religião política: muitos se comprometeram com ela ou foram por ela cooptados; outros abandonaram o cristianismo tradicional.

A maioria dos clérigos protestantes na Alemanha do pós-guerra era monarquista e não tinham simpatia pelo socialismo ou pela democracia. Mas muitas pessoas tinham. Os trabalhadores industriais passaram a odiar

450 HISTÓRIA DO CRISTIANISMO

igrejas social e politicamente reacionárias. Ao mesmo tempo, a classe alemã intelectual estava madura para o nazismo, pois se voltara para uma visão romântica do passado da Alemanha — uma visão heroica, aristocrática e, muitas vezes, panteísta.

O líder do movimento nazista foi Adolf Hitler, que nasceu na Áustria e foi nomeado chanceler da República Alemã em 30 de janeiro de 1933. Dois anos depois, ele obteve o controle total do governo.

Os nazistas acreditavam na unidade absoluta do povo alemão sob o líder (*der Führer*) e na expressão desse princípio de liderança em todas as estruturas da nação. Ao integrar todos os instrumentos sociais, econômicos e políticos do país, eles pretendiam criar uma supercomunidade ideal.

Os nazistas abandonaram alguns objetivos dos pensadores iluministas, como a liberdade individual e a tolerância, mas empregaram a metodologia geral do Iluminismo para criticar as tradições da Bíblia pelo exercício da razão. Assim, uma versão recém-inventada do cristianismo surgiu, na qual o "Jesus nazista" nada sentia além de desprezo pelos judeus e seu testamento corrompido. Os teólogos nazistas acreditavam que os cristãos haviam perdido o enfoque do ensino de Jesus e, erroneamente, representam-no em um contexto judaico. Típico dos pensadores do Iluminismo, eles somente fingiram criticar a tradição; na prática, rejeitaram a tradição de Jesus e do povo judeu e adotaram outra tradição, exaltando um passado primitivo e idealizado, retratado nas óperas wagnerianas e em antigas lendas germânicas, no qual as complexidades da vida moderna não tinham lugar. A preocupação com a raça era fundamental para a ideologia nazista, por isso eles pregavam que os alemães possuíam qualidades únicas, provenientes de sua terra natal. "Solo" e "sangue" separavam os alemães de todos os outros povos, de modo que os nazistas consideravam ideias e pessoas estrangeiras corruptas — especialmente pessoas e ideias judaicas.

Os teóricos nazistas desenvolveram uma doutrina bárbara de antissemitismo, argumentando que, no ensejo de recuperar a inocência perdida do passado, a Alemanha teria de purificar o presente de suas impurezas. Os judeus serviram de bodes expiatórios. Eles eram a fonte de todos os males modernos, a "raça destruidora da cultura" que dera ao mundo o capitalismo e o marxismo. Hitler declarou que até mesmo a fé cristã era uma trama judaica: "O golpe mais pesado contra a humanidade foi a vinda do cristianismo. O bolchevismo é filho ilegítimo do cristianismo. Ambos são invenções dos judeus". A erradicação da raça judaica era o ato de purificação social necessário para restaurar a Alemanha ao seu passado não corrompido.

Os nazistas primeiro privaram os judeus alemães de seus direitos como cidadãos e pressionaram-nos a emigrar. Quando os exércitos do Terceiro Reich invadiram a Europa oriental, que tinha uma população judaica muito maior, o antissemitismo cresceu em violência e os esquadrões de morte nazistas liquidaram milhares de judeus ali mesmo. Os infames campos de concentração, originalmente criados para dobrar o espírito dos adversários do nazismo, tiveram implicações ainda mais nefastas para os judeus.

Em 1940, os nazistas projetaram um novo tipo de campo para sua "solução final", o extermínio de toda a população judaica da Europa, sendo o maior dele Auschwitz, na Polônia. Eles capturaram homens, mulheres e crianças e os transportaram para essas "fábricas de morte", onde, a sangue frio, os mataram: de fome, com tiros, com gás ou com experimentos médicos. Estimativas razoáveis avaliam o número de judeus mortos no Holocausto em 6 milhões.

CRISTÃOS SOB O GOVERNO DE HITLER

No mundo nazista, o lugar do cristão comprometido não era mais seguro que o do judeu. Nascido e criado como católico, Hitler abandonou completamente os princípios cristãos que porventura tivesse e trocou-os por sua nova fé na regeneração da Alemanha mediante o nacional-socialismo.

Durante sua ascensão ao poder, Hitler buscou o apoio cristão enfatizando o orgulho nacional e fingindo favorecer o papel das igrejas no Estado. Como milhões de outros alemães, os clérigos compartilhavam do choque da derrota da nação na Primeira Guerra Mundial e também sonhavam com o novo nascimento da Alemanha.

Os católicos, que haviam sido fortes na República Alemã durante a década de 1920, aprovaram o novo governo nazista e apoiaram o acordo (*concordat*) que o *Führer* assinou com o papa em 1933, garantindo a liberdade de prática à religião católica.

O *concordat* foi um marco importante para Hitler, pois aumentou muito seu prestígio e excluiu com sucesso os católicos da política alemã. Hitler, entretanto, não tinha intenção de cumprir sua parte no acordo.

Ao mesmo tempo, surgiu entre os protestantes um movimento chamado Cristãos Alemães, o qual visava ao cultivo de vínculos mais estreitos com os nazistas. Eles queriam unir os 28 grupos protestantes regionais sob um único bispo e elegeram Ludwig Müller, um fervoroso nazista, para o cargo. Além disso, introduziram o princípio de *Führer* ao governo eclesiástico e adotaram o "parágrafo ariano", que exigia a destituição de todas as pessoas de origem judaica dos cargos da Igreja. Em 1933, os Cristãos Alemães alegavam ser 3 mil pastores protestantes de um total de 17 mil.

Para combater o movimento Cristão Alemão, um grupo de ministros liderado por Martin Niemöller formou a Liga de Emergência dos Pastores e um governo eclesiástico alternativo conhecido como Igreja Confessante, um movimento que, em seu auge, era provavelmente do mesmo tamanho que o grupo Cristão Alemão. Nesses dois grupos localizava-se a tímida maioria dos ministros protestantes que acabou obedecendo aos comandos de Hitler sem protestar abertamente.

452   HISTÓRIA DO CRISTIANISMO

Em maio de 1934, a Igreja Confessante enunciou suas convicções teológicas na Declaração de Barmen. Em grande parte redigida por Karl Barth, a Declaração chamava as igrejas alemãs de volta às verdades centrais do cristianismo e rejeitava as alegações totalitárias do Estado; além disso, chamava a Igreja a depender da revelação, especialmente expressa na pessoa de Jesus e se opunha à teologia natural, alegando que o teólogo naturalista pode usar alguns fenômenos da natureza para provar que Deus existe ou observar alguma qualidade positiva na natureza (como a criatividade) e concluir que Deus deve ser sua fonte. Barth rejeitava completamente a teologia natural e a considerava algo que levava inevitavelmente à idolatria, pois descrevia Deus em seus próprios termos. O liberalismo empregava uma estratégia semelhante de ver Deus através de lentes humanas, e os liberais aceitavam apenas os ensinamentos bíblicos que se encaixavam com em sofisticada compreensão de Deus. Eles abandonaram descrições inconvenientes de Deus encontradas na Escritura e na tradição e adotaram uma visão dele que atendia a seus próprios padrões. O resultado foi o mesmo da teologia nazista: uma idolatria incontrolada. Deus não apenas gosta de nós; ele é como nós. Basta um pouco de imaginação para entender a política nazista de genocídio como uma forma demoníaca de idolatria. Tragicamente, os cristãos nazistas consideravam seu crime uma purificação divinamente sancionada; do mesmo modo, uma teologia aberrante sempre terá consequências.

A Igreja Confessante não planejou qualquer campanha de resistência ao nazismo. Ela se dirigiu principalmente contra as distorções heréticas dos Cristãos Alemães e, na realidade, os líderes afirmavam repetidamente sua lealdade ao Estado e felicitavam Hitler por suas manobras políticas. Uma vez que os luteranos tradicionalmente apoiavam o poder dominante, a Igreja Confessante decidiu não se constituir como uma igreja rival, mas atuou simplesmente como um grupo voltado a defender a fé cristã ortodoxa contra inovações.

Assediada pela Gestapo e repudiada pela maioria dos líderes protestantes, a Igreja Confessante enfrentou uma existência perigosa — em 1935, nada menos que setecentos pastores dessa igreja foram presos. A presença do movimento era um constrangimento para os nazistas, pois seu testemunho do senhorio de Cristo sobre o mundo desafiava implicitamente o totalitarismo de Hitler.

Quando se tornou óbvio que Ludwig Müller, amigo de Hitler, não conseguira unir as igrejas protestantes, o *Führer* voltou-se cada vez mais para os nazistas anticristãos, os quais alegavam que o próprio nazismo representava o verdadeiro cumprimento do cristianismo. Em 1935, os nazistas criaram seu próprio ministério de assuntos eclesiásticos sob a liderança de um advogado nazista, Hanns Kerrl, o qual, ao encontrar resistência dos clérigos, declarou: "O nacional-socialismo é a vontade de Deus. A vontade de

Deus revela-se no sangue alemão. O verdadeiro cristianismo é representado pelo partido".

As intenções de Hitler agora eram evidentes a todos. Clérigos católicos ficaram alarmados diante da propagação do "novo paganismo" e das restrições crescentes ao seu trabalho e acabaram buscando a ajuda do Vaticano.

Em 14 de maio de 1937, o papa Pio XI redigiu, com a ajuda do cardeal Eugenio Pacelli, secretário papal do Estado que logo haveria de ser o papa Pio XII, a encíclica *Mit Brennender Sorge* [Com profunda preocupação], o primeiro documento oficial da Igreja a criticar o nazismo. Contrabandeado para a Alemanha, ele foi lido no Domingo de Ramos em todos os púlpitos católicos antes de uma única cópia sequer ter caído em mãos nazistas. Conforme Richard Pierard explica, a encíclica protestava contra a opressão da Igreja e conclamava os católicos a resistir ao culto idólatra da raça e do Estado, a opor-se à perversão das doutrinas e da moral cristãs e a manter sua lealdade a Cristo, à Igreja e a Roma. Hitler reagiu furiosamente em um primeiro momento, mas decidiu evitar uma ruptura com Roma respondendo a encíclica com total silêncio. Sabendo que contava com o apoio dos leigos católicos alemães, Hitler simplesmente intensificou a pressão sobre as igrejas para eliminar a possibilidade de uma resistência organizada.

A REVOLUÇÃO RUSSA

Enquanto isso, durante as mesmas turbulentas décadas de 1920 e 1930, os bolcheviques russos (ou comunistas) criaram outro sistema totalitário, um regime de esquerda. O sistema comunista tinha muitos traços em comum com a Alemanha de Hitler: liderança ditatorial, um único partido centralizado, terror implacável, propaganda, censura, economia controlada e hostilidade a toda religião organizada.

A diferença era que a ideologia comunista enfatizava a classe trabalhadora, a revolução como meio de mudança social e o ideal utópico de uma sociedade sem classes. De 1917 a 1924, o conspirador da Revolução Russa foi Vladimir Ilich Ulyanov (1870-1924), conhecido como Lênin, um líder socialista exilado que retornou da Suíça em 1917, para tomar a frente dos acontecimentos em sua terra natal.

Lênin acreditava na violência como principal arma do marxismo e não tomava nada por certo. No intuito de destruir o capitalismo, ele criou um partido comunista altamente disciplinado — primeiro para derrubar todas as instituições tradicionais e, depois, para controlar o funcionamento do novo governo —, fazendo com que o partido e o Estado se tornassem um.

Quando Lênin morreu, em 1924, uma amarga luta pela liderança soviética irrompeu entre Leon Trotsky e o ambicioso Joseph Stalin. Em 1927, Stalin ocupava o cargo de ditador sem qualquer rival à altura e estava determinado a transformar a União Soviética, como se chamava então, em uma nação industrial para que pudesse competir com os países capitalistas.

454 HISTÓRIA DO CRISTIANISMO

Stalin demonstrou ser ainda mais cruel que Hitler e usou o terror da polícia secreta e campos de trabalho para suprimir até mesmo a menor dissidência e eliminar todos os possíveis rivais.

A Revolução Comunista apresentou um enorme desafio ao cristianismo, pois tinha uma cosmovisão claramente baseada no ateísmo. A teoria marxista-leninista afirmava que a religião é uma falsa consciência, um reflexo ilusório do mundo resultante das divisões de classe. Segundo essa teoria, quando a sociedade fosse restaurada a um estado "normal" no comunismo, a religião morreria de morte natural; no entanto, os comunistas lutaram ativamente contra a religião. O partido considerava-se a encarnação dos ideais do marxismo e não podia permitir que parte alguma da sociedade atuasse fora de seu controle. Nesse sentido, a religião institucional era uma força social reacionária que apenas impedia o progresso em direção à sociedade sem classes e, portanto, devia ser destruída.

Durante séculos antes da Revolução, a Igreja Ortodoxa Russa havia sido a igreja do Estado. O czar era, em teoria, o chefe da Igreja, porém, quando assumiram o controle, os bolcheviques confiscaram terras da Igreja, cancelaram seus subsídios estatais, decretaram o casamento civil e proibiram a educação religiosa para os jovens. Como uma igreja poderia sobreviver sem poder sequer ensinar os próprios filhos em uma sociedade repleta de doutrinação ateísta?

A Igreja Ortodoxa reagiu a esses decretos com forte oposição, e o novo patriarca eleito, Tikhon, em sua primeira carta pastoral, declarou guerra contra o Estado. Houve tumulto em quase todas as cidades. Na violência desorganizada dos primeiros seis anos da Revolução, 28 bispos e mais de mil sacerdotes foram mortos.

Em 1929, a lei do Estado sobre associações religiosas colocou limites rigorosos nas atividades das igrejas, negando-lhes efetivamente qualquer influência na sociedade russa. Seguiram-se mais anos de intensa perseguição, e milhares de clérigos foram presos ou mortos durante a coletivização da agricultura e as expurgações de Stalin.

A nova constituição soviética de 1936 restaurou o direito de voto ao clero, mas os "servos da religião" continuaram sendo considerados cidadãos de segunda classe, membros de uma profissão que "explorava o atraso e a ignorância dos trabalhadores". Eles eram constantemente atormentados pela polícia secreta como "clérico-fascistas".

Em 1939, a propaganda ateísta, as rígidas leis antirreligião e o terror stalinista levaram a Igreja Ortodoxa Russa à beira da desintegração — os luteranos estavam quase aniquilados, e os batistas e as denominações cristãs evangélicas estavam ambos devastados.

No Ocidente, entretanto, a revolta contra o regime soviético cresceu com os relatos de perseguição. A Igreja Católica Romana manifestou seu alarme e, em março de 1937, Pio XI emitiu a encíclica *Divine Redemptoris* condenando os "erros do comunismo". Ele criticou a propagação do comunismo, expressou simpatia pelo povo russo e ofereceu as doutrinas da Igreja Católica como alternativa ao comunismo. Para contrariar a política de "frente popular" de Stalin, o papa declarou que "o comunismo é intrinsecamente errado, e ninguém que queira salvar a civilização cristã pode colaborar com ele em qualquer medida". Tal declaração viera apenas quatro dias depois de sua encíclica criticando os nazistas alemães, e isso colocou o Vaticano firmemente ao lado dos fiéis perseguidos nos países totalitários.

O IMPACTO DA SEGUNDA GUERRA MUNDIAL

A Segunda Guerra Mundial eclodiu em 1939, quando as forças alemãs invadiram a Polônia. Hitler havia se unido ao regime fascista de Mussolini na Itália e a uma facção militarista imperante no Japão, três nações inflamadas por ideias expansionistas. Hitler também assinou com Stalin um pacto de não agressão logo antes de suas tropas marcharem para o interior da Polônia, mas, em questão de dois anos, ele se voltou contra o antigo aliado, e a Rússia comunista foi forçada a fazer aliança com a França, a Grã-Bretanha e os Estados Unidos em busca de impedir a expansão do Japão no Oriente e dos nazistas na Europa e no norte da África.

Assim como na Primeira Guerra Mundial, cristãos de ambos os lados do conflito participaram dos esforços de guerra, mas, desta vez, com um zelo inferior ao das cruzadas. Os cristãos alemães estavam diante de um dilema especial, uma vez que os oficiais da igreja alemã permaneciam conciliatórios em relação ao Estado nazista, mas não conseguiam aliviar o sofrimento dos cristãos na Alemanha. Os conselheiros mais próximos de Hitler — Bormann, Himmler e Heydrich — trabalharam sistematicamente para a "solução final" do problema da Igreja: elas seriam subordinadas à nova ordem, o clero seria despojado de todos os privilégios, e o cristianismo sofreria o que Hitler chamou de "morte natural".

Nas áreas ocupadas da Europa oriental, sacerdotes e pastores, juntamente com leigos devotos, eram tratados como criminosos comuns. Milhares foram executados ou enviados para campos de concentração, e somente as exigências da guerra e a necessidade de apoio popular impediram os nazistas de erradicar a religião na própria Alemanha.

A resistência das igrejas alemãs a Hitler foi incrivelmente escassa. Elas estavam exclusivamente preocupadas com a fé pessoal individualista, com a submissão tradicional ao Estado e com uma visão conservadora que rejeitava todas as propostas de esquerda para a reforma social e política, fazendo com que aceitassem a alegação de que o nazismo era a única alternativa ao comunismo.

A situação na Rússia Soviética no período da guerra apresentou um contraste impressionante. Stalin percebeu o valor da contribuição das igrejas para o moral público na guerra e como elas poderiam ajudar a integrar os

456 HISTÓRIA DO CRISTIANISMO

territórios adquiridos durante a guerra e promover a política externa soviética posterior.

Stalin permitiu que as igrejas criassem novamente suas organizações, coletassem fundos e dessem instruções religiosas privadas a crianças. Em 1945, a Igreja Ortodoxa e outros grupos religiosos recuperaram a posição de corporação legal e, com isso, o direito de possuir terras e produzir objetos litúrgicos. Embora ainda supervisionada de perto, a Igreja Ortodoxa desfrutou de sua posição mais favorável desde a Revolução.

Em 1943, o governo criou o Conselho para Assuntos da Igreja Ortodoxa Russa e, um ano depois, estabeleceu um conselho similar para outros grupos religiosos; ambos mantinham as relações entre o governo e as igrejas, redigiam regulamentos sobre religião e asseguravam que as leis fossem aplicadas.

Em geral, entretanto, a Segunda Guerra Mundial teve um impacto devastador no cristianismo tanto no aspecto físico quanto moral, pois milhares de igrejas foram destruídas, clérigos foram mortos e cristãos fiéis foram perseguidos ou arrancados de suas casas. O nível de violência aumentou com o uso de veículos blindados, bombas incendiárias, mísseis guiados e a bomba atômica. Milhões perderam a vida. Uma avaliação popular realizada em universidades norte-americanas descreveu o regime russo como corrupto, mas moralmente equivalente aos Estados Unidos; a Rússia era um exemplo falho do socialismo, e os Estados Unidos, uma versão imperfeita do capitalismo. Tal teoria parece improvável, dada a brutalidade que se estendeu além dos limites da Igreja; as mortes provocadas pelos comunistas ainda são calculadas, mas ultrapassam o número de mortos pelos nazistas (6 milhões) em dez vezes ou mais.

Esta carnificina levou muitos a questionar se uma guerra justa ainda era possível. Algumas pessoas sugeriam que o endosso cristão à guerra só levara a sua intensificação. Embora alguns cristãos tenham se envolvido em tentativas de unir nações e igrejas, tais como as Nações Unidas (1945) e o Conselho Mundial de Igrejas (1948), paixões nacionalistas continuaram frustrando seu trabalho.

Depois que a bomba atômica forçou o Japão a considerar a paz e que as forças comunistas e aliadas derrubaram o Terceiro Reich, os vencedores envolveram-se no que veio a se chamar "Guerra Fria".

Na liderança das democracias ocidentais, os Estados Unidos tomaram a iniciativa de combater a expansão soviética por meio da política de contenção e estavam preparados para resistir ao comunismo em quase todos os lugares, mesmo que isso significasse intervenção militar. No entanto, o desenvolvimento da bomba de hidrogênio e dos mísseis balísticos de longo alcance tornou o conflito armado entre as superpotências incalculavelmente caro.

O professor Richard Pierard resume as condições da época da seguinte maneira:

GRAFITE EM UM MURO DE VERGONHA

Embora a Guerra Fria tenha começado como uma rivalidade entre as grandes potências, ela rapidamente assumiu uma dimensão ideológica. Ambos os lados do mundo polarizado receberam apoio de sua população cristã. De forma messiânica, os soviéticos pregavam as doutrinas do comunismo e a necessidade de libertar os povos oprimidos pelos "imperialistas".

Enquanto isso, os líderes ortodoxos russos procuravam manter as igrejas em outros países sob sua jurisdição. Os representantes ortodoxos que viajavam para o exterior invariavelmente proclamavam a "linha" de Moscou sobre questões mundiais e louvavam as condições na União Soviética. Eles foram especialmente ativos nas campanhas de paz patrocinadas pelos soviéticos. Com a ênfase na "convivência pacífica" após a morte de Stalin, em 1953, a Igreja Ortodoxa participou de assuntos ecumênicos e, por fim, se uniu ao Conselho Mundial de Igrejas em 1961.

O Ocidente reagiu com a contraideologia do anticomunismo. O pressuposto básico era que havia uma conspiração comunista universal centrada em Moscou que dominava toda a agitação revolucionária no mundo. O anticomunismo foi, em particular, uma resposta norte-americana ao impasse leste-oeste após a Segunda Guerra Mundial. Uma frustração apreensiva, porém, resultou da incapacidade dos Estados Unidos de difundir as virtudes da democracia liberal a todas as nações.

Assim, o muro permaneceu.

Leitura sugerida

- DETZLER, Wayne A. *The Changing Church in Europe* [Mudança na igreja europeia]. Grand Rapids: Zondervan, 1979.

- DOWLEY, Tim (Org.). *Eerdmans' Handbook to the History of Christianity* [Manuel Eeardman da história do cristianismo]. Grand Rapids: Eerdmans, 1977.

- FRANZEN, August. *A History of the Church* [História da igreja]. Revisado e editado por John P. Dolan. Nova York: Herder and Herder, 1969.

- HARDON, John A. *Christianity in the Twentieth Century* [O cristianismo no século XXI]. Garden City, NY: Doubleday & Company, Inc., 1971.

- JOHNSON, Paul. *A History of Christianity* [História do cristianismo]. Nova York: Atheneum, 1983.

CAPÍTULO 43

Imigrantes sem raízes em uma sociedade enferma

Os evangélicos americanos

DURANTE A CAMPANHA PRESIDENCIAL DE 1976 NOS ESTADOS UNIDOS, a fé evangélica de Jimmy Carter foi um dos assuntos mais discutidos. Conscientes de que o escândalo de Watergate havia derrubado a administração anterior de Nixon, muitos americanos sentiam que a moralidade no governo era de suprema importância. Outros, entretanto, alertavam que a religião poderia dividir a nação e que ela não tinha lugar em uma campanha política norte-americana.

O historiador Arthur M. Schlesinger Jr., ex-conselheiro dos presidentes John Kennedy e Lyndon Johnson, disse abertamente: "Eu não acho que Carter deveria ter introduzido sua intimidade com Deus e Jesus e essas coisas [...]. Se ele sente isso, bom para ele, mas é totalmente irrelevante para a campanha!"

Em termos de uma lista de exigências para o serviço público, Schlesinger estava, sem dúvida, correto. A constituição americana proibia pré-requisitos religiosos para o serviço público, porém, cristãos sérios consideravam impossível olhar para o governo ou qualquer instituição social (a família, os tribunais, as escolas) através de lentes totalmente seculares.

Esse foi o dilema do evangelicalismo na época das ideologias. Ele oferecia a milhões de pessoas uma fé pessoal consoladora para enfrentar medos apocalípticos, mas será que também seria capaz de conduzir os Estados Unidos para outro grande avivamento de ideais sociais?

O RETORNO DA ANTIGA RELIGIÃO

Na década de 1970, Jimmy Carter, ex-governador da Geórgia, era um símbolo do cristianismo evangélico revitalizado nos Estados Unidos. A antiga religião mostrava sinais notáveis de vida nova.

Muitos norte-americanos consideraram essa revitalização algo surpreendente. A criação que receberam os fizera pensar que o avivamento pertencia ao domínio dos praticantes de cura espiritual, dos carismáticos efusivos e dos falsos pregadores: algo que envolvia emoções intensas, mau gosto e ingenuidade. No entanto, na década de 1970, um grande número de figuras preeminentes — da política, dos esportes e do entretenimento — falavam livremente sobre sua fé em Cristo.

A religião, que supostamente estava confinada ao Cinturão Bíblico, subitamente apareceu em todo o país. Tudo indicava que os Estados Unidos haviam descoberto o cristianismo do novo nascimento, pois, após uma geração de crescimento regular, o número de evangélicos no país alcançou 45 milhões e havia mudado o rosto do protestantismo norte-americano.

Os chamados protestantes principais — ou, usando o termo de Martin Marty, *públicos* — pertenciam às maiores denominações do Conselho Nacional de Igrejas: eram episcopais, metodistas, presbiterianos, batistas e membros da Igreja Unida de Cristo. Porém, na maioria das denominações, os evangélicos formavam uma minoria conservadora, de modo que cerca de um terço dos 36 milhões de protestantes no Conselho Nacional eram evangélicos. Somados aos cerca de 33 milhões de evangélicos fora do Conselho, os chamados protestantes privados constituíam um corpo religioso significativo, próximo em número aos 46 milhões de católicos romanos.

Naturalmente, os evangélicos não ofereciam uma abordagem única aos problemas dos Estados Unidos. O movimento incluía um número distinto de subgrupos, entre os quais havia os fundamentalistas — militantes de direita que se opunham a toda forma de acomodação à cultura contemporânea — e os pentecostais — que haviam experimentado o "batismo no Espírito Santo" e exerciam dons divinos, tais como falar em línguas e realizar curas milagrosas por meio da oração. Esses pentecostais, ou *carismáticos*, como alguns preferiam, incluíam desde episcopais e quase um milhão de católicos romanos até praticantes da cura pela fé e pregadores itinerantes diversos. A maioria dos evangélicos, entretanto, era composta basicamente por protestantes convencionais que permaneciam firmes na autoridade da Bíblia e nas doutrinas cristãs ortodoxas. Eles acreditavam no princípio de se firmar um compromisso pessoal e consciente com Cristo: um encontro espiritual, gradual ou instantâneo, conhecido como a experiência do novo nascimento.

460 HISTÓRIA DO CRISTIANISMO

[Quem são os carismáticos?]

O termo *carismático* é usado de forma variada. Existem denominações carismáticas como a Assembleia de Deus, mas os carismáticos também compõem porcentagens significativas de outras denominações, tais como os episcopais.

De um modo simples, as pessoas costumam ser descritas como carismáticas quando numa parte importante e rotineira do culto na igreja e da devoção pessoal do cristão ocorre o exercício de dons espirituais mais dramáticos, como o falar em línguas, as curas e os atos de profecia. ■

A despeito do crescimento do movimento evangélico e de sua súbita visibilidade na mídia, houve poucas evidências de ter ele reformulado as ideias e os ideais da cultura norte-americana. Ele exercia pouco impacto no governo, nas universidades ou nos centros de comunicação da nação, e as razões de sua alienação da política, da educação e da mídia encontram-se nos primeiros anos do século 20.

O historiador George M. Marsden, da Universidade de Notre Dame, compara os evangélicos da América do século XX com a figura de imigrantes sem raízes em uma nova terra. Só que, nesse caso, os evangélicos nunca cruzaram o oceano para experimentar o choque de uma nova terra; eles simplesmente permaneceram no mesmo lugar enquanto o resto do país mudava.

Conforme vimos, após a Guerra Civil, o evangelicalismo sulista foi golpeado pela derrota e pelo sentimento de desesperança, e muitos do lado norte voltaram-se para o pré-milenismo, a crença de que o retorno de Cristo era iminente e que a sociedade se tornaria inevitavelmente pior antes que isso ocorresse. Ao final do século XIX, o grande evangelista Dwight L. Moody pregava literalmente uma ética de bote salva-vidas: "Eu vejo o mundo como um navio naufragando. Deus me deu um bote salva-vidas e disse: 'Salve todos que puder'". Dessa maneira, muitos conservadores abandonaram a arena social, o que é descrito pelo historiador evangélico Timothy Smith como a Grande Inversão.

As raízes do fundamentalismo encontram-se nessa rendição da preocupação social. Nas décadas de 1880 e 1890, o estudo da Bíblia e a santidade pessoal pareceram mais recompensadoras do que a reforma da vida norte-americana.

Começando com uma pequena reunião em Swampscott, Massachusetts, em julho de 1876, evangélicos de muitas denominações passaram a se reunir em conferências bíblicas de verão para discutir a segunda vinda de Cristo. O pastor batista A. J. Gordon, de Boston, exerceu um papel dominante na organização de duas grandes conferências proféticas, uma em Nova York (1878) e outra em Chicago (1886), nas quais os pontos essenciais do pré-milenismo foram apresentados: o mundo continuaria a declinar em pecado até que o Anticristo fosse solto para uma última onda de destruição e, depois, Cristo retornaria com seus santos para estabelecer um reino terreno de mil anos. Uma forma peculiar de pré-milenismo foi articulada com crescente clareza nessas conferências. Seu nome, dispensacionalismo, não é muito sugestivo, mas as últimas três dispensações (eras) antes da eternidade são cruciais em sua versão clássica. Segundo ela, Jesus ofereceu-se como um rei literal à nação de Israel para governar em Jerusalém, mas o povo rejeitou essa oferta e isso marca o fim (ou o adiamento) da primeira era. A era seguinte é a da Igreja. Tendo sido rejeitado como rei de Israel, Jesus voltou sua atenção para os que não eram hebreus; a esses gentios, ele ofereceu outra aliança de graça e perdão que seguiu a aliança de lei e obediência. Essa era progride, mas termina em fracasso, como todas as alianças. A segunda vinda de Jesus marca o início da última era: ele retorna como rei e governa, a partir de Israel, sobre o mundo todo durante mil anos. Essa versão de pensamento pré-milenar significava um sério distanciamento do pré-milenismo histórico, pois defendia a ideia de que Deus tinha dois povos diferentes: Israel e a Igreja, os quais surgem de duas alianças completamente independentes, que operavam por economias completamente diferentes: uma, por graça; a outra, por obediência à lei. Em sua forma original, esse pensamento viola várias crenças antigas: que Jesus e sua Igreja cumpriram as promessas do Novo Testamento, a unidade da Bíblia, a graça no Antigo Testamento e o chamado de Jesus à obediência no Novo Testamento. Além disso, havia muitas partes no Novo Testamento destinadas a Israel, mas não à Igreja, sendo a mais notável o sermão do monte. A teoria recebeu muitas emendas, as quais a tornaram mais aceitável aos cristãos mais ortodoxos (tais como os presbiterianos), e hoje é amplamente defendida por protestantes conservadores. Ironicamente, tal pensamento compartilha algumas convicções de pensadores modernos: assim como os liberais, ele defende que Jesus deveria ser entendido inicialmente em termos terrenos e políticos e também explica (em consonância com outras ideias, como o cessar dos dons) por que a vida atual da Igreja parecia tão diferente da experiência refletida na Bíblia.

Durante esses anos, outros evangélicos se voltaram para conferências de santidade. A preocupação com uma segunda benção, santificação completa ou perfeição cristã sempre foi um tema principal do avivamento metodista. No fim do século XIX, membros de outras denominações religiosas passaram a compartilhar da mesma preocupação, e grupos de santidade, como a Igreja do Nazareno, e conferências de vida profunda encorajavam os cristãos a depositar sua confiança no Espírito Santo como meio de obter uma vida cristã vitoriosa.

462 HISTÓRIA DO CRISTIANISMO

TRÊS ERAS CRUCIAIS DO DISPENSACIONALISMO

	ERA JUDAICA	ERA DA IGREJA	REINO MILENAR
Povo	Israel	Igreja	Israel/mundo
Raça predominante	Hebreus	Gentios	Hebreus/mundo
Papel de Jesus	Jesus vem para ser rei de Israel.	Após a rejeição, Jesus se volta aos gentios e misericordiosamente morre para pagar o preço de seus pecados.	Jesus retorna para governar por mil anos.

Embora a crescente atenção tanto ao fim dos tempos quanto à vida pessoal cristã tivesse firmes raízes bíblicas, ela também oferecia aos evangélicos tradicionais um meio de manter sua fé em uma cultura sobre a qual estavam gradativamente perdendo o controle. Se não podiam moldar as questões humanas, podiam encontrar conforto no mundo espiritual.

O SURGIMENTO DO FUNDAMENTALISMO

O início do fundamentalismo é geralmente associado a uma série de doze pequenos livros publicados de 1910 a 1915, os quais contêm artigos e dissertações destinadas a defender verdades cristãs fundamentais. Três milhões de cópias foram enviadas gratuitamente a estudantes de teologia, ministros cristãos e missionários pelo mundo todo.

O projeto surgiu a partir das ideias de Lyman Stewart, um homem rico do ramo petrolífero que vivia no sul da Califórnia e estava convencido de que era necessário fazer algo para reafirmar as verdades cristãs em face do criticismo bíblico e da teologia liberal. Após ouvir o reverendo Amzi C. Dixon pregar em agosto de 1909, Stewart assegurou-se de sua ajuda para publicar *The Fundamentals* [Os fundamentos].

Stewart conseguiu o apoio financeiro de seu irmão, Milton; e Dixon, pastor da Igreja Moody em Chicago, formou um comitê para auxiliar no trabalho editorial, incluindo o evangelista R. A. Torrey.

Foram escolhidos 64 autores para estar no *The Fundamentals*. O movimento norte-americano pré-milenista e a conferência inglesa Keswick estavam bem representados. Outros conservadores, entretanto, também estavam entre os colaboradores, incluindo E. Y. Mullins, do Seminário Batista do Sul, e Benjamin B. Warfield, do Seminário de Princeton.

A Primeira Guerra Mundial atrasou a eclosão da controvérsia "modernista-fundamentalista" nas denominações protestantes, porém, assim que os soldados norte-americanos retornaram da Europa, batistas, presbiterianos, metodistas e discípulos de Cristo lançaram sua própria guerra de palavras contra os valores e perigos da teologia liberal nas igrejas.

Em 1920, Curtis Lee Laws, editor batista do periódico *Watchman-Examiner*, chamou os "fundamentalistas" da Convenção Batista do Norte para uma conferência em Buffalo, Nova York. Esse grupo de conservadores, popularmente chamados de Associação Fundamentalista, era composto de conservadores moderados, os quais acreditavam que os modernistas estavam abrindo mão dos fundamentos do evangelho: a natureza pecaminosa do homem, sua incapacidade de ser salvo sem o auxílio da graça de Deus, a centralidade da morte de Jesus para a regeneração do indivíduo e renovação da sociedade e a revelação oficial da Bíblia. Esse grupo foi o primeiro a adotar o nome *fundamentalista*. Eles não conseguiram fazer com que sua confissão de fé fosse adotada pelos batistas do Norte, mas Laws e seus associados não consideraram essa causa perdida. Em 1924, Laws escreveu que certas escolas de sua denominação haviam impedido o avanço do liberalismo e que a investigação das sociedades missionárias, defendida pelos fundamentalistas, havia resultado em mudanças que tornaram desnecessária a criação de uma nova missão. Cada vez mais batistas militantes discordaram de Laws e formaram a Associação Geral de Batistas Regulares para fundamentalistas.

O defensor presbiteriano da ortodoxia era o professor J. Gresham Machen, do Seminário Teológico de Princeton. Em 1929, a Assembleia Geral da Igreja Presbiteriana autorizou uma reorganização do seminário. Machen e uma pequena comitiva de professores distintos sentiram que a fusão de conselhos fortalecera a influência liberal na escola, e então abandonaram Princeton em protesto e fundaram o Seminário Teológico de Westminster na Filadélfia.

Quando Machen se recusou a romper seus laços com o Conselho Independente de Missões Estrangeiras Presbiterianas, foi julgado por sua igreja e considerado culpado de rebelião contra seus superiores. Como consequência, os conservadores na denominação fundaram as igrejas Presbiteriana Ortodoxa e Presbiteriana Bíblica.

No cerne dessas diferenças modernistas-fundamentalistas, havia visões conflitantes da Bíblia. Embora uma variedade de posições fosse encontrada em cada lado, Shailer Mathews e Machen podem ser considerados representantes dos dois grupos que surgiram.

Mathews era professor de teologia histórica e reitor da Escola de Divindade na Universidade de Chicago. Em 1924, seu livro *The Faith of Modernism* [A fé do modernismo] apresentou sua visão da Bíblia baseada

464 HISTÓRIA DO CRISTIANISMO

em "investigações científicas". A teologia confessional, disse ele, considera que as Escrituras foram sobrenaturalmente concedidas.

> O modernista usa as Escrituras como registro confiável e produto de uma religião em desenvolvimento [...]. Ao descobrir essa experiência de Deus e aceitá-la como sua própria origem religiosa, o modernista afirma a confiabilidade das Escrituras [...]. O cristianismo torna-se não a aceitação de uma literatura, mas uma reprodução de atitudes e fé, uma comunhão com aqueles homens antigos de moral imperfeita cujo coração encontrou Deus.

Todas as marcas da teologia liberal estão aqui: (1) a filosofia evolucionista aplicada à religião; (2) a visão otimista do homem centrada em sua experiência religiosa; e (3) a concepção moralista de Deus, que pode prontamente ser "encontrado" pelo homem.

Em 1915, no jornal *The Princeton Theological Review*, o professor Machen, provavelmente o defensor mais articulado da ortodoxia, respondeu ao apelo modernista a métodos históricos e literais. "O estudante do Novo Testamento", disse ele, "deveria ser, antes de tudo, um historiador [...] A Bíblia contém um registro de algo que aconteceu, algo que dá nova perspectiva à vida [...]. É a vida, a morte e a ressurreição de Jesus Cristo. A autoridade da Bíblia deveria ser testada aqui, no ponto central. A Bíblia está correta com respeito a Jesus? [...] Ele foi um professor e exemplo, ou um Salvador?"

Aqui também estão as marcas do fundamentalismo primitivo: (1) um Jesus sobrenatural atestado pela ressurreição dentre os mortos; (2) uma Bíblia digna de confiança, a fonte da fé cristã; e (3) a necessidade de o homem ter uma "nova perspectiva sobre a vida".

WILLIAM JENNINGS BRYAN, UM SÍMBOLO DE MUDANÇA

As tempestades nas denominações, entretanto, eram indicadores de ventos de mudança mais fortes nos Estados Unidos. Um homem cuja vida ilustra essa mudança nas perspectivas norte-americanas é William Jennings Bryan, um exemplo admirável.

Graças à televisão, à *Brodway* e ao filme *O vento será tua herança*, a mera menção do nome Bryan lembra o tribunal apinhado em Dayton, Tennessee, onde, em um dia quente de julho de 1925, Bryan e Clarence Darrow quase se estapearam por causa do relato de Gênesis quanto à origem do homem. O contexto era o julgamento de John Scopes, acusado de violar a lei do Tennessee que proibia o ensino da evolução nas escolas públicas.

Darrow, no auge de seu brilhantismo nos tribunais, confundiu e envergonhou as velhas tentativas de Bryan de defender o registro bíblico. Uma imprensa extremamente hostil ao ponto de vista de Bryan despejou uma cobertura de milhões de palavras tendenciosas à nação telespectadora. A imagem de Bryan, marcado de suor, diante do cáustico ataque racional de Darrow coloca-o no lugar superestimado e grandemente imerecido como símbolo da estupidez de cristãos norte-americanos que acreditam na Bíblia. Ironicamente, Bryan era o verdadeiro progressista político. *O vento será tua herança* deixa uma impressão ostensivamente enganosa, uma vez que é possível induzir que Bryan era um hiperconservador do contra e Darrow, um progressista de pensamento avançado. Os escritores inventaram um enredo de acordo com o qual Bryan havia coagido a noiva do senhor Scopes para legitimar a estratégia de julgamento — ou seja, demonizam Bryan.

A ironia da imagem de Bryan como fanático extremista advém do fato de que, durante toda sua vida, ele se posicionou a favor do homem comum — ninguém lutou mais bravamente pelo "norte-americano comum" do que ele. Foi Bryan quem se opôs ao darwinismo social e defendeu o direito das mulheres ao voto, ideias que estão ligadas, pois, se mulheres emotivas não tivessem evoluído o suficiente para ser suficientemente racionais, não seria permitido que votassem. Como líder da causa progressiva no partido democrático, Bryan foi três vezes candidato à presidência dos Estados Unidos e secretário de Estado no gabinete do presidente Woodrow Wilson. Como secretário, Bryan expressou sua devoção à paz negociando tratados de arbitragem com trinta países, porém, com a irrupção da crise de 1914, seus tratados mostraram-se ineficazes após os alemães afundarem o Lusitânia em 7 de maio de 1915. O presidente e o gabinete opuseram-se ao uso de tratados, e o conflito político levou à renúncia de Bryan.

A proximidade do fim de sua carreira política, porém, abriu novas oportunidades à sua carreira religiosa e reformadora de Bryan e ele logo se lançou à causa da "proibição", cumprindo um papel significativo na aprovação da Décima Oitava Emenda, a qual proibia bebidas alcoólicas no país após janeiro de 1920. Essa foi provavelmente a última cruzada evangélica em favor de uma nação moral.

Anos mais tarde, os norte-americanos passaram a considerar a proibição como uma arma austera de um bando de puritanos extremistas que achavam a vida sem graça e estavam determinados a impedir que os demais destilassem uma só gota de prazer dela. Tal comportamento é um exemplo da mudança na cultura norte-americana.

Bryan via na proibição mais uma luta contra os interesses egoístas que colocavam o lucro privado acima do bem-estar humano e se alimentavam do desespero das massas. Aqueles que defendem a proibição, escreveu ele,

466 HISTÓRIA DO CRISTIANISMO

"estão ajudando a criar condições que trarão o maior bem para o maior número de pessoas [...], pois não é injusto que ao homem seja recusada a permissão de enriquecer à custa do prejuízo do próximo".

A última grande cruzada de Bryan foi aquela que o lançou diretamente ao movimento fundamentalista: o esforço de banir o ensino da evolução das escolas públicas dos Estados Unidos.

Antes da década de 1920, Bryan sempre revelou estar ciente dos ensinos de Darwin e dos perigos que eles apresentavam à moral pública. Já no início de 1905, após a leitura do livro *A descendência do homem*, ele disse que a ideia do biólogo quanto à origem do homem enfraqueceria a causa da democracia.

Na primavera de 1921, Bryan emitiu uma série de ataques contra a evolução que instantaneamente o colocaram na linha de frente das forças fundamentalistas. Se a evolução era certa ou errada, isso não o preocupava, pois ele nunca tencionou refutar a evolução com bases científicas. "A objeção à evolução", disse, "não é fundamentalmente por não ser verdade; o princípio da objeção é que a evolução é altamente prejudicial para aqueles que a aceitam."

Seu discurso, *The Menace of Darwinism* [A ameaça do darwinismo], foi impresso em forma de panfleto e amplamente distribuído. Moral e virtude, escreveu ele, são dependentes da religião e da crença em Deus e, portanto, tudo o que venha a enfraquecer a crença em Deus enfraquece o homem e o torna incapaz de fazer o bem. Ao colocar o homem no nível de um animal irracional e ignorar todos os valores espirituais, a teoria evolucionista aplicada à teoria social roubava do homem seu maior estímulo à vida moral. Sem uma bússola moral, parecia razoável que os fortes florescessem sem ser inibidos por uma preocupação com os fracos.

A oposição legal à evolução tomou a forma de 37 projetos de lei antievolucionistas introduzidos em vinte legislaturas estatais de 1921 a 1929, as quais foram elaboradas por uma geração que ratificou a Décima Oitava Emenda, produto de uma crença norte-americana de que a ação legislativa era capaz de auxiliar na moralidade pública.

O julgamento de Scopes foi a consequência da lei adotada no Tennessee que proibia o professor de escola pública de "ensinar a teoria que nega a história da criação divina do homem conforme revelada na Bíblia e, em seu lugar, ensinar que o homem descende de uma ordem inferior de animais".

A questão imediata no tribunal de Dayton era determinar se John Scopes, o jovem professor de biologia do ensino médio, tinha violado a lei do Tennessee, mas a questão legal era estritamente secundária, pois homens de negócio e repórteres transformaram o julgamento em um circo. As estrelas do espetáculo eram Bryan, que serviu como advogado de acusação, e Clarence Darrow, brilhante e conhecido advogado de Chicago que defendeu Scopes. Ambos enxergavam as dimensões mais amplas do julgamento.

"Meu único propósito em vir para Dayton", disse Bryan olhando para Darrow, foi "proteger a Palavra de Deus contra os maiores ateus ou agnósticos dos Estados Unidos!" O tribunal irrompeu em aplausos. Darrow argumentou que nada menos que a liberdade intelectual estava em juízo. Assim, pôs-se a transformar Scopes na verdadeira parte queixosa e Bryan, em réu, usando, para isso, o próprio testemunho de Bryan como evidência da estupidez fundamentalista.

Quando tudo acabou, Scopes foi declarado culpado e multado em uma quantia simbólica. Assim, Bryan venceu em Dayton, mas Darrow, no resto do país. Cinco dias após o julgamento, Bryan faleceu tranquilamente enquanto dormia, deixando para trás todas as suas causas reformadoras. Em um sentido bem real, a cruzada evangélica por uma nação cristã morreu com ele.

Pouco tempo depois, a Grande Depressão golpeou os Estados Unidos duramente, e o cristianismo evangélico lutou com o resto do país. Ele sobreviveu em sociedades voluntárias diversas e programas de rádio, mas o público frequentemente estereotipava os fundamentalistas como mentes fechadas, ignorantes, beligerantes e separatistas.

A RENOVAÇÃO DO CRISTIANISMO EVANGÉLICO

Após a Segunda Guerra Mundial, no entanto, o cristianismo evangélico retornou à proeminência pública nos Estados Unidos, e sua voz mais conhecida tinha um suave sotaque da Carolina do Norte. Billy Graham tornou-se um nome conhecido por pregar a milhares de pessoas nos principais estádios do país, em transmissões regulares de rádio e em programas de televisão em rede nacional. A revista *Decision*, publicada por sua associação evangelística, era distribuída em milhões de lares.

Graham cresceu imerso nas tradições batista e presbiteriana do sul e estudou na Universidade Bob Jones, no Instituto Bíblico da Flórida e na faculdade Wheaton. Após um período de pastorado em Western Springs, Illinois, um distrito de Chicago, ele entrou para a obra evangelística em tempo integral com uma organização de jovens chamada Juventude para Cristo. Após uma campanha evangelística bem-sucedida e bastante divulgada em Los Angeles (1949), a fama de Graham espalhou-se rapidamente e, em pouco tempo, ele estava conduzindo cruzadas em cidades ao redor do mundo.

Billy Graham, no entanto, foi apenas o nome mais preeminente de um novo estilo de evangelicalismo. Muitos cristãos conservadores expressavam insatisfação com o desvio do fundamentalismo entre as duas grandes guerras. A maioria não tinha críticas a fazer sobre as doutrinas do movimento, mas sentia que ele havia tropeçado em algumas ênfases infelizes.

468 HISTÓRIA DO CRISTIANISMO

Já em 1947, Carl F. H. Henry, em seu livro *Uneasy Conscience of Modern Fundamentalism* [Consciência inquieta do fundamentalismo moderno], expressou pesar pelo fato de o fundamentalismo não conseguir aplicar as verdades cristãs básicas aos problemas cruciais que confrontavam o homem moderno.

Em 1956, Billy Graham liderou um grupo de evangélicos no lançamento de um novo periódico chamado *Christianity Today*. Carl Henry deixou seu cargo de professor no Seminário Teológico Fuller no intento de servir como editor. No início, a revista era enviada sem custo aos estudantes de teologia e ministros de variadas linhas doutrinárias, assegurando sua vasta circulação.

Na primeira edição, Henry disse que a revista procurava expressar o cristianismo histórico à presente geração. Os fundadores sentiam que os teólogos liberais haviam falhado em suprir as necessidades morais e espirituais do povo, e os editores aceitavam sem reservas a "completa confiabilidade da Palavra escrita de Deus", mas tinham a intenção de apresentar as implicações do evangelho para todas as áreas da vida.

O despertar evangélico ganhou reforço inesperado em 1960, vindo de outra fonte do cristianismo pessoal, o pentecostalismo. A experiência pentecostal — "o batismo no Espírito Santo com a evidência do falar em línguas" — não era nova. A fagulha do pentecostalismo do século XX foi um avivamento que durou três anos, iniciando em 1906, na missão da rua Azusa, em Los Angeles. Experiências pessoais de falar em línguas já haviam ocorrido anteriormente, mas a rua Azusa acendeu o pentecostalismo mundialmente. Cristãos de toda a América do Norte, da Europa e do Terceiro Mundo visitaram a rua Azusa e levaram essa chama de volta para seus lares.

As denominações pentecostais surgiram em seguida. As maiores nos Estados Unidos eram a Assembleia de Deus, a Igreja de Deus em Cristo, Igreja de Deus e a Igreja Internacional Pentecostal de Santidade. Essas igrejas costumavam estar repletas de pessoas enfraquecidas social e economicamente. Por isso a imprensa secular prestou atenção, em 1960, quando a experiência pentecostal irrompeu em congregações luteranas e episcopais de classe média — aquilo rendeu notícia quente.

Essa nova explosão de paixão pentecostal foi apelidada de neopentecostalismo e suas consequências espalharam-se por todas as direções. Em pouco tempo, os Estados Unidos estavam tomados por grupos de oração carismáticos, compostos em grande parte por membros das igrejas protestantes principais que alegavam ter encontrado uma nova dimensão em sua vida cristã por meio do batismo pentecostal.

Entre os luteranos, a Igreja Luterana Americana sentiu a maioria dos efeitos no início da década de 1960. A controvérsia que surgiu em 1963, foi contida apenas quando as autoridades estabeleceram parâmetros para a prática pentecostal. Então, em 1967, o movimento alcançou os círculos do Sínodo Luterano de Missouri, onde vários ministros foram expulsos por declarações públicas sobre o assunto.

A extensão do alcance pentecostal nas igrejas luteranas foi sugerida em 1972, pelas mais de 10 mil pessoas que participaram da Primeira Conferência Internacional Luterana sobre o Espírito Santo em Mineápolis, Minnesota.

Em 1970, a Assembleia Geral da Igreja Presbiteriana Unida nos Estados Unidos publicou um relatório sobre "A obra do Espírito Santo" que refletia dois anos de estudo minucioso e que foi aclamado como uma das melhores declarações oficiais sobre o avivamento carismático, provocando, assim, considerável crescimento ao movimento. Por volta de 1975, alguns porta-vozes estimaram que 10 a 15 mil membros da Igreja Presbiteriana Unida e da Igreja Presbiteriana nos Estados Unidos haviam recebido o batismo pentecostal. Estas duas denominações, luterana e presbiteriana, são apenas representantes do crescimento ocorrido em outras denominações protestantes principais e no catolicismo romano.

Ao final da década de 1970, nos Estados Unidos, evangélicos de todos os tipos estavam inquietos com a pergunta: A fé importa? Por décadas, eles haviam suposto que um número significativo de cristãos nascidos de novo faria diferença no clima moral dos Estados Unidos. A década de 1970, entretanto, colocou esse pressuposto sob um teste rígido, uma vez que os evangélicos tinham seus números, mas a sociedade norte-americana estava tomada por criminalidade, divórcio, racismo, violência, perversão sexual, alcoolismo e drogas. Alguns observadores se questionavam se Arthur Schlesinger Jr., teria falado não apenas de Jimmy Carter, mas de todos evangélicos ao expressar: "Se você sente assim, bom para você, mas isso é algo totalmente irrelevante".

Leitura sugerida

- LEVINE, Lawrence W. *Defender of the Faith* [Defensores da fé]. Nova York: Oxford, 1965.

- MARSDEN, George M. *Fundamentalism and American Culture* [Fundamentalismo e cultura americana]. Nova York: Oxford, 1980.

- NOLL, Mark; BEBBINGTON, David W.; RAWLYK, George A. (Orgs.). *Evangelicalism* [Evangelicalismo]. Nova York: Oxford, 1994.

- QUEBEDEAUX, Richard. *The New Charismatics* [Os novos carismáticos]. Garden City, NY: Doubleday, 1976.

- SANDEEN, Ernest R. *The Roots of Fundamentalism* [As raízes do fundamentalismo]. Chicago: University of Chicago Press, 1970.

470 HISTÓRIA DO CRISTIANISMO

- *SYNAN, Vinson. *The Century of the Holy Spirit: 100 years of Pentecostal and Charismatic Renewal, 1901-2001* [O século do Espírito Santo: 100 anos de renovação Pentecostal e Carismática, 1901-2001]. Nashville: Thomas Nelson, 2001.

- WOODBRIDGE, John; NOLL, Mark A.; HATCH, Nathan O. *The Gospel in America* [O Evangelho na América]. Grand Rapids: Zondervan, 1979.

CAPÍTULO 44

Novos credos para o café da manhã

O movimento ecumênico

ALGUM TEMPO ANTES DE O CONSELHO MUNDIAL DE IGREJAS reunir-se na assembleia de 1961, em Nova Déli, Índia, Willem Adolph Visser't Hooft estava tomando café da manhã em um hotel de Leningrado com uma delegação de líderes ortodoxos russos. Na época, a definição constitucional do Conselho Mundial era: "Uma comunhão de igrejas que aceitam nosso Senhor Jesus Cristo como Deus e Salvador". Os russos queixavam-se de que essa definição ignorava a base trinitária do cristianismo que era valorizada pelas igrejas ortodoxas.

Visser't Hooft recordou que os protestantes muitas vezes haviam expressado outra queixa: a ausência de qualquer menção à Escritura e viu que tinha a chance de, por meio das palavras certas, enfatizar os elementos unificadores do cristianismo e, ao mesmo tempo, minimizar as diferenças com diplomacia. "Então", lembrou mais tarde, "eu peguei o cardápio do café da manhã e escrevi uma nova fórmula."

Alguns meses depois, em Nova Déli, o Conselho adotou como novo credo a definição do menu de Hooft que diz: "O Conselho Mundial de Igrejas é uma comunidade de igrejas que confessam o Senhor Jesus Cristo como Deus e Salvador de acordo com as Sagradas Escrituras e, portanto, juntas, procuram cumprir seu chamado comum para a glória do único Deus, Pai, Filho e Espírito Santo".

Essa manobra do café da manhã foi um dos movimentos mais brilhantes da longa carreira de Visser't Hooft como secretário-geral do Conselho Mundial e trouxe 30 milhões de cristãos ortodoxos russos para o Conselho, além de mudar a cara do movimento ecumênico.

No século XVI, apenas quatro grandes divisões separavam as igrejas da Reforma: luterana, reformada, anabatista e anglicana. Em pouco tempo, porém, várias denominações entraram em cena, a maioria delas formada por cristãos convencidos da importância de alguma doutrina específica da Escritura. No início do século XX, mais de duzentas denominações enchiam o horizonte somente nos Estados Unidos. A força dentro do cristianismo era centrífuga — um movimento contrário à centralização —, muitas vezes independente e, por vezes, desagregadora.

No século XX, porém, outra força, desta vez centrípeta, atraiu cristãos para a cooperação, a fusão e a ação unida. Chamamos essa força de *ecumenismo*.

MOVIMENTOS EM DIREÇÃO À UNIDADE CRISTÃ

Ecumênico significa mundial ou universal. Aplicado às igrejas cristãs, ele implica a unidade dos cristãos na fé onde quer que possam ser encontrados. Tal unidade pode ser uma realidade espiritual à parte de organizações humanas, como é a tendência entre os evangélicos, ou um esforço voltado a criar uma federação de igrejas ou uma junção de denominações. Chamamos o espírito de unidade de *ecumenicidade*, e o esforço organizacional, de *movimento ecumênico*; já a criação de conselhos nacionais e mundiais de igrejas é chamada de *ecumenismo conciliar*.

Há pouquíssimos assuntos sobre os quais todos os homens pensam da mesma maneira. Certamente os cristãos não pensam da mesma forma sobre sua fé e sustentam diferenças em questões de doutrina, de moralidade, de culto e de organização, e também defendem seus pontos de vista não como meras opiniões, mas como convicções religiosas.

Em consequência [dessas convicções], os cristãos discordam quanto às divisões no cristianismo. Enquanto defendem seus traços denominacionais distintivos, são chamados por outros de pecado e escândalo. Concordando ou não uns com os outros, a ecumenicidade foi uma das marcas do cristianismo do século XX. Mas como, então, os cristãos expressaram esse espírito de unidade?

Nos tempos modernos, o primeiro esforço significativo para incentivar a cooperação entre protestantes foi a Aliança Evangélica. Organizada em Londres no ano de 1846, a Aliança reuniu cristãos de cinquenta grupos evangélicos da Inglaterra e dos Estados Unidos; com o tempo, ramificações foram estabelecidas em nove países europeus. A Aliança promoveu liberdade religiosa e incentivou atividades cooperativas, mas, próximo ao fim do século XIX, seu entusiasmo esfriou.

Assim que a Aliança — por ser composta por indivíduos — começou a mostrar sinais de apatia, uma nova expressão de unidade apareceu: uma federação de igrejas (ou denominações). Em 1908, um total de 31 denominações norte-americanas uniu-se ao Conselho Federal de Igrejas e, enquanto o Conselho permanecia ativo na emissão de pronunciamentos sobre questões

NOVOS CREDOS PARA O CAFÉ DA MANHÃ **473**

sociais, econômicas e políticas, muitos dentre os religiosos conservadores criticavam sua teologia liberal. Em 1950, o Conselho Federal foi absorvido por um grupo maior, o Conselho Nacional de Igrejas de Cristo.

No entanto, a expressão mais ambiciosa do ecumenismo eclesiástico foi o Conselho Mundial de Igrejas, formado em 1948, em Amsterdã. É proveitoso pensar no Conselho Mundial como um rio principal, um Mississippi religioso, que flui de três afluentes: o Conselho Missionário Internacional, a Conferência sobre Vida e Trabalho e a Conferência sobre Fé e Ordem. Essas três correntes remontam suas origens ao auge da história ecumênica moderna: a Conferência Missionária Internacional em Edimburgo, em 1910. A conferência de Edimburgo reuniu mais de mil delegados de todo o mundo e, ao discutir as missões, os delegados encontraram um grande senso de unidade.

As primeiras décadas do movimento ecumênico foram marcadas por quatro grandes líderes: um americano, John R. Mott; um canadense, Charles H. Brent; um sueco, Nathan Söderblom; e um holandês, Willem A. Visser't Hooft.

John R. Mott (1865-1955), um leigo metodista, apresentava profunda fé religiosa, zelo evangelístico, influência sobre assembleias públicas e uma eloquência cativante e convincente. Aos 23 anos, enquanto aluno, tornou-se secretário do Comitê Internacional da Associação Cristã de Moços (YMCA). Percebendo a necessidade de uma maior coordenação do trabalho estudantil, ele fundou, na Suécia, a Federação Mundial de Estudantes Cristãos, reunindo ministérios estudantis nos Estados Unidos, na Grã-Bretanha, na Alemanha e nos países escandinavos. O trabalho da Federação de Estudantes deu a Mott centenas de contatos pessoais em ministérios cristãos e fez dele uma escolha natural para a presidência da Conferência Missionária de Edimburgo.

Após a histórica Conferência em Edimburgo, Mott atuou como presidente do Comitê de Continuação e, quando o Conselho Missionário Internacional foi criado, em 1921, ele atuou durante vinte anos como seu primeiro presidente. Nenhum líder do Conselho Mundial de Igrejas contribuiu mais para a propagação do cristianismo do que ele.

Charles Brent (1862-1929) foi um anglicano canadense que atuou como missionário nas ilhas das Filipinas. Ao contrário de Mott, que tinha um zelo apaixonado pela unidade fundamentada no amor de Cristo, Brent era mais consciente das diferenças doutrinárias que separavam as igrejas e considerava o anglicanismo como a ponte que poderia transpor estas diferenças. Quando a Conferência de Edimburgo votou a favor de se explorar formas para superar os conflitos entre as sociedades que enviavam missões, Brent levou a recomendação aos seus companheiros anglicanos em sua convenção trienal em Chicago. Em resposta ao seu apelo, a convenção designou um comitê para convidar "todas as igrejas que aceitam Jesus Cristo como

HISTÓRIA DO CRISTIANISMO

Deus e Salvador a participar das conferências seguindo o método geral da Conferência Missionária Mundial, para a consideração de todas as questões relativas à fé e à ordem da Igreja de Cristo".

Por causa da Primeira Guerra Mundial e suas sequelas, a primeira Conferência Mundial sobre Fé e Ordem ocorreu apenas em 1927. Naquele ano, em Lausanne, Suíça, 150 representantes de 69 denominações reuniram-se em agosto e aprovaram uma série de resoluções que lançaram as bases para o futuro Conselho Mundial.

Brent acreditava que a cooperação entre igrejas só seria possível com consenso em relação aos fundamentos da fé. A desunião, segundo ele, acontece fundamentalmente nos credos e, até alcançarem a resolução dessas diferenças, os cristãos não encontrariam uma unidade autêntica; assim, fé e ordem tornaram-se sinônimos de crença e culto.

O MOVIMENTO DE VIDA E TRABALHO

Nathan Söderblom (1866-1931), arcebispo luterano de Uppsala, Suécia, foi o fundador e principal promotor do Movimento de Vida e Trabalho. Quando o rei da Suécia inesperadamente o nomeou arcebispo em 1914, os conservadores dentro da igreja questionaram sua ortodoxia, e tinham motivo para tal.

Söderblom rejeitava a fé na natureza divina e humana de Cristo, pois a considerava inaceitável para o homem moderno, e também enfatizava a revelação como um processo contínuo, não limitado à era apostólica. A verdadeira religião, dizia ele, não se fundamenta em nossa concepção de Deus, mas em nosso caráter moral, pois religião é o que um homem é ou o que ele faz, não aquilo em que acredita.

Söderblom, portanto, não pretendia encontrar a unidade cristã por consenso doutrinário, como esperava Brent, mas pela história. Cada grupo cristão, dizia, deve respeitar os outros e compartilhar com eles suas diferenças doutrinárias e, aos poucos, a revelação única para a raça humana se desvelaria por meio das sucessivas gerações do homem.

O grande trabalho de Söderblom, no entanto, não foi na área da teologia, mas na reunião dos cristãos sob um interesse comum. Ele foi o idealizador da Primeira Conferência sobre Vida e Trabalho, realizada em Estocolmo. Em agosto de 1925, quinhentos delegados de 39 países e 91 denominações decidiram que os problemas de moralidade social eram grandes demais para ser resolvidos por esforço individual; sendo assim, a comunidade cristã deveria aceitar a responsabilidade pelo bem comum.

Por mais estranho que pareça, em 1937, tanto a Conferência sobre Fé e Ordem quanto a Conferência sobre Vida e Trabalho reconheceram que a busca pela unidade cristã exigia uma nova organização mais inclusiva. Reunidas na Grã-Bretanha naquele ano, as duas conferências uniram-se para emitir uma convocação à formação do Conselho Mundial de Igrejas.

NOVOS CREDOS PARA O CAFÉ DA MANHÃ   **475**

Adolf Hitler e a Segunda Guerra Mundial atrasaram a criação do Conselho Mundial, mas, em 1948, a primeira assembleia reuniu-se em Amsterdã com 351 delegados representando 147 denominações de 44 países. Os principais não participantes foram os católicos romanos, muitos evangélicos conservadores e os ortodoxos russos.

Durante esses primeiros anos significativos do Conselho Mundial, seu secretário-geral foi Willem Adolph Visser't Hooft (1900-1985). Seguindo os passos de John R. Mott, Visser't Hooft atuou como secretário do Comitê Mundial da YMCA e, depois, na mesma função na Federação Mundial de Estudantes Cristãos. Em 1938, ele parecia ser a escolha natural para liderar o comitê provisório que moldou o Conselho Mundial de Igrejas em Amsterdã.

O teólogo suíço Karl Barth exerceu ampla influência sobre Visser't Hooft. "Barth sentia que a Igreja quase perdera a própria alma fazendo ajustes para se conformar às tendências históricas", disse Visser't Hooft certa vez. "Ele a chamou para ser ela mesma novamente." Ele lembrou que o lema não oficial dos homens que lançaram o movimento ecumênico era "Deixe a Igreja ser a Igreja", e isso, dizia o líder holandês, "não significava que a Igreja deveria fugir do mundo, e sim que ela não era apenas um eco das tendências no mundo".

Um dos projetos mais estimados de Visser't Hooft após a Segunda Guerra Mundial foi a criação de um Instituto Ecumênico na Suíça para o treinamento de líderes no movimento de unidade da Igreja. Nos Estados Unidos, em um jantar com os investidores Thomas W. Lamont e John D. Rockefeller Jr., ele descreveu o plano para Rockefeller, que respondeu: "Você deve pedir mais dinheiro". Rockefeller contribuiu, mais tarde, com cerca de um milhão de dólares para estabelecer o Instituto Ecumênico em Boissy, Suíça.

Graças à diplomacia de Adolph Visser't, uma assembleia do Conselho Mundial de Igrejas tornou-se um colorido mosaico de culturas, continentes e preocupações. Em todas as reuniões, havia conservadores teológicos de países ortodoxos orientais da Europa Oriental e do Oriente Médio, teólogos seculares da Europa e da América do Norte, evangélicos da Europa e do Terceiro Mundo, luteranos confessionais da Escandinávia e porta-vozes da libertação da América Latina.

O Conselho Mundial não alegava ser uma superigreja. De acordo com sua constituição, ele não poderia legislar por suas igrejas-membro, pois seu objetivo era a compreensão e a cooperação entre os membros e a manutenção da unidade cristã sempre que possível. As declarações das assembleias inevitavelmente refletiam um acordo entre perspectivas concorrentes, como ilustra bem o café da manhã de Visser't Hooft em Leningrado.

Assembleias posteriores foram realizadas em Evanston, Illinois (1954); Nova Déli, Índia (1961); Uppsala, Suécia (1968); e Nairóbi, Quênia (1975).

476 HISTÓRIA DO CRISTIANISMO

Em Nova Déli, a Igreja Ortodoxa Russa juntou-se ao Conselho Mundial de Igrejas, e o Conselho Missionário Internacional foi submetido à sua administração.

Com o passar dos anos, a ênfase doutrinária das Conferências de Fé e Ordem diminuiu, e as preocupações sociais da Vida e Trabalho aumentaram. As assembleias de Uppsala e Nairóbi refletiram as incursões do secularismo nas igrejas, e a preocupação com questões sociais como racismo, guerra e paz, pobreza e desemprego, alcoolismo, dependência de drogas e o movimento de libertação das mulheres era tão importante para os conselhos das igrejas em vários países que o objetivo específico de promover a reunião entre os grupos desmembrados da Igreja foi deixado cada vez mais para outras agências e instituições.

FUSÕES DENOMINACIONAIS

O Conselho Mundial de Igrejas, entretanto, foi apenas a expressão mais notável do movimento ecumênico, pois o zelo pela unidade também criou fusões denominacionais e alianças internacionais.

Nos Estados Unidos, onde o denominacionalismo era tão pronunciado, mais de trinta fusões de denominações foram concluídas de 1900 a 1970, incluindo criações importantes como os Metodistas Unidos e os Presbiterianos Unidos. Em alguns casos, eram reuniões de grupos de igrejas que haviam se dividido em assuntos como a questão racial no século XIX (metodistas) ou de grupos da mesma tradição que haviam imigrado para os Estados Unidos de diferentes países (luteranos).

Fora dos Estados Unidos, a fusão mais significativa resultou na Igreja do Sul da Índia, formada em 1947, com a união de três grupos religiosos: a Igreja Anglicana da Índia, da Birmânia e do Ceilão; a Igreja Metodista da Província do Sul da Índia; e a Igreja Unida do Sul da Índia, esta última resultando de um movimento que uniu os grupos presbiteriano, congregacional e reformado holandês.

A proposta de uma fusão com dimensões similares criaria uma nova igreja de 19 milhões de membros nos Estados Unidos. A ideia foi originalmente promovida em 1960, por Eugene Carson Blake, diretor-executivo da Igreja Presbiteriana Unida nos Estados Unidos (Presbiterianos do Norte) e, posteriormente, secretário-geral do Conselho Mundial de Igrejas. Blake propôs que a Igreja Episcopal Protestante e os Presbiterianos do Norte convocassem conjuntamente os metodistas e a Igreja Unida de Cristo para formar uma nova Igreja Cristã. Consternado com as centenas de divisões dentro do protestantismo, Blake disse: "Eu não acredito que seja a vontade de Deus ter tantas igrejas nos Estados Unidos".

A proposta foi bem recebida pelo bispo episcopal protestante James A. Pike, que disse: "O Espírito Santo está do nosso lado sempre que transpomos barreiras entre os grupos cristãos e proverá cada vez mais orientação,

NOVOS CREDOS PARA O CAFÉ DA MANHÃ **477**

mostrando formas de vencer a obstinação complacente de nossos grupos de igrejas nacionais com relação a este assunto".

Na Convenção Geral da Igreja Episcopal Protestante em Detroit, em setembro de 1961, a Câmara dos Bispos considerou a proposta de aceitar o convite da Assembleia Presbiteriana Unida. Um dia inteiro havia sido reservado para o debate sobre o assunto, e uma enorme multidão bloqueou os corredores laterais do salão em Cobo Hall para assistir ao espetáculo. Em cerca de trinta segundos, a proposta foi aprovada por unanimidade.

"Estou absolutamente sem palavras!", suspirou o bispo Arthur C. Lichtenberger, que presidiu a sessão. As palavras da oração proferida por ele logo antes da primeira votação aparentemente ecoavam na mente de todos os delegados: "Olha com misericórdia, ó Senhor, para o corpo fragmentado da tua Igreja".

A convenção encerrou com um apelo comovente da Câmara dos Bispos à reunião do cristianismo mundial. Declarando que o desafio é que "por fidelidade a Deus, não podemos fugir", os bispos instaram os cristãos a "trabalhar e orar sem cessar até que, pela graça de Deus e em seu tempo, as divisões pelas quais desonramos nosso único Senhor sejam eliminadas".

Com o apoio das outras denominações participantes, a Consulta para União de Igrejas (COCU) lançou sua busca por um plano de fusão. Mais tarde, a Consulta mudou seu nome para Igrejas Unidas em Cristo para permitir que outras denominações se juntassem à fusão. O passar do tempo, no entanto, reduziu o entusiasmo inicial e, após vinte anos, as denominações participantes continuaram a procurar a fórmula certa para a união.

Além dessas fusões, o século XX reuniu alianças confessionais mundiais. Igrejas de todo o mundo com confissões de fé semelhantes e organizações eclesiásticas reuniram-se periodicamente para discussão e comunhão. Entre essas alianças estão:

- Conselho Internacional Congregacional;
- Conferência Mundial Menonita;
- Conferência Metodista Mundial;
- Aliança Mundial Batista;
- Federação Luterana Mundial;
- Aliança Mundial de Igrejas Reformadas e Presbiterianas.

Durante todos esses anos, os evangélicos conservadores foram os críticos mais persistentes do ecumenismo conciliar. Sustentando firmemente a autoridade da Bíblia, eles sabem que Jesus orava para que seus discípulos fossem um, mas questionam a forma da federação de unidade cristã.

478 HISTÓRIA DO CRISTIANISMO

Eles desafiam a base doutrinária inadequada do Conselho Mundial e seu compromisso com o evangelismo e estão especialmente preocupados com o crescente envolvimento do Conselho Mundial em atividades políticas nas nações em desenvolvimento.

Desde a Assembleia de Uppsala (1968), o Conselho Mundial parece considerar a unidade da Igreja como um sinal de unidade da humanidade. Os evangélicos conservadores afirmam que isso pode facilmente levar ao apoio de objetivos humanistas para a sociedade em vez de um testemunho distintamente cristão. A diferença entre a Igreja e o mundo torna-se menos uma questão de fé e incredulidade e mais uma diferença entre oprimidos e opressores. A salvação torna-se libertação.

EXPRESSÕES EVANGÉLICAS DE UNIDADE

Profundamente enraizados no avivamento, os evangélicos sempre enfatizaram a necessidade de uma experiência religiosa pessoal e têm pouco interesse na forma adequada da Igreja; sua principal preocupação é a missão da Igreja. George Whitefield falou em nome de evangélicos de todas as gerações quando, pregando da sacada do tribunal na Filadélfia, elevou os olhos aos céus e clamou:

> Pai Abraão, quem tens no céu? Algum episcopal? Não! Algum presbiteriano? Não! Independentes ou metodistas? Não, não, não! Quem tens aí? Nós desconhecemos esses nomes aqui. Todos os que estão aqui são cristãos [...]. Ah, é assim? Então que Deus nos ajude a olvidar os nomes dos grupos e a nos tornar cristãos em obras e em verdade.

No início da década de 1940, os evangélicos norte-americanos criaram duas organizações: a Associação Nacional dos Evangélicos e o Conselho Americano de Igrejas Cristãs. Ambas eram leais ao cristianismo ortodoxo, mas diferiam em estrutura e postura com relação ao ecumenismo conciliar. O Conselho Americano foi especialmente crítico não só do Conselho Nacional e do Conselho Mundial de Igrejas, mas também de todos os que estavam de alguma forma associados a eles.

No âmbito internacional, os evangélicos se voltaram para uma série de congressos no desejo de encorajar o esforço unificado no evangelismo. Inspirado pelas cruzadas massivas do evangelista Billy Graham, o Congresso Mundial sobre Evangelismo realizado em Berlim em 1966, atraiu participantes de mais de cem países e estimulou conferências regionais e nacionais na maioria dos continentes.

O Congresso Internacional sobre Evangelização Mundial de 1974, reunido em Lausanne, Suíça, evidenciou claramente uma nova maturidade na perspectiva evangélica de unidade cristã. Um grupo internacional de 142 líderes evangélicos, sob a presidência honorária de Billy Graham, convidou

NOVOS CREDOS PARA O CAFÉ DA MANHÃ **479**

2.700 participantes para a cidade suíça a fim de estimular grupos regionais à evangelização e a firmarem o Pacto de Lausanne, que foi assinado pela grande maioria dos participantes.

O pacto afirma "que a unidade visível da Igreja na verdade é o propósito de Deus". Duas razões embasam essa ênfase evangélica na unidade: a primeira é teológica; a segunda, pragmática.

A unidade da Igreja, segundo o documento, é um dom de Deus por meio do Espírito, possibilitado pela cruz de Cristo: "Ele é a nossa paz" (Efésios 2:14). O pacto reconhece que essa unidade pode assumir muitas formas, mas as "uniões orgânicas" nem sempre mantêm unidade na verdade (Efésios 4:13).

A razão pragmática para a "unidade visível na verdade" é que "o evangelismo [...] convoca-nos à unidade". Como podemos pregar um evangelho de reconciliação e permanecer não reconciliados?

Como resultado do Congresso de Lausanne, foi criado um Comitê de Continuação para Evangelização Mundial com 48 membros. O Comitê selecionou um líder africano, o reverendo Gottfried Osei-Mensah, como secretário-executivo e dedicou-se a "incentivar e auxiliar, onde necessário, na formação de comitês regionais e nacionais para promover a evangelização mundial em todas as regiões".

Assim, à medida que a década de 1970, se encerrava, o espírito ecumênico no Conselho Mundial de Igrejas aparentemente havia se voltado para preocupações sociais — por vezes empregando instrumentos políticos evidentes — como a principal expressão de unidade cristã. Entre os evangélicos conservadores, o objetivo era a restauração do evangelismo ao seu lugar central na missão da Igreja, com a esperança de que a unidade continuasse.

Leitura sugerida

- BROWN, Robert McAfee. *The Ecumenical Revolution* [A revolução ecumênica]. Garden City, NY: Doubleday, 1969.

- DOUGLAS, J. D. (Org.). *Let the Earth Hear His Voice* [Deixe a terra ouvir sua voz]. Mineápolis: World Wide Publications, 1975.

- GOODALL, Norman. *The Ecumenical Movement* [O movimento ecumênico]. Londres: Oxford University Press, 1961.

- HARDON, John A. *Christianity in the Twentieth Century* [Cristianismo no século XX]. Garden City, NY: Doubleday, 1971.

- NEILL, Stephen. *Twentieth Century Christianity* [Cristandade do século XX]. Garden City, NY: Doubleday, 1963.

CAPÍTULO 45

O remédio da misericórdia

Catolicismo romano: Vaticano II

O CONCÍLIO VATICANO II FOI UM ESPETÁCULO. A cerimônia de abertura, com quatro horas de duração, deu toda a aparência de inauguração de "uma nova era para a Igreja". As mitras brancas dos bispos desfilavam pela lotada Praça de São Pedro; o trono portátil do papa balançava acima do que parecia ser um córrego branco como uma barcaça real, flanqueada por dois balouçantes leques de penas de avestruz. O coro cantava: *Ubi caritas et amor Deus ibi est*, isto é, onde a caridade e o amor se encontram, Deus está presente.

No entanto, o Vaticano II foi mais do que um espetáculo — muito mais —, pois revelou ao mundo a presença profunda de um novo espírito no catolicismo romano que clamava por mudanças na época das ideologias, destruiu a visão protestante da Igreja Católica como um sistema monolítico e absolutista, e marcou, pela primeira vez, o reconhecimento tácito pela Igreja Católica de que aqueles que a deixaram no passado devem ter tido uma boa razão.

A imagem tradicional da Igreja de Roma, criada em grande parte pelo Concílio de Trento, era a de uma fortaleza inexpugnável sendo atacada pelas forças do secularismo, do modernismo e do individualismo. Dentro de seus muros, os homens podiam obter segurança e salvação, pois ali eram capazes de encontrar as verdades imutáveis de Deus, o verdadeiro Sacrifício da Missa e a infalibilidade papal. Em 1950, o papa Pio XII (1939-1958 d.C.) refletiu essa imagem quando, em sua encíclica *Humani Generis*, condenou as tentativas de alguns teólogos de atualizar os ensinamentos da Igreja e "enfraquecer a importância dos dogmas [...] ao procurar liberá-los

O REMÉDIO DA MISERICÓRDIA **481**

de conceitos e das formulações sustentados há muito pela Igreja e retornar à linguagem da Bíblia e dos pais [...]".

O Vaticano II (1962-1965) apresentou outra imagem, falando da Igreja como um "povo peregrino". Ele viu a Igreja, sob a orientação de Deus, movendo-se pelo mundo juntamente com outros peregrinos, cuidando dos fracos e dos cansados. O Concílio fez poucas reivindicações de sucesso ou certezas, pois os peregrinos ainda não chegaram ao destino, mas estão a caminho.

Como podemos explicar essa revolução em Roma? Quais acontecimentos conspiraram para desafiar a mentalidade firmada no catolicismo romano?

O BOM PASTOR, PAPA JOÃO

A figura singularmente responsável por abrir as janelas da mudança no castelo católico foi Angelo Roncalli, conhecido como João XXIII.

O papa João disse, muitas vezes, que a ideia do concílio veio a ele como uma súbita inspiração do Espírito Santo; na verdade, após sua eleição, em 28 de outubro de 1958, ele governou apenas noventa dias antes de proclamar ao mundo, em 25 de janeiro de 1959, seu plano de convocar um concílio.

Em muitos aspectos, no entanto, Angelo Roncalli foi preparado de forma única para seu momento histórico. Ele era quase um juiz intuitivo das esperanças e necessidades humanas e, como jovem sacerdote, passou um ano ensinando a vida e o pensamento dos pais da Igreja primitiva no Pontifício Seminário Lateranense, em Roma, antes que seus superiores concluíssem que ele não era muito recomendável, uma vez que ousou propor ideias tão impensáveis quanto os casamentos mistos em determinadas circunstâncias. Então, padeceu copiando cartas na Congregação Oriental do Vaticano até as autoridades precisarem de um visitante apostólico à remota Bulgária (1925-1934). De lá, Roncalli passou dez anos na Turquia muçulmana e, desse exílio, foi transferido para a conturbada França perto do fim da Segunda Guerra Mundial, apenas porque a Santa Sé não queria desperdiçar um homem de destaque naquela função complicada. Contudo, a humildade e as habilidades de Roncalli encantaram os franceses e, em 1953, o papa Pio XII deu-lhe o barrete vermelho de cardeal e nomeou-o líder espiritual de Veneza.

Em todo lugar, João fazia questão de se encontrar e fazer amizade com não católicos. Enquanto esteve na Turquia, ajudou a resgatar e ajudar judeus que escapavam da Alemanha nazista e, na França, depois da guerra, horrorizou-se quando viu filmes mostrando corpos judeus empilhados em Buchenwald e Auschwitz: "Como isso aconteceu? O corpo místico de Cristo!" Quando um grupo de judeus o visitou depois que se tornou papa, João caminhou até eles e simplesmente repetiu a saudação bíblica: "Eu sou José, seu irmão".

482 HISTÓRIA DO CRISTIANISMO

No papado, João pediu para ser conhecido não como um papa político ou acadêmico, mas como "o bom pastor que defende a verdade e o bem". Ele sempre deixava o Vaticano para ir a orfanatos, prisões, escolas e igrejas e, em certa ocasião, chegou a conceder uma audiência papal a um circo itinerante e acariciou com carinho um filhote de leão chamado Dolly. Ele dispensava costumes como barrar visitantes na basílica de São Pedro enquanto o papa estivesse caminhando no jardim abaixo. João questionou: "Por que eles não deveriam olhar? Não estou fazendo nada de escandaloso".

Após anunciar sua intenção de convocar um concílio geral, o papa João disse que seu propósito seria o *aggiornamento*, um termo italiano para "atualização". A palavra sugere não apenas adaptação à vida exterior da sociedade contemporânea, mas também uma completa mudança interior de pensamento. Ele aparentemente planejava que o concílio deixasse os rígidos padrões legais do passado e se dedicasse às preocupações pastorais do presente. Muitos esperavam que o *aggiornamento* levasse a uma mudança revolucionária na Igreja semelhante em magnitude à conversão de Constantino ou à Reforma, mas tal transformação exigia a derrubada da conexão íntima entre religião e política que Constantino havia introduzido e a renúncia ao espírito tacanho engendrado pela Contrarreforma. Certamente, o objetivo de João era uma Igreja em sintonia com o mundo contemporâneo, mas o *aggiornamento*, na definição de qualquer um, era um programa ambicioso.

Desde o início daquele revigorante outubro, quando 2.540 dos 2.908 cardeais, patriarcas, bispos e abades elegíveis chegaram a Roma, era evidente que o Vaticano II seria um concílio diferente de qualquer outro, e o próprio peso dos números mostrava isso. Apenas seiscentos ou setecentos padres haviam comparecido ao Primeiro Concílio do Vaticano, o qual proclamou a infalibilidade do papa em 1869-1870. No Concílio de Trento, que durou dezoito anos e condenou a Reforma Protestante, apenas cerca de duzentos membros votaram nos decretos. Dessa vez, havia 230 padres de um país que havia sido território missionário até 1908: os Estados Unidos. O grupo norte-americano perdeu apenas para o italiano, com 430 membros. Havia 230 africanos e mais de trezentos homens da Ásia.

O Vaticano II foi o primeiro concílio convocado fora dos objetivos de combater heresia, pronunciar novos dogmas ou arregimentar a Igreja contra forças hostis. O Concílio de Trento (1545-1563), por exemplo, reafirmou a validade das indulgências, questionadas por Lutero, e construiu uma fortaleza doutrinária contra a Reforma Protestante. O papa João mostrou que o Vaticano II não foi convocado contra algo, mas para algo, e seu discurso de abertura foi uma ordem para um concílio predominantemente pastoral, não doutrinário. Os dias da Igreja estatal, reconheceu ele, haviam chegado ao fim e, na nova época que se iniciava, disse, a Igreja não devia procurar manter sua autoridade por meio de armas de repressão, mas "governar com

O REMÉDIO DA MISERICÓRDIA **483**

o remédio da misericórdia e não com severidade". O propósito do Concílio, portanto, era capacitar a Igreja a "atualizar-se". A modernização apressaria o tempo de reunião da cristandade, quando a oração de Cristo "para que todos sejam um" seria cumprida.

Essas eram palavras corajosas. Quando tomaram assento em suas cadeiras dobráveis estofadas de verde, dois dias depois, para a sessão de trabalho inicial, os bispos e os abades foram logo testados, pois a primeira tarefa dos sacerdotes foi eleger membros para dez comissões permanentes. Sobre suas mesas eles encontraram, para "orientação", listas dos membros das comissões preparatórias, as quais haviam sido dirigidas por cardeais da Cúria, o serviço civil da Igreja com sede no Vaticano controlado pela Itália. As listas de "orientação" sugeriam aos sacerdotes que tudo transcorreria mais suavemente se elegessem os especialistas favorecidos pela Cúria que haviam feito o trabalho preparatório. A questão era: Quem dirigiria o concílio — a Cúria ou os próprios sacerdotes? E, implícita nessa pergunta, estava a dúvida ainda mais fundamental: Até que ponto o Vaticano seria aberto a influências do mundo exterior?

Nada foi votado nesse dia. Uma figura ligeiramente corcunda, de cabelos brancos e nariz de papagaio levantou-se da mesa da presidência composta por dez cardeais e, diante das duas longas fileiras de sacerdotes do concílio, disse: "Não aceitaremos as listas de candidatos preparadas para nós antes do início do Concílio. Além disso, não tivemos tempo para escolher nossos próprios candidatos e pedimos prazo para estabelecer nossas próprias disposições".

O pedido foi votado e aprovado, e a assembleia terminou em menos de meia hora. O homem que fez a moção foi o cardeal Achille Lienart, de 78 anos, arcebispo de Lille, norte da França. O cardeal Lienart havia passado seis meses se preparando para o Concílio, e aquilo que muitos sacerdotes interpretaram como um método inofensivo de acelerar as eleições, ele reconheceu como uma manobra para dar ao Concílio uma orientação especial. Porém, os bispos mostraram que simplesmente não aprovariam a decisão dos especialistas da Cúria, tanto que, quando elegeram as dez comissões, o que ocorreu dois dias depois, a lista final foi equilibrada e internacional.

CONSERVADORES E PROGRESSISTAS

Essa estratégia nos primeiros dias do Concílio traçou a linha entre os dois principais grupos de bispos, que se tornaram conhecidos como "conservadores" e "progressistas". No lado conservador, disse o padre Francis J. McCool, um estudioso bíblico jesuíta de Maryland, estavam "aqueles que veem no futuro uma ameaça ao passado". No lado progressista estavam "aqueles que veem no futuro a promessa do futuro". As duas concepções colidiam em quase todas as questões.

484 HISTÓRIA DO CRISTIANISMO

Os principais responsáveis pela posição conservadora pertenciam à Cúria romana, o órgão administrativo central em Roma. Composta, na maioria, por italianos idosos isolados do mundo moderno, essa ala exercia grande influência e controle não só no catolicismo mundial, mas também sobre o próprio papa, uma vez que estava satisfeita com a Igreja de maneira geral e encarava com profunda hostilidade qualquer esforço para mudá-la.

Se houve um homem que representou a visão conservadora, este foi o cardeal Alfredo Ottaviani, um erudito de 72 anos. Nascido na padaria do pai na seção Trastevere de Roma, Ottaviani passou a maior parte da vida dentro dos poucos quilômetros quadrados do Vaticano. Ele era, de certo modo, prisioneiro de sua função, que era vigiar a pureza da doutrina e condenar a heresia. No anuário pontifício, seu nome apareceu 23 vezes, e ele era membro de sete congregações, duas comissões e um tribunal, além de protetor de 22 ordens religiosas. Segundo os críticos, ele achava que tudo o que era novo estava errado, mas, na verdade, ele dizia que nem tudo o que é novo é necessariamente correto.

Muitos oficiais conservadores não haviam desejado o Concílio e se referiam a ele, em particular, como "insensatez do papa". Eles tentaram sabotar e atrasar o trabalho preparatório, pois achavam que o Concílio prejudicaria a Igreja ao revelar suas diferenças internas e estavam determinados a manter intactos os poderes decisórios da Cúria sob o controle de clérigos italianos orgulhosos de seu paroquialismo.

Os clérigos progressistas não tinham um líder único, mas se reuniam em torno de um habilidoso grupo de cardeais da Alemanha, da França, da Áustria e dos Países Baixos. Um bom representante deles era o cardeal Jan Alfrink, o alto e atlético líder da Igreja na Holanda, o qual tinha tantos contatos com os "irmãos separados" protestantes na Holanda que um jornal italiano o rotulou de "antirromano".

O Concílio deu prosseguimento aos seus trabalhos em quatro reuniões distintas. A primeira sessão durou de 11 de outubro a 8 de dezembro de 1962 e, nos três anos seguintes, durante os meses de outono, ocorreram três sessões adicionais.

Os pontos de vista conflitantes de conservadores e progressistas foram evidentes desde o início. Durante a primeira sessão, os progressistas queriam mudar a liturgia da Igreja a fim de permitir idiomas modernos em lugar do tradicional latim e encorajar a participação de leigos na missa, algo que os conservadores objetaram, como era de se esperar.

Mais questões fundamentais surgiram a respeito do documento (esquema) proposto sobre a revelação divina que havia sido preparado pela comissão teológica sob a liderança do cardeal Ottaviani. A declaração enfatizava, de forma inflexível, as duas fontes de revelação — Escritura e tradição — reconhecidas pelo catolicismo romano desde o Concílio de Trento. Os progressistas, sem ver razão para salientar as diferenças católico-protestantes,

O REMÉDIO DA MISERICÓRDIA **485**

queriam apresentar a Escritura e a tradição como dois canais que fluíam de uma única fonte. A questão central era: Será que algumas verdades da fé eram encontradas apenas na tradição ou todas as verdades da fé eram encontradas na Escritura?

O debate estendeu-se por quase duas semanas. Por fim, 1.368 sacerdotes do concílio votaram pelo arquivamento do documento de Ottaviani, mas a votação ainda estava aquém da maioria necessária de dois terços. O papa João, acompanhando o processo em seu apartamento pelo circuito fechado de TV, interveio e apresentou a proposta reescrita por um novo comitê, copresidido pelo cardeal Ottaviani e pelo cardeal Augustin Bea, chefe jesuíta do recém-criado Secretariado para a Unidade dos Cristãos e líder dos progressistas do Concílio. O padre canadense Gregory Baum, teólogo do Concílio, disse: "Este dia entrará na história como o fim da Contrarreforma".

Em 3 de junho de 1963, no meio dos preparativos para a sessão seguinte, o papa João XXIII morreu e todo o mundo religioso fez uma pausa para o luto. Em 21 de junho, o cardeal Montini, arcebispo de Milão, sucedeu-o como papa Paulo VI e anunciou imediatamente sua intenção de continuar o Concílio.

Durante a segunda sessão, no outono de 1963, a nova compreensão progressista da Igreja entrou em confronto com as noções tradicionais dos conservadores. O Vaticano I proclamava a infalibilidade e o primado do papa, ao passo que o Vaticano II tentava explicar como toda a companhia (colégio) dos bispos se relacionava com o papa no governo da Igreja. Os conservadores defendiam a soberania papal; os progressistas pediam maior poder para os bispos (colegialidade).

Entre vários debates críticos durante a terceira sessão (de 14 de setembro a 21 de novembro de 1964), estava aquele sobre a liberdade religiosa. Será que uma declaração de liberdade religiosa tornaria a verdade de Deus relativa? Ela alimentaria um espírito de indiferentismo? "Não importa no que você acredita, desde que seja sincero."

A terceira sessão também tratou de diretrizes para a vida e o ministério dos sacerdotes, a missão dos leigos no mundo e o trabalho missionário em regiões não cristãs.

A última sessão, de 14 de setembro a 8 de dezembro de 1965, renovou o debate sobre a liberdade religiosa. A declaração do Concílio sobre o direito à liberdade de consciência proclamou que nenhum Estado tinha o direito de impedir, por pressão externa, a pregação e a aceitação do evangelho. Ao mesmo tempo, a Igreja se afastou do pressuposto assumido desde a época de Constantino de que, sempre que possuísse os meios (como na Espanha e na Itália), ela teria o direito de exercer poder público para fazer cumprir suas exigências religiosas e promover seu trabalho de salvação. Ao aceitar o decreto, o catolicismo romano renunciou solenemente em princípio a qualquer uso de força externa contra a voz da consciência, e sua

486 HISTÓRIA DO CRISTIANISMO

proclamação, em 7 de dezembro, marcou uma ruptura radical com uma prática de 1.500 anos.

Uma celebração impressionante na Praça de São Pedro terminou os trabalhos do Concílio em 8 de dezembro de 1965. *Revolucionário* é, provavelmente, um termo muito forte para o Vaticano II. A teologia tradicional e o governo papal da Igreja permaneceram intactos, e os dezesseis decretos do Concílio, com poucas exceções, refletiam algum meio-termo estabelecido entre progressistas e conservadores.

UMA ONDA GIGANTESCA DE MUDANÇA

O Concílio também representou uma ruptura significativa com o espírito colérico do Concílio de Trento e com a atitude defensiva do Vaticano I; assim, o Vaticano II virou o rosto do catolicismo romano para o mundo, não com raiva, mas com preocupação.

O trabalho do Concílio foi suficientemente tremendo para provocar ondas gigantescas de mudança na Igreja. A década posterior ao fim do Concílio demonstrou ser a mais tumultuada na história moderna da Igreja, e tantos foram os referenciais espirituais e religiosos repentinamente varridos que os católicos comuns ficaram em estado de total perplexidade.

A primeira onda da enxurrada chegou quando a nova liturgia foi introduzida logo após o Concílio. Tendo sido ensinados a considerar a missa um conjunto misterioso e imutável de cerimônias originadas no próprio Cristo, os católicos em geral não estavam preparados no aspecto intelectual, espiritual ou emocional para o que aconteceu. Eles viram o altar sendo movido para a parte da frente e o padre agora voltado para a congregação; em vez de sussurrar as orações em latim, ele as lia em voz alta na língua do povo. Muitas cerimônias antigas foram abandonadas: anteriormente, os adoradores mantinham uma postura de oração, quase não percebendo uns aos outros, mas agora eram convidados a cumprimentar-se com um "sinal de paz".

A questão mais fundamental, entretanto, centrou-se na autoridade da Igreja. Até a chegada do papa João e do Concílio Vaticano II, o católico típico considerava a estrutura de autoridade eclesiástica um preceito da revelação divina e pensava no papa como uma espécie de governante sobre-humano, cuja palavra possuía autoridade sobrenatural; considerava até mesmo o bispo com reverência. Nesse estado das coisas, poucos católicos questionavam os procedimentos autocráticos costumeiros na Igreja, embora, para os de fora, eles geralmente parecessem medievais, e ninguém ousava desafiar o bispo no governo de sua diocese como um feudo pessoal ou o padre na liderança de sua paróquia.

O Vaticano II animou as esperanças dos progressistas, mas eles logo descobriram que, apesar de todas as boas palavras do Concílio, pouco foi mudado na prática. A estrutura básica da Igreja de Roma permaneceu

O REMÉDIO DA MISERICÓRDIA **487**

piramidal, com o poder fluindo de cima, do papa, o cabeça infalível, para baixo. O Concílio Vaticano II esforçou-se para salvaguardar a autoridade absoluta do papa e deu aos bispos apenas uma posição de consultoria, deixando o papa livre para usá-los ou não em seu governo da Igreja.

À luz do novo entendimento da Igreja projetado pelo Concílio, muitos católicos acharam essas estruturas autoritárias intoleráveis e começaram a pedir reformas democráticas, manifestando sua divergência por meio do envolvimento em protestos pacíficos da Igreja e fazendo uso da imprensa.

A Igreja de Roma atingiu um estado de extrema tensão em 1968, quando o papa Paulo emitiu sua encíclica *Humanae Vitae*, condenando o uso de métodos artificiais de contracepção. Ele colocou sua autoridade em risco ao tomar essa decisão contra a maioria esmagadora de sua comissão de controle de natalidade, e o caso precipitou uma das crises mais graves para a autoridade papal desde Lutero.

Aos poucos, um forte grupo com opinião contrária criticou o papa por não ter agido em cooperação com os bispos na emissão de sua encíclica. O principal porta-voz desse ponto de vista foi o cardeal Suenens, arcebispo de Malines, Bélgica, e um dos planejadores do Vaticano II. Em discursos, escritos e conferências de imprensa, ele exigiu o fim do papado medieval e nunca se cansou de bater na mesma tecla: o papa não deveria mais agir como se estivesse fora ou acima da Igreja.

Quase tão grave quanto a crise a respeito do controle de natalidade foi a proibição do divórcio. De acordo com essa lei, nenhum casamento verdadeiramente sacramental entre católicos batizados poderia ser dissolvido, nem mesmo pelo papa; nos casos em que os parceiros já não conseguiam conviver em paz, eles poderiam receber a permissão da Igreja para se separar, mas sem o direito de casar novamente enquanto o cônjuge estivesse vivo. Apesar das tremendas dificuldades que essa política criou para os envolvidos em casamentos destruídos, poucos se atreveram a desafiar a lei até o Vaticano II.

Mas, uma vez que a fachada de imutabilidade e infalibilidade começou a rachar sob a pressão de acontecimentos pós-conciliares, muitos sacerdotes e teólogos começaram a questionar a sabedoria e a validade bíblica da rígida lei sobre o divórcio. Eles queriam que a Igreja continuasse a pregar a santidade do casamento como um sacramento e um compromisso vitalício, mas pediam um tratamento pastoral mais flexível ao lidar com casais cujo casamento havia fracassado.

CRISE DE IDENTIDADE

Em meio a toda a agitação, a Igreja experimentou um grande êxodo de sacerdotes, monges e freiras. De 1962 a 1974, o número total de seminaristas só nos Estados Unidos diminuiu 31 por cento e, de 1966 a 1972, quase 8 mil sacerdotes norte-americanos deixaram o ministério.

488 HISTÓRIA DO CRISTIANISMO

A causa fundamental da crise pareceu ser a questão da identidade do sacerdote. Mas o que realmente significa ser padre? O caráter sagrado que antes cercava o sacerdócio parecia estranho quando comparado às descrições encontradas no Novo Testamento sobre os ministros. Além disso, a tendência democrática na Igreja fez com que o antigo sistema de castas do sacerdócio parecesse medieval. À medida que a adesão à Igreja era realizada por indivíduos pessoalmente comprometidos com uma sociedade secular em vez do típico católico de berço, a necessidade de o sacerdote carregar todo o fardo da missão da Igreja diminuía.

De acordo com o cardeal Suenens, o conflito da autoridade na Igreja estava associado a duas teologias contrastantes: uma via a Igreja, acima de tudo, como uma comunhão de comunidades espirituais unidas em seu caráter essencial pelo reconhecimento do primado papal; a outra, a tradicional, via a Igreja como um superestado medieval governado por um monarca absoluto cujo objetivo era impor sua vontade aos membros e à sociedade.

O cardeal Suenens encontrou esperança para o futuro da Igreja em um novo movimento que enfatizava o cristianismo pessoal, a Renovação Carismática Católica. Os líderes associavam seus primórdios à primavera de 1966, quando dois leigos na faculdade da Universidade Duquesne, em Pittsburgh, Pensilvânia, perceberam que não tinham o poder dos cristãos primitivos para proclamar o evangelho e se entregaram à oração e compartilharam sua preocupação com outros alunos na faculdade. Então, em agosto de 1966, dois jovens que compareceram à Assembleia Nacional do Movimento de Cursilhos (um movimento de renovação católico surgido na Europa no final da década de 1940) trouxeram para esse círculo um livro que os havia intrigado: *A cruz e o punhal*, do protestante David Wilkerson. Após contatos pessoais com carismáticos protestantes na região de Pittsburgh, vários membros da faculdade de Duquesne receberam o batismo pentecostal, identificado pelo falar em línguas e, em meados de fevereiro de 1967, naquilo que historiadores do movimento chamam de "fim de semana de Duquesne", a experiência havia alcançado um grupo de estudantes e professores em uma escala maior.

Notícias sobre as experiências de Pittsburgh logo chegaram à Universidade de Notre Dame, em Indiana. Em reuniões de oração domiciliares, encorajadas e assistidas por membros do grupo protestante Associação de Homens de Negócios do Evangelho Pleno, vários católicos receberam o batismo. Pouco depois da Páscoa, a "Primeira Conferência Pentecostal Católica Nacional" foi realizada no campus de Notre Dame, onde cerca de cem estudantes, sacerdotes e professores, principalmente de Notre Dame e de Michigan State, estavam presentes. A reunião ganhou expressiva notoriedade e tornou-se um evento anual, tendo um crescimento fenomenal. Os cem de 1967 tornaram-se 11.500 (incluindo sete bispos e quatrocentos sacerdotes) na sexta conferência, em junho de 1972. Naquela época, o

O REMÉDIO DA MISERICÓRDIA **489**

pentecostalismo católico era um vigoroso movimento internacional chamado de Renovação Carismática Católica.

Ao final da década de 1970, a Igreja de Roma, em muitos aspectos, aventurou-se um pouco além dos muros seguros de sua fortaleza medieval e, assim como seus "irmãos separados" protestantes, ela descobriu que sua jornada pela época das ideologias era uma peregrinação perigosa e, muitas vezes, incerta.

Leitura sugerida

- ABBOTT, Walter M. (Org.). *The Documents of Vatican II* [Os documentos do Vaticano II]. Nova York: Guild Press, 1966.

- BERKOUWER, G. C. *The Second Vatican Council and the New Catholicism* [O Segundo Concílio do Vaticano e o Novo Catolicismo]. Grand Rapids: Eerdmans, 1965.

- DOLAN, John P. *Catholicism: An Historical Survey* [Catolicismo: uma pesquisa histórica]. Woodbury, NY: Baron's Educational Series, 1968.

- GILLIS, Chester. *Roman Catholicism* [Catolicismo romano]. Nova York: Columbia University Press, 1999.

- MCCARTHY, Timothy. *The Catholic Tradition: Before and After Vatican II, 1878-1993* [A tradição católica: antes e depois do Vaticano II, 1878-1993]. Chicago: Loyola University Press, 1994.

- RANAGHAN, Kevin; RANAGHAN, Dorothy. *Catholic Pentecostals* [Católicos pentecostais]. Nova York: Paulist Press Deus Books, 1969.

Época de expansão e remanejamento global
1900 em diante

MAIS PESSOAS SE TORNARAM CRISTÃS nos últimos cem anos do que em qualquer outra época. Ao focarmos no aspecto evangelístico da fé, podemos argumentar que mais coisas aconteceram nos últimos cem anos do que em toda a história anterior da Igreja. O grande impulso missionário do final dos anos 1800 e início dos anos 1900 contribuiu para esse crescimento explosivo, em grande ao sul da linha do Equador. No entanto, o novo crescimento parece ter seu próprio caráter e sua própria iniciativa produzida pelo Espírito. Ironicamente, antigas fortalezas da missão cristã na Europa e na América do Norte estão passando por inatividade e declínio, e a história dirá se os novos centros do cristianismo no Sul Global e além conseguem manter um caráter cristão fiel e testemunhar a obra sem precedentes do Espírito. O tempo também indicará se os sinais de agitação espiritual reavivarão um testemunho fiel no Ocidente. Sem a ação do Espírito, o rótulo "pós-cristão" se tornará mais adequado com o passar do tempo.

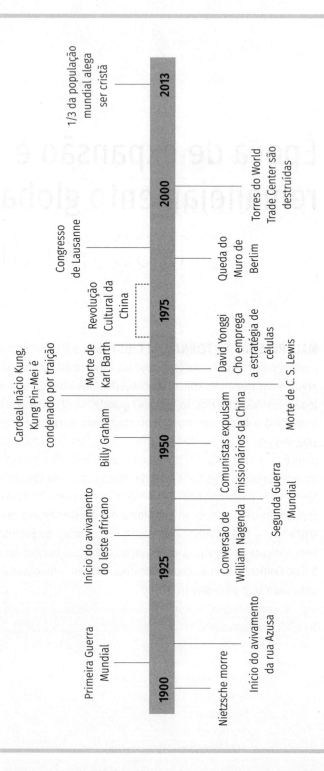

CAPÍTULO 46

O cristianismo no Ocidente

Declínio e reconstrução

O ESTADO DA RELIGIÃO NO OCIDENTE é bastante incerto, mas opiniões não faltam. Alguns acreditam que a influência do cristianismo sobre a cultura é coisa do passado e muitos descrevem o Ocidente como "pós-cristão". Outros parecem pensar que a igreja evangélica venceu no sentido de que as pessoas hoje identificariam as crenças evangélicas como "cristãs" em oposição ao liberalismo. Outros, totalmente informados a respeito dos números em declínio, sentem que a América do Norte está preparada para outra grande obra do Espírito. Nos termos do livro de Apocalipse, muitos na Igreja não sabem se são o novo Israel ou a antiga Babilônia. Ambas as direções precisam ser exploradas, mas primeiro devemos tentar compreender algumas características do século XX e de sua história.

No começo do século XX, os cristãos conservadores lutaram contra cristãos progressistas ou liberais emergentes que pareciam estar internalizando a cultura. Os liberais aproveitaram uma sensação de progresso moral e espiritual prometido para a florescente civilização ocidental, e afirmavam entender a causa moral e a visão de Jesus sem se distrair com a doutrina distorcida e a liturgia dos cristãos de mentalidade tradicional. Outros liberais reconheciam generosamente a capacidade religiosa sincera e genuína de cada indivíduo e argumentavam que, embora a expressão externa fosse diferente para budistas e batistas, a experiência religiosa interna tinha a mesma raiz. Essas ideias progressistas pareciam conquistar grande parte da cultura no norte e oeste da Europa e na América do Norte. Muitas instituições influentes no Ocidente, como as universidades, foram caracterizadas por essas disposições ou foram entregues a um

494 HISTÓRIA DO CRISTIANISMO

materialismo que rejeitava coisas espirituais. Os conservadores reagiram ao desafio com o fervor dos avivamentos e com atividade intelectual. O movimento fundamentalista opôs-se ao ensino liberal da melhor forma possível (apesar de ironicamente ter compartilhado de muitas noções cruciais da modernidade).

A resposta mais eficaz parecia estar na pregação. Alguns estimam que um milhão de pessoas responderam ao chamado evangelístico de Billy Sunday. Já o evangelista mais eficiente, Billy Graham, compartilharia o evangelho em escala internacional. A voz apologética mais eficiente, C. S. Lewis, saiu da universidade para articular uma representação das crenças cristãs tradicionais. O teólogo mais influente foi Karl Barth, que, embora não fosse um evangélico conservador, serviu a essa causa com eficiência ao chamar a Igreja e a academia de volta à revelação; ele o fez à luz da desumanidade da religião construída pelo homem e testemunhada nas duas Guerras Mundiais.

Na época de C. S. Lewis e Billy Graham, o cenário havia mudado. Duas Guerras Mundiais revelaram um mal pernicioso que pesava fortemente contra o otimismo dos progressistas e, por algum tempo, os evangélicos pareciam ofuscar seus oponentes liberais com algum senso de confiança de que a mensagem conservadora havia prevalecido. Após as guerras, ficou evidente que os evangélicos estavam enfrentando outros inimigos, o que contribuía para um grande desvanecimento ou eliminação da fé cristã vibrante. Os teóricos atribuem essa percepção de declínio a uma variedade de fatores. Por exemplo, alguns afirmam que uma preocupação sem fim com a satisfação e as prerrogativas individuais autoindulgentes corroeu um senso dos valores comunitários e morais; além disso, a riqueza estabeleceu um padrão cada vez mais alto a ser buscado, e muitos observaram que ricos e pobres igualmente adotam essa busca perpétua por adquirir bens, um fracasso da virtude chamado *consumismo*. Com poucas exceções, as igrejas abençoam a busca econômica e evitam o ensino de Jesus com relação ao dinheiro.

A tecnologia desempenha um papel na vida cotidiana dos ocidentais difícil de imaginar há alguns anos. No século XX, houve o surgimento da televisão e da incrível rede acessível pelo computador. O *iPhone* apareceu em 2007 e já se tornou um equipamento padrão para a maioria dos estudantes universitários. Os *smartphones* fornecem acesso individual, privado e portátil ao entretenimento, a informações, à interação social instantânea ou à conexão com outras pessoas.

A tecnologia faz parte de uma tendência globalizadora que está mudando negócios e criando uma cultura comum, especialmente para os jovens, mas não se sabe em que direção a tecnologia seguirá e suas consequências são misteriosas. Alguns veem isso como a democratização do conhecimento, pois é algo que disponibiliza informações para mais pessoas, tal como a imprensa o fez. A evidência leva outros a concluir que a moderna tecnologia de comunicação faz com que as pessoas tenham sua capacidade de concentração enfraquecida e a criatividade diminuída e, com força para o bem ou para o mal, ela pode simplesmente simbolizar ou agravar a cultura egocêntrica que já observamos. Outros dizem que a Igreja é culpada, pois, com frequência, ela parece ser apenas um reflexo de sua cultura e não um agente de mudança. O secularismo é um dos numerosos nomes e descrições deste desvanecimento da fé.

SECULARIZAÇÃO

O entendimento moderno de secularização tem uma história complicada, mas uma noção central para a compreensão atual é que se pode distinguir claramente o que é religioso do que não é. Isso pode parecer estranho aos leitores que estão acostumados à ideia, mas houve uma época em que buscar o conhecimento de Deus era uma tarefa que exigia o empenho de uma vida inteira, recorrendo a qualquer campo do conhecimento humano. Conhecer a Deus exigia um estilo de vida específico, práticas sagradas e uma nova comunidade. Hoje, o conhecimento de Deus é considerado um empreendimento intelectual ou acadêmico que não requer conversão nem mesmo crença em Deus! Alguns até afirmam que os envolvimentos religiosos desqualificam ou impedem a busca intelectual da ideia de Deus. Os eruditos culpam vários movimentos por essa mudança: a escolástica medieval ou seu colapso (apresentando Deus como uma mera influência entre muitas), a escolástica protestante (dependendo da árida ginástica intelectual) e o surgimento do Estado-nação (truncando a ideia de Deus e o espaço onde ele pode ser servido), para citar alguns dos suspeitos. Mas talvez cada um deles contribua para as circunstâncias atuais, onde vemos a religião como um corpo distinto de conhecimento para acompanhar a biologia ou a física, pertencendo a um domínio distintamente privado ou pessoal.

No mundo de hoje, *secularismo* refere-se a movimentos que desejam eliminar ou restringir a influência da religião. Seculares e religiosos são inversamente proporcionais, pois, quando a religião está ganhando terreno, a secularização o está perdendo, e vice-versa. Nesse clima, críticos de mentalidade secular pintam um cenário enraizado no Iluminismo, pois quanto mais do mundo for explicado por razões naturais, as pessoas acabarão percebendo que não precisam da categoria do sobrenatural. As vozes hostis contra a religião veem a fé não apenas como desnecessária, mas como má, e também afirmam que a religião é a causa fundamental da maioria dos problemas que o mundo enfrentou. Com certeza, a Igreja enfrentou ateus mais inteligentes do que os que agem assim, mas a hostilidade dos ateus e dos secularistas atuais exige a remoção da religião e até mesmo a remoção do cristianismo do registro público. A descrição da cultura ocidental como "cristofóbica" não é um exagero.

496 HISTÓRIA DO CRISTIANISMO

[*Ateus mais inteligentes*]

David Bentley Hart, em *Ilusões dos ateus: a revolução cristã e os seus adversários da moda*, observa que as duras críticas recentes fazem uma leitura inadequada do passado. Elas culpam a religião em geral e o cristianismo em particular por praticamente todo mal conhecido pelo homem. Nietzsche (1844-1900) era mais sábio e mais bem treinado. A "loucura" de Nietzsche não estava no fato de ele negar a existência de Deus — ele achava que a maioria das pessoas educadas havia deixado de acreditar em Deus —, mas o problema é que a cultura criticou o "negador de Deus" porque não conseguia lidar com as consequências de agir sem ele.

Nietzsche sabia que toda a visão moral da civilização ocidental estava enraizada em uma noção específica de Deus e que a moralidade do Ocidente precisaria ser totalmente retrabalhada. Como conhecia a história do Ocidente, sua conclusão aponta na direção oposta à dos críticos de hoje. A crença em Deus não é simplesmente o problema da grande visão ocidental de moralidade; na verdade, Deus é o fundamento sem o qual os valores ocidentais são insustentáveis.

Alister McGrath pensa que a retórica hostil vem do pânico: o cristianismo está crescendo, e um número sem precedentes de cientistas mundialmente respeitados está afirmando a existência de Deus. Esses fatos vão de encontro aos mitos seculares predominantes, segundo os quais a educação afastaria as pessoas de Deus. ■

Talvez tão perturbadora quanto a hostilidade à fé seja a indiferença em relação ao cristianismo, uma vez que a cultura em geral parece não o notar nem se importar com ele. A linguagem da Bíblia, que antes moldava o discurso de todos os cidadãos cultos, parece faltar na vida cotidiana, e numerosos estudos mostram que os cristãos hoje têm menos conhecimento e compromisso com os principais ensinamentos cristãos do que nunca antes. Aqueles que ainda defendem as doutrinas ou os ensinamentos do cristianismo ironicamente dão explicações seculares e apresentam a religião cristã como uma versão divinamente patrocinada da terapia de autoajuda. Uma expressão tangível da secularização é o declínio na frequência aos cultos e na afiliação à igreja. A Europa registra frequência aos cultos abaixo de 10% e, em alguns lugares, menos de 5%. Esse declínio é mais notável quando levamos em conta que as maiores igrejas em muitas capitais europeias são lideradas e frequentadas por imigrantes do Sul Global.

O CRISTIANISMO NO OCIDENTE **497**

MUDANÇA EM CRISTÃOS E IGREJAS OCIDENTAIS

As consequências do aumento do secularismo levaram a mudanças dramáticas na Igreja do Ocidente e, entre as principais igrejas protestantes — Episcopal, Metodista, Presbiteriana, Igreja Unida de Cristo, grandes comunidades luteranas e Igreja Cristã (Discípulos de Cristo) —, o impacto foi principalmente negativo. Elas eram vistas como símbolos do antigo, porém irrelevante, passado estabelecido; como resultado, o número de membros e as finanças dos principais grupos diminuíram a partir de meados da década de 1960, sugerindo que essas igrejas estavam deixando sua posição principal para ocupar uma posição secundária.

Em forte contraste, os protestantes conservadores estavam florescendo de modo geral, incluindo grupos evangélicos, fundamentalistas, carismáticos e pentecostais — as igrejas pentecostais Assembleias de Deus, que se multiplicaram de meio milhão para mais de 4 milhões de membros, são exemplos impressionantes desse período. Por volta de 1990, os membros do catolicismo romano nos Estados Unidos também haviam crescido assombrosamente para 55 milhões, e um grande número desses novos católicos pode ser atribuído ao crescimento explosivo da população latina nos Estados Unidos. A Igreja Católica Romana ali era composta por mais de um terço de hispânicos. As igrejas conservadoras explicavam que seus números estáveis e crescentes podiam ser explicados pela fidelidade à fé e à Escritura; outros incluíam a noção de que as igrejas conservadoras davam respostas sólidas e eram organizadas de forma eficiente.

RESPOSTAS EVANGÉLICAS:
RESGATE, REIVINDICAÇÃO E RELEVÂNCIA

Coletivamente, as igrejas conservadoras esboçaram três reações à invasão do secularismo. Uma delas tinha raízes em uma antecipação especulativa do fim dos tempos, ou pelo menos o início dos tempos finais. Nesse sistema popular de crença, o mundo contemporâneo era visto se perdendo cada vez mais e tendo pouco a ver com o plano de Deus para a Igreja e, por causa do aumento do mal e do fracasso moral, seus defensores acreditavam que a remoção da Igreja, ou arrebatamento, aconteceria muito em breve. Hal Lindsey publicou uma série de best-sellers, incluindo *A agonia do grande planeta terra* e *Satanás está vivo e ativo no planeta terra*, e esses livros criaram uma expectativa piedosa de que Jesus voltaria a qualquer momento, uma percepção aguçada que mostrou que redimir o mundo caído era inútil.

O ministério e a missão deviam ser administrados para preparar almas antes que o fim chegasse, mas até mesmo alguns críticos cristãos acharam que esse fervor evangélico tomava ares gnósticos na medida em que depreciava a criação de Deus e sua intenção de redimi-la; afinal de contas, o corpo e a alma deveriam ser redimidos. Após várias décadas datando

498 HISTÓRIA DO CRISTIANISMO

equivocadamente o retorno de Jesus, o movimento perdeu força, embora qualquer manchete envolvendo o Oriente Médio ou a União Europeia despertasse o pensamento e dava oportunidade a outro livro para atualizar a situação. Os evangélicos não abandonariam essa abordagem no futuro, mas perceberam que, no mínimo, aplicavam-no de forma questionável. Em uma atitude possivelmente inconsistente, alguns defensores dessa ideia participaram da abordagem que veio em seguida, buscando contestar as reivindicações cristãs sobre o mundo e a nação — na prática, as abordagens se misturam.

A reação seguinte foi combater as forças seculares nos âmbitos político e cultural. Jerry Falwell era pastor da Igreja Batista Thomas Road em Lynchburg, Virgínia, mas, depois de criar o grupo de ação política Maioria Moral em 1979, tornou-se o primeiro porta-voz preeminente do chamado Direito Religioso. Essa designação representava uma coalizão de cristãos fundamentalistas, pentecostais, evangélicos e católicos impulsionada pela preocupação com o declínio da moralidade norte-americana, que se tornou extremamente ativa na arena política. O núcleo do movimento era uma aliança flexível de grupos liderados pela Maioria Moral. Reunidos em torno de uma agenda em defesa de valores morais tradicionais e objetivos políticos conservadores estavam: *The Christian Voice* [A voz cristã], liderado por Robert Grant; *Concerned Women for America* [Mulheres preocupadas com a América], sob a liderança de Beverly LaHaye; e o *Freedom Council* [Conselho da liberdade], formado por Pat Robertson, um televangelista que não obteve sucesso nas prévias da candidatura republicana à presidência em 1988.

A paixão do Direito Religioso reside em sua percepção de que os Estados Unidos estavam sucumbindo sob a influência do humanismo secular e de que os valores familiares tradicionais estavam sendo atacados na mídia e nas escolas públicas. Várias questões nacionais explosivas pareceram inflamar essa nova reação conservadora. Em primeiro lugar, a decisão do Supremo Tribunal dos Estados Unidos no caso Roe v. Wade em 1973 foi a favor de Jane Roe, uma jovem solteira do Texas, indicando que seu direito à privacidade incluía o direito de interromper a gravidez por meio do aborto. Muitos católicos e protestantes, que defendiam o início da vida humana na concepção, ficaram chocados e consternados com a decisão. Em segundo lugar, em 1978, uma proposta na Califórnia tentou expandir a proteção legal aos homossexuais. Quando um grupo de pastores conservadores se organizou para derrubar a medida, a *Internal Revenue Service* (Receita Federal norte-americana) alertou-os de que a isenção de impostos de suas igrejas estava ameaçada por sua atividade política. Os pastores consideraram esse um motivo suficiente para formar o *The Christian Voice*, uma vez que não estavam dispostos a desistir da luta. Por fim, veio a batalha sobre a Emenda de Igualdade de Direitos, o movimento para garantir

O CRISTIANISMO NO OCIDENTE **499**

às mulheres a proteção legal de uma emenda à Constituição. Como muitos cristãos conservadores, Jerry Falwell opôs-se à redação da emenda adotada pelo Congresso, pois entendeu que ela possibilitaria casamentos e adoções homossexuais e permitiria que as mulheres fossem recrutadas para as forças armadas. Então, na Virgínia, ele lutou com sucesso contra a ratificação da emenda.

Essas três questões — aborto, direitos dos homossexuais e feminismo — serviram para mobilizar os cristãos conservadores à luta na arena política, a qual em breve se expandiria de modo a incluir outras questões morais e políticas. Em busca de seus objetivos, o Direito Religioso dependia significativamente do ministério dos televangelistas. O programa *Old Time Gospel Hour*, de Falwell, o canal *Christian Broadcasting Network* (CBN) e o programa *700 Club*, de Robertson, lideraram uma série de transmissões de rádio e televisão patrocinados por cristãos na promoção da agenda moral e política conservadora. No rádio, o Dr. James Dobson, um psicólogo infantil que se tornou apresentador, transformou seu ministério radiofônico chamado *Focus on the Family* em uma poderosa voz a favor dos valores familiares tradicionais. Talvez de forma mais significativa no aspecto político, esses grupos obtiveram êxito em educar e mobilizar fundamentalistas e pentecostais, um segmento da população norte-americana antes politicamente inativo.

Uma terceira reação envolve outra mudança de curso ou estratégia. Numerosos evangélicos procuraram ser menos confrontadores, procurando envolver-se na nova cultura em transformação à sua própria maneira. Estes religiosos observaram que estavam ministrando na era da autoexpressão individual. Eles criaram igrejas agradáveis aos visitantes, transformando a religião quase totalmente em uma questão de escolha pessoal. Com o desejo de evangelizar, os profissionais realizavam análises de mercado em um esforço para oferecer uma experiência que atendesse à aprovação do público-alvo. Alguns criavam experiências confortáveis para religiosos em busca de comunhão. Uma grande variedade de igrejas adotou uma linguagem prática de autoajuda; uma versão especial de alegoria foi adotada para extrair técnicas da Bíblia, que, de repente, se tornou um manual para o sucesso na vida.

O fenômeno das megaigrejas ilustra essa terceira abordagem, a busca por relevância. Com o declínio das denominações na vida pública norte-americana e a crescente privatização da religião, as grandes igrejas ganhavam uma parcela cada vez maior dos frequentadores ou, como alguns grosseiramente denominavam, do "mercado religioso". Essas grandes igrejas cresceram, pelo menos em parte, porque rejeitavam a imagem negativa do cristianismo denominacional e apelavam aos gostos religiosos populares. Como os 76 milhões de membros da geração pós-Segunda Guerra Mundial, as megaigrejas gostavam de se considerar independentes e altamente individualizadas.

Recebendo milhares de pessoas, as escolas dominicais nessas igrejas costumavam ser bem frequentadas, porém, seus edifícios eram usados também no restante da semana com classes bíblicas, grupos de apoio, excursões para idosos, atividades voltadas ao emagrecimento e atividades infantis. O apelo ao gosto popular foi revelado em várias características comuns: primeiro, essas congregações raramente carregavam um rótulo denominacional e preferiam ser identificadas por termos como "capela", "centro" ou "comunidade". O nome era um símbolo de sua abertura a pessoas com diferentes origens e problemas, como divórcio, vícios e depressão. Segundo, o culto nessas grandes congregações era marcado por músicas religiosas populares agitadas e animadas — a escolha da música era cada vez mais influenciada por uma indústria de música comercial cristã. Terceiro, elas eram construídas em torno do atraente ministério de um pregador com personalidade cativante, cujos sermões enfatizavam a aplicação da Bíblia à vida cotidiana. Quarto, as grandes igrejas passavam uma imagem de eficiência e fartura. Os edifícios eram sempre novos; a equipe de ministros era bem treinada e eficaz; os cultos estavam disponíveis para todas as necessidades imagináveis.

Os historiadores tendem a ver esse desenvolvimento como outro exemplo da privatização da fé pelos norte-americanos. Mesmo mergulhados na empolgação de uma grande multidão, os frequentadores das megaigrejas buscavam uma fé que servisse à vida privada, como ajuda na criação de filhos, na unidade familiar e nas emoções pessoais, e aqueles que já costumavam frequentar igrejas consideraram essas novas megaigrejas descomplicadas em comparação às pequenas igrejas de bairro a que haviam comparecido antes. Os norte-americanos procuravam uma casa própria, um meio privado de transporte, um jardim particular, uma lavanderia só para si e lojas self-service. Até mesmo em suas famílias eles esperavam que cada membro tivesse um quarto separado e até televisão, telefone e carro individuais quando fosse economicamente possível.

Muitas megaigrejas continuam a florescer, mas várias estagnaram. Uma nova geração delas procura a comunidade para compensar o individualismo e o isolamento; algumas buscam uma nova abordagem para atrair a geração emergente. Centenas de novas igrejas também apareceram em todo o Reino Unido e nos Estados Unidos, todas tentando alcançar a geração pósmoderna. "Aqueles que não mudam as condutas de seu ministério", diziam as novas vozes, "correm o risco de esconder o evangelho por trás de formas de pensamento e expressão que já não se comunicam com a nova geração emergente". As igrejas emergentes estavam empenhadas em enfatizar sentimentos e afeições mais do que a racionalidade e o pensamento linear, a experiência pessoal mais do que as verdades proposicionais, a inclusão e não a exclusão, e a participação no culto coletivo em contraste com o individualismo perdido na multidão das megaigrejas.

SINAIS PREOCUPANTES

Sinais indubitáveis mostram que os esforços evangélicos conservadores (voltados ao resgate espiritual de um mundo moribundo, à reivindicação de um caráter cristão para a nação por vitória política ou à conexão com a cultura perdida) não estancaram a maré de secularização. Em conjunto, numerosos sinais indicam que a "religião antiquada" pode estar rapidamente se tornando minoria dentro da cultura. Sendo assim, os conservadores não podiam mais olhar para o declínio da Igreja como um problema das igrejas históricas ou liberais, pois, quando muitas denominações conservadoras começaram a diminuir, surgiram questões assustadoras como: Será que as denominações conservadoras seguiriam a falência da igreja liberal? Será que o cenário cristão norte-americano logo se assemelharia ao da Europa? Os conservadores já não podiam se consolar com declínios menores no início da década de 1990, e agora estatísticas recentes do Centro de Pesquisa Pew indicam a afiliação religiosa em seu nível mais baixo desde os primeiros registros, em 1930. Hoje, um em cada cinco norte-americanos afirma não ter afiliação religiosa; entre adultos até trinta anos, o número salta para um em cada três. Os cristãos conservadores perderam terreno também nas três iniciativas visadas pelo Direito Religioso: aborto, direitos homossexuais e feminismo. As limitações legais ao casamento entre pessoas do mesmo sexo receberam sérios danos em junho de 2013, quando a Proposição Oito da Califórnia e a Lei de Defesa do Casamento foram anuladas em ação da Suprema Corte. Além disso, os cristãos conservadores no Ocidente sentem-se ameaçados por vários outros problemas.

BATALHAS EM CURSO

As instituições da família e do casamento têm sofrido, visto que os conceitos tradicionais de pessoas que se casam antes de morar juntas e da natureza duradoura do casamento não são reconhecidos pela cultura mais abrangente ou por todos os membros da Igreja cristã. A cultura em geral abandonou a ideia tradicional de casamento muito antes de ela ser assediada por questões homossexuais, uma vez que as famílias monoparentais (que atingiram uma em cada cinco) e as mulheres que trabalham (pelo menos 40% da força de trabalho) aumentam a natureza desestabilizada do lar.

Na manhã de 11 de setembro de 2001, os americanos foram dramaticamente confrontados com o terrorismo radical e descobriram que a religião, ou os fanáticos religiosos, moldariam a paisagem política do futuro. Dois aviões comerciais cheios de combustível chocaram-se contra as duas torres do *World Trade Center*, em Nova York — não tendo conseguido derrubar os edifícios em 1993, eles alcançaram seu objetivo desta vez. Um terceiro avião voou contra o Pentágono, e um quarto avião destinado à Casa Branca caiu no sudoeste da Pensilvânia após os passageiros lutarem contra

502 HISTÓRIA DO CRISTIANISMO

os sequestradores. Quase todos os norte-americanos ainda têm na mente a imagem dos edifícios do *World Trade Center* ruindo.

Alguns dias após o 11 de setembro, George W. Bush declarou guerra aos terroristas e, reunindo uma coalizão de nações de maioria ocidental, o presidente, que ocupava o cargo há menos de um ano, enviou tropas para o Afeganistão, onde os terroristas do Talibã haviam encontrado um refúgio e um campo de treino. Com a cooperação dos principais líderes militares afegãos, a coalizão liderada pelos norte-americanos conseguiu derrubar o Talibã e expulsá-lo do poder em questão de meses. Osama bin Laden, líder dos mais temidos *jihadistas*, foi posteriormente encontrado e morto, mas apenas após ter inspirado e dirigido novos ataques contra os "infiéis".

Meses depois, um novo governo estava em vigor em Cabul, a capital afegã. A invasão do Iraque, outro refúgio de *jihadistas*, e a derrubada de Saddam Hussein do poder vieram logo em seguida na guerra da coalizão liderada pelos Estados Unidos contra o terrorismo. A guerra no Iraque, entretanto, um país muito maior e mais forte, mostrou-se bem mais complexa e difícil do que o conflito afegão.

[*Modernidade e islamismo*]

Uma das explicações comuns para o termo *modernidade* é de natureza religiosa e política. Nesse entendimento, um Estado-nação é moderno se tolera diferentes expressões religiosas sob seu domínio. O Estado é, em certo grau, neutro ou genérico no sentido religioso e permite que vozes diferentes, como o islamismo e o cristianismo, convivam, um conceito útil na compreensão do islamismo. Após a Primeira Guerra Mundial, quase todo o mundo árabe foi colocado sob um Estado (alguns bastante artificiais, reunindo grupos antagônicos sob uma mesma bandeira) supervisionado por uma nação europeia (que, aos olhos da maioria dos árabes, também são um Estado cristão). Esse arranjo é parte de uma imagem maior chamada imperialismo.

Embora os cristãos tivessem alterado sua prática para concordar com um Estado moderno não muito tempo após a Reforma (a Guerra dos Trinta Anos), o islamismo é, por natureza, quase necessariamente social e político; seus defensores alegam que ele deve ser traduzido em leis sancionadas pelo governo para ser fiel. Por um tempo, o mundo muçulmano viveu em Estados modernos patrocinados por países europeus sob a mira de armas, e governantes como Sadat, no Egito, e Shah, no Irã, reprimiram brutalmente as vozes radicais para possibilitar esses Estados modernos. O Egito e o Irã eram considerados ocidentalizados e, uma vez que os povos árabes começaram a exercer independência política, as vozes radicais no islamismo conseguiram assumir o controle. A revolução do Irã trouxe uma mudança repentina, transformando

O CRISTIANISMO NO OCIDENTE **503**

a nação ocidentalizada em uma nação governada por islâmicos rígidos, mas só o tempo dirá quais países entre os povos árabes escolherão ser Estados islâmicos rígidos ou adotarão algum tipo de solução moderna.

Atualmente, as vozes de muçulmanos xiitas radicais parecem moldar grande parte da paisagem política e cultural. Os muçulmanos modernos, que a maioria dos estudiosos considera majoritária, parecem bastante reprimidos. O aumento do islamismo radical mudou a paisagem religiosa em todo o globo, e muitos países árabes estão agora radicalizados. Por fim, deve-se observar que os governantes islâmicos historicamente toleraram os cidadãos cristãos, contanto que se submetam a ser cidadãos de segunda classe dentro dos países muçulmanos. ■

Hoje, os cristãos no mundo árabe estão sofrendo. Em 1900, o Oriente Médio e o norte da África eram compostos por 15% de cristãos; cem anos depois, as estimativas eram de 5%. O número outrora significativo de cristãos árabes diminuiu por causa de perseguição, submissão, exílio ou assassinato. Mas tão significativo quanto isso talvez seja a presença de muçulmanos vivendo no ocidente com finalidade missionária e até mesmo militante. Cristãos sábios estão atentos ao risco e ao perigo que o islamismo radical lhes impõe no mundo árabe ou ocidental, pois entendem que enfrentarão um perigo ainda maior de infidelidade a Cristo se os muçulmanos não encontrarem o amor dele em cuidados e testemunhos visíveis.

É difícil mensurar testemunhos duradouros de conversão de muçulmanos e sua abertura ao evangelho. Relatos de muçulmanos encontrando Jesus em sonhos, a recepção curiosamente positiva que alguns cristãos evangélicos recebem no mundo árabe, a perseverança de igrejas subterrâneas e a existência de cristãos dispostos a servir e viver em meio aos muçulmanos, tudo isso encoraja a continuação da presença cristã na região. Os cristãos que são chamados a viver no mundo árabe são alguns dos defensores do envolvimento missionário.

Além da consciência e do perigo dos radicais muçulmanos, a Igreja também foi chamada a enfrentar uma nova onda de imigração para o país. O Ato Hart-Cellar foi uma parte da legislação de direitos civis que estimulava a imigração da Ásia, do Oriente Médio e da África. Nesse sentido, a imigração ilegal da América do Sul e da América Central também acelerou a diversidade racial. Embora vozes da Igreja tenham liderado o caminho para o progresso em matéria de raça, a igreja evangélica manteve, em grande parte, a segregação racial e econômica. Raça e economia andam de mãos dadas; por exemplo, uma família negra será mais prontamente aceita em uma igreja de maioria inglesa se apresentar um estilo de vida semelhante.

504 HISTÓRIA DO CRISTIANISMO

Além disso, conforme as missões aumentavam em todo o mundo, os cristãos ocidentais começaram a ter problemas com essa prática, visto que as denominações evangélicas e as organizações missionárias estavam enfrentando cortes no orçamento. Os evangélicos indagavam se os missionários deveriam se envolver mais com questões humanitárias do que com a questão da salvação, e também se esforçavam para saber até que ponto os missionários podiam impor suas características culturais aos cidadãos e se sentiam abatidos em encontros mais extensos com outras religiões mundiais. A diversidade racial e geográfica, a presença do islamismo e a tecnologia globalizante trazem essas questões para perto de nós. E o zelo missionário parecia mais fácil no exterior, mostrou-se mais complicado quando o mundo se aproximou geograficamente e diminuiu tecnologicamente.

DERROTADO OU EM RECONSTITUIÇÃO?

As notícias sobre a morte do cristianismo no Ocidente podem ser prematuras. No mínimo, ele será influente em virtude de seu dinheiro e das instituições educacionais, uma vez que graduações obtidas em universidades ocidentais ainda são bastante privilegiadas no Sul Global. É difícil fazer uma avaliação mais completa, mas algumas observações podem ajudar. O ambiente cultural é cada vez mais secular e hostil à fé, então, cristãos em busca da cristandade (um domínio cristão marcado por uma parceria orgânica e cooperativa entre Estado e Igreja) ficarão desapontados. Os cristãos e suas convicções podem esperar ser mais marginalizados e perseguidos; além disso, pastores sendo perseguidos por discursos de ódio e escolas cristãs perdendo recursos federais parecem ser cenários quase inevitáveis. As grandes denominações sofrerão declínio geral, embora variem conforme sua adaptação às normas culturais; algumas podem voltar instintivamente à grande tradição da Igreja e redescobrir o evangelho (isto é chamado de pós-liberalismo).

Certas igrejas de tradição pentecostal, círculos não denominacionais e denominações conservadoras continuarão crescendo. O verdadeiro progresso estará na plantação de novas igrejas, que são de difícil contabilização e, além disso, são flexíveis e móveis; ou seja, podem se reunir em garagens e células e são quase impossíveis de rastrear ou contar.

Uma história pessoal talvez sirva de ilustração. Eu (R. L. Hatchett) fui criado em uma igreja batista de bairro e, nossa igreja, juntamente com os metodistas e as congregações da Igreja de Cristo, éramos a norma em nossa humilde vizinhança. Nossos templos tinham a aparência típica de igreja e eram mais agradáveis do que nossa própria casa. Certa vez, uma igreja carismática não confessional começou a realizar reuniões no espaço de uma antiga mercearia, e o contraste foi inconfundível, pois ela apresentava uma placa grande na frente, cheia de palavras, e era ainda mais pobre do que nós. Eles não estavam ligados a grupos ou instituições maiores (como

O CRISTIANISMO NO OCIDENTE **505**

programas de missão e seminários) e, acima de tudo, eram a periferia ou a exceção, enquanto nós éramos a norma. Agora, quase cinquenta anos depois, essas igrejas que surgem do nada não são a periferia, mas a norma numérica, e o futuro imediato pertence a grupos como esse, independentes e empreendedores.

A nova norma é composta por pentecostais e não denominacionais, cujo surgimento sinaliza uma mudança na compreensão do cristianismo para o futuro no Ocidente. Estamos envolvidos em um período de reconstrução que segue essa revolução sociológica; a população evangélica agora será encontrada predominantemente nessa matriz móvel, de minoria rica, e exibe certo caráter anabatista. Não é de todo pacifista (embora alguns se esqueçam de que muitos pentecostais se opunham conscientemente à Primeira Guerra Mundial), e alguns de seus membros podem buscar nostalgicamente os bons dias de uma nação cristã, embora se vejam como contraculturais. Eles se concentram no discipulado e na comunidade e cooperam entre si para suprir necessidades, mas não têm a disposição e a orientação políticas de evangélicos mais antigos.

Outros sinais de vida são encontrados em vários lugares. Os jovens católicos dos Estados Unidos, rigorosamente acadêmicos e espiritualmente devotos, parecem fortes em mente, coração e número; além disso, também somos incentivados por encontros de jovens, como o *Passion*. Em 2013, 64 mil alunos universitários reuniram-se em Atlanta durante o feriado de Natal. Todas as conferências do *Passion*, seja nos Estados Unidos ou no exterior, são sempre lotadas. Numerosas iniciativas clamam por renovação e avivamento; além disso, um grupo ecumênico, *Renovaré*, transpõe fronteiras confessionais a fim de aprender sobre formação espiritual. Nossa oração é que o Espírito aja.

Leitura sugerida

■ BELLAH, Robert N. et al. *Habits of the Heart: Individualism and Community in American Life* [Hábitos do coração: individualismo e comunidade na vida americana]. Nova York: Harper & Row, 1985.

■ BENNETT, William J. *The Index of Leading Cultural Indicators* [O índice dos principais indicadores culturais]. Nova York: Simon and Schuster, 1994.

■ COLLINS, Kenneth J. *The Evangelical Moment: A Promise of an American Religion* [O momento evangélico: a promessa de uma religião americana]. Grand Rapids: Baker Academic, 2005.

■ GEORGE, Timothy (Org.). *Pilgrims on the Sawdust Trail: Evangelical Ecumenism and the Quest for Christian Identity* [Peregrinos na trilha de feno: ecumenismo e a busca pela identidade cristã]. Grand Rapids: Baker, 2004.

506   HISTÓRIA DO CRISTIANISMO

- *NOLL, Mark. *The Old Religion in a New World: the History of North American Christianity* [A antiga religião em um novo mundo: a história do cristianismo norte-americano]. Grand Rapids: Eerdmans, 2002.

- SHELLEY, Bruce; SHELLEY, Marshall. *The Consumer Church* [A igreja do consumidor]. Downers Grove, IL: InterVarsity Press, 1992.

- *WEIGEL, Georg. *The Cube and the Cathedral: Europe, America, and Politics Without God* [O cubo e a catedral: Europa, América e política sem Deus]. Nova York: Basic Books, 2005.

- WUTHNOW, Robert. *The Struggle for America's Soul, Evangelicals, Liberals, and Secularism* [A luta pela alma americana, por evangélicos, por liberais e pelo secularismo]. Grand Rapids: Eerdmans, 1989.

CAPÍTULO 47

Mudança para o Sul Global

O que é o "novo cristianismo"?

NO INÍCIO DO SÉCULO XX, o mapa do cristianismo global conhecido por D. L. Moody ou Vladimir Lenin havia sido completamente remodelado. Em 1900, apenas 10% dos cristãos no mundo vivia nos continentes do sul e do leste, mas, um século depois, pelo menos 70% deles vivia ali. Semanalmente, mais cristãos adoravam em igrejas anglicanas na Nigéria do que em todas as igrejas episcopais e anglicanas da Grã-Bretanha, Europa e América do Norte juntas. Havia dez vezes mais membros da Assembleia de Deus na América Latina do que nos Estados Unidos e existiam mais batistas no Congo do que na Grã-Bretanha; além disso, havia mais pessoas na igreja todos os domingos na China comunista do que em toda a Europa ocidental ou na América do Norte.

Philip Jenkins, professor emérito de História na Universidade de Baylor, disse, à época, que a religião no novo século chegava a mostrar sinais de que substituiria as ideologias como principal força motriz nos assuntos humanos. "Se olharmos para além do ocidente liberal", escreveu ele na revista *The Atlantic Monthly*,

> veremos que outra revolução cristã [...] já está em progresso. Em todo o mundo, o cristianismo está, na verdade, se voltando ao sobrenaturalismo e à [por ele denominada como] neo-ortodoxia e, de muitas formas, à antiga cosmovisão expressa no Novo Testamento: uma visão de Jesus como personificação do poder divino dominando as forças malignas que infligem calamidades e doenças à raça humana.

508 HISTÓRIA DO CRISTIANISMO

Jenkins falou especialmente sobre o "Sul Global", ou as regiões da terra que os ocidentais costumavam chamar de Terceiro Mundo, e argumentou que o cristianismo contemporâneo havia se deslocado para o sul, de modo que o peso preponderante da terra conferia-lhe "um formato de pera". Ele escreveu que, nessa região, ou Terceiro Mundo, encontram-se enormes e crescentes populações cristãs: no início do século XXI, 480 milhões na América Latina, 360 milhões na África e 313 milhões na Ásia, em comparação com os 260 milhões na América do Norte.

A mudança, afirmou ele, apresentou problemas para o império cultural tradicional do Atlântico Norte: o estabelecimento religioso liberal. Talvez o indício público mais notável disso, escreveu Jenkins, tenha sido a Conferência de Lambeth, em 1998, onde cristãos do sul aproveitaram sua influência numérica para promover pareceres completamente antiquados no Atlântico Norte (ou Ocidente). "O ex-império da rainha Vitória," disse Jenkins, "do sul da África até Cingapura, contra-atacou."

O crescimento do cristianismo na África pós-colonial foi especialmente incontido. Em 1900, o continente tinha apenas 10 milhões de cristãos em meio a uma população de 107 milhões, cerca de 9%, ao passo que, na virada do século XXI, o número de cristãos chegava a 360 milhões em um total de 784 milhões de almas, ou 46%. E esta porcentagem, segundo os estudiosos, provavelmente continuaria aumentando, pois os países africanos cristãos apresentavam algumas das taxas mais impressionantes de crescimento populacional do mundo. Os especialistas esperavam que, dentro dos primeiros 25 anos do século XXI, a população mundial de cristãos cresceria para 2,6 bilhões, tornando o cristianismo de longe a maior fé do mundo. Assim, devemos procurar descrever esse novo cristianismo, mesmo que, para tanto, recorramos a formas ocidentais.

CRISTIANISMO GLOBAL PENTECOSTAL OU CARISMÁTICO

A primeira observação indiscutível sobre as igrejas em regiões abaixo da linha do Equador é que elas são carismáticas. Sendo assim, "os dons" desempenham um papel preeminente no culto público e na devoção privada, portanto, entender a história desse movimento preparará o leitor para compreender o Sul Global. Vários movimentos prepararam e anteciparam o surgimento do pentecostalismo contemporâneo: por exemplo, o Movimento Metodista e o de Santidade eram perfeitamente adequados para as fronteiras norte-americanas, com seu caráter igualitário capaz de cruzar barreiras econômicas, raciais e de gênero. Em 1900, ao atingir 150 anos de teologia de santidade, os pentecostais haviam adotado e reformado uma tradição de santidade incorporando várias ênfases.

A abordagem da "terceira benção" reconhecia a primeira benção da conversão e uma segunda benção, com a qual os cristãos eram levados à santificação ou santidade (a ênfase que evoluiu de Wesley). Além disso, eles

MUDANÇA PARA O SUL GLOBAL

reconheciam uma terceira benção: o batismo do Espírito, o qual incluía uma capacitação especial para o serviço cristão (uma ênfase do movimento de Keswick). Os pentecostais também afirmavam que o batismo do Espírito era acompanhado do falar em línguas e, na imaginação de muitos, o derramamento do Espírito estava associado aos últimos dias. Conferências proféticas e o ressurgimento do pré-milenismo (pensamento segundo o qual Cristo retornará para estabelecer um reinado de mil anos) intensificavam a sensação de expectativa. Numerosos ministérios de cura também contribuíram para a imagem de que Deus estava preparando seu povo para o ministério.

Além disso, avivamentos internacionalmente notáveis na Índia, no País de Gales e na Coreia encorajaram o movimento pentecostal. O avivamento galês testemunhou presença e poder especiais do Espírito Santo, e seu porta-voz, Evan Roberts, ensinava que tal experiência do Espírito Santo era uma condição necessária ao avivamento. O "Pentecostes coreano" lançou as bases para muitas práticas da igreja coreana que duram até hoje, como reuniões de oração no início da manhã e orações simultâneas.

[*Pentecostal e carismático*]

Esses termos são, às vezes, empregados como sinônimos. O termo *Pentecostal* geralmente faz referência aos acontecimentos e às denominações derivadas do avivamento da rua Azusa, no início dos anos 1900. As denominações pentecostais, como a Assembleia de Deus e a Igreja de Deus, costumam acreditar que o dom do Espírito é marcado pelo falar em línguas.

Normalmente, indivíduos cristãos são descritos como carismáticos quando parte importante e rotineira do culto da igreja e da sua devoção pessoal consiste no exercício dos dons espirituais mais dramáticos, como o falar em línguas, a cura e os atos de profecia. O termo *carismático* refere-se, com mais frequência, a ensinamentos, práticas e cultos inspirados no Pentecostes agora adotados nas variadas esferas da igreja, indo muito além das denominações pentecostais. ■

Segundo relatos, dois homens encontram-se no centro das origens pentecostais. Um ex-ministro metodista, Charles Parham, inspirou-se em várias fontes antes de, por fim, chegar a Agnes Ozman. Ela era uma mulher que falava em línguas, e Parham acreditava que a língua falada era o chinês; outros receberam o Espírito e também falaram em línguas. Ao que parecia, o idioma de Parham era o sueco e ele acreditava que essas línguas eram milagrosamente faladas (xenoglossia) e que elas levariam a iniciativas missionárias internacionais. William Seymour, embora segregado dos alunos

510 HISTÓRIA DO CRISTIANISMO

brancos, frequentou uma escola bíblica de três meses de duração liderada por Parham, em Houston, Texas e, pouco tempo depois, tornou-se pastor de uma Igreja de Santidade afro-americana em Los Angeles. As pessoas rejeitaram seu ensinamento sobre línguas, mas algumas testemunharam Seymour impondo as mãos sobre Edward Lee, seu anfitrião, certo dia, o qual experimentou um estado de quase inconsciência seguido pelo falar em línguas. Na mesma reunião, outros sete receberam o batismo do Espírito acompanhado de línguas, incluindo o próprio Seymour.

Em pouco tempo, a casa de Lee não conseguia comportar o grupo racialmente misto que vinha presenciar e receber o Pentecostes. Em seguida, houve os avivamentos da rua Azusa. A história do surgimento e da missão dos movimentos pentecostais e carismáticos subsequentes é possivelmente a história mais importante do século XX para a compreensão do cristianismo hoje, portanto, medir a expansão e o crescimento das denominações pentecostais é apenas uma fração da história, pois as influências carismáticas e pentecostais são os principais contribuintes para o não denominacionalismo. Ainda mais impressionante é o fato de que a teologia e a prática carismática agora caracterizam muitos cristãos nas principais denominações e na vida católica.

Estudiosos norte-americanos do movimento observam três ações recentes do Espírito. A primeira onda refere-se ao derramamento do Espírito em Azusa e ao surgimento das principais denominações pentecostais que seguiram. A segunda onda denota o forte encontro e aceitação da vida carismática nas denominações protestantes principais e no catolicismo na década de 1960, e início da década de 1970. A terceira onda foi a aceitação de sinais e maravilhas por conservadores; ela começou na década de 1980, no Seminário Fuller, Califórnia, a partir do ensino e ministério de John Wimber. A rede de igrejas Vineyard é um sinal duradouro desse movimento, que levou muitos evangélicos para a experiência carismática.

A história que se costuma contar sobre o surgimento do pentecostalismo é colocada, por alguns historiadores, em contextos maiores. Azusa pode ser vista como parte de um derramamento internacional e multicultural do Espírito, pode ser a Jerusalém do novo Pentecostes ou um dos muitos Pentecostes que ocorrem por todo o mundo quase ao mesmo tempo. É possível que ela seja a expressão predominante de uma era mais abrangente de renovação centrada no Espírito incluindo as correntes contemplativas, conforme expresso em Henri Nouwen e Richard Foster. Ela também pode ser entendida como parte de um cenário maior: o declínio constante do liberalismo, que estava sendo substituído por irrupções mais conservadoras ou evangélicas. Embora cada uma dessas alternativas tenha mérito e interesse, o escopo desse movimento parece ofuscar a maioria dos outros fatores.

Essa mistura de categorias com diversas denominações quase impossibilita a quantificação do movimento pentecostal/carismático. Estimativas modestas alegam que ele representa pouco mais de um em cada quatro cristãos hoje, embora o número e as influências possam ser muito maiores. O ganho notável em porcentagem é ainda mais impressionante por causa do crescimento sem precedentes do cristianismo no século durante o mesmo período.

O crescimento numérico dos pentecostais e dos carismáticos também é surpreendente.

Regiões designadas por David Barrett	Número de cristãos carismáticos/pentecostais em milhões em 1900	Número de cristãos carismáticos/pentecostais em milhões em 2000
África	0,9	126
Ásia	0	135
Europa	0	37,6
América Latina	0	141,4
América do Norte	0	79,6
Oceania	0	4,3

É fácil entender o leve exagero por parte dos estudiosos quando esses afirmam que a expansão global é, na verdade, a expansão pentecostal.

RAÍZES EM INICIATIVAS MISSIONÁRIAS OCIDENTAIS

Os missionários são frequentemente criticados por servir a Cristo e ao comércio, e são retratados como agentes de expansão colonial, incapazes de distinguir entre a mensagem do evangelho e suas próprias preferências culturais. O queniano Jomo Kenyatta capta, de forma memorável, essa perspectiva crítica: "Quando os missionários vieram para a África, eles tinham a Bíblia, e nós tínhamos a terra. Eles disseram: 'Oremos'. Então, fechamos os olhos. Quando os abrimos, tínhamos a Bíblia, e eles tinham a terra". Estudiosos atuais dessas iniciativas conferem aos missionários uma reputação melhor, observando que eles costumam defender a justiça e a independência.

A influência missionária é inevitável. Mark Noll distingue entre a influência direta dos missionários e o modelo mais duradouro que eles deixam para trás. Em certo sentido, o Avivamento do Leste Africano não poderia ter sido mais ocidental ou americano. O avivador Charles Finney foi intencionalmente adotado como modelo por Joseph Church e outros, tanto que os escritos de Finney sobre avivamento eram até mesmo lidos em voz alta. Church empregava a teologia de Keswick e a Bíblia de estudos Scofield, além de falar da política ocidental e praticar a medicina ocidental.

512 HISTÓRIA DO CRISTIANISMO

No entanto, Noll adverte que a conclusão de que os ocidentais teriam manipulado os leste-africanos talvez não represente toda a história — na realidade, existem numerosas influências que se fundem. Além disso, uma compreensão mais profunda das razões da influência dessas vozes missionárias, e não de outras, pode nos ensinar mais sobre a cultura africana. Muitos eruditos medem essas interações culturais e concluem que o Avivamento do Leste Africano foi genuinamente africano. O maior valor do livro de Noll, *The New Shape of World Christianity: How American Experience Reflects Global Faith* [O novo formato do cristianismo mundial: como a experiência norte--americana reflete a fé global], reside em ver além da questão da influência precisa e direta que os missionários ocidentais exerceram sobre as nações do sul. Noll olha além desta questão importante para uma compreensão mais ampla da influência dos Estados Unidos sobre a expansão do cristianismo no Sul Global, deslocando nosso foco daquilo que os missionários fizeram e abordando a versão do cristianismo da qual eles foram modelos para os cristãos do Sul Global.

O cristianismo foi levado para a América pelos cristãos europeus e pode ser considerado produto das próprias missões, mas tomou uma forma distinta na América do Norte; sendo assim, compreender essa forma é a chave para enxergarmos a maior influência do missionário. Várias ideias nos ajudarão a delinear o caráter do cristianismo norte-americano, mas, de modo geral, ele é mais um cristianismo voluntário e menos uma expressão de cristandade.

[*Cristandade*]

De modo simples, cristandade refere-se a um domínio cristão: terras ocupadas por cristãos em oposição a adeptos de outras religiões. Hoje o termo é normalmente empregado com considerações culturais e políticas: uma cultura pode aceitar valores cristãos e adotá-los como lei (por exemplo, as leis azuis, que restringem a venda de algumas mercadorias no domingo). Alguns acreditam que o termo pressupõe a ideia de que a civilização ocidental é produto do cristianismo. Geralmente, um braço religioso (a Igreja) e um braço secular (o governo civil) servem a propósitos diferentes, mas também procuram alcançar uma realidade unida. Na expressão mais extrema da cristandade, uma Igreja estatal, todos os cristãos no domínio são considerados cidadãos, e os cidadãos são considerados cristãos. ■

A rejeição mais profunda da cristandade encontra-se nos anabatistas, os quais não viam a Igreja ligada ao Estado de modo orgânico ou organizacional, mas sim como independente de qualquer governo e de uma região geográfica correspondente. Em outras palavras, a Igreja era composta por pessoas que voluntariamente aceitavam a participação na aliança. Ainda que essa abordagem pareça bastante simples para os norte-americanos hoje, os anabatistas foram perseguidos e cruelmente assassinados por protestantes e católicos romanos, o que nos mostra que desafiar a cristandade era perigoso.

Os anabatistas defendem que existe uma cristandade informal nos Estados Unidos e, embora nenhuma designação específica de cristianismo ou igreja seja nomeada pelo governo da nação (separação Igreja-Estado), os cristãos ainda a veem, em certo sentido, como cristã e consideram a Igreja obrigada a servir ao Estado, como um capelão. Os cristãos norte-americanos encontram-se entre o extremo da independência anabatista e a cristandade plena, como aparece na Europa. Sendo assim, o afastamento do modelo da cristandade, por mais sutil que seja, é crucial para a compreensão do cristianismo norte-americano.

O cristianismo que cresceu com mais velocidade na América do Norte, e que foi mais amplamente aceito no Sul Global, foi voluntário — aliás, na América do Norte ele também enfatizava a conversão pessoal e individual. Os norte-americanos aceitaram Bunyan, cujo livro, *O peregrino* (1678), tanto ilustra quanto prolifera um cristianismo centrado na vida cristã individual. Bunyan não abandona o puritanismo, mas o efeito de sua história é comunicar que o cristianismo era uma questão de conversão e peregrinação individual. Nos avivamentos e despertamentos que moldaram a religião norte-americana, a ênfase recaiu mais uma vez sobre a conversão individual. Às vezes, essa ênfase é recebida nas igrejas globais a despeito de sua orientação mais comunitária e coletiva.

As igrejas norte-americanas também recebiam líderes com mais prontidão com base em dons e iniciativa, em vez de posição institucional ou hierárquica. Nesse sentido, a influência de Wesley pode ser um exemplo característico, uma vez que suas habilidades organizacionais inovadoras contribuem para seu legado, não seus esforços para manter os laços com a Igreja da Inglaterra. No final, foi por sua disposição voluntária, independente e inovadora que os missionários ocidentais deixaram uma marca duradoura nas igrejas do Sul Global.

PROMULGAÇÃO DA BÍBLIA

Hoje a Bíblia tem uma repercussão especial no Sul Global e, felizmente, a visão missionária sempre se envolveu em vigoroso esforço para traduzir a Bíblia para a língua dos nativos. Podemos observar corretamente que o ato de tradução oferece ampla oportunidade para que os missionários ocidentais importem seu próprio viés cultural, mas o efeito dela não era mais a manipulação cultural, e sim um impulso para a independência cultural. Vários estudiosos observaram a centralidade da tradução bíblica no surgimento do

514 HISTÓRIA DO CRISTIANISMO

pensamento independente, uma vez que receber a Bíblia no próprio idioma gera fortalecimento, pois promove a aceitação dos costumes locais; além disso, os leitores da Bíblia ficam felizes em descobrir que alguns costumes ou práticas encontram paralelos em suas páginas.

Alguns contrastam, de um lado, o efeito globalizador da preferência islâmica por uma única língua para o Alcorão e, de outro, a aceitação dos costumes e culturas locais quando a Bíblia é traduzida. Além disso, os nativos podiam avaliar aquilo que os missionários haviam ensinado ao procederam ao exame pessoal das Escrituras. Uma ilustração comum disso aconteceu em meio aos africanos, os quais, ao descobrir que os grandes patriarcas eram polígamos, questionaram-se por que os missionários eram tão inflexíveis quanto à monogamia.

O verdadeiro trabalho de indigenização começava com as traduções, pois é a partir dela que os leitores podiam apropriar-se da linguagem, das imagens e da cultura provenientes da Bíblia. Mark Noll catalogou uma variedade de abordagens culturais à Bíblia. O Ocidente normalmente lê as cartas didáticas e missionárias de Paulo como uma chave para a leitura do restante da Bíblia, ao passo que alguns africanos tomam Levítico como ponto central, pois se identificam com um senso de santidade e ritual e descobrem categorias como a de coisas puras e impuras que estão enraizadas na Bíblia e não são produtos de meras superstições pagãs. Alguns cristãos asiáticos concentram-se em Provérbios, onde descobrem que Deus tem interesse na sabedoria, antes buscada em fontes confucionistas.

Os cristãos no Sul Global parecem apropriar-se da Bíblia de maneira direta e a leem com um sentido de imediatismo, como se tivesse sido escrita especialmente para eles. Os leitores ocidentais, em contrapartida, observam uma distância histórica entre o mundo ao seu redor e o mundo da Bíblia, e o que se destaca para esses leitores é como sua experiência é diferente da experiência do Novo Testamento. Muitas vezes se observa que, para os pentecostais, o Novo Testamento, com seus dons de línguas, curas, encontros demoníacos e guerras espirituais, não lhes parece estranho, mas serve de projeto de como a vida cristã deve ser. Já para os intérpretes ocidentais, é comum traduzir as ocorrências do Novo Testamento em categorias mais familiares; por exemplo, eles concluem rotineiramente que o exorcismo seria hoje visto como uma forma de doença mental. Mesmo os cristãos evangélicos e fundamentalistas no Ocidente desenvolvem estratégias para explicar a distância entre o texto e sua experiência contemporânea. O dispensacionalismo clássico, por exemplo, procurou distinguir o ensino na Bíblia que pertencia à Igreja e as orientações e instruções que foram dirigidas ao outro povo de Deus, Israel. Ao estipular que esses dois povos não tinham relação nenhuma, essa corrente proibia a mistura ou a confusão das mensagens e lamentava o fato de cristãos se apropriarem do sermão do monte sendo que ele havia sido dirigido a Israel.

MUDANÇA PARA O SUL GLOBAL **515**

Talvez ainda mais drástica tenha sido uma abordagem chamada cessacionismo, segundo a qual a época de milagres e dons carismáticos cessou. Uma das âncoras intelectuais do movimento fundamentalista (e nada amigável aos dispensacionalistas), B. B. Warfield, alegava que os cristãos não devem mais esperar milagres. Ele afirmava que os milagres estavam concentrados em três grupos para dar credibilidade a uma nova revelação e abundaram quando Moisés entregou a lei, quando Elias e Eliseu proclamaram a profecia e quando Jesus anunciou o reino. Essas teorias ilustram como cristãos muito conservadores no Ocidente, assim como seus homólogos liberais, buscaram aliviar o desconforto dos leitores que perceberam que sua experiência na igreja era muito diferente da relatada na Bíblia.

Cosmovisão e metafísica (um termo que pode ser substituído funcionalmente pela pergunta: "O que é real?") são cruciais. Observações gerais sobre questões filosóficas são perigosas, mas é justo constatar que os cristãos no Sul Global veem o mundo à sua volta como manifestação de uma viva interação entre o que podemos chamar de um reino espiritual (não material) e um reino material (concretamente físico). Os ocidentais costumam considerar que um domínio sobre o reino material (talvez por meio da ciência) altera ou até mesmo nega a necessidade do domínio espiritual.

Um experimento simplificado de pensamento talvez seja proveitoso aqui. Um xamã ou profeta conta aos membros da tribo que eles estão mortalmente doentes como punição dos deuses por terem traído seus aliados, e essa interpretação espiritual dos acontecimentos se mantém até que um pesquisador ocidental testa a água e descobre que o poço está contaminado. O veredito do pesquisador é que os deuses nada tinham a ver com o problema, uma vez que eram os germes microscópicos presentes na água que estavam adoecendo as pessoas. Esse dilema simplista aplica-se a muitos ocidentais: as coisas têm uma causa natural ou uma causa sobrenatural, o que não faz mais sentido do que perguntar se a pessoa deseja casar-se ou comprar uma bicicleta.

Tal ilustração ajuda-nos a descrever um materialismo invasor. Os cristãos no Ocidente costumam adaptar-se à visão dominante. Eles temem que o conhecimento acabe tornando Deus desnecessário e abandonam ensinamentos cristãos tais como os que pregam que ele sustenta o mundo ou que não é apenas uma mera força de atuação. Alguns rejeitam completamente a ideia de Deus ou aceitam um deísmo provisório. Em um teísmo tão atenuado, Deus está fora de cena e quase não faz aparições; demônios, espíritos e anjos são subestimados. Para a maioria dos cristãos ocidentais, existe apenas uma perspectiva modesta para o espiritual. Para o Sul Global, os mundos físico e espiritual interagem. Em tal mundo, demônios ou espíritos podem influenciar o humor ou o bem-estar de uma pessoa, e tanto o reino espiritual quanto o material estão sempre atuando na esfera da mente. Esses indivíduos mergulham no texto das Escrituras com menos obstáculos.

516 HISTÓRIA DO CRISTIANISMO

EVANGELHO E JUSTIÇA SOCIAL

A igreja do Sul Global está, de modo geral, situada na pobreza e a designação *Terceiro Mundo* comunica essa observação. É justo notar que nem todas as pessoas no Sul Global são pobres, mas a luta contra a injustiça social é o inevitável contexto e a circunstância real de grande parte da região; além disso, os cristãos ali têm mais disposição para acreditar que o evangelho aborda a questão da pobreza. Os teólogos da libertação afirmam que Jesus buscou liberdade dos sistemas econômicos opressivos e entendem que a Bíblia trata da injustiça social, por isso, chamam os cristãos a praticar justiça em vez de simplesmente proclamá-la. Os evangélicos conservadores do Sul Global são influenciados por vozes de libertação em maior grau do que suas contrapartes norte-americanas e ainda mantêm uma ênfase nas boas-novas de um ato redentor de Jesus, mas, mesmo na compreensão da obra redentora de Cristo, são moldados pelas circunstâncias.

A sensibilidade à injustiça social influencia mesmo as doutrinas mais básicas. A igreja articula três abordagens principais para entender o que Jesus fez para que a raça humana alcançasse salvação. (1) Os evangélicos geralmente se baseiam em uma abordagem que vê Cristo como nosso representante ou substituto, o qual morreu na cruz para realizar a salvação. (2) Outros cristãos, especialmente nos campos liberais modernos, veem a cruz como uma demonstração dramática do amor de Deus, um drama que, quando compreendido, sobrepuja a relutância em crer no amor de Deus por nós e desperta em nós o desejo de amá-lo em resposta. Essas duas teorias são dominantes em meio à igreja ocidental: na primeira, Jesus carrega a culpa, ou dívida, individual dos pecadores; na segunda, Jesus trata nossa incapacidade de receber e compartilhar amor. (3) Uma terceira teoria persistiu na Igreja Oriental e foi, por mil anos, sua abordagem mais típica à expiação. Nela, Jesus trata da nossa servidão. A raça humana inescapavelmente enfrenta o mal opressor e um inimigo espiritual pessoal (Satanás e seus demônios). Além disso, enfrenta o pecado, o qual é incapaz de vencer com a própria força e, por fim, enfrenta a morte. Todos estão sujeitos à morte, e esses inimigos terão vitória sobre nós e inevitavelmente escreverão o capítulo final da história de nossa vida. Jesus, porém, em sua vinda ao mundo, morte e ressurreição, rompeu as amarras da morte e da derrota, e sua vitória sobre a morte é o sinal de que ele é o campeão, aquele que dá a vitória. Sendo assim, qualquer pessoa que tenha solidariedade com Jesus compartilhará de sua vitória.

O Sul Global está, muitas vezes, enraizado nesse tema da vitória chamado *Christus Victor* e sua oração pessoal, liturgia e prática são moldadas pela visão de vitória sobre os inimigos. As pessoas que vivem no Sul Global não precisam de um ato da imaginação para ver esses inimigos, uma vez que a turbulência política, a corrupção, a violência e a aparentemente inescapável opressão econômica são entendidas como manifestações do estrago da criação. O Jesus dos Evangelhos combate o mal com poder oferecendo um sinal do reino vindouro, e Paulo afirma que a própria criação geme por redenção. A esperança e a experiência de sua libertação são dominantes, e tal compreensão de Jesus e sua missão, embora seja bastante negligenciada no Ocidente, encontra-se na raiz da teologia e adoração da igreja no Sul Global.

OUTRAS CARACTERÍSTICAS: ADORAÇÃO DE TODO O CORPO PARA TODO O MUNDO

As igrejas não ocidentais têm um senso de solidariedade de difícil compreensão para os ocidentais. Nós procedemos da maior cultura individualista da história e, quando conversamos com estudantes do Ocidente sobre quem são, eles admitem pertencer a grupos, mas não acreditam ter comunicado quem realmente são até que tenham distinguido uma identidade individual. Os ocidentais pensam que o verdadeiro eu é captado nos aspectos individuais que o separam da família e da comunidade (informações individuais distintas em vez de informações do grupo). Para a maioria das pessoas no mundo, o oposto se aplica: elas acreditam que sua identidade genuína é transmitida quando comunicam os grupos aos quais pertencem. É possível argumentar que tanto uma identidade de grupo quanto uma identidade individual são necessárias, mas, se os norte-americanos são individualistas extremos, podem ter problemas para entender as práticas da igreja em outros lugares, visto que em numerosas culturas, grupos inteiros se convertem. Também existe um senso de união ou reunião como corpo da igreja que parece metafórico ou incrível para alguém do Ocidente.

A solidariedade é visível no culto comunitário da igreja. O louvor vibrante é um exercício de todo o corpo para muitos cristãos no Sul Global, o que é turbulento em comparação com muitas igrejas ocidentais, mas pode acompanhar a adoração sacramental. A oração intercessora compõe um elemento importante na adoração; períodos dedicados à prática da oração podem durar horas. Muitos cristãos pensam que Deus continua a falar como fazia aos profetas há muito tempo, mas a Bíblia não perde seu lugar para esse dom contínuo de profecia, até porque novas palavras proféticas muitas vezes começam no estudo da Escritura, quando certa frase se torna a raiz da nova palavra profética.

David Yonggi Cho é pastor da maior igreja do mundo, localizada na Coreia do Sul. Quando questionado por que a igreja inclui mulheres na liderança, ainda mais em uma cultura fortemente orientada para o masculino, ele simplesmente responde: "Deus me disse". Os cristãos no Sul Global, especialmente os carismáticos, vivem com um senso de expectativa de que Deus fala e concede dons de profetas aos fiéis. Um sentimento mais vívido de contato com o mal também descreve os cristãos além do Ocidente, que se envolvem na guerra espiritual especificada por Paulo em Efésios 6. Por isso lidar com manifestações desses inimigos espirituais durante o culto coletivo é uma das características centrais do cristianismo global em geral e do pentecostalismo em particular. Allan Anderson, líder em estudos pentecostais, reconhece que a convicção de que Deus restaurou o dom de cura à Igreja é fundamental para o caráter e crescimento dela. Ele escreve: "Em muitos casos, a capacidade de cura do pregador é a principal causa do crescimento da igreja". Renunciar e denunciar demônios e orações de cura encontram seu lugar na adoração.

Por fim, os cristãos no Sul Global adotam missões desde seus primeiros dias. Tal como acontece com o pentecostalismo, muitos acreditam fazer parte de um grande momento escatológico no qual Deus está criando um povo pelo chamamento de todas as raças no intuito de completar sua obra. Uma ilustração dessa realidade é encontrada na China, com o movimento chinês de igrejas domiciliares. Os grupos enfrentaram intensa oposição quando iam de povoado em povoado pregando o evangelho. Aldeias inteiras reagiam jogando pedras, frutas podres e vegetais na "escória" da sociedade — os aleijados, os mendigos e os cegos que criam em Cristo, mas eles resistiram. Durante décadas, permaneceram clandestinos, mas, quando cresceram dramaticamente sob a autoridade comunista, passaram a ser frequentemente conhecidos como o movimento "De volta a Jerusalém", de volta ao Oriente Médio e ao mundo islâmico. Essa designação é muitas vezes mal interpretada no Ocidente, pois ela não sugere a evangelização de Jerusalém ou Israel. Quando dizem "De volta a Jerusalém", os chineses têm em mente o avanço geográfico do evangelho ao longo da história. O evangelho começou em Jerusalém e espalhou-se, em grande parte, a oeste, para o norte da África e para Europa. Então, com uma mentalidade chinesa, o movimento "De volta a Jerusalém" entende que, a fim de cumprir a Grande Comissão, deve cercar todo o mundo com o evangelho até que ele volte para onde começou.

O movimento "De volta a Jerusalém", portanto, nos últimos anos do século XX, nutria a esperança de enviar 100 mil missionários para 51 nações. Seu objetivo não era Jerusalém ou Israel, mas todos os países e grupos não alcançados entre a China e Jerusalém. Esses cristãos tinham em mente a antiga Rota da Seda, que anteriormente trouxera o comércio do Oriente Médio para a China. Ao longo desta estrada, seriam encontrados cerca de 5.200 grupos e tribos não alcançados, incluindo muitos muçulmanos. Muitos acreditavam terem sido chamados a transmitir sua fé a esses muçulmanos, e alguns chegaram até a cogitar o envio de 100 mil missionários para o Oriente Médio.

Leitura sugerida

- AIKMAN, David. *Jesus in Beijing* [Jesus em Pequin]. Washington, DC: Regnery, 2003.

MUDANÇA PARA O SUL GLOBAL **519**

- *ANDERSON, Allen. *To the Ends of the Earth: Pentecostalism and the Transformation of World Christianity* [Para os extremos da Terra: o pentecostalismo e a transformação do cristianismo mundial]. Nova York: Oxford University Press, 2013.

- *JACOBSEN, Douglas. *The World's Christians: Who they Are, Where They Are, and How They Got There* [Os cristãos do mundo: quem são, onde estão e como chegaram lá]. Oxford, Reino Unido: Wiley-Blackwell, 2011.

- *JENKINS, Philip. *The Next Christendom: The Coming of Global Christianity*. 3 ed [A próxima cristandade: a vinda do cristianismo global]. Oxford, Reino Unido: Oxford University Press, 2013.

- LAMBERT, Tony. *China's Christian Millions* [Milhões de cristãos da China]. Londres: Monarch, 1999.

- *LATOURETTE, Kenneth Scott. *Christianity in a Revolutionary Age* [Cristianismo na Era Revolucionária]. v. 4-5. Nova York: Harper and Row, 1961-1962.

- MARSHALL, Paul (Org.). *Radical Islam's Rules: The Worldwide Spread of Extreme Shari'a Law* [Regras do islamismo radical: a propagação mundial da lei extrema Sharia]. Lanham, MD: Rowman & Littlefield, 2005.

- *NOLL, Mark. *The New Shape of World Christianity: How American Experience Reflects Global Faith* [A nova forma do cristianismo mundial: como a experiência americana reflete a fé global]. Downers Grove, IL: InterVarsity Press, 2009.

CAPÍTULO 48

Janelas para o mundo cristão
Lugares e pessoas de fé

FICAMOS CONSTRANGIDOS AO LEMBRAR que nossa descrição da Igreja Global é feita em termos ocidentais. Como Randy Richards escreveu: "generalizações são sempre erradas, porém costumam ser proveitosas". Talvez maior consistência possa ser adicionada à nossa descrição e exposição do Sul Global conhecendo as histórias, ainda de modo resumido, de alguns lugares e pessoas que compõem o grande povo de Deus.

CHINA

Consideraremos, em primeiro lugar e com mais profundidade, a incrível história de fé na China, um país que enfrentou grande hostilidade em tumultos religiosos e onde uma única revolta religiosa causou 25 milhões de mortes! Os esforços missionários cristãos foram recebidos com suspeita, resultando em sua expulsão nos séculos IX e XIII. Os jesuítas obtiveram um sucesso mais duradouro, porém modesto, no século XVII. Mesmo assim, outros cristãos queixaram-se de que eles haviam comprometido os ensinamentos cristãos no intuito de torná-los acessíveis aos chineses.

As nações ocidentais colocaram a China como foco de sua obra missionária no final do século XIX e início do século XX. Após a Segunda Guerra Mundial, uma guerra civil eclodiu entre o Partido Nacionalista, liderado por Chiang Kai-shek, e o Partido Comunista, liderado por Mao Tsé-Tung. Por fim, o Partido Nacionalista foi expelido do continente e estabeleceu-se em Taiwan; os comunistas formaram a República Popular da China e expulsaram os missionários cristãos em 1949, apesar de sua longa estabilidade no país. Muitos se perguntaram se os cristãos sobreviveriam, haja vista a violência anterior promovida na China por motivos religiosos, a suspeita de o cristianismo ser uma ferramenta do imperialismo ocidental, o estado frágil e nominal de alguns convertidos e a hostilidade dos comunistas à religião.

No início, houve um esforço para controlar o cristianismo e outras religiões. Mao Tsé-Tung acreditava que a fé enfrentaria morte natural quando a opressão e a manipulação da religião fossem reprimidas e assim órgãos políticos foram criados para garantir a conformidade patriótica em assuntos de religião. O Movimento Patriótico das Três Autonomias (1955), protestante, e a Associação Patriótica Católica (1957) tornaram-se grupos poderosos que censuravam e coagiam à conformidade em nome da lealdade à nação. Os cristãos chineses estavam extremamente divididos: alguns se uniram e enfrentaram dificuldades para garantir que uma voz cristã sobrevivesse na China, ao passo que outros protestaram, dizendo que tal cooperação comprometia a fé.

A organização protestante tomou seu nome de uma antiga estratégia missionária que chamava as igrejas a ser mais autossuficientes: "autogovernadas, autossustentáveis e autopropagadoras". Os termos cooptados tinham significado adicional para os comunistas, que consideravam a influência ocidental necessariamente opressiva, e os protestantes que cooperavam eram vistos como traidores. Eles eram chamados de Igreja das Três Autonomias, mas agora mais comumente de "Igreja registrada". Os outros arriscaram a vida e a integridade física para manter a independência, mas eles eram chamados de "Igreja clandestina", "Igreja doméstica", e hoje, mais comumente, de "Igreja não registrada". A política do governo chinês incluía perseguições brutais, mas também acreditava que isolar o cristianismo chinês da influência ocidental levaria ao seu colapso. Uma política chinesa posterior tentou dar um fim cruel à religião, e o próprio presidente Mao instigou a Grande Revolução Cultural Proletária (1966-1976). Brutalidade intensa, reeducação e veneração de Mao Tsé-Tung eram a norma; assim, a propriedade da Igreja foi confiscada, e até mesmo os cristãos que cooperavam com as igrejas registradas foram perseguidos.

Após a morte de Mao Tsé-Tung, vozes mais moderadas ganharam influência na China. Deng Xiaoping adotou essa abordagem mais aberta, e o presidente Jimmy Carter normalizou as relações com a China em janeiro de 1979. Em visita aos Estados Unidos, Deng Xiaoping agradeceu a Carter por beneficiar o povo da China e perguntou se haveria algo que poderia oferecer ao presidente norte-americano. Jimmy Carter contou-lhe que, quando jovem, havia colaborado com cinco centavos por semana para construir hospitais e escolas na China e considerava os missionários heróis de sua fé. Carter observou que a China proibia missionários, Bíblias e liberdade de culto, e pediu que todos os três fossem permitidos. Deng Xiaoping precisou de um tempo para pensar, mas respondeu a Carter na manhã seguinte,

522 HISTÓRIA DO CRISTIANISMO

dizendo que a China não autorizaria a entrada de missionários, mas liberaria a distribuição de Bíblias e aprovaria uma lei que sancionaria cultos. A permissão para imprimir e distribuir Bíblias aconteceu mais rápido e, em 1982, uma lei passou a autorizar que os cristãos tivessem mais liberdade de culto. A verdadeira liberdade para cultuar varia muito de região para região, mas, cada vez mais, as igrejas não registradas (clandestinas) realizam reuniões abertas, e as igrejas registradas gozam de maior liberdade.

As linhas de hostilidade estão diminuindo, e a cooperação entre a igreja legal registrada e as igrejas não registradas está se tornando mais comum. Outra importante e influente voz surgiu para somar às igrejas registrada e não registrada. O sucesso econômico da China trouxe empresários de todo o mundo, e estrangeiros com passaportes têm direito legal de livre culto e reunião. Essas igrejas compostas por cristãos de todo o mundo formam uma importante influência espiritual e um elo com outras igrejas na China.

O número de convertidos na China é impressionante: uma estimativa conservadora para o ano 2000 é de 89 milhões de cristãos, um total de 7,1% da população chinesa.

CARDEAL KUNG: DETERMINAÇÃO FIEL

O cardeal Inácio Kung, Kung Pin-Mei (também Gung Pin Mei) foi ordenado em 1930 e, em 1950, tornou-se o primeiro bispo chinês nativo da importante cidade portuária de Xangai. Ele foi preso em 1955, por sua relutância em renunciar ao papa e reconhecer a legitimidade dos esforços chineses para controlar a Igreja Católica. As autoridades expuseram o bispo perante uma enorme audiência no *Dog Racing Stadium* para denunciar o papa, mas, em vez disso, ele bradou desafiadoramente: "Viva o Cristo Rei, viva o papa!" Kung permaneceu preso por cinco anos e foi condenado por traição em 1960. Nos 25 anos seguintes, ele permaneceu isolado, exceto para momentos de trabalho físico, e não recebeu uma Bíblia nem um rosário, assim como não obteve permissão para enviar correspondências nem ter contato com a família.

Após a morte do presidente Mao, a China avançou aos poucos em direção a uma economia mais aberta e, em passos menores e mais lentos, a uma cultura mais aberta. Deng Xiaoping organizou um banquete para o cardeal e bispo de Manila, Jaime Sin, em 1984. Sin, um clérigo filipino, havia sido fundamental no levante popular que derrubou Ferdinando Marcos. Como gesto dessa abertura, o idoso bispo Kung, que estava preso havia quase trinta anos, foi convidado para o banquete. As circunstâncias cuidadosamente organizadas não permitiram que os dois clérigos tivessem um momento pessoal ou a sós, mas, ainda assim, o velho bispo aproveitou a oportunidade para compartilhar uma música. De forma desafiadora, ele entoou uma canção em latim baseada em Mateus 16:18: "Sobre esta pedra edificarei a minha igreja". Sua determinação havia sobrevivido a trinta anos de trabalho e isolamento e, no ano seguinte, os chineses libertariam Kung por "razões de saúde". Nem mesmo o cardeal Sin sabia que, naquela noite, o papa João Paulo II já havia nomeado Kung cardeal, porém *in pectore* (literalmente, *no coração*, uma designação secreta quando a divulgação pode ser inadequada ou até mesmo perigosa). A vida de Kung teve um curso notável e ele tentou trabalhar com as autoridades chinesas, mas depois as desafiou. Trinta anos de isolamento e trabalho não silenciaram a determinação desse cristão. Muitos se preocuparam com a possibilidade de os jesuítas terem comprometido o cristianismo; outros se perguntavam por que um cristão genuíno haveria de cooperar com a igreja registrada. No entanto, o tempo deu provas de que o Espírito edifica almas de modo a criar uma fé forte a partir de inícios humildes.

COREIA

O encontro da Coreia com o cristianismo foi atípico. Com algumas ressalvas, foram os próprios coreanos que trouxeram o cristianismo para a Coreia. Em 1784, Yi Singhun foi batizado durante uma missão diplomática na China e voltou com a literatura do famoso missionário jesuíta Mateus Ricci. Apesar de não haver ali sacerdotes, os cristãos coreanos batizavam uns aos outros e realizavam missas. Em 1794, um sacerdote da China, James Chou, foi enviado secretamente para a Coreia, onde ministrou a quase 4 mil cristãos praticantes. Esses católicos enfrentaram perseguição, pois o país temia que eles tivessem alianças com potências estrangeiras, e as ondas de martírio, atingindo o próprio Chou, perduraram por quase meio século.

Em 1873, o rei Ko-jong demonstrou maior abertura à influência ocidental e, nessa nova era, os católicos cresceram em número. John Ross, um missionário escocês presbiteriano, traduziu o Novo Testamento para os coreanos enquanto servia na China. Na década de 1880, um grande número de missionários protestantes começou a trabalhar na Coreia.

A obra protestante alcançou um jovem chamado Sun Chu Kil e sua família mudou-se para Pyongyang em 1885 d.C. No mesmo ano, vários missionários presbiterianos norte-americanos chegaram. Eles incentivaram a tradução da Bíblia e empregaram a estratégia de John Nevius, um missionário norte-americano na China, o qual apoiava igrejas fortes e autossuficientes. A chegada dos missionários coincidiu com a desilusão coreana diante das circunstâncias políticas. A Coreia era forçada a existir à sombra da China, da Rússia e do Japão. Kil, após enfrentar problemas com o taoismo, começou a explorar o cristianismo. Um dos missionários norte-americanos, Samuel Moffett, sugeriu a Kil a leitura de *O peregrino* e, então, durante uma época de luta espiritual, ele passou uma noite inteira em prantos e oração e se converteu.

Sun Chu Kil participou ativamente na liderança da igreja e do evangelismo em meio à classe trabalhadora e, em 1903, entrou para o Seminário

524 HISTÓRIA DO CRISTIANISMO

Presbiteriano de Pyongyang (mantido por Moffett). Os relatos do avivamento galês levaram Kil a realizar reuniões de oração matutinas, nas quais o grupo orava pedindo um avivamento coreano. Próximo do final de uma série de treinamento de dez dias para novos convertidos, um missionário confessou seu pecado de "teimosia e orgulho"; em seguida, muitos outros começaram a fazer confissões. O próprio Kil reconheceu a forma errada com que estava lidando com determinado desejo. A reunião durou das 20h até às 2h da manhã, e os coreanos oravam simultaneamente em voz alta — algo considerado por alguns uma sinfonia agradável a Deus. Um grande número de ocidentais observa isso como um traço distinto da espiritualidade coreana (embora aconteça em outros lugares).

Em 1910, os japoneses anexaram a Coreia e governaram-na até o final da Segunda Guerra Mundial. Eles eram cruéis com as igrejas, e muitos cristãos lideraram a defesa da independência do Japão. Kil era uma voz poderosa no movimento, ainda que se mantivesse apegado ao pacifismo cristão, mas pela primeira vez os cristãos ganharam a reputação de oponentes das forças da colonização. Mais tarde, Kil foi nomeado para um pastorado influente: a Igreja Presbiteriana Central; contudo, sua liderança na causa de independência custou-lhe a própria vida e a vida de seu filho. Ele se entregou às autoridades depois que seus colegas no movimento da independência foram presos e, após ser liberto, morreu de complicações resultantes dos maus tratos. Mark Noll relata que Kil pregou mais de 17 mil sermões e participou da fundação de 60 igrejas.

Após a Segunda Guerra Mundial, o país foi dividido em norte, apoiado pelos soviéticos, e sul, apoiado pelos Estados Unidos. Os combates cessaram em 1953, mas a brutalidade contra os cristãos continuou. Os comunistas atacavam a Igreja e, na época, dois terços dos cristãos coreanos estavam no Norte. É muito difícil avaliar o estado do cristianismo na Coreia do Norte por causa da postura extremamente secreta do governo, mas, na Coreia do Sul, vários grupos cristãos floresceram. Presbiterianismo, pentecostalismo e, mais recentemente, o catolicismo cresceram de modo considerável. As consequências do avivamento coreano estimularam um crescimento explosivo: em 1914, um em cada cem coreanos era protestante; já em 2010, um em cada três coreanos era cristão.

A Coreia é o lar das maiores igrejas do mundo. A Igreja do Evangelho Pleno de Yoido tem bem mais de um milhão de membros e sua estrutura celular serve de modelo e talvez inspiração para igrejas ao redor do mundo. A Coreia do Sul fica atrás apenas dos Estados Unidos na formação de seminários e no envio de missionários em todo o globo. Esses missionários levam consigo a política da construção de igrejas autossuficientes, mas também compartilham uma espiritualidade coreana diferente em forma e caráter, uma espiritualidade distinta que está enraizada na oração. Visitantes relatam que a oração coreana simultânea é uma característica que se destaca. A centralidade da oração é vista no Monte da Oração: os coreanos fazem reservas em centros de retiro com o propósito de orar e jejuar. O pastor David Yonggi Cho, da igreja de Yoido, credita o crescimento da igreja não à sua estrutura celular ou à sua incrível eficiência, mas à oração.

AVIVAMENTO NO LESTE AFRICANO

A história de dois homens e da amizade que eles construíram é parte do grande avivamento que tomou a África oriental, até porque ambos passaram por desânimos na vida. Simeon Nsibambi nasceu em 1897, e converteu-se em 1922. Inúmeras oportunidades contribuíram para que ele nutrisse esperança e expectativa de que seria selecionado para estudar no exterior, mas isso acabou não acontecendo. Deus tratou da forte decepção de Simeon em uma visão na qual pedia que ele comparasse o valor da bolsa de estudos com o valor da mensagem do evangelho e do perdão que lhe fora concedido.

Dr. Joseph Church, o segundo homem, converteu-se em agosto de 1920, enquanto estudava em Cambridge, uma universidade que havia experimentado despertamentos evangélicos e onde o evangelista norte-americano D. L. Moody havia pregado quase quatro décadas antes da experiência de conversão de Church. Após a reunião de Moody, vários estudantes de Cambridge foram chamados a servir em missões, incluindo "os sete de Cambridge", direcionados à China. Um desses alunos, George Lawrence Pilkington, foi para Uganda, onde testemunhou um avivamento em 1893, precursor do avivamento que aconteceria em seguida. O Dr. Church aplicou suas habilidades como médico na África, onde também se distinguiu como hábil missionário.

Em 1929, Church estava passando por um grave desânimo físico e espiritual, e ansiava por companheirismo para preencher seu vazio quando encontrou Simeon Nsibambi. Os dois compartilharam seus anseios por um avivamento tanto para si mesmos quanto para toda a África e, assim, oraram e estudaram a Bíblia juntos por dois dias. A experiência e a unidade de propósito foram transformadoras. Noll cita as reflexões de Church sobre o encontro "como o tempo em que Deus, em sua graça soberana, encontrou-se comigo, trouxe-me até o fim de mim mesmo e achou oportuno dar-me uma porção do poder do Pentecostes".

A comunhão de ambos cresceria cada vez mais, estendendo-se a outras pessoas. Em setembro de 1935, outro grupo se encontrou para renovação espiritual; seu pensamento era moldado pelo tema de Keswick, segundo o qual a completa rendição a Cristo precedia os avanços espirituais. Eles planejaram e iniciaram uma série de reuniões que podem ser identificadas como o ponto de partida do avivamento. O grupo incluía Joseph Church (o único anglo) e Simeon Nsibambi. William Nagenda logo se juntou ao

526 HISTÓRIA DO CRISTIANISMO

círculo e se tornou o membro mais influente do que qualquer outro na propagação do avivamento. Duas palavras importantes revelam a natureza avivadora desse derramamento: *abaka*, que significa *em chamas*; e *balokole*, que significa *os salvos*.

Alguns creditam essa liderança não só à pregação, mas também à sabedoria organizacional no envio de equipes que incluíam leigos. A abrangência geográfica do avivamento estendeu-se do norte de Uganda ao Quênia, a Ruanda, a Burundi e à Tanzânia (então Tanganica), e ele influenciou muitos países além da região. Os números desafiam qualquer imaginação. As percentagens de adeptos cristãos próximo ao final do século são as seguintes: Uganda, 89%; Quênia, 79%; Ruanda, 81%; Burundi, 90%; e Tanzânia, 51%.

William Nagenda e Joe Church formaram talvez a equipe mais efetiva de todas. A poderosa família de Nagenda era uma das justificativas de sua autoridade na pregação. Nagenda também se envolveu em um dos testes mais importantes enfrentados durante o avivamento. Em 1941, 29 estudantes foram expulsos da Escola Superior de Teologia Bispo Tucker, pois a liderança da escola estava alarmada com o zelo avivador desses *balokole*, ou salvos. Felizmente, as autoridades escolares (todas anglas) conseguiram restaurar quase todos os estudantes, incluindo William Nagenda, e eles puderam expressar seu fervor do avivamento e permanecer leais à denominação — essa flexibilidade foi muito importante para o movimento de avivamento. O movimento, entretanto, transpôs linhas denominacionais em vários pontos, e há relatos da participação de grupos como: adventistas do sétimo dia, menonitas, batistas e metodistas.

Outra voz célebre do movimento foi Festo Kivengere. Proveniente de uma família poderosa, ele foi pastor de ovelhas na juventude e lia histórias infantis sobre Jesus enquanto trabalhava. Kivengere converteu-se durante um encontro evangelístico. Estudou teologia, pastoreou uma igreja e acabou sendo ordenado bispo na Igreja Anglicana. Ele fez amizade com Billy Graham, servindo-lhe como tradutor e comparecendo às suas cruzadas. A coragem de Festo Kivengere ao encontrar Idi Amin foi muito admirada. Amin assassinou seu arcebispo, Janani Luwum, e Festo permaneceu no exílio até a expulsão de Amin. Durante esse tempo, ele se tornou uma voz reconhecida internacionalmente a favor da justiça social e de toda a África. Sua teologia tinha raízes firmes na cruz e ele acreditava que Cristo o havia chamado para amar Amin apesar de suas atrocidades.

Na China, na Coreia e na África oriental observamos vários elementos comuns: as três apresentam sua própria variedade de rica cultura cristã e, ao mesmo tempo, uma dívida com os esforços missionários; as três vivenciaram crescimento numérico notável; e as três produziram cristãos que se renderam a Cristo ao suportar sofrimento e estender graça.

Leitura sugerida

- *ANDERSON, Allen. *To the Ends of the Earth: Pentecostalism and the Transformation of World Christianity* [Para os extremos da terra: o pentecostalismo e a transformação do cristianismo mundial]. Nova York: Oxford University Press, 2013.

- *HILL, Jonathan. *Zondervan Handbook to the History of Christianity* [Manual Zondervan da história do cristianismo]. Grand Rapids: Zondervan, 2006.

- *JACOBSEN, Douglas. *The World's Christians: Who they Are, Where They Are, and How They Got There* [Os cristãos do mundo: quem são, onde estão e como chegaram lá]. Oxford, Reino Unido: Wiley-Blackwell, 2011.

- *OSBORN, H. H. *Pioneers in the East African Revival* [Pioneiros do renascimento do leste africano]. Winchester, Reino Unido: Apologia, 2000.

- *NOLL, Mark A.; NYSTROM, Carolyn. *Clouds of Witnesses: Christian Voices from Africa and Asia* [Nuvens de testemunhas: vozes cristãs da África e da Ásia]. Downer Grove, IL: InterVarsity Press, 2011.

- *SPICKARD, Paul R.; CRAGG, Kevin M. *A Global History of Christians: How Everyday Believers Experience Their World* [Uma história global dos cristãos: como os cristãos diariamente experimentam seu mundo]. Grand Rapids: Baker, 2004.

Epílogo

R. L. Hatchett

> Em suma: "ser salvo", na visão paulina, significa tornar-se parte do *povo* de Deus. Esse povo nasce na *família* de Deus pelo Espírito e, portanto, está unido como um só *corpo*, e suas reuniões no Espírito conferem-lhe a forma de *templo* de Deus. Deus não está simplesmente salvando indivíduos e preparando-os para o céu; ele está criando um *povo* para o seu nome em meio ao qual possa habitar, um povo que, em sua vida conjunta, reproduza a vida e o caráter divinos em toda a sua unidade e diversidade.
>
> GORDON FEE

PAULO, O ESPÍRITO E O POVO DE DEUS

Este livro deixou um rastro de histórias que explicam quem somos. Lemos a história dos cristãos primitivos que, por meio da sã doutrina, mantiveram a Igreja no caminho correto ao absorver o mistério da natureza de Jesus. Lemos a história dos reformadores protestantes, que tentaram encontrar o coração do evangelho explorando as Escrituras. Lemos a história de cristãos que defenderam a fé em vez de ceder às tendências liberais. Lemos histórias sobre despertamentos que influenciaram nossa próspera cultura. Essas histórias explicam quem somos: somos ortodoxos (seguimos a sã doutrina), protestantes, conservadores ou evangélicos na América do Norte. Esse tem sido o perfil de muitos alunos e leitores do Dr. Shelley ao longo dos anos.

É justo contarmos nossas próprias histórias e encontrarmos nosso lugar na história maior de Deus. Muitos hoje em dia, porém, sentem que uma preocupação com o sucesso de nossa história pode ser custosa, pois um fascínio por ela pode fazer com que pareça um ápice ou uma conclusão. Nesse caso, ficamos propensos a não ver nem apreciar os outros e a não nos avaliar corretamente; ao apreciar mal nossa história, enfrentamos desânimo e o risco de perder de vista para onde a grande história de Deus está caminhando. O crescimento sem precedentes do cristianismo nos últimos cem anos exige reavaliação e, atualmente, ambas as extremidades da história cristã apresentam profunda harmonia. Gordon Fee lembra-nos de que os primeiros cristãos entendiam que Deus estava formando um povo que haveria de ser separado de todos os povos do mundo. Muitas pessoas eram tomadas de classes inferiores e recebiam o privilégio de pertencer ao povo de Deus. Hoje, Deus está reunindo um povo para si com indivíduos provenientes de quase todos os lugares e povos imagináveis.

A transição e as dificuldades da igreja ocidental podem ser entendidas, em parte, sob esta luz: a experiência ocidental representa um microcosmo do que está acontecendo no mundo ocidental. Os cristãos ocidentais estão perdendo sua posição e até mesmo enfrentando perseguição, embora também estejam testemunhando um afluxo deste povo diverso sendo reunido por Deus.

Problemas e perigos abundam; não é uma atitude irreverente de nossa parte ponderar sobre numerosas questões, tais como: Esses novos cristãos são supersticiosos ou ingênuos? Sua fé é nominal e rasa? Eles podem ceder à cultura? Como o genocídio de Ruanda pôde acontecer no território do Avivamento do Leste Africano? Também deveríamos, com razão, fazer perguntas semelhantes a nós mesmos. Nossa prática cristã é moldada ou deformada pela rica cultura? Cristãos não apontaram armas contra irmãos na Guerra Civil dos Estados Unidos? Além disso, devemos nos questionar se temos coisas a aprender com os cristãos do Sul Global. Entendemos o que é solidariedade? Nossa metafísica sufoca o Espírito? Apreciar nossas histórias pode, mais uma vez, levar-nos a valorizar o fato de que pertencemos ao povo de Deus acima de tudo.

Isso é um círculo. Ler a história da Igreja do jeito certo ajuda-nos a ler a Bíblia do jeito certo; ler a Bíblia do jeito certo ajuda-nos a ler a história da Igreja do jeito certo. Nossa leitura pode ter um novo apreço se discernirmos o significado teológico da Igreja como povo de Deus reunido dentre as nações.

"À medida que se aproximam dele, a pedra viva — rejeitada pelos homens, mas escolhida por Deus e preciosa para ele —, vocês também estão sendo utilizados como pedras vivas na edificação de uma casa espiritual para serem sacerdócio santo, oferecendo sacrifícios espirituais aceitáveis a Deus, por meio de Jesus Cristo". Pois assim é dito na Escritura:

> "Eis que ponho em Sião uma pedra
>> Angular, escolhida e preciosa,
> e aquele que nela confia jamais será envergonhado."

> Portanto, para vocês, os que creem, esta pedra é preciosa;
>> mas, para os que não creem,
> "a pedra que os construtores rejeitaram
>> tornou-se a pedra angular".

EPÍLOGO   **531**

e

"pedra de tropeço
e rocha que faz cair".

Os que não creem tropeçam, porque desobedecem à mensagem; para o que também foram destinados.

Vocês, porém, são geração eleita, sacerdócio real, nação santa, povo exclusivo de Deus, para anunciar as grandezas daquele que os chamou das trevas para a sua maravilhosa luz.

Antes vocês nem sequer eram povo,
    mas agora são povo de Deus;
não haviam recebido misericórdia,
    mas agora a receberam.
                    (1Pedro 2:4-10).

Bruce Shelley

HOJE, DEPOIS DE 2 MIL ANOS, o cristianismo é a fé, pelo menos nominalmente, de um terço da população mundial. A partir de um pequeno número de pescadores, publicanos e jovens desordeiros situados em uma obscura província da Judeia, a fé espalhou-se pelo globo de modo a conquistar a lealdade de quase um bilhão de habitantes do nosso planeta.

Certamente, um dos aspectos mais notáveis do cristianismo hoje é quão poucos dentre os cristãos professos já estudaram a história de sua religião com seriedade. Em uma época anterior, adeptos de uma fé raramente encontravam adeptos de outra fé, ou seja, poucos eram obrigados a defender sua religião contra as críticas de uma fé rival. Em nossos dias, porém, quando a comunicação em massa traz o mundo para perto de nós, é difícil justificar a ignorância dos cristãos.

O movimento em favor da separação entre Igreja e Estado quase eliminou a religião da educação pública. Isso é verdade. Contudo, até mesmo a educação cristã em muitas denominações pouco faz para oferecer aos membros qualquer tipo de compreensão adulta da fé. Assim, deveríamos realmente estar surpresos quando os cristãos atuais, com tanta frequência, misturam erros grosseiros a confissões ortodoxas ou defendem alguma prática pagã como sendo conduta cristã?

Cristãos informados talvez sejam tentados a questionar: "se ao justo é difícil ser salvo, que será do ímpio e pecador?" (1Pedro 4:18). Todavia, eles

532 HISTÓRIA DO CRISTIANISMO

sabem que a falha humana sempre é apenas metade da história e estão cientes de quantas vezes a Igreja foi seu pior inimigo e com que frequência a renovação veio de fontes totalmente inesperadas. Muitas vezes, a Igreja testemunhou um Poder invisível desviando ameaças à sua existência ou transformando a crise em oportunidade de crescimento. Perseguições tórridas serviram para purificar a família da fé, a propagação de heresias esclareceu as crenças básicas da Igreja e o súbito aparecimento de hordas bárbaras abriu as portas para uma nova expansão. Essa capacidade de enfrentar novos desafios e aproveitar fontes de renovação é um dos segredos do crescimento do cristianismo.

O avanço geralmente exigia um olhar intencional para trás, para a imagem de Deus revelada na história de Jesus. Os cristãos sempre consideraram a época de Jesus e seus apóstolos uma espécie de modelo para todas as outras épocas, afinal, ela deu à Igreja sua fé em Jesus, o Messias ressurreto e a esperança do perdão dos pecados por seu intermédio. Essa época também demonstrou, na vida de Paulo, que o evangelho da graça não tem fronteiras de nação, raça, sexo ou cultura.

O cristianismo católico que aceitava essa verdade espalhou-se rapidamente por todo o mundo mediterrâneo e confrontou as ideias estranhas do gnosticismo, do marcionismo e do montanhismo, e chamou-as de mentira, recorrendo aos escritos apostólicos e aos bispos ortodoxos que os protegiam. Ao mesmo tempo, os cristãos enfrentaram o poder perseguidor de Roma e ousaram morrer heroicamente como mártires, dando testemunho aos outros cristãos para que seguissem seus passos.

Essa semente do sangue dos mártires, como Tertuliano a chamou, acabou gerando frutos abundantes na conversão do império. A idade imperial começou em 312, quando Constantino teve uma visão de Cristo. Antes do final do quarto século, o cristianismo tornou-se a religião oficial do crescente Estado romano. No entanto, uma igreja nas catacumbas era uma coisa: Mas o que o cristianismo tinha a ver com palácios?

Sob a tutela do imperador, a Igreja aprendeu a servir às posições de poder formulando fé para as massas, e daí surgiu a época dos grandes concílios. Os cristãos que não ansiavam por palácios dirigiram-se para o deserto em busca de outro caminho para a graça, e eremitas reverenciados logo se encontravam na vanguarda de um movimento: o monasticismo, a onda do futuro.

A maioria dos cristãos, entretanto, viu a mão de Deus no feliz casamento da Igreja cristã com o Estado romano. No Oriente, esse casamento perdurou por um milênio. Uma religiosidade mística floresceu sob a proteção dos imperadores ortodoxos até 1453, quando os invasores turcos muçulmanos trouxeram o Império Bizantino à sua ruína final. A queda de Constantinopla, contudo, significava a ascensão de Moscou, nova capital da Ortodoxia Oriental.

EPÍLOGO **533**

No Ocidente, a história foi diferente. Após o quinto século, quando os bárbaros alemães e hunos destruíram as defesas do império e invadiram a cidade eterna, os homens se voltaram para *A cidade de Deus*, de Agostinho, em busca de explicações, e encontraram uma perspectiva para uma nova era. Chamamos esses séculos de medievais, mas as pessoas que viviam nele consideravam-nos cristãos.

Os motivos para isso residem no papel do papa, que pôs os pés nas ruínas do império caído no Ocidente e passou a construir a Igreja medieval sobre a glória passada de Roma. Como único elo sobrevivente com o passado romano, a Igreja de Roma mobilizou monges beneditinos e empregou-os como embaixadores missionários para o povo alemão. Demorou séculos, mas os papas, auxiliados por príncipes cristãos, lentamente pacificaram e batizaram um continente e o chamaram de cristandade: a Europa cristã.

Multidões batizadas, entretanto, significava pagãos batizados. No século X, a renovação espiritual, que começou em um mosteiro no centro da França chamado Cluny e difundiu-se até chegar ao próprio papado, era uma necessidade óbvia. O maior papa reformador foi Gregório VII, e seus zelosos sucessores levaram o papado ao auge do poder terreno. Não mais servindo como liga de um império romano, a Igreja do século XII foi uma espécie de império, um reino terreno e espiritual que se estendia da Irlanda à Palestina, da terra ao céu. As cruzadas e a filosofia escolástica foram testemunhas desta soberania papal.

No entanto, o poder corrompe, e a Igreja ganhou o mundo, mas perdeu a alma. Isso, pelo menos, foi o que um fluxo contínuo de reformadores pregou: valdenses, franciscanos, albigenses. Em meio à disputa por poder terreno e às evidências de uma religião estéril nos séculos XIV e XV, muitos cristãos se voltaram para a Bíblia em busca de renovação e uma nova perspectiva.

A reforma veio com fúria, e Martinho Lutero tocou a trombeta, mas multidões uniram-se à causa. O período que chamamos de Reforma marca a mobilização do protestantismo: luteranos, reformados, anglicanos e anabatistas. Em meados do século XVI, a Reforma havia destruído a unidade tradicional da Europa ocidental e deixado a herança do pluralismo religioso para os tempos modernos.

A Igreja de Roma resistiu a esse ataque contra a tradição, reunindo novas tropas, em especial a Companhia de Jesus, e então enviou novas ondas de missionários para a Ásia, África e América Latina. Travou guerras na França, Holanda e Alemanha, mas, no fim, a cristandade acabou ficando no passado. Em seu lugar, surgiu o conceito denominacional de Igreja, possibilitando que as nações modernas tratassem as igrejas como sociedades voluntárias separadas do Estado.

Novas escolas de pensamento encheram o século XVII, mas nenhuma delas foi mais poderosa do que a própria razão, a qual fazia o seguinte

534 HISTÓRIA DO CRISTIANISMO

questionamento: Quem precisa de Deus? O homem consegue viver sozinho. Os cristãos vociferaram suas objeções, mas a ideia espalhou-se até o secularismo encher a vida pública das sociedades ocidentais. Deus permaneceu, mas apenas como questão de escolha pessoal.

Os cristãos não podiam mais recorrer ao braço do poder para suprimir tais heresias e, assim, muitos se voltaram para a conduta dos apóstolos: oração e pregação. O resultado foi uma série de avivamentos evangélicos, principalmente o pietismo, o metodismo, e o Grande Despertar. Por meio de pregação e conversões pessoais, os evangélicos tentaram restaurar Deus à vida pública.

Na época do progresso, cristãos de todos os tipos travaram uma luta corajosa contra o avanço do secularismo, e dos despertamentos evangélicos surgiram novos esforços para levar o evangelho de Cristo a terras distantes e uma série de ministérios de serviço social nos continentes industrializados da Europa e América do Norte. Das muralhas de Roma, um papado defensivo disparou uma saraivada de mísseis contra os modernos inimigos da fé católica. Apesar dos melhores esforços dos cristãos, entretanto, o cristianismo foi lentamente eliminado da vida pública no mundo ocidental, e os cristãos ficaram com um problema que reconhecemos em nossa própria época: Como os cristãos podem exercer influência moral em sociedades totalitárias e pluralistas, onde concepções cristãs sobre a realidade não mais prevalecem?

A profundidade do problema ficou evidente na época das ideologias, quando novos deuses surgiram para reivindicar a lealdade dos homens seculares. O nazismo exaltava o Estado, o comunismo cultuava o partido e a democracia norte-americana reverenciava o indivíduo e seus direitos. Nações modernas supostamente esclarecidas travaram duas guerras mundiais na tentativa de estabelecer a supremacia dessas novas divindades. Quando nenhuma ideologia prevaleceu, uma guerra fria de coexistência estabeleceu-se sobre as nações anteriormente cristãs e, ao longo desses tempos difíceis, as denominações lutaram por causa de teologias ortodoxas e liberais, buscaram novas maneiras de recuperar a unidade perdida e demonstraram uma nova sede de experiências apostólicas.

Depois da Segunda Guerra Mundial, lideranças cristãs vigorosas surgiram no Terceiro Mundo oferecendo esperança de uma nova época para a antiga fé. Será que os missionários das nações neopagãs na Europa e América do Norte haviam conseguido dar uma oportunidade ao cristianismo levando o evangelho para a Ásia, África e América Latina?

Somente o tempo dirá. Todavia, os cristãos podem ter esperança, pois a fé sempre supera as circunstâncias terrenas. Sua confiança está em uma pessoa, e nenhuma outra pessoa na história influenciou mais indivíduos em tantas condições ao longo de tanto tempo do que Jesus Cristo. Os tons e nuances de sua imagem parecem mudar conforme as necessidades dos

EPÍLOGO **535**

homens: o Messias judeu do remanescente cristão, a Sabedoria dos apologistas gregos, o Rei cósmico da Igreja Imperial, o Logos celestial dos concílios ortodoxos, o Governante mundial das cortes papais, o Modelo monástico da pobreza apostólica e o Salvador pessoal dos avivalistas evangélicos.

Ele é verdadeiramente um homem de todos os tempos. Em uma época em que muitos o consideram irrelevante ou uma relíquia de um passado rapidamente descartado, a história da Igreja fornece um testemunho silencioso de que Jesus Cristo não sairá de cena. Seu título pode mudar, mas sua verdade resiste a todas as gerações.

Referências bibliográficas

Capítulo 1

A descrição inicial da crucificação foi extraída de: GASCOIGNE, Bamber. *The Christians* [Os cristãos]. Nova York: Morrow, 1977, p. 17.

As citações deste capítulo, bem como muitos detalhes vívidos, foram retirados das descrições da época de Jesus contidas em: *Great People of the Bible and How They Lived* [Grandes personagens da Bíblia e como eles viveram]. Pleasantville: Reader's Digest Association, 1968, p. 308, 338, 370, 379-381.

Capítulo 2

A descrição de Antioquia, bem como a citação sobre Jerusalém e sua queda, foram retiradas de: *Great People of the Bible*, [Grandes personagens da Bíblia]. p. 406, 407, 390.

Capítulo 3

Para a caixa de texto, consulte: STARK, Rodney. *The Rise of Christianity: A Sociologist Reconsiders History* [A ascenção do cristianismo: a história reconsiderada por um sociólogo]. Princeton: Princeton University Press, 1996.

A história sobre o rei Abgar encontra-se no livro de Eusébio: *História eclesiástica*. Livro I, Seção XIII.

A introdução do professor Ward Gasque a Irineu e Tertuliano encontra-se em: *Handbook to the History of Christianity* [Manual da história do cristianismo]. Grand Rapids: Eerdmans, 1977, p. 75-77. Este volume, editado por Tim Dowley, é uma das melhores introduções disponíveis à história da Igreja.

As críticas de Celso contra os cristãos foram retiradas da obra de Orígenes: *Contra Celso*. Livro III, Seção 44.

As opiniões de Juliano sobre o comportamento cristão estão contidas em uma carta para Arsácio, sumo sacerdote da Galácia, registrada no livro de Sozomen: *Ecclesiastical History* [História eclesiástica]. v. 16.

REFERÊNCIAS BIBLIOGRÁFICAS **537**

Capítulo 4

O martírio de Policarpo é uma das histórias mais conhecidas da Igreja primitiva e pode ser encontrada no livro *Early Christian Fathers*, [Os primeiros pais da Igreja]. editado por Cyril C. Richardson (Filadélfia: Westminster, 1953, p. 141-158).

O contraste entre o proselitismo judaico e cristão foi extraído de: HUTCHINSON, Paul; GARRISON, Winfred E. *20 Centuries of Christianity* [Vinte séculos de cristianismo]. Nova York: Harcourt, Brace and Co., 1959, p. 30-31.

A carta de Plínio para Trajano está registrada no livro *New Eusebius*, [Novo Eusébio]. editado por J. Stevenson (Londres: S.P.C.K., 1960, p. 13-14).

Considerei o seguinte volume proveitoso para a seção "Razões para a propagação do evangelho": CHADWICK, Henry. *The Early Church* [A igreja primitiva]. Middlesex: Penguin, 1967, p. 54-60.

Capítulo 5

A citação de Mahatma Gandhi aparece em: JOHNSON, Robert. *The Meaning of Christ* [O significado de Cristo]. Filadélfia: Westminster, 1958, p. 63.

A discussão sobre "Fé e teologia" reflete as ideias de: WAND, J. W. C. *The Four Great Heresies* [As quatro grandes heresias]. Londres: A. R. Mowbray, 1955, cap. 1.

A citação de Charles Bigg pode ser encontrada em: WILLIAMS, Charles. *Descent of the Dove* [A descida da Pomba]. Nova York: Meridian Books, 1956, p. 23.

O Credo Romano Antigo aparece no livro *Documents of the Christian Church*, [Documentos da igreja cristã] editado por Henry Bettenson (Londres: Oxford University Press, 1963, p. 23-24).

A citação de C. S. Lewis é de sua obra *Mere Christianity* (Nova York: Macmillan, 1952, livro 2, cap. 5). A edição em português foi publicada pela Thomas Nelson Brasil sob o título *Cristianismo puro e simples*.

A descrição da ortodoxia na seção "Ortodoxia e heresia" e a comparação entre *virgem* e *nasceu* são de: HORDERN, William. *A Layman's Guide to Protestant Theology* [Um guia da teologia protestante para leigos]. Nova York: Macmillan, 1974, p. 1, 13.

A caixa de texto "Crenças dos gnósticos" é uma adaptação de: KELLEY, J. N. D. *Early Christian Doctrines*, [Doutrinas cristãs primitivas], p. 26.

A caixa de texto "Evangelho de Tomé" é uma adaptação de: EVANS, Craig. *Fabricating Jesus* [Fabricando Jesus]. Downers Grove, IL: InterVarsity Press, 2006, p. 71.

O exemplo descrito na caixa de texto "Entendendo o gnosticismo hoje" surgiu de uma palestra intitulada *Did We Get Jesus Right? Jesus in the Canonized and Apocryphal Gospels* [Entendemos Jesus corretamente? Jesus nos Evangelhos canonizados e apócrifos], proferida por Simon Gathercole, e da resposta de David Chapman na *Lanier Theological Library* em 8 de setembro de 2012.

Capítulo 6

O relato do crente na Sicília foi extraído de: WORKMAN, Herbert B. *Persecution in the Early Church* [Perseguição na Igreja primitiva]. Londres: Charles H. Kelly, 1906, p. 275-276.

As opiniões de Orígenes sobre o significado das Escrituras vêm de sua obra *Tratado sobre os princípios*, Livro IV, Seções 7 e 8.

538 HISTÓRIA DO CRISTIANISMO

A seção "Questão dos apócrifos" reflete a clara discussão presente em: FILSON, Floyd. *Which Books Belong in the Bible?* [Que livros pertencem à Bíblia]. Filadélfia: Westminster, 1957.

Capítulo 7

As citações de "um cristão primitivo" e de Atenágoras podem ser encontradas em: HARNACK, Adolph. *Mission and Expansion of Early Christianity* [Missão e expansão no cristianismo primitivo]. Nova York: Harper, 1962, p. 207-209.

Este capítulo se baseia na discussão "Perdão de pecados" presente em: BAINTON, Roland H. *Christendom* [Cristandade]. v. 1. Nova York: Harper & Row, 1964, 1966. Reformulei a proveitosa explicação de Bainton a respeito da postura de Cipriano.

Adaptado de: FERGUSON, Everett. *Church History, Volume One: From Christ to the Pre-Reformation* [História da igreja, volume 1: de Cristo à pré-Reforma]. Grand Rapids: Zondervan Press, 2005, p. 114-119.

Capítulo 8

A invectiva de Tertuliano contra a filosofia foi extraída de sua obra *Prescrição contra os hereges*, Seção 7. A citação de Orígenes sobre a finalidade da criação foi extraída de sua obra *Tratado sobre os princípios*, Livro II, Seção II, 4.

A citação de Clemente sobre sabedoria foi extraída de: FRANZEN, August. *A History of the Church* [História da Igreja]. Nova York: Herder and Herder, 1969, p. 37.

Capítulo 9

A descrição de Diocleciano e Galério é um relato reformado de: HUTCHINSON; GARRISON. *20 Centuries of Christianity* [Vinte séculos de cristianismo]. p. 44-48. As citações são desta obra.

A carta de Ambrósio a Teodósio, carta 51, é citada em: PAYNE, Robert. *Fathers of the Western Church* [Pais da igreja ocidental]. Nova York: Viking Press, 1951, p. 78-79.

A citação de Bamber Gascoigne é de seu livro *The Christians*, [Os cristãos], p. 44-45.

Capítulo 10

A citação do bispo é de Gregório de Nissa, citada em: FREND, W. H. C. *The Early Church* [A igreja primitiva]. Filadélfia: Lippincott, 1966, p. 186-187.

O Credo Niceno aparece, entre muitos outros lugares, em: SCHAFF, Philip. *Creeds of Christendom* [Credos da cristandade]. v. 2. Nova York: Harper, 1919, p. 58-59.

As observações entusiásticas de Eusébio de Cesareia são de sua obra *Vida de Constantino*, III, 15.

A anedota de William Hordern consta em seu livro *A Layman's Guide to Protestant Theology*, [Guia da Teologia Protestante para leigos]. p. 15-16.

Na discussão sobre a Trindade, encontrei ajuda em: FISHER, Humphrey. *The Almighty* [O todo-poderoso]. Elgin, IL: David C. Cook, 1976, esp. p. 102-107. Compare: OLSON, Roger. *The Story of Christian Theology: Twenty Centuries of Tradition & Reform* [A história da teologia crista: vinte séculos de tradição e reforma]. Downers Grove, IL: InterVarsity Press, 1999. Veja também: GONZALEZ, Justo. *A Concise History of Christian Doctrine* [Uma história concisa da doutrina crista]. Nashville, TN: Abingdon, 2006.

REFERÊNCIAS BIBLIOGRÁFICAS **539**

Capítulo 11

A observação de J. S. Whale em Cambridge foi extraída de seu livro *Christian Doctrine* [Doutrina Cristã]. Londres: Fontana Books, 1957, p. 102.

A discussão de David F. Wright sobre o debate da cristologia está presente em: *Eerdman's Handbook to the History of Christianity*, [Manual Eerdman da história da Igreja]. p. 156ss. A citação está na página 171.

A definição calcedônia pode ser encontrada em: BETTENSON, Henry. *Documents of the Christian Church*, [Documentos da igreja cristã], p. 51-52.

A tabela foi baseada em diversos manuais sobre doutrina. Pode-se observar a influência e alguns elementos adaptados de Strong, Gonzalez e Coppedge. COPPEDGE, Allen. *The God Who is Triune: Revisioning the Christian Doctrine of God* [O Deus triuno: revisitando a doutrina cristã sobre Deus]. Downers Grove, IL: InterVarsity, 2007; GONZALEZ, Justo. *A Concise History of Christian Doctrine* [Uma história concisa da doutrina cristã]. Nashville, TN: Abingdon, 2006; STRONG, A. H. *Systematic Theology* [Teologia sistemática]. Para a citação resumida, consulte: LANE, Tony. *A Concise History of Christian Thought* [Uma história concisa do pensamento cristão]. Revisado. Grand Rapids: Baker, 2006, p. 61.

Capítulo 12

A experiência de santo Antão no deserto pode ser encontrada em: FREMANTLE, Anne. *Treasury of Early Christianity* [Tesouros do cristianismo primitivo]. Nova York: Mentor, 1960, p. 400.

A citação que descreve Jerônimo é de Roland Bainton, presente em seu livro *Christendom*, [Cristandade]. v. 1, p. 135.

A seção "O gênio do Ocidente" baseia-se com liberdade na descrição de Bento feita por Williston Walker em seu livro *Great Men of the Christian Church* [Grandes homens da igreja cristã]. Chicago: Chicago University Press, 1908, p. 103-114. As citações desta seção são desta obra.

Capítulo 13

As citações de Agostinho sobre sua infância são de sua obra *Confissões*.

Os contrastes entre as opiniões de Pelágio e Agostinho sobre pecado e graça refletem a clara declaração de Williston Walker em *Great Men of the Christian Church*, [Grandes homens da igreja cristã], p. 76-79.

A observação de Agostinho sobre a cidade terrena é de sua obra *A cidade de Deus*, especialmente o Livro XIV, 28 e o Livro V, 19.

Sobre a recepção de Agostinho pela Igreja, consulte: GONZALEZ, Justo. *The Story of Christianity: Volume One: The Early Church to the Dawn of the Reformation* [História do cristianismo: Volume I - a igreja primitiva ao alvorecer da reforma]. Revisado e atualizado. Nova York: HarperCollins, 2010, p. 250.

Capítulo 14

O decreto de Valentiniano e a citação de Leão podem ser encontrados em: GONTARD, Friedrich. *The Chair of Peter* [A cadeira de Pedro]. Nova York: Holt, Rinehart, and Winston, 1964, p. 138, 142-143.

540   HISTÓRIA DO CRISTIANISMO

Capítulo 15

A cena de abertura foi extraída de: WARE, Kallistos Timothy. *The Orthodox Church* [A igreja ortodoxa]. Middlesex, Inglaterra: Penguin, 1964, p. 51.

A proveitosa descrição de ícones feita por Harlie Kay Gallatin foi retirada de: *Eerdman's Handbook*, [Manual Eerdman], p. 247-248.

As palavras dos enviados russos aparecem em: NEILL, Stephen. *Christian Missions.* [Missões cristãs]. Middlesex: Penguin, 1964, p. 89.

Capítulo 16

A história sobre a oração e o batismo de Clóvis aparece em: BAINTON, Roland. *Christendom* [Cristandade]. v. 1, p. 145-146.

Capítulo 17

As citações de Gregório Magno neste capítulo podem ser encontradas em: SCHAFF, Philip. *History of the Christian Church.* v. 4 [História da igreja cristã]. Grand Rapids: Eerdmans, 1950, p. 212-215, 228.

Alguns detalhes biográficos deste capítulo foram retirados de: PAYNE, Robert. *The Fathers of the Western Church* [Os pais da igreja ocidental]. Nova York: Viking, 1951.

A história do monge copioso está registrada em: ZIMMERMAN, Odo J. *Saint Gregory: the Great Dialogues* [Santo Gregógio: os grandes diálogos]. Nova York: Fathers of the Church, 1959, p. 266-270.

Capítulo 18

O episódio de abertura é uma reformulação do relato contido em: GONTARD, Friedrich. *The Chair of Peter*, [A cadeira de Pedro], p. 180-181.

A política do Sacro Império Romano pode ser confusa para os leigos. Baseei-me bastante na abordagem de um texto histórico comum. Nas seções "Morte lenta de ideias" e "Arquiteto de um império", resumi a ascensão ao poder de Carlos Magnoque se encontra em: WALLBANK, T. Walter; TAYLOR, Alastair M.; BAILKEY, Nels M. *Civilization Past and Present* [Civilizações do passado e do presente]. Glenview, IL: Scott, Foresman, 1975, p. 190-193. A explicação do feudalismo é uma condensação das páginas 197-198, e os parágrafos relativos aos conflitos dos reinos germânicos são uma versão abreviada de páginas 243-245.

HART, David Bentley. *The Story of Christianity* [A história do cristianismo]. Londres, Quercus: 2007, p. 116-117.

Capítulo 19

A observação de Suger sobre o estilo gótico aparece em: FREMANTLE, Anne. *Age of Faith* [Era da fé]. Nova York: Time-Life, 1965, p. 124.

O chamado do papa Urbano à cruzada e a citação do cruzado encontram-se em: *Civilization: Past and Present*, [Civilizações do passado e do presente], p. 209-210.

Para informações sobre os cristãos sob o domínio muçulmano, consulte: WILKEN, Robert. *The First One Thousand Years* [Os primeiros mil anos]. New Haven, CT: Yale, 2012, p. 288 e seguintes.

REFERÊNCIAS BIBLIOGRÁFICAS **541**

Capítulo 20

O comportamento do erudito Olbert é descrito em: *Civilization: Past and Present*, [Civilizações do passado e do presente], p. 250.

A descrição de "Magnetismo de um mestre talentoso" foi extraída de: *Age of Faith*, [Era da fé], p. 94-96. As citações da seção são desta obra bem trabalhada.

Capítulo 21

Veja a observação sobre a cruzada albigense em: HART, David Bentley. *The Story of Christianity* [História do cristianismo]. Londres: Quercus, 2007, p. 141.

Capítulo 23

João Huss é citado em: WORKMAN, Herbert B. *Dawn of the Reformation* [O despontar da Reforma]. v. 2. Londres: Epworth, 1953, p. 325.

Para a observação sobre a Inquisição, consulte: SUNSHINE, Glenn. *The Reformation for Armchair Theologians* [A Reforma para os teólogos de poltrona]. Louisville: Westminster John Knox Press, 2005, p. 96-99.

Capítulo 24

A melhor biografia de Martinho Lutero é: BAINTON, Roland. *Here I Stand* [Eis-me aqui]. Nashville: Abingdon, 1950. Ela contém as citações deste capítulo, incluindo o hino que descreve a jornada espiritual de Lutero (p. 66-67). A fim de introduzir as citações, utilizei o vívido resumo da vida de Lutero encontrado na revista *Time*, 24 de março de 1967, p. 70-74, sem procurar identificar as citações ali contidas.

Para a teologia e as caixas de texto, consulte: MCGRATH, Alister E. *Historical Theology: An Introduction to the History of Christian Thought*. 2 ed. [Teologia histórica: uma introdução à história do pensamento cristão]. Malden, MA: Wiley-Blackwell, 2013.

Capítulo 25

A citação da mãe martirizada encontra-se em: VAN BRAGHT, Thielman J. *Martyr's Mirror* [Espelho dos mártires]. Scottdale, PA: Mennonite Publishing House, 1951, p. 984-987.

Sou grato a John H. Yoder e Alan Kreider por seu proveitoso resumo das crenças anabatistas encontrado em: *Eerdman's Handbook*, [Manual Eerdman], p. 399-403.

Capítulo 28

Um breve resumo da vida de Loyola e da ordem jesuíta apareceu em: *Time*, 23 de abril de 1973, p. 40-48. Extraímos algumas descrições deste artigo.

As citações sobre os horrores do inferno são de: *Spiritual Exercises*, [Exercícios espirituais], p. 58.

Capítulo 32

A resposta de Benjamin Franklin para Ezra Stiles é citada em: HUDSON, Winthrop S. *American Protestantism* [Protestantismo americano]. Chicago: University of Chicago Press, 1961, p. 13.

542 HISTÓRIA DO CRISTIANISMO

A citação do barão d'Holbach pode ser encontrada em: *Civilization*, [Civilização], p. 393-394.

A citação de Diderot encontra-se em: MANUEL, Frank E. *The Age of Reason* [A Era da Razão]. Ithaca, NY: Cornell University Press, 1951, p. 30.

Para informações sobre o humanismo renascentista, consulte: MCGRATH, Alister E. *Historical Theology: An Introduction to the History of Christian Thought*, [Teologia histórica: uma introdução ao pensamento da história cristã], p. 115-116.

Para a antiga sabedoria da Revelação, consulte: WILKEN, Robert. *The Spirit of Early Christian Thought: Seeking the Face of God* [O espírito do pensamento cristão primitivo: em busca da face de Deus]. New Haven, CT: Yale, 2003.

Capítulo 33

As citações de *Pensées* aparecem em muitas edições. Entre elas, está a edição da Modern Library: PASCAL, Blaise. *Pensées*. Nova York: Random House, 1941.

A citação sobre August Herman Francke aparece em: STREETER, Tom. *The Church and Western Culture: An Introduction to Church History* [A igreja e a cultura ocidental: uma introdução à história da igreja]. Bloomington, IN: AuthorHouse, 2006, p. 319.

A descrição de Zinzendorf foi baseada em: WALKER, Williston. *Great Men of the Christian Church*, [Grandes homens da igreja cristã], p. 308-316.

Capítulo 36

As condições e os acontecimentos da Revolução Francesa foram condensados de: *Civilization*, [Civilização], p. 451-461; GAY, Peter. *Age of Enlightenment* [Era do Iluminismo]. Nove York: Time-Life, 1966, p. 167-168.

O relato sobre a perda dos Estados Papais e o Concílio Vaticano II é um resumo de: FRANZEN, August. *A History of the Church*, [História da Igreja], p. 384-394.

Capítulo 37

A citação de G. M. Trevelyan pode ser encontrada em: HOWSE, Ernest Marshall. *Saints in Politics* [Santos na política]. Londres: George Allen, 1953, p. 178. Achei este livro muito proveitoso para o capítulo.

Para um suplemento à descrição de Bebbington sobre evangelicalismo, consulte: KIDD, Thomas. *The Great Awakening; The Roots of Evangelical Christianity in Colonial America* [O Grande Despertar: as raízes do cristianismo evangélico na América Colonial]. New Haven, CT: Yale, 2007.

Capítulo 38

A postura da Companhia das Índias Orientais é um eco de: HUTCHINSON; GARRISON. *20 Centuries of Christianity* [Vinte séculos de cristianismo], p. 279.

O resumo do trabalho de tradução de Carey foi baseado em: NEILL, Stephen. *The Christian Society* [A sociedade cristā]. Nova York: Harper, 1952, p. 202.

Para uma boa abordagem de Fuller, consulte: GARRETT, James Leo. *Baptist Theology: a Four-Century Study* [Teologia batista: um estudo de quarto séculos]. Macon, GA: Mercer, 2007.

Procurei dar voz a esse imediatismo na leitura da Escritura. Consulte: HATCHETT, R. L. "The Hermeneutics of Conversion". In: *The Ties That Bind: Life Together in the*

REFERÊNCIAS BIBLIOGRÁFICAS **543**

Baptist Vision [Nos laços que se ligam: viver em grupo na visão batista]. Editado por Gary Furr e Curtis Freeman. Macon GA: Symth and Helwys, 1994.

Capítulo 39

O retrato que Timothy Flint faz do pregador do oeste é citado em: GAUSTAD, Edwin Scott. *Historical Atlas of Religion in America* [Atlas histórico da religião na América]. Nova York: Harper & Row, 1962, p. 41.

A explicação de Willard Sperry sobre a religião dos negros foi feita a um público inglês: *Religion in America* [Religião na América]. Boston: Beacon Press, 1963, p. 193.

As citações do presidente Woolsey e de H. L. Mencken são provenientes do capítulo de George Marsden em: *The Evangelicals* [Os evangélicos]. Editado por David F. Wells e John D. Woodbridge. Nashville: Abingdon, 1975, p. 122-123.

Capítulo 40

O resumo da seção "Porta-vozes influentes do liberalismo" baseia-se em: HORDERN. *A Layman's Guide*, [Um guia para leigos], p. 44-49. As citações são destas páginas.

Capítulo 41

As citações de Dickens de *Tempos difíceis* aparecem em: *Civilization: Past and Present*, [Civilizações: passado e presente], p. 487-488. As breves discussões de Marx e Engels também foram retiradas deste volume.

As informações sobre o bispo Ketteler e o cardeal Manning vêm de: BOKENKOTTER, Thomas. *A Concise History of the Catholic Church* [História concisa da Igreja Católica]. Garden City, NY: Doubleday, 1977, p. 314-316.

A explicação de Rauschenbusch sobre Evangelho Social foi retirada de: *A Theology of the Social Gospel* [Teologia do Evangelho Social]. Nova York: Macmillan, 1917, p. 5.

Capítulo 42

A discussão "Cristãos sob o governo de Hitler" baseia-se no excelente artigo de Richard Pierard, "An Age of Ideology", [Uma Era de Ideologia], encontrado em: *Eerdman's Handbook*, p. 576-578. A citação final é das páginas 587-588.

Capítulo 43

As citações de Shailer Mathews e J. Gresham Machen podem ser encontradas em: FERM, Robert L. *Issues in American Protestantism* [Problemas na América protestante]. Garden City, NY: Doubleday, 1969, p. 262-287.

Para o julgamento de Scopes, consulte: WILLS, Gary. *Under God: Religion and American Politics* [Debaixo de Deus: religião e política americanas]. Nova York: Simon and Schuster, 1900.

Capítulo 44

A citação de George Whitefield aparece em: SWEET, William Warren. *The Story of Religion in America* [História da religião na América]. Nova York: Harper, 1950, p. 141-142.

544 HISTÓRIA DO CRISTIANISMO

Capítulo 46

Veja o artigo sobre "secularização" em: *The Blackwell Encyclopedia of Modern Christian Thought* [Enciclopédia Blackwell do moderno pensamento cristão]. Malden, MA: Blackwell, 1993.

WEIGEL, George. *The Cube and the Cathedral: Europe, America, and Politics Without God* [O cubo e a catedral: Europa, América e Políticas sem Deus]. Nova York: Basic Books, 2005, p. 12.

Para informações sobre o ateísmo mais inteligente, consulte: HART, David Bentley. *Atheist Delusions: The Christian Revolution and its Fashionable Enemies* [Desilução ateísta: a Revolução Cristã e seus inimigos elegantes]. New Haven, CT: Yale, 2009; MCGRATH, Alister. *The Twilight of Atheism: The Rise and Fall of Disbelief in the Modern World* [O crepúsculo do ateísmo: a ascensão e a queda da descrença no mundo moderno]. WaterBrook Press, 2006.

Para despertamentos de muçulmanos, consulte: DOYLE, Tom; WEBSTER, Greg. *Dreams and Visions: Is Jesus Awakening the Muslim World?* [Sonhos e visões: estaria Jesus depertando o mundo muçulmano?] Nashville, TN: Thomas Nelson, 2012.

Capítulo 47

O "próximo cristianismo" de Philip Jenkins encontra-se em: *The Atlantic*, outubro de 2002, p. 53-68.

Os pentecostais estavam na vanguarda da contrarreforma sulista. Embora o pentecostalismo tenha surgido como um movimento somente no início do século XX, principalmente na América do Norte, o número de pentecostais um século depois era de, pelo menos, 400 milhões e estava fortemente concentrado no Sul Global. Em torno de 2040, é possível que ele chegue a um bilhão, fazendo com que somente os cristãos pentecostais superem os budistas do mundo todo e alcancem a quantidade de hindus.

Para informações sobre as raízes e a história inicial do pentecostalismo, consulte: ANDERSON, Allan. *An Introduction to Pentecostalism: Global Charismatic Christianity* [Introdução ao pentecostalismo: cristianismo carismático global]. Nova York: Cambridge, 2004, cap. 2 e 3.

Para a citação de Kenyatta, consulte: JENKINS. *The Next Christendom*, [A próxima cristandade], p. 40.

Para a relação (um em quatro) de carismáticos no número total de cristãos, consulte: PEW FORUM ON RELIGION AND PUBLIC LIFE. "Global Christianity: A Report on the Size and Distribution of the World's Christian Population"[Cristianismo global: um relatório sobre o tamanho e a distribuição da população cristã mundial], 19 de dezembro de 2011.

O gráfico com números relativos ao pentecostalismo foi adaptado de: NOLL, Mark. *The New Shape of World Christianity: How American Experience reflects Global Faith* [A nova forma do cristianismo global: como a experiência americana reflete a fé global]. Downers Grove, IL: InterVarsity Press, 2009, p. 22. Noll baseia-se nos números de: BARRETT, David B. *World Christian Encyclopedia*. 2 ed. [Enciclopédia mundial do cristianismo]. Nova York: Oxford University Press, 2001. Para informações sobre a África oriental, consulte: NOLL. *The New Shape of World Christianity*, [A nova forma do cristianismo], p. 185.

REFERÊNCIAS BIBLIOGRÁFICAS **545**

Para descrições da cristandade, consulte: CARTER, A. Greg. *Rethinking Christ and Culture: A Post Christendom Perspective* [Repensando Cristo e a cultura: uma perspectiva pós-cristandade]. Grand Rapids: Brazos Press, 2006, p. 14-15. Para Bunyan, consulte: WOODHEAD, Linda. *Introduction to Christianity* [Introdução ao cristianismo]. Nova York: Cambridge, 2004, p. 204-205. Para informações sobre Bíblia e tradução (com base em Senneh), consulte: NOLL, Mark. *The Shape of World Christianity*, [A forma do cistianismo mundial], p. 22-24, 36.

Sobre a teologia da libertação, consulte: SPICKARD, Paul R.; CRAGG, Kevin M. *A Global History of Christians: How Everyday Believers Experience Their World* [Uma história global dos cristãos: como os cristãos comuns experimentam seu mundo]. Grand Rapids: Baker, 2004, p. 429.

A citação sobre a "afeição produzida pelas massas" é de: FLAKE, Carol. *Redemptorama: Culture, Politics, and the New Evangelicalism* [Redemptorama: cultura, política e o novo evangelicalismo]. Nova York: Penguin Books, 1984, p. 17.

Em seu livro *Becoming Conversant with the Emerging Church* [Familiarizando-se com a igreja emergente]. Grand Rapids: Zondervan, 2005, D. A. Carson escreve: "No cerne do movimento da igreja emergente — ou, como alguns de seus líderes preferem chamá-lo, 'conversa' —, encontra-se a convicção de que as mudanças na cultura sinalizam o fato de que uma nova igreja está 'emergindo'. Os líderes cristãos devem, portanto, adaptar-se a essa igreja emergente, e aqueles que não o fazem estão cegos aos aspectos culturais que escondem o evangelho atrás de formas de pensamento e expressão que não mais se comunicam com a nova geração, a geração emergente" (p. 12). Muitos observadores associam a igreja emergente à pós-modernidade.

O professor David E. Wells escreveu: "A perspectiva pós-moderna vem em todos os tipos de formas e expressões, o que provavelmente explica a multiplicidade de definições promovidas. Seu caráter próprio quase garante que não haverá uma única perspectiva pós-moderna, mas muitas diferentes perspectivas pós-modernas. No entanto, o que elas têm em comum é que todas acreditam que o significado morreu. Isso tem de ser imediatamente ressalvado pela afirmação de que aquilo que morreu de modo mais evidente foi o tipo de significado racional oferecido pelo Iluminismo — mas os pós-modernos não encontram fundamentos para qualquer outro tipo". Extraído de: *Above All Earthly Pow'rs* [Acima de todos os poderes terrenos]. Grand Rapids: Eerdmans, 2005, p. 67.

Capítulo 48

A descrição da igreja clandestina é de "China's Christian Underground" [Cristianismo subversivo na China], de Fang Bay, em: *U.S. News & World Report*, 30 de abril de 2001. E a impressionante mudança no mapa global encontra-se em "An Upside Down World" [Um mundo de cabeça para baixo], de Christopher J. H. Wright, em: *Christianity Today*, janeiro de 2007, p. 42.

A história de David Aikman e relato da China podem ser encontrados em seu livro *Jesus in Beijing* [Jesus em Pequim]. A história de Su Wenxing está nas páginas 258-260.

Nos primeiros anos do século XXI, a população cristã da Coreia do Sul também continuou crescendo em um ritmo acelerado de quase 6% ao ano, impulsionada

546 HISTÓRIA DO CRISTIANISMO

por esforços evangelísticos vigorosos e pelo favorecimento do governo, que considerou o cristianismo um meio ideológico para resistir à invasão do comunismo.

As histórias foram baseadas em: NOLL, Mark; NYSTROM, Carolyn. *Clouds of Witnesses: Christian Voices from Africa and Asia* [Nuvens de testemunhas: vozes cristãs da África e da Ásia]. Downer Grove, IL: InterVarsity Press, 2011; HILL, Jonathan. *Zondervan Handbook to the History of Christianity* [Manual Zondervan da história do Cristianismo]. Oxford: Zondervan, 2006; ANDERSON, Allen. *To the Ends of the Earth: Pentecostalism and the Transformation of World Christianity* [Para os extremos da Terra: o pentecostalismo e a transformação do cristianismo mundial]. Nova York: Oxford University Press, 2013; SPICKARD, Paul R.; CRAGG, Kevin M. *A Global History of Christians: How Everyday Believers Experience Their World* [Uma história global dos cristãos: como os cristãos comuns experimentam seu mundo]. Grand Rapids: Baker, 2004; JACOBSEN, Douglas. *The World's Christians: Who they Are, Where They Are, and How They Got There* [Os cristãos do mundo: quem são, onde estão e como chegaram lá]. Oxford, UK: Wiley-Blackwell, 2011.

A história de Carter é relatada por Daniel Vestal; cf. também: http://www.washingtonpost.com/wp-srv/newsweek/religion.htm.

Para os números conservadores, baseei-me em: PEW FORUM ON RELIGION AND PUBLIC LIFE. "Global Christianity: A Report on the Size and Distribution of the World's Christian Population" [Cristianismo global: um relatório sobre o tamanho e a distribuição da população cristã mundial], 19 de dezembro de 2011, p. 67.

Para o Avivamento do Leste Africano, fundamentei-me em: NOLL, Mark. *The New Shape of World Christianity*, [A nova forma do cristianismo global], p. 169-183.

On-line, *The Dictionary of African Christian Biography* [Dicionário biográfico de cristãos africanos], oferece artigos bem completos. Inúmeras outras fontes são proveitosas, incluindo o site missionforum.wordpress.com, de Wesley L. Handy.

LEITURA COMPLEMENTAR

Além dos livros mencionados no final de cada capítulo e nestas referências bibliográficas, outros livros de referência oferecem material para satisfazer a curiosidade dos alunos mais ávidos. *The Oxford Dictionary of the Christian Church*, 3 ed. [Dicionário Oxford da Igreja Cristã], revisto, editado por F. L. Cross e Elizabeth A. Livingstone. Nova York: Oxford University Press, 2005; e *The New International Dictionary of the Christian Church* [Novo Dicionário da Igreja Cristã], editado por J. D. Douglas. Grand Rapids: Zondervan, 1978, têm artigos e sugestões adicionais de leitura sobre os assuntos abordados nos capítulos deste volume.

Em busca de satisfazer o interesse estimulado pelos capítulos que abordam o cristianismo norte-americano, os alunos também podem encontrar artigos e sugestões de leitura no livro *Dictionary of Christianity in America* [Dicionário do cristianismo na América], editado por Daniel C. Reid. Downers Grove, IL: InterVarsity, 1990. Vasta gama de mapas para o estudo da história cristã podem ser encontrados em: LITTELL, Franklin H. *The Macmillan Atlas History of Christianity* [Atlas Macmillan da história do cristianismo]. Nova York: Macmillan, 1976.

Lista de papas: de Leão I ao atual

A Igreja Católica Romana registra 48 papas antes de Leão I.

440-461	Leão I	625-638	Honório I	767-768	Constantino II
461-468	Hilário	640	Severino	768-772	Estêvão IV
468-483	Simplício	640-642	João IV	772-795	Adriano I
483-492	Félix III	642-649	Teodoro I	795-816	Leão III
492-496	Gelásio I	649-655	Martinho I	816-817	Estêvão V
496-498	Anastácio II	654-657	Eugênio I	817-824	Pascoal I
498-514	Símaco	657-672	Vitaliano	824-827	Eugênio II
498	Lourenço*	672-676	Adeodato II	827	Valentino
514–523	Hormisda	676-678	Dono	827-844	Gregório IV
523-526	João I	678-681	Agatão	844-847	Sérgio II
526-530	Félix IV	682-683	Leão II	847-855	Leão IV
530-532	Bonifácio II	684-685	Bento II	855-858	Bento III
530	Dióscoro*	685-686	João V	855	Anastácio III
533-535	João II	686-687	Cónon	858-867	Nicolau I
535-536	Agapito I	687-692	Pascoal*	867-872	Adriano II
536-537	Silvério	687	Teodoro*	872-882	João VIII
537-555	Vigílio	687-701	Sérgio I	882-884	Marinho I
556-561	Pelágio I	701-705	João VI	884-885	Adriano III
561-574	João III	705-707	João VII	885-891	Estêvão VI
575-579	Bento I	708	Sisínio	891-896	Formoso
579-590	Pelágio II	708-715	Constantino I	896	Bonifácio VI
590-604	Gregório I†	715-731	Gregório II	896-897	Estêvão VII
604-606	Sabiniano	731-741	Gregório III	897	Romano
607	Bonifácio III	741-752	Zacarias	897	Teodoro II
608-615	Bonifácio IV	752	Estêvão II	898-900	João IX
615-618	Adeodato	752-757	Estêvão III	900-903	Bento IV
619-625	Bonifácio V	757-767	Paulo I	903	Leão V

548 HISTÓRIA DO CRISTIANISMO

903-904	Cristóvão	1102	Adalberto*	1334-1342	Bento XII
904-911	Sérgio III	1105-1111	Silvestre IV*	1342-1352	Clemente VI
911-913	Anastácio III	1118-1119	Gelásio II	1352-1362	Inocêncio VI
913	Lando	1118-1121	Gregório VIII*	1362-1370	Urbano V
914-928	João X	1119-1124	Calisto II	1370-1378	Gregório XI
928-929	Leão VI	1124	Celestino*	1378-1389	Urbano VI
929-931	Estêvão VIII	1124-1130	Honório II	1389-1404	Bonifácio IX
931-936	João XI	1130-1143	Inocêncio II	1394-1423	Bento XIII
936-939	Leão VII	1130-1138	Anacleto II	1404-1406	Inocêncio VII
939-942	Estêvão IX	1138	Vítor IV*	1406-1415	Gregório XII
942-946	Marinho II	1143-1144	Celestino II	1409-1410	Alexandre V*
946-955	Agapito II	1144-1145	Lúcio II	1410-1415	João XXIII*
955-964	João XII	1145-1153	Eugênio III	1417-1431	Martinho V
963-965	Leão VIII	1153-1154	Anastácio IV	1431-1447	Eugênio IV
964-965	Bento V	1154-1159	Adriano IV	1439-1449	Félix V*
965-972	João XIII	1159-1181	Alexandre III	1447-1455	Nicolau V
973-974	Bento VI	1159-1164	Vítor IV*	1455-1458	Calisto III
974-983	Bento VII	1164-1168	Pascoal III*	1458-1464	Pio II
983-984	João XIV	1168-1178	Calisto III*	1464-1471	Paulo II
984-985	Bonifácio VII	1178-1180	Inocêncio III*	1471-1484	Sisto IV
985-996	João XV	1181-1185	Lúcio III	1484-1492	Inocêncio VIII
996-999	Gregório V	1185-1187	Urbano III	1492-1503	Alexandre VI
997-998	João XVI*	1187	Gregório VIII	1503	Pio III
999-1003	Silvestre II‡	1187-1191	Clemente III	1503-1513	Júlio II
1003	João XVII	1191-1198	Celestino III	1513-1521	Leão X
1003-1009	João XVIII	1198-1216	Inocêncio III	1522-1523	Adriano VI
1009-1012	Sérgio IV	1216-1227	Honório III	1523-1534	Clemente VII
1012-1024	Bento VIII	1227-1241	Gregório IX	1534-1549	Paulo III
1012	Gregório VI*	1241	Celestino IV	1550-1555	Júlio III
1024-1033	João XIX	1243-1254	Inocêncio IV	1555	Marcelo II
1033-1045	Bento IX	1254-1261	Alexandre IV	1555-1559	Paulo IV
1045	Silvestre III	1261-1264	Urbano IV	1559-1565	Pio IV
1045-1046	Gregório VI	1265-1268	Clemente IV	1566-1572	Pio V
1046-1047	Clemente II	1271-1276	Gregório X	1572-1585	Gregório XIII
1048	Dâmaso II	1276	Inocêncio V	1585-1590	Sisto V
1049-1054	Leão IX	1276	Adriano V	1590	Urbano VII
1055-1057	Vítor II	1276-1277	João XXI	1590-1591	Gregório XIV
1057-1058	Estêvão X	1277-1280	Nicolau III	1591	Inocêncio IX
1059-1061	Nicolau II	1281-1285	Martinho IV	1592-1605	Clemente VIII
1061-1073	Alexandre II	1285-1287	Honório IV	1605	Leão XI
1061	Honório II*	1288-1292	Nicolau IV	1605-1621	Paulo V
1073-1085	Gregório VII§	1294	Celestino V	1621-1623	Gregório XV
1086-1087	Vítor III	1294-1303	Bonifácio VIII	1623-1644	Urbano VIII
1088-1099	Urbano II	1303-1304	Bento XI	1644-1655	Inocêncio X
1099-1118	Pascoal II	1305-1314	Clemente V	1655-1667	Alexandre VII
1100	Teodorico*	1316-1334	João XXII	1667-1669	Clemente IX

1670-1676	Clemente X	1829-1830	Pio VIII	
1676-1689	Inocêncio XI	1831-1846	Gregório XVI	* Antípapa
1689-1691	Alexandre VIII	1846-1878	Pio IX	
1691-1700	Inocêncio XII	1878-1903	Leão XIII	† Gregório I é chamado de Gregório Magno
1700-1721	Clemente XI	1903-1914	Pio X	
1721-1724	Inocêncio XIII	1914-1922	Bento XV	§ Gregório VII é conhecido como Hildebrando
1724-1730	Bento XIII	1922-1939	Pio XI	
1730-1740	Clemente XII	1939-1958	Pio XII	
1740-1758	Bento XIV	1958-1963	João XXIII	
1758-1769	Clemente XIII	1963-1978	Paulo VI	‡ Silvestre II é conhecido como Gerberto
1769-1774	Clemente XIV	1978	João Paulo I	
1775-1799	Pio VI	1978-2005	João Paulo II	
1800-1823	Pio VII	2005-2013	Bento XVI	
1823-1829	Leão XII	2013-	Francisco I	

Índice onomástico

Abbott, Lyman 422, 426, 431
Abelardo, Pedro 216, 221-222, 232
Adai 46
Adolfo, Gustavo 327
Agostinho 49, 55, 80-81, 110, 127, 143 cap. 13, 181–82, 186, 188-189, 192-193, 197, 211, 218, 220, 224, 251, 263, 263-264, 283, 339, 348, 386, 533
Alarico 147, 176-177
Alcuíno 201
Alexandre, bispo de Alexandria 121, 124
Ambrósio 110, 117-118, 143, 149-150, 188-189, 193
Antão 110, 139, 141, 143, 149, 232
Apolinário 133-134, 136-137
Aquino, Tomás de 216, 225-226, 228
Ário 63, 121-123, 136-137, 178
Aristides 49
Armínio, Jacó 365
Arnaldo, abade da Bréscia 231-232, 234, 238
Arnaud, Antoine 349
Arnold, Matthew 115
Asbury, Francis 367
Asclépio 56
Atanásio 87, 107, 110, 124, 128-129, 133, 139, 141-143, 167, 347-348
Atenágoras 49, 93

Átila 155-156, 161, 176
Backus, Isaac 334, 375-376, 378
Bainton, Roland 143, 268-269
Barnabé 34
Barth, Karl 127, 452, 475, 492, 494
Basílio 110, 127, 142
Beecher, Lyman 411, 413, 417-418, 420
Bento 110, 143-145, 192, 219
Bernardo de Claraval 212, 216, 221, 232
Bigg, Charles 69
Blake, Eugene Carson 476
Blaurock, George 270, 274
Bolena, Ana 277, 288, 292
Bonaparte, Napoleão 201, 385-387, 397
Bonifácio 175, 182, 186, 198
Bonifácio VIII 239, 241, 246
Booth, William 380, 439
Brent, Charles 473–474
Bryan, William Jennings 464-467
Bucer, Martinho 280
Bullinger, Henrique 281
Bultmann, Rudolf 18
Bush, George W. 502
Butler, Joseph 334, 343-344
Calisto 56, 94
Calvino, João 234, 258, cap. 26, 296, 301, 315, 330, 351-352, 365, 411
Carey, William 401–405, 407, 410, 413
Carlos I 315, 319, 322

552 HISTÓRIA DO CRISTIANISMO

Carlos Magno 182, 185-186, cap. 18, 220

Carlos V 265-266, 268, 289, 282, 294, 296, 305, 308

Carter, Jimmy 458–459, 469, 521

Catarina de Aragão, 288

Cerdo 82

Cerinto 67

Cerulário, Miguel 173

Cícero 17, 98, 148

Cipriano 42, 92, 140, 147

Cirilo 120–22

Cláudio 59

Clemente de Alexandria 42, 50, 100-103, 106-107

Clemente de Roma 81-82

Clemente V 242

Clemente VII, papa 244, 289, 296

Clóvis 110, 180, 186, 197

Colombo, Cristóvão 112, 304, 306, 308, 402

Constantino 42, 44, 52, 61, 76, 97, 107, 109-110, cap. 9, 118, 120, 122-124, 141, 157-160, 167-169, 173, 180, 200, 203, 409, 482, 485, 532

Cop, Nicolas 281

Copérnico 338

Cornélio 96

Cotton, John 314, 320

Coverdale, Miles 291, 316

Cranmer, Tomás 289-293

Crisóstomo, João 107

Cristiano IV 326

Cromwell, Oliver 315, 321, 323

Dâmaso 143, 159

Darrow, Clarence 464-467

Darwin, Charles 380, 419, 425-426, 466

de Las Casas, Bartolomeu 308

de Tocqueville, Alexis 382, 415

Décio 42, 59, 94-95, 106

Demétrio 103-104

Dickens, Charles 288, 433

Diderot, Denis 342-343

Diocleciano 42, 112-113, 120, 124, 141, 150

Dióscoro 136

Dixon, Amzi C. 462

Domingos, santo 235

Donato 150

Eck, João 263, 272

Eduardo I 241

Eduardo VI 291

Edwards, Jonathan 359, 363-364, 371-374, 378, 405

Elizabeth I 289, 292-293, 302, 315-317, 322

Emanuel II, Vitor 388

Engels, Friedrich 437

Erasmo 228, 272, 291, 302, 337

Estêvão 16, 28-32, 34-35, 48

Eusébio de Cesareia 43, 85-86, 109, 111, 116, 122

Eusébio de Nicomédia 115, 121-122

Êutiques 135-137

Falwell, Jerry 498-499

Farel, Guilherme 279-280, 282, 285

Fernando II 326

Filipe 32, 34

Filipe, o Belo 241-243

Filo 48

Finney, Charles 415, 417, 441, 511

Fosdick, Harry Emerson 422, 424

Foxe, João 292, 317

Francisco de Assis 229, 236-238, 253,

Francisco I 281, 296-297

Francke, August Hermann 353-354

Franklin, Benjamin 335, 369, 374, 377

Frederico V 326

Frederico, o Sábio 266

Fuller, Andrew 402-403

Galério 113-114, 120

Galilei, Galileu 338

Gamaliel 35

Gandhi, Mahatma 62, 75

Gladden, Washington 431, 441

Gordon, A. J. 460

Graham, Billy 415, 446, 467-468, 477, 492, 494, 526

Grebel, Conrad 270, 272-273, 301

Gregório 104

Gregório de Nazianzo 127, 134, 141

Gregório de Nissa 107, 127, 132, 142

ÍNDICE ONOMÁSTICO   553

Gregório Magno 110, 181, 186, cap. 17
Gregório VII 204, 207-208, 215-216, 533
Guilherme, o Taciturno 285
Hegésipo 91
Henrique IV, imperador 204, 211
Henrique VIII 285, 287-288, 291, 322
Henry, Carl F. H. 468
Hilário 81
Hildebrando 204
Hitler, Adolf 268, 446-447, 450-455, 475, 543
Holbach, barão de 324
Huss, João 246, 248, 253-256, 263, 326
Hutter, Jacó 275
Inácio 30, 76, 80, 94
Inocêncio III 185, 206-208, 213, 216, 223, 228, 230, 235, 233-240, 246, 299, 411
Inocêncio X 327
Irineu 42, 47, 49, 68, 74, 91, 157
James I 315, 318, 322
Jansen, Cornelius 348-349
Jenkins, Philip 507-508, 519
Jerônimo 78, 98, 104, 110, 143, 147, 188, 193, 251
João 32, 34, 37, 60, 67, 71, 99
João Batista 20-21, 33, 140
João Damasceno 172
João Marcos 48
João Paulo II 523
João XXIII 481, 485
José de Arimateia 12
Judas Iscariotes 26
Juliano 51
Justino 42, 66, 81, 93, 110, 189
Justino Mártir 49, 81
Kennedy, John F. 458
Kepler, Johann 338
Ketteler, Wilhelm 438, 543
Knox, João 107, 283, 285, 316
Lactâncio 51
Laud, William 319-320
Laws, Curtis Lee 463
Leão III, imperador 171
Leão III, papa 171
Leão XIII, papa 427–28

Leão, bispo de Roma 122, 141–42, 146–49
Lênin (Vladmir, Ilich Ulyanov) 453
Lewis, C. S. 74, 494
Lincoln, Abraham 75-76, 418-419
Livingstone, David 406-407, 410, 439
Locke, John 334, 340
Loyola, Inácio de 294-295, 298-303, 309, 325, 347
Luís XVI 384
Machen, J. Gresham 463-464
Manning, Henry Edward 438
Manz, Felix 270, 272–274
Maomé 209
Marcião 42, 64, 82-84, 87, 99
Maria da Escócia 285, 317
Marshman, Joshua 404
Martel, Carlos 197-198
Martinho Lutero 140, 164, 234, 250, 258-269, 271-273, 276, 280, 283-284, 288-290, 294-298, 301-302, 306, 325, 330, 337, 351-353, 362, 449, 482, 487, 533, 541
Marx, Karl 380, 436-437
Massêncio 111, 114
Mathews, Shailer 463
Matthys, João 275
Maximila 84
McGready, James 414-415
Melâncton, Filipe 268, 280
Melitão 49
Montano 42, 84-85, 89, 93
Moody, Dwight L. 380, 415, 420, 441, 460, 462, 525
Mott, John R. 473, 475
Mussolini, Benito 389, 455
Nero 16, 37-38, 56
Nestório 134-137
Newman, John Henry 380, 392, 398-399, 431
Newton, Isaac 334, 338-339, 341, 431
Niebuhr, H. Richard 412
Nixon, Richard 423
Novaciano 96
Orígenes 42, 68, 74, 79, 86, 100, 102-107, 132, 140, 224

554 HISTÓRIA DO CRISTIANISMO

Pacômio 142
Pafúncio 124
Palut 46
Panteno 50, 100
Pascal, Blaise 334, 339, cap. 33
Patrício 148, 178-179, 186
Paulo 15-16, 34-39, 44-48, 57, 66, 81-83,
    86, 89-90, 93, 98-99, 102, 106, 126,
    140, 147-148, 152, 157, 159-160, 218,
    283, 324, 403, 423, 514, 517, 529, 532
Paulo III, papa 297-299
Paulo VI, papa 239, 298, 485
Pedro 31-32, 34, 38, 47-48, 57, 89,
    94-95, 102, 116, 130, 147, cap. 14,
    166, 175, 181-182, 204, 208, 233,
    243-245, 247, 250, 390
Pelágio 151-153
Pelágio II, papa 187, 189
Pepino, o Breve 198-200
Pilatos, Pôncio 15, 17, 25-26, 66, 73-75,
    123
Pio IX, papa 380, 388-391
Pio XI, papa 453-454
Pio XII, papa 453, 480-481
Pizarro, Francisco 258, 306
Plínio 46, 58, 93
Policarpo 42, 53, 67, 86
Priscila 84
Rauschenbusch, Walter 441-443
Ricardo Coração de Leão 213
Ricci, Mateus 258, 312-313, 402, 523
Ritschl, Albrecht 380, 429-430
Robertson, Pat 498-499
Robinson, John 319, 329
Rogers, João 291, 316
Saladino 213, 215
Sattler, Michael 276
Schall, Adão 312
Schleiermacher, Friedrich 380, 429
Schweitzer, Albert 18
Scopes, John 446, 464-467
Serapião 46
Serveto, Miguel 283
Seymour, Joana 291
Silvestre II 220

Simons, Menno 275
Smyth, John 319
Söderblom, Nathan 473-474
Spener, Philip 334, 353-354
Stalin, Joseph 453-457
Stowe, Harriet Beecher 417-418
Taciano 49, 81
Teodósio 110, 116-117
Teófilo 49, 81
Tertuliano 42, 49-51, 54-55, 57-58, 68, 74,
    83-84, 91, 94, 99, 140, 228, 532
Tetzel, João 262
Tiago (irmão do Senhor) 37
Tiago 32, 37-38, 85-86, 181, 264
Tomé 32, 46
Trajano 42, 46, 58, 93
Trevelyan, G. M. 397
Troeltsch, Ernst 260
Tyndale, William 291, 293, 322
Úlfilas 178, 186
Urbano II, papa 210, 213, 215, 217
Urbano VI, papa 244
Valdo, Pedro 216, 232-234, 237-238
Valignano, Alessandro 312
Visser't Hooft, Willem Adolph 471,
    473, 475
Vitorino 81
Voltaire 325, 334, 341-343, 359
von Bora, Catarina 266
Ward, William 404
Wesley, Charles cap. 34
Wesley, John 329, 334, 357, cap. 34, 394,
    508, 513
Whitefield, George 329, 334, 357, 359,
    361, 363-365, 373-374, 378, 394, 478
Wilberforce, William 380, 395-397,
    399-400
Williams, Charles 106, 131-132, 234,
    336
Wilson, Woodrow 449, 465
Wolsey, Tomás 288
Wycliffe, João 246, cap. 23, 290
Xavier, Francisco 299-300, 309-312
Zinzendorf, conde von 353-355, 363
Zuínglio, Ulrico 272-273, 276, 280-281

Índice de movimentos históricos

Albigenses 234-236, 533
Aliança Evangélica 420, 472
Anabatistas 270-278, 302, 319, 512-513, 533
Antissemitismo 450
Apologistas 49, 93, 535
Arminianismo 365
Associação Fundamentalista 463
Associação Nacional dos Evangélicos 478
Avivamento 203, 329, 355, 358-359, 363, 365-366, 374, 380, 394, 412-413, 415-416, 459, 461, 468-469, 478, 511-512, 524-526, 530
Bárbaros 95, 109, 154, 160, 163, 173-178, 185, 188, 197, 533
Batistas 271, 280, 287, 319, 322-323, 328, 331, 359, 373, 375-376, 402-404, 407-408, 411, 454, 459, 463, 493, 507, 526
Bruderhof 274
Catarismo 236
Celibato 140, 203, 266, 290, 355
Celtas 179, 182, 188
Companhia da Baía de Massachusetts 328
Companhia das Índias Orientais 395
Companhia de Jesus 258, 294, 298-300, 311, 533
Comunismo 437, 445, 448, 454-457, 534

Concílios da Igreja 63, 131, 390
Confissão de Schleitheim 276
Congregacionalistas 271, 280, 320, 322, 330-331, 359, 407-448, 411, 431
Conselho Americano de Igrejas Cristãs 478
Conselho Federal de Igrejas (1908) 472
Conselho Mundial de Igrejas 446, 456-457, 471, 473-476, 478-479
Conselho Nacional de Igrejas 459, 473
Cristãos Alemães 451-452, 455
Cristianismo ocidental 166, 206-207, 259, 266, 358, 408
Cristianismo reformado 280-281
Cruzadas 165, 209-211, 213-215, 217, 219, 226-227, 230, 235, 245, 262, 305, 307, 394, 455, 467, 478, 526, 533
De volta a Jerusalém 518
Deísmo 341-344, 361, 425, 515
Denominações 91, 156, 287, 324, 327, 329, 359, 370-371, 394, 407-408, 412-413, 419-420, 422, 432, 439, 441-442, 454, 459-61, 463-464, 468-469, 472, 474-477, 499, 501, 504, 509-510, 531, 534
Direito canônico 223-224, 230, 236, 245, 259
Direito Religioso 498-499, 501
Docetismo 67, 70

556 HISTÓRIA DO CRISTIANISMO

Dominicanos 216, 236, 238, 262, 307, 313
Donatismo 150
Ebionitas 67
Ecumenismo 472-473, 477-478
Episcopais 230, 287, 411, 415, 459-460, 468, 507
Escolástica 209, 216, 219, 222, 227, 337, 351-352, 495, 533
Escravidão 56, 76, 167, 251, 308, 395, 397, 407, 415-418, 437, 439
Essênios 20
Evangélico 315, 329, 333, 356-359, 373, 392, 394, 397, 412, 417, 424, 431, 438-439, 459-460, 467-468, 494, 497
Evolução 419, 425-426, 464, 466
Exército da Salvação 408, 439
Fariseus 19-20, 22, 24, 29, 32, 423
Feudalismo 201-2
Franciscanos 216, 237-238, 309, 313, 533
Fundamentalismo 446, 460, 462, 464, 467-468
Gnosticismo 9, 42, 67-68, 70-73, 75, 99-100, 121, 131, 149, 532
Guerra Fria 456
Helenismo 98
Huguenotes 284, 325, 328, 337
Hussitas 266
Huteritas 270, 272, 275, 277
Igreja Confessante 451-452
Igreja da Inglaterra 288-290, 292, 315-316, 318-320, 360, 367, 375, 394, 397-399, 436, 440, 513
Igreja de Roma 157-158, 160, 190, 200, 236, 244, 248, 256-257, 262, 287-290, 295-297, 294, 382-383, 385-386, 392, 399, 480, 486-487, 489, 533
Igreja Monofisita 136
Igreja Nestoriana 135
Igreja Ortodoxa 165, 172, 245, 408, 454, 456-457, 476
Igreja Ortodoxa Russa 454, 456, 476
Iluminismo 336-338, 341-342, 347, 359, 377, 384-385, 428, 450, 495
Inquisição 151, 231, 235-36, 254, 295, 297, 299, 310

Islamismo 131, 173-174, 181, 209-210, 214, 217, 305, 307, 502-504
Jansenismo 348-349, 351-352
Jesuítas 257, 294, 299-300, 302-303, 307, 309-313, 326, 347-350, 352, 520, 523
Jihadistas 502
Junta Americana de Comissionados para Missões Estrangeiras 408
Latitudinários 360
Liberalismo evangélico 424
Liga de Esmalcalda 268
Lolardos 253
Luteranismo 268, 327, 352
Maioria Moral 498
Maniqueísmo 148-149
Megaigrejas 499-500
Menonitas 270-272, 277, 319, 526
Metodista 359, 364-367, 394, 439, 461, 473, 476-477, 497, 508-509
Milenarismo 406
Modernismo 463, 480
Monasticismo 135, 140-146, 192, 214, 229, 265, 337, 355, 532
Morávios 276, 334, 355, 358-359, 362-363, 366, 402
Movimento conciliar 247-248
Movimento de igrejas domiciliares 518
Movimento de Oxford 392-393, 397, 399
Movimento de Santidade 508
Nacionalismo 383, 391, 448
Nações Unidas 456
Nazismo 445, 447, 449-453, 455, 534
Oratório do amor divino 296-297
Ortodoxia Oriental 63, 136, 164-165, 169, 267, 399,532
Partido monarquista 320
Paz de Deus 203
Pentecostalismo (carismáticos) 468, 489, 508, 510, 518, 524
Peregrinos 22-23, 30-31, 210, 213-214, 239, 294, 319, 328-329, 371, 481
Philosophes 341-342
Pietistas 347, 352-354, 356, 359, 366, 376, 402
Pluralismo 533
Pré-milenismo 460-461, 509

ÍNDICE DE MOVIMENTOS HISTÓRICOS · 557

Presbiterianos 280, 318, 320-321, 323, 328, 330-331, 373, 408, 411, 415, 459, 461, 463, 476, 523
Privatização 499-500
Proibição 282, 362, 377, 465, 487
Protestantismo 279, 282, 292, 294-295, 300, 302, 316, 326, 404, 411, 459, 476, 533
Puritanismo 273, 314-316, 321, 329, 359, 371, 431, 513
Quakers 217, 323, 328, 331
Rebelião boêmia 255
Reforma 9, 80, 140, 234, 236, 247, 249, 257-259, 262, 267-268, 270, 274-276, 281, 285, 292, 295, 300-301, 322, 324-326, 333, 336-337, 352, 355-356, 361, 370, 386, 395, 398, 410, 417, 422, 472, 482, 502, 533
Reforma católica 295
Reforma inglesa 287
Renascença 336-337
Renovação carismática 488-489

Risorgimento 388
Romantismo 428
Saduceus 19-20, 24
Secularismo 336, 356, 476, 480, 495, 497, 534
Secularização 116, 448, 495-496, 501
Seita Clapham 393, 396-397
Separatismo inglês 318, 320
Socialistas cristãos 441
Sociedade Missionária Batista 403
Sociedade voluntária 407, 412-413
Teologia liberal 422-424, 431-432, 462-464, 473
Terrorismo 501-502
Totalitarismo 449, 452
Trégua de Deus 203
Universidades 219-222, 224, 245, 281, 289, 419, 456, 460, 493, 504
Valdenses 233-234, 236, 533
Valentinianos 102
Voluntarismo 370, 376
Zelotes 20, 248

Índice de acontecimentos históricos

Assembleia de Westminster (1642-1649) 320, 330
Ato da Reforma (1832) 398
Ato de Supremacia (1534) 289, 322
Ato de Tolerância (1689) 331, 334
Batalha em Kappel 281
Bíblia de Genebra 316-317
Bíblia de Mateus 291
Bíblia em inglês 290, 317
Concílio de Calcedônia 110, 161
Concílio de Cartago 86
Concílio de Éfeso 135, 153
Concílio de Niceia (1° geral) 64, 110, 121-122, 124, 158, 160, 178
Concílio de Trento 258, 295, 300-301, 348, 480, 482, 484, 486
Concílio em Constantinopla 134, 137, 158
Concílio em Hipona 87
Concílio Vaticano I 389, 390
Concílio Vaticano II 480, 486-487
Concordata (1801) 204, 386
Conferência de Hampton Court (1604) 318
Conferência Missionária Internacional (1910) 473
Confissão de Augsburgo 268
Confissão de Fé de Westminster 320, 330

Controvérsia Modernista-fundamentalista 463, 468
Credo Apostólico 43, 73
Credo Niceno 123,159
Crucificação 15, 17, 29-32, 35, 67, 74, 114, 148, 264
Debate do aborto 498-499, 501
Décio 42, 59, 94-95, 106
Despertar evangélico 468
Dieta de Worms 294, 306
Dieta imperial de Espira 274
Diocleciano 42, 112-113, 120, 124, 141, 150
Doação de Pepino 198, 200
Édito de Nantes (1598) 258, 325
Estatuto dos seis artigos (1539) 290
Festa da Ortodoxia 172
Galério 113-114, 120
Grande Cisma 244-246, 248, 250
Grande Despertar 359, 363, 370-377, 413, 534
Guerra dos Trinta Anos (1618-1648) 258, 326-327, 355, 502
Leipzig, debate de 263
Livro de oração comum 292, 320
Manzikert, batalha de 210
Massacre do dia de São Bartolomeu 284
Münster, rebelião de 275
Muro de Berlim 445-447, 492

ÍNDICE DE MOVIMENTOS HISTÓRICOS

Nero 16, 37-38, 56
Páscoa 11, 23-24, 26, 150, 182, 244, 488
Paz de Augsburgo 258, 268, 325-326
Paz de Vestefália (1648) 258, 327
Pentecostes 30-33, 48, 89, 126, 414, 509-510, 525
Perseguição dos cristãos 37, 114
Quarenta e dois artigos (1553) 292
Quarto Concílio de Latrão (1215) 236, 246
Queda de Jerusalém 45
Ressurreição 19, 30-33, 35-37, 65-66, 69, 73-75, 90, 123, 299, 328, 340, 364, 516

Revolta camponesa 267
Revolução francesa (1789) 334, 379-383, 389, 393
Segundo Grande Despertar 413
Televisão 464, 467, 494, 499-500
Terceiro Concílio de Latrão (1179) 233
Terror das torres gêmeas (11 de setembro) 501-502
Tratado de Latrão (1929) 389
Trinta e nove artigos (1563) 292, 320, 399
Versão King James 317-318
Whitby, Sínodo de 182

Este livro foi impresso em 2023, pela Leograf, para a
Thomas Nelson Brasil. A fonte usada no miolo é
Palatino corpo 10. O papel do miolo é
Pólen Bold 70g/m².